婚礼策划职业技能教材（中级）

教育部第四批1+X证书制度试点

婚礼策划职业技能等级证书系列教材

婚姻介绍及
顾问支持

中 级

hunyin jieshao ji
guwen zhichi

北京中民福祉教育科技有限责任公司 组编

王晓玫 赵 莲 主 编

崔 杰 周钰珉 副主编

project 1

中国农业出版社

农村读物出版社

北 京

图书在版编目（CIP）数据

婚礼策划职业技能教材：中级．婚姻介绍及顾问支
持／北京中民福祉教育科技有限责任公司组编；王晓玫
等主编．—北京：中国农业出版社，2022.6
　　教育部第四批1+X证书制度试点婚礼策划职业技能等
级证书系列教材
　　ISBN 978-7-109-29489-9

　　Ⅰ.①婚…　Ⅱ.①北…②王…　Ⅲ.①结婚—礼仪—
职业技能—鉴定—教材　Ⅳ.①K891.22

　　中国版本图书馆 CIP 数据核字（2022）第 093506 号

中国农业出版社出版

地址：北京市朝阳区麦子店街 18 号楼
邮编：100125
策划编辑：李艳青
责任编辑：刘昊阳
版式设计：王　晨　　责任校对：刘丽香
印刷：三河市国英印务有限公司
版次：2022 年 6 月第 1 版
印次：2022 年 6 月河北第 1 次印刷
发行：新华书店北京发行所
开本：787mm×1092mm　1/16
总印张：37.5
总字数：1000 千字
总定价：108.00 元（全 9 册）

教材编写委员会

总 主 编	王晓玫	曹仲华	杨根来	李子俊		
总副主编	崔 杰	张仁民				
分册主编	王晓玫	崔 杰	赵 莲	金雷宇	孙 可	王 楠
	李倩一	黄晓强	梧 桐	赵淑巧	张克柱	贾丽彬
	徐媛媛	万俊杰	金 毅	章 林	孙慕梓	张平芳
	杨 飏					
编　　委	周钰珉	李周坚	郭 森	陈 坚	阔 达	姚 刚
	晨 风	赵 天	商 琪	范晨晨	赵佳佳	罗 昱
	陈 霞	刘 湜	王福存	赵 丹	张西林	海 风
	童 峰	曾 刚	盛 夏	黄思佳	黄继红	李立四
	曲海峰	张卫东	郑 琳	夏 峰	李文娟	程 佳
	张 新	杨 靖	杨博裕	魏 彬	石明刚	蒋良娇
	万江洪	向 前	杨云哲	张炜玮	赵美玉	曾 烛
	刘 佳	刘 洁	牛 犇	彭艳君	黄 丹	吴 惠
	刘程程	秦 越				

总序

实施"学历证书＋若干职业技能等级证书"制度试点工作，是《国家职业教育改革实施方案》的重要改革项目之一，也是两年多来职业教育领域的"高频词"和亮点内容之一。根据教育部等四部门《关于在院校实施"学历证书＋若干职业技能等级证书"制度试点方案》，教育部办公厅、国家发展和改革委员会办公厅、财政部办公厅《关于推进 1＋X 证书制度试点工作的指导意见》等要求，北京中民福祉教育科技有限责任公司作为职业教育改革大潮中的第二批"职业教育培训评价组织"，理应不辱使命，勇立潮头，引领方向，有所作为！从第二批的失智老年人照护，到第四批的老年康体指导、社区治理、婚礼策划、殡仪服务、遗体防腐整容等 5 个证书获批，我们由此完成了从婚姻家庭、社区治理、养老服务到殡葬服务的职业技能等级证书的规划，在全国拥有 6 个证书的职业教育培训评价组织中名列前四。尽管这些证书的数量不是很多，但是有一定的社会影响力，这些证书包含的服务在人们的生活中不可或缺，在国家公共管理与社会服务领域占据重要的位置。

婚庆服务行业的发展需要职业与专业的引领

婚姻是家庭的基础，家庭是社会的细胞，是社会最基本的单元。"天下之本在国，国之本在家"。家文化在中国文化传统中是以婚姻为载体的。所谓婚姻，是指婚龄男女以夫妻名义共同生产生活并组成家庭的一种社会现象，是男女双方在平等自愿的基础上建立的长期契约关系，并取得医学、伦理、政治、民法等层面的认可。关于爱情、婚姻、家庭、社会之间的关系，不同的人从不同的视角可以有不同的解读，可以肯定的是，美好真挚的爱情是组成婚姻家庭的前提。著名作家列夫·托尔斯泰说"婚姻的全部含义蕴藏在家庭生活中"。戏剧家莎士比亚说，"不如意的婚姻好比是座地狱，一辈子鸡争鹅斗，不得安生，相反的，选到一个称心如意的配偶，就能百年谐和，幸福无穷"。幸福的婚姻与家庭，需要男女双方的经营，而第三方的婚姻介绍、婚姻登记、婚礼策划以及婚姻家庭服务的全程化、个性化、定制化的服务则助力有情人开启一段幸福美满的婚姻。

　　近年来，我国婚姻相关数据呈现出结婚对数和结婚率持续下降，离婚率持续上升的趋势。据《2019年民政事业统计公报》数据：2019年，全国有婚姻登记机构和场所5594个，其中婚姻登记机构1068个，全年依法办理结婚登记927.3万对。结婚登记对数自2015年起，5年间由1224.7万对、1142.8万对、1063.1万对、1013.9万对下滑到2019年的947.1万对。结婚率自2015年起，5年间由9.0‰、8.3‰、7.7‰、7.3‰下滑到2019年的6.6‰。2019年全国依法办理离婚手续470.1万对，比上年增长5.4%，其中民政部门登记离婚404.7万对，法院判决、调解离婚65.3万对。而离婚率在2015年以来的5年间，由2.8‰、3.0‰、3.2‰、3.2‰上升到3.4‰。

　　家庭规模日益小型化。根据国家统计局、国务院第七次全国人口普查领导小组办公室2021年5月11日发布的《第七次全国人口普查公报》数据：截至2020年年底，全国人口中，0～14岁人口为2.53亿人，占17.95%；15～59岁人口为8.94亿人，占63.35%；60岁及以上人口为2.64亿人，占18.70%，其中65岁及以上人口为1.906亿人，占13.50%。全国共有家庭户4.94亿户，集体户2.85亿户。平均每个家庭户的人口为2.62人，比2010年第六次全国人口普查的3.10人减少0.48人。

　　我国结婚对数规模仍然庞大，婚庆市场需求持续旺盛，结婚消费逐年增加。数据显示，25～29岁的结婚登记对数最多，占比为36%；其次是20～24岁年龄段登记对数，占比为21%。"90后"已纷纷步入适婚年龄。2019年，平均每对新人结婚消费22.3万元，是2015年的3.5倍。2017年中国婚庆行业市场规模达到了1.46万亿元，2018年1.82万亿元，2019年2.27万亿元，2020年2.8万亿元，2021年预计达到3.36万亿元。

　　婚庆服务产业催生了婚姻职业。在婚姻职业建设方面，2010年2月10日，人力资源和社会保障部办公厅发布《关于调查行业典型企事业单位相关职业（工种）及岗位（职位）基本情况的函》。同年12月16日，国家职业分类大典修订工作启动会暨首次工作委员会和专家委员会全体会议在北京举行，标志着新一版《国家职业分类大典》的正式启动。当时我刚到组建不久的北京社会管理职业学院职业能力建设处任处长，作为民政部职业技能鉴定指导中心的副主任兼办公室主任，同时兼任民政部《国家职业分类大典》修订工作领导小组办公室主任，具体负责包括婚姻家庭咨询师职业在内共20个民政行业《国家职业分类大典》修订，还有婚介师、婚礼策划师等12个新职业的开发工作。

2015 年 10 月，《中华人民共和国职业分类大典（2015 年版）》出版发行。前后进行了 6 年的大典修订工作终于尘埃落定，大功告成。在第 4 大类（社会生产服务和社会服务人员 GBM40000）的第 10 中类（居民服务人员 GBM41000）第 5 小类（婚姻服务人员 GBM41005）之下有 3 个职业小类，婚介师（4-10-05-01）、婚礼策划师（4-10-05-02）、婚姻家庭咨询师（4-10-05-03），3 个职业被正式纳入《国家职业分类大典》。王晓玫教授作为婚姻方面的行业专家，全程参与了这方面的论证与研究工作，为大典修订工作做出了贡献！

婚姻职业同样促进了婚庆产业的发展。婚庆服务产业属于现代服务业，是为人们提供婚庆礼仪和相关典礼服务的产业。据统计，在高等职业学校中，全国目前开设高职婚庆服务与管理专业（590304）的只有 16 所院校，年毕业近千人，婚庆行业专业人才缺口巨大。目前，全国从事婚庆服务的专业机构有 20 多万家，从业人员 400 万人，按照每个婚庆公司每年需要婚庆从业人员 2 人计算，每年至少需要 40 万的婚庆专业从业人员。

院校与行业企业都需要一个新的职业技能等级证书。《国家职业教育改革实施方案》规定，"鼓励职业院校学生在获得学历证书的同时，积极取得多类职业技能等级证书，拓展就业创业本领，缓解结构性就业矛盾"，"院校内培训可面向社会人群，院校外培训也可面向在校学生。各类职业技能等级证书具有同等效力，持有证书人员享受同等待遇"。我们一方面希望除了婚庆服务与管理专业之外，还有更多的专业如播音与主持、会展策划与管理、旅游管理、社区管理与服务、社会工作、民政服务与管理、公共关系等专业的学生参加婚礼策划职业技能等级证书考试。另一方面更希望各级各类婚庆协会、婚庆企业以及婚介等机构的广大从业人员能参与到这些工作中来。因为这是行业唯一的职业技能等级证书，最终需要得到行业和企业的认可。

标准与教材开发工作充分彰显了组织和个人的责任与担当

开发婚姻领域职业技能培训及颁发等级证书是我们的阶段性目标；推进婚庆专业教育教学的改革与发展，为婚姻服务行业培养技术技能型人才，是包括全国 16 所开设婚庆专业的高等职业学校的共同梦想。民政部所属事业单位——民政部培训中心发挥主导作用，于 2019 年 5 月 15 日成立北京中民福祉教育科技有限责任公司，2019 年 7 月成功申报并积极做好失智老年人照护职业技能等级证书工作，成为教育部遴选认定的第二批职业教育培训评价组织之后，我们在推进"失智老年人照护"职业技能等级证书的开发与考核评价工作的同时，主动把工作目标锁定在其他社会福祉领域，婚姻服务就是目标之一。

研制婚礼策划标准与开发职业技能教材是一群人的共同追求。2019 年下半年开始，特别是 2020 年 6 月 19 日《关于招募第四批职业教育培训评价组织的公告》（教职所〔2020〕145 号）发布之后，在北京社会管理职业学院（民政部培训中心）党委书记邹文开教授以及党委委员、副院长赵红岗教授的支持下，我们先后组织了全国优秀教师和行业专家开发了"婚礼策划"等 8 个证书。2020 年 12 月 31 日，《关于受权发布参与 1＋X 证书制度试点的第四批职业教育培训评价组织及职业技能等级证书名单的通知》（教职所〔2020〕257 号）发布，"婚礼策划"名列其中，标志着婚礼策划职业技能等级证书的正式诞生，这是王晓玫教授团队一年多来孜孜以求、不懈努力的结果，可喜可贺！

婚礼策划职业技能等级证书填补了婚姻职业领域的空白。婚礼策划职业技能等级证书作为国家职业教育改革和技能人才评价制度改革的产物，填补了婚姻服务领域职业技能等级证书的空白。婚庆公司最主要岗位为婚礼策划师以及由婚礼策划师衍生出来的其他相关服务人员，如婚礼督导师、婚礼统筹师、婚礼营销师、婚礼设计师等岗位群。婚礼策划职业技能等级认证的实施，对于婚庆行业从业人员专业能力和专业素质提升和规范，必将产生积极的促进作用。按照 1＋X 证书工作计划，我们在 2020 年 9 月教育部职教所公示[①]之后，立即启动技能教材的编写工作，标准开发的主要负责人王晓玫教授再次领衔主持开发教材工作。经过 10 个月持续不断的努力、坚守、奉献和付出，终于有了本教材这个难得成果。这一丰硕成果彰显了一大批婚庆职业教育领域和婚庆服务行业有识之士的责任与担当，我谨代表培训评价组织对王晓玫教授团队表示崇高的敬意！

技能教材遵循职业技能标准，突出了职教特色

《婚礼策划职业技能教材》突出了职业技能特点。按等级，分模块进行编写。按照婚礼策划职业技能等级标准，婚礼策划职业技能分为三级（初级、中级、高级），本教材则按照初级、中级、高级分为三册。同时，本教材按照新的手册式教材编写模式，采取一个工作项目一个分册的编写方法，初级包括婚姻介绍及顾问支持、策划项目营销与预算、婚礼现场布置方案设计、婚礼策划书制作、婚礼

---

① 　教育职业技术教育中心研究所《关于参与 1＋X 证书制度试点第四批职业教育培训评价组织和职业技能等级证书的公示》，2020 年 9 月 23 日。

执行团队组建、婚礼前指导和婚礼彩排、婚礼庆典调度执行、婚礼策划服务评估8个技能模块（工作领域），而中级和高级则增加了婚礼策划的管理和培训成为9个技能模块。

《婚礼策划职业技能教材》形态创新。该套教材采用能力为本、技能为先的教学理念和基于工作过程的"项目＋任务"的设计思想。内容严格按照《婚礼策划职业技能标准》进行编写，充分反映了当前从事婚礼策划职业活动所需要的最新核心的知识和技能，较好地体现了科学性、先进性、超前性、系统性、规范性和可操作性。

《婚礼策划职业技能教材》定位明晰。《婚礼策划职业技能教材》是《婚礼策划职业技能等级证书》作为开设婚庆专业院校的教学用书、规划教材，适用于婚礼策划1＋X证书的教学培训、评价考核；是婚姻服务领域实务工作和科学研究的重要参考资料，还可作为婚庆机构员工岗前培训教材。通过学习和培训，本教材不仅有助于系统学习本职业领域的知识与技能，掌握本职业的实用技术和操作技能，也有利于培训、考核和评价，更有利于本行业整体水平的提升，从而满足人们对美好幸福生活的向往与追求。

技能教材突出了产教融合、校企合作的职教理念

《婚礼策划职业技能教材》突出现代职教理念。职业教育作为一种不同于普通教育、高等教育的"类型教育"，如何突出产教融合、校企合作的职教理念，如何实现教师、教材、教法"三教改革"，是本轮职业教育改革的亮点内容。开发与编写团队除了相关院校教师外，还聘请了婚庆服务行业一线的专家参与了标准、教材的编写、评审工作，保证了标准、教材与题库建设、考核评价工作的紧密衔接、有序进展。

《婚礼策划职业技能教材》荟萃教育与行业精英。值此《婚礼策划职业技能教材》付梓之际，特向本项目主要负责人北京社会管理职业学院婚庆与传媒艺术学院创始院长王晓玫教授、副院长崔杰讲师，参与标准开发和教材编写的其他主编、副主编和所有作者表示祝贺！向为本书编校工作付出心血的张仁民编审等表示感谢！他们在标准与教材研制开发中，参阅了大量的相关资料，汲取了婚介服务、婚礼庆典服务、民俗学、策划学、营销学、美学、色彩学等方面的研究成果，保证了教材顺利出版。

向关心、支持、帮助婚姻服务的有关机构，特别是教育部职业教育与成人教

育司、职业技术教育中心研究所，有关试点院校领导、老师、实务工作者，向关心婚庆专业人才培养、培训工作的所有人士表示衷心的感谢！

向选择婚礼策划1＋X证书的院校师生以及广大婚庆、婚介和婚姻服务机构工作人员等社会考生表示敬意，因为他们选择了婚庆服务和婚礼策划，就等于选择了一份幸福事业，爱心、责任与担当将永远相伴。

向为本书编辑、出版、发行工作做出贡献的中国农业出版社副社长、副总经理、编审刘爱芳，大众读物出版分社社长、副编审王庆宁等老师致以衷心谢忱！

《婚礼策划职业技能教材》需要不断优化。标准开发与教材编写工作对婚庆行业而言，是一项具有探索性、开创性的工作。由于编写时间紧迫，加之著者能力所限，不足之处甚至疏漏在所难免。恳请读者不吝赐教，将宝贵的意见建议和要求及时反馈给我们（网址：http://zmfz.bcsa.edu.cn/；邮箱：457962581@qq.com），以便再版时予以修订、补充和完善。

北京中民福祉教育科技有限责任公司创始人　执行董事　法定代表人　总经理

北京社会管理职业学院（民政部培训中心）教授　乐龄研究院院长

2021年7月　于北京东燕郊

前言

　　婚介作为婚姻家庭的前端服务，为婚姻的成立奠定了基础。因此，作为婚礼策划服务的专业人员，必须掌握婚介服务的基本方法和技巧。

　　在学习了初级婚介基础技能后，为了提升婚介服务人员的沟通能力、观察能力、理解能力、判断能力、辅导能力，在中级婚介服务技能的学习中，将涉及如何进行婚介信息分析，如何进行婚介信息管理，婚介约见技巧和婚介跟进服务的方式、方法，通过学习，为婚介服务对象提供更加优质的服务。

　　婚姻介绍及顾问支持（中级）包括三项任务：任务一，婚介信息分析与管理；任务二，婚介约见；任务三，婚介跟进服务。通过本项目的学习，可以进一步掌握婚介师的服务技能，为学习婚介师高级技能奠定基础。

　　本项目教材（中级）由王晓玫负责统稿，王晓玫、张仁民负责审稿，具体写作分工如下：

　　任务一：王晓玫［北京社会管理职业学院（民政部培训中心）教师］。

　　任务二：王晓玫［北京社会管理职业学院（民政部培训中心）教师］。

　　任务三：王晓玫、崔杰、赵莲［北京社会管理职业学院（民政部培训中心）教师］、周钰珉（上海婚介协会会长）。

目　　录

Project 1 项目一
婚姻介绍及顾问支持

婚介信息分析是指以征婚人的婚恋需求为依托，以定性和定量的研究方法为手段，通过对婚介信息的收集、整理、鉴别、评价、分析、综合等系列化加工过程，形成新的、增值的婚介信息产品，最终为不同层次、不同需求的征婚人提供婚介服务的一项智能活动。

所谓婚介约见，是指婚介师通过专业手段和方式，为接受婚介推荐服务的征婚男女安排见面相识的服务行为，也就是传统意义上的相亲。

婚介跟进服务就是婚介师为经过约见的征婚人提供进一步的跟踪服务，以帮助征婚人达成择偶交友的目的，并进入稳定的婚恋阶段。

通过婚介信息分析，可以精准地为征婚人推荐合适的相亲对象；通过婚介约见，可以为征婚人牵线搭桥，促进其见面约谈，达到双方的征婚目的；通过婚介跟进服务，可以为已经约见的征婚对象提供后续的跟踪服务，体现婚介服务的质量和婚介服务人员的素质。总之，这三项技能在婚介服务过程中是非常重要的专业能力，也是婚介师的必备能力。

学 习 目 标

一、知识目标

1. 掌握婚介信息分析的基本技巧。
2. 掌握婚介信息管理方式。
3. 掌握婚介约见的方式。
4. 掌握婚介约见的技巧。
5. 掌握跟踪双方交往情况的方式和技巧。
6. 掌握婚介跟进服务中所需的特殊技巧。

二、技能目标

1. 通过学习婚介信息分析与管理，能够比较熟练地分析征婚人的个人信息，进行婚介信息档案管理，提供优质的婚介服务。

2. 通过学习婚介约见的方式和技巧，能够比较熟练地进行婚介约见，组织相亲活动。

3. 通过学习婚介跟进服务的方式和技巧，能够比较熟练地提供婚介跟进服务，维护关系。

三、素质目标

1. 积极关注征婚人的择偶需求，严格保护征婚人的信息，树立正确的服务理念。

2. 具备分析征婚人需求和解决问题的能力，培养理解、尊重、关心的专业价值观。

任务一
婚介信息分析与管理

【任务情境】

吴女士到婚介机构登记的时候，只是企业里的普通员工，在婚介服务合同有效期内，征婚约见尚未完成。过了半年，吴女士成为公司的中层管理人员，而且有可能晋级公司高层领导。得知这个信息后，作为婚介师的小柳，应该及时更新吴女士的信息资料，并意识到她对征婚对象的要求可能会有所提高，根据情况变化寻找更加适合吴女士的征婚对象，从而使婚介工作更主动。婚介师应随时分析和管理征婚人的婚介信息，并适时进行变更。[①]

【任务分析】

一、婚介信息分析与管理的主要内容

序号	主要内容
1	信息分析
2	信息处理
3	信息管理

二、婚介信息分析与管理的工作目标及措施

序号	主要工作目标	措施
1	婚介师通过专业手段和方式，结合征婚人的个人情况和要求，分析其个人喜好和选择对象的侧重点	熟知婚介对象的个人情况，制作婚介信息档案
2	有选择性、有目标性地为征婚人提供婚介服务，为随后的推荐、约见、跟进和辅导工作奠定扎实的基础	掌握婚介信息分析与管理技巧

---

① 徐红．婚介师（国家职业资格五级）［M］．北京：中国劳动保障出版社，2007：80．

【任务实施】

子任务一　婚介信息分析

一、工作流程

（一）工作准备
1. 物品准备

序号	名称	备注
1	办公用品	用于婚介信息分析
2	电话	用于婚介信息分析
3	计算机	用于婚介信息分析
4	档案盒	用于婚介信息分析
5	档案袋	用于婚介信息分析
6	打印机	用于婚介信息分析
7	打印纸	用于婚介信息分析
8	网络办公环境	用于婚介信息分析
9	其他	用于婚介信息分析

2. 人员准备

序号	人员	准备
1	婚介师	信息分析、信息处理、信息管理
2	征婚人	提出征婚需求
3	其他征婚委托人	提出征婚需求

（二）婚介信息分析

步骤	流程	技术操作要求
工作前准备	准备	（1）经过初级婚礼策划职业技能等级培训
		（2）了解掌握婚介信息分析技巧
		（3）了解掌握婚介信息档案管理技巧
步骤1	婚介信息的分析	（1）分析个人喜好和选择对象的侧重点，有选择性、有目标性地为征婚人提供婚介服务
		（2）验证婚介信息是否真实
		（3）验证婚介信息是否详细
		（4）体现婚介服务的质量
步骤2	婚介信息的处理	（1）对婚介信息进行分类、归档、更新
		（2）婚介信息管理的方式包括文本管理和计算机管理

（续）

步骤	流程	技术操作要求
注意事项		（1）婚介信息分析与管理包括信息分析、信息处理、信息管理
		（2）婚介信息是婚介服务的基础，只有建立丰富的信息资源库，婚介服务才能有目标，才能取得比较好的效果
		（3）丰富的婚介信息可以展示婚介机构的实力；有序、有条理的婚介信息可以体现婚介机构的服务质量；信息处理得是否合理和巧妙反映了婚介机构服务是否到位；婚介信息有效的管理和保护体现了婚介机构的专业性
		（4）不论是婚介机构还是婚介师，都要严肃、认真地对待婚介信息的收集、分析、处理和管理

（三）效果评估

（1）通过学习婚介信息分析方法，掌握征婚人的基本信息，有助于婚介师有选择性、有目标性地为征婚人提供婚介服务。

（2）婚介信息处理技巧及对婚介信息有效的管理和保护可在服务过程中体现婚介机构和婚介师的专业性。

二、相关知识

（一）"神媒"、官媒与私媒

1. "神媒"　"神媒"指传说中的神仙做媒人。在著名黄梅戏《天仙配》中，董永和七仙女的爱情故事家喻户晓、妇孺皆知。七仙女遇见忠厚老实的董永时，不嫌弃董永贫穷的佃农身份，看重他温良敦厚的内在美德，大胆地表达自己的爱慕之情。当时在荒郊野岭，没有他人可以托付做媒，于是两人请出土地公公，主持了他们简单而浪漫的婚礼，在小路旁的槐树下拜天地，结为夫妻。这虽然是一个神话故事，却反映出当时人们追求美好生活的心愿，也显示出媒人的重要性，即使神仙和凡人成婚，同样需要媒人见证做主，人间的普通百姓更是如此。

2. 官媒　官媒指古代由官府派出的专门管理百姓婚姻事务的人。三国时期，皇帝专门设管理老百姓婚姻生活的机构"为设媒官，始知聘媒"，说明当时的媒已成为国家事务并受到当权者的重视。

3. 私媒　私媒指民间个人做媒。我国明朝有条文规定，有媒约通报写立的为婚书，无媒私下约者为私约，私约对于订婚亦属于有效。说明当时除了官府指定的媒合法之外，私媒异常活跃。据记载，浙江台州府有一个姓王的媒婆，口齿伶俐，能说会道，只要男女双方门当户对，没有说不成的婚姻。该媒婆名声在外，找上门请她说媒的人络绎不绝。

各种形式的媒，都是伴随着人类社会的发展而逐渐完善的。媒在人类婚育史的发展过程中，担任着男女婚配结合的重要角色，被人们赋予丰富多彩的内涵。

（二）婚介服务的内容

婚介服务的内容是指婚介机构为满足征婚人的需要开设的婚介服务项目，是婚介机构为了保障征婚人的利益、满足征婚人的需求，为征婚人解决婚恋咨询和择偶交友方面问题所提供的一系列服务。

婚介服务项目往往是根据服务对象而定的，有的侧重中老年人，有的重点在年轻白领，有的面对部队干部，有的专注于经济收入较高的企业家。婚介服务的内容总体分为婚恋咨询辅导和择偶交友介绍两大类。

1. 婚恋咨询辅导　建立正确的婚恋观是婚介服务成功的关键。婚介师开始婚介服务之前，要了解征婚人的婚恋状态和心理，发现问题，以本人的经验和专业知识，或借助专业心理咨询师，对征婚人进行必要的心理辅导，帮助征婚人建立健康的婚恋观，设定合理的征婚要求。婚介机构提供的这种婚介服务就是婚恋咨询辅导。接受婚恋咨询辅导的征婚人，有些需要后续的择偶交友介绍服务，有些可能不需要。

婚恋咨询辅导应该由具有专业资格的心理咨询师主持。目前，婚恋咨询辅导由婚介师代替，有的婚介师在婚恋方面很有经验，但要想科学地对婚恋问题进行心理辅导，需要具备一定的心理学专业知识，或经过有关心理学方面的培训，具备所要求的资质。我国有些婚介机构的婚恋咨询辅导服务较业余，免费提供给征婚人。如今，婚恋咨询辅导需求越来越大，征婚人的要求也越来越高，它已成为婚介机构服务未来发展的重要方向之一。

2. 择偶交友介绍

（1）择偶交友介绍的含义。择偶交友介绍是指婚介机构为以寻找爱情伴侣并建立家庭为目的的征婚人提供的婚介服务。择偶交友介绍是目前我国婚介机构的核心服务内容，大多数征婚人来到婚介机构寻求帮助，都是为了能够有更多的选择，快速有效地找到意中人。目前大部分中小型婚介机构只单一提供此项婚介服务。

（2）择偶交友介绍服务的类别。婚介机构提供的择偶交友介绍服务，按婚介服务的次数和婚介服务时间的长短进行分类，有以下两类：

① 一次性婚介服务。一次性婚介服务是指婚介机构只为征婚人提供一次择偶交友婚介服务。选择一次性婚介服务的征婚人，往往是看见婚介广告上某位征婚人的个人条件和征婚要求与自己心中寻求的婚恋对象比较吻合，才要求提供这类服务的。在婚介机构安排双方约见，并进行必要的跟进服务后，一次性婚介服务结束。

② 期限性婚介服务。期限性婚介服务是以时间期限为主要限定条件的婚介服务，有委托婚介服务、半年期婚介服务和全年期婚介服务 3 种。每种服务提供的择偶数不同，各个婚介机构就同种服务提供的择偶次数也不同。

与一次性婚介服务比较，期限性婚介服务的服务内涵相同，只是增加了婚介服务的次数。期限性婚介服务不仅包括多次的一对一约见，更多的是参加多人的约见，可提高成功率。

另外，部分婚介机构为了吸引征婚人，提高服务效益，推出了特别婚介服务。所谓特别婚介服务，第一是高收费，提供 VIP 贵宾服务；第二是增加附加服务项目，如免费参加婚介机构举办的各种婚介活动、拓展选择范围、享受优先获得约见指定人士的机会等。这些特别服务是对新的婚介服务模式的探索，为婚介服务行业注入了新的活力，以求行业的创新、突破和进步。

（三）婚介服务的方式

婚介服务方式，是指婚介机构的经营手段。所谓八仙过海，各显神通。婚介机构想在激烈的竞争中立稳脚跟、稳步发展，必须顺时代潮流，不断推出新的可满足征婚人需求的婚介服务方式。婚介机构常用的婚介服务方式有如下几种：

1. 传统式婚介服务　传统式婚介服务是婚介师像传统媒人做媒那样，为征婚男女牵线搭桥。婚介师根据征婚男女各自的条件和需求，以专业的婚介服务经验和技能，挑出合适的人选，然后将信息传递给征婚人，征婚人认同后，安排男女双方约见，并进行有效的后续跟进服务，直至男女双方进入稳定的婚恋状态。

在传统式婚介服务中，婚介师占主导地位，对婚介师的个人素质要求较高。一个高素质的婚介师，不但工作效率高，服务的征婚对象的成功率也较高。

2. 网络式婚介服务　网络式婚介服务是指婚介机构利用互联网开展婚介服务。有别于传统式婚介服务，征婚人无须婚介师反复传递信息，安排约见，只要在婚介机构的网站上办理注册登记手续，就可以在网络上挑选合适的对象，自行交往。婚介师在此种方式中只起到辅助作用。

（1）什么人适合网络征婚。

① 经常上网的人士。

② 青年男女，喜欢新潮、追求浪漫。

③ 个性内向、不善言谈人士，希望用键盘和屏幕躲避直接见面带来的尴尬。

婚介公司建立自己的网站，等于为征婚男女开辟了网上相识、相知的空间。征婚男女可以按照自己要求的条件，搜索相近的异性征婚人，进行初步的了解和交谈后，双方商量见面的时间。

（2）网络式婚介服务的优点。

① 节省费用，节约时间。

② 避免尴尬，可将一些难以启齿的话题通过网络语言表达出来。

③ 沟通速度快，无须见面就可以经常对话，加快对彼此的了解。

④ 自由选择的空间大，方式灵活。

（3）网络式婚介服务的缺点。

① 有一定的风险，可信度不如传统式婚介。

② 信息的准确率相对较低。

网络婚介只是为征婚人搭建一个了解的平台，婚介机构并不保证交友结果。当征婚人在网络上找到自己的意中人后，可以再次寻求婚介师的帮助，此时，婚介服务从网络模式转入传统模式。

3. 活动式婚介服务　通过举办各式活动，为征婚人创造更广泛的交友选择机会称为活动式婚介服务。比较普遍的活动方式主要有联谊会、8 分钟交友和休闲旅游等。参加此类活动的，一般是锁定条件和要求比较详尽的征婚人。由于这种活动定期举办，收费合理，可自行决定是否参加，越来越受到征婚人的喜爱。

此外，还有出现不久的手机短信婚介服务。这类新的服务方式仍处于初期阶段，需要进一步摸索、完善。

（四）婚介服务的标准工作流程

婚介服务的标准工作流程是指婚介机构在整个婚介服务过程中必须遵循的各项环节和程序。

1. **婚介咨询**　征婚人到婚介机构申办婚介服务之前，会对婚介机构及其婚介服务各项情况进行咨询。婚介咨询一般有电话和面谈两种方式。

（1）婚介师需要确认的事项。

① 征婚人必须是单身的成年人士。

② 征婚人必须提供真实的身份、学历等证书原件。

（2）征婚人需要确认的事项。

① 婚介机构是否具备民政部门核发的婚介许可证。

② 婚介机构是否具备工商营业执照和税务登记证。

③ 婚介机构是否实行资料保密。

④ 婚介机构是否按收费标准收取婚介服务费并开具正式发票。

2. **审核证件**　婚介服务是一项原则性很强的工作，每个征婚人申办婚介服务时，必须提交证件，由婚介师审核、登记、复印和存档。

征婚人需要提交的证件包括：

（1）户口簿、身份证，离异者须出具离婚调解书或离婚证。

（2）学历证明。

（3）征婚人的各种生活照、艺术照（如征婚人无合适照片，婚介机构可提供摄影服务）。

（4）其他培训证书或专业资格证书。

所有出示的证件或证书必须是原件，提交的为复印件。婚介师必须确保征婚人的身份准确无误、婚姻状况真实可靠，对征婚人的身份证、结婚证或离婚证以及户口簿进行仔细核实和查验。

3. **填登记表**　证件审核后，征婚人应填写婚介信息登记表（表 1-1）和会员登记表（表 1-2）。婚介服务登记表是婚介合同的基础，要求本人亲自填写，每个栏目的内容必须真实可靠，不能虚假和夸大，以免发生不必要的误会和问题。如果因为征婚人填写不真实引起婚介纠纷，造成各项经济损失，征婚人须承担相应责任。婚介师应指导征婚人认真仔细地填写登记表，逐项认真核对，确保正确无误后存档保存。

表 1-1　婚介信息登记表

填表日期：202　/　/

个人基本情况					
姓名		性别		出生年月	
身高		户籍		工作地	
婚姻状况		学历		职业	
教育背景				手机	

（续）

个人基本情况						
年收入	（选填）	体重	（选填）	独立住房	（选填）	
家庭情况						
性格描述						
兴趣爱好						
其他说明						
择偶条件						
年龄		户籍		身高		
独立住房		学历		婚姻状况		
其他条件						
红娘信息						
姓名		邮箱	（选填）			
手机		微信	（选填）			
红娘与其关系	（选填）					

填表说明：所填内容必须保证真实。

表1-2 会员登记表

店编号：_____ 红娘编号：_____ 会员登记编号：_____

姓名		性别		民族		属相		
出生日期 （阳历）	年　月 日	籍贯		血型				
身份证号		身高		体重				照片
身体状况		心理 状况		兴趣 爱好				
毕业院校		学历		专业				
从事行业属性	□行政机关　□事业单位　□国企　□私企　□个体　□外企　□其他							

（续）

工作单位		职称		性格		☐外向 ☐内向 ☐综合型	
家庭住址				户口所在地			
婚姻情况	☐未婚 ☐离异未育 ☐离异不带孩 ☐离异带孩 ☐丧偶带孩 ☐丧偶不带孩						
收入情况/月	☐1 000～2 000 元 ☐2 000～4 000 元 ☐4 000～8 000 元 ☐8 000～20 000 元 ☐20 000 元以上						
住房情况	☐有 ☐无 ☐准备买 ☐家人同住			房贷情况		☐贷款中 ☐无房贷	
私家车	☐有 ☐无 ☐准备买			存款情况			
信息来源渠道或介绍人姓名				来本婚 介目的		☐交友 ☐结婚	

家庭成员	姓名	关系	职业	姓名	关系	职业	

择偶条件

年龄段		学历		专业	
住房条件	☐有 ☐无	汽车条件	☐有 ☐无	地域范围	
职业要求		身高范围		体重范围	
婚姻情况	☐未婚 ☐离异未育 ☐离异不带孩 ☐离异带孩 ☐丧偶带孩 ☐丧偶不带孩 ☐不限				
收入情况/月	☐1 000～2 000 元 ☐2 000～4 000 元 ☐4 000～8 000 元 ☐8 000～20 000 元 ☐20 000 元以上				
才貌要求		兴趣爱好			
其他					

（续）

	声　明
本人或代理人法律声明	本人承诺婚姻状况_____，以上所填的个人基本情况（包括身份证、学历、工作等）均真实无误，并承担由此产生的法律责任。特此声明！ 声明人签名：_____

填表人签字：　　　　　　　经办人审核签字：　　　　　　　年　　月　　日

电话：　　　　　微信：　　　　　QQ：　　　　　邮箱：

　　4. 选择婚介服务项目　婚介师需要帮助征婚人挑选适合自己的婚介服务项目。婚介师可以根据自己的工作经验，向征婚人推荐一项婚介服务，解释推荐理由，最终选择应该由征婚人自己决定。

　　5. 签订合同　婚介合同是征婚人与婚介机构建立婚介服务关系的法律证明，婚介合同一经签署，即受到国家法律保护，婚介机构和征婚人双方都必须严格遵守，各自享受和承担婚介合同规定的权利与义务。

　　6. 缴纳费用　签订婚介合同后，征婚人必须根据婚介合同的要求缴纳婚介服务费用。婚介服务内容不同，缴纳的婚介服务费也不同。

　　7. 婚介推荐　婚介机构要按照婚介合同要求，向征婚人提供相应的婚介服务。婚介师根据征婚人的个人情况和择偶交友要求，以专业的婚介服务知识和工作经验，为征婚人挑选合适的征婚对象，为征婚人进行婚介推荐。

　　8. 婚介约见　征婚人双方相互认同基本条件后，婚介师应适时安排征婚双方见面。

　　9. 跟进服务　在征婚人交往过程中，需要婚介师的辅导和帮助。有的需要心理疏导和礼仪指导，直到二人进入稳定的婚恋状态，婚介工作才可暂时告一段落。

　　（五）婚介服务的功能和意义

　　1. 功能　功能是事物本质的客观反映，婚介功能由婚介服务的本质决定。婚介服务的本质是一种建立婚姻的辅助手段，婚介的功能是辅导婚姻和帮助婚姻关系的建立。人们谈婚论嫁，建立婚姻家庭，需要婚介的协调。单身男女参加婚介的目的是得到婚介机构的婚恋交友技巧指导，并找到适合自己的婚姻对象，进而缔结美好姻缘。

　　2. 意义

　　（1）有利于社会的稳定进步和发展。现代社会正朝着全球化、信息化方向发展，社会分工越来越精细，各经济主体之间的联系也越来越紧密。社会能否正常运作、稳定生产，不仅对社会自身至关重要，而且对与之相关联的其他机构也有非常重要的影响。人员是社会运作的核心，人员状态的好坏将影响社会的发展。婚介服务帮助人们解决婚姻问题，解决生活的后顾之忧，起到了稳定心理的作用，促使人们正常地工作，保证了社会的和谐与稳定。

　　（2）有利于社会的安定团结。安居乐业、生活幸福、家庭和睦是现代社会的一个基本目标。婚介服务与人们的婚姻生活联系最密切，婚介服务的成败直接关系到一大批单身男女的生活质量。婚介服务做好了，当事人的感情生活有了归宿，从根本上起到了稳定家庭的作用。

（六）婚介信息分析的含义和基本要求

1. 婚介信息分析的含义　婚介信息分析是指以征婚人的婚恋需求为依托，以定性和定量研究方法为手段，通过对婚介信息的收集、整理、鉴别、评价、分析、综合等，形成新的、增值的婚介信息产品，最终为不同层次、不同需求的征婚人提供婚介服务的一项智能活动。

2. 婚介信息分析的基本要求

（1）约见前要有选择、有目标地对征婚人的信息进行分析匹配。得到征婚人的信息之后，要结合征婚人的个人情况和征婚要求，分析个人喜好和选择对象侧重点，有选择、有目标地对征婚人的信息进行分析匹配，进行婚介服务，为随后的推荐、约见、跟进和辅导工作奠定扎实的基础。

（2）约见后，要对征婚人进行有的放矢的辅导和重新推荐服务。在婚介服务遇到困难时，要仔细分析存在的问题，初次约见失败甚至交往几次都无法进入稳定的联系状态时，婚介师需要进一步分析征婚人的信息，对征婚人进行有的放矢的辅导和重新推荐服务。

（七）婚介信息的处理技巧

信息的有效处理直接影响婚介服务质量，也体现了婚介机构的经营能力。

1. 利用有效资源，提供综合服务

（1）将上门咨询的征婚人发展为合约客户。通过对电话咨询获得的信息进行分析，对征婚人的个人情况及择偶要求有基本了解。当征婚人上门咨询时，以合适的态度接待，推荐预先准备好的对象，引起征婚人的注意，将征婚人发展成为正式客户并签约。

（2）综合匹配，成功推荐。对征婚人信息做全面分析，针对个人情况和择偶要求，选择一个或多个推荐对象，并根据掌握的信息对推荐对象进行全面分析，包括个人条件、家庭条件、个人爱好等，最终帮助征婚人选择合适的对象并成功推荐。

（3）提供有效辅导。婚介辅导贯穿于婚介服务的各个环节。婚介师做好婚介辅导的最基础工作是要清楚了解征婚人信息，了解问题产生的原因，站在征婚人的角度看问题，做到辅导工作有的放矢。

（4）广泛寻找符合条件的征婚对象。针对征婚人的择偶要求，积极寻找符合条件的征婚对象。征婚人的择偶条件千差万别，一个婚介机构很难有足够的资源供征婚人挑选。此时，婚介机构和婚介师可积极主动联系其他信誉较好的婚介机构，尽力为征婚人找到合适的对象。

2. 利用有限资源，获取更多信息

（1）有针对性地组织交友、联谊活动。对有特殊需求的征婚人资料进行详细分析，锁定条件类似的对象，并根据目标对象设定活动主题、内容、场地等，择机组织联谊活动，吸引目标对象，为征婚人创造交友环境。

（2）利用有限资源，与其他婚介机构或企业团体合作。各婚介机构之间应该采取资源共享的合作方式，达到"双赢"的目的。例如，共同安排征婚人与企业员工进行交友活

动、共同安排 VIP 会员参加高级俱乐部聚会等。

子任务二　婚介信息管理

一、工作流程

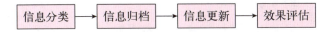

信息分类 → 信息归档 → 信息更新 → 效果评估

（一）工作准备

1. 物品准备

序号	名称	规格	单位	数量	备注
1	电话	通用	个	若干	用于婚介信息管理
2	计算机	台式/手提	台	若干	用于婚介信息管理
3	档案盒	标准	个	若干	用于婚介信息管理
4	档案袋	标准	个	若干	用于婚介信息管理
5	打印机	通用	个	若干	用于婚介信息管理
6	打印纸	A4	包	若干	用于婚介信息管理

2. 人员准备

序号	人员	准备
1	婚介师	信息分析、信息处理、信息管理
2	婚介机构	提出信息管理要求，监督实施

（二）婚介信息管理

步骤	流程	技术操作要求
工作前准备	准备	（1）经过初级婚礼策划职业技能等级培训
		（2）了解掌握婚介信息管理技巧
		（3）了解掌握婚介信息档案管理技巧
步骤 1	婚介信息分类	按性别分类，按年龄分类，按经济收入分类，按财产条件分类，按家庭条件分类，按婚姻状况分类，按性格特征分类，按爱好分类，按择偶要求分类，按照与婚介机构的签约及期限分类
步骤 2	婚介信息归档	（1）婚介档案归档要按照国家档案局规定的档案管理标准进行
		（2）档案材料装订
		（3）档案材料编号
		（4）编制归档材料目录
		（5）归档材料装盒

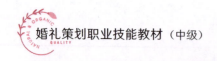

（续）

步骤	流程	技术操作要求
步骤3	婚介信息更新	针对征婚人的信息变化更新婚介信息，包括个人情况变化、择偶要求变化、已经经过婚介服务（包括推荐、约会、跟进、辅导等）、与婚介机构解除签约
注意事项		（1）婚介信息是婚介服务的基础，只有建立丰富的信息资源库，婚介服务才有目标，婚介服务才能卓有成效
		（2）信息处理得是否合理和巧妙反映了婚介机构服务是否到位；对婚介信息有效的管理和保护体现了婚介机构的专业性
		（3）不论是婚介机构还是婚介师，都要严肃、认真地对待婚介信息的收集、分析、处理和管理

（三）效果评估

（1）通过学习婚介信息管理，掌握婚介信息管理技巧，有助于婚介师为客户提供优质的婚介服务。

（2）通过学习婚介信息管理，有助于婚介机构进行有效的信息管理，提供专业化的服务。

二、相关知识

（一）婚介信息管理的目的

（1）用于资料查询，以便推荐、约见、跟进、辅导时选用。

（2）提高工作效率，加快查询速度，避免遗漏。

（3）资料及时更新，可以更好地跟踪征婚人的个人条件及征婚要求的变化，为征婚人做好服务。

（4）有效保护内部资源，更好地开拓婚介市场。

（二）婚介信息管理的内容

1. 分类　分类的目的主要是查询方便。可按以下几种类型顺序分类，并设置相应的主目录和子目录：按性别分类、按年龄分类、按经济收入分类（还可根据财产条件细分）、按家庭条件分类、按婚姻状况分类、按性格特征分类、按爱好分类、按择偶要求分类、按与婚介机构的签约及期限分类等。

2. 归档　归档需要在有序分类的前提下进行，归档的顺序与分类基本相同。

3. 更新　更新是信息管理中不可缺少的一部分。征婚人的信息变化包括个人情况变化、择偶要求变化、已经经过婚介服务（包括推荐、约会、跟进、辅导等）、与婚介机构解除签约。

注意，更新信息时不能将旧信息遗弃，应该同新信息分别保存，以便进一步查对和参考。

（三）信息管理的方式

1. 文本管理　传统模式的婚介机构信息管理都采用文本管理的方式。

（1）文本式管理的优点。

① 资料全面，可以加入很多有关征婚人及婚介服务的附带材料。

② 婚介师介入信息管理的方式简单。

③ 对于信息资料少的婚介机构，操作相对比较容易。

（2）文本式管理的缺点。

① 不易长期保存，易出现资料损坏、遗失等现象。

② 信息增多时，增加管理难度。

③ 信息查询不方便。

④ 信息资料不能共享。

⑤ 不便于与其他婚介机构沟通信息。

2. 计算机信息管理　随着科技的发展，越来越多的婚介机构采用计算机进行信息管理，更多的人群趋于使用计算机处理信息资料。只要建立完整的资料数据库，就可以随时调取所需要的资料。

目前，大部分搜索调取资料分为粗略搜索调取和精确搜索调取两种。粗略搜索是在选择性别的基础上，再对另外一个条件做限制，如婚姻状况、年龄、学历等。而精确的方式是在选择性别的基础上，进行了另外不止一个条件的限制，如同时限制年龄、城市、城区、身高、婚姻状况、学历、收入、职业等。如果再加入体重、民族、住房、购车、信仰、毕业院校、爱好、星座甚至寻找目标等，搜索将会更直接、更详细，搜索范围也将更为集中。

（1）计算机信息管理的优点。

① 易于长期保存。

② 信息分类细，归档清晰，更新快，管理更趋专业化。

③ 查阅信息方便、快捷，服务效率较高。

④ 可以进行资料共享。

⑤ 便于与其他婚介机构进行信息沟通。

⑥ 可通过网络，面向其他地区的客户开展婚介服务业务。

（2）计算机信息管理的缺点。

① 婚介机构初期投资较大。

② 需要做程序设置及网络保密措施，避免资料泄漏。

③ 要求婚介师必须具备计算机操作能力，需要进行必要的培训。

婚介信息是婚介机构的工作资源，婚介师应该经过分析，有选择地向征婚人传递。除少量经过挑选可以公示的信息外，征婚人的信息资料要严格保密。婚介师要重视维护机构本身的资源及征婚人的隐私权。

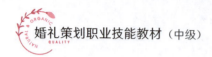

任务二
婚 介 约 见

【任务情境】

　　张女士是某国家行政机关的领导干部，由于家庭的影响，她待人比较刻薄，但她实属刀子嘴、豆腐心，待人真诚、善良。张女士加入某婚介机构，成为会员，参加了两次约见都没有成功。负责她的婚介师黄老师并没有放弃，而是凭着对她的了解，经常带她参加一些活动，并从多个角度引导、帮助张女士。受黄老师的熏陶，张女士在处事方面大有改变。在后来的约见中，由于张女士自身的努力，加上黄老师的帮忙，张女士终于找到了自己的如意郎君。后来，张女士一提起相亲的事，总称赞黄老师的耐心和热情。

【任务分析】

一、婚介约见的主要内容

序号	主要内容
1	联系双方
2	安排见面
3	双方相识

二、婚介约见的工作目标及措施

序号	主要工作目标	措施
1	婚介师通过专业手段和方式，为接受婚介推荐服务的征婚男女安排见面	熟知婚介对象的个人情况，制作约见对象的个人情况介绍清单
2	让陌生的征婚人不断了解和熟悉对方	掌握约见技巧

【任务实施】

子任务一　进行婚介约见的准备

一、工作流程

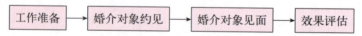

工作准备 → 婚介对象约见 → 婚介对象见面 → 效果评估

（一）工作准备

1. 物品准备

序号	名称	规格	单位	数量	备注
1	办公用品	通用	通用	若干	用于婚介约见
2	约见室	10～20 米²	米²	若干	用于婚介约见
3	约见环境布置				用于婚介约见
4	征婚人个人资料登记表		个	2	提供给约见双方
5	约见事项准备清单		个	3	约见双方和婚介师各 1 份
6	其他				用于婚介约见

2. 人员准备

序号	人员	准备
1	婚介师	制作约见对象的个人情况介绍清单
2	婚介对象	做好约会准备

（二）进行婚介约见的准备

步骤	流程	技术操作要求
工作前准备	联系双方	（1）经过初级婚礼策划职业技能等级培训
		（2）熟知婚介对象的个人情况
		（3）制作约见对象的个人情况介绍清单
步骤 1	材料准备	（1）准备和布置约见室
		（2）准备约见的相关材料，包括征婚人个人资料登记表、约见事项准备清单等
步骤 2	联系双方	（1）婚介师通过电话、微信、邮件等方式联系约见双方
		（2）婚介师告知双方约见的时间、地点、注意事项等
注意事项		作为一个专业的婚介师，不但要具备婚介常识，在婚介指导方面有特殊的能力，还要随机应变，学会应用各种状况，有效地做好约见工作

（三）效果评估

学习婚介约见的各种方式，有助于婚介师促使约见双方达成进一步交往的意向。

二、相关知识

（一）婚介约见的含义

所谓婚介约见，是指婚介师通过专业手段和方式，为接受婚介推荐服务的征婚男女安排见面的服务行为，也就是传统意义上的相亲。

（二）婚介约见的形式

随着社会经济的发展和科学技术的进步，人们的生活水平不断提高，婚介约见的形式也日渐时尚化、人性化和多样化。婚介约见大致可划分为以下几种：

1. 按照婚介约见人数分类，可以分为双人婚介约见和多人婚介约见

（1）双人婚介约见。双人婚介约见是只有一对征婚男女参加的婚介约见。它是目前婚介服务使用最多的一种婚介约见形式，最受征婚人的欢迎。

双人婚介约见的优点体现在以下几个方面：一是私密性强，便于征婚男女双方做深入的交谈和认识；二是成功率相对较高；三是方便婚介师掌握婚恋进展情况并进行有效跟进。

当然，双人约见本身也存在一定的局限性，即选择对象相对单一。

双人婚介约见比较适合以下人群：一是不善言谈，性格比较内向的人；二是个人条件相对较差，需要婚介师的特别辅导和帮助；三是征婚条件相对特殊或者征婚要求比较特殊；四是要求较高的 VIP 会员。

（2）多人婚介约见。多人婚介约见是指由一对以上征婚男女共同参加的婚介约见。这种形式的婚介约见，一般是由婚介机构挑一批条件比较相近的征婚人，组织他们聚集到一起，让大家在比较轻松的气氛中相互认识。这是目前婚介行业新兴的一种婚介约见形式。

比较典型的多人约见形式有"婚介联谊活动""8 分钟交友活动"等。很多年轻人，尤其是性格外向、选择条件广泛的人，愿意选择多人约见的方式。

多人约见的优点有以下几个：一是可以为征婚人提供更多的选择；二是大型热闹的场面容易冲淡陌生人固有的谨慎，从心理上消除初次见面的紧张感；三是征婚男女在活动中可以相互观察，如果找到自己满意的对象，可以主动接触或者请婚介师帮助联系，进行有针对性的交往。

2. 按照婚介约见地点分类，可以分为室内婚介约见和室外婚介约见

（1）室内婚介约见。室内婚介约见是指征婚男女在室内进行的婚介约见。由于室内约见大多数在婚介机构的婚介约见室进行，便于婚介师掌控约见的情况，有什么问题可以及时处理，征婚人婚介约见后的反馈信息也能在第一时间传递给婚介师。所以，室内婚介约见是效率最高的婚介约见形式，被频繁、广泛地采用。

比较而言，以下人群比较适合选择室内约见形式：一是初次见面；二是不善交谈，性格比较内向；三是有过失败婚姻、婚恋经历的；四是多次约见未成功的。

（2）室外婚介约见。室外婚介约见是指征婚男女在婚介机构场所以外的地方进行约见。这个约见可以是婚介师安排的，也可以是征婚人自己约定的。

一般相互之间比较熟悉的征婚人喜欢采用这种约见形式。这类征婚人可能已经过初次婚介约见，彼此有了一定的好感，为了更深入地了解对方，故采取这种约见方式。

室外婚介约见可以是双人约见，也可以是多人约见，也包括婚介机构组织的大型婚介约见活动。

子任务二　婚介约见的实施

一、工作流程

工作准备 → 约见前的准备 → 安排技巧 → 安排方式 → 效果评估

（一）工作准备

1. 物品准备

序号	名称	规格	单位	数量	备注
1	办公用品	通用	通用	若干	用于婚介约见
2	约见室	10～20 米²	米²	若干	用于婚介约见
3	约见环境布置				用于婚介约见
4	征婚人个人资料登记表		个	2	提供给约见双方
5	约见事项准备清单		个	3	约见双方和婚介师各 1 份
6	其他				用于婚介约见

2. 人员准备

序号	人员	准备
1	婚介师	制作约见对象的个人情况介绍清单
2	婚介对象	做好约会准备

（二）婚介约见

步骤	流程	技术操作要求
工作前准备	约见前的准备	（1）经过初级婚礼策划职业技能等级培训
		（2）熟知征婚人的个人情况
		（3）根据征婚人的要求帮助征婚人做约见准备
		（4）征婚双方的信息介绍
		（5）制作约见事项准备清单
步骤 1	安排见面	（1）根据婚介对象的要求，帮助征婚人做约见前准备
		（2）再次通知双方具体的约见时间和地点
		（3）对婚介对象的举止、着装、言谈等进行礼仪指导
		（4）对婚介对象进行必要的心理指导
		（5）提供安排见面的婚介师的联系方式
步骤 2	双方相识	（1）婚介师要有意识地营造便于随意交谈的氛围
		（2）婚介师要热情地为约见双方进行介绍，对双方的特长要做特殊介绍
		（3）婚介师可以为条件基本相近的征婚人安排各种活动，让大家在活动中发现意中人
注意事项		作为一个专业的婚介师，不但要具备婚介常识，在婚介指导方面有特殊的能力，还要随机应变，学会应用各种状况，有效地做好约见工作

（三）效果评估

通过学习婚介约见的技巧，更好地完成约见工作。

二、相关知识

1. 约见前的准备

（1）熟知征婚人的个人情况。从征婚人与婚介服务机构建立服务关系开始，婚介师就要对征婚人的个人情况进行记录、存档和了解。只有深入了解每一个征婚人，才能在第一时间为他们选择、安排合适的约见对象。

接待完征婚人后，婚介师要对征婚人的情况，以及对征婚人的第一印象做简单描述，以存档备查。征婚机构常见的个人资料登记表见表2-1。

表2-1　征婚人个人资料登记表[①]

姓名		性别		民族		年龄		身高	
出生日期		籍贯			政治面貌				
专业		学历			宗教信仰				
婚姻状况					家庭成员				
财产状况	住房面积					□私有　□租用			
	是否有车				车品牌				
同住人员									
职业		职务			电话				
身份证号					月收入				
家庭住址									
本人性格描述									
择偶要求									
业余爱好、特长及特殊才艺									
其他个人资料									

（2）为征婚人提供约见指导。根据征婚人要求，帮助征婚人做约见准备。为了能更好地完成约见，提升服务质量，同时也为了满足征婚人的要求，婚介师要对征婚人进行适当的指导。指导大致包括以下两个方面：

① 举止、着装、言谈等礼仪指导。首先，婚介师要指导约见双方在穿着上互相协调，

---

① 徐红.婚介师（国家职业资格五级）[M].北京：中国劳动保障出版社，2007：91.

尽量不要出现一方穿着过于华丽、夸张、炫耀，而另一方穿着过于随意的情况，避免尴尬。女性征婚人穿着不宜过分性感，男性征婚人穿着应体面大方，尽量穿正装或休闲装。其次，双方的仪表仪容要整洁、利索。男士不留胡子，女士化淡妆。最后，在言谈举止上，男士始终要表现出应有的风度和气质，女士要注意不要过分张扬。

② 必要的心理指导。性格内向、不善言谈的征婚人做事稳重、不喜欢多言，更多的时候是聆听对方诉说，尤其是在陌生人面前，更显得局促不安，不善于交流。针对这类人群，婚介师要多做心理引导，引导其如何在陌生人面前展示自己，适时表达自己的想法和观点，达到沟通的目的。对于有过失败经历的征婚人，要鼓励其克服心理障碍，吸取以前失败的教训，重新建立自己对婚恋的信心。

（3）征婚双方的信息介绍。婚介师需要提前分别向约见双方介绍对方的详细情况，尤其是特殊爱好、生活习惯等，并为约见双方提供共同的话题选择，方便约见时的沟通。

（4）约见前婚介师的准备工作。在征婚人约见前，婚介师也要做些准备工作。为了让自己思路清晰，工作井然有序，建议按照表 2-2 所示事项准备清单，进行约见前的准备工作。

表 2-2　约见事项准备清单[①]

事项	准备状况	备注
年龄、身高、体重		
从事行业		
工作单位		
职称职位		
性格特征		
个人喜好		
个人禁忌		
婚姻经历		
征婚要求		
父母、家庭等基本情况		
约见环境要求		
特殊要求		
约见通知		
备注		

注：时间：×年×月×日晚 8:00　地点：××婚介第八约见室　负责人：×××

---

① 徐红. 婚介师（国家职业资格五级）[M]. 北京：中国劳动保障出版社，2007：92.

2. 安排约见的技巧

（1）时间安排技巧。人际交往中的第一印象非常重要，俗话说，"良好的开端等于成功的一半"。所以，婚介师在进行婚介约见服务时，必须周密策划，根据征婚人双方的情况，精心安排约见时间，从而保证最佳的约见效果。

一般情况下，约见多安排在晚上，时间比较充裕，如果交流比较成功，还可以共进晚餐。

在节假日约见也是常见的做法，双方约见后，可以走出约见室，或者逛商店，或者逛公园，制造更多的话题。

如果征婚人坐车上班，婚介师可以建议他们先回家放下东西，稍微收拾打扮一下再出门。在约见时，建议不要提着很多东西；如果是开车上班，婚介师可以建议征婚人把过多的东西放在后备厢里，总之，手上不要拿太多的东西。

如果加班或者深夜才下班就不要再安排约会了，因为一天工作下来，征婚人已经很疲惫了，展现在对方面前的已经不是最好的状态了。

此外，如果是双方第二次见面，婚介师要建议女方尽量不要在晚上约会，这主要是出于安全考虑。

（2）地点安排技巧。第一次约见，婚介师应尽量把约见双方安排在安静、雅致的室内，方便双方了解彼此，并在对方心中留下良好的第一印象。

之后的约见可以选择在室外进行。室外约见一般选择公园、咖啡厅、电影院、KTV等场所，还可选择景点、树林、小河边等处。这些场所有时也可以作为集体约会的地点。

（3）其他安排技巧。

① 气氛渲染。不论婚介约见选在什么时间、什么地点，婚介师都要有意识地营造一种便于随意交谈的氛围。尽量让约见双方淡化相亲意识，鼓励他们像结识新朋友一样从容交谈，千万不要让约见双方感到紧张、压抑和不自然。另外，还可以利用音乐来调节气氛。在音乐的节奏中，人们交流起来更轻松，同时又增加了一个话题。

② 物品摆放。在布置室内约会场景时，还应该考虑物品摆设形式等因素，如桌上的台灯、墙上的装饰画等。

③ 饮食为伴。约见室还可以放些饮料，如咖啡、清茶，或者放些小食品，缓解约见双方的情绪，帮助他们找出更多的话题。

总之，作为一个专业的婚介师，不但要具备婚介常识，在婚介指导方面有特殊的能力，还要有丰富的阅历，学会运用各种技巧，有效地做好约见工作。

3. 安排约见的方式

（1）介绍男女双方相识。双方初次相识时，婚介师除了要简单明了地介绍征婚男女的身份和姓名外，还要善于组织话题，缓解初次见面的尴尬气氛。一般应做好以下几项工作：

① 热情介绍，打破初次见面的尴尬局面。婚介师要热情地为约见双方进行介绍，对双方的特长要做特殊介绍。

② 帮助双方寻找共同话题。短暂的寒暄之后，如果没有合适的引导，双方很可能因为初次见面而冷场。此时，婚介师应及时抓住双方可能感兴趣的话题，打破僵局。

③ 活跃气氛，引导双方展示自我。任何人都愿意展示自己优秀的一面。婚介师可以做适当的提示，启发约见双方向另一方展示自己。

（2）举办活动，创造机会，让约见人员多交流。婚介师可以为条件基本相近的征婚人安排各种活动，让大家在活动中发现意中人。

① 举办联谊活动。联谊活动举办的时间比较灵活，可以是假期，也可以是周末，甚至可以是工作日的某一天。举例如下：

时间：某周六晚 7 点。

人数：30 人左右。

餐饮准备：饮料、茶水、啤酒、小点心、水果若干。

工作人员：5～8 名婚介师。

活动内容：交谊舞、卡拉 OK 表演、音乐欣赏、小游戏等。

具体活动形式可以多样化，由组织者酌情合理设计。

② 举办 8 分钟交友活动。相对于别的活动而言，8 分钟交友活动因其本身具备的优点，广受各界欢迎。

1999 年，美国人 Yaacov Deyo 制定了 8 分钟交友的游戏规则后，该游戏马上在西海岸风靡起来，一路传到纽约。在接下来的几年里，这种约会方式陆续传播到加拿大、英国等地，随后，在全世界流行起来。线下的 8 分钟交友火爆了一段时期后，网上 8 分钟约会因其高效性和简便性，重新掀起了交友热潮，国内已经有公司推出系列网上 8 分钟交友平台，并成功运用于各大中小型婚恋交友网站。

在 8 分钟交友活动中，不能问对方的真实姓名，每人只有编号，不能问对方的电话号码和电子邮箱地址，不能问对方的详细地址，也不能无故纠缠对方。交友结束后，可以将想结交的朋友的编号记下来，再通过活动组织人联系对方。

在 8 分钟交友活动中，每一个参加者都有机会与所有参加活动的异性进行交谈，交谈的时间为 8 分钟，这样，每个人都能保证有机会和自己心仪的人谈话，同时又不会被别人缠住。当然，其最终目的只有一个——用最短的时间认识最多的异性。

8 分钟交友的活动形式可分为线下 8 分钟交友和在线 8 分钟交友。线下 8 分钟交友自登录中国以来，迅速在北京、上海、深圳等大城市流行起来，出现了很多专门针对 8 分钟约会的网站。网上 8 分钟交友并不是在网上报名在线下约见，而是全部的约会过程都在网上，通过摄像头和文字完成交流。

传统的 8 分钟交友给传统的中国式婚介交友活动带来了新鲜感，年轻的单身男女纷纷加入这一行列，希望能在短短的 8 分钟里体验到"一见定终身"的甜蜜。但是随之而来的不只是幸福和乐趣，也出现了种种问题。一是见面仓促，准备不足。参加约会的男女多是在网上报名的，事先并不认识，即使能够提前到达约会地点也无法真正提前了解异性，轮到自己时不知如何开口，导致交流低效，不能有效利用属于两个人的 8 分钟进行了解。二是模式僵化，新鲜感缺失。在一二线城市中，几乎每周都会举办 8 分钟交友活动，也出现了多次参加 8 分钟交友的男女。面对不同地点举办的同样的约会活动，他们的热情渐渐减少，却仍然没有找到心动的感觉。最早无比期待的约会之夜慢慢在记忆里淡化了。三是不可避免的实际见面，缺乏安全性。8 分钟交友的初次见面是在有限时间内的多数人群中实现的，相对传统的一对一约见式见面，安全性有了较大提高。但约会散场后的时间成了盲区，两人如果决定继续交往，就又回到了传统的约会模式，无法保证安全。

网上8分钟交友结合了8分钟交友和网上交友的优点，完成了人员报名、分组列队、开始循环、单独聊天、交换线下联系方式的完整过程，让组织者和参与者足不出户地完成约会和交流。网上的交流当然不能完全代替线下的约会见面，但是可以使预约人员相互熟悉。除了互相抱有好感的男女可以私聊，还可以申请把不怀好意者提前清出聊天队列。当线上活动结束后，再组织线下的见面将会事半功倍，可以为组织者和参与者节约大量时间和金钱。

8分钟交友活动的优点表现在简洁、高效、省钱、安全。而其颇受青睐的原因主要是：美国人曾经做过一个心理学研究，陌生人初次见面，在30秒内，大脑皮层就会对对方产生初步的印象，而8分钟是人与人初次交往的最佳时间，也是比较经济的时间。印象好可以延长时间；如果印象不好，8分钟很快就会过去。

（3）短期郊游。婚介师可以利用周末或假期，组织条件相近的人外出郊游。旅行中1~2天的朝夕相处为更深入地了解和认识择偶对象提供了机会，其间，如果有合适的场地，也可以举办一些有意义的小游戏或小活动。

总之，活动的目的是让陌生的征婚人不断了解和熟悉对方，促成双方交往。

4.安排约见时的注意事项

（1）见面前的准备工作。在见面前，婚介师应该告知约见人一些见面时的注意事项。

首先，挑出合适的衣服，穿上看看能否体现自己最好的状态。不论男女，都要重视每一次约见，要做适当打扮。

其次，约见前应该查看一下自己的脸色，如果没有休息好或气色不好，婚介师可以建议其做一个面膜。其实在约见前几天就可以开始连续做面膜了，这对改善肤色有一定效果。

最后，征婚人在约见前应注意指甲是否整洁，一定要查看一下十个指尖，是否有已经破损的指甲。有的女孩喜欢涂指甲油，可是却没有注意到指甲油已经脱落，这样容易给对方造成视觉上的不愉悦，同时也会让对方误认为自己是一个不修边幅、连外表都不在意的女人。细节决定成败，要在出门前仔细检查每一个细节，让自己看上去尽量完美。同时，要有自信，让对方觉得他们的选择是正确的。

（2）约见时的着装注意事项及约见时的表现。在着装方面，一般来说，不要穿得太过暴露，那种能看到内衣的透视装或是内衣外穿风格的衣服，都要尽量避免。因为这样穿，可能会让对方感觉太轻浮或卖弄性感，导致约见失败。

在化妆方面，不要化太浓的妆，失去自己本来的面貌。这种情况可能导致男方的猜疑，怀疑女方的真实面貌，也会让人感到轻浮，所以，女方应尽量化淡妆。

在约见时，有经验的婚介师的建议是，在打扮得体的前提下，尽量轻松地对待约会，越是落落大方，认真倾听对方的谈话，越容易获得对方的好感。

（3）约见时应了解的信息和注意的细节。从一个人的衣着通常可以判断出这个人的生活品质，如果一个人非常注重外表，有可能是因为他的虚荣心比较强。如果这个人头发整洁、衣服干净，起码说明他很讲究卫生。可以注意观察对方的指甲，这也能说明一个人的

卫生状况。

如果一个男人有"将军肚"，说明他的应酬比较多，也说明他的生活相对来说没有太大压力。当然，这也表明他对自己的外貌不在意，说明他是个不为别人眼光左右的人，只注重自己的决定。

在约见的时候，还可以观察对方接电话的状态。如果交流时有电话打进来，可以注意观察一下他（她）打电话时对别人的态度是否和刚才交流时候的语气相差很大，是不是态度很恶劣。如果真是这样，就要小心观察，防止对方是一个"两面人"。

（4）约见时间的控制。约见时间尽量不要超过5个小时。一般初次见面，大家无非就是聊聊天。一般来说，作为女方，最好理智地在合适的时间主动提出结束约会，给对方留点悬念。哪怕心里再舍不得离开对方，也要在5个小时内结束约会，留一些话下次说。回去后认真思考一下，对方究竟是不是自己想认识的人，不要心血来潮，妄下结论。

（5）如何深入了解一个人。一个人的容貌可能透露出一些信息，比如他有没有长痘痘，长痘暗示着一个人的生活状态和身体状况。而如果一个人说话时有很重的口气，可能意味着他的消化系统不是很好。

说到气味，不妨说一下人的体味。每个人都有自己的味道，这不一定非要亲密接触才能感受。有时一个人走到身边，一米的距离就能闻到体味，当然这体味也是五花八门的，有的是自带的"男人味"，有的可能喷了古龙香水，有的则可能是洗衣粉的味道。这些都能说明这个人的性格，如有的人不修边幅，有的喜欢用香水掩盖体味，有的注重清洁等。

另外，从对方的眼神中也能看出这个人的自信程度。如果他说话时不敢直视对方，或者眼神飘忽不定，那就说明他不自信，或是交流时对方给他太大压力了。

此外，如果想了解一个男人的经济实力和品位，那么不妨看一下他的"四大件"——手表、手机、鞋和皮带，是否都比较上档次。当然，对于手机来说，也许有的人喜欢赶时髦，出一款新的就要换一款，无法证明他的经济实力和品位，所以要把这几点综合起来看。如果一个男人的鞋面上有土，或者看上去根本没有打过油，请别听信他的借口，诸如太忙、忘了之类的。一般来讲，一个注意外表的人是不会忽视这个细节的。不过，如果一个人把鞋擦得油光滑亮的，比新买的都亮，那么他有可能是个有洁癖的人。

说到饰品，现在很多人会在手腕上带一串佛珠。这其中也有学问，如果他不是一个有宗教信仰的人，那多半说明这人有可能没有主见，容易受到外来因素的影响。若是对方见面时手中拿着别的东西，如公文包或电脑等，可以留心看一下。对方如果打开电脑，屏幕上满是尘土，那或许说明这人工作很努力，但更能说明这个人不注重细节，可能不讲卫生。

（6）第一次约见时不应该做的事情。第一次约见时，从举止到语言都要表现得大方得体，谈话时最好坐在对方对面，保持一定的距离，不要坐得太近，不要让自己的腿或是脚碰到对方的身体，否则会让对方感觉很随便。

至于谈话的内容，最好谈一些双方的爱好，比如喜欢看的电影之类的，或是谈一些最近发生的大事，不要过多涉及私人信息，比如在工作中多沮丧、公司的人际关系有多糟糕之类的，更不要谈前任情侣、小孩等。

任务三
婚介跟进服务

【任务情境】

　　小杨初次去婚介所登记是妈妈陪着去的，让人感觉小杨是一个十分害羞的小伙子。安排约见的晚上，小杨的妈妈依然陪着小杨来约见室约见。小杨在里屋与女方交谈，妈妈就在外面看电视等候。不过好在都是年轻人，交流还算比较自然，女方除了对小杨过分依赖母亲不满意外，对小杨自身的条件和素质还算满意。之后，婚介师多次劝说女方，小杨也算不上是依赖母亲，只是对待婚姻感情的问题比较羞涩。经过多次约见。事实也确实如婚介师所说，女方观察小杨除了对待感情问题有点羞涩外，其他方面都是很有主张和分析力、判断力的。由于婚介师的及时跟进与辅导，小杨很快获得了女孩的认可，两个人确定了恋爱关系，交往也很顺利。可见，婚介师的跟进服务非常重要，需要及时跟进。[①]

【任务分析】

一、主要内容

序号	主要内容
1	为经过约见的征婚人提供进一步的跟踪服务
2	帮助征婚人达到择偶交友的目的
3	促进双方进入稳定的婚恋阶段

二、工作目标及措施

序号	主要工作目标	措施
1	力争婚介服务成功	掌握跟踪服务技巧
2	维护客户关系，保护客户资源	心理疏导、制订计划、耐心周到

---

① 徐红．婚介师（国家职业资格五级）［M］．北京：中国劳动保障出版社，2007：95-96．

【任务实施】

子任务一　跟踪双方交往情况

一、工作流程

（一）工作准备

1. 物品准备

序号	名称
1	办公用品
2	约见室
3	约见环境布置
4	征婚人个人资料登记表
5	约见事项准备清单
6	其他

2. 人员准备

序号	人员	准备
1	婚介师	跟踪服务
2	征婚双方	约见成功/约见失败

（二）跟踪双方交往情况

步骤	流程	技术操作要求
工作前准备	初次约见	（1）经过初级婚礼策划职业技能等级培训
		（2）做好约见前的准备
		（3）掌握约见技巧
步骤1	约见成功	（1）帮助约见成功的征婚人增进了解
		（2）帮助约见成功的征婚人加深感情
	约见失败	（1）帮助约见失败的征婚人调整心态
		（2）重新开始下一轮的婚介推荐、约见
步骤2	维护客户关系	（1）对于已经介绍成功并顺利登记结婚的征婚人，婚介师可以进行跟进服务，使其成为婚介机构的"活广告"，将婚介机构推荐给周围的朋友，带来更多的客户
		（2）对于介绍成功并登记结婚的征婚人可能遇到婚姻问题提供婚姻辅导
		（3）离婚的征婚人还可能成为回头客，继续寻求婚介服务

（续）

步骤	流程	技术操作要求
	注意事项	成功约见并不意味着婚介成功。征婚人往往需要经过多次约见，才能进入稳定的婚恋状态。这就需要婚介师在完成婚介推荐和约见服务之后，提供进一步的跟进服务，帮助征婚双方尽早进入稳定的婚恋状态。此外，还应为约见不成功的征婚人重新安排约见，直至成功

（三）效果评估

（1）通过学习跟踪双方交往情况的工作技巧，有助于婚介师处理婚介约见后出现的不同情况。

（2）通过学习维护客户关系的工作技巧，有助于婚介师进行婚介服务销售。

二、相关知识

（一）婚介跟进服务的含义

约见之后，如何帮助约见成功的双方增进感情，如何帮助约见失败的客户调整心态，进行再次约见，都是婚介跟进服务所要完成的任务。

婚介跟进服务就是婚介师为经过约见的征婚人提供进一步的跟踪服务，帮助征婚人达到择偶交友的目的，并进入稳定的婚恋阶段。

（二）婚介跟进服务的目的

1. 力争婚介服务成功　成功约见并不意味着婚介成功。征婚人往往需要经过多次约见，才能进入稳定的婚恋状态。这就需要婚介师在完成婚介推荐和约见服务之后，提供进一步的跟进服务，帮助征婚双方尽早进入稳定的婚恋状态。此外，还应为约见之后不成功的征婚人重新安排约见，直至成功。

2. 维护客户关系，保护客户资源　有人说："婚介服务成功一次，客户就减少一个。"此话有一定的现实依据，但缺乏全面性。如果婚介师能够在跟进服务的过程中，与客户随时保持联系，并成为朋友，帮他们出主意、想办法，那么，婚介师不但能够及时了解征婚男女的婚恋状况，而且一旦其婚恋不成，凭着对婚介师的信任，征婚人可能会再回来找婚介师，重新进行下一轮的择偶介绍。此外，每一个对婚介机构有好感的人都会向身边的朋友介绍自己信任的婚介师，或者帮助婚介机构介绍新客户。

【例3-1】张女士在婚介机构登记没多久就有了两次约见经历，在婚介师的热心帮助下，找到了意中人。为张女士服务的婚介师小金是一个办事稳妥的人，由于小金的热心服务，她们很快就成了无话不谈的好朋友。张女士在恋爱过程中，每碰到一个问题都会和小金交流，小金也想方设法地为张女士排忧解难，直到张女士结婚，两个人还经常探讨一些感情上的问题。后来，张女士为小金介绍了无数的同学、朋友、同事，使小金成为该机构业绩最好的婚介师[①]。

---

① 徐红. 婚介师（国家职业资格五级）[M]. 北京：中国劳动保障出版社，2007：96.

（三）婚介跟进服务的重要性

1. 跟进服务是决定婚介服务成功与否的关键　婚介接待、推荐和约见各项工作缺一不可，但是，仅完成这些还远远不够，如果没有跟进服务，一对可能成功的征婚人也许会因为一点小误会而分手，或是双方交往不顺畅，婚恋关系没有突破性进展等。所以，婚介跟进服务是决定婚介服务成功与否的关键。

2. 跟进服务在婚介服务过程中占据的时间最长　有些婚介服务环节在时间上可以掌控，如一次接待、一次约见，而跟进则是一个过程，无法用确定的时间来衡量。征婚人经过初次约见之后，两个人还不是很熟悉，有些事情还需要婚介师出面帮助，这是跟进工作的一部分。还有些约见双方在交往一段时间之后，发现对方确实不适合，需要再次回到婚介机构重新选择对象，婚介服务程序就要重复进行。

有些婚介服务工作做得好的机构，对已经确定婚姻关系的征婚人，还会继续提供一定的家庭咨询辅导服务，称为跟进服务的延伸。

3. 跟进服务对婚介服务的职业技能要求较高　在婚介跟进服务的过程中，需要婚介师对客户有深入的了解，把握信息，做好工作。跟进服务不但考验婚介师的耐心和职业素质，也是对婚介师职业服务技能的严格检验，包括语言能力、人际交往能力等。一般情况下，专业婚介师的跟进服务工作做得较好。

（四）婚介跟进服务的内容

婚介跟进工作的内容主要包括三个方面：一是帮助约见成功的征婚人增进了解，加深感情；二是帮助约见失败的征婚人调整心态，重新开始下一轮的婚介推荐、约见；三是维护客户关系。

1. 婚介跟进服务的主要流程　婚介跟进服务的主要流程见图 3-1。

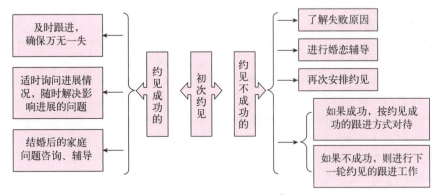

图 3-1　跟进服务过程[①]

2. 婚介跟进服务的意义

（1）增进了解，加深感情。当参加约见的双方都没有明确反对进一步交往时，婚介师要抓住机会，促成双方再次接触。其间，婚介师要为双方传递积极的信号，并帮助双方消除情感发展道路上的不和谐因素。

---

① 徐红.婚介师（国家职业资格五级）[M].北京：中国劳动保障出版社，2007：97.

【例3－2】郑女士和胡先生第一次约见之后，彼此感觉不错。于是，在婚介师的引导下，他们开始交往。但是第二次见面之后，就发生了不愉快的事情，原因是胡先生无意中谈到成家以后，希望能和父母一起住，而郑女士十分不愿意和胡先生的父母共同生活，坚持分开居住，两人为此争执不休。婚介师了解情况以后，认为男方说的有一定道理，还以自己的亲身经历劝说郑女士，虽然和婆婆住在一起有不便之处，但是利大于弊，如下班回家吃现成饭，孩子不用自己操心，衣食住行婆婆都料理得井井有条……经过婚介师的多次开导后，郑女士开始回心转意，决定和胡先生继续交往，恋爱关系逐步确定。一年后，婚介师收到了他们的婚礼邀请函。

（2）重整旗鼓，面对新人。多数人都需要经过两次、三次或者更多次的约见，才能找到自己中意的对象。婚介师应再次为这些约见不成功的人安排见面机会，并及时帮助他们分析、总结经验和教训。

【例3－3】小杨参加了两次约见，但女方都拒绝了他，他心灰意冷，十分自卑。婚介师发现这种情况，帮助小杨仔细分析了两次约见的过程细节，总结失败的教训，并且鼓励小杨树立自信。经过一段时间的思想调整，小杨走出了感情阴影，虽然第三次约见还是失败了，但在婚介师的鼓励下，他没有放弃，他相信暂时的不成功只是因为没有遇到合适的人。通过自己的努力和婚介师的辅导，小杨最终找到了自己的意中人。①

（3）维护客户关系。对于已经约见成功并顺利登记结婚的征婚人，婚介师还可以进行跟进服务，使其成为婚介机构的"活广告"，将婚介机构推荐给周围的朋友，带来更多的客户。其中有些人可能遇到婚姻危机，如果与婚介师保持良好关系，他们还可能成为回头客，继续寻求婚介服务。所以，婚介师有必要在婚介成功之后与客户保持一定的联系，维护高质量服务的专业形象，真正成为客户的朋友。

【例3－4】汪先生第一次约见是婚介师赵老师安排的，后来的恋爱跟进、辅导，直到结婚，也都是赵老师一手操办的。可是，由于双方脾气相异，汪先生与妻子摩擦不断，多次调解无效后，汪先生的婚姻以失败告终。虽然婚姻失败了，但这并不影响汪先生与赵老师的关系，赵老师也在不断地为汪先生寻找合适的女士，几年后，赵老师又为汪先生找到了一位意中人。②

子任务二　婚介跟进服务中所需的特殊技巧和素质

一、工作流程

心理疏导　→　制订计划　→　效果评估

---

① ②　徐红. 婚介师（国家职业资格五级）［M］. 北京：中国劳动保障出版社，2007：98.

（一）工作准备

1. 物品准备

序号	名称
1	办公用品
2	约见室
3	约见环境布置
4	征婚人个人资料登记表
5	约见事项准备清单
6	其他

2. 人员准备

序号	人员	准备
1	婚介师	跟踪服务
2	征婚双方	约见成功/约见失败

（二）婚介跟进服务中所需的特殊技巧和素质

步骤	流程	技术操作要求
工作前准备	跟进准备	（1）经过初级婚礼策划职业技能等级培训
		（2）做好跟进服务准备
		（3）掌握跟进服务技巧
步骤1	心理疏导	（1）使征婚人在行为、举止和谈吐方面更加得体
		（2）帮助征婚人增强自信
步骤2	制订计划	（1）进一步了解所服务的客户
		（2）根据客户的不同状况，设定回访进度
		（3）及时对客户回访状况进行登记
注意事项		成功约见并不意味着婚介成功。征婚人往往需要经过多次约见，才能进入稳定的婚恋状态。这就需要婚介师在完成婚介推荐和约见服务之后，提供进一步的跟进服务，帮助征婚双方尽早进入稳定的婚恋状态。此外，还应为约见不成功的征婚人重新安排约见，直至成功

（三）效果评估

（1）通过学习跟踪双方交往情况的工作技巧，有助于婚介师处理婚介约见后出现的不同情况。

（2）通过学习维护客户关系的工作技巧，有助于婚介师进行婚介服务销售。

二、相关知识

（一）心理疏导

初次约见的印象非常重要，约见前，婚介师要对双方进行心理疏导工作，如告知约见双方心态要平稳，表情要自然，行为举止要有礼貌，言谈要注意分寸等。

心理疏导还包括个人信心的建立。婚介师在进行婚介服务的时候，就要有针对性地进行引导，启发征婚人找到合适的展现自己的方式。

【例3－5】小姜的第一次约见以失败告终，原因是女方嫌他太不拘小节。第二次约见，女方嫌小姜太在意自己，过分的讲究让小姜的言行变得十分不自然。婚介师针对小姜的两种极端做法对其进行了心理疏导，告诉他外观形象和言行举止是陌生人之间相互了解的开始，不良的表现可能让自己在其他方面的优势大打折扣。通过婚介师的及时辅导和合理引导，小姜在第三次约见中终于得到了女方的认可。

（二）制订计划

不论是约见成功还是约见失败，婚介师都需要制订下一步的工作计划。计划不仅包括对征婚人本人的辅导，还包括以后约见的详细情况。

1. 工作计划的主要内容

（1）进一步了解所服务的客户。

（2）根据客户的不同状况，设定回访进度。

（3）及时对客户回访状况进行登记。

2. 婚介跟进服务计划具体内容举例

（1）如果第一次约见成功，要促进双方再次见面，使他们增进了解、加深感情。同时，帮助双方消除情感发展道路的不和谐因素。

（2）如果第一次约见没有成功，应该为服务对象寻找合适的人选，继续推荐，并促进约见。

（3）设定回访进度，及时进行电话跟踪回访。一方面，了解服务对象对婚介服务的满意程度并收集意见，改进服务；另一方面，了解已经约见成功的双方的情感进展状况，以及还需要婚介师提供何种形式的帮助等。

（4）定期举办礼仪、恋爱技巧等互动式培训和讲座，邀请服务对象参加，为还未约见成功的服务对象创造结识异性的机会，为已经约见成功的服务对象深入了解对方提供机会。

（5）设定提醒服务。对于服务对象的生日或重要纪念日，设置相关提醒，及时向服务对象发出祝福，并奉上精美小礼品。

（6）提供情感倾诉服务。服务对象在平时的生活中遇到情感困惑或是其他的心灵困惑，都可以向婚介师倾诉。

（7）举办各种主题舞会、活动或出游活动，通过活动，增进彼此的好感，加强沟通和交流。

（三）耐心周到

约见双方在熟悉的过程中，难免会出现各种各样的问题，他们中的多数人会求助于婚

介师。这就要求婚介师有足够的耐心，认真对待征婚人的每一个问题，能解决的协助解决，不能解决的要做疏导和劝说工作，不能因为总是重复相同的工作内容而变得没有耐心，敷衍了事。

（四）投诉处理

除了征婚人对婚介机构、婚介师的投诉以外，在跟进过程中，婚介师还可能碰到另外一种情况。

例如，一对征婚男女约见成功，在日后的相处中，男方发现女方爱占小便宜，喜欢向男方要礼物。此时，男方可能会向婚介师抱怨。面对这种情况，婚介师要客观地做出处理，尽可能地化解双方的误解和矛盾。

参 考 文 献

全国社会工作协会婚介行业委员会，2011. 全国婚姻介绍行业服务细则 [EB/OL]. (2011 - 11 - 13).
https://www.docin.com/p - 287157241.html

上海市人民政府，2004. 上海市婚姻介绍机构管理办法（2004 修正） [EB/OL]. (2004 - 06 - 24).
https://duxiaofa.baidu.com/detail? searchType = statute&from = aladdin _ 28231&originquery = %
E4%B8%8A%E6%B5%B7%E5%B8%82%E5%A9%9A%E5%A7%BB%E4%BB%8B%E7%BB%
8D%E6%9C%BA%E6%9E%84%E7%AE%A1%E7%90%86%E5%8A%9E%E6%B3%95&count=
23&cid = e57ca76946a1efc7b014b5b2157dee97 _ law

徐红，2007. 婚介师（国家职业资格五级）[M]. 北京：中国劳动保障出版社 .

佚名，2019. 婚介所红娘培训手册汇编 [EB/OL]. (2019 - 04 - 25). https://wenku.baidu.com/view/
400f718e7275a417866fb84ae45c3b3567ecdd8c.html.

婚礼策划职业技能教材（中级）

教育部第四批1+X证书制度试点

婚礼策划职业技能等级证书系列教材

策划项目
营销与预算

中 级

cehua xiangmu
yingxiao yu yusuan

北京中民福祉教育科技有限责任公司　组编

金雷宇　孙　可　主　编

李周坚　陈　坚　副主编
郭　森　阔　达

project 2

中国农业出版社
农村读物出版社
北京

前言

与一般市场的营销方法不同，婚庆市场的营销具备更多的行业特性，包含了大量的实践与操作技能。婚庆行业及其相关服务业将营销的重点从实物产品逐步过渡到服务类产品，针对市场进行深入的细节分析，将工作任务分解到极为详细的程度，以利于尽快开展实践工作。

婚礼项目预算是婚礼服务的重要环节，只有在了解策划项目、接触客户、推销项目服务并做出基础预算后，整个婚礼策划的实际工作才能顺利开展。

婚礼项目营销与预算（中级）包括三项任务：任务一，婚礼策划服务项目客户疑难问题的解决，涉及产品、价格以及相关营销话术的疑难解答；任务二，婚礼服务项目营销和邀约，这一任务是在初级技能基础上的再深化和提高；任务三，婚礼服务项目的报价体系，这一部分拓展了一般预算的方法，考虑地区差异，并解决客户疑义。本项目的学习，可为学生学习高级技能奠定基础。

本项目教材（中级）由金雷宇负责统稿，王晓玫、张仁民负责审稿，具体写作分工如下：

任务一：郭森［北京社会管理职业学院（民政部培训中心）教师］、孙可［可洛伊信息咨询（北京）有限公司总经理］、李周坚［匠联网络科技（嘉兴）有限责任公司总经理］、阔达（北京五月主持团队核心成员）。

任务二：陈坚［北京社会管理职业学院（民政部培训中心）教师］。

任务三：金雷宇［北京社会管理职业学院（民政部培训中心）教师］。

目　　录

Project 2 项目二
策划项目营销与预算

　　婚礼策划服务项目客户疑难问题的解决、婚礼服务项目营销和邀约以及婚礼服务项目的报价体系这三个方面是婚礼策划整体与财务估算的主要内容和基础技能。婚礼策划服务人员必须掌握这几项重要技能，才能全方位理解婚礼策划的基本性质、服务对象、服务内容及服务方针。由此，策划师与营销人员才能对婚礼项目的财务状况及其对公司的经济贡献有一个清晰的估算，不至于做出对服务对象和公司都不利的行为。

　　服务项目咨询、服务项目营销、婚礼服务项目预算这三者是成系列、有逻辑联系的相关环节，营销人员首先必须掌握婚礼产品的构成要件，并根据消费者需求进行针对性的营销活动。然后，在营销活动达到某个指标的前提下，帮助消费者对项目进行预算，对项目的费用做出合理的说明，让消费者明明白白地消费，放心地做出购买决定。

　　项目预算不但对项目的营销具有重要意义，也是整个项目管理的关键点，它可以帮助经营者对整个婚礼服务产品的全流程，包括市场需求、市场调研、服务产品设计、成本控制直至产品销售进行管理，是公司运营的根本。

　　本教材是策划项目营销与预算的中级教材，在初级教材的基础上，既有重复练习，也有拓展与提高，以求学生牢固掌握本项技能。

学 习 目 标

一、知识目标

1. 理解产品的构成、价格的产生及其与项目营销之间的关联。
2. 理解项目促销的基本方法与包含的各种促销方式和流程。
3. 理解婚庆服务项目的预算方式和技巧。
4. 理解婚庆营销话术的正面与负面影响。

二、技能目标

1. 掌握分析婚礼策划的构成要素方法，掌握解决疑义的方法。

2. 掌握根据婚礼策划项目进行营销并形成预算的技能，掌握营销话术的内容和注意事项。

3. 学会熟练报价，并能处理客户对于婚庆服务合同地区差异的疑问。

三、素质目标

1. 充分理解婚礼策划项目和分类，了解成本构成与市场状况。

2. 具备分析婚礼服务对象需求并解决问题的初步能力，具备健康的服务理念与正确的商业价值观。

任务一
婚礼策划服务项目客户疑难问题的解决

【任务情境】

小刚和小丽在筹备婚礼时，找到一家名叫美满的婚庆公司，该公司的婚礼策划师小赵为他们介绍了公司的婚礼服务产品。由于小刚和小丽刚刚参加工作，还没有太多积蓄，看到该公司的婚礼服务产品价格普遍较高，而且都是套餐形式，两个人面露难色。他们一直在听小赵的介绍，没有插一句话。讲完后，询问他们的想法和意见，小刚和小丽的回答也是吞吞吐吐的。这时，小赵依然没看出客户的难处和问题，也没有追问他们的情况，就迫不及待地追着这对新人签订婚礼服务合同。最后，小刚和小丽只是说了句"我们还需要再仔细考虑一下"，就赶紧走出了公司的大门。

【任务分析】

一、婚礼策划服务项目客户疑难问题解决的主要内容

序号	主要内容
1	产品的疑难问题处理
2	价格的疑难问题处理
3	婚礼销售的技巧（客户心理分析等）
4	婚礼营销话术

二、客户疑难问题解决的工作目标及措施

序号	主要工作目标	措施
1	学习客户疑难问题处理的主要方法	学习相关书面知识，并将处理方法应用到实际工作中
2	掌握婚礼销售的技巧	掌握客户心理分析和销售技巧，成功进行客户营销
3	掌握婚礼营销话术	掌握营销话术，与客户沟通具体的服务内容

【任务实施】

子任务一　产品的疑难问题处理

一、工作流程

工作准备 → 了解客户产品需求 → 解决客户产品疑难问题 → 效果评估

（一）工作准备

1. 物品准备

序号	名称	单位	数量	备注
1	婚礼服务项目单	份	1	为客户提供简单明晰的项目服务内容
2	签字笔	个	2	供客户和策划师记录要点使用
3	电脑	台	1	记录客户的产品需求和疑难问题
4	茶水	杯	2	接待使用

2. 人员准备

序号	人员	准备
1	婚礼策划师	熟记本公司婚礼服务的各个项目、价格以及优惠情况。熟练掌握服务礼仪，学会使用沟通技巧，准备好各种物品
2	婚礼服务对象	认真听取和记录新人的想法与意见，提供帮助并答疑
3	其他客户	提出婚礼消费明细需求

（二）产品的疑难问题处理

步骤	流程	技术操作要求
工作前准备	准备	（1）经过初级婚礼策划职业技能等级培训
		（2）经过正规的婚礼策划和营销培训
		（3）全面熟悉婚庆产品，熟练运用婚礼营销技能
步骤1	熟悉婚庆产品基本情况	（1）熟悉所在婚庆机构服务产品的功能
		（2）熟悉所在婚庆机构服务产品的特色
		（3）熟悉所在婚庆机构服务产品的目标定位
步骤2	了解客户基本需求	（1）前期与客户认真沟通和协调
		（2）认真听取和记录客户对产品的想法与意见
		（3）认同客户的感受，建立良好的关系

（续）

步骤	流程	技术操作要求
步骤3	解决客户产品疑难问题	（1）为客户提供多种产品疑难问题解决方案，供其选择
		（2）有针对性地为客户讲解产品疑难问题解决方案，消除客户的后顾之忧
注意事项		（1）在了解客户基本需求信息的过程中，要讲究接待谈话技巧，亲切自然，切忌生硬提问
		（2）在处理客户对产品疑难问题时，需要耐心、细心、真诚、认同，与客户建立良好的关系

（三）效果评估

（1）通过准备，可以更从容地处理客户对产品的疑问。

（2）通过有效沟通，可以与客户建立良好的关系，解答客户对产品的疑惑。

二、相关知识

（一）产品的概念

产品的定义为能够在市场上得到的，并能够满足人们欲望和需求的任何东西，它们在市场上会引起人们的注意，人们要使用和消费它们。

（二）婚礼产品的概念

婚礼也是一种服务产品，与有形产品不同，但是归根结底也是一种可供出售的商品，具备广义上的产品特征。

（三）婚礼服务产品的特性

1. 无形性　服务不像商品，在购买之前，购买者是无法感受到服务内容的，如视、听、闻、尝、触等方面的物理特征。因此，从本质上讲，服务提供的商品是请客户购买一种承诺。

2. 不可分离性　服务提供商与服务的消费者是密不可分的。服务产品不同于其他商品，它需要买卖双方在服务产品的开发和分销中相互合作。而消费者对服务提供商的感知会转变成消费者对服务本身的感知。服务组织，如婚庆公司，在提供婚礼策划、婚礼主持、婚礼影像等服务时，客户参与到服务的整个过程中。婚庆公司的服务提供与客户的服务需求、服务消费是同时进行的，不存在准备的过程。服务提供的即时性与客户要求的差异性对婚庆营销者的服务应变能力提出了挑战。

3. 可变性　可变性是指服务质量的波动性。服务质量是由人来控制的，而人的素质又是千差万别的，所以，服务质量取决于由谁来提供服务、在何时何地提供服务及谁享受服务。服务质量会因人、因时、因地而存在差异。因此，企业应挑选和培训优秀的服务人员，尽量减少服务的质量波动；规范服务程序和服务方式，向服务的标准化靠拢；加强与客户的沟通，提倡客户积极参与服务过程，借以稳定和提高服务水平。

4. 不可存储性　服务的不可存储性就是服务的易消失性。服务是一种行为，不能像有形物品一样贮存起来，以供今后销售或者使用。必要的场所、设备和人员可以事先准备好以创造服务，但这些仅仅代表服务能力，而不是服务本身。当需求稳定时，服务的易消失性还不成问题；一旦需求发生剧烈变动，服务的能力是否能够满足实际需求是无法掌控的。例如，有时候新人会扎堆结婚，这对婚庆公司的服务能力是一种考验，因为并不是每天都有很多人结婚，往往都有淡旺季，这就要求提供服务的组织要合理安排资源。

（四）婚庆市场上的服务产品样式

这里主要讨论的是以综合性婚庆企业为出发点的功能相对完备的婚礼产品。一个婚礼产品包含了策划、场地布置、宴席服务、灯光、影像、化妆等服务，且上述婚庆产品的服务很有可能是模块化的，可以单独作为一个产品出售。另外，当小型婚庆公司将其功能作为供应方集成到某个婚庆网络平台，或者当每个模块的独立生产者将其作品和服务集成到网络平台时，平台本身既是渠道，同时又成为一个大的服务产品。

换句话说，婚庆市场上的产品（服务产品或服务包）大致可以分为以下几类：

（1）模块化设计生产并"组装"好的现成产品，如婚礼服务套餐。

（2）订单式生产，包括所有或者大部分模块的个性化婚礼产品，如个性定制婚礼。

（3）完备婚礼产品中所包含的各个模块的单独产品，如主持、化妆、花艺等服务产品。

（4）完备婚礼或者模块集成到某个网络平台，使该平台成为一个互联网婚庆产品，如到喜啦网上的婚宴服务产品。

（五）婚庆服务产品的特殊性和普遍性

服务产品应该包含3层含义：核心服务、便利服务、支持服务。同时，服务产品会设计一个服务包来容纳这3层含义。服务包是服务组织提供给客户的一系列产品、服务和经验的总结，又称客户价值包。它界定了服务组织所提供的基本价值，为思考服务传递系统提供了一个框架。完整的服务包含以下4个部分：

1. 支持性设施　支持性设施是在提供服务前必须到位的物质资源，如婚礼酒店或婚礼堂、婚礼场地布置、酒席等，相当于有形产品；再如婚庆影像服务，需要摄影摄像的器材等。

2. 辅助性物品　辅助性物品是客户在服务经历中购买和消费的物质产品，或是客户自备的物品，如戒指、婚纱、伴手礼等。辅助性物品既有有形产品的特征，也可能是婚庆服务的延伸产品。

3. 显性服务　显性服务是一个产品的核心内容，如在影像服务中，它就是精美的录像作品，在场地布置这样一个单一的服务产品中，它就是美轮美奂的婚礼现场环境。

4. 隐性服务　隐性服务是客户能模糊感到服务带来的精神上的收获，如婚礼后的美好回忆等。隐性服务包含了核心产品和潜在产品的某些特征。

（六）婚礼服务产品的本质

与其他消费产业相比，婚礼多了一个一生只有一次并且不能推翻重来的因素。如此一来，新人在选择婚庆公司时，对于安全性的考量成了首要的衡量标准。从安全性这个维度上去思考，婚庆公司需要具备的是规模和经验，销售顾问需要具有专业性。那么，应该如何体现婚礼销售顾问的专业性呢？

首先，作为婚礼销售顾问，必须厘清自己公司婚礼产品的功能、价值和本质，及其能够满足客户的哪些需求。婚礼销售人员的核心作用是向客户阐述婚礼商品价值并促成交易，在推荐的过程中，要向客户讲述清楚婚礼产品的功能，以及这些功能能够满足客户的哪些需求。

其次，根据婚礼服务产品的属性和功能，对其进行科学合理的归类，能给客户讲清楚婚礼服务的相关物品和道具，因何使用，有何价值与作用。

婚礼服务作为一个非标准化行业，有人希望布置得简单温馨，有人希望奢华梦幻，有人看重来宾的体验，有人希望婚礼流程别出心裁，也有人认为一个好的主持人最重要。也就是说，婚礼产品是一个相对综合的概念，婚礼产品的价值是因客户对婚礼的认知状态和需求态度而产生，由客户需求决定的。作为婚礼销售顾问，必须厘清婚礼产品的本质，根据婚礼产品的属性和功能对其进行科学合理的归类，这样才能给客户讲清楚婚礼物品和道具的价值，满足客户的不同需求。

（七）婚礼道具与产品营销的关系

婚礼服务中最直观的产品就是婚礼上用到的各种道具了。商业化运营的公司通常有一个报价单或者套餐，上面会罗列各种道具的名称。

然而，这种看似相对标准的商品形态并不能告诉消费者为什么要为套餐上面价格很贵的物品买单，道具的功能类型不明确，导致消费者无法明确产品的用途及其价值。

为此，可以将婚礼现场出现的所有道具按照功能划分为三大类，即布置道具、流程道具和器材道具。分类以后，要掌握每类道具的用途、品质、效果和使用意义，在向客户阐述商品时，如果客户对于单独产品产生了疑问，可以为客户进行讲解和分析。

（八）常见的客户疑难问题及话术应对

1. 关于道具的疑难问题及话术应对

（1）婚礼宴会设计的鲜花造型，能不能按照我们提供的这个图片来做啊？

【问题解析】这个问题中有一个重要的信息，就是客户对于宴会设计有着较高的要求和自己独特的偏好。但在销售过程中，如果销售顾问轻易答应或承诺，可能会造成在后续的策划设计上与整体风格不匹配以及预算超出预期的状况。所以，面对这个问题，我们既要尊重客户的喜好，同时也要让客户了解和认同我们的具体操作方式。

【参考话术】亲爱的，您能否先给我看看您的参考图片？（表示对客户要求的重视）

您还真的很懂审美，这组图片的花材和造型，在婚礼行业都是数得上的好作品！（赞美法，认同客户的观点）

请问，您喜欢这种婚礼现场的感觉对吗？（更加深入地了解客户的需求）

因为婚礼当天的方案是依据婚礼场地环境和费用预算来做整体设计和安排的，所以在接下来的策划过程中，我们会考察您的婚礼场地，根据您提供的图片来进行设计，现在就决定是否做这样的婚礼效果不是很稳妥哦！（清晰地讲解婚礼呈现的全过程，让客户了解设计婚礼过程）

（2）在我的婚礼上会用什么花材？

【问题解析】从事过婚礼相关服务的人大概都被这个问题困扰过，困扰的原因在于鲜花的价格受周期性季节影响，极为不稳定。从新人筹备婚礼到举行婚礼当日，至少间隔数月，很多时候，在婚礼仪式举办时，事先承诺的花材价格可能大幅上涨，从而使婚庆公司蒙受经济受损。另外，使用花材的种类同样需要依据设计方案的色系和主题风格来选择与确定。因此，在符合婚礼策划方案的前提下，可以为新人提供一个花材范围，供其选择。临近婚礼时，在符合策划方案造型和效果的前提下，可以根据价格浮动和新人选择的花材范围自由搭配组合，这样不仅能够保证效果，也能够保证婚庆公司获得正常的利润。

【参考话术】花材的选用，主要看 3 个方面：第一个方面是婚礼的色系，您也知道，我们根据色系去挑选花材会比较合适。第二个方面是根据婚礼的风格和婚礼需要展示的效果，比如如果想呈现一场西式浪漫的婚礼，花材更多地会选用玫瑰、龙胆、芍药和牡丹，这些花材会显得比较典雅；如果是中式婚礼，我们会用兰花和竹子来制造传统古典的意境；如果是田园自然的风格，可以选择的花卉有小型的蔷薇、多头康乃馨等。第三个方面是看预算的情况，预算多，我们当然会选择更好的花材，如果预算有限，我们也会在保证质量的情况下选用一些便宜的花材。总之，所有花材的选择都是根据婚礼策划方案的设计而产生的，与我们婚礼策划方案确定的色彩有一定的关系，同时也和我们的婚礼预算密不可分。在策划方案预算出来之后，我们一般会罗列 20 多种花材供您挑选，然后我们才能最后确定婚礼花材。

（3）对于婚礼，你们有什么特殊环节或者好的创意吗？

【问题解析】表面上看，这对于销售顾问或婚礼策划师来说是一个简单的问题，但大多数销售顾问或婚礼策划师在回答这个问题时经常会犯一些比较严重的错误。也许正因为有着丰富的经验，在面对这个问题时，他们经常直接告诉新人可以用什么样的创意或者什么样的婚礼环节。这些创意或环节也许曾经获得了新人的好评，但由于销售顾问或婚礼策划师尚未完全了解这对新人看待事物的角度及喜好，这些婚礼创意或环节未必符合客户的要求。所以，在回答这个问题时，要做到既能彰显专业水平，还要"守住阵地"。

首先，在回答这个问题时，可与新人分享创意或环节是如何创造的，然后分享一个故事，告诉咨询的客户这个故事是别的客户的创意，让咨询的客户作为参考。这样一来，即使客户不喜欢这个创意或环节，也只是否定了之前那对新人的创意，而不是销售顾问本人或婚礼策划师的创意。

【参考话术】从婚礼专业策划的角度出发，婚礼上设计的特殊环节、特殊创意和特殊道具是需要根据新人的感情经历、兴趣爱好来量身定制的。我们有很多有创意环节和相应设备来配合想要营造的婚礼现场气氛，比如在新郎新娘的出场方式、爱情誓言、交换信物、神秘礼物等环节上，都会有很多独特的小创意。在以后沟通婚礼策划案的时候，婚礼策划师会跟你们进行详细沟通和讲解。好的婚礼创意来自新人实际生活中的爱情故事，这些故事可能很浪漫、温馨，也可能平淡无奇。无论是什么样的爱情故事，通过婚礼策划师的精心策划，一定能创造出属于你们的独特的婚礼创意。

婚礼创意可以从两个方面体现，一是仪式流程方面，二是场地布置方面。比如曾经有一对新人，他们是大学同学，相恋 7 年。新娘喜欢听歌，新郎喜欢唱歌，在学校的时候，新郎就和几个同学组成了乐队，在学校里举办一些小型表演。新娘非常喜欢听新郎唱歌，但是毕业以后，他们有了各自的工作，新郎几乎没有时间自己弹琴唱歌了，生活也变得越来越平淡。我们的婚礼策划师知道这个故事以后，决定帮他们做一场具有音乐元素的主题婚礼。在这场婚礼上，我们在背景板上用鲜花拼成 2 个高音谱号，在婚礼场地的布置方面，我们用了一些乐器、CD 光盘和唱片，还有很多音符造型的小装饰。婚礼仪式现场播放的迎宾音乐都是新娘非常喜欢的，或者是新郎曾经很喜欢唱的怀旧歌曲。在新人互赠礼物的环节上，新郎送给新娘一张自己录制的 CD 光盘，他告诉新娘，这是他用下班时间悄悄录制的，希望他不在她身边的时候，可以有这张 CD 光盘来陪伴新娘。更有意思的是，新娘送给新郎的是一个 CD 播放器，因为她知道自己爱的人喜欢听音乐，在工作累的时候，希望他用这个 CD 播放器来缓解工作的压力。这个创意设计是不是很有意思？一个 CD 光盘和一个 CD 播放器，就连他们自己都在为这种默契而感到意外。婚礼仪式结束后，我们还为这对新人和他们的同学们请了一个乐队，进行了精彩的表演。这个故事的感人之处不在于多么温馨浪漫，而在于它是真实发生在新人的现实生活中的，所以效果非常好。

这个故事也说明，一场婚礼的创意和各个环节是来源于生活的，只有这样的创意才能打动新人和所有的来宾。

我们不喜欢生搬硬套或是创造出一个与你们的爱情故事无关的主题来进行展示，那样的话，你们也不会喜欢。在很多年以后，在您记忆里的应该是来源于生活的婚礼创意，而不是某个婚礼策划师编造的所谓的"创意灵感"。

（4）婚礼中必须要用这么多灯光吗？

【问题解析】灯光的使用在婚礼中是一项相对较大的开支，因此，新人对灯光会存在一定的疑问。当遇到这个问题的时候，可阐述灯光的功能和它能解决的问题，并在后续的婚礼策划方案中根据方案和要求进行理性建议。

【参考话术】除了户外婚礼，从婚礼现场的效果和摄影摄像的角度上来说，用一些专业的灯光会更出彩，但也不是必须都有灯光，主要还是要看实际的婚礼场地环境和您想要的婚礼氛围。婚礼的灯光分几种，最普通的称为面光灯，是为摄影摄像提亮的，这样拍出来的片子没有阴阳脸，如果您对灯光的要求不高，基本的面光灯就够用了，我们可以帮您做调整。

2. 关于涉及专业性的疑难问题及话术应对

（1）签到区可以帮我设计得个性一点、有特色一些吗？

【问题解析】签到区是宾客们来到婚礼现场看到的第一个区域，并且会在此区域签到，一个好的签到区设计会给宾客留下美好的第一印象。

【参考话术】在签到区这个位置出现的人多数都是我们的亲属，人数不会太多。签到区具体占多大面积、背景画面设计有多少种、签到区的装饰材质等，都需要根据具体的婚礼设计而有所不同。如果不是主题婚礼，我们可以用不同的材质和色彩做搭配；如果婚纱照很有感觉，我们会在背景墙上帮您做婚纱照的展示；如果您的婚礼和主题相关的话，整个签到区的设计都会和婚礼主题相关联。签到区是亲朋好友来到婚礼现场见到的第一个区域，如果您非常注重来宾的感受，愿意在签到区花费更多的预算的话，我们也会重点在签到区为您做设计和展示。

（2）我们想做主题婚礼，你们能做吗？

【问题解析】如果新人问这个问题，说明他们一定对主题婚礼有一定了解，他们期望的答案是你做主题婚礼的方法，以此来判断你是否专业，是否符合他们的要求。解答这个问题的重点是在阐述过程中明确概念，区分模式化主题婚礼和个性化主题婚礼，说明各

自的特点以及具体的步骤。

【参考话术】可以的！（正面回复客户问题）

我们公司的婚礼策划师有很强的前期策划和现场执行能力，而且都具备丰富的主题婚礼策划经验。（展现公司的实力，放大个人能力）

主题婚礼一般分两种，一种是模式化主题婚礼，如"四季婚礼""水果婚礼""仙境爱丽丝"等，其特点是主题非常明确，设计感强，省时省力。不足之处是，由于这些主题是依靠婚礼策划师个人的想象研发的，导致婚礼成为一个模式，任何人都适用，没有个性特色。另一种主题婚礼我们称为个性化主题婚礼，是以您自身的情感、生活中的一个中心点为主线，全程围绕主线展开故事情节的个性婚礼。这种主题婚礼的优点是讲述新人自己的故事，有自己的个性特色。但最大的问题是，这需要您投入时间和精力，与婚礼策划师进行深入的沟通和交流，在费用上也会比模式化主题婚礼要高一些，这样才能设计出更加完美的婚礼。（客观讲解两种主题婚礼的不同，让客户理性、客观地选择）

我们达成婚礼服务意向之后，无论您选择哪一种主题模式，婚礼策划师会和您进行进一步的沟通，在沟通的过程中找到突破口，并在音乐、色彩、花材、桌台摆件、签到区、迎宾区等现场的布置细节中有相应的体现，再加上婚礼环节的配合，让婚礼的主题大放异彩，让每个来宾都能深深地感受到幸福的气息，而不是简简单单地将两个人的名字组合起来。个性化的主题婚礼是我们不断追求的，我看您也是很注重婚礼品质、有自己故事的人，我相信我们共同携手，一定能打造出属于你们自己的有意义的主题婚礼。（通过策划方法阐明专业能力）

3. 关于执行团队的疑难问题及话术应对

（1）婚礼策划师主要干什么？

【问题解析】对于不同的婚庆公司来说，婚礼策划师的职责不尽相同。新人提这个问题，表面是想对婚礼策划师的工作内容有所了解，实际可能是想看看该公司是否可靠。这是一个传递公司优势的契机。婚礼策划师的水平往往代表着婚庆公司的价值，在介绍婚礼策划师职责的过程中，可以对婚礼策划师进行一些有效的"赋值"，传递给客户明确的信息。

【参考话术】婚礼策划师是为婚礼做出合理安排、解答新人疑问的专业服务人员。我们公司的婚礼策划师都是婚庆服务与管理专业毕业，并经过专业婚礼策划培训，独立策划完成 80 场以上婚礼的专业服务人员。在今天的活动中，赠送的 6 000 元巨惠大礼包中就包含策划师升级这个项目。您可以先了解一下这几款主题婚礼套餐，这是由我们所有策划师共同完成的最全面的婚礼服务项目。对于婚礼当中的疑难问题，我们都有相应的解决方案。如果您成为我们的客户，我们会为您排一个日程表，随时提供帮助，为您提供细致周到的服务。

（2）什么是婚礼督导？他们起到什么作用？

【问题解析】对于不同的婚礼，婚礼督导的设置和配备是不一样的。不同的婚礼督导在婚礼中担任的角色和职责也不一样，一个专业的婚礼督导能让整场婚礼有条不紊，完美呈现。

【参考话术】婚礼督导，顾名思义就是在婚礼现场监督指导整个婚礼仪式的人员。在您成为我们的客户之后，婚礼督导会帮您做一个统筹安排，确保婚礼策划方案在婚礼当天

能够顺利执行。第一，他（她）会定时定点地完成婚礼现场布置搭建，并且带您去检查现场物品是不是与原定设计吻合。第二，婚礼前一天，他（她）会安排新人、主持人进行彩排，包括音乐配备。第三，在婚礼当天，他（她）会确保婚礼过程完整呈现。他们是协调婚礼现场各个部门工作的总指挥，大到酒店与场布之间的软硬件设备的调度、新人的彩排，小到婚礼环节人员与道具的配合，比如蜡烛心、香槟酒盖、糖盒的摆放。他们还具有较强的处理现场突发事件的能力，可保障您的婚礼顺利进行，让您安心、幸福地享受婚礼。我们的督导为了把每一个细节做好，经常会在举办婚礼前一天的午夜两三点才离开，并在婚礼当天 9 点前准时到达婚礼现场，确认每一个环节、人员和设备，保障婚礼万无一失！

（3）我现在一头雾水，酒店和婚礼主题什么都不懂，可是又不想和别人的婚礼一样，你们能全程策划吗？

【问题解析】多数新人对于婚礼的关注重点来自他们之前参加的朋友的婚礼，或是在网上获取的一些信息。有的人对筹备流程比较在意，有的人对婚礼现场呈现的效果更加看重。作为销售顾问，我们要尽可能全面地向新人普及其所关注和未曾注意的地方。所以，在回答这个问题时，我们可以对如何进行婚礼统筹与如何执行婚礼做详细解说。

【参考话术 1】没有问题，我们不仅会全程为您策划、执行，还会为您做全程的统筹安排，包括时间控制：什么时候去选酒店、什么时候去选礼服和婚戒、什么时候开始婚礼策划等。我们很理解您的心情，其实新人找我们就是因为我们有经验。婚礼事无巨细，每一步我们都会为您提供专业的建议，这点您可以完全放心。我们需要做的事情就是先把婚礼的基本构架定下来，之后您就可以等我们来为您安排后续的所有事情了。

【参考话术 2】可以的，首先，我们会帮您确定酒店。其次，我们会从两位新人的具体要求着手，比如说颜色的要求、想突出的婚礼环节等，再结合酒店的具体环境来做合理的搭配与设计，在婚礼环节中添加一些亮点。在现场布置方面，我们会用很多手工制作的装饰物来进行装饰，这样您的婚礼就会更加精致和有特色。我们这里有很多适合于各种酒店风格的婚礼套系，下面我详细为您介绍一下……

（4）你们都有什么风格的婚礼主持人？

【问题解析】新人大多都清楚婚礼主持人有哪些风格，但风格只是婚礼主持人的属性，并不能作为婚礼的参考依据。我们需要和新人讲清楚，婚礼主持人的风格适合哪种婚礼，使新人能够清晰地知道不同风格的主持人适用于哪种婚礼氛围或婚礼主题，避免盲目偏好选择。同时，这也能让婚庆公司在推荐婚礼主持人的过程中占据主动权。

【参考话术】我们的婚礼主持人不是按照风格来划分的，因为婚礼主持人只是婚礼的一部分，其最重要的工作就是执行我们的婚礼策划案。我们的婚礼主持人都具有丰富的经验，有很好的现场气氛控制能力，能够保证婚礼当天的效果。然而，婚礼流程的不同环节在感觉设计方面也是不同的，有时庄重、有时浪漫、有时欢快，所以，我们要给您推荐能够驾驭不同情感环节的婚礼主持人。此外，主持中式传统婚礼、西式婚礼或中西合璧式婚礼的婚礼主持人，在主持风格上也有所不同。

（5）我有朋友是做摄影摄像的，你能把套餐中的摄影摄像去掉，然后在价格上优惠些吗？

【问题解析】这是一个比较常见的问题。使用影像团队的费用通常较高，消费者难免想寻求一些节约开支的办法。但影像最终所呈现的效果与其技术水平、影像团队与婚礼策划师及婚礼督导师的沟通协作，以及婚礼策划师、婚礼督导师对婚礼摄影摄像人员的要求有着非常大的关系。很多经验都告诉我们，消费者自己找的影像团队，在技术方面和专业方面多数不能满足婚礼摄影摄像的要求。此外，我们的婚礼策划师和婚礼督导师难以对其严格要求，可能会导致沟通不畅，直接影响婚礼效果。所以，当新人提出这个问题时，需要把其中的利害关系讲清楚，一方面增加其选择更专业的合作团队的概率，另一方面，即便日后出现问题，婚庆公司也可免责。

【参考话术】如果您有朋友是做摄影、摄像的，我会尽力帮您去做协调。但您的朋友是摄影摄像行业内的人员吗？做过婚礼摄影摄像吗？我们有很多新人跟您的想法一样，也有请朋友来摄影、摄像的，但有的人在这个过程中遇到一些问题，我需要提前跟您建议和提醒一下，避免我们也发生类似的问题。

第一，我们无法确认您朋友的专业水平，也就没有办法保证将来拍出来的效果是否与我们策划的效果相符。第二，我们无法确认您的朋友是否能够全力配合我们，保证我们能够完美地执行婚礼。第三，如果您的朋友给您提供的后期作品不能满足您的需求，您也无法去怪罪您的朋友。之前我们就遇到过这种情况。有一次，婚礼的摄像团队是新郎的朋友，结果，他对我们的灯光搭配不了解。而且因为他们工作忙，我们之前几次开会，他们也没到场，导致他们对婚礼流程也不熟悉。所以，在他的摄像作品里面，最后只拍摄了婚礼仪式的70%，剩余的30%都漏拍了，导致我们的创意策划也没能完整呈现出来。而且，如果是您请的婚礼摄影摄像团队，我们没有办法像要求我们自己的团队一样去要求他，比如，早晨几点开始接亲送亲，如何拍化妆的镜头，后期配什么音乐，现场如何定点选位，给哪些人拍特写等，所以建议您一定要慎重考虑。

（6）为什么要用两个摄像机？

【问题解析】这个问题同样是涉及新人的花费问题。我们都知道，越大型的晚会或者演出，就需要配备越多的摄像机位，在同一时刻从不同的区域记录现场状态。比如，拍摄正在舞台上与观众互动的明星，画面里既要有明星在舞台上的镜头，还要随时切换台下观众回应的热烈气氛的镜头。拍摄婚礼也是同样，台上新郎新娘为爱宣誓的镜头，台下父母、来宾现场情绪的镜头，都是构成这个时刻的重要画面，多机位拍摄十分重要。同时，考虑到一些不可抗力的因素，多个机位也是记录婚礼现场画面的安全保障，假如一个机位没有拍摄到或者一个机位出现故障，另一个机位还能保证拍摄。如果新人对于婚礼有着更高的要求，不排除还需考虑更多的机位（3机位、4机位等）来达到更好的效果。

【参考话术】拍摄婚礼至少要双机位是从两个方面考虑的。第一，是从摄像的质量角度出发，因为婚礼的拍摄基本上属于即时抓拍，这与拍栏目和电视剧有本质区别，我们没有任何机会对任何镜头进行重拍。此外，在婚礼进行的同一时刻，也可能会有多个内容需要摄像机进行记录。从这个角度上说，一个机位是绝对不够的。第二，是从安全的角度出发，虽然我们能保证提供的机器和摄像师都是专业水平的，但不排除机器出现故障的情况。如果您的婚礼只有一个摄像机和摄像师，万一出现机器故障，可能会造成无法弥补的缺憾。

（7）你们的摄影跟拍是什么级别的？用什么机型？有多少张照片？

【问题解析】摄影作品的评估标准不可标准量化，所以，新人在选择考量时也没有一

个明确的标准去评判。在婚礼服务发展初期，我们常用机器型号等概念来界定摄影水平的高低。实际上，摄影作品是具备一定艺术评价的产品，实际带给人的观赏感受才是关键。从这个角度出发，我们可以不对影像团队或是设备进行评级，因为这些只是条件和工具，而重要的是如何呈现作品。

【参考话术】首先，我们并没有对摄影作品进行分级，而是以摄影作品的理念来统一标准。我们认为，婚礼是每个人一生一次的重大仪式，是每个人一辈子的美好回忆。婚礼不能重现，但可以从摄影作品中找到在婚礼上的真情流露和那些没有丝毫修饰的情感，这是我们对于婚礼摄影作品的评价标准，我们会在这个前提下去选择合适的摄影师。所以，级别或者机型不是我们参考的因素，能够达到我们所说的要求的摄影师必然不会是业余的水平。

关于跟拍照片的数量，我们也有严格的规定，数量必须在 300 张以上，多数情况都会有四五百张，精修 50 张左右，其他的照片也会有相应的基础修片。

(8) 我有朋友是婚礼化妆师，可以不用你们的吗？

【问题解析】由于婚礼化妆师不会为婚庆公司带来可观的利润，所以，很多从业者并不在意这方面的问题。但是，如果要为新人提供优质的服务，我们最好还是用自己了解、熟悉的婚礼化妆师。回答此类问题时，依然需要阐明我们所提供的专业团队能够带来的价值，给出合理建议，再由新人进行考量。

【参考话术】没问题啊。如果化妆师是您的朋友，能来给您化妆是一件很好的事情。不过，我不知道您的朋友是否是专业的婚礼化妆呢？我们推荐的婚礼化妆师有丰富的婚礼跟妆经验，他们懂得根据现场情况、婚礼布置、婚礼风格来选择适合的妆面和造型，同时，他们也非常熟悉婚礼的流程。所以，他们不仅能够为您化妆，还能帮助您解决很多问题，包括服装搭配、饰品选择等。可以说，婚礼化妆师是从您早上起床到婚礼开始前最重要的助理，也是婚礼仪式流程中时刻保证您的妆面、服装达到最佳效果的专业人员。对于婚礼过程中可能用到的东西，小到一根别针、一个创可贴，她都会准备得非常齐全，可能这一点是一般的化妆师很难做到的。

子任务二　价格的疑难问题处理

一、工作流程

（一）工作准备

1. 物品准备

序号	名称	单位	数量	备注
1	婚礼服务项目价格明细表	份	1	为客户提供详细的项目服务价格
2	签字笔	个	2	供客户和策划师记录要点使用
3	茶水	杯	2	接待使用

2. 人员准备

序号	人员	准备
1	婚礼策划师	熟记本公司婚礼服务各个项目的价格以及优惠情况 熟练运用营销技巧，处理好客户对价格的疑问
2	婚礼服务对象	认真听取和记录客户的想法与意见，提供帮助并答疑
3	其他客户	提出婚礼消费明细需求

（二）价格的疑难问题处理

步骤	流程	技术操作要求
工作前准备	准备	（1）经过初级婚礼策划职业技能等级培训
		（2）熟悉如何进行客户消费心理分析
		（3）熟悉婚庆机构服务产品的价格和优惠情况，熟练运用婚礼沟通技巧
步骤1	熟悉婚庆产品价格	（1）熟悉所在婚庆机构服务产品的定价策略
		（2）通过调整产品价格，达到婚庆机构和客户双赢的目的
步骤2	了解客户心理价格	（1）通过前期与客户的有效沟通，建立信任关系
		（2）认真听取和记录客户对产品价格的想法
		（3）了解客户可以接受的婚庆服务产品的价格上限
步骤3	解决客户价格疑难问题	（1）为客户提供多种价格优惠策略，供其选择
		（2）在不损害婚庆机构利益的情况下，为客户处理好价格疑问，建立良好的客户关系
注意事项		（1）在了解客户产品价格需求信息的过程中，要注意服务礼节和礼貌用语。
		（2）在处理客户对价格的疑问时，需要充分运用市场营销组合策略，把握好客户的心理价位

（三）效果评估

（1）通过准备，可以更从容地处理客户对价格的疑问。

（2）通过与客户的有效沟通，与客户建立良好的关系，解答客户对价格的疑问。

二、相关知识

（一）定价策略的概念

定价策略是市场营销组合中一个十分关键的组成部分。价格通常是影响交易成败的重要因素，同时又是市场营销组合中最难以确定的要素。企业定价的目标是促进销售、获取利润，这要求企业既要考虑成本的补偿，又要考虑消费者对价格的接受能力，从而使定价策略具有买卖双方双向决策的特征。此外，价格还是市场营销组合中最灵活的因素，它可以对市场迅速做出反应。

（二）定价的目标

定价目标大致有以下几种：

（1）以获得最大利润为定价目标。

（2）以维持或提高市场占有率为定价目标。

（3）以投资报酬率为定价目标。

（4）以稳定市场价格为定价目标。

（三）定价的方法

定价的具体方法在本项目任务三中有详细的专业介绍。定价主要有3种方法：成本导向定价法、需求导向定价法以及竞争导向定价法。

（四）关于价格的疑难问题及话术应对

1. 主持人分档次吗？都有什么价位的？

【问题解析】在前期销售阶段，我们并不清楚新人的婚礼价格区间以及他们对婚礼的要求，贸然回答可能很难使对方满意。所以，在回答这个问题时，可以根据每个客户对服务时间和服务事项的不同要求，建立一个标准化的服务内容，再按照不同内容建立价格区间。例如：主持婚礼费用为2 000～4 000元，如果只有婚礼仪式需要主持，起价即可；如果需要全程参与策划流程或是接亲流程，按需求增加固定价格。这样，既能让新人有一个心理预期，同时也能够明确主持人的职责，避免一些不必要的纠纷。

【参考话术】我们公司的主持人分为专业、金牌、首席。专业的婚礼主持人是2 000元，金牌婚礼主持人是3 000元，首席婚礼主持人是4 500元。所有主持人的价位和选择，取决于婚礼方案对主持人的要求，等我们的方案和要求整理好后，会给您看适合您的司仪的视频，到时您再挑选确定即可。因为每个主持人在每一场婚礼中投入的时间和精力不同，所以付给他们的费用也不是固定的。今天我们没有聊流程，所以我很难确定推荐哪一位司仪为您服务，您也不要着急，后续我们谈到婚礼流程的时候，我再帮您找几个适合您的司仪，供您选择。

2. 我只是需要策划或套餐内的某些服务，价格是多少？

【问题解析】新人在选择婚礼策划的过程中，会因预算有限，想节省一些看似比较费钱的项目。面对这个问题时，首先要深入了解新人想要节省的项目及其想法和原因，讲解其中的利弊，再将选择决定权交还给客户，让其进行决策。

【参考话术】我们会根据您的具体要求来报价格，所以我想请您把您的要求说得再具体些。

针对您的要求，我们可以为您制定特别（配套/策划）价格，不过从专业的角度来讲，我比较建议您把婚礼全权交由我们。因为婚礼既不是简单道具的拼凑，也不是纸上谈兵的空想蓝图，执行的顺畅才是婚礼中最重要的。这样一来，不仅节省了您的时间，同时又不会因为策划上的不明确而造成执行上的不便。我们有全套婚礼保姆体系，可以全程保障婚礼的顺利进行。这是我的建议，但是决策权还在您。

3. 你这里有什么套系，都是什么价位？

【问题解析】这是典型的以价格作为衡量标准的问题，我们可以通过询问一些基本问题来了解新人大致的预算情况，再向其推荐与之较为匹配的标准套系。

【参考话术】在今天"爱情海"主题大型活动中，公司一共推出了7款超值优惠套系，每款套餐针对的客户类型及场地环境并不相同，所以需要对您的基本情况做个了解。您的预算大概是多少？来宾有多少桌？酒店在哪里？婚期是什么时间？

我们有一款新推出的优惠套系符合您的需求，不仅符合当今婚礼的流行趋势，性价比也非常高。为了更好地回馈新人，今天签下订单还可以立减3 000元现金，并且赠送价值6 000元的巨惠大礼包，下面我为您具体介绍一下。

4.你这里最便宜的套系是多少钱？

【问题解析】直接询问最低价的客户，我们基本上可以判断其预算比较有限。在推荐产品的同时，我们依然可以对其进行需求上的试探性引导，根据客户的接受程度，为其提供合理的建议。

【参考话术】在今天的活动中，公司推出了7套主题婚礼套系，能够满足新人的不同需求。价格最低的是我们的浪漫雅致套系，12 888元，但是为了更好地回馈新人，今天签单可以立减3 000元，也就是最终价格为9 888元，并且还会赠送您价值500元的巨惠大礼包一份。不过，我觉得婚礼一生就一次，与其找最便宜的不如找最合适的。我们可以先聊聊您的要求，看看我们能够在哪些方面帮您想办法。因为我们一直认为，您找到我们也是让我们帮助您省钱的，我们懂得把钱花在哪里更合适，哪里可以节省开支。

子任务三　婚礼销售技巧（客户心理分析等）

一、工作流程

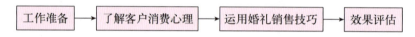

工作准备 → 了解客户消费心理 → 运用婚礼销售技巧 → 效果评估

（一）工作准备

1.物品准备

序号	名称	单位	数量	备注
1	婚礼服务项目单	份	1	为客户提供详细的服务内容和价格，方便客户查看
2	电脑	台	1	为客户提供产品展示，进行谈话记录
3	婚礼服务合同	份	2	供客户阅读和签约
4	签字笔	个	2	供客户和策划师记录要点使用
5	茶水	杯	2	接待使用

2.人员准备

序号	人员	准备
1	婚礼策划师	熟练运用销售技巧，分析客户消费心理，促成客户成功签单
2	婚礼服务对象	认真听取和记录客户的想法与意见，提供帮助并答疑
3	其他客户	提出婚礼消费明细需求，建立良好的客户关系

（二）婚礼销售技巧

步骤	流程	技术操作要求
工作前准备	准备	（1）经过初级婚礼策划职业技能等级培训
		（2）熟悉如何进行客户心理分析
		（3）掌握婚礼销售技巧和沟通技巧
步骤1	了解客户消费心理	（1）认真记录和听取客户的想法与意见
		（2）分析客户心理，认同客户想法
步骤2	运用婚礼销售技巧	（1）通过前期与客户的有效沟通，建立信任关系
		（2）运用婚礼销售技巧，有目的地向客户推销适合的婚礼服务产品
步骤3	促成谈单成功签约	（1）通过帮助客户解决疑难问题，努力促成签约成功
		（2）为客户讲解合同内容，最终签订婚礼服务合同
注意事项		（1）在与客户谈单的过程中，要注意服务礼节，礼貌用语
		（2）在谈单中注意使用婚礼销售技巧，充分分析客户的消费心理

（三）效果评估

1. 通过准备，可以更自信地接待客户，解答客户的疑难问题。

2. 运用婚礼销售技巧，提高婚礼签约成功率。

二、相关知识

（一）消费心理的概念

消费心理是消费者进行消费活动时所表现出的心理特征与心理活动，指消费者心理发生的一切心理活动以及由此产生的消费行为，包括消费者观察商品、搜集商品信息、选择商品品牌、决策购买方式、使用商品形成心理感受和心理体验、向生产经营单位提供信息反馈等心理行为。

（二）消费心理的过程

消费心理分为 7 个阶段：产生需要、形成动机、搜集商品信息、做好购买准备、选择商品、使用商品、对商品使用的评价和反馈。

消费者心理受到消费环境、消费引导、消费者购物场所等多个因素的影响。企业常常通过分析消费者心理，制定相应的营销策略。

（三）客户心理的类型

客户心理是指客户在成交过程中发生的一系列极其复杂和微妙的心理活动，包括客户对商品成交的数量、价格等问题的一些想法，以及如何付款、选择什么样的支付方式等。在购买过程中，客户的心理可以决定成交的数量甚至交易的成败，因此，我们必须高度重视。客户心理有以下几种类型：

1. 求实心理　这是客户，特别是我国消费者普遍存在的心理动机。他们在购买物品时，首先要求商品必须具备实际的使用价值，讲究实用。

2. 求新心理　这是以追求商品奇特和新颖为主要目的的心理动机。他们在购买物品时，重视"时髦"，好赶"潮流"。在婚礼消费过程中，新人的求新心理很强，很容易赶时髦、赶潮流。

3. 求美心理　爱美是人的本能和普遍要求，喜欢追求商品的欣赏价值和艺术价值。婚庆行业就是创造美的行业，无论是化妆、花艺、场景布置，还是服饰搭配、摄影摄像，都体现了美。新人在选择婚礼服务商品时，特别注重商品本身的造型美和色彩美，注重商品对人体的美化作用和对环境的装饰作用，以达到艺术欣赏和精神享受的目的。

4. 求名心理　这是以一种以显示自己的地位和威望为主要目的的购买心理。他们讲名牌，想要以此来"炫耀自己"。具有这种心理的人普遍存在于社会各阶层，尤其是在现代社会中，由于名牌效应的影响，人们吃、穿、住都讲究名牌。

5. 求利心理　这是一种"少花钱多办事"的心理动机，其核心是"廉价"。有求利心理的客户在选购商品时，往往要仔细比较同类商品之间的价格差异，还喜欢选购折价或处理商品。当推销员向他们介绍一些稍有残损而减价出售的商品时，他们一般都比较感兴趣，只要价格有利、经济实惠，必先购为快。具有这种心理动机的人，以经济收入较低者为多。当然，也有经济收入较高但生活节俭的人。

6. 偏好心理　这是一种以满足个人特殊爱好和情趣为目的的购买心理。有偏好心理动机的人喜欢购买某一类型的商品，例如，有的人爱养花，有的人爱集邮，有的人爱摄影，有的人爱字画等。这种偏好往往同专业、知识、生活情趣等有关，因此，偏好性购买心理动机的指向较稳定，具有经常性和持续性的特点。

7. 自尊心理　有这种心理的客户，在购物时既追求商品的使用价值，又追求精神方面的高雅。他们在购买之前，就希望他的购买行为受到推销员的欢迎和热情友好的接待。经常有这样的情况，有的客户满怀希望地走进商店，一见推销员的脸冷若冰霜，就转身而去，到别的商店去了，甚至再也不愿光顾那家"冷若冰霜"的商店。

8. 仿效心理　这是一种从众式的购买心理动机，其核心是不甘落后或"胜过他人"，对社会风气和周围环境非常敏感，总想跟着潮流走。有这种心理的客户，购买某种商品往往不是由于急切需要，而是为了赶上他人、超过他人，借以求得心理上的满足。

9. 隐秘性心理　有这种心理的人，购物时不愿为他人所知，常常采取"秘密行动"。一旦他们选中某件商品，且周围没有别人时，便能迅速成交。女青年购买卫生用品、男青年为异性朋友购买女性用品时，常发生这种情况。国外一些政府官员或大富商在购买高档商品时，也有类似的情况。

10. 疑虑心理　这是一种思前顾后的购物心理动机，其核心是怕吃亏、上当。他们在购买物品的过程中，对商品质量、性能、功效持怀疑态度，怕不好用、怕上当受骗，满脑子疑虑，因此反复向推销员询问，仔细检查商品，并非常关心售后服务工作，直到心中的疑虑解除后，才肯最终购买。

11. 安全心理　有这种心理的人，要求购买的物品在使用过程中必须保障安全，尤其是食品、药品、洗涤用品、卫生用品、电器用品和交通工具等，不能出任何问题。因此，他们非常重视食品的保鲜期、药品有无副作用、电器用具有无漏电现象等。在推销员解说后，他们才能放心地购买。

（四）促成新人签订婚礼服务合同

促成新人（客户）与婚庆机构签订婚庆服务合同是婚礼策划师接待客户的目的，也是婚礼策划师的一项重要职责。

1. 介绍国标合同内容　自2009年7月1日起，我国首部《婚姻庆典服务国家标准》正式开始实施。其中，首次出台了《婚庆服务合同》示范性文本，规范了婚庆服务市场行为。婚礼策划师必须向新人介绍国标合同的有关内容。

2. 与新人（客户）签订合同（谈单成功）　如果谈单顺利，新人（客户）表示愿意与公司签订婚庆服务合同，就标志着婚礼策划师营销成功。

3. 成功销售的基本策略

（1）抓住机遇。婚礼策划师从新人进门咨询开始，就要做好成交签单的准备，一旦时机成熟，立即提出成交，避免错失良机。

（2）正确识别客户的成交信号。成交信号包括：

① 语言信号。当新人开始涉及购买细节、注意事项，并讨价还价，对服务的具体细节提出要求，用假定的口吻谈及购买等内容时，可以认为新人发出了购买信号。

② 动作信号。当新人的动作由紧张变为放松，说明他（她）复杂的心理活动过程已经完成，可视为决定购买。

③ 表情信号。当新人出现眼神变化，眼睛转动由慢变快，眼睛发光，脸部表情由沉思变为明朗、活泼和友好，情感由冷漠、怀疑变为自然、大方、亲切、随和的时候，可视为成交信号。

④ 事态信号。新人提出更换环境与地点，向婚礼策划师介绍有关购买决策过程中的其他角色人员等情况时，可视为成交信号。

（3）保持积极心态。婚礼策划师要克服成交恐惧，以坦然的心态面对失败。

（4）把握成交时机，随时促成交易。不要坐等客户提出成交要求，应该抓住各种机会，大胆、主动，不断提出成交要求，并适当施加成交压力，积极促成交易。

（五）婚礼推销技巧

1. 欲擒故纵法　不要把客户逼得太紧，要适度放松，使对方产生患得患失的心理，最终达到签约的目的。

2. 避重就轻法　采用迂回战术，不要与客户过多地谈价格等敏感问题，应避重就轻。

3. 擒贼擒王法　对一组客户，要从中找出具有决定权的人，集中火力攻击。

4. 紧迫盯人法　步步逼近，紧迫盯人，毫不放松，直到对方签单。未达成销售目的之前，决不轻言放弃。

5. 差额战术法　当公司的服务价格比竞争对手高时，要采取差额战术法，介绍公司的优点、特点、品质等，与对方进行比较，使客户了解价格差异的原因及付出较高金额所能获得的利益。

6. 利益诱导法　告诉客户要捷足先登，否则可能失去被优待的机会。

7. 反宾为主法　站在客户立场去考虑，使客户觉得很亲切，消除对立的局面。

8. 连锁法　让客户介绍客户，扩大自己的销售额。

9. 建立网络营销体系　主要指婚庆公司的网络平台建设及对外宣传手段，通过网络营销体系，创造更多的机会，找到潜在客户。

（六）婚礼销售必备的心态（六大心态）

1. 老板心态　优秀的销售人员从不把自己当作一名员工。要记住，你不是一个打工者，你是你自己的老板，手头的工作就是你的事业，你的客资是实现你事业的资源。你是客户的管理者和领导者，你多联系几个客户，多付出一些，就会比别人收获更多。

2. 专业心态　专业是信任的根本前提，是销售的起点。专业从自身做起，做好销售的第一条就是必须成为行业专家。所以，要从现在开始学习，塑造自己的专业形象。

3. 努力的心态　努力是成功的必要条件，努力不一定成功，但是不努力绝对不可能成功，永远不要给自己找任何借口。

4. 学习的心态　刚入行没经验没关系，但是如果不学，就永远都不要奢望比努力学习的人优秀。

5. 团队合作的心态　公司所有的同事都是你事业的助手。

6. 感恩的心态　感恩的心态就是付出的心态，只有付出才会有回报。不要拖拉、不要推辞，马上就行动，去感谢身边所有的人或事，感谢生命中的每一次经历，相信你一定会取得成功。

子任务四　婚礼营销话术

一、工作流程

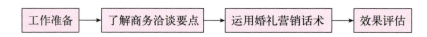

工作准备 → 了解商务洽谈要点 → 运用婚礼营销话术 → 效果评估

（一）工作准备

1. 物品准备

序号	名称	单位	数量	备注
1	婚礼服务项目单	份	1	为客户提供详细的服务内容和价格，方便客户查看
2	电脑	台	1	为客户提供产品展示，进行谈话记录
3	婚礼服务合同	份	2	供客户阅读和签约
4	签字笔	个	2	供客户和策划师记录要点使用
5	茶水	杯	2	接待使用

2. 人员准备

序号	人员	准备
1	婚礼策划师	熟练运用婚礼营销话术，促成客户签单
2	婚礼服务对象	认真听取和记录客户的想法与意见，提供帮助并答疑
3	其他客户	提出婚礼消费明细需求，建立良好的客户关系

（二）婚礼营销话术

步骤	流程	技术操作要求
工作前 准备	准备	（1）经过初级婚礼策划职业技能等级培训
		（2）熟悉婚礼谈单礼仪，反复练习实践
		（3）掌握婚礼营销话术，灵活运用
步骤1	了解商务 洽谈要点	（1）牢牢把握谈单要点，做到自信、从容，牢记谈单目标
		（2）在客户心里树立良好、可靠的形象
步骤2	运用婚礼 营销话术	（1）通过运用婚礼营销话术，有目的地向客户介绍适合的婚礼服务产品
		（2）与客户建立良好的关系
步骤3	促成谈单 成功签约	（1）通过商务洽谈，运用营销话术，促进婚礼服务合同的签订
		（2）为客户讲解合同内容，最终签订婚礼服务合同
注意事项		（1）在与客户谈单的过程中，要注意商务服务礼节，礼貌用语
		（2）在谈单中注意使用婚礼营销话术，促成签约

（三）效果评估

（1）通过准备，可以更自信地接待客户，解答客户的疑难问题。

（2）运用婚礼营销技巧，提高婚礼签约成功率。

二、相关知识

（一）婚礼营销话术的概念

营销很大程度是语言的科学，营销的核心智慧就是营销的话术。婚礼营销话术即婚庆营销人员与新人（客户）沟通的范文资料。

（二）商务洽谈的要点

人员推销既是一门艺术，又可以精确计划。

1. 自信　要相信自己能够取得成功。相信自己的产品，相信自己的价格，相信事先的准备工作，不要随便怀疑自己。

2. 不能轻易让步　在市场中，让步的举动很有可能被对方认为是产品有问题或者价格虚高。

3. 维护价格　价格是交易的重中之重，价格的松动比其他的让步更容易引起连锁反应。价格一定要和服务相对应，价格变动的前提必须是服务的变动。

4. 牢记自己的目标　商谈的目的是促进成交，一切都以交易能达成为目标。

（三）营销人员应具备的基本技能

1. 自我形象展示和企业形象策划能力　能够从不同角度把自己的个性、特点、能力展示出来，熟练地对企业及产品形象进行详细描述。

2. 具有对目标市场的调查与分析能力　能够编写调研方案，设计调查问卷，熟练运用各种调研方法，撰写婚庆市场分析报告。

3. 具备目标市场的战略策划能力　能够用市场细分的标准，对现有的婚庆市场进行有效的市场细分，灵活运用目标市场的选择战略，对竞争的环境进行分析，做出正确的市场定位选择。

4. 具备运用市场营销组合分析市场信息、选择合适策略的策划能力　能充分利用调研得到的各种信息，结合企业实际和特定的市场营销环境，分析婚庆市场特点和消费者需求，并选择相应的婚庆市场营销策略。

5. 具备娴熟的产品销售能力　营销人员能够固定客户范围并以合适的方法寻找、拜访、接近客户，制订合适的洽谈方案，善于运用各种谈判技巧，打破僵局，促成交易，并能够对货品进行有效管理。

6. 具备较强的客户管理能力，及时处理客户投诉　营销人员应对客户的业务往来关系进行有效管理，并及时分析和处理客户档案资料，以真诚、耐心的态度为客户服务。具备一定的讨债能力，及时、正确处理客户投诉，努力提高客户满意度。

7. 熟悉网络营销，具备电子商务能力　熟悉企业网站的基础知识，能对网页内容进行设计，实现与客户的实时交流，努力实现电子化交易。

8. 具备较强的团队协作能力　营销人员要将自己融入整个团队，善于处理团队成员之间的关系，充分调动团队人员的积极性，善于协作，齐心协力，努力实现营销目标。

9. 熟悉相关法律法规，并能够运用自如　能够运用法律规定规范销售行为，正确签订销售合同，履行合同义务。以营销活动相关的法律法规为指导，提出合法的营销对策和建议，正确制订市场营销方案，规范营销行为。掌握必要的解决营销纠纷的实务技能，能通过合法途径和程序解决经济纠纷。

（四）营销的语言艺术

销售也需要语言艺术。成功的推销员往往能凭借三寸不烂之舌取得骄人战绩，他们的语言就像一双温暖的手，能抚摸到客户心灵最柔软的地方。

1. 正确认识销售语言　语言艺术不是骗术，这是每个销售员必须牢记的。优秀的推销员必须能够分清语言艺术和语言骗术的区别：

（1）语言艺术是选择信息，骗术是编造信息。选择信息可以对自己有利，但不能对客户有害，因为总有一天客户会知道真相。语言欺诈是典型的短视行为，对销售员本身和提供婚礼服务的公司都是有害的。

（2）语言艺术的目的是双赢，骗术的目的是骗钱。无论销售语言多么精妙，在最终达成交易后，会希望客户也获得了良好的服务和感受；而骗术是只要收到钱就行，或者这次生意做成就行。

（3）语言艺术的方法是引导，骗术则是欺瞒。销售语言虽然也使用技巧，并且可能也会利用人性的弱点，但其结果是在对公司最有利的同时不损害客户利益；骗术则是利用心理战和虚假信息蒙蔽消费者。

2. 婚庆销售的语言艺术　婚庆公司一般都有自己的销售语言培训，根据公司情况，可能有些差异，但是基本原理都差不多。

应根据场景，使用不同的销售语言。比如在陪客户看图片或者视频的时候，可以边察言观色，边选择语言，这时候说话的目的是试探各种客户不会主动提供的信息，比如真实的婚礼想法和购买意图，甚至有时候是已经订好了的酒店的规模和婚礼的预算等。这些信

息对于婚礼的推销极为关键。这时候，恰当的语言技巧能起到关键作用。

（五）婚礼销售必备技能：不怕被拒绝和克服心理恐惧

拒绝就是成交的开始，被客户拒绝是每一个婚礼销售都会遇到的问题。恐惧心理只会让销售人员止步不前，因此，要改变自己的心态，调整好自己的状态。

1. 退缩　退缩的心态是各类销售人员在各种销售中或多或少具有的"保护"自己的方式，如果被客户拒绝就退缩，是无法取得成功的。

应对策略：销售人员必须具备顽强的敬业精神，百折不挠，要认定拒绝是不可避免的，不能被拒绝就灰心丧气、一蹶不振。失败乃成功之母，要从失败中总结经验，争取成功。在营销活动中，你的敌人不是客户，而是你自己，要不断战胜自我，对自己说："不！我不能后退，我必须往前走，我的成功就在下一次。"

2. 矛盾　拿起电话非常希望电话能够接通，同时也非常希望电话接不通。电话接通了，可以接近工作目标，但却不知道与客户说什么好。平时跟朋友、同学沟通起来滔滔不绝，可一旦涉及工作，就如同"哑巴"一样，难以启齿。如果电话没有接通，心理压力就会减轻，有种"终于躲过一劫"的感受。新入职场的电话销售人员常常会有这种心态。

应对策略：提前做好必要的准备工作，比如学习相关的销售话术，准备相关的文件、材料等。准备工作可能枯燥无味，不过，它也不是什么难事，养成习惯就毫不费事。

3. 害怕　怕被客户拒绝、怕骚扰客户、怕自己的心灵受到伤害、怕失败等。怕的心态是所有销售人员的共有心态，从始至终困扰着销售人员。

应对策略：要自信，今天被拒绝，明天继续。铁杵尚能磨成针，水滴必会将石穿，用真诚和坚持不懈的精神去打动客户，直到达到目的。

4. 退让　涉及与客户谈判的时候，就耐不住"性子"，一味对客户让步，等到自己和客户谈不下去的时候就请上级出马，接着让上级继续让步，最后，费了很大的力气争取了业务，收益却很差。

应对策略：既然已经和客户到了谈判的地步，那就必须拿出勇气与客户周旋到底。该让步的时候让步，不该让步的时候必须坚持，原则很重要。

5. 怨气　埋怨客户太难说话，很难伺候；埋怨公司制度不行，激励措施不到位；埋怨竞争对手太"狡猾"，没有手下留情等。心理不平衡，最后怨气冲天。

应对策略：人生不如意十之八九，与其天天想不开心的事情，不如花点时间做好准备，快快乐乐地工作，客户和同事也会自然而然地被你的情绪感染。

6. 自满　电话打到一定的程度后，感觉没有电话可以打了，该联系的客户都联系过了，没有需求的就没有必要联系了。还有一种人，有点小成就就满足了，止步不前。

应对策略：天下没有完美的人，自信是好的，自满就是毁灭。学会低下头来看看身边的人，也许在你自满的时候，你的周围正崛起若干个高手。时刻有危机感才能立于不败之地。

任务二
婚礼服务项目营销和邀约

【任务情境】

小冯是某婚庆公司的婚礼策划师，在业务方面一直表现得不错，由于正值婚礼旺季，每天的工作量都很大，要接待的客户也很多。今天下午是小冯与客户的邀约日，之前小冯与这个客户已经谈得很好了，今天约客户来公司，就是要签订婚礼策划服务合同。不巧，上午小冯负责的一场婚礼突发状况，小冯急忙赶往婚礼现场处理。处理完事故后，小冯担心再出问题，就一直在现场盯着，把与客户签婚礼策划服务合同的事儿忘得一干二净。客户到达邀约地点后，等了很久，也没见到小冯。客户给小冯打电话（可能是小冯正在处理事故）也没人接。后来，小冯突然想起签约的事情，急忙赶回邀约地点，但客户已经离开了。小冯赶紧给客户打电话，跟客户说明原因，并表示歉意。客户很生气，并表示他们已经联系了其他婚庆公司来做婚礼策划了。小冯也因此受到了公司的处罚。通过此事，小冯认识到了自己在工作中的不足。

【任务分析】

一、婚礼服务项目营销和邀约的主要内容

序号	主要内容
1	通过电话和微信联系客户，邀约客户
2	做好老客户的关系维护，时常回访
3	做好婚庆公司婚礼服务项目的推广和营销
4	做好婚礼项目推广和营销过程中的数据分析

二、婚礼服务项目营销和邀约的工作目标及措施

序号	主要工作目标	措施
1	向客户发出邀约，推销婚礼服务项目	通过电话、微信，向客户发出邀约信息
2	维护好与老客户之间的关系	在重要节日、生日等时间点，通过电话、微信等方式，向老客户送上祝福和问候
3	婚礼服务项目营销推广数据分析	通过营销推广信息有效率、营销推广费用、客户反馈等内容，分析营销推广的有效性

【任务实施】

子任务一 电话邀约

一、工作流程

工作准备 → 进行电话邀约 → 效果评估

（一）工作准备

1. 物品准备

序号	名称	单位	数量	备注
1	客户信息	份	若干	联系客户使用
2	电话机	台	1	联系客户使用
3	签字笔	支	1	用于记录
4	笔记本	个	1	用于记录客户反映的情况
5	水杯	个	1	饮水使用

2. 环境与人员准备

序号	环境与人员	准备
1	环境	干净、整洁、安静的独立空间
2	客户	有婚礼服务需求的客户
3	婚礼策划师/营销人员	着装得体、沟通能力强、言谈举止大方、销售能力强

（二）电话邀约

步骤	流程	技术操作要求
工作前准备	前期准备	（1）经过初级婚礼策划职业技能等级培训
		（2）客户信息的收集整理是获得有效客户信息的基础
		（3）确保电话畅通，一机一号，避免使用分机，以免影响通话
		（4）保证客户信息是有效的，提高通话的效率
		（5）安排好手头的其他工作，避免通话中有其他事情打扰
步骤1	分析客户信息	（1）分析客户信息，能快速在海量的客户信息中筛选出目标客户
		（2）有针对性的客户信息能提高邀约的成功率
		（3）客户信息要尽量多，客户群体越大，受邀的人就会越多

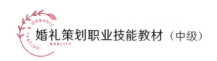

（续）

步骤	流程	技术操作要求
步骤2	进行电话邀约	（1）电话邀约时，语气要温和，让客户多说，从客户的话语中，快速获得有效信息
		（2）电话邀约的重点是邀请客户前来体验和参观，重点是把客户邀请过来，而不是推销产品
		（3）选择合适的时间进行电话邀约，应避开用餐时间、早晨和晚上
		（4）电话接通时，要先询问客户是否方便，有没有打扰客户的工作或生活
		（5）通话时，要用普通话，口齿清晰，表达准确，保证客户能听懂，尽量避免使用过于专业的术语，专业术语要转化成通俗易懂的语言
		（6）保证通话音量，避免音量过小
		（7）注意倾听，让客户多说，用简单的语言回复客户，避免啰唆
步骤3	完成电话邀约	（1）邀约结束时，要与客户再次确定约定的时间和地点
		（2）通话结束时，要跟客户说"再见""感谢"等用语，等客户挂断后再挂电话
		（3）做好电话邀约记录，接通、未接通、邀约成功、邀约失败等情况都要做好记录
注意事项		（1）进行电话邀约时，环境要安静，避免周围环境嘈杂或有他人打扰
		（2）与客户交流时，不要与客户发生言语争执
		（3）如果客户拒绝了，也要礼貌地向客户表示感谢，并表示有需要的时候可以随时联系

（三）效果评估

（1）通过电话邀约，邀请客户到婚庆公司宣传活动现场进行体验，以达到营销推广的目的。

（2）通过电话邀约，了解不同客户对电话邀约方式的态度和反应，总结经验，以便今后做好电话邀约工作。

二、相关知识

（一）电话邀约的含义

电话邀约是婚礼销售人员通过电话联系目标客户进行婚礼服务营销的一种方式，对销售人员的沟通能力和沟通技巧有较高要求。

（二）电话邀约的准备工作

1. 客户分析　客户分析包括：①客户基本情况分析，如客户的年龄、身份、职业等基本情况；②资产状况分析，如客户的收入、家庭经济情况；③客户特征分析，如客户的消费层次等。

2. 环境准备　打电话的场所要安静，避免有人打扰，应选择一个没有噪声的地方，保证通话质量良好。

3. 心理准备　要做好通话前的心理建设，大部分人需要在正式通话前静下心来，有个心理预演就更好了。

4. 物品准备　要准备纸、笔、水等物品。纸和笔用于记录客户反映的问题和需求，水是为自己准备的，毕竟要一直打电话，会口干舌燥。

5. 问话准备　要问什么、沟通什么，必须事先有准备。因此，要好好阅读客户信息，问话逻辑清晰、才能较好地完成电话邀约。

6. 回答准备　回答的好与坏直接影响着客户的情绪，回答技巧很重要，回答要言简意赅，语气缓和谦让。

（三）电话销售的职责

（1）婚礼电话销售人员的工作是将公司优势转述给客户，让客户全面了解公司、产品和活动，在促进成交的同时，对客户提出的问题给予耐心解答并及时将客户信息录入系统。

（2）使用规范、标准、专业的语言开展电话营销，在每次通话前要有充足的准备。

（3）积极完成上级领导安排的工作并按时达成销售目标。

（4）在电话交流时，要做到同面谈一样，微笑服务，用真诚、热情、周到、谦虚、尊重的口气。

（5）电话销售人员要树立良好的心态，以积极热情的态度和坚定的信心投入工作。

（6）一名优秀的销售人员要不断挑战自我，有突破和创新，要用心去做。遇到困难时，要及时调整自己的心态，不要因情绪影响自己的工作。

（7）根据跟踪标准，及时跟踪未成交客户，并及时更新系统。

（8）客户成交后及时铺垫，配合门市邀约到店。

（四）电话销售的基本素质

1. 专业

（1）专业形象。良好的职业形象可以提高竞争实力，增加自信心，增强团队凝聚力。科学数据研究发现，人身穿正装打电话会明显比穿便装更加具有说服力，在销售过程中能有效提高成交率。

（2）专业知识。客户心理千变万化，客户问题多种多样，只有具备充足、完整的专业知识，才能在与客户沟通时游刃有余，解决客户遇到的问题，让客户信任你。这也是客户选择成交的前提条件之一。

（3）专业态度。态度决定成败，态度决定客户成交的速度，一个优秀的电话销售人员，必须随时保持专业、热情、耐心的服务态度。无论遇到多难缠的客户，都必须控制自己的情绪，不能被情绪干扰。

2. 目标感　三则故事告诉我们目标的重要性。

第一个故事：爱丽丝的故事

"请你告诉我，我该走哪条路？"

"那要看你想去哪里？"猫说。

"去哪儿无所谓。"爱丽丝说。

"那么走哪条路也就无所谓了。"猫说。

——摘自刘易斯·卡罗尔的《爱丽丝漫游奇境记》

点评：这个故事讲的是人要有明确的目标，若一个人没有明确的目标，自己不知道该怎么做，别人也无法帮助你！天助先要自助，当自己没有清晰的目标方向时，别人说得再好也是别人的观点，不能转化为自己的有效行动。

第二个故事：石匠的故事

有个人经过一个建筑工地，问那里的石匠们在干什么？三个石匠有三种不同的回答。

第一个石匠回答："我在做养家糊口的事，混口饭吃。"

第二个石匠回答："我在做整个国家最出色的石匠工作。"

第三个石匠回答："我正在建造一座大教堂。"

点评：三个石匠的回答给出了三个不同的目标。第一个石匠说自己做石匠是为了养家糊口，这是短期目标导向的人，只考虑自己的生理需求，没有大的抱负；第二个石匠说自己做石匠是为了成为全国最出色的匠人，这是职能思维导向的人，做工作时只考虑本职工作，只考虑自己要成为什么样的人，很少考虑组织的要求；第三个石匠的回答说出了目标的真谛，这是经营思维导向的人，这些人在思考目标的时候会把自己的工作和组织的目标关联起来，从组织价值的角度看待自己的发展，这样的人才能获得更大的发展。

第三个故事：马拉松运动员的故事

山田本一是日本著名的马拉松运动员，曾在 1984 年和 1987 年的国际马拉松比赛中两次夺得世界冠军。记者问他凭什么取得如此惊人的成绩，山田本一总是回答："凭智慧战胜对手！"

大家都知道，马拉松比赛主要是运动员体力和耐力的较量，爆发力、速度和技巧都在其次。因此对于山田本一的回答，许多人觉得他是在故弄玄虚。

10 年之后，这个谜底被揭开了。山田本一在自传中这样写道："每次比赛之前，我都要乘车把比赛的路线仔细看一遍，并把沿途比较醒目的标志画下来，比如第一标志是银行，第二标志是一棵古怪的大树，第三标志是一座高楼……这样一直画到赛程的结束。比赛开始后，我就以百米的速度奋力向第一个目标冲去，到达第一个目标后，我又以同样的速度向第二个目标冲去。40 多公里的赛程，被我分解成几个小目标，跑起来就轻松多了。开始我把我的目标定在终点线的旗帜上，结果当我跑到十几公里的时候就疲惫不堪了，因为我被前面那段遥远的路吓到了。"

点评：目标是需要分解的，一个人在制定目标的时候，要有最终目标，比如想做年度销售冠军，更要有明确的绩效目标，比如将年度目标分为上半年及下半年，再根据情况分配到每个月，有了每月目标后再细化到每周、每天。每天的目标是结果，为了这个结果你每天要跟踪多少个新客户？问候多少个老客户？打多少通电话才能达成当天目标？这样下来，你就不至于每天上班无所事事，对工作无从下手。要学会计划你的工作，工作你的计划。

3. 坚持不懈 坚持是一个持续的过程，想成一事，必从小事开始，积少成多，想要实现自己的梦想，就要坚持、就要努力，这样才可以成就梦想。

在实际的工作中最能体现坚持的地方在哪里呢？屡次遭到客户拒绝，你会怎么办？给客户打一个电话、两个电话、三个电话都没成交，你是怎么做的？第二天就是"抢购会"了，并且马上就要到下班时间了，你还有 200 个电话没有打完，你会怎么办？

把简单的事做好很容易，坚持把简单的事儿重复做很难。当你打了 100 个电话还没有客户成交的时候你有理由放弃吗？这是你放弃的借口吗？当客户拒绝你一次、两次、三次后，你依然坚持、坚持、再坚持，客户一定会被你的专业打动，会被你说服。如果你被拒绝就放弃，你就没有资格抱怨客户、抱怨渠道，因为是你自己不够坚持，客户有权选择。

（五）电话销售的技巧

作为婚礼销售，只有全面掌握销售话术，才能让客户不排斥你的电话，进而想要进一步了解你的产品（服务），最终成功赢得客户"芳心"。

1. 电话销售如何不被拒绝

【背景】 你从 A 婚纱品牌的 B 经理处得到了 C 客户的信息。现在，你要打电话向她推销你们公司的产品（服务）。

可能遇到以下问题：

【问题 1】 你为什么打电话给我？

客户潜台词： 你是谁？要给我推销什么？我凭什么要浪费时间听你说话？

惯用答复： 我是从市场部的同事那里得到您的电话的。

客户心理： 我的信息又被泄露了，你打电话就是为了推销产品，就是为了赚我的钱。

销售正确的核心表述要点： 我是被委托来帮助你的，值得您的信任。

【婚礼销售示范回答】 您之前在 A 品牌购买了婚纱，B 经理说您正在准备婚礼。他跟您交流后觉得您人特别好，担心您在选择婚礼策划时遇到消费陷阱。我和 B 经理接触了很多年，对彼此的产品和服务都比较了解。所以他特别委托我联系您，希望我们能帮您策划一场理想的婚礼。

成功要点：

（1）借力上游销售渠道，铺垫好关系。

（2）从业经验足，让客户放心。

【问题 2】 你们公司都做些什么？

客户潜台词： 你们的业务包含哪些？

惯用答复： 我们是本地最专业（或排名前三）的婚礼公司，同时也承接宝宝宴、成人礼、活动策划等。

客户心理： 凡是推销电话都说自己是最专业、最大、最好的，谁知道是不是真的？

正确的销售核心要点： 采用暗示的方法，借力其他客户的认可，拿成绩说话。

【婚礼销售示范回答】 我们公司是主要做婚礼策划、婚礼设计服务的专业婚礼机构，目前已经服务超过 500 对新人。我们服务过的新人都很认可我们，因此，还让我们承办公司年会、开业典礼、公司活动等。生了宝宝后，还让我们帮忙准备宝宝宴，家里老人寿辰也会请我们策划寿宴。

成功要点：

（1）全面介绍了公司的业务范围，向新客户暗示自己的公司足够专业，以往服务过的客户都很认可自己公司的产品和服务。

（2）暗示自己的公司服务周到、细节到位、价格合理、服务效果好、回头率高。

【问题3】你们公司有什么产品适合我？

客户潜台词：你们的产品（服务）对我是否有用？

惯用答复：套用官方网站的描述方式，笼统地介绍本公司的业务体系。

客户心理：听你说了那么多，我没有看到价值点。

正确的销售核心要点：真实、连贯、真诚地向新人陈述自己的产品和服务。

【婚礼销售示范回答】我们主要帮新人统筹整个婚礼，包括婚礼的筹备、婚礼现场设计和布置，帮助推荐和预订化妆师、摄影师、主持人等婚礼服务人员，以及伴手礼、婚纱礼服等周边产品的协助采购或租赁。此外，我们还提供××服务，总之，让客户省心的同时享受更多优惠是我们的服务宗旨。如果您完全将婚礼交给我们统筹，比起只让我们做现场布置，虽然费用平均多了××个百分点，但筹备周期和筹备时间减少了××。

成功要点：

（1）额外服务，让新人更愿意选择你。

（2）专业服务，让新人选择你。

【问题4】你们怎么收费？

客户潜台词：你们家贵不贵？性价比如何？

惯用答复：我们从8 000元起接，可以定制，也可以购买套餐，上不封顶。

客户心理：这不是跟其他婚庆公司一样吗？好像没有什么价格优势。

正确的销售核心要点：让客户明白我们是如何为客户的婚礼现场节省成本的（非视觉成本），是如何在同样价位区间增加视觉效果的（视觉成本）？

【婚礼销售示范回答】我们有专门负责产品研发的同事，每天研究不同价位的婚礼产品，研究怎样呈现更好的视觉效果。比如说，市面上2万元的婚礼套餐只配了3个主桌桌花，而我们有15个。同时，我们还做了充足的市场调查，定制配备了5个色系的40桌桌花，用于不同的配色方案。虽然第一次定制费用较高，但用在多场婚礼中，费用成本就降低了，而这样一来，可以为客户打造出比市面相同报价的婚礼布置多出好几倍的视觉效果。（视觉成本）

市面2万元的婚礼，一般需要6个搭建工人，但我们精心研究，制定了标准化工序，提前做了很多准备工作，减少了现场摆放环节，从而减少了不必要的人工成本，也可以为客户省钱。（非视觉成本）

成功要点：

（1）通过技术创新手段改进产品及服务，而不是用降低品质或价格战的方式参与竞争。

（2）在沟通过程中，用专业度以及换位思考的服务态度，更能吸引客户。

针对客户提出的收费标准问题，应强调同等价格如何节约成本，提高质量，换位思考，吸引客户。

【问题5】你们做过多少场婚礼？

客户潜台词：你们的经验是否丰富？我想看看相关案例。

惯用答复：我们一年可以完成 500 场婚礼。（实际只有 200 场左右）

客户心理：这是不是真的？有什么依据？

正确销售核心要点：告知客户在同等体量的公司中，我们在哪些方面更优秀。

【婚礼销售示范回答】我们的策划师平均每人每月的接单量是 3～5 单，一年每人至少可以做 36 场婚礼。由于体量较大，很多酒店、服务商等婚礼相关行业都跟我们有密切合作，给了我们很大力度的折扣，因此，在筹备全面性和价格方面，我们都能为客户提供更好的服务和更优的价格。此外，每年淡季的时候，我们都会轮流安排资深策划师到全国学习深造，因此，我们的策划师的经验都非常丰富，能够按照客户需求设计出他们想要的个性婚礼，还能处理各种突发状况。

成功要点：

（1）用发展性的角度表达自己公司经验丰富、知名度高这些话题，不要过多使用"最好""第一"等字眼。

（2）在同等体量的公司中，我们在人员分工和资源配置方面更加合理。

客户询问婚礼经验时的回答技巧：

（1）夸大陈述事实，缺点是容易引起客户怀疑。

（2）与同等体量的婚庆公司进行比较，说明自己公司有哪些优势，呈现特色，吸引客户。

2. 婚礼销售应对客户回答"不需要"时的技巧

（1）针对完全没有需求的客户（非潜在意向客户），也可以尝试联系，将来可以继续推销其他业务，或者客户通过你的朋友圈对你产生信任感以后，其朋友有需求的时候可以想到你。

（2）对使用托词拒绝你的客户（潜在意向客户）的三种应对技巧：

① 客户已经有了较心仪的婚庆公司，还未交定金。

面对这种类型的客户，先不要急着放弃，可以追问："您有没有交定金？您交的是大定还是小定？"

大定即按照比例收取订单金额 10%～50% 的高额定金。小定即 100～500 元的意向性定金。

如果客户交的是小额意向性定金，那么证明该客户还没有完全考虑好是否选择这家婚礼公司，仍有许多担心和不确定因素，这时候你的机会就来了。

应对措施一：

"我们这边不收取定金，可以免费帮您做一份婚礼初稿，您可以参考一下。"

应对措施二：

"因为您是×××推荐的客户，他特别交代这个客户对他们很重要，要我特别关注。因此我们破例，根据您的喜好和要求给您制作一个婚礼策划初稿。"

对于客户来说，他并不清楚你的方案是什么，你可以准备一个简单的 PPT，里面有一些客户喜欢的风格的图片、案例配色方案或其他婚礼元素。在这种情况下，"方案""初稿"等关键词其实就是吸引客户到店的一种方式。

② 已经交了一定比例的定金或大额定金的客户。

如果对方已经定了别的婚庆公司，我们把这个单抢了过来，是违反行业规则和职业道德的。

应对措施：

可以营销其他服务产品，比如推荐化妆师、摄影师、婚礼管家或婚车、婚纱、礼服等。

③ 确实比较忙的客户。

针对这类客户，你可以记录下他忙碌的时间点，在他不忙的时间点给他打电话。

应对措施一：

"××先生/女士，之前给您打过几次电话沟通婚礼策划，可能您工作比较忙，没有时间细聊，所以我记录下了您比较忙的几个时间点，特意避开了这几个时间点给您打电话，请问您现在方便接电话吗？"如果这个客户还是在忙也没关系，询问他什么时候比较方便，换其他时间给他打电话。

这样，传达了你对这个客户的重视，让他知道你是一个比较贴心、细心、坚持的人。

应对措施二：

忙碌的客户往往非常重视效率，也说明他在某一领域或相应职位上有一定成就。我们更多的是要体现我们的沟通及办事效率高，另外要对这些有成就的人给予一定的赞美。

让客户知道你是一个可以帮他节省时间、高效筹备婚礼的人："知道您特别忙，您看能不能在您有空的时候，我到您公司附近，您抽半个小时到一个小时的时间，我把相关服务及产品给您做一个介绍。之后如果有需求，筹备和对接我也可以配合您的时间上门服务。"

借助一个中间人的口吻赞美这样有成就的客户："×××将您介绍给我们的时候，说您是行业里的精英，所以比较忙，让我们联系您的时候特别注意，一定不要打扰您的工作。"

3. 婚礼销售三分钟成功邀约客户的技巧　客户的耐心往往只有三分钟，好的开场白很重要，一个好的开场白能让客户产生想听下去的冲动。

（1）让客户围着你转。

① 赞美。

单刀直入夸对方　×

通过关联性事物来赞美　√

"我们之前接待过的在×酒店×宴会厅办婚宴的客户，大多都选择比较典雅精致的设计风格，您对婚礼设计的要求也是这样吗，还是您有更独到的想法呢？"

"听×婚纱品牌的礼服师××老师说，您在他们店里选的是当季××大师的作品，这位设计师的风格与我们××系列的作品比较搭配，您的婚礼是否也喜欢××的设计风格呢？"

这样，既在无形中夸奖了客户，又能顺理成章地引出客户喜欢的婚礼风格。

② 投其所好。我们可以通过客户信息来源得知客户的选择偏好，比如他对产品、服务、售后等有什么要求，从而研究和分析出他的选择思路。

比如，客户选择了某位摄影师，在成交的时候，他最关心出片时间，那么可以大致推断出这个客户很注重效率，不喜欢等待和浪费时间。此时，你可以说："我们公司能提供……服务，除此之外，我们出方案的时间是最快的，市场上正常需要 1 个月的时间，而我们只需要两周就能完成整个策划。这是因为我们的分工非常明确，可以节省大量的沟通时间和成本……"

积极了解客户的选择偏好，再将这些信息与你的产品和服务挂钩，会让客户觉得你很了解他。然后，再投其所好，介绍公司的优势，并分析其中缘由，客户自然愿意与你交流下去。

③ 请教客户。

在客户面前体现自己的专业　×

抬高对方的身价　√

比如，你了解到客户是钢琴老师，就可以在聊天时这样说："听××老师说，您是资深的钢琴老师，我们有一个客户，特别想在婚礼上弹奏一曲，给新郎一个惊喜，但是她没有音乐基础，您有什么好的建议吗？客户自己找了几个钢琴老师，但都觉得不太合适，她拜托我们帮她找找资源，刚好听说您是钢琴老师，就想请教您。"

这时候，新娘的同理心就会迸发出来，自然就打开了话题。

（2）聊得火热？一定要适可而止。

首先要记住一点，电话邀约的目的是最终的见面，只有当客户对你（的产品或服务）有兴趣的时候，才会想要跟你面谈。因此，我们要把对方最关心、最重视的问题，通过更恰当的方式在聊天中表达出来。

同时，你不能让对方看到所有的东西，因为在电话中，你很难把一些情绪、眼神、动作、表情等传递给客户，很可能会产生理解上的偏差，让客户不能完全感受到你的真诚和专业，错失和客户见面的机会。

因此，在与客户聊得火热的时候，一定要适可而止，想办法约客户见面。此时，可以选择客户比较关注的一个点，趁机约客户见面。

比如，你可以这样说："有一家与您要求比较匹配的婚纱店在跟我们联合做活动，我们推荐过去的客户会有比较大的优惠。您看可不可以我带您去这家婚纱店了解一下，我已经把资料准备好了，这样您挑选起来也不会太累。"

或者，当客户对你特别感兴趣的时候，一定要抓住这样的时机约客户见面。你可以这样说："太好了！之前您跟我说您喜欢……的化妆师，我们这边一个非常符合您的要求、性价比又很高的化妆师，因为约好的客户临时改了婚期，那天就空出来了。您看最近有没有空？我帮您预约那个化妆师来，帮您试试妆。"

这样，你就可以很轻松自然地约到这位客户了。

我们邀约客户的过程中，一定要在聊得火热时适时停止，采取客户能够接受的方式，抓住时机，约客户见面。

（六）制定电话邀约记录表

在进行客户电话邀约时，要及时记录客户反映的情况和信息。应先制定电话邀约记录表（表 2-1），避免错过相关信息。

表 2-1　电话邀约记录表

电话邀约记录表			
客户姓名		客户联系方式	
电话邀约日期			
客户沟通情况记录			
是否邀约成功			
邀约面谈时间			
邀约面谈地点			
其他事项			

子任务二　微信邀约

一、工作流程

工作准备 → 进行微信邀约 → 效果评估

（一）工作准备

1. 物品准备

序号	名称	单位	数量	备注
1	客户信息	份	若干	联系客户使用
2	手机	个	1	联系客户使用
3	电脑	台	1	给客户发送文件资料使用
4	婚礼服务产品电子版资料	份	1	营销使用

2. 环境与人员准备

序号	环境与人员	准备
1	环境	独立空间、环境安静、温度适宜
2	客户	有婚礼服务需求的客户
3	婚礼策划师/营销人员	线上销售经验丰富

（二）微信邀约

步骤	流程	技术操作要求
工作前准备	资料准备	（1）经过初级婚礼策划职业技能等级培训
		（2）可以通过公司微信公众号和客户微信群进行邀约
		（3）一份精美的电子邀请函，在微信邀约中非常重要
		（4）提前准备好宣传资料，制作电子宣传海报、婚礼服务介绍微信链接等
		（5）宣传资料设计新颖，有亮点，能抓住客户的眼球，避免长篇大论。看到满眼的文字，客户是没有欲望再继续阅读下去的
		（6）检查手机、电脑的网络是否通畅，避免沟通中网络中断，影响客户信息的收集与反馈
步骤1	客户信息准备	（1）掌握微信线上客户群体的基本情况是线上邀约的基础
		（2）查看微信公众号、微信群、微信好友分别有多少人，大致了解这些客户的分布情况，有多少目标客户群体
步骤2	进行微信邀约	（1）公司微信公众号邀约时，要及时发布和更新相关信息，及时回复客户留言
		（2）微信群邀约时，内容要言简意赅，避免长篇大论
		（3）要及时回复群内客户的提问，对于敏感或不便回答的问题，尽量以私聊的方式答复客户
		（4）微信群内答复要注意用语、用词，避免在群内针锋相对，避免不当言论
		（5）微信朋友圈邀约时，要图文结合，内容简洁，一目了然
		（6）微信朋友圈的评论要及时回复，回复时注意礼貌用语，不要回复有歧义的话
		（7）微信邀约信息发出后，要及时关注客户的反馈，对于微信邀约成功的客户，要做好记录，汇总客户信息
步骤3	完成邀约	（1）与成功受邀的客户确认见面的时间、地点，要逐一与每位客户进行确认
		（2）客户回复信息较多，要仔细查看，避免遗漏
	注意事项	（1）在微信上通过微信公众号、微信群、朋友圈等进行邀约时，要留下联系人和联系方式，以便客户进行联系和咨询
		（2）客户的信息要及时回复，不要让客户感觉永远得不到回复
		（3）避免邀约信息刷屏，给客户留下不好的印象

（三）效果评估

通过微信邀约，可以很好地与客户进行线上交流，在回复和交流中获取更多的客户信息，更好地掌握客户群体的需求，以达到客户接受邀约的目的。

二、相关知识

（一）微信邀约的含义

微信邀约是婚礼销售人员通过微信平台（微信公众号、微信群、朋友圈、视频号等）向目标客户进行婚礼服务营销的一种方式。微信邀约具有灵活性、互动性，可以随时看到客户回复和反馈的信息。

（二）微信营销的特征

1. **及时性**　婚礼销售人员能第一时间查看到客户的反馈信息，可以及时收集、整理客户的反馈信息。

2. **互动性**　微信营销不受时间、空间的限制，无论什么时间、在什么地方，只要有营销信息和内容，就可以马上通过手机推送给用户。同时，在留言区和群内，婚礼销售人员可直接回答客户提出或咨询的问题，增强了互动性，会增加客户的兴趣，吸引客户，原本持观望态度的客户可能会不由自主地参与进来。

3. **便捷性**　一是在手机上就可以查看客户的反馈信息，方便快捷，不受时间、地点的限制，婚礼销售人员不用一直守在办公室或者守在电脑前等待客户回复消息。二是客户回复信息可以直接导出，稍做分类整理即可，减少了整理汇总客户反馈数据的时间，大大提高了工作效率。

4. **有针对性**　微信营销的针对性强。微信添加好友必须通过对方的确认，订阅号、公众号、服务号等都需要用户关注后才可以看到相关的推送消息，用户对信息有选择权，所以，微信营销是针对已经关注用户群体的营销。

（三）微信营销的技巧

1. **诙谐聊天，忌强行推销**　从诙谐聊天开端，千万不要一上来就强行推销。可以选择一些比较轻松、有趣的话题作为切入点，尽量不要让客户一上来就感觉有压力。婚礼销售人员可以先从对方的朋友圈或者其他平台了解客户的兴趣爱好，从客户的兴趣点入手。

2. **制造话题，引入主题**　话题是需要制造的，不要上来就问许多客户的信息。客户在与销售人员生疏的状态下，很容易有厌烦情绪，会拒绝回答这些问题。要提前策划好微信邀约的方法和方案，使用邀约技巧。可以先聊聊生活、聊聊规划、聊聊自己的情况等，然后慢慢进入到邀约主题。

3. **邀请客户参加线下活动**　可以像约朋友去看话剧一样，给客户转发一个婚庆公司线下活动的介绍。这种活动一定要有趣味性，让客户感兴趣。要提前策划好线下活动，准备要充分，多从客户的角度进行策划，不然客户来了一次，体验感很差，不仅客户自己下次不会再来了，还会告诉身边的亲朋好友都不要来了。线下活动是吸引客户的中心环节，要用心策划线下活动。

4. **推送有价值、差异化的内容**　要让客户主动咨询，绝不是靠广告感动客户的。如果只是简单地打广告，没有实质性的内容，或者客户每天看到的内容都是广告，客户会觉得很空洞，从而产生视觉疲劳。所以，要有目的地给客户看一些差异化的内容，即别的婚庆公司没有的内容，或自己公司独创的东西。

（四）微信公众号营销工具

利用微信公众号进行营销推广的意义在于以下几点：一是目标人群可能是近两年（不同品牌需求不同）有意向的人群；二是蓄养粉丝，通过公众号内容的不断引导和品牌的持续影响，将未来有意向的用户逐步变成潜在用户，为后续业绩打基础。

1. 标签广场

（1）功能介绍。在定向的自定义人群中，微信广告有"标签广场"功能，包括职业属性、消费类型在内的更多维度的人群标签，可帮助行业广告主在原有定向上细化目标人群。

根据账户/行业/营销节点，推荐精选的兴趣定向。客户可以在微信推广后台的"自定义人群-标签广场"中挑选多个兴趣定向，用于广告投放。

（2）"标签广场"的三大定向能力。一是专属推荐，来源于关键词库"兴趣行为"，根据广告主账户属性进行相应推荐；二是标签地图，为微信广告数据产品及运营精选的常用核心人群包；三是热点人群，为近期营销热点人群，贴近生活，时效性强。

（3）意向标签。除此之外，微信广告新推出了"意向标签"，其功能表现为可以帮助广告主精准定位有细分需求的目标人群，重点刻画受众对某些细分产品或服务的购买、参与意向。婚庆行业广告主可根据投放的产品类型匹配相应的意向标签，实时洞察需求人群。

2. 扩量种子人群

（1）功能介绍。在转化数据不足时，自动扩量无法充分了解"转化用户"的特征，故在广告投放时，可由客户上传号码包，作为自动扩量的种子人群，提升自动扩量。

（2）优势。广告主提供高转化质量的种子人群，可以帮助系统学习该部分数据，从而有利于广告成本稳定、起量，扩大广告投放量。

（3）投放建议。该功能目前需与扩量功能配合使用。建议结合较窄的定向范围，如行为兴趣定向、自定义人群重定向等进行使用。

3. 竖版视频

（1）功能介绍。

① 原生感。更加原生的竖版视频播放体验，让广告就像好友的一条动态，更加贴近用户。

② 沉浸感。点击外层后，全屏视频素材的沉浸感让用户体验更深刻，后端转化率比常规图片广告更具优势。

③ 高竞争力。视频类素材在系统的素材新鲜度过滤竞争中具有独特优势，拥有更长的投放寿命，拿量更稳定。

（2）视频风格建议。

① 视频内容。动态拍摄场景（慢镜头）＋样片定格（快速切入），样片幻灯片式播放。

② 动态场景选择。凸显拍摄过程的轻松、温馨、浪漫；博人眼球，如超大裙摆、撒花、水下视频；趣味现场拍摄花絮。

（3）定向建议。多维度测试。

① 增加兴趣行为一级定向。

② 多人群重定向组合。

（4）视频迭代技巧。视频素材过滤逻辑是以视频的第一帧画面判定的，建议微调视频开头进行复用，避免素材受新鲜度影响被过滤。

（五）邀约话术

1. 直接邀约　我们现在的活动礼品是由财务提前报备申请出库的，只要 2 天内到店，凭短信就可以领取了。这边给您确定个时间然后上报财务部，您看您什么时间方便，是下班后呢，还是休息日？上午还是下午？上午 10 点吗？

2. 客户当时没时间，申请保留　您是这两天确实来不了吗？那您大概什么时候有时间？我帮您向主管申请一下，看看怎么处理更好，然后我再给您回电话好吗？公司有规定，我要去申请。

3. 小额收取费用　亲爱的，这边确实有一小部分跟您情况一样的客户，我的申请回复下来了，您可以预付 100 元作为参与活动的保证金，这样您可以享受三项服务内容：特价、折扣和免费领礼品。这个 100 元只是作为保留金，不是定金，如果您到店没有看中我们的案例，您领取完礼品之后，我们会直接把这 100 元保证金退还给您的。您看您是自己来，还是跟朋友一起来？我帮您安排。

4. 客服主管压单

（1）亲爱的，是我哪里服务没做好吗？（真诚）如果是我做得不好，您可以随时提出建议和意见，我马上改正，好吗？

（2）我们非常尊重您的感受，建议您还是抽时间来体验中心实地感受一下，包括硬件、服务、技术、审美标准、技术水准等，这些都是我们选择一个机构的重要因素。

（3）亚历山大的销售汪，有考核，请求对话（笑容）。

（4）您不要有任何压力，最终您选择或不选择我们，是看我们做得够不够好，值得不值得您信任。我们非常尊重客户的感受，不会骚扰您，也不会给您造成任何的不愉快。希望您能收获丰厚的礼物、浓浓的友情以及愉快的心情。××已经准备好礼物等候您的光临！（热情）

（5）我们选择一家婚礼策划平台，首先要看这家机构的实力，包括硬件、服务、技术、审美标准、技术水准等。这些是我们选择一个婚礼机构或者说是最终是否满意的重要因素，也是价格高低不同的原因。

（6）我正在陆续把我们现在活动的价格单给您发过去，您可以对照看一下自己的预算。有很多专业的东西在价格单上无法体现，所以稍后如果方便，我给您打一个电话，电话的沟通会更高效。

（7）选择我们是因为我们做得好，值得信任，不是因为热情，而是因为专业，您不需要为热情而有压力。

5. 价格高　亲，光看价格我们确实贵了一点，但是我们整体的性价比是最高的。我们就是因为品质好、有特色才会贵一点，您多花这一点钱，可以留下一辈子的美好回忆，很超值的！

（六）微信营销话术

1. 常见的微信介绍话术

婚礼销售："××先生/女士，您好！我是刚刚跟您联系过的销售顾问莉莉，很高兴为您服务。"

客户："你好。"

婚礼销售："以下是刚刚帮您查询到的符合您要求的酒店，发给您了解一下。"（发1~3家酒店图片，要图文并茂，最好列明优劣势）

客户："好的，我先了解一下。"

婚礼销售："嗯。这是我们公司在××酒店做的婚礼案例，您也可以参考一下，看看这个宴会厅做出来的婚礼效果。"

客户："嗯。这个套餐是什么价格呢？"

婚礼销售："这是我们一款韩系风格的主题布置，包含了全场区域的布置（迎宾区、签到区、仪式亭、通道区、主舞台），以及灯光、婚礼搭建团队。另外，电子请柬、仪式流程、婚礼统筹、策划等服务也都包括在里面了。最适合层高××米以上的宴会厅使用。"

2. 婚礼销售常见问题及应答技巧

（1）什么是四大金刚？

答：司仪、摄影、摄像、跟妆。

（2）你们这边可以提供什么服务，是怎么收费的？

答：我们这边提供婚礼布置、人员、礼服、车队等"一条龙"服务，是按您所需的项目来收费的。具体的详细收费要根据您的要求来确定。

（3）都需要的话，要花费多少钱呢？

答：这个没有硬性规定，因为每个新人对自己婚礼的要求都不一样。比如婚车，车型不同，报价也是不一样的。一场婚礼，几千上万的都能做。"一条龙"服务的费用，具体得看您想实现怎样的婚礼效果，再根据您各个项目的选择来综合计算。

（4）我看了一下××套系，这个都包含什么呢？

答：嗯嗯，这是我们专门针对××新人的特惠套餐，是联合很多位资深设计师策划出来的，只需要花几千块钱就可以让你们的婚礼达到一两万元的效果，最适合××米的宴会厅使用。套餐包含了全场区域的布置（迎宾区、签到区、仪式亭、通道区、主舞台），以及灯光、婚礼搭建团队。另外，电子请柬、仪式流程、婚礼统筹、策划等服务也都包括在里面了。

（5）"四大金刚"都有什么价位的呢？

答：根据他们从业的经历、专业技能、使用的器材以及服务水平，价格从几百到几千元不等。××专业团队里面的"四大金刚"一般是1 000元左右/人，建议您看过这些人的作品/价位后，再来权衡。

（6）这个价格还可以优惠吗？

答：亲，传统婚庆公司不到店之前是不会跟您透露任何价格方面的东西的，我们互联网婚庆套餐包含的人员和布置物品，在官网上都有具体说明，各项内容都是透明的，无隐形消费。就爆款布置来说，在别家绝对不止这个价格呢。我这边只是线上客服，具体的报价需要您到店直接跟我们的策划师详细沟通。

（7）现场会和最初的设计一模一样吗？

答：这个您放心，我们会实地测量场地，虽然宴会厅会对布置有些影响，但我们承诺还原度会保证在90%以上。

（8）如果对套餐有调整，算定制吗？要加钱吗？

答：虽然我们公司的套餐有规定好的内容，不过在设计方面，在不影响大型物料的情况下，我们可以为您的婚礼添加更多您喜欢的元素，进行微调。比如主题板、小装饰品、照片摆件等，可以在价格不变的情况下按照您的要求进行调整。当然，如果您需要加个甜品区，那费用肯定是要增加的。

（9）你们提供礼服吗？

答：我们有专门合作的礼服馆，可以为您提供礼服租赁或定制服务。

（10）入场费是你们交吧？

答：不是的。婚庆入场费是部分酒店不成文的收费。所有婚庆公司给客户的报价只包括布置和人员费用，不包括酒店的收费项目。所以，在您交定金前，一定要与酒店经理确定好有没有这项收费，争取减免。

子任务三　老客户回访及维护

一、工作流程

（一）工作准备

1. 物品准备

序号	名称	单位	数量	备注
1	客户信息	份	若干	联系客户使用
2	客户回访计划书	份	1	用于客户回访
3	小礼品	份	若干	赠送给客户

2. 环境与人员准备

序号	环境与人员	准备
1	环境	干净、整洁、独立空间、温度适宜
2	客户	接受回访的客户
3	婚礼策划师	业务熟练、人际交往能力强，会为人处世

（二）老客户回访及维护

步骤	流程	技术操作要求
工作前准备	前期准备	（1）经过初级婚礼策划职业技能等级培训
		（2）确认需要回访和维护的客户，制订客户回访计划书
		（3）客户回访计划书的内容包括回访的大概时间、回访内容、回访目的等
		（4）婚礼策划/营销人员要根据公司业务情况，结合客户特点，选择合适的回访方式
		（5）准备好给客户的回访小礼品
		（6）小礼品可以多准备一些，避免出现客户想多要一个的情况

（续）

步骤	流程	技术操作要求
步骤1	客户拜访准备	（1）信息确认对于开展回访工作有着重要的作用
		（2）可以通过电话或微信与客户联系；与客户确认回访的形式、时间、地点
		（3）回访的时间和地点要充分考虑客户的时间安排，不要打扰客户
		（4）根据客户资料确定每个回访客户的目的和侧重点
		（5）进行信息确认时，态度要温和，要用询问和征求意见的口吻，如果客户拒绝了，不要死缠烂打地追问
		（6）如果客户表示没有时间或者不方便，可以通过短信、微信等线上形式进行回访或客户关系维护，如编辑短信，制作海报、小视频等发送给客户，并将回访小礼物快递给客户
步骤2	进行回访	（1）婚礼策划师/营销人员要准时到达回访地点
		（2）婚礼策划师/营销人员要热情、全面地了解客户的需求和对服务的意见，并填写《客户回访记录表》
		（3）回访时，要始终保持良好的状态，热情、大方，语言得体
		（4）交谈时，注意说话音量和态度，戒骄戒躁，注意察言观色，顺着客户的意思说，不要随意打断客户
		（5）赠送客户小礼物时，要双手奉上，微微弯腰，并向客户表示感谢
		（6）填写客户回访记录表时，如果客户不愿配合，一定不要强求，避免发生不愉快，可以在交谈中自己记录要点，然后再按照记录填写
步骤3	完成回访	（1）及时整理回访记录，根据回访过程和结果整理回访报告，并做好资料的保存工作
		（2）回访结束后，要主动送客户离开，与客户挥手致意，客户离开后自己再离开
		（3）回访结束，要及时整理回访中形成的费用凭证和票据，及时报销相关费用，不要拖延
注意事项		（1）回访过程要始终保持热情，不要因客户的态度不好而与客户争执或表现出不高兴
		（2）正确对待客户的抱怨，耐心听取意见，始终保持微笑和良好的态度
		（3）要抓住回访的机会，了解客户不满意的地方，以便在今后改进工作
		（4）回访中产生的费用要在公司的控制和要求范围之内，不要超额

（三）效果评估

（1）通过客户回访，了解客户对婚礼服务的满意度和评价，以及对婚礼服务过程的意见、建议。

（2）通过回访，了解婚礼服务中的不足，及时调整和规范服务，提升服务能力和水平。

二、相关知识

（一）客户回访的含义

客户回访是婚庆公司用来进行产品或服务满意度调查、客户消费行为调查，并进行客户维系的常用方法。

（二）客户回访的目的

（1）提高客户对婚庆公司服务的满意度。

（2）全面了解客户的婚礼服务需求和消费特点。

（3）提高婚庆公司的信誉，传播公司的服务理念。

（4）提高婚庆公司客户回访管理的规范化水平。

（三）客户回访的工作流程（九步法）

第一步：查询客户资料库。

第二步：明确回访对象。

第三步：制订客户回访计划。

第四步：预约回访时间和地点。

第五步：准备回访资料和物品。

第六步：实施回访。

第七步：整理回访记录。

第八步：向公司汇报回访的整体情况。

第九步：保存资料。

（四）客户回访的方式

1. 电话回访　按照客户回访流程给客户打电话，一一询问并做记录。这种方式容易造成客户的反感，回访效果一般。

2. 电子邮件回访　通过给客户发电子邮件进行客户回访，可以采用问卷形式，方便客户填写和回收。这种方式的回访效果不佳，客户查收电子邮件费时费力，往往回访工作都结束了，客户还没有查收邮件，时效性较差。

3. 微信回访　通过公司微信公众号、客户微信群、微信朋友圈等向客户发出回访问卷（如问卷星）进行回访。这种方式比较灵活，可及时收集客户的回复信息并整理。

4. 面谈回访　通过与客户约定回访时间、地点，面对面进行回访。这种方式效果最好，也最能表达诚意。

（五）客户回访的技巧

1. 面带微笑　微笑是最好的服务名片，无论是当面回访还是电话回访，微笑十分重要，会直接影响客户的心情。在进行电话回访时，虽然客户看不见你的面部表情，但你的情绪可以通过说话的语气传达出来，饱满的情绪会让客户心情愉悦，更有利于回访工作的开展。

2. 规范话术　规范的话术可以体现一个公司的服务品质，也对提高服务质量、减少客户投诉有着重要的作用。

3. 因人而异、对症下药

（1）对冲动型客户莫"冲动"。在回访服务过程中，常常会碰急性子的客户，一句话说得不合心意就发起火来。面对这类客户，回访服务人员必须做到用温和的语气与其交谈，以柔克刚。

（2）帮寡断型客户"果断"下决心。这类客户时常考虑很久，拿不定主意。应对这类客户，须多花时间与之交谈，晓之以理、动之以情。回访服务人员必须用坚定和自信的语

气消除客户疑虑，耐心地引导客户。

（3）给满足型客户足够的尊重。对这类客户，要采用赞美性语言，满足其自尊心。客户的抱怨我们要虚心接受，表现得大方得体，不可失礼。待客户发泄完之后，可友好地征求他的意见，满足其讲话欲望。这样，不需要采取更多的措施，就能把问题解决。

（六）客户回访的类型

一般说来，婚礼销售回访可分定期回访和不定期回访两种。

定期回访是在完成一定的订单后，集中整理客户信息并进行回访。

不定期回访没有固定的时间，一般发生在处理客户反馈的问题时，具有突发性和不确定性。当有问题需要处理时，随时对客户进行回访和跟踪。

婚礼销售人员最好事前拟订好访问计划，定期而有计划地做好回访跟踪。

对老客户的回访与跟踪服务不会在短期内实现利润，表面看起来似乎是亏本的买卖，可是若是从长远的角度来看，婚礼销售在老客户身上所花费的时间和精力都不是白费的，都会有所回报，可以为公司赢得好的口碑，从而为公司带来更多的目标客户。

（七）老客户的维护

1. 在线咨询（到店前）　如果客户到店前对线上客服的印象比较好，可以直接问客户身边还有没有朋友近期要结婚，可以一起过来看看，因为组团优惠力度更大。从线上就开始铺垫。

2. 到店当天　客户不管有没有签约，都要向策划师询问情况。针对没有签约的客户，一定要进行回访，询问客户还有哪些不太满意的地方，然后再与客户约定第二次到店时间；针对已签约客户，要问清楚策划师都给了他哪些优惠，然后开始做转介铺垫。例：哇，我们的策划师给您的优惠还蛮大的哦，而且我们策划师的服务超级好，满意的话一定要给我们介绍朋友过来哦！

3. 婚礼前3天左右　询问客户婚礼筹备得怎么样了，和策划师的对接有没有到位，还有需要提供哪些帮助。给客户发婚礼之前的注意事项，提醒客户保持好的心情等。

4. 办完婚礼第二天　询问客户对婚礼当天的流程或者布置是否满意，还有没有需要改进的地方。如果客户表示满意，可以提出让客户转介朋友，并向客户介绍公司对老客户转介的奖励规定。如果不满意，将客户反映的问题反馈给公司，帮助客户解决问题，维护好客户。

（八）制定客户回访记录表

在客户回访时，要及时记录客户的意见，应先制作客户回访记录表（表2-2），记录客户反馈的意见和建议，为改进工作和提升服务打好基础。

表2-2　客户回访记录表

客户回访记录表	
客户姓名	
客户联系方式	
回访时间	

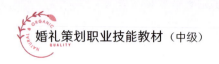

（续）

客户回访记录表	
回访地点	
客户反馈的意见建议	
客户整体满意度	
其他事项	

任务三
婚礼服务项目的报价体系

小郭刚从学校毕业不久，从事婚礼服务产品营销工作。某天，她接待了一对新人及其父母，客户对婚礼的费用非常关注，并且对全国乃至世界各地的同类型婚礼的报价和价格构成都有一定的了解。针对这种情况，小郭觉得在谈单的过程中一定会遇到意想不到的情况，应该有针对性地做好准备。

【任务分析】

一、婚礼策划的报价体系

序号	报价的主要内容
1	明确婚礼服务项目的构成
2	了解个性化婚礼服务项目
3	对各项产品构成要件的成本差异进行了解
4	对成本差异的原因有所了解，并能为客户进行合理解释

二、避免差异化报价问题的工作目标及措施

序号	主要工作目标	措施
1	项目明细设置基本合理，个性化项目有单独的表单	根据服务项目的特点，据此进行表单的分类设计，突出区域差异的合理性
2	让客户接受合理范围之内的价格差异	主动提供价格信息，帮助客户理解不同地区差异的现状与可能出现的价格变化

【任务实施】

子任务一　根据不同地区制定报价体系

一、工作流程

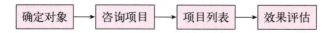

（一）工作准备

1. 物品准备

序号	名称	单位	数量	备注
1	常用办公用品	标准	若干	用于婚礼构成项目的汇集
2	电话	个	若干	用于婚礼报价的区域性咨询
3	计算机	台	若干	用于婚礼报价的汇集
4	会议室	米²	若干	用于婚礼报价的研究讨论
5	档案袋	个	若干	用于婚礼报价的汇集
6	打印机	台	若干	用于一般性事务
7	打印纸	包	若干	用于一般性事务
8	网络办公环境		若干	用于婚礼报价的信息搜集
9	其他		若干	用于婚礼报价的整理汇集

2. 人员准备

序号	人员	准备
1	策划师或营销人员	确定具体婚礼策划项目，跟踪各地区报价差异
2	营销人员	协助搜集和整理报价信息

（二）根据不同地区制定报价体系

步骤	流程	操作要求
工作前准备	能力基础	（1）经过初级婚礼策划职业技能等级培训
		（2）了解并掌握婚礼一般的报价方式（见初级教材）
		（3）了解并掌握婚礼报价的调查范围
步骤1	报价信息搜集	（1）从网上搜集信息
		（2）营销人员要主动找各地策划师进行咨询
		（3）参考既有的价格和报价分析报告
		（4）汇总整理信息并形成资料

（续）

步骤	流程	操作要求
步骤2	设计产品与服务包	（1）产品的内容要反复斟酌，注意价格包含项目的成本
		（2）本地的服务包价格应该有参照的异地版本
		（3）反复求证项目中的价格构成
		（4）服务包的报价也要有明细和单一价格对比
步骤3	对报价体系进行完善	（1）与上级核对婚礼策划项目价格
		（2）对不符合产品设计初衷以及不符合公司利益的报价进行修改
		（3）与策划师及其他营销人员讨论，搜集参考意见
		（4）确定下来的报价资料要形成完整的资料形态
		（5）报价差异的合理程度体现了此项子任务的完成质量
步骤4	效果评估	视客户对报价的接受程度，跟踪分析其主要疑虑和目标

（三）效果评估

能根据不同地区制定报价体系，掌握婚庆产品的报价体系，做好营销服务。

二、相关知识

常见的几种定价方法与调整策略

（一）成本导向定价法

以营销产品的成本为主要依据制定价格的方法称为成本导向定价法，这是最简单、应用相当广泛的一种定价方法。

1. 总成本定价法

（1）成本加成定价法。成本加成定价法即按产品单位成本加上一定比例的毛利定出销售价，其计算公式为：

$$P＝C×(1＋r)。$$

其中，P 为商品的单价，C 为商品的单位总成本，r 为商品的加成率。

（2）目标利润定价法。目标利润定价法是根据企业总成本和预期销售量，确定一个目标利润率，并以此作为定价的标准。其计算公式为：

单位商品价格＝总成本×（1＋目标利润率）/预计销量

2. 边际成本定价法 边际成本定价法是企业以单位产品的边际成本为基础的定价方法。由于边际成本是商品在不考虑沉没成本的情况下可以销售的最低价格，因此，企业在短时期内能继续维持下去。这种方法适合婚庆公司这样的轻资产企业，但前提是市场充分竞争。

3. 盈亏平衡定价法 销售额变化后，成本也在发生变化。盈亏平衡定价法是运用损益平衡原理的一种保本定价法。

（二）需求导向定价法

需求导向定价法是指根据市场需求状况和消费者对产品的感觉差异来确定价格的定价方法，主要有以下 3 种：

1. 认知导向定价法　认知导向定价法是根据消费者对企业提供的产品价值的主观评判来制定价格的一种定价方法。极端的情况是，当客户认为你设计的婚礼产品极度符合其价值观时，你的定价就可以采用价格歧视的方式。

> **【例 3-1】某公司的同类产品定价**
>
> 某公司的一款婚礼套餐定价 10 万元，其竞争对手的同类婚礼套餐售价仅 9 万元。当一位潜在客户问该公司的销售谈单人员为什么要多付 1 万元时，销售人员回答，这款婚礼的价格构成为：采购成本为 9 万元，与竞争者的价格相同。7 000 元为最佳的婚礼策划的价格加成，6 000 元为最可靠的流程督导的价格加成，5 000 元为最佳延伸服务的价格加成，2 000 元为仪式后的及时投诉处理的价格加成，总价格是 11 万元。减去 1 万元的折扣，最终价格为 10 万元。
>
> 新人或许会惊奇地发现，尽管他们可能多付了 1 万元，但实际上他还得到了 1 万元的折扣。实施这一方法的要点在于提高消费者对商品效用认知和价值的理解度。企业可以通过实施产品差异化和适当的市场定位，突出企业产品特色，再辅以整体的营销组合策略，塑造企业和产品形象，使消费者感到购买这些产品能获取更多的相对利益，从而提高他们可接受的产品价格上限。

2. 逆向定价法　逆向定价法是依据消费者能够接受的最终销售价格，考虑中间商的成本及正常利润后，逆向推算出中间商的批发价和生产企业的出厂价格，其计算公式为：

出厂价格＝市场可零售价格×（1－批零差率）×（1－进销差率）。

3. 习惯定价法　习惯定价法是指按照市场长期以来形成的习惯价格定价。

（三）竞争导向定价法

竞争导向定价法是企业通过研究竞争对手的生产条件、服务状况、价格水平等因素，依据自身的竞争实力，参考成本和供求状况来确定商品价格。竞争导向定价主要包括随行就市定价法、产品差别定价法和密封投标定价法，适用于婚庆行业的主要是前两者。

1. 随行就市定价法　在垄断竞争和完全竞争的市场结构条件下，任何一家企业都无法凭借自己的实力在市场上取得绝对优势。为了避免竞争，特别是价格竞争带来的损失，大多数企业都采用随行就市定价法，即将本企业某产品的价格保持在市场平均价格水平上，利用这样的价格来获得平均报酬。

此外，采用随行就市定价法还有一个优点，就是企业不必去全面了解消费者对不同价差的反应，也不会引起价格波动。

2. 产品差别定价法　产品差别定价法是指企业通过不同的营销努力，使同种同质的产品在消费者心目中树立起不同的产品形象，进而根据自身特点，选取低于或高于竞争者的价格作为本企业产品的价格。因此，产品差别定价法是一种进攻性的定价方法。

（四）定价策略

定价的具体策略主要有撇脂定价策略、渗透定价策略、差别定价策略、组合定价策略等。

1. 撇脂定价策略　所谓撇脂定价，是指在产品生命周期的最初阶段，把产品的价格

定得很高，以获取最大利润。撇脂定价的条件是：

（1）市场有足够的购买者，他们的需求缺乏弹性，即使把价格定得很高，市场需求也不会大量减少。

（2）高价使需求减少，但不致抵消高价所带来的利益。

2. 渗透定价策略　所谓渗透定价，是指企业把其创新产品的价格定得相对较低，以吸引大量客户，提高市场占有率，又称"君子价格"或"温和价格"。

3. 差别定价策略　差别定价即价格歧视，一般分三级：

（1）个体歧视。让每个人付出他能付出的最高价格，一般通过讨价还价、拍卖等方式完成，例如电信公司拍卖手机靓号、腾讯公司拍卖 QQ 靓号。

（2）销量歧视。买得越多越便宜。

（3）区隔歧视。常见的几种区隔歧视有：①区域歧视（不同地域不同价格）；②人群歧视（老人票、儿童票）；③时间成本（电影院的上午场、夜场便宜，下午场和晚场贵）；④机会成本歧视（青年机票，可以等候即将起飞的航班）。

4. 组合定价策略　组合定价是通过把不同商品组合在一起，集合定价，获取最大销售利益的定价方法。在婚庆服务中，DJ 和灯光公司的定价方法就是组合定价。

（1）产品线定价。根据产品的功能和品质定价，以满足不同类型的消费者。

（2）捆绑式定价。利用价格锚点的心理，推销套餐。核心是单买某一个产品价格很贵，但是购买套餐价格就很便宜。一个绝佳的婚礼创意往往可以搭配销售大量的其他环节，从这些环节中赚取利润。

（3）附属产品定价。以较低价销售主产品来吸引客户，以较高价销售备选和附属产品来增加利润。如美国柯达公司推出一种与柯达胶卷配套使用的专用照相机，价廉物美，销路甚佳，结果带动柯达胶卷销量大大增加，尽管其胶卷价格较其他品牌的胶卷贵。

（五）价格调整

价格调整是企业在市场营销活动中，根据市场状况、企业条件等价格影响因素的变化，适时修订和调整产品基本价格的手段。价格调整策略实质上是企业的一种动态定价策略。

1. 降价策略　这是定价者面临的最严峻且具有持续威胁的问题。企业降价的原因很多，有企业外部需求及竞争等因素的变化，也有企业内部的战略转变、成本变化等，还有国家政策、法令的制约和干预等。

2. 提价策略　提价确实能够增加企业的利润率，但会导致竞争力下降、消费者不满、经销商抱怨等问题，甚至还会受到政府的干预和同行的指责，从而对企业产生不利影响。虽然如此，在实际中仍然存在着较多的提价现象。

3. 对价格调整的反应　很多时候，企业的价格调整并非出于主动，而是为了应对对手的价格调整。这个时候，企业必须考虑以下问题：

（1）为什么竞争者要变动价格？它是想悄悄地夺取市场，利用过剩的生产能力，适应成本的变动状况，还是要领导一个行业范围内的价格变动？

（2）竞争者做这个价格变动是临时的还是长期的？

（3）如果本公司对此不做出反应，公司的市场份额和利润将会发生什么样的变化？其他公司是否将对此做出反应？

（4）对于每一种可能发生的反应，竞争者与其他企业的回答很可能是什么？

【例3-2】高星级酒店婚宴降价亲民①

《北京商报》记者走访北京多家高星级酒店了解到，2013年"中央八项规定"实施后，酒店遭遇了"寒冬年"。面对经营低潮期，原本一些以商务会议为主的酒店纷纷降低身价，打起"亲民牌"。《北京商报》记者调查发现，不少外资和内资酒店在今年都根据市场情况对婚宴价格进行了调整，北京嘉里大酒店去年最低档婚宴价格为688元/人，最高档价格为1 388元/人；今年酒店最低档婚宴价格仅为488元/人，另外设置了3档，分别为588元/人、688元/人、788元/人。中国大饭店去年最低婚宴价格为5 888元一桌，今年则为4 888元一桌。内资酒店方面，北京国际饭店去年的婚宴价格为588元/人和688元/人两档，今年在去年的基础上增加了388元/人和488元/人两档婚宴价格。

一些高端酒店出于对自身情况的综合考虑，依然沿用去年的价格。国贸大酒店去年的婚宴价格从6 888元一桌到13 888元一桌不等，今年依旧。国贸大酒店相关工作人员表示："今年虽然有的酒店降价了，但由于目前我们酒店的婚宴预订情况不错，所以依然沿用去年的价格。"同样延续去年婚宴价格的还有北京柏悦酒店和北京四季酒店。北京柏悦酒店的销售人员表示，目前来看，在酒店举办婚礼的客人相对来讲还是有较高需求的，一般花费都在几十万元不等。

业内人士表示，目前还有一些高档酒店并未调整价格，是出于对市场的考虑。一方面是由于这些酒店还是以会议市场为主，客源方面还是以外企为主，婚宴市场对这些酒店的影响不大；另一方面则是这些酒店目前在婚宴市场上仍以高端市场为主，一些人还是有高端婚礼的需求。

（六）科学合理的报价体系

虽然各类营销报价类型繁多，成分复杂，但这里面还是有一定的规律可循的。就是说，即便城市再多，不同的城市之间总有些相似的属性。通过整理和总结这些属性来进行类型划分，便能发现其中的原理，进而形成科学合理的报价体系。

1. 地区类型　在编写本书前，作者曾进行过全国范围内的消费市场调查，取样范围锁定在200多个地区以及800多家婚礼公司，进行年均单价、单量、消费需求偏好的数据调研和盘点。我们发现，整体消费需求形态主要呈现为三种类型，即极尽奢华的高端宴会、中产阶层的个性定制需求婚礼和简单节约的大众型婚礼。全国的婚礼消费基本上都在这三个大类的范围之内，但也有一些较为特殊的类型，比如目的地婚礼、乡村大院婚礼等。

然后，我们根据这三种消费需求形态，去不同的地区寻找其的特征，无论是超大规模

---

① 佚名. 聚焦：高酒店婚宴降价亲民［EB/OL］. 2014-03-20（2021-6-30）. http：//www.cnjdyp.com/news/648.html.

的一线城市还是三线普通城市，甚至是县城乡镇，这三种类型的婚礼都会存在。不过，受到文化习俗因素、经济因素、地理位置等因素的影响，会有某些形态成为本地区主流的市场消费趋势。

通过对样本进行数据分析，我们将某一地区中上述某一种类型所占比重超过50%的定义为该地区的所属类型。同时，再用市场平均单价水平作为分类标准，整理出4个地区类型：轻奢型地区、奢侈型地区、快消型地区和综合型地区。

通过这4个地区类型，我们可以大致判断自己所处的市场主流环境，从而制定适合自己且更具目标性的营销策略。

（1）轻奢型地区。轻奢型地区以个性定制婚礼为市场主导需求，同时具备较高的消费水平，多出现于省会城市及一些经济发达地区。其消费群体以高知识水平及中产阶级居民为主，对婚礼品质、创意及艺术水平有着较高的要求。在一定程度上，此类地区所主导的消费形态是中国婚礼产品形态的主流趋势。

消费特点：关注婚礼流程的创意及细节，设计追求内涵且唯美，文化特征显著。消费者对婚礼及婚企的认知主要来源于网络媒体信息以及社交口碑。

营销重点：在宴会设计方面要加强对案例及设计师的包装，重视细节的呈现与把控。

（2）奢侈型地区。这种类型一般集中在浙闽粤和一些特殊经济体地区，消费群体多是经商的高净值人群。这类消费群体之所以对婚礼一掷千金，不只是其本身具有超强的消费能力，更重要的原因是其所在地区特有的风俗文化以及对社会地位的彰显。

消费特点：除了对于婚礼本身的需求之外，更对来宾体验及感受极其重视，要营造与其身份、地位相符的大场面。

营销重点：第一，客户往往会对婚礼机构的品牌影响力及商业关系有着很高的要求。因此，可以组建商业联盟，以此增强客户对品牌的认可度。第二，当面对这样的大客户时，很难按照以往流水线式的工作流程进行操作，在沟通过程中有以下3点是需要注意的：

① 资源号召力。秉持最优原则，在服务执行团队层面，需提供最有分量的合作伙伴，比如有名气及影响力的四大金刚，或是具备明星艺人、演艺人员的资源渠道。

② 来宾感受。因为相同的圈层属性，这类婚礼的来宾同样具有显赫的身份与地位。这时候千万不要掉入只做婚礼的固有思维中，了解有哪些重要来宾到场、如何接待、如何凸显地主之谊，都是非常重要的工作内容。

③ 婚礼背后的价值驱动。在这类高消费的奢华婚礼中，往往还有一些特别的现象。比如两个新人的婚礼同时是两个企业的结合，用这样的方式向世人宣告强强联合；或者餐饮旅游类的企业家族通过受人瞩目的婚礼同时达到宣传自己产品的目的，可谓一举多得。如果能够从这些层面去帮助消费者挖掘婚礼的价值，便可找到此类群体的消费痛点，大大增加成功的概率。

（3）快消型地区。我们都知道，快消品是消费者"瞬间决策"购买的商品，其对象一般是日常所需的轻购买决策的消费商品。在婚礼消费上，我们也将追求价廉的大众消费归为快消型消费。虽然婚礼并不是绝对意义上的快消品，因为即便这类群体并不打算在婚礼上进行过多投入，但对于每位新人而言，婚礼都是非常重要的。所以，这里的"快消"是相对其他形态的婚礼消费而言的，这种类型对于婚礼的消费需求倾向价格较低。在三线及以下城市或经济发展相对落后的地区，这类消费类型占据市场的主导。

消费特点：关注价格胜过品质，非常看重性价比，优惠的政策和力度是其关注的重点。

营销重点：对价格的过度关注势必增加竞争的激烈程度，当客户在多个商家中进行价格对比时，婚礼服务很容易掉进价格和成本的争夺战中。虽然从消费者角度出发，物美价廉是恒定不变的真理，但对于婚礼从业者而言，低廉的价格必然会造成服务和品质的缺失。针对价格的恶性竞争如果长久发展下去，会使得婚企的生存空间逐渐压缩，形成低迷的市场环境，从业者与消费者最终都会成为受害者。

这类消费群体有些的确是因消费能力的限制，而有些可能只是在市场环境的主导下形成的消费习惯。针对这一群体，我们仍然可以挖掘出更多的潜在需求。

通常这类地区的人口基数与土地面积较小，获客的渠道基本上都是老客户推荐，所以，注重口碑和情感维护是较为有效的营销策略。

（4）综合型地区。综合型地区拥有庞大的常住人口数量，上述 3 个特征的消费人群会比例均匀地分布其中。我们会发现，在这样的特大型城市中，会存在高端定制化的知名品牌，也有主打轻奢的小众品牌，同时还有服务大众消费的小型婚礼公司，他们在各自所属的圈层互不干扰、和谐发展。

营销重点：结合自身资源渠道及产品水平，找准所能服务的群体。

2. 为不同地区制定不同的报价体系　当对所处的市场环境有了清醒的认知后，也就清楚了婚庆企业自身的定位。不同经营定位的企业，在报价上也有着不同的方式。

一直以来，报价方式都是婚礼从业者们最大的困扰，因为客户的消费需求多种多样，而我们所习惯的报价方式变通性较差，经常出现只要一报价，各式各样不被客户接受的问题便浮上水面的情况。

我们可以将现有的报价模式进行改良，使其能够最大限度地满足更多客户的消费需求，易于被客户接受。

（1）套餐式报价体系。套餐式报价也称套系，即通过打包单项产品而形成整套解决方案。这种方式是标准化的重要特征，在一些传统行业，如餐饮或婚纱摄影中，套系可以为消费者提供高性价比的购买方案。面对较低心理需求的快消型大众消费群体，套餐是一个具备性价比的报价方式，特别是在展会活动这种快节奏的销售环境下，套餐是最佳的报价方法。

传统的套餐报价存在的主要问题是，套餐中所陈列的物品明细繁杂，消费者没有准确的概念；价格之间的区别仅体现在所提供物品的多与少，容易忽略婚礼策划中技术的价值和其他服务的价值。针对套餐带来的上述负面影响，在制作套餐报价时，应注意以下几个方面：

① 针对性。根据消费者不同的消费需求，着重加强某部分的内容。比如，若新人注重仪式感，那么在套餐的设计中，应放大流程道具或执行团队的人员安排；如果新人更在乎来宾体验，那么在套餐中应根据区域的功能划分，提供完整的区域方案；如果并不知道客户的心理需求，可以分析过去所策划的婚礼中有哪些部分受到了客户的重视，以此来制

作适合的标准套餐。

② 质感。婚礼的整体花销通常以万元为计算单位，对于消费者而言，属于高消费范畴。但婚礼服务并不能在交易达成时就为客户提供产品和服务，因此，在套餐的呈现上，无论是精美的制作还是精细且严谨的态度，都要呈现出厚重的质感，让消费者感觉产品与高昂的花费相匹配。

③ 讲解技巧。在许多销售顾问看来，为客户提供的套餐是非常详细的解决方案，从而忽视了讲解的重要性。事实上，套餐只是物品的陈列清单，想让客户在这份清单中了解到清单背后婚礼服务的具体价值，就需要销售顾问进行详细讲解，这也决定了客户最终对婚礼服务的价值认知。

在讲解套餐的过程中，要运用标准流程介绍产品的内容，详细地阐述每一项服务产品背后的用途及服务流程体系。假设为您提供这项服务，接下来婚庆公司会做什么、提供哪些具体服务，让客户清晰地知道，在这份清单背后，婚庆服务工作发挥着重要的作用。

（2）定制方案的报价体系。从婚礼策划的角度来说，定制方案的报价体系是更为合理的报价方法，但同样也会存在一些较为棘手的问题。

比如定制化的报价方案会对所使用的物品进行详细罗列，精确到某项物品的数量及单价。这就会造成当消费者对某项单品的价格存在异议时，就会选择自行购买或更改自己的想法，这样不仅会破坏策划方案设计的完整度，也会使公司损失理应获取的利润。

针对这种情况，我们在定制方案报价时需注意以下内容：

① 心理预算。最初获得的客户预算，很可能只是口头上的预算，不一定准确，因为在最初达成交易时，客户很有可能带有一种较为冲动的消费心理。随着婚礼筹备过程的深入，客户会逐渐回归理性。如果销售顾问没有在第一时间摸清客户的心理预算，很容易造成方案价格过高，超出客户的预期，从而得不到客户的认可。所以，应运用营销沟通技巧中的心理预算测试方法，相对准确地摸清客户的心理预算。

② 费用统筹预算。也许销售顾问会遇到这样的情况，客户说："我的婚礼花了3万多元，为什么签到台是这样的？"

出现这个问题的原因可能是婚礼仪式流程环节和婚礼服务执行团队的开支较高，给签到台的预算非常有限。造成这种情况的原因在于，婚礼策划师并没有在婚礼策划的开始阶段进行有效的费用预算统筹。在掌握客户的心理预算后，销售顾问或者婚礼策划师应继续与客户沟通各个环节的投入比例。这样，既可以一直遵循客户的偏好，找准策划方向，也能够让客户了解所有花费的合理性，获得客户的支持与配合。

进行费用预算统筹时，可以建立一个各项内容在总费用中的占比模型（图3-1），为客户提供建议，最后，双方协商确定专属的比例分配。

提供的参考模型可根据企业上一年度案例中的平均分配比例进行设定。

同时，为了避免不必要的麻烦，在后续的设计报价中，可按费用统筹预算表中的分类进行区域化的整体报价。

（3）特殊客户群体的报价方式。在从事婚礼策划工作的时候，可能经常会遇到通过亲属、朋友或是其他关系介绍而来的新人，面对这样以情感纽带为关系的群体，商业化的报价方式有时难以照顾到双方的情面，但作为经营者，又不得不考虑企业的经营成本，如果

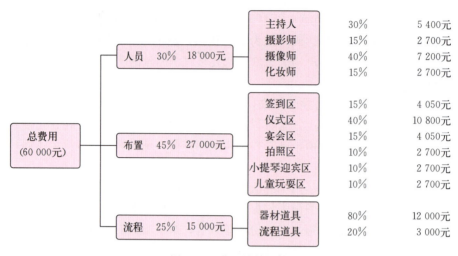

图 3-1　费用统筹预算

处理不当，本来较为亲密的关系也可能因此而破裂。所以，面对此类的特殊群体，需用特别的报价方式进行处理。

无论这种特殊的客户是以什么样的身份选择婚庆公司来为他们进行婚礼策划的，他们更多的是希望消费更加透明，性价比高。针对这种需求，销售顾问或婚礼策划师可以将婚礼上涉及的一次性损耗物品以及司仪、影像等服务执行团队人员资源提供给他们，由他们直接与其进行交易，而自己只收取一定比例的成本费用，包括员工的成本、公司水电、车马费、搭建的工人费、花艺师手工费等。这样，既做到了对亲朋的公开透明，合乎常理的收费方式也能得到他们的理解和支持。

子任务二　处理报价过程中的客户疑义

一、工作流程

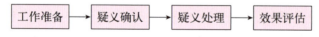

（一）工作准备

1. 物品准备

序号	名称	单位	数量	备注
1	婚礼项目服务包资料	份	3	根据子任务一制定
2	签字笔	个	2	用于记录协商内容
3	婚礼策划图示	个	1	让客户随时翻阅
4	区域性价格差异资料	个	3	解决疑义备用
5	其他物品		若干	

2. 环境与人员准备

序号	环境与人员	准备
1	环境	干净、整洁、温馨、空气清新、无异味
2	营销人员	言谈有礼、举止文明，自觉遵守社会基本道德规范，细致得体、恰到好处地提供服务，材料准备齐全

（二）客户价格疑义处理

步骤	流程	技术操作要求
工作前准备	既有技能	（1）经过初级婚礼策划职业技能等级培训
		（2）营销人员提前准备好所有资料
		（3）营销人员已经掌握初级教材所要求的报价技巧，包括明细报价、套餐式报价以及服务包统筹报价的基本方法
步骤1	确认报价疑义内容	（1）对于客户提出的价格疑义要有充分的准备
		（2）详细记录疑义的具体内容
		（3）对疑义内容和自己的资料进行比对
		（4）对客户提出的价格疑义内容，要记录完整，并明确协商的时间
		（5）每一项报价疑义都必须有回复
步骤2	疑义处理	（1）首先按照事先准备的疑义处理方式，根据资料进行常规解释
		（2）对于超出准备的常规之外的问题，可请其他人员协助
		（3）事先设计疑义处理企业内部协助机制，包括效果确认机制
注意事项		（1）价格不是不变的，即便是根据地区和消费群体差异确定的报价，在具体的客户面前，也有可能无效，需要临时处理
		（2）疑义处理的效果确认需要与子任务二相联系，利用跟踪与回访，对所有商谈过的内容进行确认

（三）效果评估

通过学习报价过程中的客户疑义处理，高效准确地处理相关问题，维护公司的形象。

二、相关知识

（一）客户疑义处理

销售人员每天在与客户沟通的过程中会遇到很多拒绝和反对，一旦被拒绝或反对，难免心情会陷入低潮，在和下一个客户商谈的时候，很难让客户感觉到销售人员的兴奋和热诚。这样一来，客户就会给他更多的拒绝，更多的拒绝会导致更低潮，更低潮又会招致更多人的拒绝，形成恶性循环。

所以，一个好的销售人员要擅长面对拒绝和反对意见，将低潮化为高潮，调整好情绪，使其到达巅峰状态。事先列出客户的抗拒点，提前做好心理准备。

1. 客户疑虑而拖延成交　客户说"我再考虑一下"，如果任其拖延，很可能会失去这个客户。面对这种情况，应该马上弄清楚原因，即使是不可克服的原因，至少也有利于下一次的工作。

有些问题甚至需要提前处理，比如预感到客户的个性特征很可能会用"需要和家人商量一下"作为拖延理由，有些销售人员会利用逆反心理，故意提前问客户"您是不是还得和家人商量一下才能做决定？"这样的话语，在某些时候也是可行的。

必须要考虑到的情况是，很多时候，客户在拖延和抗拒时会用各种不同的借口，但最终的原因都有可能是价格问题。

2. 价格问题 处理价格疑义的最重要原则是，销售人员的应对态度必须真诚。价格是最重要的成交因素，但是公司一般不会随意通过降价来取悦消费者，也不会允许客户随意改变价格，因此，销售人员必须努力让消费者相信该产品的性价比。一般采用的方法有同行比较、品质优势展示、企业运营成本刚性介绍等。

（二）报价的疑难问题及话术应对

1. 别的婚庆很便宜，你们的价格太贵了！还能优惠吗？

【问题解析】这是一个消费者惯用的讲价套路，无论其是否进行过真正的对比，销售人员都可以选择坚定自己的立场，并阐述价格与质量之间互为支撑的关系，以此来扭转客户的消费理念。当然，面对执意在价格上要说法的客户，以退为进也是符合时宜的做法。

【参考话术1】每对新人在选择婚庆公司的时候，都想着花最少的钱得到最好的服务，做出最好的婚礼效果。但我们都明白一个道理：好货往往不便宜！每个人在选择婚庆公司的时候，都会用3件事来做评估：最好的品质；最好的服务；最低的价格。但是通过我对各行业的了解来看，现实中并不存在同时满足这3个条件的情况，为了让您的婚礼呈现最完美的效果，没有任何的遗憾，这3件事情，哪1件是您愿意放弃的呢？是最佳的品质，最好的服务，还是最低的价格呢？我们有很多客人和您一样，去过很多家婚庆公司做比较，但是最终基本上都会回来与我们签约，所以我个人建议您其实不必在这点上消耗太多时间。我们宁愿一时为价格解释，也不愿意因为品质问题而造成遗憾。

【参考话术2】我们公司的价格的确比一些小公司要高一点，但这恰恰正是我们比较自豪的地方。只有好的公司才能提供规范的服务，保障最佳的品质，也只有最好的产品才能卖出最好的价钱！当然，也只有最专业的人才才能进入最好的公司，提供最专业的服务，我为我能在这样专业的公司而自豪。您这么重要的婚礼仪式也理应选择更好、更专业的服务，对吗？

【参考话术3】请问我们的价格比您说的那个公司高多少呢？如果是价格的问题，我可以申请一下，看能不能给您一些折扣，如果折扣力度不是很大，也可以赠送给您一些项目，您看行吗？

2. 婚礼主持人的价位高低不等，不同价位的主持人有什么区别？

【问题解析】婚礼主持在婚礼中起着非常重要的作用。一个好的婚礼主持人在整场婚礼气氛的烘托、现场流程的掌控等方面都能做得恰到好处，能让新人及宾客都有一个很好的体验。

【参考话术】婚礼主持人也不一定是价位越高越好，这个需要根据您的需求来选择，不过不同价位的婚礼主持人在专业性和主持效果上还是有一定差别的。

我们这里有不同价位的婚礼主持人的视频资料，您可以先看一下他们的主持效果，然后根据您的需求再考虑如何选择。

（三）客户的疑难问题处理及话术应对

1. 你们公司成立几年了？做了多少场婚礼？

【参考话术】我们公司成立于××××年，至今为止承办了千余场婚礼，每场婚礼都会有顾问客服部、主题策划部门、宴会设计部门、统筹执行部、后期制作部这 5 个部门协同配合，确保每个环节的细致和专业，保证婚礼的品质。公司的服务宗旨是做最具性价比的婚礼，为您提供规范的婚礼服务！

2. 你们公司的高性价比体现在哪些方面？

【参考话术】所谓性价比高是以实惠的价格得到更好的产品和服务。我们不仅每年把公司员工送往全国知名的培训机构进行定期培训，以保证我们的水平和优势。同时，公司与很多具有良好商业信誉和高度责任感的婚庆专业服务团队长期合作，使我们可以拿到更低的合作价格。另外，我们拥有自己的道具库房，除一次性损耗物品外，婚礼方案中所涉及的器材、道具等一应俱全，可以节约您的开支。我们不仅能降低婚礼运作的各项成本，同时，我们有规范的服务流程和明确的部门分工，可确保您的婚礼品质和服务体验！

3. 你们在策划、司仪、灯光、舞台布置上有什么优势？

【参考话术】想必您已经对婚礼的筹备和执行有了一定的了解。虽然这些服务团队的资源是很多婚庆公司共用的，但我们公司在选择婚礼服务团队时，首要条件是要遵循我们公司的工作流程与方式。举一个简单的例子：主持人在何时渲染什么样的氛围，作为灯光舞美该如何配合，在婚礼之前都要沟通清楚；在什么地方布置灯光，主持人讲哪些内容的时候出现特定的灯光和音乐等，也需要提前沟通。虽然各个婚礼服务团队都非常专业，但必须由婚庆公司根据婚礼策划方案来进行统筹。要达到这样的默契程度，是要经过多年磨合的。从某种程度上来说，他们就相当于我们公司自己的成员，在各自的岗位上及时提供最专业的服务，保证我们公司的服务品质。

4. 你们有多少成功案例？

【参考话术】五年以来，我们做的每一场婚礼都可谓是成功案例。就是因为有这些积累，我们才能在商业联盟里建立起知名度和口碑，得到了 25 家酒店的信任。我们成功的原因是我们可以将客户的需求和我们的专业结合在一起，并不断学习和进步。非常期待在您的这场婚礼上，还能看到我们与众不同、精致专业的服务，为您打造自己的专属婚礼。婚礼没有绝对意义上的好与坏，不一定一场婚礼有更多的投入就会成功，我们对婚礼成功的定义取决于您对婚礼的需求和期待。在策划和执行的过程中，能将您的想法和需求完整地呈现，给您提供完美的体验，是我们的初衷和心愿。

5. 我们就想花 1 万元左右，你们能做成什么样？

【参考话术】嗯，可以的。从人员安排到现场布置，我们的策划师可以为您做合理的设计。如果您个人对来宾感受看得很重，我们就会在现场布置方面下功夫；如果您对婚礼当天的仪式感要求很高，我们就会重点安排仪式所需要的人员及物品。所以关于 1 万元到底能做出什么效果，需要和您以及家人进行沟通，看您对婚礼的态度和期待是什么。如果您看重这个问题，我觉得您来我们公司就对了，我们公司对策划师的衡量标准就是在有限

的费用内完成超费用预算的效果，这是我们公司对于策划师策划水平的衡量标准。

6. 如果我今天订的话，付款流程是什么？

【参考话术】 今天，您只需交付您所定价格的20％作为意向款，现金、刷卡都是可以的。一个礼拜以后，您要来看策划方案，布置方案确定后，您需要支付婚礼会场布置方案的采购开支费用。流程方案确定后，同样需要再支付流程方案中的采购开支费用，最后，在一切准备妥当时交付尾款即可。这样，对您来说是一个合理又安全的办法，也可以保证婚庆公司及时采购物品。这是我们公司的基本流程，如果您对我们的流程有意见或建议的话，我来帮您申请和调整。

7. 可以在婚礼结束后再付尾款吗？

【参考话术】 不知道您是出于什么原因需要在婚礼结束后再付尾款，是开支太大，资金方面周转不开，还是对我们的服务不放心呢？首先，我没有权限修改公司的工作流程，假如您是资金方面的问题，我可以请示领导。如果是因为您不放心的话，我能理解您的心情。不过，我们会在婚礼前一天布置完现场以后，请您到现场去检查婚礼的搭建和布置，看是不是和原有的策划方案是一致的，如果有差距，我们可以帮您做调整。我们为您提供的婚礼服务结束后，会有专门的人员对您进行回访，询问婚礼服务团队人员是否有迟到等情况。婚礼前七天，我们的婚礼策划师会为您全方位复述几个月来沟通的内容和结果，同时，会给您提供婚礼前七天的倒计时安排表，帮助您解决婚礼前未解决的问题。婚礼当天的主持人、摄影、摄像以及化妆都是在工作结束，您签署满意单后，才可以离开现场。我们公司有多年的婚礼经验，专业的策划师会为您解决各类突发事件。所以，在婚礼中发生问题的概率是非常小的。如果您还是不放心，我需要向领导申请，希望您能理解。

8. 客户询问具体物品价格，如LED屏多少钱？

【问题解析】 当客户提出这个问题的时候，说明婚礼策划在其脑海中的概念基本等同于道具的租用。为了规避客户在价格上纠结而忽略策划机构的核心价值，要按照以需求为重心的理论，首先回答关于产品的价格区间，同时要反问客户对于这项物品的使用需求。

【参考话术】 因为规格不同，LED屏的价格区间在400～800元，但具体价格还是要取决于LED屏的用途及您的要求。比如您的宴会厅比较大，在婚礼仪式上作为背景，同时要播放许多视频相册，在大屏上与来宾互动，可以选用成像效果好一些的，价格也相对高一些。如果仅仅是主题展示用，选择价格合适的就可以了。

9. 客户的问题不够具体，如办一场婚礼大概需要多少钱？

【问题解析】 乍一看，作为消费者，问这样的问题是合理的，因为我们本来就有义务告知消费者我们的服务价格。但是，在未开发客户需求前，确实无法报价。此时，就需要我们抛出影响价格的非固定因素作为论点，并加以论证，与客户共同推翻这种不合理的问题，从而表达合理的收费方式应该是什么样的。

【参考话术】 各种价位的婚礼我们都是能承办的，只是不知道您的婚礼日期是否是一些特殊的日子？比如情人节的时候，花材的价格要比平时高出好几倍。另外，宴会场地的大小和规格也决定了适合的婚礼类型以及设计和制作量，最主要的还有您及家人对于婚礼的期望和要求。这些都确定后，才能根据需要，计算出最终价格。所以，如果您不急，就坐下来，我们慢慢沟通，让我来简单为您介绍我们是如何收费的。

10. 老客户介绍来的新人，要求举办同样的婚礼。

【问题解析】这类客户对我们过去的某一案例有浓厚的兴趣，虽然此类订单较容易成功，但如果忽视强调公司的专业程度，在日后的沟通中，可能会导致权威性的减弱，从而丧失品牌溢价的能力。所以，即便客户今天就为订单而来，我们也要对公司的流程体系做专业的说明。可运用先认同客人观点的方法来"破冰"，分散其注意力，然后循序渐进地将其引入我们的谈话模式。

【参考话术】没有问题！先跟我说一下您朋友的名字、婚期和酒店，让我的同事先调取一下相关资料。现在我先简单跟您介绍一下今年我们公司在人员、硬件以及服务体系有哪些升级。比如和您朋友那时的工作流程相比，现在是这样来做的……

参　考　文　献

埃策尔，沃克，斯坦顿，2004. 新时代的市场营销［M］.13 版 . 张平淡，牛海鹏，译 . 北京：企业管理
　　出版社 .

北京中民福祉教育科技有限责任公司，2021. 婚礼策划职业技能等级标准（2021 年 1.0 版）［EB/OL］.
　　（2021－06－20）. http：//zmfz. bcsa. edu. cn/info/1019/2069html.

金雷宇，2019. 婚庆市场营销与谈单技巧［M］. 北京：铁道出版社 .

昆奇，等，2004. 市场营销管理：教程和案例［M］. 吕一林，等，译 . 北京：北京大学出版社 .

李月盟，2015. A 公司网络营销推广策略研究［D］. 东华大学 .

王晓玫、史康宁，2010. 婚礼庆典服务概论［M］. 北京：中国社会出版社 .

Philip Kotler. ，2000. Marketing Management［M］.10th. New Jersey：Prentice－Hall，Inc.

图书在版编目（CIP）数据

婚礼策划职业技能教材：中级．策划项目营销与预算／北京中民福祉教育科技有限责任公司组编；王晓玫等主编．—北京：中国农业出版社，2022.6

教育部第四批1＋X证书制度试点婚礼策划职业技能等级证书系列教材

ISBN 978－7－109－29489－9

Ⅰ．①婚…　Ⅱ．①北…　②王…　Ⅲ．①结婚－礼仪－职业技能－鉴定－教材　Ⅳ．①K891.22

中国版本图书馆 CIP 数据核字（2022）第 093504 号

中国农业出版社出版

地址：北京市朝阳区麦子店街 18 号楼

邮编：100125

策划编辑：李艳青

责任编辑：刘昊阳

版式设计：王　晨　责任校对：刘丽香

印刷：三河市国英印务有限公司

版次：2022 年 6 月第 1 版

印次：2022 年 6 月河北第 1 次印刷

发行：新华书店北京发行所

开本：787mm×1092mm　1/16

总印张：37.5

总字数：1000 千字

总定价：108.00 元（全 9 册）

婚礼策划职业技能教材（中级）
教育部第四批1+X证书制度试点
婚礼策划职业技能等级证书系列教材

婚礼现场布置
方案设计

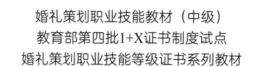

hunli xianchang buzhi
fang'an sheji

北京中民福祉教育科技有限责任公司　组编

王　楠　李倩一　主　编
商　琪　杨志茹　副主编

project 3

中国农业出版社
农村读物出版社
北　京

前言

　　婚礼现场是见证新人婚姻的地方，在人生的幸福时刻，婚礼现场的出色布置会为新人的婚礼增添更多的亮点。

　　婚礼策划师需要根据婚礼会场的实际环境、装修风格及策划方案，结合新人对婚礼的期待，为新人量身定制婚礼花艺设计和现场布置。婚礼花艺师要运用花艺和其他装饰材料及道具精确执行和布置婚礼策划师的现场设计方案。婚礼现场布置方案设计是婚礼策划的第三步，也是直接决定婚礼效果的至关重要的一步，婚礼策划服务人员必须熟练掌握此项专业知识和实操方法。

　　婚礼现场布置方案设计（中级）包括 3 项任务：任务一是婚礼现场布局规划；任务二是婚礼现场完整图设计；任务三是婚礼现场花艺及道具设计与绘制。

　　学习完本项目，可以掌握婚礼现场的布局规划，包括进行 S 形婚礼现场布局规划设计、T 形婚礼现场布局规划设计；掌握婚礼现场完整图的设计，包括进行一点透视手绘完整图设计、两点透视手绘完整图设计；掌握婚礼现场花艺和道具的设计，包括进行婚礼宴会及空间艺术设计、婚礼的灯位布局设计等专业技术，为学习婚礼策划高级技能奠定基础。

　　本项目教材（中级）由王楠负责统稿，王晓玫、张仁民负责审稿，具体写作分工如下：

　　任务一：李倩一［北京社会管理职业学院（民政部培训中心）教师］。

　　任务二：王楠［北京社会管理职业学院（民政部培训中心）教师］。

　　任务三：王楠［北京社会管理职业学院（民政部培训中心）教师］、商琪［北京社会管理职业学院（民政部培训中心）兼职教师］、杨志茹［北京社会管理职业学院（民政部培训中心）兼职教师］。

目　　录

Project 3 项目三
婚礼现场布置方案设计

　　婚礼现场是见证新人婚姻的地方，在人生的幸福时刻，婚礼现场的出色布置会为新人的婚礼增添更多的亮点。对于婚礼现场的布置，新人已经不再满足于简单的条幅和喜字，而越来越重视运用花艺、道具和装饰用品来布置装饰婚礼现场。有创意的婚礼现场布置会为新人的婚礼增色不少。

　　所谓婚礼现场布置，就是婚礼花艺师运用花艺、装饰材料、道具等精确执行并布置婚礼策划师的现场设计方案（图1-1）。

图1-1　婚礼布置现场（北京桑尼喜铺婚礼策划公司　提供）

因此，本项目首先要求婚礼策划师必须掌握婚礼现场的布局规划，包括熟知酒店的硬性条款（酒店的宴会厅的进场时间、搭建时间、电力情况、硬件设备、辅助空间），进行S形、T形、圆形、L形婚礼现场布局规划设计。其次，掌握婚礼现场完整图的设计，包括进行一点透视手绘完整图设计、两点透视手绘完整图设计。最后，掌握婚礼现场花艺和道具的设计，包括熟练设计婚礼场景的花艺及道具设置，色彩搭配科学，空间设置合理；进行婚礼宴会及空间艺术设计；进行婚礼的灯位布局设计；进行婚礼场景的其他相关道具布置设计。

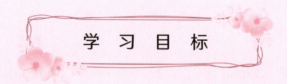

学 习 目 标

一、知识目标

1. 熟知酒店的硬性条款（酒店的宴会厅的进场时间、搭建时间、电力情况、硬件设备、辅助空间）。

2. 掌握婚礼现场的布局规划方法。

3. 掌握进行S形、T形、圆形、L形婚礼现场的布局规划设计方法。

4. 掌握一点透视手绘完整图设计绘制婚礼图的方法。

5. 掌握两点透视手绘完整图设计绘制婚礼图的方法。

6. 掌握婚礼宴会设计的方法。

7. 掌握婚礼的灯位布局设计方法。

二、技能目标

1. 能够进行S形、T形、圆形、L形婚礼现场布局规划设计。

2. 能够根据勘察测量现场的情况和婚礼策划方案，绘制完成婚礼现场一点透视完整图、两点透视完整图。

3. 能够完成婚礼宴会设计。

4. 能够完成婚礼灯位布局设计。

5. 能够完成婚礼场景的其他相关道具布置设计。

三、素质目标

1. 树立精益求精的工作态度以及从客户角度考虑并进行设计的服务理念。

2. 培养理解、尊重、关心的专业价值观。

任务一
婚礼现场布局规划

【任务情境】

小玲毕业后到婚庆公司工作，作为婚礼策划师张蕾的助理。近日，张蕾接到某大酒店的婚礼订单。小玲与张蕾一起完成了婚礼现场勘察工作，学习并掌握了婚礼设计图和平面图的基本绘制技巧，以及婚礼花艺和道具的设计方法，下一步将进行婚礼现场的布局规划工作对于如何进行现场的布局和规划工作，小玲并不十分明晰，策划师张蕾将一步一步地给小玲讲解并做相应的指导。

【任务分析】

一、婚礼现场布局规划的主要内容

序号	主要内容
1	做好婚礼现场布局规划的准备工作
2	进行 S 形婚礼现场布局规划设计
3	进行 T 形婚礼现场布局规划设计

二、婚礼现场布局规划

序号	主要工作目标	措施
1	做好婚礼现场布局规划的准备工作	了解影响婚礼现场布局规划的因素，掌握婚礼布局规划的主要步骤
2	进行 S 形婚礼现场布局规划设计	了解 S 形婚礼现场布局的特点，掌握具体的设计方法
3	进行 T 形婚礼现场布局规划设计	了解 T 形婚礼现场布局的特点，掌握具体的设计方法

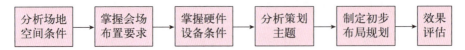
【任务实施】

子任务一　婚礼现场布局规划的准备工作

一、工作流程

分析场地空间条件 → 掌握会场布置要求 → 掌握硬件设备条件 → 分析策划主题 → 制定初步布局规划 → 效果评估

（一）工作准备

1. 物品准备

序号	名称	规格	单位	数量	备注
1	笔记本	纸质	本	1	汇总资料
2	笔		支	1	汇总资料与设计草图绘制
3	电脑		台	1	汇总资料
4	电话		支	1	电话咨询沟通
5	计算器		台	1	数据计算统计
6	绘图纸		张	若干	绘制初步草图与设计图

2. 环境与人员准备

序号	环境与人员	准备
1	婚礼策划师	明确婚礼现场各方面的硬件条件和场地数据，以及策划主题思想与客户愿景等
2	婚礼策划师助理	提供前期勘察的现场数据，以及宴会厅的进场时间、搭建时间、电力情况、硬件设备、辅助空间等信息
3	婚礼会场方	保持沟通，做好对接工作

（二）婚礼现场布局规划准备工作

步骤	流程	技术操作要求
工作前准备	准备	（1）经过初级婚礼策划职业技能等级培训
		（2）掌握一定的婚礼策划知识和婚礼策划服务专业技能
		（3）初步掌握婚礼现场布局规划的要求
步骤1	分析场地空间条件	（1）现场是否有现成的舞台，现成舞台的尺寸布局是否合理适用
		（2）若无现成舞台，是否有空间搭设舞台，空间的层高是否符合要求
		（3）总层高、灯下厅高、舞台到顶的距离
		（4）是否可由合作的婚庆公司搭建
		（5）对于户外婚礼，是否有应对天气突变的备选方案
		（6）是否有柱子，是否影响整体布局

（续）

步骤	流程	技术操作要求
步骤2	掌握会场布置要求	（1）进场时间、布场时长等时间要求
		（2）是否需要布场押金
		（3）大型搭建设备的注意事项
		（4）是否有辅助空间
步骤3	掌握硬件设备条件	（1）电压、电量、用电负荷情况
		（2）是否有投影仪，投影和幕布的位置、大小及配置情况
		（3）是否有LED大屏，大屏的尺寸及数据连接情况
		（4）灯光配置情况，舞台灯位系统情况等
		（5）音响、话筒等设备的数量及配置情况
步骤4	分析策划主题	（1）分析策划主题的主基调、理念与艺术方向
		（2）分析如何展现策划主题的意境和视觉魅力
		（3）分析布局规划与婚礼流程的衔接情况等
步骤5	制定初步布局规划	（1）根据场地空间条件，进行整体构思布局，明确主基调
		（2）进行空间构图的布局设计与规划，明确舞台类型
		（3）进行装饰细节的构思，布局疏密有致
		（4）进行色彩的搭配，掌握节奏和韵律的变化

（三）效果评估

（1）通过学习婚礼布局规划的相关知识，了解婚礼现场规划必须掌握的现场条件。

（2）通过学习婚礼布局规划的主要步骤，掌握在具体进行设计规划时需要考虑的原则和技巧。

二、相关知识

婚礼仪式现场空间主要有观礼席、舞台、后台三大部分。观礼席包括座席、音响环境、视角视野、进场出场路径、物理环境等，舞台包括灯光、幕布、音响、婚礼道具、悬吊与更换支架系统、花艺装饰等，后台包括换装化妆、DJ、过场通道、基本道具陈放以及准备出场空间等。婚礼现场布局的主体是婚礼舞台，除此之外，婚礼场地不论规模大小，分区模式都是相同的，一般分为迎宾区、仪式区和婚宴区3个部分。

（一）婚礼现场布局的总体原则

1. 布局完整统一，基调协调一致　整体布局必须完整统一，这是婚礼现场布局规划的总目标。婚礼现场布局需要协调一致，融合婚礼的客观条件和新人的主观因素（性格、爱好、志趣、职业、习性等），且每个布局基调必须和整体相一致。

例如，如果婚礼主题是比较大气简约的，那么舞台背景及餐桌桌面装饰都应以简洁为主。布置舞台背景时，宴会厅的高度应尽量高挑，显得端庄大气。如果宴会厅因条件所限不能做得太高，那么可以增加其宽度，突显其层次感，这样能避免舞台背景的单调，使内容显得更为丰富，吸引视线。在装饰方面，也应配合背景的高矮选择体积适中的装饰物，以干净简洁为主，不宜过于繁复夸张。桌面布置以精致简约为主，应选择配合背景的桌花，造型简洁精致。

要把婚礼的主题理解为一种风格的展现，重复使用一种设计元素的装饰效果会让人印象深刻。不要局限在某一物体上，一个主题可以无限延伸，像调色板般随意调出不同色彩，自然地将整个场景融合在一起。

2. 注重点、线、面构成的审美要素　所有婚礼现场布局中的物体形象元素都可以概括成点、线、面的构成形式。要充分把各个婚礼布置的物体形象通过点、线、面的形式表现出来，以达到最好的审美效果（图1-2）。

3. 疏密有致，装饰效果适当　婚礼场所在平面布局上应格局均衡、疏密相间，在立面布置上要有对比、有照应，切忌堆积在一起，不分层次和空间。布置是为了满足人们的精神享受和审美要求，在现有的物质条件下，要有一定的装饰性，达到适当的装饰效果。最疏或最密的地方常常成为整个婚礼场所设计的视觉焦点（图1-3）。

图1-2　点、线、面构成（北京桑尼喜铺婚礼策划公司　提供）

图1-3　疏密有致（北京桑尼喜铺婚礼策划公司　提供）

4. 色调协调统一，略有对比变化　婚礼的色彩要在色彩协调统一的原则下进行选择。色彩与婚礼场地室内装饰色彩应协调一致。色调的统一是主要的，对比变化是次要的。色彩美应在统一中求变化，在变化中求统一。

5. 要讲究节奏韵律　节奏这个具有时间感的概念用在婚礼设计中，是指同一要素连续重复所产生的运动感。将有规律变化的形象或色群以数比、等比方式处理排列，使之产生音乐的旋律感。

明暗阴影可以表现节奏和韵律。阴影的区分会使物体具有立体感和凹凸感。光线强弱的变化可以营造一种更舒适、柔美的氛围，也更能体现韵律之美。

（二）婚礼布局设计的相关硬件设备

科技对于婚礼布局规划的创新显得尤为重要，无论是设计手段还是现场呈现手段，都应和科学技术进行融合，充分发挥科技对婚礼现场设计创新的推动价值。激光灯、电子技术、计算机技术现已走进现代化的婚礼现场布局，并逐步成为婚礼策划的支撑，因此，需要了解婚礼现场相关硬件的配置和性能。

1. LED 电子屏在婚礼中的作用　一般来讲，由于 LED 电子屏的造价较高，婚礼上使用的 LED 电子屏一般都是酒店本身就安装好的。也有的高端婚礼租用 LED 电子屏，由专业人员临时安置在酒店舞台上。

LED 电子屏的作用有以下几个方面：

（1）新人到饭店之前可以播放由新人婚纱照片和成长历程组成的电子相册。可以播放为婚礼专门拍摄的新人爱情 MV。

（2）在 LED 电子屏上播放开场动画，如婚礼仪式倒计时等，增加现场的动态效果。

（3）新人来到饭店后，LED 电子屏可以通过摄像机播放刚刚发生的新人接亲时的精彩片段，现场来宾可以通过 LED 电子屏清晰的画面感受新人接亲过程中的欢乐。

（4）将 LED 电子屏作为舞台背景使用，通过变换的图案，使宾客置身于不同的梦幻场景中。在婚礼仪式上通过 LED 电子屏播放与婚礼环节相配套的动态和静态的画面，这些画面可以是影视素材，也可以是先期拍好的视频，也可以播放三维及二维动画，使婚礼更加感人，让来宾得到更美的音画享受。

（5）利用 LED 电子屏播放感恩视频或亲友祝福视频，播放到场来宾与远方不能到场来宾的祝福，以及新房、领证等视频，使婚礼文化内涵更加深厚。

（6）将 LED 电子屏与摄像机相连，通过多机位的转换，实现多角度的婚礼直播。通过 LED 电子屏对婚礼细节进行展演，使来宾更加清楚地看到婚礼中的细节，如交换戒指、切蛋糕、敬茶环节等，使婚礼的可观看性更强。

（7）通过 LED 电子屏先进的视频输出系统，新人在婚宴后就可以看到婚礼仪式光盘。

（8）LED 电子屏可以播放现场沙画表演，可以进行网络直播，也可以进行现场抽奖。

2. 投影设备　婚礼上常用的幻灯设备就是我们所常见的投影仪（图 1-4），它是一种可以将图像或视频投射到幕布上的设备，可以通过不同的接口与计算机、VCD、DVD、DV 等相连接，播放相应的视频。

投影屏幕也是投影设备的重要组成部分，婚

图 1-4　投影仪

礼上使用的投影屏幕通常是白色幕布或直接使用白色墙面。屏幕尺寸对投影画质和效果也有较大影响，其尺寸应与房间的大小相适应。屏幕的悬挂方式分为吊挂式、窗口式、电动遥控式等。不同的婚礼有不同的场景和表现需求，应当因地制宜地布置合适的投影仪及幕布。

在使用投影设备时要注意以下几个问题：

（1）根据婚礼现场场地的光线来选择投影仪亮度，普通的光线用 3 000 流明的投影仪比较适中；如果光线较强，在白天没有窗帘的环境下，则要考虑 5 000 流明以上的投影仪，这样才能使宾客看清投影影像。

（2）根据婚礼现场场地是否有立柱来选择用几台投影仪。如果两侧有立柱挡住宾客的视线，则可以考虑在舞台两侧各布置一个投影仪，使宾客从各个角度都能观看到投影内容。使用这样的布置方法，并将投影仪与摄影机相连，还可对婚礼进行直播，使被立柱遮挡视线的观众也能看清婚礼的过程。

（3）婚礼上投影幕布的选择。一般来讲，幕布有几种尺寸供选择，1.5 米×1.3 米的适合小型婚礼，人数不多，场地不大，各个角度都能看到，这种幕布再配合 2 000 流明的投影仪，效果较好，价格比较便宜；如果场地大，人数比较多，则要选择 2 米×1.5 米的幕布，配合 3 000 流明的投影仪。如果要求再高一些，还可以选择更大尺寸的幕布。

（4）投影仪可以连接的设备包括：连接笔记本计算机，通过 VGA 连接线进行连接，可以进行 PPT 及视频的播放；连接 DVD，通过莲花插头的连接线进行连接，可以进行视频播放；连接摄像机，通过莲花插头的连接线进行连接，可以进行现场直播。

（5）投影仪和幕布的安装。婚礼上的投影仪一般采用桌式正投和吊顶正投的方式。桌式正投即将投影机正对幕布，放置在距离幕布有一段距离的平整桌面上。吊顶正投是将投影仪通过机器底部专用的吊装孔位，安装在距离幕布一段距离的房间顶部的吊架上。投影幕布一般悬挂在舞台侧面的平整墙面上，或使用专门的投影幕布架，或直接使用白色墙面作为幕布。

（6）投影仪的调试。一面移动投影仪来使图像投射到正确位置，同时调整投影仪镜头旋钮进行对焦，尽量使投影图像充满整个幕布。如果出现图像呈梯形或者平行四边形的情况，则可以借助投影机内置的梯形纠错功能进行调整。

3. 婚礼现场的灯光配置　会场光线不够的时候，可以选择增加照明，移动照明灯、舞台背景灯等，都可以让会场变得更明亮。当然也可以利用明暗关系，强调光影效果，让幽暗的光线衬托会场的浪漫感。因此，策划师需要掌握婚礼灯光的配置，设计婚礼主题的灯光设计效果。

图 1-5　聚光灯

（1）聚光灯。聚光灯（图 1-5）是舞台照明中使用最广泛的主要灯种之一，它的出光口中有凸透镜，内用球形半反射灯泡，投出的光线集中，光斑轮廓边沿线明显，能突出一个局部，也可放大光斑照明一个区域。聚光灯作为舞台的主要光源，常用于面光、耳光、侧光等光位。目前市场的聚光灯有 1 千瓦、2 千瓦等，以 2 千瓦使用最广。

（2）柔光灯。柔光灯（图1-6）的出光口是多螺纹的透镜，灯泡与聚光灯相同，出光口外配有遮光片，投出的光斑边沿线柔和，光从中心向外发散，没有明显的光斑边沿线，既能突出某一部分，又不会有生硬感，便于几个灯相衔接，多用于柱光、流动光等近距离光位。柔光灯灯泡常用的功率有0.3千瓦、1千瓦、2千瓦等。

（3）回光灯。回光灯（图1-7）是一种反射式的灯具，它的出光口无透镜，灯壳内底部有一个大的反光碗，灯泡与聚光灯相同，灯泡投射于内部反光碗，再由反光碗反射出光，灯的发光口外配有遮光片。回光灯的特点是光质硬、照度高、射程远，是一种既经济又高效的强光灯。

图1-6　柔光灯　　　　　　图1-7　回光灯

（4）碘钨云灯。碘钨云灯（图1-8）呈长方形，出光口无透镜，灯泡为细长条形，除了向外发光以外，由壳内的反光板还可反射出光线。碘钨云灯光线漫散、均称、投射面积大，主要适用于大面积均匀照明，是天排、地排灯位的最佳灯种。灯泡常用功率有1千瓦、1.25千瓦、2千瓦等。

（5）光束灯。光束灯（图1-9）为圆桶型，出口光为开放型，尾部由小型灯泡与反光碗组成。目前使用的有两种，一种是灯泡与反光碗呈分体式的，另一种是灯泡与反光碗呈一体式的（又称筒灯）。分体式灯泡常用功率有0.5千瓦、0.75千瓦、1千瓦等，一体式灯泡常用功率为1千瓦。

图1-8　碘钨云灯　　　　　　图1-9　光束灯

（6）八格条灯。八格条灯（图1-10）为长条形，内分八格两组，灯泡为短条形。八格条灯光线柔和，面积广泛，常作为顶光和脚光灯具。

（7）成像灯。成像灯（图1-11）内的透镜结构为成像投影结构，插入金属图案片则可投射出形象，并有四片遮光片，能遮挡出光斑的各种四边形形象。投出的光斑边沿线清晰、硬实。成像灯内用小型灯泡，常用功率有 0.75 千瓦和 1 千瓦。成像灯集聚光、成像、可变光束、可变光分布于一身，是名副其实的多功能灯具。

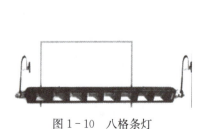
图 1-10　八格条灯

图 1-11　成像灯

（8）电脑扫描灯。电脑扫描灯（图 1-12）为长盒形，出光口有一面可用电脑控制的反光镜，将投出的光反射出。由于反光镜可向各角度转动，因而光可向各方向投射和移动投射。此灯能投出图案和各种光色，能频闪并能变化光形态，是比较现代的多功能灯具。

（9）电脑变色灯。电脑变色灯（图 1-13）一般为长方盒形，其主要功能是变化色彩，对现场进行染色。

图 1-12　电脑扫描灯

图 1-13　电脑变色灯

（10）电脑摇头灯。电脑摇头灯（图 1-14）可分为灯体、灯座两部分，灯体可在电脑控制下实现轨迹的移动、图案的变换、频闪的节奏等。它可以根据不同场景的要求，编排出不同的灯光变换程序，营造出多种多样的舞台效果和震撼的视觉冲击，是先进的多功能灯具。

（11）追光灯。追光灯（图 1-15）是由人直接操作跟追舞台上人物的灯具，其光学

图 1-14　电脑摇头灯

图 1-15　追光灯

结构同成像灯，但内有可收放的挡光圈。追光灯可分为两类，一类为低色温光源，另一类为高色温光源。追光灯的特点是亮度高，可呈现清晰光斑，通过调节焦距，又可改变光斑虚实，可以变换色彩，灯体可以自如运转。

4. 舞台搭建的相关设施

（1）桁架。工程中由杆件通过焊接、铆接或螺栓连接而成的结构称为桁架。桁架一般都是钢铁或铝合金材质，由主管、副管、斜管等组成。桁架是舞台背景搭建和灯组固定的常用基础材料，有四大特点：一是有足够的强度，不易发生断裂或塑性变形；二是具有足够的硬度，不易发生大的弹性变形；三是具有足够的稳定性，不易发生因平衡形式的突然转变而导致的坍塌；四是具有良好的动力学特性，即抗震性。

目前经常使用的桁架主要是固定桁架和折叠桁架，应该结合婚礼场地和舞台设计选用合适的桁架。

折叠桁架（图1-16），顾名思义是可以折叠的桁架，连接时需要使用与之相配的方头。其优点是方便运输；缺点是安装不方便，而且大跨度搭建时，中间有时会产生下垂现象。

图1-16　折叠桁架

固定桁架（图1-17）即结构固定不可折叠或调节的桁架，连接时直接用螺丝拧紧即可组装使用。

（2）舞台。时下常用的舞台架主要有拼装舞台架、折叠舞台架和拉网舞台架3种。

拼装舞台架是由单独组装的单位拼在一起的舞台，其特点是结构灵活，可以根据舞台设计方案拼装成各种造型（图1-18、图1-19）。

折叠舞台架（图1-20）可以沿中间的轴折叠，搭建简单快捷，可以多组任意组合拼接，折叠后不占仓储空间，缺点是容易产生部分台面不平整的问题。

图1-17　固定桁架

图1-18 拼装舞台架

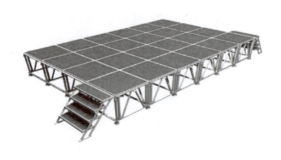

图1-19 拼装舞台架

 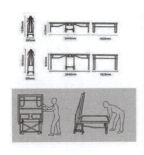 

图1-20 折叠舞台架

拉网舞台架就是结构像网一样能够自由收缩和展开的架子，使用相当方便快捷，不需要搭建和组装，在上面铺上面板材质即可直接使用（图1-21）。

图1-21 拉网舞台架

（三）绘制总体场地布局图

根据婚礼场地情况和婚礼策划方案，绘制总体的场地布局图，比如，如果是草坪婚礼需要将总体布局绘制一个草图（图1-22），以便心里有底。当然，如果画手绘效果图就更好了。

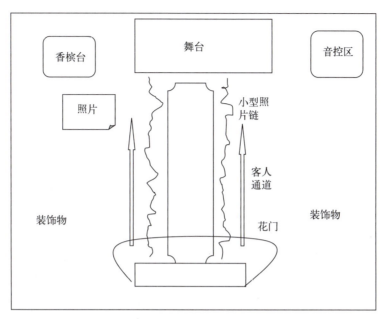

图 1-22 婚礼场地总体布局草图

（四）选择婚礼酒店应注意的事项

酒店越早订越好，特别是 5 月、10 月的旺季，很难订酒店。酒店一般是提前半年到 1 年的时间就开始定。另外，可多选几个日子备用，这样在选酒店的时候，也可以有较大的选择余地。

1. 室内婚礼选择和布置场地应注意的事项　从婚礼设计角度，这几个方面必须要注意：

（1）看层高和柱子。如果是有水晶吊灯的厅，以灯下距离为准，4 米以上最佳，要看柱子是否会遮挡来宾视线，最好选择无柱的宴会厅。

（2）留出通道宽度。桌数安排好之后，留出通道的宽度，以 1.8 米以上最佳。还要考虑通道两侧的宾客拉开椅子坐的距离，通道长度和舞台的摆位会不会影响酒店正常的传菜，新娘出场的位置是否正对通道或者适合入场。

（3）咨询酒店的相关收费。要咨询清楚酒店的婚庆入场费、动力电费等婚宴餐标外额外收取的费用，这些费用一般都会摊到新人预算支出中。

（4）布置时间。有些酒店会收超时费用和用电费用，一般一场大型婚礼至少都需要 8 个小时以上布置时间。

（5）酒店提供的设备。LED 电子屏、投影仪、音响、灯光等都是怎么收费的。灯光最好与婚礼策划沟通，毕竟灯光效果的好坏对整场婚礼质量有很大影响。

（6）地理位置。交通是否便利，落实宾客停车车位的安排。

（7）化妆间位置。酒店的化妆间在什么位置，是否方便，是否有空调，冬天需要提前预热，夏天需要提前制冷。

（8）电力情况。酒店的动力电能否承受婚礼所有的用电负荷。如果不能，酒店是否有备选方案。

（9）装修风格。酒店的装修设计风格与婚礼设计风格是否吻合。有的酒店装修风格特别复古，只适合做中式婚礼，如果想要做西式婚礼或时尚婚礼，就必须花费更多的装饰费用。如果能和设计的婚礼风格相融，婚礼现场的布置就可以事半功倍，节约成本。

2. 户外场地应注意的事项

① 场地周围是否嘈杂，是否会影响婚礼实地感受。

② 场地是否平坦，是否适合鲜花布置等。

③ 场地是否方便接通电源等设备。

④ 场地面积，这会影响容纳宾客的数量。

3. 预定餐饮应注意的事项　一般来说，酒店都有事先准备好的婚礼菜单。

除了主食、甜点和水果外，还要再加 10 个以上的菜才够！然后，要看菜品搭配，必须要看清菜的原料及做法。原料上要有禽、肉、菜、鱼、海鲜等，做法上要煎、炒、烹、炸、凉拌搭配。还要注意一些价格较贵的菜肴要以清淡为主，因为有些酒店会用红烧或是大味来掩饰一些不新鲜的食材。

4. 是否有额外收费　酒店几个常见的可能会额外收费的项目，在预订酒店、签订合同的时候要特别关注。

（1）是否可自带酒水。有些酒店不允许自带红酒，但是其他酒水可以带。

（2）是否收开瓶费。有些酒店不允许新人自带酒水；有些酒店允许自带酒水，但没有说明自带酒水需要支付开瓶费用。

（3）服务费是否可免。通常服务费为总价的 15%，比如一桌 3 000 元的酒宴，20 桌服务费就要 9 000 元。若存在服务费问题，要问清楚是附加在餐费之上，还是全部费用之上。若用餐与仪式分开，场地费是否另算？

（4）备用桌如何收费。一般情况下，新人都会预留 2～3 桌备用桌，要问清楚如果备用桌没有使用的话是否需要付费。

（5）是否收设备使用费。很多酒店都提供 LED 电子屏、投影等设备，要提前询问这些是否需要另外收费。

（6）是否赠送婚房。询问是否赠送新人休息室，是否有镜子，婚房是否可升级，婚房几点退房等。

（7）桌布椅套是否可换颜色。是否可换餐具，菜品是否可加或换。

（8）场地是否有捆绑项目，具体有哪些，是否可以不用。另外，如果婚礼环节有设置撒花瓣、吹泡泡机、干冰之类渲染气氛的道具，也要提前询问场地是否限制。当然还有一些比较零碎的费用，新人在签订合同时，一定要仔细查看费用明细。

（五）熟知酒店的硬性条款

在签订酒店婚宴合同时，应熟知酒店的几项硬性条款。

1. 使用酒店的各个时间点　在签订酒店婚宴合同时，除写明婚礼时间外，还要写明使用酒店的时间、婚庆进场及最晚退场时间、婚宴开席时间等，并写明如果使用超时是否需要加钱，以及婚庆进场费是多少，防止到了现场被漫天要价。

2. 酒店的空间使用说明　在签订酒店婚宴合同时，除写明宴会厅名称外，还要写明宴会厅大小、迎宾区位置与面积，是否提供化妆间与休息室及其费用，使用时间是多久等，以防现场商家将一个宴会厅分割使用。

3. 婚宴上的各种价格　在签订酒店婚宴合同时，除写明婚宴总价格外，还要写明每桌婚宴的价格，以及是否免服务费，是否有开瓶费，是否可自带酒水或赠送酒水，是否免费提供灯光、音响设备的使用（以及使用时间），如需酒店提供布置，布置费用是多少、现场效果是什么（附效果图）、所用物料等。

4. 婚宴桌数　在签订酒店婚宴合同时，除写明婚宴桌数外，还要写清备桌有多少，如需现场加桌每桌多少钱等。

5. 具体菜品　在签订酒店婚宴合同时，除要列好菜单外，还要写清每道菜会用什么料以及分量是多少，不能只写名字，如"清蒸海上鲜"，有可能是地三鲜，分量也比较少。

6. 每桌人数　在签订酒店婚宴合同时，如果是按桌收费，应写清楚每桌多少人，以防酒店不让加人。如果是按人头收费，也写清楚每人多少钱，未成年人是否计算价格及其收费标准。

7. 赠品　一般酒店会承诺新人一些赠品，比如赠送新娘房、备桌等，但一定要把赠品在合同上写清楚，以防酒店在婚礼当天不认账。

8. 停车位　婚礼当天由于宾客较多，需要较多的停车位，所以要写清酒店是否免费提供停车位以及提供多少个，位置在哪里，如果不免费提供，停车费用是多少等。

子任务二　进行 T 形、S 形、圆形、L 形婚礼现场布局规划设计

一、工作流程

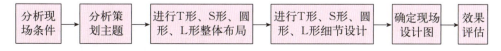

（一）工作准备
1. 物品准备

序号	名称	规格	单位	数量	备注
1	笔记本	纸质	本	1	汇总资料
2	笔		支	1	汇总资料与设计草图绘制
3	电脑		台	1	汇总资料，后期设计效果图制作
4	电话		支	1	电话咨询沟通
5	计算器		台	1	数据计算统计
6	绘图纸		张	若干	绘制草图与设计图

2. 环境与人员准备

序号	环境与人员	准备
1	婚礼策划师	明确婚礼现场各方面的硬件条件和场地数据，以及策划主题思想与客户愿景等
2	婚礼策划师助理	提供前期勘察的现场数据，以及宴会厅的进场时间、搭建时间、电力情况、硬件设备、辅助空间等信息
3	会场方	保持沟通，做好对接工作
4	婚礼搭建团队	保持沟通，做好对接工作，提供报价与现场实施的建议
5	婚礼花艺团队	保持沟通，做好对接工作，提供报价与现场实施的建议
6	婚礼灯光团队	保持沟通，做好对接工作，提供报价与现场实施的建议

（二）T形、S形、圆形、L形婚礼现场设计的步骤

步骤	流程	技术操作要求
工作前准备	准备	（1）经过初级婚礼策划职业技能等级培训
		（2）掌握一定的婚礼策划知识和婚礼策划服务专业技能
		（3）掌握婚礼现场勘查基本技巧
步骤1	分析现场条件	（1）根据现场勘查的信息与数据，分析T形婚礼布局的空间可行性
		（2）与婚礼搭建团队、婚礼灯光团队、婚礼花艺团队等咨询沟通，了解初步报价与实施时间和条件
		（3）分析进场时间、人员条件、现场硬件等，并征询会场方许可
步骤2	分析策划主题	（1）在硬件条件允许的情况下，根据策划主题，分析T形婚礼布局方案的可实施性
		（2）分析T形、S形、圆形、L形婚礼布局方案对策划主题的意境展现效果是否有益，对策划主题的视觉魅力体现是否有益
		（3）分析与征询客户意愿后，明确可实施T形婚礼布局方案
步骤3	进行T形、S形、圆形、L形整体布局	（1）根据婚礼整体空间环境，明确T形舞台的延伸位置、尺寸、高度等
		（2）分析T形、S形、圆形、L形舞台的顶部空间环境，要求与地面舞台造型进行呼应
		（3）进行整体色调、材质、灯光等视觉效果的布局与设计，有效把控主基调
步骤4	进行T形、S形、圆形、L形细节设计	（1）T形、S形、圆形、L形布局的纵深感和对称性突出，因此在细节上要注意维持宁静、均衡
		（2）在花艺造型中，尽量采用在主体突出的前提下，富有变化和灵动的装饰
		（3）在灯光设计中，尽量在直线运动中根据音乐节奏进行色彩和明暗的变化
步骤5	确定现场设计图	（1）先绘制草图，与会场方、婚礼搭建团队、婚礼灯光团队、婚礼花艺团队等进行可实施性的初步沟通
		（2）绘制设计效果图，与客户进行沟通，根据修改意见明确设计效果图与平面图
		（3）与会场方、婚礼搭建团队、婚礼灯光团队、婚礼花艺团队等进行细节沟通，明确最终的搭建图与设计图
注意事项		T形舞台经典而庄重，在设计布局中尽量避免刻板和单一的视觉效果

（三）效果评估

（1）通过学习T形、S形、圆形、L形婚礼现场布局的方法，了解婚礼现场风格、特色、场地环境等要素对T形、S形、圆形、L形婚礼布局实施的影响。

（2）通过学习T形、S形、圆形、L形婚礼现场设计的要点，掌握T形、S形、圆形、L形婚礼的视觉特点、艺术风格与细节设计要点。

二、相关知识

婚礼现场布局大体上分为两类：一种情况是在酒店举行的婚礼。酒店一般有现成的舞台可供使用，婚礼花艺师或场布技师要做的就是把这个舞台布置成适合婚礼使用的舞台。若酒店没有现成舞台或酒店舞台不符合婚礼要求，则需要对现场进行改造搭建。

另一种情况是在户外举行的婚礼。户外婚礼比较灵活，可搭建舞台也可只使用背景。不同形状的场地，舞台的放置位置也不一样：半圆形的场地可以将舞台设定在圆弧的位置，三角形的场地可以将舞台设在尖角处，菱形和其他多边形的场地都适合将舞台设定在钝角的位置，场地看起来会比较开阔。因此，除了S形和T形婚礼布局，还有其他诸多布局方法，具体要根据婚礼现场的硬件条件和策划思路等进行制定。

（一）不同形状的婚礼舞台布置方法

1. T形婚礼现场布置方法　所谓T形婚礼现场，就是字母T形状的舞台（图1-23），是俯视面向观众方向是T的样子，前面是一个长条延伸，方便宾客观礼以及新人入场。

图1-23　T形婚礼现场

T形舞台的特点是：

① 是大多数宴会厅的基本配置，最为常见。

② 搭建成本较低，容易实行。

③ 舞台布置较为单调。

④ 宾客的融入感较弱。

T形舞台布置的时候要注意装饰物不要干扰台下宾客的视线，宾客座椅不要离舞台过近，舞台不要太高等。

2. S形婚礼现场布置方法　所谓S形婚礼现场，就是舞台微曲成S形蜿蜒，构成纵深方向的空间关系。这种舞台比T形更加妩媚灵动，比较生动，富有空间感。S形舞台多为铝合金拼装的活动舞台，结构外形美观大方，配以灯光和烟雾特效，新人缓步走来时，宾客更有切身代入感。

S形舞台的特点是：

① 多数宴会厅不配备，需要搭建。

② 搭建成本稍高，但也容易实行。

③ 需要与天棚的造型配合。

④ 宾客的融入感较强。

⑤ 与花艺、灯光、烟雾等特效融合效果更佳。

3. 圆形婚礼现场布置方法　遇到舞台小的情况，可以直接将舞台设在会场中间，这个小型舞台就是点线面中的点元素，是360°没有背景的舞台，可以让每一位宾客看到新人。圆环形舞台是指观礼嘉宾位于舞台的四周。通常，圆环形舞台位于婚礼现场的中央，观礼嘉宾可以近距离地欣赏表演，又称中心式舞台。布置小型舞台时一定要选择那些体积较小的装饰品，千万不要贪恋装饰漂亮，而忘记体积问题。

从圆形布局方法来看，舞台是婚礼现场目光最为集中的地方，舞台背景同样是场景布置的重点，既不能过于单调，否则凸显不出新人的风格，又不能布置得过于花哨，抢了新人的风头。圆形布局在视觉上给人以旋转、运动和收缩的效果，由于圆形布局由弯曲的线条构成，具有一种柔和之感，倘若沿着圆形轨道走下去，将会周而复始，永无尽头。因此，圆形还有一种无休无止的感觉。

当然，不同形状的会场，舞台放置的位置也不一样，半圆形的会场可以将舞台设定在圆弧的位置（图3-24）。

4. L形婚礼现场布置方法　L形布局给人稳定感，又不失节奏和韵律（图1-25）。这时要把舞台背景、花门和入口处分别安排在三角形斜边中心位置上，入口处作为L形布局的第一个点。要让人未进入婚礼场地便能感受到婚礼的气氛，要在入口处下功夫，圆形拱门是不可缺少的，还可装饰一组整齐排列的鲜花柱就像一个个极有纪律的士兵向来宾敬礼，让人有富丽堂皇的感觉。不宽不窄的通道，加上四周满满的鲜花，给人一种很热闹的感觉。半月形拱门以金色为主色，鲜花则用作点缀，简约高贵。

图 1-24　圆形婚礼现场

图 1-25　L 形婚礼现场

（二）数字舞台

随着现代科技的发展，舞台布景可升可降，镜头可深入舞台后部或舞台前方，台上台下自由切换，镜头可旋转至任何角度。无线电控制道具带来了令人惊奇的特技效果，电脑可以常规生成音响效果，视觉语言可以通过复杂多变的影像和音响给观众带来重叠交错的体验，这些影像都是借助电脑和视频技术制作的。婚礼布局规划中应顺应数字化技术的发展，积极利用新技术进行创新设计。

为了适应时代的发展，满足大众的需求，根据不同的演绎方式，利用特效、感应和投影等技术手段进行创作逐渐成为舞台艺术发展的必然趋势。相比于传统舞台，数字舞台具有更大的展现力，可以打破传统的线性叙事形式，突破时空限制，完成时空变换，给人们更加真实的感受。

1. 数字技术在舞台上的应用

（1）光影、声电的结合。完美的视听效果是舞台表演成功的重要因素之一。数字科技把光影与声电完美地融合在一起，可以让舞台的视听效果更好，开拓了舞台美术的设计视野，满足了大众与时俱进的审美需求。

（2）全息投影技术的应用。投影技术出现后，婚礼舞台便开始使用这一技术，通过光学原理投放在屏幕之上，呈现二维的空间效果。现今，全息投影技术打破了以往舞台上的二维空间，为舞台创造了新的时空关系。全息投影技术满足了现实空间与虚拟空间的结合，达到了舞台上新人与虚拟影像灵活的互动效果。同时，全息投影也形成了独特的美学价值，极大地改变了观众的视听感受，丰富了受众的心理体验，增强了来宾对于舞台的感知力。全息投影下的虚拟场景代替了部分传统舞台的实物布景，给大家带来全新的视听感知和现场体验。

2. 数字舞美的特性

（1）交互性。交互性是数字技术应用于舞美设计的特色之一，它是指舞台可以和新人、来宾产生互动，让新人和来宾参与其中。

（2）沉浸性。沉浸性作为数字技术一大鲜明特点，是让人们完全融入舞台环境之中，成为舞台的一部分。沉浸式舞台的优点在于受众摒弃了外界的干扰，全身心地融于舞台之中，感受婚礼的主题和精神。全息影像技术可做出逼真的舞台立体投影效果，利用舞台上的透明纱幕，通过投影，将三维画面悬浮在实景的半空中成像，效果奇特，科技感十足。原始森林、海底世界、浪漫花海，各个场景瞬间切换，让人仿佛置身其中。全息投影婚礼、全息影像可以制作漫天的星空、变换的城堡、春夏秋冬四季的变换，甚至童话中的人物也可以到场祝福新人。裸眼 3D、全息技术加上精心设计，婚礼现场震撼人心。

（3）真实感。音响内容构建的三维视觉空间和真实环境一致，如同身临其境；炫酷的空中悬浮成像给人留下难以忘怀的视觉冲击。

（4）定制化。可针对特殊需求定制宴会场景，打造私人定制婚礼。

利用众多的大型 LED 电子显示器和全息投影技术来营造现场气氛已是现代舞台设计的新方向。

（三）婚礼现场布置法则

所谓布置法则，就是婚礼基本适用的普遍原则。大家应该知道，任何事情都存在普遍性和特殊性，这里所说的基础法则，是对普遍性的一个总结。当遇到特殊问题时，需要特殊处理。

1. 婚礼场布的法则一：场地小，装饰少，留空间

（1）小迎宾区对策。迎宾区要确保人流通畅，签到有序，如果空间小，可强调签到台的布置，其他地方不宜过多装饰。如果连签到台都安置不下，可以考虑设计为"星光大道"，增强来宾的参与感。另外，拍照区域也可以利用场地附近其他区域。

（2）小宴会厅对策。宴会厅如果不大，在考虑桌椅与舞台安放的时候，不要把舞台设计得过大而占用过多空间，主桌设计也不易过于复杂，应以简洁精致为主。会场内的桌花设计不宜过于繁复，颜色选择不宜沉闷，以清爽的浅色为宜。

2. 婚礼场布的法则二：层高低，装饰矮，须简洁

（1）桌面装饰以简洁为主。桌面布置以精致简约为主，桌花也应选择地式桌花，造型简洁精致，颜色以浅色为主，尽量避免桌花太高太大，给人厚重的感觉。由于婚礼场地层高较低，在装饰方面，应选择体积较小的装饰物，以干净简洁为主，不宜过于繁复夸张。

（2）舞台背景不宜过高。由于婚礼场地层高较低，所以在布置舞台背景的时候不宜做得太高，可以增加其宽度，并调整背景元素的大小比例，以凸显其层次感，避免舞台背景的单调，使内容显得更为丰富，吸引人们的视线。

3. 婚礼场布的法则三：光线暗，加照明，显光影

（1）利用明暗关系。婚礼场地光线不够明亮的时候，可以选择增加照明，利用明暗关系，强调光影效果，让幽暗的光线衬托场地的浪漫。注意灯光照明要可以调节，满足婚礼对灯光的要求。

（2）增加补充照明。如果婚礼场地光线有限，可以考虑加强补充照明，增加灯光数量和不同种类效果的灯光，如移动照明灯、舞台背景灯等，这些都可以让场地变得更明亮。另外，追光灯也是调节光线的有效途径，还能吸引宾客的视线。

4. 婚礼场布的法则四：立柱多，可装饰，巧妙避

（1）利用装饰布置立柱。如果婚礼场地内的立柱较多，可以考虑利用布艺、鲜花、灯光、花环等对立柱进行装饰，这样不仅能增强婚礼现场更漂亮，还能减少立柱的阻碍感。另外，一些主题婚礼可以根据主题而布置立柱，像电影主题的婚礼，可以在立柱上贴上电影海报等。

（2）注意投影仪和幕布的安放。因为场地立柱多，可能会遮挡一部分宾客的视线，导致他们无法轻松完整地观看婚礼过程。此时，应该巧妙安放投影仪和幕布位置来播放视频，让看不到舞台的宾客同步从幕布上观看婚礼实况，这样也能体现新人的细心安排。

5. 婚礼场布的法则五：不规则，巧利用，重舞台

（1）注重舞台安排。对于不同形状的场地，舞台的放置位置也不一样。例如，半圆形的场地可以将舞台设定在圆弧的位置，三角形的场地可以将舞台设定在尖角处，菱形和其他多边形的场地都适合将舞台设定在钝角的位置，这样，场地看起来会比较开阔。

（2）背景材质要轻盈。舞台不大，选择舞台背景的时候一定要使用纱质面料布置，这样会显得比较飘逸、温馨，不宜选择绸缎这样比较厚重的布艺背景，否则会显得厚实而沉重。

（四）布置婚礼舞台的注意事项

1. 婚礼舞台的安全性　不管是自己搭建还是酒店提供，婚礼舞台都应该保证安全。因为香槟台、烛台、地灯等设备设施都要放在舞台上面，如果舞台晃动厉害，就会有倒下的危险。

2. 装饰物摆放　在布置婚礼舞台时，装饰婚礼舞台的物品不要太多，否则就会显得非常拥挤，应该把更多的空间留给新人和他们的父母等重要人物，在舞台角上放一些道具即可。

3. 食用道具的安全性　现在很多新人使用的香槟是经过处理的，为了舞台效果，里面含有荧光成分，要告诉新人这瓶酒不能饮用。

任务二
婚礼现场完整图设计

婚礼现场完整图见图 2-1。

图 2-1 婚礼现场完整图

【任务情境】

小玲正式成了婚礼策划师张蕾的助理，在婚礼策划师张蕾的帮助下完成了婚礼现场布局规划工作，并对订单中的酒店内外环境以及设备情况有了详细的了解。根据客户的需求和婚礼现场的条件，确定了婚礼策划主题和设计思路。下一步将要根据婚礼策划的婚礼现场布置的设计，绘制完成婚礼现场效果完整图。小玲在校期间学过了一点透视和两点透视，但是由于是第一次为一场真实婚礼进行现场完整图绘制，她有点信心不足，她的师傅策划师张蕾耐心地一步步为她指导和演示。

【任务分析】

一、婚礼现场完整图的设计的主要内容

序号	主要内容
1	进行一点透视手绘完整图设计
2	进行两点透视手绘完整图设计

二、婚礼设计图绘制的工作目标及措施

序号	主要工作目标	措施
1	进行一点透视手绘完整图设计	根据现场条件和婚礼策划方案，使用多种不同手绘方法，运用一点透视原理，即平行透视原理绘制婚礼现场完整设计展示图
2	进行两点透视手绘完整图设计	根据现场条件和婚礼策划方案，使用多种不同手绘方法，运用两点透视原理，即成角透视原理绘制婚礼现场完整设计展示图

【任务实施】

子任务一　进行一点透视婚礼手绘完整图设计与绘制

一点透视婚礼手绘完整图见图 2-2。

图 2-2　一点透视婚礼手绘完整图

一、工作流程

准备手绘工具 → 掌握一点透视技巧 → 掌握上色方法 → 绘制一点透视 → 绘制大环境 → 描绘细节 → 上色处理 → 调整收尾 → 效果评估

（一）工作准备

1. 物品准备

种类	序号	名称	规格	数量	备注
笔类	1	绘图铅笔	2B 型	若干	铅笔 B 值越大，笔芯越粗、越软，颜色越深；H 值越大，笔芯越细、越硬，颜色越浅
	2	绘图笔	针管笔、勾线笔、签字笔等黑色碳素类笔	若干	笔的差别在于笔头的粗细，在实际练习和表现中，通常选择 0.1、0.3、0.5 的绘图笔
	3	彩色铅笔		48 色左右	水溶性的彩色铅笔更好
	4	马克笔	水性马克笔	48 色左右	水性马克笔大约有 60 种颜色，可以单支选购
	5	水彩笔	水粉笔、毛笔都可以	若干	一般用于蘸取水粉、水彩等颜料进行上色
纸类	6	复印纸	A4、A3	若干	这种纸的质地适合铅笔和绘图笔等大多数画具
	7	绘图纸	绘图专用纸	若干	表面比较光滑平整，也是设计工作中常用的纸张类型。在手绘表现中，可以用它来替代素描纸，进行黑白画、彩色铅笔以及马克笔等形式的表现
颜料类	8	透明水色	24 色以上	若干	透明水色是一种特殊的浓缩颜料，常被应用于手绘表现中
	9	水彩颜料	24 色以上	若干	水彩是手绘表现中最有代表性也是最常见的一种着色技法
其他工具	10	尺规	常用的尺规工具有直尺、三角板、丁字尺、曲线板蛇尺、圆规圆模板等	若干	绘制时经常需要一些尺规的辅助，在实际表现中，尺规辅助可以在一定程度上提高工作效率
	11	调色盘		若干	
	12	盛水工具			用盆或小塑料桶等作为涮笔工具
	13	橡皮			
	14	画板		若干	以光滑无缝的夹板为最好
	15	胶带			用于裱纸等

2. 环境准备

序号	环境	备注
1	绘图桌	桌面可调整倾斜角度，有的可升降
2	光源	良好的绘画光源以保证色彩的真实
3	素材图集	可随时翻阅，提供素材和灵感

（二）绘制一点透视手绘完整图设计步骤

步骤	流程	技术操作要求
工作前准备	准备	（1）经过正规的初级婚礼策划技能等级培训
		（2）掌握婚礼策划知识和婚礼策划服务专业技能
		（3）精通婚礼手绘的绘制步骤和方法
步骤 1	纸笔准备	（1）工具准备：准备好绘图用的图板、丁字尺、三角板、仪器及其他工具；铅笔削好备用
		（2）裱纸：把纸泡透；打湿板子；用毛巾吸一下纸边的水分；把乳胶均匀地涂在纸边上；将纸平整地粘到板子上；晾干备用
步骤 2	构思阶段	用整体立体、空间的思维去构思婚礼整体的表现效果，整体地把握婚礼空间视觉形象（根据表现需求去构思采用一点透视的绘制方法）。再根据透视关系确定其构造，及其在空间中的视觉关系
步骤 3	绘制一点透视	（1）按室内的实际比例尺寸确定 A、B、C、D 四点（即墙壁的四个点）
		（2）确定视高，一般设在 1.5～1.7 米
		（3）确定灭点 VP 及 M 点（中心点），就是画者眼睛正前方视平线上的一点。根据画面的构图任意确定
		（4）从 M 点引出 A～D 的尺寸格连线，以 A-a 上的交点为进深点，做垂线
		（5）利用 VP 连接墙壁天井的尺寸分割线
		（6）根据平行法的原理求出透视方格，在此基础上求出室内透视
步骤 4	草稿起稿	绘出透视后，勾出轮廓，确定所绘婚礼效果图的透视关系，定出外部大轮廓。在起稿构图时，要认真考虑怎样将婚礼的形象、景物更合理地安排在画面上，使画面上的形象均衡、饱满、主次分明、大小合理
步骤 5	绘制婚礼现场不同区域	（1）设计并按照其透视画出婚礼现场的舞台背景、仪式主舞台等仪式区的设计思路和现场效果
		（2）设计并按照其透视画出婚礼现场迎宾区、仪式区和宴会区的设计思路与现场效果
步骤 6	描绘细节	花门、背景台要画得细致，木地板、地板砖的质地也要表现出来
步骤 7	上色处理	这一阶段，用色彩将大色块涂抹出来。从这一阶段的着色顺序来看，先铺大的颜色，运用透明半透明颜料，先浅色后深色。然后用彩色铅笔将细节画出来，比如用阴影勾勒深重，亮处用亮色画出来。用彩色铅笔细化细节，根据设计的色彩搭配和物体的材质进行上色处理
步骤 8	调整收尾	勾勒处理、高光处理、落款签名，是整个效果图的收尾阶段
注意事项		掌握一点透视绘图的步骤和技巧，设计婚礼完整图要认真仔细。作为中级婚礼策划师，要经常练习绘图技术，掌握其技巧

（三）效果评估

通过学习绘制一点透视手绘完整图的步骤与注意事项，能够根据勘查测量现场的情况和婚礼策划方案，绘制婚礼设计全套手绘展示图。

二、相关知识

（一）一点透视

透视分一点透视、两点透视及三点透视3类。

一点透视也称平行透视。如果被绘画的立方体有一个面与透明的画面平行，即与画面平行，立方体和画面所构成的透视关系就叫"平行透视"。它只有一个消失点，因此也称作"一点透视"（图2-3）。

就是说，立方体放在一个水平面上，前方的面（正面）的四边分别与画纸四边平行，上部纵深的透视线消失成为一点。

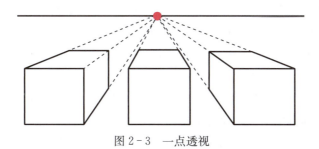

图2-3　一点透视

（二）一点透视手绘完整图的设计与绘制

1. 婚礼手绘完整设计图的绘制　婚礼现场一般分为迎宾区、仪式区和婚宴区3个部分，婚礼手绘完整设计图包括迎宾区手绘图、仪式区手绘图和婚宴区手绘图。

从手绘使用的工具、颜料和材料来看，可以把婚礼手绘完整设计图的绘制分为狭义的婚礼手绘完整设计图绘制和广义的婚礼手绘完整设计图绘制。

狭义上讲婚礼手绘完整设计图绘制就是用钢笔速写、钢笔慢写、彩色铅笔、马克笔、水彩、水粉等，综合运用绘画颜料和绘画方法来表现婚礼现场手绘效果图的绘画作品。

广义上讲婚礼手绘完整设计图绘制除了会用到上述颜料及绘画工具以外，还会运用一般非绘画材料，如报纸、麻袋、金属等材料进行拼贴混合，做成符合婚礼某些材质的肌理效果，然后再用常规的绘画工具和颜料作画。婚礼手绘综合材料运用一般是以结果为导向的，不管运用什么媒介和材质、颜料、处理方法，最后要能生动细致地表现出婚礼现场的效果。

（1）材质。从材质上来看，婚礼手绘综合材料绘画包括常规传统的绘画材料，也包括拓展材料。

（2）作品。从婚礼自身作品上看，婚礼手绘综合材料绘画会使得婚礼手绘的物质特性与婚礼现场场景达到更完美的统一。

（3）精神。从作品精神上看，婚礼手绘综合材料绘画不仅是一般的婚礼效果图，而是婚礼精神和情感的和谐交融体；从形式和绘画语言上看，婚礼手绘综合材料可以拓展为具象和抽象的语言形式与诗意美感的独特和谐交融。

2. 一点透视婚礼手绘完整设计图的绘制步骤

（1）步骤 1：纸笔准备、工具准备。准备好绘图用的图板、丁字尺、三角板、仪器及其他工具等用品；铅笔削好备用。

裱纸：把纸泡透；打湿板子；用毛巾吸一下纸边的水分；把乳胶均匀地涂在纸边上；将纸平整地粘到板子上；晾干备用。

（2）步骤 2：构思阶段。用整体立体、空间的思维去构思婚礼整体的表现效果，整体把握婚礼空间视觉形象（根据表现需求去构思采用一点透视的绘制方法）。再根据透视关系确定其构造，及其在空间的视觉关系。

（3）步骤 3：绘制一点透视。基本步骤如下：

① 按室内的实际比例尺寸确定 ABCD 四点（即里面墙壁四个点）。

② 确定视高 H.L.，一般设在 1.5～1.7 米。

③ 确定灭点 VP 及 M 点（中心点），就是画者眼睛正前方视平线上的一点根据画面的构图任意确定。

④ 从 M 点引出 A～D 的尺寸格连线，以 A—a 上的交点为进深点，做垂线。

⑤ 利用 VP 连接墙壁天井的尺寸分割线。

⑥ 根据平行法的原理求出透视方格，在此基础上求出室内透视。

（4）步骤 4：草稿起稿。绘出透视后，勾出轮廓，确定所绘婚礼效果图的透视关系，定出外部大轮廓。在起稿构图时，要认真考虑怎样将婚礼的形象、景物更合理地安排在画面上，使画面上的形象均衡、饱满，主次分明和大小合理。

（5）步骤 5：绘制婚礼现场不同区域。设计并按照其透视画出婚礼现场的迎宾区包括入口处、楼梯、签到台、照片展示区等设计思路和现场效果；设计并按照其透视画出婚礼现场的仪式区，包括舞台背景、仪式主舞台、红毯区、路引、花门等；设计并按照其透视画出婚礼现场的宴会区，包括餐桌、桌花、椅背花等。

（6）步骤 6：描绘细节。如花门、背景舞台要画得细致，木地板、地板砖的质地也要表现出来。

（7）步骤 7：上色处理。这一阶段，用色彩将大色块涂抹出来。从着色顺序来看，先铺大的颜色，运用透明半透明颜料，先浅色后深色。然后用彩色铅笔将细节画出来，比如用阴影勾勒深重，亮处用亮色画出来。用彩色铅笔细化细节，根据设计的色彩搭配和物体的材质进行上色处理（图 2-4）。

（8）步骤 8：调整收尾。勾勒处理、高光处理、落款签名，是整个效果图的收尾阶段（图 2-5 至图 2-8）。

（9）注意事项：掌握一点透视绘图的步骤和技巧，设计婚礼完整图要认真仔细。作为中级婚礼策划师，要经常练习绘图技术，掌握其技巧。

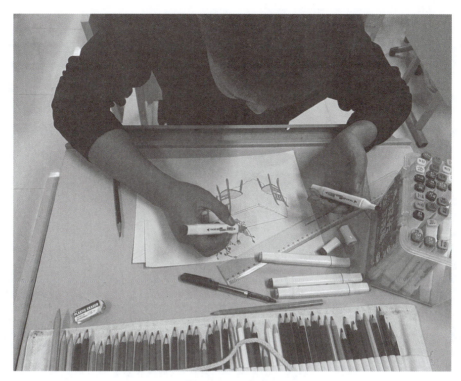

图 2-4　上色处理

图 2-5　学生手绘作品——钢笔一点透视效果图　图 2-6　学生手绘作品——钢笔一点透视效果图

图2-7　学生手绘作品——彩铅一点透视效果图1

图2-8　学生手绘作品——彩铅一点透视效果图2

子任务二　进行两点透视婚礼手绘完整图设计与绘制

两点透视婚礼手绘完整图见图2-9。

图2-9　两点透视婚礼手绘完整图

一、工作流程

准备手绘工具 → 掌握两点透视技巧 → 掌握上色方法 → 绘制两点透视 → 绘制大环境 → 描绘细节 → 上色处理 → 调整收尾 → 效果评估

（一）工作准备

1. 物品准备

种类	序号	名称	规格	数量	备注
笔类	1	绘图铅笔	2B型	若干	铅笔B值越大笔芯越粗、越软，颜色越深；H值越大笔芯越细、越硬，颜色越浅
	2	绘图笔	针管笔、勾线笔、签字笔等黑色碳素类笔	若干	笔的差别在于笔头的粗细，在实际练习和表现中，通常选择0.1、0.3、0.5的绘图笔

（续）

种类	序号	名称	规格	数量	备注
笔类	3	彩色铅笔		48 色左右	水溶性的彩色铅笔更好
	4	马克笔	水性马克笔	48 色左右	水性马克笔大约有 60 种颜色，可以单支选购
	5	水彩笔	水粉笔、毛笔都可以	若干	一般用于蘸取水粉、水彩等颜料进行上色
纸类	6	复印纸	A4、A3	若干	这种纸的质地适合铅笔和绘图笔等大多数画具
	7	绘图纸	绘图专用纸	若干	表面比较光滑平整，也是设计工作中常用的纸张类型。在手绘表现中，可以用它来替代素描纸，进行黑白画、彩色铅笔以及马克笔等形式的表现
颜料类	8	透明水色	24 色以上	若干	透明水色是一种特殊的浓缩颜料，常被应用于手绘表现中
	9	水彩颜料	24 色以上	若干	水彩是手绘表现中最有代表性也是最常见的一种着色技法
其他工具	10	尺规	常用的尺规工具有直尺、三角板、丁字尺、曲线板蛇尺、圆规圆模板等	若干	绘制时经常需要一些尺规的辅助，在实际表现中尺规辅助可以在一定程度上提高工作效率
	11	调色盘		若干	
	12	盛水工具			用盆或小塑料桶等作为涮笔工具
	13	橡皮			
	14	画板		若干	以光滑无缝的夹板为最好
	15	胶带			用于裱纸等

2. 环境准备

序号	环境	备注
1	绘图桌	桌面可调整倾斜角度，有的可升降
2	光源	良好的绘画光源以保证色彩的真实
3	素材图集	可随时翻阅，提供素材和灵感

（二）绘制两点透视手绘完整图的设计步骤

步骤	流程	技术操作要求
工作前准备	准备	（1）经过初级婚礼策划职业技能等级培训
		（2）掌握婚礼策划知识和婚礼策划服务专业技能
		（3）精通婚礼手绘的绘制步骤和方法

（续）

步骤	流程	技术操作要求
步骤1	纸笔准备	（1）工具准备：准备好绘图用的图板、丁字尺、三角板、仪器及其他工具等用品；铅笔削好备用
		（2）裱纸：把纸泡透；打湿板子；用毛巾吸一下纸边的水分；把乳胶均匀地涂在纸边上；将纸平整地粘到板子上；晾干备用
步骤2	构思阶段	全面、系统地对婚礼需要表现的场景进行观察。观察后，选择用两点透视来表现婚礼需要表现的场景。从形、体、色三方面再去观察婚礼需要表现的场景，在头脑中形成整体的婚礼景物印象，便于构思婚礼画面、色调与构图。用整体立体、空间的思维去构思婚礼整体的表现效果，整体地把握婚礼空间视觉形象（根据表现需求去构思采用两点透视的绘制方法）。再根据透视关系确定其构造，及其在空间的视觉关系
步骤3	构图阶段	在画面的中心点靠左或靠右定下展示婚礼主题景物的形态，定下景物的上下左右的具体位置及大小，确定展示的哪一个景致最大，哪一个景致最小，哪一个景致最左，哪一个景致最右，哪个婚礼景物空间位置最前，哪一个婚礼景物空间位置最后，以及婚礼形与体、物与物之间的远近、高低、向背等空间关系，然后用2B铅笔准确定位，进行构图
步骤4	绘制两点透视	（1）绘制一条水平线。确定一条视平线和视平线上的一个点a，垂直视平线过a点画一条直线，并确定直线的长短
		（2）绘制两个灭点（注意两个灭点之间的距离不能太近）。在视平线上两端的点，才是两点透视的灭点
		（3）连接各点。婚礼景物所有的两边都要向左或向右和c、d这两个透视点相连接
步骤5	草稿起稿	绘出透视后，勾出轮廓，确定所绘婚礼效果图各个物景的透视关系，定出形体大轮廓；在起稿构图时，要认真考虑怎样将婚礼的形象景物更合理地安排在画面上，使画面上的形象均衡、饱满、主次分明、大小合理
步骤6	修整阶段	将主要结构线的大体位置以简洁概括的线条，轻轻描画在画稿上，要注意各物象的大小向背及相关关系是否正确，以及形体比例是否协调。在构图的基础上，把整组静物的外轮廓线及单个物体的外轮廓线、主要结构线的大体位置以简洁概括的线条，轻轻描画在画稿上，要注意各物象的大小向背及相关关系是否正确，以及形体比例是否协调
步骤7	绘制婚礼现场不同区域	设计并按照其透视画出婚礼现场的仪式区的设计思路和现场效果
		设计并按照其透视画出婚礼现场的迎宾区、宴会区的设计思路和现场效果
步骤8	定稿阶段	深入构准形体、比例、空间、主次后，确定明暗交界线及投影，分出画面大体明暗部位。用签字笔沿着定好的铅笔草稿进行签字笔定稿
步骤9	描绘细节	花门、背景台要画得细致，木地板、地板砖的质地也要表现出来
步骤10	上色处理	一般有三种画法：第一种是先画婚礼背景，其次画T台面及路引，最后画主要婚礼物体。第二种先画主要婚礼物体，其次画T台面、路引，最后画婚礼背景。第三种是先画T台面，其次画主体，最后画婚礼背景。这一阶段用色彩将大色块涂抹出来，从这一阶段的着色顺序来看，先铺大的颜色，运用透明半透明颜料，先浅色后深色 然后用彩色铅笔将细节画出来，比如阴影勾勒深重，亮处用亮色画出来。将用彩色铅笔细化细节，根据设计的色彩搭配和物体的材质进行上色处理

（续）

步骤	流程	技术操作要求
步骤 11	深入刻画	进行深入刻画、色彩调和、空间层次处理。这个环节要反过来看大的色彩关系、空间关系、明暗和虚实的对比关系，不要因为处理局部而忽视了整体的关系
步骤 12	调整收尾	勾勒处理、高光处理、落款签名，是整个效果图的收尾阶段
注意事项		掌握两点透视绘图的步骤和技巧，设计婚礼完整图要认真仔细。作为中级婚礼策划师，要经常练习绘图技术，掌握其技巧

（三）效果评估

通过学习绘制婚礼两点透视手绘完整图步骤与注意事项，能够根据勘查测量现场的情况和婚礼策划方案，绘制婚礼设计的全套手绘展示图。

二、相关知识

（一）两点透视

两点透视又称成角透视。成角透视就是把立方体画到画面上，立方体的四个面相对于画面倾斜成一定角度时，纵深平行的直线产生了两个消失点（图 2-10）。

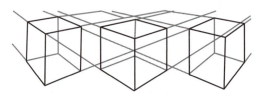

图 2-10　两点透视

（二）两点透视婚礼手绘完整设计图绘制步骤

1. 步骤一：纸笔准备、工具准备　准备好绘图用的图板、丁字尺、三角板、仪器及其他工具等用品；铅笔削好备用。

裱纸：把纸泡透；打湿板子；用毛巾吸一下纸边的水分；把乳胶均匀地涂在纸边上；将纸平整地粘到板子上；晾干备用。

2. 步骤二：构思阶段　全面、系统地对婚礼需要表现的场景进行观察。观察，后选择用两点透视来表现婚礼需要表现的场景。从形、体、色三方面再去观察婚礼需要表现的场景，在头脑中形成整体的婚礼景物印象，便于构思婚礼画面、色调与构图。用整体立体、空间的思维去构思婚礼整体的表现效果，整体地把握婚礼空间视觉形象（根据表现需求去构思采用两点透视的绘制方法）。再根据透视关系确定其构造，及其在空间的视觉关系。

3. 步骤三：构图阶段　在画面的中心点靠左或靠右定下展示婚礼主题景物的形态，定下景物的上下左右的具体位置及大小，确定展示的哪一个景致最大，哪一景致个最小，哪一个景致最左，哪一个景致最右，哪个婚礼景物空间位置最前，哪一个婚礼景物空间位置最后，以及婚礼形与体、物与物之间的远近、高低、向背等空间关系，然后用 2B 铅笔

准确定位，进行构图。

4. 步骤四：绘制两点透视　首先，绘制一条水平线。确定一条视平线和视平线上的一个点a，垂直视平线过a点画一条直线，并确定直线的长短。

其次，绘制两个灭点（注意两个灭点之间的距离不能太近）。在视平线上两端的点，才是两点透视的灭点。

最后，连接各点。婚礼景物所有的两边都要向左或向右和c、d这两个透视点相连接。

5. 步骤五：草稿起稿　绘出透视后，勾出轮廓，确定所绘婚礼效果图各个物景的透视关系，定出形体大轮廓。

在起稿构图时，要认真考虑怎样将婚礼的形象景物更合理地安排在画面上，使画面上的形象均衡、饱满，主次分明、大小合理。

6. 步骤六：修整阶段　将主要结构线的大体位置以简洁概括的线条，轻轻描画在画稿上，要注意各物象的大小向背及相关关系是否正确，以及形体比例是否协调。在构图的基础上，把整组静物的外轮廓线及单个物体的外轮廓线、主要结构线大体的位置以简洁概括的线条，轻轻描画在画稿上，要注意各物象的大小向背及相关关系是否正确，以及形体比例是否协调。

7. 步骤七：绘制婚礼现场不同区域　设计并按照其透视画出婚礼现场的迎宾区包括入口处、楼梯、签到台、照片展示区等设计思路和现场效果；设计并按照其透视画出婚礼现场的仪式区包括舞台背景、仪式主舞台、红毯区、路引、花门等设计思路和现场效果；设计并按照其透视画出婚礼现场的宴会区包括餐桌、桌花、椅背花等的设计思路和现场效果（图2-11）。

图2-11　绘制婚礼现场不同区域

8. 步骤八：定稿和上色阶段　深入构准形体、比例、空间、主次后，确定明暗交界线及投影，分出画面大体明暗部位。用签字笔沿着定好的铅笔草稿进行签字笔定稿。

9. 步骤九：描绘细节　花门、背景台要画得细致，木地板、地板砖的质地也要表现出来。

10. 步骤十：上色处理　一般有三种画法：第一种是先画婚礼背景，其次画舞台、T台面及路引，最后画主要婚礼物体；第二种是先画主要婚礼物体，其次画舞台、T台面、路引，最后画婚礼背景；第三种是先画舞台、T台面，其次画主体，最后画婚礼背景。

这一阶段用色彩将大色块涂抹出来，从着色顺序来看，先铺大的颜色，运用透明半透明颜料，先浅色后深色。然后用彩色铅笔将细节画出来，比如阴影勾勒深重，亮处用亮色画出来。用彩色铅笔细化细节，根据设计的色彩搭配和物体的材质进行上色处理。

11. 步骤十一：深入刻画　进行深入刻画、色彩调和、空间层次处理。这个环节要反过来看大的色彩关系、空间关系，明暗和虚实的对比关系，不要因为处理局部而忽视了整体的关系

12. 步骤十二：调整收尾　勾勒处理、高光处理、落款签名，是整个效果图的收尾阶段。

（三）婚礼手绘各个绘制步骤注意要点

1. 构思阶段注意要点　古人云：意在笔先。构思立意就是画什么，为什么要画它，如何画好它、表现好它。在婚礼手绘构思阶段，最重要的注意事项就是取舍的问题。取婚礼"全景"还是"局部"？是着眼于细节还是整体？可以对婚礼现场进行选择、提炼、剪裁，甚至在一定范围内夸张地展示。

2. 构图阶段注意要点　构图，在中国艺术中叫"经营位置""章法"，具体来说就是主宾关系、画面整体关系，如S形、米字形、对角线、黄金分割线的构图方式。

3. 钢笔慢写阶段注意要点　用黑色钢笔或黑色签字笔绘制单一婚礼景物时，在行笔中要有转折、提按、快慢等变化，如果是用专业的速写钢笔进行绘制，还要注意中锋和侧锋的结合，这样绘制的效果会更生动，尽显中国古画"骨法用笔"之神韵。

4. 综合材料运用阶段注意要点　婚礼手绘综合材料绘画体现了开放性，不用受特定具体材料及其技法的制约，也不用受基本程序和规范的约束。婚礼综合材料的绘画形式，完全依赖于婚礼手绘作者对于材料的发现、选择、理解、把握和运用，依赖于其艺术想象力和表达力。

任务三
婚礼现场花艺及道具设计与绘制

【任务情境】

策划师助理小玲接到婚礼策划项目后，到酒店进行现场勘查，对该酒店的内外环境以及设备情况有了详细的了解。根据客户的需求和婚礼现场的条件，确定了婚礼策划主题和设计思路，也绘制完成了婚礼现场效果完整图。接下来，小玲要根据婚礼策划和效果图进行婚礼现场布置和花艺制作，具体包括这次婚礼场景的花艺及道具设计，还包括婚礼宴会及空间艺术设计，以及本场婚礼的灯位布局设计。婚礼策划师助理小玲该如何完成婚礼策划师张蕾交给的任务呢？

【任务分析】

一、婚礼现场花艺和道具的设计的主要内容

序号	主要内容
1	婚礼色彩搭配设计
2	婚礼宴会及空间艺术设计
3	婚礼的灯位布局设计

二、婚礼现场花艺和道具的设计的工作目标及措施

序号	主要工作目标	措施
1	婚礼色彩搭配设计	设计婚礼场景的花艺及道具，进行科学的色彩搭配
2	婚礼宴会及空间艺术设计	进行婚礼宴会及空间艺术设计与制作
3	婚礼的灯位布局设计	进行婚礼的灯位布局设计与制作

【任务实施】

子任务一　婚礼花艺色彩搭配技巧

一、工作流程

分析现场条件 → 分析策划主题 → 进行科学的色彩搭配 → 进行婚礼花艺现场色彩设计并制作 → 效果评估

（一）工作准备

1. 物品准备

序号	名称	规格	单位	数量	备注
1	笔记本	纸质	本	1	用于汇总资料
2	笔、彩色铅笔		支、套	1	用于汇总资料与设计草图绘制
3	电脑		台	1	用于汇总资料，科学进行色彩搭配设计
4	电话		个	1	用于电话咨询沟通
5	绘图纸		张	若干	用于绘制草图与设计图
6	色彩画笔（马克笔）		套	72色	用于绘制婚礼色彩草图与完整设计图
7	彩色铅笔		套	72色	用于绘制婚礼色彩草图与完整设计图
8	水彩颜料		套	72色	用于绘制婚礼色彩草图与完整设计图
9	花材	常规	支	根据设计而定	玫瑰、康乃馨、百合、马蹄莲、剑兰、泰国兰、红兰、白兰、蝴蝶兰、郁金香、扶郎花、龙胆、金鱼草、紫罗兰、红掌、天堂鸟、勿忘我、黄莺、情人草、满天星等
10	叶材	常规	支	根据设计而定	散尾、巴西木叶、八角金盘、春羽叶、水烛、高山羊齿、排草、龟背叶、栀子叶、常春藤、尤加利叶、剑叶、钢草等
11	装饰材料	常规	个	根据设计而定	缎带、珠链、贝壳、水晶、卡通、蜡烛等
12	工具材料	常规	个	根据设计而定	花器、玫瑰钳、剪刀、胶带、鲜花泥、玻璃纸、包装绳等
13	纱幔等	常规	个	根据设计而定	蕾丝、雪纺、绸缎等材质
14	婚礼大型道具	常规	个	根据设计而定	陶瓷、玻璃、铁艺等婚礼大型道具

2. 环境与人员准备

序号	环境与人员	准备
1	婚礼策划师	明确婚礼现场各方面的硬件条件、场地数据，以及策划主题思想与客户愿景等
2	婚礼策划师助理	提供前期勘察的现场数据，提供色彩搭配、辅助空间等信息
3	会场方	保持沟通，做好对接工作
4	婚礼花艺团队	保持沟通，做好对接工作，提供报价与现场实施建议

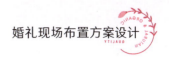

（二）设计婚礼场景的花艺及道具布局的步骤

步骤	流程	技术操作要求
工作前准备	准备	经过初级婚礼策划职业技能等级培训
		掌握一定的婚礼策划知识和婚礼花艺及道具布局的基本技能
步骤1	分析现场条件	（1）根据现场勘查的信息与数据，分析婚礼布局的空间可行性
		（2）与婚礼搭建团队、婚礼花艺团队等咨询沟通，了解初步报价与实施时间和条件
		（3）分析进场时间、人员条件、现场硬件等，并征询会场方许可
步骤2	分析策划主题	（1）在硬件条件允许的情况下，根据策划主题，分析婚礼色彩、空间布局方案的可实施性
		（2）分析婚礼色彩、空间布局方案、花艺道具设置对策划主题的意境展现是否有益；对体现策划主题的视觉魅力是否有益
		（3）分析与征询客户意愿后，明确婚礼色彩、空间布局方案、花艺道具布局方案
步骤3	进行科学的花艺色彩搭配	（1）在制定策划方案时，策划师和新人已经在典礼环节和现场布置上进行了沟通，但仍然有必要和新人进行专门的色彩方面的沟通
		（2）在对新人有了初步的了解后，圈定婚礼整体效果的色彩范围，与新人进行细节色彩和特殊色彩的讨论，以得到明确的色彩设计方向，方便进行后期的色彩设计
		（3）初步制订婚礼花艺色彩设计图，绘制科学的色彩搭配实施方案图
		（4）绘制婚礼色彩搭配效果图。根据已确定的色彩计划，结合婚礼平面效果图，绘制色彩搭配效果图，或提供类似的婚礼色彩搭配方案，再次进行详细的修改和确认，得到较为准确的色彩搭配计划
步骤4	婚礼场景的花艺及道具设置	根据色彩搭配，设计婚礼场景花艺及道具，进行场景布置

（三）效果评估

学习婚礼场景的花艺及道具设置，进行科学的色彩搭配，需要布置婚礼现场。

二、相关知识

（一）婚礼花艺色彩设计的方法

婚礼的配色方案要求千变万化，如何才能掌握有效的色彩设计方法呢？除了色彩调和、色彩对比等设计思路，有一种最简单、最实用的婚礼色彩设计方法，即三色搭配法。

1. 三色法——最简单的色彩搭配方法　婚礼中简单的三色搭配原则往往用来确定婚礼现场的主色调。根据物品婚礼现场所占的面积、数量、比例等因素，将其分成主要物、辅助物、点缀物三类，每类相对应主色、辅助色和点缀色三种色彩。通过这三种色彩的设计和搭配来完成婚礼现场的色彩布置。

（1）主色。主色是占据全场色彩面积最大的颜色，占全场面积的60%以上。通常是地毯、天花板、四壁等。这些色彩往往是酒店等典礼现场所固有的，不易更改。

（2）辅助色。辅助色是与主色搭配的颜色，占全场面积的30％左右。通常是宴会桌、舞台、花门、水晶厅等陈设物。这些色彩往往是典礼现场色彩的重点和主调。

（3）点缀色。点缀色一般只占全场面积的5％～15％。通常以花艺、布艺、婚礼用品等饰品为主，这些颜色是婚礼的亮点，可以起到画龙点睛的作用。

只要能够准确确定婚礼的主色，正确选择婚礼的辅助色，并合理地运用点缀色，就完成了婚礼主色调的确定，再通过配色技巧进行色彩设计与实施，就可以逐步完成婚礼色彩设计。

2. 混搭法——最流行的色彩搭配方法　色彩混搭法是近年流行的色彩搭配方法，这种方法抓住了人们对于色彩的逆反心理和追求创新的意识。例如，红色配绿色，这两种颜色是互补色，色彩差异较大，传统的大红色搭配绿色会给人俗气的感觉，但为了切合婚礼主题，可进行细微调整，如把大红色变成粉红色，把绿色变成浅黄绿色，就会一改俗气的色彩感，变得甜美而柔和，极具新意。

由此可以看出，在混搭法色彩设计中，选择色彩进行混搭并不难，难的是对这两种色彩进行调和，以达到独特的色彩感觉。

3. 主题法——最实用的色彩搭配方法　这种方法实用且易操作。这里的主题是指婚礼主题，例如要以"花开富贵"为主题进行中式婚礼色彩设计，中式婚礼的特点是喜庆、圆满、热闹，再加之"花开富贵"的主题，选用的色彩必须是鲜艳而响亮的、纯正而热情的，如大红色、紫红色、金色、黄色等；又如为以"水晶之恋"为主题的婚礼进行色彩设计，则可以选择白色、水蓝色、银色等清爽而干净的色彩、无论是哪种色彩设计方法，最终的设计理念都是为新人营造幸福美满的婚礼气氛。

（二）花艺设计色彩搭配的原则

众所周知，现代花艺作品由三大要素构成——形态、色彩、质感。如果说形态是作品的躯体，质感是作品的外衣，那么色彩就是作品的灵魂。一件好的作品，三大要素是浑然一体的，能共同表现设计者的心灵语言。

花艺色彩的配置，具体可以从3个方面进行研究：一是花卉与花卉之间的色彩关系；二是花卉与容器之间的色彩关系；三是花艺作品与环境之间的色彩关系。处理好这三者之间的关系，首先要确立作品的主色调，然后可以对同色系、邻近色系、对比色系的鲜花和辅材进行调和，最终达到和谐统一的目的。

1. 花材的色彩关系

（1）同色系花材的选择。产生沉稳温和清雅的感觉。如果选用红色系的花材，虽然颜色相同，但是花材的品种和形态可以不同，这样就会产生不同的质感，避免作品死板呆滞，可增加层次感。

（2）邻近色系花材的选择。邻近色系主要靠共有的色素起到调和作用，产生亲切和谐的感觉。如选用玫瑰红、紫红，则它们共有的色素是红色，可以产生既变化又统一的效果。

（3）对比色系花材的选择。选择对比色系的花材，可以产生强烈的对比效果，给人活泼、明快之感。因为大多数的花材具有高明度高彩度，所以要在鲜花的形态、大小、密度上加以协调，避免产生生硬的感觉。

（4）多色对比花材的选择。使用3种或以上的色彩对比，产生色彩斑斓的效果，表达活泼热烈的感觉。在12色色相环中，选取对比色左右两侧的颜色，称为分裂对比；选取正三角形顶点的3个颜色、等边三角形顶点的3个颜色、矩形4个顶点的3个颜色等，称为多色对比。

（5）花艺色彩的采集与重构。在花艺创作过程中，创建新的色彩关系可以赋予作品全新的生命，因此，色彩的采集与重构成为创新的直接手段。例如一只蝴蝶，可以从它的翅膀上提取黄色、橙色、绿色、黑色，用这些颜色重组一个花束，使之呈现蝴蝶翅膀的鲜艳色彩。

2. 花器与花的色彩关系　花器永远是花的陪衬，绝不能喧宾夺主。

（1）选择与主花材同一色系的花器。与主花材同一色系的花器，要选择没有光泽、质地相对粗糙，或是透明的花器。

（2）选择与主花材邻近色系的花器。要选择比主花材明度低、颜色深的花器。

（3）选择与主花材对比色系的花器。可以选择明度低、纯度高的花器，也可以选择金属色的花器。

（4）选择玻璃花器。可以选择透明和半透明的玻璃花器、亚克力花器、冰雕作品花器等。

3. 婚礼用花的色彩选择　婚礼用花的设计，是近年来花艺设计的重点，可以让花艺师大显身手。追求个性、追求卓越、追求时尚已成为现代婚礼花艺设计的鲜明主题。

近年来，环保意识日益深入人心，"绿色婚礼"在国外非常受欢迎，新人们选择在花园、庭院、沙滩、乡村举行婚礼，所用花材不做烦琐的人工装饰，花艺设计采用简约原始的捆扎、绑束、瓶插等手法和技巧，彰显人们回归自然、融入自然的精神境界。

婚礼用花的色彩选择主要有以下几种。

① 经典的传统色：白色、粉色系鲜花。

② 热烈的暖色调：黄色、橙色、红色系鲜花。

③ 现代的冷色调：蓝色、紫色、绿色系鲜花。

④ 浪漫的相融色：红粉白、红黄紫、黄粉绿色系的鲜花。

⑤ 华丽的混合色：白色、粉色、红色、紫色、蓝色、绿色、黄色、橙色以不同的比例混合。

4. 婚礼花艺的流行色

（1）流行色的发布。国际流行色委员会根据世界各国色彩应用和经济、气候、重大事件等因素对色彩的影响，发布国际色彩流行趋势，花艺设计色彩受服装、室内装饰等行业的影响，也会发生流行色的改变。国际流行色的变化周期大概是1～8年，花艺的流行色彩周期也大致如此。

花卉风格与生活方式密切相关，世界各地的文化、音乐、媒体、时尚和家居装饰影响并确定了本季鲜花的流行趋势，这些颜色和趋势主导着当今市场的花艺设计色彩，花艺设计师创造性地结合花卉和其他要素，将这些预测的趋势演变为各种风格的花艺作品，并指导进货和销售决策、推广计划、装饰方案、产品设计和插花。其中受流行色影响最深的，当属婚礼花艺设计。

（2）婚礼花艺色彩的设计途径。

花艺师要想随心所欲地使用各种色彩语言，就要不断学习新的色彩知识，不断练习各种色彩组合，从大自然和生活中汲取素材，提炼升华自己的情感，逐步达到至臻至美的境地，自然而然地从心中流露出色彩的语言。

英国大师宝拉·普瑞克在花艺色彩设计方面有很深的造诣，她善于用常见的配色方法设计出不凡的作品，曾经获得欧洲花艺比赛的多项奖牌。在她的著作《Table Flowers》中，强烈、欢快、浓郁的色彩合理配置，把作者心中的美感宣泄得淋漓尽致。

向大师学习，需要做很多枯燥的练习，没有捷径，只有沿着崎岖小路不停攀登，才有希望到达山的顶点。当我们刚刚上路的时候，可以选择简单的题目入手。以邻近色的配色学习为例，可以先从选择花材丰富的红色开始练习。在红色的邻近色中，选取淡粉色、白色与红色相配。

配色练习不要盲目追风，也不要单纯地模仿大师的作品，最好以色谱为标准，选择相对应的花材组合。在掌握了基本方法，熟练到不看色谱就可以选择各种色调的颜色时，再回过头来重新研究大师的作品，这样就可与大师进行心灵沟通。

目前，国内花艺师的造型水平有了很大提高，但在色彩的应用和设计方面还有所欠缺，特别是色彩构成理论的学习和应用还有待提高。

（三）婚礼花艺策划的原则

婚礼上采用什么样的花艺形式、用什么样的色彩，不是想当然的事情。在进行婚礼花艺策划时，要把握以下几个原则：

（1）婚礼花艺用色要与表达的主题相协调。

（2）婚礼花艺用色要与环境相协调。

（3）婚礼花艺用色要遵循民族习俗。

（4）婚礼花艺用色要考虑季节因素。

（5）婚礼用色要考虑到新人的年龄与气质。

子任务二　进行婚礼花门、花亭设计与制作

一、工作流程

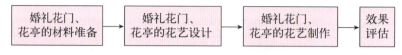

（一）工作准备

1. 物品准备

序号	名称	规格	单位	数量	备注
1	花材	常规	支	根据设计而定	玫瑰、康乃馨、百合、马蹄莲、剑兰、泰国兰、红兰、白兰、蝴蝶兰、郁金香、扶郎花、龙胆、金鱼草、紫罗兰、红掌、天堂鸟、勿忘我、黄莺、情人草、满天星等

（续）

序号	名称	规格	单位	数量	备注
2	叶材	常规	支	根据设计而定	散尾、巴西木叶、八角金盘、春羽叶、水烛、高山羊齿、排草、龟背叶、栀子叶、常春藤、尤加利叶、剑叶、钢草等
3	装饰材料	常规	个	根据设计而定	缎带、珠链、贝壳、水晶、卡通、蜡烛等
4	工具材料	常规	个	根据设计而定	花器、玫瑰钳、剪刀、胶带、鲜花泥、玻璃纸、包装绳等
5	花艺架子、花门、花亭	常规	个	根据设计而定	选择一款拱形或心形、方形的花门架子，木质或者铁艺均可。注意：架子最好用方形底座，着地面积大，更稳一些。 同时，架子要选用3根管的，管与管之间的距离不要太大，管子不要太粗。管子之间的距离大，制作时就会浪费花和花泥，管子如果太粗，会浪费纱幔，也浪费彩带，而且做出来的成品太臃肿，既浪费了原材料又不能突出效果
6	纱幔	常规	个	根据设计而定	蕾丝、雪纺、绸缎等材质
7	花艺器皿	常规	个	根据设计而定	陶瓷、玻璃、铁艺等器皿

2. 环境与人员准备

序号	环境与人员	准备
1	花艺师	提前准备设计图及必要物资
2	搭建工人	根据设计图搭建

（二）婚礼花门、花亭制作的实施

步骤	流程	技术操作要求
工作前准备	准备	（1）准备好必要物品：要选择一款拱形、心形或方形的花门架子
		（2）准备装饰小材料，主要包括尼龙扎带、花泥、仿真绢花（单支的）或者鲜花、亮纱（纱幔）
		（3）准备好设计图和施工方案
步骤1	固定架子	选好扎花的具体位置，用记号笔标好每段的距离，尽量保持一致。固定架子
步骤2	插放花泥	（1）浸泡鲜花泥
		（2）在花门上根据三点或五点等花艺设计图插放鲜花泥
		（3）花泥应高出花器3～4 cm
步骤3	插骨架花	（1）将第一个挺拔直立的花枝插于花泥正中处
		（2）在花泥左右两侧水平插入两只长度为第一枝的2倍左右的骨架花枝
		（3）骨架花构成三角形的外形轮廓，其余花枝长度应不超过轮廓线范围

（续）

步骤	流程	技术操作要求
步骤4	插焦点花	焦点花位于中线处，以45°角插入焦点花
步骤5	插入其他主体花	在第一枝挺拔直立骨架花和左右两侧的第二、第三枝骨架花间插入其他花枝，三点鲜花花门就是在圆形或心形的拱门上面做3个花盘，每个花盘都是双面的
步骤6	插填充配花、配草	在主花材空隙内插入填充配花、配草，完善和丰富层次，遮盖花泥
步骤7	扎好亮纱（纱幔）	先把亮纱（纱幔）来回一层层地折起来，就像折扇子一样，再用扎带扎紧。扎完后用手托住扎好的亮纱（纱幔）内侧，一层一层地把纱拉出来
注意事项		两种拉纱的方法： 一是用纱先绑出花球，之后绑在架子上 二是用纱围着架子，先松弛地缠在花门上，然后从下向上推

（三）效果评估

通过学习婚礼花门、花亭的布置技巧，掌握花门、花亭的花艺布置基本技能，根据需要布置婚礼现场。

二、相关知识

（一）婚礼花门类型

花门原本是西方婚礼独有的亮丽风景，但近年来也成为中国传统婚礼上必不可少的要素，对婚礼庆典的整体风格有较大影响。

婚庆花门也称花拱门或绢花拱门，是由铁艺心形架（喷塑烤漆）、轻质的亮纱、仿真绢花（或鲜花）、花泥制作而成的。其颜色鲜艳、立体感强，是现在高中档婚礼中不可缺少的一部分。

花门应该放置在仪式入口处，通常，新娘父亲会在花门前把新娘的手交给新郎。承载着父亲的嘱托，新郎挽着新娘从花门走向属于他们自己的婚礼殿堂。花门的别致设计会让婚礼仪式别具看点。

1. 按照材质分类

（1）鲜花材质。现在很多婚礼都使用鲜花花门，但其价格上较其他几种材质的花门要高。清新的芳香和娇艳欲滴的花瓣预示着纯洁的爱情，并为整个婚礼现场带来清新明快的感觉，追求浪漫完美的新人都会选择鲜花花门。

婚庆公司一般都是早上去会场进行布置，否则花会焉掉，影响婚礼当天的效果。另外，布置过早可能被人随手采摘，也会影响效果。这是鲜花花门的缺点。

用鲜花点缀花门需要注意搭配的花材、色调等一定要与庆典的环境、主题和品味相融合。一般来说，西式婚礼更偏向于搭配素淡的颜色，而中式传统婚礼则倾向于采用大红色。

（2）绢花材质。绢花其实就是假花，它的优点是不用担心时间长了会蔫掉，也不用担心别人会采摘。而且绢花在价格上比鲜花便宜很多，缺点是效果不如鲜花那么好。

（3）彩绸材质。彩绸的成本更低，关键是还可以回收利用。如果婚礼预算有限，可以考虑用彩绸材质做花门，效果也不错。彩绸会给人一种梦幻、浪漫的感觉，并不逊于鲜花带来的美感。

（4）气球材质。由于气球的色彩丰富、造型有趣多变，近来也成为颇受欢迎的婚礼会场布置道具。虽然气球材质有些过时，但气球的成本低，而且是小朋友的最爱，可以送给他们。另外，用气球做花门，婚礼结束时可以请朋友们踩气球，噼里啪啦的像放鞭炮一样喜庆，效果也很好。

2. 按照造型分类　通常有全包式花门、半包式花门、三点式花门及五点式花门。

（1）全包式花门。就是整个花门形状都是同一种材质且全部包起来，看上去很大气、很厚重，但是如果全部是鲜花装饰，价格会比较贵。

（2）半包式花门。由于性价比适中，半包式花门是用得最多的一种。它的造型是一半用鲜花，一半用彩绸或纱幔装饰，一般是上半部分用鲜花，下半部分用彩绸或纱幔，十分唯美。

（3）三点式花门。这种造型的花门是在花门上选择 3 个位置装点鲜花，其他地方用彩绸或叶子装饰。这种花门看上去不是很大气，但价格实惠。

（4）五点式花门。这种造型的花门和三点式花门类似，只是在花门上多了两处鲜花点缀。

3. 按照形状分类　从花门的形状来说，目前主要流行的是圆形、拱形、方形和心形花门。

（二）鲜花花门与造型

在举办婚礼时，新人们都会布置鲜花花门，新人穿过花门，就意味着婚礼仪式的开始。不同的新人会选择不同主题的婚礼，鲜花花门的形式自然也有所不同。

1. 走道式帷幔鲜花花门　走道式帷幔鲜花花门是幸福之门的"变异"，同时使用鲜花花门与纱幔走道。走道式的优势在于形式多样，材质也有更多的选择，纱幔走道可以与鲜花搭配，美丽惊艳。

2. 点式鲜花婚礼花门　最初的婚礼鲜花花门以铁艺支架为主，分三点或五点式集中装饰鲜花，其余暴露出来的铁艺用纱幔缠绕装饰。这种婚礼花门最大的优点是鲜花装饰量少，价格便宜。现在的新人对自己的婚礼有了更高的要求，一般改用绿植代替缠绕的纱幔，其余的地方还是用三点或五点式集中装饰鲜花。

3. 方形婚礼鲜花花门　传统的鲜花花门大多是点式、圆顶式，如果新人计划举办一场有新意的婚礼，在选择鲜花花门时，也可以选择方形的。方形婚礼鲜花花门更大气壮观，不过在用花量上比圆顶鲜花花门要多。

4. 组合式婚礼鲜花花门　组合式婚礼鲜花花门能增强婚礼的厚重感，能更有效地渲染婚礼氛围。采用并排 3 连门的鲜花装饰，再用垂直叠加多重婚礼花门的方式进行装饰，更有内在空间感，能让参加婚礼的宾客一入场就被吸引，新人迈过婚礼花门的时间更长，体味幸福的时间也更长。

5. 全鲜花婚礼花门　相比于点式婚礼花门，全鲜花婚礼花门在气势上、美观上都有着相当的优势，自然造价也不菲。全鲜花婚礼花门在花材搭配上也有多种形式，可以用单一花材量化铺陈，恢宏大气，最适合用玫瑰花，这种花花形适中、花形饱满；可以用同色系不同花材进行搭配，格调一致、内涵充实；还可以用撞色反差的方式进行装饰，个性大胆。必须注意的是，如果新人的婚礼预算不多，就要考虑性价比了，如果新人偏爱鲜花婚礼花门，可以在绿植与鲜花的比例上多加考虑。

6. 个性路引婚礼鲜花花门　现在，人们的婚礼都追求个性，越来越多的时尚新人追求非常规的婚礼花门，于是，各种拱形的花门也应运而生。可以将树枝、龙柳等枝干类植物简单塑形成婚礼花门状，这种花门有着奔放、自然的线条，深受新人喜爱。

（三）花亭

花亭是婚礼上必不可少的道具，是新人出场的地方，也是宾客们进入宴会厅最先注意到的，所以，花门、花亭的布置一定要用心。

婚礼花亭最早源于犹太婚礼的传统——彩棚。现代婚礼将彩棚延伸为花亭，无论是使用大布幔装饰花亭还是用鲜花装饰花亭，它都是新婚夫妇新家庭的象征，新人们会在此许下一生的誓言，花亭的四面开放则象征着欢迎四方来客。

花亭的作用与花门一样，都是新人最早出现的地方，其装饰也与花门基本一样。一般来说，婚礼现场只选择其中之一即可。也有人为了体现婚礼的奢华与厚重，同时使用花亭及花门，形成花的走廊。

花亭也分好多种，有方形顶、圆形顶、无顶等。花亭的布置和花门大同小异，也是由鲜花、纱蔓、铁艺组成。目前最流行的是方形花亭。

花门、花亭的选择要量力而行，尤其是花亭，必须根据婚宴场地来考虑，宴会厅放满餐桌以后是否还有足够的空间摆放花亭是必须考虑的，此外，宴会厅的高度在放下花亭后会不会显得空间局促也需要考虑。

（四）常见花门、路引的尺寸

1. 花门　花门：2米×2米；花亭：2～3米伸缩。

2. 花柱　直径50～60厘米。

3. 路引　直径25厘米左右，路引高1米左右，每个间隔2～2.5米。

4. 桌花　直径25厘米左右。

5. 背景　7米×3米或9米×4米。

6. 舞台　一般为7.2米×3.6米，门距离花门3～4米。

7. 鲜花尺寸、数量与现场协调尺寸的一般原则：

（1）场地大 → 花艺大或多，大面积、大色块。

（2）场地小 → 花艺小而精。

（3）场地高 → 花艺高挑，T台，大气。

（4）场地矮 → 不要花门（建议用花柱）、花亭、高桌花。

（五）婚礼花门、花亭制作的技术操作步骤

1. 工作前准备

（1）准备好必要物品。首先要选择一款拱形、心形或方形的花门架子。

注意：架子最好用方形底座，着地面积大，更稳一些。同时，架子要选用3根管的，管与管之间的距离不要太大，管子不要太粗。管子之间的距离若太大，制作时就会浪费花和花泥；管子如果太粗，就会浪费纱嫚，也浪费彩带，而且做出来的成品太臃肿，既浪费了原材料又不能突出效果。

（2）准备装饰小材料。主要包括尼龙扎带、花泥、仿真绢花（单支的）或者鲜花、亮纱（纱嫚）。

（3）准备好设计图和施工方案。

2. 具体操作步骤

（1）步骤一：固定架子。选好扎花的具体位置，用记号笔标好每段的距离，尽量保持一致。固定花门、花亭架子。

（2）步骤二：插放鲜花泥

① 鲜花泥用水浸泡。准备水桶或其他盛水设备，将鲜花泥浸泡在深水中，不得按压，让其慢慢自然下沉，充分吸水。

② 根据花艺设计图，在花门上插放鲜花泥。

③ 花泥应高出花器3~4厘米，以方便鲜花安插。

3. 步骤三：插骨架花

（1）将第一个挺拔直立的花枝插于花泥正中处。

（2）在花泥左右两侧水平插入两只长度为第一枝的2倍左右的骨架花枝。

（3）骨架花构成三角形的外形轮廓，其余花枝长度应不超过轮廓线范围。

4. 步骤四：插焦点花　焦点花位于中线处，以45°插入焦点花。

5. 步骤五：插入其他主体花

（1）在第一枝挺拔直立骨架花和左右两侧的第二、第三枝骨架花间插入其他花枝，使顶点连成所要设计的轮廓。

（2）三点鲜花花门就是在圆形或心形的拱门上面做3个花盘，每个花盘都是双面的，从各个角度都可以看到，3个花盘中间的距离相等并缠绕轻纱。

6. 步骤六：插填充配花、配草　在主花材空隙内插入填充配花、配草，完善和丰富层次，遮盖花泥。

7. 步骤七：扎好亮纱（纱嫚）

（1）先把亮纱（纱嫚）来回一层层地折起来，就像折扇子一样，再用扎带扎紧。

（2）扎完后用手托住扎好的亮纱（纱嫚）内侧，一层一层地把纱拉出来，一定要拉得均匀一些，这样一节花就制作完成。

8. 注意事项　有两种拉纱的方法：

一是用纱先绑出花球，之后绑在架子上，这样的设计是让花球绑在拱门上，花球应靠近些，丰满一些效果会比较好。

二是用纱围着架子，先松弛地缠在花门上，然后从下向上推，再用鱼线或包礼品盒的飘带（飘带的颜色要跟纱一样颜色）绑起来，一段一段向上推，持续这样做，直到整个花门被包满。

子任务三　进行婚礼宴会设计

一、工作流程

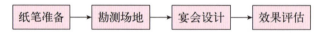

纸笔准备 → 勘测场地 → 宴会设计 → 效果评估

（一）工作准备

种类	序号	名称	规格	数量	备注
笔类	1	绘图铅笔	2B型	若干	铅笔B值越大，笔芯越粗、越软，颜色越深；H值越大，笔芯越细、越硬，颜色越浅
	2	绘图笔	黑色碳素笔	若干	笔的差别在于笔头的粗细，在实际练习和表现中通常选择0.1、0.3、0.5的绘图笔
纸类	3	复印纸	A4、A3	若干	这种纸的质地适合铅笔和绘图笔等大多数画具
其他工具	4	尺规	电子测量器	若干	

（二）宴会场景设计的步骤

1. 现场勘查宴会场地流程

步骤	流程	技术操作要求
工作前准备	准备	（1）经过初级婚礼策划职业技能等级培训
		（2）掌握一定的婚礼策划知识和婚礼现场布置的专业技能
		（3）至少能对20个婚宴场地进行系统性的优劣势分析
步骤1	工具信息准备	（1）工具准备：准备纸笔等用品
		（2）记录场地位置、建筑风格、平面图、面积、厅高、来宾进场动线、酒店自有灯光布局、室内室外温湿度、场地主色调、装饰物、植物、声音等信息
步骤2	宴会厅环境气氛准备	（1）确定宴会场地光线：白炽灯光、烛光、彩光等
		（2）确定宴会场地主色调，根据婚礼的不同主题风格来确定
		（3）确定宴会场地温湿度和气味：宴会厅温度、湿度要保持稳定
		（4）家具准备：餐桌、餐椅、服务台、餐具柜、屏风、花架等
		（5）背景音乐准备：与主题宴会风格吻合，噪声不超过50分贝
		（6）绿化准备：花卉布置以盆栽居多，依据主题风格与季节摆设不同的盆栽

（续）

步骤	流程	技术操作要求
步骤3	宴会场地设计	（1）墙面设计
		（2）地毯铺设
		（3）动线设计
		（4）确定区域布局
步骤4	宴会色彩设计	不同色彩的表达： 红色——振奋、激励、喜庆；橙色——兴奋活跃；黄色——刺激；绿色——宁静、镇静；蓝色——自由、轻松；紫色——优美、雅致；棕色——松弛
步骤5	场地安全勘测	了解并收集场地消防、防盗措施等相关资料及其办活动的资质；了解和收集场地的餐饮环境及员工的健康证、核酸检测报告等
步骤6	场地配套空间	了解宴会厅的配套空间情况，需包括会客厅、贵宾休息厅、衣帽存储处、备餐间、物品储存区等
注意事项		宴会场地设计的原则： ① 满足宾客需求 ② 与宴会主题协调一致 ③ 突出宴会特色

2. 宴会台面设计

步骤	流程	技术操作要求
工作前准备	准备	（1）经过正规的初级婚礼策划技能等级培训
		（2）掌握一定的婚礼策划知识和婚礼现场布置的专业技能
		（3）至少能对20个婚宴场地进行系统性的优劣势分析
步骤1	纸笔准备	（1）工具准备：准备纸笔等用品
		（2）记录场地位置、建筑风格、平面图、面积、厅高、来宾进场动线、酒店自有灯光布局、室内室外温湿度、场地主色调、装饰物、植物、声音等信息
步骤2	台型设计	根据餐厅的大小形状、宴会规模、设备条件、客人要求进行台型设计，使其美观、合理，满足宴会要求
步骤3	绘制台型图	绘制台型图
步骤4	台型布局	根据台型设计图将桌子整齐排列成型
步骤5	设计主桌	主桌的位置面向会场的主门，居显著位置，能纵观全局、突出主位；台布、餐椅、餐具、花草装饰与其他桌要有区别
步骤6	布置美化现场	按预订内容和标准布置美化宴会会场，调试好音响、麦克风等
步骤7	设计工作台	根据宴会所需，合理设置服务工作台，每个工作台和服务餐台都应明确位置

（续）

步骤	流程	技术操作要求
步骤 8	宴会摆台	按照 10 人位台的要求摆放餐椅，上、下方各 3 张，左右各 2 张
注意事项		(1) 要掌握摆台的步骤和技巧，认真仔细
		(2) 作为中级婚礼策划师，要经常到场地进行勘测，并进行宴会布置，掌握其技巧

（三）效果评估

通过学习宴会场地及摆台设计与注意事项，能够根据勘察测量现场的情况和婚礼策划方案，对场地与现场各环节进行全局规划和全方位的细节设计。

二、相关知识

（一）筵席、宴席和宴会的含义

筵、席就是古时铺在地上的坐具，紧贴地面的那层大而长的席子称为"筵"，筵上铺的小而短的席子称为"席"。后来用"筵席"来代表宴会上的一整套菜肴席面。筵席又称酒席（现代词），是指具有一定规格质量的一整套菜品。宴会是指因习俗或社交礼仪需要而举行的宴饮聚会。由于筵席是宴会的核心，因而人们习惯上常将这两个词视为同义词。

（二）宴会的分类

1. 按内容和形式划分　分为中式、西式、冷餐宴会、鸡尾酒会、茶话会等。中餐和西餐的最大区别在用餐的形式上。西餐一般采取自助的形式，而中餐一般采取桌餐的形式。

2. 按进餐形式划分　分为立餐宴会、坐餐宴会、坐立混合式、分餐宴会、围餐宴会、分围混合式等。

3. 按规格和隆重程度划分　分为公务正式宴会，如国宴、地方政府宴；民间正式宴会，如婚宴、商务宴会；非正式宴会，如便宴等。

4. 按进餐标准和服务水平划分　分为高档、中档、普通宴会。

5. 按礼仪可划分　分为欢迎宴会、答谢宴会、告别宴会等。

（三）宴会作业流程

宴会作业流程见图 3-1。

图 3-1　宴会作业流程

1. 宴会预订　宴会预订包括以下几个流程：接待预订、受理预订、填写宴会预订单、填写宴会确认书（合同书）、收取定金、情况跟进（信息变更或取消）、正式确认、发布宴会通知。

宴会通知的内容包括宴会主题、宴会对象、宴会时间、宴会场地、宴会人数、宴会种类和规格、宴会环境氛围、宴会活动安排、宴会菜单、酒单和其他。

2. 宴会设计与策划　宴会设计与策划是指在受理预订后、举办宴会前，根据有关信息资料和要求，编制出主题突出、科学合理、令主办者满意的宴会活动计划书。其内容包

括宴会厅环境氛围策划、主题宴会菜单设计、宴会服务策划、宴会活动和时间策划。

（1）宴会环境氛围策划。具体包括宴会厅场地布置（台型设计、餐具摆放、布草颜色搭配、各类装饰物）、宴会灯光、宴会背景音乐等。

（2）台型设计。在设计台型时，要合理利用场地条件，体现主办人的意愿，便于服务人员进行宴会服务。其基本内容包括确定主桌、编排台号、编制台号图、舞台与背景、设计工作服务台等。

中餐宴会大多数用圆台且在设计中十分强调主桌的位置。主桌应放在面向餐厅主门、能够纵观全厅的位置。中餐宴会台型设计要求将主宾入席和退席要经过的通道作为主行道，主行道应比其他行道宽敞、突出些。中餐宴会台型设计中其他台椅的摆法、背向要以主桌为准。中式宴会台形设计的基本组合有"一"字形、"品"字形、菱形、正方形、五角星形、圆形、梅花形等（图3-2至图3-4）。整个宴会餐桌的布局要整齐，做到桌布一条线、桌腿一条线。

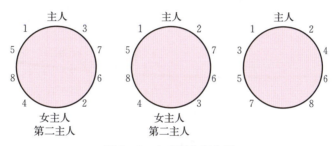

图3-2　中式宴会席位图

桌面摆设图

图3-3　中式餐台示意图

餐位图

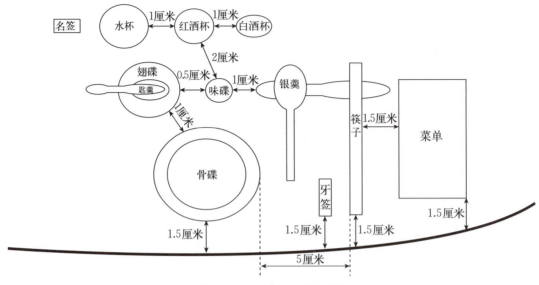

图 3-4　中式席位餐具示意图

西餐宴会多采用长台，大多由长台和小方台拼合而成。常摆成"一"字形（直长台、横长台）、T 形、E 形、U 形、"回"字形、教室形、星形（图 3-5 至图 3-8）。

图 3-5　西式台型图

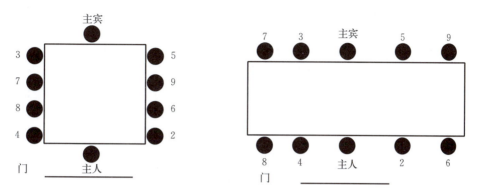

图 3-6　西式宴会席位图

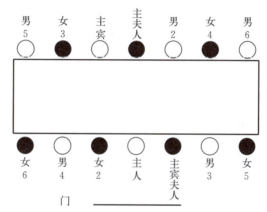

图 3-7　西式宴会席位图（偕夫人的场合）

图 3-8　中西结合式餐具摆放图

（3）宴会台面设计的方法。

① 根据宴会主题和赴宴者的特点确定设计方案。要依据赴宴者的消费目的、年龄、消费习俗、消费标准等因素确定台面设计方案。例如，为开业庆典而设计的台面与婚宴、寿宴、答谢宴会的台面有很大的不同。

② 根据宴会主题，为台面设计方案命名。大多数成功的宴会设计都有一个优雅的名字，这便是宴会命名。一个恰当的名字可以突出宴会主题，暗示台面设计的艺术手法，增加宴会的气氛。

③ 规划台型。原则上要根据宴会厅的类型、宴会主题、就餐形式、宴会厅的形状大小、用餐人数以及组织者的要求等因素决定宴会台型的设计。

（4）台面布置。餐台台面的布置分为以下几个方面：

① 台布和台裙的装饰。台布与台裙的颜色、款式要根据宴会的主题和主题色调来确定。台裙常选择制作好的成品台裙，也可以根据实际需要，选择丝织或其他材料进行现场制作。

② 餐具的选择和搭配。现在宴会厅的餐具主要有中式、西式、日式、韩式等不同风格，质地、形状、档次也有很大差异。宴会设计者应根据宴会主题和酒店实际状况选用适当的餐具，强化宴会主题氛围。

③ 餐巾折花造型。根据不同类型的宴会设计不同的花型，既美化了环境，又营造了宴会和谐美好的气氛。布置花台时，要根据主题立意选择花材，设计造型。鲜花费用较高，不环保，甚至有污染食品的危险，因此，现在很多酒店采用了谷物和食品雕刻等设计。

④ 餐垫、筷套、台号、席位卡的布置。餐垫、筷套、台号、席位卡是一个小的因素，但其作用不可忽视，设计者必须根据宴会的主体风格、花台造型、餐具档次、宴会规格、宾客要求进行精心策划与制作。

（5）餐椅装饰。餐椅的主要功能是供宾客就座，一般相对比较固定。设计师经常采用椅套改变其色调与风格，使其与整体相协调。

3. 宴会前准备　包括布置场地、人员分工、物品准备、开宴前检查、开宴前集会。

4. 宴会组织与实施

（1）针对宾客：迎宾待客、礼貌用语、拉椅让座、派香巾、铺席巾、上茶水、撤筷套、斟酒水、上菜、席间服务。

（2）针对工作人员：进行科学、合理、明确的分工，做好监督和检查。

5. 宴会收尾工作　包括结账、送客、翻台、清场、建客户档案资料、售后追踪。

（四）现场勘查宴会场地的技术操作步骤

1. 步骤一：工具信息准备和记录场地基本信息　工具准备包括准备纸笔等用品；记录场地基本信息包括记录场地位置、建筑风格、平面图、面积、厅高、来宾进场动线、酒店自有灯光布局、室内室外温湿度、场地主色调、装饰物、植物、声音等信息。

2. 步骤二：宴会厅环境气氛准备

（1）确定宴会场地光线情况。白炽光能够突出宴会厅的豪华气派，餐品在白炽光下最自然；烛光属于暖色，红色火焰可调节宴会气氛，适用于冷餐会、节日盛会、求婚及生日

会；彩光会影响人的面部和衣着。

（2）确定宴会场地主色调。根据婚礼策划设计方案来确定场地主色调，如中式风格婚宴大多为红色，西方婚宴则大多为白色、蓝色、紫色等。

（3）确定宴会场地温湿度和气味。宴会厅温度湿度要保持稳定。冬季温度不低于18 ℃；夏季温度不高于24 ℃，用餐高峰不超过26 ℃。湿度为40%～60%。室内通风良好，换气次数不宜小于5次/小时，其中CO含量不超过5毫克/立方米。

（4）家具准备。包括餐桌、餐椅、服务台、餐具柜、屏风、花架等。

（5）背景音乐准备。与主题宴会风格吻合，噪声不超过50分贝。

（6）绿化和绿植准备。花卉布置以盆栽居多，依据主题风格与季节摆设不同的盆栽。

3. 步骤三：宴会场地设计

（1）墙面设计。宴会厅内较大的墙面可通过竖立新人的照片板、婚礼标识来进行遮挡，也可以用不同颜色的立体灯光照射。

（2）地毯铺设。在迎宾主通道上铺设地毯，在大片空地上放绿色植物加以遮盖和改变。

（3）动线设计。设计单独的出入口，入口区必须方便停车，并尽量靠近停车场，避免和酒店的大堂交叉。

（4）确定区域布局。确定主舞台位置及餐桌台面的摆放方向。

4. 步骤四：宴会色彩设计　要根据婚礼策划方案确定宴会色彩设计。不同色彩与心境的关系为：红色——振奋、激励、喜庆；橙色——兴奋活跃；黄色——刺激；绿色——宁静、镇静；蓝色——自由、轻松；紫色——优美、雅致；棕色——松弛。

5. 步骤五：场地安全勘测　了解并收集场地消防、防盗措施的相关资料及其办活动的资质；了解和收集场地的餐饮环境及员工的健康证、核酸检测报告等。

6. 步骤六：场地配套空间　了解婚礼宴会厅的配套空间，需包括：会客厅、贵宾休息厅、衣帽存储处、化妆间、备餐间、物品储存区。

（五）婚礼宴会台面的设计操作步骤

1. 步骤一：纸笔准备、工具准备　准备纸笔等用品；记录场地位置、建筑风格、平面图、面积、厅高、来宾进场动线、酒店自有灯光布局、室内室外温湿度、场地主色调、装饰物、植物、声音等信息。

2. 步骤二：台型设计　根据餐厅的大小形状、宴会规模、设备条件、客人要求进行台型设计，使其美观、合理，满足宴会要求。

3. 步骤三：绘制台型图　绘制婚礼宴会台型图（图3-9）。

4. 步骤四：台型布置　根据台型设计图，将桌子整齐排列成型，桌与桌之间的距离适中，松紧适度，以方便客人就餐和服务员工作。布局合理、美观整

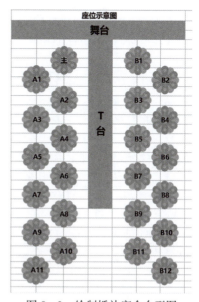

图3-9　绘制婚礼宴会台型图

齐，桌布褶缝一条线、桌腿椅子面一条线、瓶花台号一条线。

5. 步骤五：设计主桌　主桌的位置面向会场的主门，居显著位置，能纵观全局、突出主位；主人、主宾入退席通道为主通道；台布、餐椅、餐具、花草装饰与其他桌要有区别。

6. 步骤六：布置美化婚宴现场　按预订内容和标准布置美化婚宴会场，调试好音响、麦克风等，舞台背景、会场氛围、灯光、麦克风符合婚宴要求。

7. 步骤七：设计工作台　根据婚宴所需，合理设置服务工作台，每个工作台和服务餐台都应明确位置。

8. 步骤八：宴会摆台　按照 10 人位台的要求摆放餐椅，上、下方各 3 张，左右各 2 张；转盘中心与餐台在同一圆心上；按规范摆餐具、杯具、用具；摆公筷、公勺两套，分别摆在正、副主人的前方，筷头、勺柄朝右；摆菜单，将宴会菜单摆在主人餐具前方，有条件应每桌摆一张，最少保证主人、主宾桌上各有两份菜单；主桌依台型图摆上台号卡。

9. 注意事项　要掌握摆台的步骤和技巧，摆台过程要认真仔细。作为中级婚礼策划师，要经常到场地进行勘测，并进行宴会布置，掌握其技巧。

（六）宴会设计的作用、原则和艺术体现

1. 宴会设计的作用　衬托宴会气氛；体现宴会主题；显示宴会档次；确定宾客座序；便于就餐和服务；体现管理水平。

2. 台面设计的原则　特色原则、实用原则、美观原则、便捷原则、礼仪原则、卫生原则。

3. 宴会设计中餐桌设计的艺术体现

（1）餐桌上的物品要与鲜花布置相呼应。食器、花瓶、鲜花、桌布，乃至饮品等，必须要与整体格调保持一致，否则会造成视觉混乱。

（2）不宜太过统一。虽然说要呼应主题，但这并不代表所有东西都要保持一致，否则会感觉乏味单一。比如在鲜花与餐器的运用上，不宜一整束花都是同品种，应在同一色系内挑选 2～3 种，大小各不相同，这样搭配起来才能相得益彰。

子任务四　进行婚礼灯位布局设计

一、工作流程

勘查现场 → 获取婚礼效果图和对灯光的需求 → 制作灯光效果图 → 绘制灯位图 → 前期备货 → 进场安装、调试、调控 → 婚礼现场场控 → 效果评估

（一）工作准备

1. 物品准备

序号	名称	规格	单位	数量	备注
1	笔记本	纸质	本	1	汇总资料
2	笔		支	1	汇总资料与设计草图绘制

（续）

序号	名称	规格	单位	数量	备注
3	绘图纸		张	若干	绘制草图与设计图
4	电脑		台	1	汇总资料，后期设计效果图制作
5	电话		支	1	电话咨询沟通
6	各种灯具		台	视现场和设计图而定	婚礼面光、耳光、顶光、排光、追光等
7	桁架	常规	组	视现场和设计图而定	经常使用的桁架主要是固定桁架和折叠桁架，应该结合婚礼场地和灯光设计选用合适的桁架
8	折叠桁架	常规	组	视现场和设计图而定	连接可以折叠的桁架时需要使用与之相配的方头。其优点是方便运输；缺点是安装不方便，而且在大跨度搭建时，中间有时会产生下垂现象
9	固定桁架	常规	组	视现场和设计图而定	连接结构固定不可折叠或调节的桁架时，直接用螺丝拧紧即可

2. 环境与人员准备

序号	环境与人员	准备
1	婚礼策划师	明确婚礼现场各方面的硬件条件和场地数据，以及策划主题思想与客户愿景等
2	婚礼策划师助理	提供前期勘查的现场数据，以及宴会厅的进场时间、搭建时间、电力情况、硬件设备、辅助空间等信息
3	会场方	保持沟通，做好对接工作
4	婚礼搭建团队	保持沟通，做好对接工作，提供报价与现场实施建议
5	婚礼灯光团队	保持沟通，做好对接工作，提供报价与现场实施建议

（二）婚礼灯位布局的设计步骤

步骤	流程	技术操作要求
工作前准备	准备	（1）经过初级婚礼策划职业技能等级培训
		（2）准备好必要物品
		（3）准备好设计图和施工方案
步骤1	场地勘查现场	（1）对酒店的相关位置进行测绘
		（2）了解酒店灯具需要接电的位置以及场地所能提供的最大电压
		（3）了解酒店灯光的布局和设计、灯光架需要的高度等
		（4）留意酒店进货通道

（续）

步骤	流程	技术操作要求
步骤2	与婚礼策划师和宴会设计师沟通	（1）勘查场地之后，及时与婚礼策划师和宴会设计师沟通
		（2）了解舞台和T台的大小、面积
		（3）获取婚礼效果图，了解婚礼策划师与宴会设计师对灯光的要求和设计
步骤3	根据需求做出灯光效果图	根据婚礼策划师和宴会设计师的要求做出婚礼灯光效果图
		做出婚礼灯光效果图后，由婚礼策划师和宴会设计师做最后的确定
步骤4	根据已经确定的灯光效果图画出灯位图	设计出灯光位置
		根据灯光位置，确定灯光架的跨度以及需要的灯光架的数量
		画出灯位图
步骤5	前期备货	根据本场婚礼对灯的需求，准备所需灯具、线材、控台以及周边设备，并进行检查和记录
步骤6	进场，设备安装、调试，编程	（1）将进货通道的损坏之处拍下来，留下证据
		（2）对通道做好保护，防止损坏
		（3）进场装台，并做好保护
		（4）安装，调试设备
		（5）对婚礼所需要的灯光效果进行编程
		（6）编程结束之后，要保存好所编的程序，以防丢失
注意事项		（1）灯光设计需考虑场地布置风格、流程需要、摄影需要
		（2）灯光的颜色选择
		（3）根据婚庆布置材料确定灯光
		（4）一灯多用，节省预算
		（5）灯光预算占25％以上

（三）效果评估

（1）通过学习婚礼灯光布局设计，能够根据勘查测量现场的情况和婚礼策划方案，对场地与现场各环节进行全局规划和全方位的灯光设计。

（2）掌握婚礼现场灯光操控的具体步骤，能够根据现场情况和婚礼效果图，顺利地做出灯位图。

二、相关知识

（一）灯光的基本知识

随着各类演出的增多和婚礼行业的发展，灯光的作用显得尤为重要，而且对于灯光的要求也越来越高。

要做出完美的婚礼效果和专业的舞台灯光配置，就要了解舞台的常用光位，这样才能正确地选择配置，做出更好的设计，使婚礼更加的完美。婚礼的常用光位有以下几种：

1. 面光　一般由筒灯、成像灯、摇头面光灯构成，它是位于观众席顶部正面头像舞台的光，起到对新人正面照明的作用并对整台进行基本光铺染。

2. 耳光　耳光位于婚礼主舞台前沿两侧，分为上下数层，主要是辅助面光，加强面部照明，增加人物、景物的立体感。

3. 顶光　顶光是自舞台上方投向舞台的光，由前到后分为一排顶光、二排顶光、三排顶光等，主要用于舞台普遍照明，增强舞台照度。此外，景物、道具的定点照射主要靠顶光去解决。

4. 逆光　逆光是自舞台逆方向投射的光（如顶光、桥光等反向照射），可勾画出人物、景物的轮廓，增强立体感和透明感，也可作为特定光源。

5. 柱光（又称侧光）　柱光是自台口内两侧投射的光，主要用于人物或景物的侧面照明，增加立体感和轮廓感。

6. 桥光　桥光是在舞台两侧天桥处投向舞台的光，主要用于辅助柱光，增强立体感，也用于其他光位不便投射的方位，还可作为特定光源。

7. 脚光　脚光是自台口前的台板上向舞台投射的光，主要辅助面光照明，消除由于面光等高位照射导致的人物面部和下颚的阴影。

8. 天地排光　天地排光是自天幕上方和下方投射到天幕上的光，用于对天幕的照明和颜色的改变。对于婚礼多用地排光，有 LED 灯、筒灯、LED 条灯等构成，用于对婚礼背景的照明和颜色的改变。

9. 流动光　其灯具位于舞台两侧的流动灯架上，主要辅助桥光，补充舞台两侧光线或其他特定光线。

10. 追光灯　对于婚礼来说，它是观众席和其他地点特用的光位，打出的光可以跟着新人走上舞台，是一场婚礼的点睛之笔。

（二）人物光的基本知识

一场婚礼最重要的就是人物光，要先保证人物光，之后再去考虑环境光。人物光根据光位，可以进行以下划分。

1. 正面光　位于水平位置 0°～10°，是作为辅助光的良好灯位，可起到丰富层次的作用。

2. 前侧光　位于水平位置 20°～30°。

3. 中侧光　位于水平位置 40°～50°，常作为人物光的主光来使用，可准确控制光影的分布。

4. 侧光　位于水平位置 60°～90°。在文艺演出中，侧光是不可或缺的，对演员的形体线条刻画起着重要作用。

5. 侧逆光　位于水平位置 110°～120°。侧逆光易产生阳光的照射效果，使人物鼻子的侧翼、颧骨、额头、头顶后侧有高光效果，头发呈现出一定的质感。

6. 轮廓光　位于水平位置 135°～160°。可在人物头部和肩部产生一个连续不断的光的边缘，充分分离头部与背景，使视觉中人物不再紧贴于背景上。

7. 逆光　位于水平位置 170°～190°。逆光强调人物头部和肩部的轮廓，可分隔人物与背景的层次，在文艺演出中常用作效果光。

（三）婚礼灯光设计技术操作步骤

1. 步骤一：场地勘查现场　对酒店的相关位置进行测绘；了解酒店灯具需要接电的位置以及场地所能提供的最大电压；了解酒店灯光的布局和设计、灯光架需要的高度等；留意酒店进货通道，勘查现场时最好沿着进货通道来回走一遍，了解通道行进路线，有利于进场的时候更加快捷；在勘查酒店进场通道时要留意通道墙面的损坏之处，拍照以留证据，避免不必要的索赔麻烦。

2. 步骤二：与婚礼策划师和宴会设计师沟通　勘查场地之后，要及时与婚礼策划师和宴会设计师沟通；了解舞台和 T 台的大小、面积；获取婚礼效果图，了解婚礼策划师与宴会设计师对灯光的要求和设计。

3. 步骤三：根据需求做出灯光效果图　灯光师拿到婚礼效果图之后，根据婚礼策划师和宴会设计师的要求做出婚礼灯光效果图；做出婚礼灯光效果图后，由婚礼策划师和宴会设计师做最后的确定。

4. 步骤四：根据已经确定的灯光效果图画出灯位图　婚礼灯光设计要根据婚礼灯光效果图和婚礼策划师给出的舞台尺寸设计出灯光位置；根据灯光位置，确定灯光架的跨度以及需要的灯光架的数量；根据获得的数据画出灯位图，以方便进场之后灯具的安装和测试。

5. 步骤五：前期备货　进场前要根据本场婚礼对灯的需求，准备所需灯具、线材、控台以及周边设备，并进行检查和记录，避免因少拿东西而耽误装台进度。

6. 步骤六：进场，设备安装、调试和编程　进场时，首先要将进货通道的损坏之处拍下来，留下证据；其次，为防止对通道损坏，该做保护的地方做好保护；做好上述准备工作之后开始进场装台，装台时也要将需要做保护的地方保护起来；对设备进行安装、调试；待所有设备都调试好之后，接下来的工作就是对婚礼所需要的灯光效果进行编程；编程结束之后要保存好所编的程序，以防丢失。

7. 注意事项

（1）灯光设计需考虑的 3 点：场地布置风格、流程需要、摄影需要。

（2）灯光的颜色选择。从场地看，意境类（柔美、浪漫）场地主要以图案灯为主，酷炫类（演出风格）场地主要以光束灯、LED 灯为主。

（3）根据婚庆布置材料确定灯光。布艺要考虑是否大范围染色，薄透布料更易进行颜色渲染；喷绘和 KT 板要考虑如何避免反光；雕塑要考虑轮廓、层次感，建议用硬光源；花艺要考虑如何还原花艺本来的颜色，建议用低色温灯具（如黄光筒灯）。

（4）一灯多用，节省预算。可调节的追光灯、电脑摇头灯等都可以一灯多用。比如，最常使用的追光灯就可以营造出正面光、侧面光、轮廓光、逆光等不同的灯光效果。这往往是节省灯光预算的突破点。

（5）灯光预算占 25％以上。根据灯光师的从业经验，灯光一般占婚礼布置总预算的 25％以上。这属于"足够重视灯光"的比例范围，新人可根据这个标准进行增减。

（四）婚礼布局的灯光设计法则

若婚礼是在户外进行的，一般不需要灯光。如果是在室内场地，就需要分两种情况，也就是我们常说的明场和暗场。

明场婚礼是在有较为充足的自然光线的阳光厅进行的。阳光通过窗户直接照射进来，不需要太多的灯光就可以带给来宾温馨开阔的感觉。这时我们需要做的就是在某些光线稍暗的局部进行补光。

暗场婚礼是在自然光无法照射进来或用遮光布有意遮挡住自然光的厅内进行的。暗场往往给来宾带来浪漫神秘的感觉，受到新人的广泛追捧，这里主要讲一讲暗场婚礼中的灯光布置方法。

1. 主舞台区域的灯光设计　主舞台区域的灯光是婚礼仪式中灯光设计的首要部分。因为一对新人站在这里的时间最长，在这里完成的仪式也最多，因此，灯光在这里显得特别重要。

面光是主舞台区域最基本的光位，是任何暗场婚礼都必须要有的，如果预算允许，可加入顶光、脚光，还可加入耳光、侧光、地逆光等光位。在顶光中使用电脑变色灯可使现场色彩更加丰富。在主舞台靠近背景位置的地逆灯一般为光束灯，光束灯的色彩比较柔和且不易变色。需要注意的是，舞台上灯光的颜色不宜一次性使用过多，否则不但出不了五彩缤纷的效果，反而会使舞台显得杂乱。最好采用局部融入小面积其他颜色的方法，而且最好是比较接近的颜色，如在紫色中加入少量的桃红色。

正对台口中心的两侧可对称布置摇头灯，使其打出各种各样的图案，给舞台制造动感的效果，烘托欢快和浪漫等不同的气氛。

主舞台上还可以布置回光灯做新人面部的补光，以此来着重突出新郎新娘的面部表情。

2. 新人入场区域的灯光设计　新人一般都是分开入场的，新娘由父亲陪伴在花亭或花门前站定待场，等待新郎从前台下来迎接，这时建议使用两台追光灯。追光的主要作用是突出新郎、新娘。如果只是用一台追光灯就容易形成所谓的"阴阳脸"，非常影响视觉效果。如用两台追光灯，就像手术台上的无影灯一样，两侧的光线互为对称，就不会出现"阴阳脸"了。追光灯应架在稍远处的高位，避免站立的宾客遮挡光线。这时为了营造神秘氛围，建议把厅内的主要灯光都关掉，追光灯对准新郎、新娘和新娘父亲，并且在以他们为中心 2~3 米处形成一个亮的区域。

经过简单的交接仪式之后，新郎牵着新娘从 T 台的延伸区域走向主舞台，追光灯继续追随新人的脚步。T 台两侧可用低功率的回光灯对称地布置地排光，这就使新人在 T 台上走动时不至于一片黑暗，地排灯光左右均匀，增强人物形象的立体感。回光灯自下而上柔和地照射在房间的天顶上，也比厅内从上向下直射的光要怡人得多。

3. 婚礼整体氛围的营造　在婚礼开场前和结束后，灯光效果都要突出温馨浪漫，这时多用变色灯打出琥珀色、桃红色、深蓝色等色彩，不但缤纷美观，而且可以营造出立体的空间效果和变幻的意境。还可以适当调暗灯光，把所有的灯光调暗大约 30%，营造一个整体舒适和谐的环境。

在宴席区的四周，还可以布置一些变色灯渲染现场气氛。

如果桌上布置有桌花，可在桌花底部布置一些自下而上的光束，以突出桌花的美感，制造浪漫婉约的婚礼氛围。

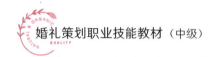

4. 灯光变化的契机　在灯光设计中，灯效转变的契机很重要，需要富有感情和含义，因此，要抓住灯光变化的契机，包括以台词确定的灯光变化契机、以动作确定的灯光变化契机、以音乐或音响效果确定的灯光变化契机、以时间确定的灯光变化契机。

（五）婚庆公司与灯光专业人员

婚庆公司根据灯光在婚礼中的作用设置相应的专业人员，婚礼灯光专业人员一般有灯光设计师、灯光控制人员、灯光搭建人员。

婚庆公司可以在专业人员的指导下进行婚礼灯光设备的采购，咨询专业人士的意见，同时列出必须采购的婚礼灯光设备清单。

如果婚庆公司规模较小，一般选择租赁的形式，也不配备专业的灯光师，但是这种情况降低了婚礼灯光运用的专业程度，不能很好地保证婚礼灯光效果，同时增加了意外发生的可能性。如果婚庆公司选择租赁灯光设备，要签订相关活动协议。

参 考 文 献

王晓玫，王楠，2018. 婚礼花艺与现场布置 [M]. 北京：中国铁道出版社.

王楠，王晓玫，李倩一，2018. 婚礼手绘教程 [M]. 北京：中国铁道出版社.

王晓玫，2018. 婚礼策划实务 [M]. 北京：中国铁道出版社.

图书在版编目（CIP）数据

婚礼策划职业技能教材：中级．婚礼现场布置方案设计／北京中民福祉教育科技有限责任公司组编；王晓玫等主编．—北京：中国农业出版社，2022.6

教育部第四批1+X证书制度试点婚礼策划职业技能等级证书系列教材

ISBN 978-7-109-29489-9

Ⅰ.①婚…　Ⅱ.①北…②王…　Ⅲ.①结婚-礼仪-职业技能-鉴定-教材　Ⅳ.①K891.22

中国版本图书馆 CIP 数据核字（2022）第 093503 号

中国农业出版社出版

地址：北京市朝阳区麦子店街 18 号楼
邮编：100125
策划编辑：李艳青
责任编辑：刘昊阳
版式设计：王　晨　责任校对：刘丽香
印刷：三河市国英印务有限公司
版次：2022 年 6 月第 1 版
印次：2022 年 6 月河北第 1 次印刷
发行：新华书店北京发行所
开本：787mm×1092mm　1/16
总印张：37.5
总字数：1000 千字
总定价：108.00 元（全 9 册）

婚礼策划职业技能教材（中级）

教育部第四批1+X证书制度试点

婚礼策划职业技能等级证书系列教材

婚礼

策划书制作

中级

hunli

cehuashu zhizuo

北京中民福祉教育科技有限责任公司　组编

黄晓强　梧　桐　主　编

赵　天　商　琪　赵佳佳　副主编

王福存　李倩一

project 4

中国农业出版社

农村读物出版社

北　京

图书在版编目（CIP）数据

婚礼策划职业技能教材：中级．婚礼策划书制作 /
北京中民福祉教育科技有限责任公司组编；王晓玫等主
编．—北京：中国农业出版社，2022.6
教育部第四批 1＋X 证书制度试点婚礼策划职业技能等
级证书系列教材
ISBN 978－7－109－29489－9

Ⅰ．①婚…　Ⅱ．①北…②王…　Ⅲ．①结婚－礼仪－
职业技能－鉴定－教材　Ⅳ．①K891.22

中国版本图书馆 CIP 数据核字（2022）第 093509 号

中国农业出版社出版
地址：北京市朝阳区麦子店街 18 号楼
邮编：100125
策划编辑：李艳青
责任编辑：刘昊阳
版式设计：王　晨　　责任校对：刘丽香
印刷：三河市国英印务有限公司
版次：2022 年 6 月第 1 版
印次：2022 年 6 月河北第 1 次印刷
发行：新华书店北京发行所
开本：787mm×1092mm　1/16
总印张：37.5
总字数：1000 千字
总定价：108.00 元（全 9 册）

前言

　　婚礼策划书制作是婚礼策划师工作的核心内容和核心技能。婚礼策划书即对婚礼主题、婚礼场景、婚礼流程等婚礼未来的活动进行策划，并通过文字阐述和视觉与语言诠释从而展现给婚礼当事人的文本，是将婚礼策划活动体系化、规范化、书面化（PPT）的过程。婚礼策划书制作能力、婚礼主题提炼能力、婚礼流程设计能力、PPT 制作能力是婚礼策工作者需要具备的最基本的能力。

　　婚礼策划的策划书制作是婚礼策划的关键一步，也是婚庆产业中的核心产品，是评价婚庆服务水平的重要指标。尤其是从业三年以上的婚礼策划师需要更高的专业技能和服务水平，才能不断提高婚庆公司的服务水准，完善产品中所存在的不足，这对打造策划团队具有重要的作用。因此，作为婚礼策划服务专业人员，运用专业的知识与丰富的阅历以及出众文案制作技巧，分析婚礼目标客户的需求，结合实际条件，按照专业服务步骤提供优质的婚礼策划文案至关重要。同时，作为婚礼策划从业人员，还需要运用创新思维，通过沟通、收集、描述、展现等方式为婚礼目标客户提供优质的策划文案，并通过视觉、听觉、触觉等体验式的形式为客户呈现经典案例。当涉及策划中华传统婚礼时，还有传播中国传统文化的使命。中华传统婚礼文化是我国几千年民族文化的积淀，为我国民族代表性的传统和标志。婚礼作为传承中国文化的载体，对缔造文化自信感与家庭归属感意义重大。

　　在学习了初级"婚礼策划书制作"的基础上，《婚礼策划书制作（中级）》包括 3 项任务：任务一，构思创意婚礼策划文案；任务二，撰写创意婚礼策划文案；任务三，婚礼效果图的制作及其他相关技能。通过本项目的学习，可以掌握婚礼策划书制作的中级技能，为学习婚礼策划制作的高级技能奠定基础。

　　本项目教材（中级）由黄晓强负责统稿，王晓玫、张仁民负责审稿，具体写作分工如下。

　　任务一：黄晓强［北京社会管理职业学院（民政部培训中心）教师］、赵佳佳（北京桑尼喜铺婚礼策划公司副总经理、桑尼喜铺婚礼学院院长、婚礼策划、

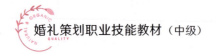

高级培训讲师）。

　　任务二：商琪［北京社会管理职业学院（民政部培训中心）兼职教师］、梧桐（北京伊缘圆婚礼策划有限公司董事长）、王福存（山东省聊城市礼仪庆典行业协会会长）。

　　任务三：赵天、李倩一［北京社会管理职业学院（民政部培训中心）教师］。

目　　录

Project 4 项目四

婚礼策划书制作

婚礼策划书制作是婚礼策划工作的核心步骤，婚礼策划书即对未来婚礼活动进行策划，并展现给婚礼当事人的文本，婚礼策划书的制作是将婚礼策划活动体系化、规范化、书面化（PPT）的过程。

婚礼策划书制作就是婚礼策划师用现有的知识，展开想象力，利用可获得的资源尽可能最快地达到婚礼当事人所要求的目标的策划书的制作过程。婚礼策划书制作应在充分了解婚礼当事人的爱情故事或婚礼当事人的要求后为婚礼构思创意婚礼主题、仪式流程、创意环节；然后按照策划书的基本写作方法和已经确定的婚礼主题进行婚礼策划书的撰写，并完善客户档案资料；最后，运用婚礼色彩搭配的方法，为婚礼当事人制作效果图，展现给婚礼当事人后根据婚礼当事人的反馈意见，修改完成婚礼策划文案。

为了提高婚礼服务人员的服务水平与创新水平，提高婚礼当事人的幸福感和体验感，作为婚礼策划服务人员，应加强自身婚礼策划创意能力，婚礼策划书制作能力、婚礼色彩搭配与婚礼效果图的制作能力、本项目重点介绍为婚礼当事人进行婚礼创意文案的构思、婚礼创意文案的撰写、婚礼效果图的制作、其他相关技能的要求和培训及相关知识介绍。

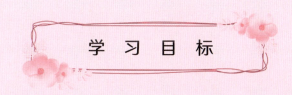

学 习 目 标

一、知识目标

1. 掌握构思创意婚礼策划文案的相关知识。
2. 掌握撰写创意婚礼策划文案的相关知识。
3. 掌握制作婚礼效果图及其他应用技能的相关知识。

二、技能目标

1. 能为婚礼当事人构思创意婚礼策划文案。

2. 能为婚礼当事人进行创意婚礼策划文案撰写。

3. 能为婚礼当事人进行婚礼效果图制作及提供专业意见。

三、素养目标

1. 积极关注婚礼行业，充分了解策划规律，树立正确的策划理念。

2. 具备分析婚礼当事人并为其展开策划工作的能力，培养婚礼策划师特有的职业道德心理和道德品质。

3. 培养具有善于沟通、善于合作、善于分析、善于组织的管理素质。

任务一
构思创意婚礼策划文案

【任务情境】

新郎：张先生，28岁，湖北人，毕业于某美术学院，现任设计师，喜欢中国传统文化；新娘：吴女士，25岁，湖北人，毕业于某大学汉语言文学专业，现任中学教师。喜欢中国传统文化，尤爱古典诗词、书法等。

新人故事：两个人都喜欢旅行，相识于一次踏春活动，以后携手游遍了本地乃至荆楚大地所有历史人文景点。

对婚礼的期望：新中式婚礼风格，要求有文化内涵、古典意境、浪漫情怀。

策划师丽丽，毕业于北京管理职业学院（民政部培训中心）婚庆服务与管理专业，今年是她工作的第三年，婚礼新娘吴女士找到她，请丽丽根据他们的爱情故事和对婚礼的基本期望进行婚礼策划，提供相关的婚礼策划服务。

【任务分析】

一、婚礼策划文案构思的主要内容

序号	主要内容
1	运用创意策划的思维与方法构思创意婚礼主题
2	构思婚礼创意仪式流程
3	设计策划婚礼仪式流程以外的其他相关活动

二、婚礼策划文案构思的目标及措施

序号	目标	措施
1	运用创意策划的思维与方法构思创意婚礼主题	沟通、确定创意主题、融入方案
2	构思婚礼创意仪式流程	沟通、分析、确定创意仪式流程
3	设计策划婚礼仪式流程以外的其他相关活动	沟通、分析、策划婚礼活动

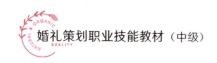
【任务实施】

子任务一　运用创意策划的思维与方法构思创意婚礼主题

一、工作流程

工作准备 → 构思创意婚礼主题 → 效果评估

（一）工作准备

1. 物品准备

序号	名称	单位	数量	备注
1	笔记本	个	1	
2	中性笔	个	1	黑色
3	中性笔	个	1	红色
4	笔记本电脑	台	1	
5	投影仪、幕布	台、块	1	
6	大屏电视机	台	1	
7	相关视频案例	部	若干	
8	相关图片案例	幅	若干	

2. 环境与人员准备

序号	环境与人员	准备
1	环境	干净、整洁、温馨、空气清新、无异味
2	婚礼策划师	（1）着装整齐，端庄大方，面带微笑，举止得体，对人有礼，沉着自信，不卑不亢，守诺守时
		（2）熟悉并掌握为婚礼当事人制作婚礼文案的技能要求和相关知识
		（3）提前与婚礼当事人进行沟通
3	婚礼当事人	舒适安静的环境，位置以可以和策划师面对面交流为宜

（二）运用创意策划的思维与方法构思创意婚礼主题的实施步骤

步骤	流程	技术要求
工作前准备	知识基础	（1）经过初级婚礼策划职业技能等级培训
		（2）具备一定策划学理论知识、有创新能力、独立开展策划项目
		（3）具备一定的文字功底，思想活跃、沟通能力强
		（4）掌握婚礼策划书制作的基本知识和技能

（续）

步骤	流程	技术要求
工作前准备	沟通与分析	（1）沟通。婚礼策划师引导婚礼当事人进入办公室或谈单区域，与婚礼当事人面对面就座，进行简单的自我介绍和寒暄问候。"您好！我是你们的婚礼策划师丽丽，今天我们主要帮您确定下您婚礼的主题，按照您的要求，婚礼主题一定要有创意，首先我们会向您了解一下个人基本情况和您的爱情故事，同时也需要了解您对婚礼的需求和内心的诉求点，以便提炼创意婚礼主题。"
		（2）分析。通过与婚礼当事人的沟通，分析相关信息和爱情故事，找出可以提炼创意主题的诉求点和切入点以及与创意主题相关的风格和元素
步骤1	了解当事人基本信息	（1）了解婚礼当事人婚礼的基本信息，如婚礼日期、婚礼场地、来宾人数等信息
		（2）了解婚礼当事人对婚礼的需求，如婚礼形式、婚礼颜色、婚礼氛围、婚礼定位等信息
		（3）了解婚礼当事人的个体信息和共同信息
		（4）通过问卷和交流了解婚礼当事人的具体情况、相识过程、职业特点、兴趣爱好和爱情故事
步骤2	拟定创意主题	（1）与婚礼当事人充分沟通后根据婚礼当事人的个人基本信息和爱情故事，做基本分析和构思
		（2）在信息中寻找相互之间的关系和交叉点，找出可以作为婚礼创意主题挖掘和生发的诉求点——婚礼主题
		（3）找到婚礼诉求点之后，要考虑能否将其转化为一些具体的表现方式加以体现。无论是通过婚礼现场的布置，还是通过婚礼仪式流程环节的设置来体现
步骤3	进行创意构思	运用头脑风暴、创意联想、鱼骨法则、拆字法等方法进行婚礼创意环节构思
步骤4	进行可行性评估	（1）婚礼主题初步确定之后，就需要综合考虑婚礼场地、婚礼预算等各方面的因素，对其进行可行性评估
		（2）可行性评估通过后，确定婚礼主题
步骤5	阐明创意主题	（1）当婚礼主题确定之后，策划师就需要与婚礼当事人进行进一步的沟通，向其阐明婚礼主题的含义
		（2）策划师向婚礼当事人介绍打算通过何种方式来表现主题，预计能达到何种效果，使婚礼当事人做到心中有数
步骤6	确定创意主题	（1）策划师向婚礼当事人阐明婚礼主题之后，需要征求婚礼当事人意见，如果婚礼当事人对婚礼主题不满意，应及时修改策划思路，重新寻找主题
		（2）婚礼策划师与婚礼当事人沟通后，婚礼当事人对婚礼主题基本满意，应询问其是否有修改和补充意见。只有当婚礼主题完全得到婚礼当事人的认可，婚礼策划工作才能继续
注意事项		（1）分析婚礼当事人的基本信息的过程中，既要注意对婚礼当事人信息的挑选，也要注意思维的扩散和发掘
		（2）注意婚礼策划是在为婚礼当事人"量体裁衣"，一定要选择适合他们的婚礼创意主题，这是一项策划师与婚礼当事人共同参与、共同完成的工作

（三）效果评估

（1）通过为婚礼当事人提炼创意主题，改变主持人喧宾夺主的固有婚礼模式，使婚礼当事人成为真正的主角，将自己和所有的来宾都带到一个甜蜜、温馨的环境中，使婚礼更富有诗情画意和浪漫色彩。

（2）通过为婚礼当事人提炼创意主题，现场布置将更为丰富和个性化。创意主题婚礼中，由于每对新人的主题完全不同，所有现场布置、道具安排、更多的设计装饰是围绕创意主题，真正体现新人自己的爱情故事特点，让婚礼更贴近新人，为每一个婚礼参与者留下难忘的记忆。

二、相关知识

一场婚礼的主题直接关系到环节创作、婚礼主持人选择、风格色彩等各个方面。一场优秀的婚礼如果没有明确的主题贯穿婚礼的始终，就会显得东拼西凑、杂乱无章，即使有好环节也不会出彩，或者只有个别环节给人留下印象，而人们也会很快忘记整台婚礼。因此，在设计婚礼的开始，必须把确定婚礼创意主题作为首要课程，精心地考虑研究。

做一个主题婚礼就如同做一个活动策划，都要有创意阶段、准备阶段和执行阶段。

（一）主题婚礼的概念

"主题婚礼"就是有主题的婚礼，就是婚礼以一个主题为主线，贯穿始终，一般有完整的故事情节，有开始，有发展和结尾。它是目前模式化婚礼的主要表现方式，它始终充满主题色彩，使一个形式化的过程变得真正有意义，有值得新人回味和珍藏的价值。

这个主题的选择可以是多角度、多方面的。它既可以是一段邂逅、一个场景、一个理想、一个故事、一个心愿、一种心情、一个希望、一个梦，也可以是一份感恩的心情、一个美好的祝愿、一个幻想的世界、一个共同的爱好等。

比如，可以看到这样一个爱情故事：婚礼的现场是新人当初相遇、相知、相恋到相许的全部过程，所有的场景和人物都由亲朋好友来参与、扮演，在加深对他们的了解之余，更能亲眼见证他们的甜蜜幸福。

每对新人都希望自己的婚礼是特别的，是独一无二的，能让来宾感动和投入，为婚礼设立主题就是为了更好地达到这一目的。"主题婚礼"的主题必须贯穿婚礼的始终，以婚礼主题为线索来设计婚礼流程，进行婚礼场景布置，展开婚礼故事情节，婚礼的灯光和音乐、新人服饰妆容、婚礼主持也都围绕着婚礼主题而展开。

1. 主题婚礼的两种类型

（1）模式化主题婚礼。这类婚礼也称为套餐式主题婚礼。一般预先设计一些富有浪漫色彩的主题，然后根据主题设计一些固定的婚礼环节，类似于套餐可供选择。采用一些特定的场景布置，使用一些特殊的婚礼道具等。这种婚礼在形式上讲究新颖时尚，场景布置体现华丽唯美，具有视觉的观赏性。根据不同标准有以下分类。

① 按地点分，可以分为空中婚礼、水下婚礼、游艇婚礼、海上婚礼、草坪婚礼、森林婚礼、沙滩婚礼、教堂婚礼、酒店婚礼等。

② 按运用的主要道具分，可以分为烛光婚礼、焰火婚礼、灯光秀婚礼、花轿婚礼、三轮车婚礼、花仙子婚礼等。

③ 按色彩基调分，可以分为以红色、粉红色为基调的玫瑰花婚礼，以蓝色基调为主的海洋婚礼等。

（2）个性订制主题婚礼，又称为私人订制主题婚礼。这类婚礼是根据新人自身的特点，包括：恋爱经历、成长历程、兴趣爱好、职业特征、家庭和社会背景等，确定一个婚礼主题，然后围绕主题为新人量身订制的、与众不同的个性化婚礼。婚礼的仪式环节设计，场景的布置，道具的使用，主持人台词的设计等都是为新人特别设计的。它是从新人自身的特点出发，激发出创意、寻找婚礼主题，从而表现出婚礼的灵魂，设计出只适用于新人自己的仪式流程、布置方案等的婚礼。这种主题婚礼的效果更好，但难度较高，费用可能也比模式化主题婚礼要高。

2. 推行主题婚礼的意义

（1）打破了固有的婚礼模式。主题婚礼，冲破传统婚礼与西式婚礼均分天下的固有格局，婚礼的主角是新人自己，婚礼的意义在于见证爱情，100 对新人有 100 种爱情，有 100 个主题，它是模式化的传统婚礼和西式婚礼所不能囊括的。

（2）将婚礼现场真正变成新人的舞台。爱是需要见证的，婚礼是需要祝福的，每个亲朋好友都希望在婚礼现场能感受到两个新人至真至纯的爱，也能在这种气氛中给予新人祝福。每对新人都有不同的爱情经历，每个经历对于自己来说都是一辈子的珍藏，一辈子的甜蜜。主题婚礼可以从新人共有的兴趣爱好、交往经历、爱情故事或任何一个有意义的细节来确定。将自己和所有的来宾都带到一个甜蜜、温馨的环境中，使新人真正成为婚礼的主角。

（3）解决了很多婚礼中尴尬的场景。很多婚礼现场，能言善辩的司仪逐渐取代了新人的焦点位置，游戏、整蛊成了婚礼中不可缺少的环节，甚至有些婚礼恶俗也死灰复燃，导致越来越多的新人开始惧怕和逃避婚礼。过分嬉戏和玩笑带来的尴尬也是很多新人不想看到的。主题婚礼通过形式的改良和流程的变化，将整场婚礼气氛都集中在新人的主题故事上，让大家沉浸在一种回忆的甜蜜气氛中，感受到的是一对新人爱情的甜美，加深理解这一段来之不易、值得珍惜、得到众人祝福的爱情历程。

（4）现场丰富和个性化的布置。在追逐个性、张扬个性、与众不同的时代，没有人愿意自己的婚礼和别人大同小异。而通常的模板式婚礼在内容和流程上相似，很难有所创新，雷同也是常事。主题婚礼中，由于每对新人的主题完全不同，所以，现场的布置与摆设、道具也不会一样。设计装饰更多的是围绕主题，突出亮点，真正体现新人自己的爱情故事特点，让婚礼更贴近新人，为每一个婚礼参与者留下美好的回忆。

当然主题婚礼的意义还远不止于此，对于婚礼的创意还有无限的空间，婚礼策划师经过努力将为新人营造一个温馨浪漫、回味无限的时尚婚礼。

必须注意的是，主题婚礼在一定程度上反映了社会的多元化。如今的"90 后""00后"价值观越来越开放，传统婚礼无法满足他们的需求，有个性化的追求无可厚非。但是，个性订制的主题婚礼在费用上比一般的套餐式婚礼要贵一些。因此，主题婚礼可以办，但一定要量力而行，不能把这种方式看成单纯的标新立异，甚至是赶时髦。如果经济条件一般的新人，为了追求个性时尚借钱办主题婚礼，就没有必要了。婚礼只是一个仪式，如果仅仅为了几个小时的豪华体面，让两个人或整个家庭背上债务，就非常不值了。

当然，还必须指出，主题婚礼并非就是高价婚礼，如果婚礼策划师精于策划，也能提供既能体现婚礼新人个性，又能根据新人预算提供简约、低价的个性订制主题婚礼。

3. 套餐式主题婚礼与个性订制主题婚礼的区别

（1）套餐流程与订制流程的不同。套餐式主题婚礼的流程是：一位策划师基于仓库或市场上的道具设计了 N 套方案，并根据客户的需求，挑选了 1 套适合的方案提供给客户，并搭建出来（图 1-1）。

图 1-1　套餐婚礼流程与订制婚礼流程

个性订制主题婚礼的流程为：策划师基于客户的需求、仓库货物和市场上的道具设计了一套方案，客户觉得满意后付款并搭建出来。

（2）老板需求与客户需求的不同。当婚礼策划师做套餐式主题婚礼的时候，最初的动机是基于自己的需求或公司的需求在设计套餐，或者是想从竞争对手中脱颖而出。任何成功的商业模式都建立在吸引顾客和获益的基础上，如果公司设计了 N 套策划方案，这些方案都是基于策划师自己的偏好在设计，那么，即使做得再好都缺少灵魂。

个性订制主题婚礼，一定要以和客户沟通为前提，这就是婚礼策划师在挖掘客户的需求，客户也在表达自己的想法。这个从交流到呈现婚礼策划方案的过程，让客户对婚礼拥有了一个良好的感知，知道这个婚礼是专属于自己的。也有人说很多订制婚礼也是伪订制，也是在别人的案例中做了些修改，这跟套餐式婚礼没有多大区别。实际上，哪怕只是稍微进行修改，差别也是非常大的，这可以从上述的生产流程进行理解。

（3）照片到现场与方案到现场的差别。很多套餐式主题婚礼都是基于设计过的婚礼现场，或者现成的设计方案直接打样出来的照片，或者直接拿着现场照片让客户选。为了取得最好的营销效果，婚礼策划师会拿出拍摄角度和精修特别好的照片给客户看，因为给客户的第一印象特别重要。这就容易形成"卖家秀"，对最后的还原搭建要求极高。因为每个酒店的场地是不一样的，很难做到或优于之前提供给客户的照片现场，这实际上就是在给自己挖坑。这种情况即便打样现场做到了 80 分，拍照精修到了 100 分，但后期照着做，无论执行多么用心，都很难还原到 100 分，更不要说高于 100 分。

个性订制主题婚礼是基于客户需求来设计方案，尺寸是酒店实测数据，画出来的效果图也是基于客户偏好设计的，最终成交也是客户对效果图满意而买单。这里的效果图对婚礼策划师来讲是可控的，婚礼策划师如果觉得自己无法还原，是不能事先忽悠

客户来给自己挖坑的。所以这种情况，婚礼策划师会选择画图 80 分，给客户讲到 90 分，最终给客户搭建呈现 100 分现场。对客户感知来讲，这种体验是层层递增的，而不是递减的。

（4）过时快与过时慢的差别。婚礼是时尚行业，更新迭代非常快，套餐式主题婚礼都是基于当下道具，在婚礼策划师的脑中设计成不同主题风格的婚礼现场，同时婚礼策划师也是基于对当下的认知和流行时尚，研发设计套餐，无论从婚礼策划师的能力还是现有的道具，都只能体现当下的主流趋势。

行业中有句话"当你设计出来可能就过时了"，这就是最真实的写照，更别说婚礼执行还有几个月的周期。如果是套餐式主题婚礼，更是如此了。

个性订制主题婚礼要根据客户的偏好来设计，这样就容易做出符合客户内心情感需求的婚礼布置，专属性很强，不存在延迟过时的情况。婚礼策划师哪怕依然是基于仓库道具在设计婚礼，但多少还是会抓取一些符合客户需求的亮点，所以最终呈现出来的效果不会过时。

（5）先货后款与先款后货的差别。套餐式主题婚礼有两种：一种是基于仓库做的套餐方案，还有一种是基于市场道具做的套餐方案。无论哪种，当确定方案后，婚礼策划师都应把成本核算出来，然后就可以确定卖价了。只要卖出去第一套，公司就开始备货、购买道具了，此时公司进入重资产的投入，最后再将套餐方案卖出，这就是先货后款模式。对公司而言，先货后款要求的不仅是懂经营管理，还要懂仓库、道具的管理。倘若公司的精力被分散了，则会让公司的经营风险变得更高。

若选择做个性订制主题婚礼，基本上全国地级市都有道具租赁的相关公司，公司不需要提前备货，可以轻装上阵，也不用考虑道具使用率、道具进出仓率等。此时，公司先收客户的费用，婚礼结束再和供应商结算费用。这样公司的资金周转率变得更高，还没有道具库存的压力，是非常划算的。

当然，做个性订制主题婚礼，对经营好婚庆公司的能力和要求要更高一些，需要懂策划，和其他公司拼方案，这是公司对外的核心竞争力。

（6）传播案例少与传播案例多的差别。套餐式主题婚礼，从婚礼策划公司来讲，能研发多少个套系呢，如果可以研发上百个套系，但公司难以配备所有套系的道具。如果公司仅有 10 个左右的套系，翻来覆去卖给客户，就代表着公司接下来只有这 10 来个案例可以拿出手去传播。在这个移动互联网时代，信息传播迅速。如果仅有 10 个案例，怎么能满足一年的案例宣传需求？怎么能发一年的朋友圈呢？显然采用套餐式主题婚礼是不利于传播的，也就不利于在网络上获取客户。

如果坚持做订制式主题婚礼，那就不一样了，每做一场婚礼都是可以拿出去宣传推广。公司曝光的机会取决于做了多少场婚礼，拍了多少场布置的照片和视频。当这样做，其实每场婚礼能够出作品都是在获取客户，也在无形地降低了获取客户的成本。

4. 主题婚礼策划的基本要素

（1）主题婚礼策划的关键是满足新人的需求。主题婚礼策划的好坏评价的标准就是能否满足新人的需求。

（2）将人文关怀引入策划实践。主题婚礼策划就是从新人的意愿、新人的故事、新人的爱好等出发来进行策划构思，始终体现的就是对新人的人文关怀。

（3）创意是策划的核心。个性订制主题婚礼就是创意婚礼，因此婚礼策划师要根据新人的情况创意出他们喜欢的婚礼。它围绕着新人的一段邂逅、一个场景、一个理想、一个故事、一个心愿、一种心情、一个希望、一个梦、一份感恩的心情、一个美好的祝愿、一个幻想的世界、一个共同的爱好等进行自己的创意。

（4）寻求策划的最大亮点。有创意必须有亮点，有亮点才叫创意，因此，寻求策划最大的亮点是婚礼策划师始终的追求。

5. 主题婚礼策划的实施步骤　从创意主题婚礼策划的具体实施步骤来看，至少要有以下步骤：

（1）事前准备；

（2）充分沟通；

（3）提炼创意；

（4）考虑可行性；

（5）挖掘资源。

（二）主题婚礼提炼与归纳的基本要求

一场主题婚礼的灵魂，归根结底是创意。如何找到一个最为贴切的，能使人动容的，有新意的同时又不乏可操作性和预算得当的主题婚礼，这需要由一个中心点发散开来，从各个角度寻找可能性，然后再归纳总结，专注一点将其做大做全。具体来讲，主题的提炼与归纳有以下基本要求。

1. 要鲜明　一个鲜明的主题是一场婚礼的方向，只有鲜明的主题才会对婚礼起到统摄作用。"鲜明"不但指主题的内在意义的指向鲜明、不含糊，而且在形式上也要求主题凝练而且响亮，甚至达到让观众过目不忘的效果。许多婚礼往往把鲜明而响亮的主题确定为婚礼的名称，起到了很好的效果。比如：新人是在冬天相识的主题为"冬季恋歌"，新人是校园相识主题为"纸飞机的童话"等。

2. 有内涵　只有拥有丰富内涵的主题才拥有潜在的无限张力。同是表达和营造喜庆、祥和的婚礼气氛，每一场婚礼的主题内涵都有所区别。要蕴藏着新人的故事、特点和个性。比如某对明星夫妇的婚礼主题为"娜就杰婚吧"，还有某明星的婚礼主题为"疯爱此生"等。

3. 善沟通　确定婚礼主题的关键在于策划师与新人之间如朋友般亲切地交谈，充分沟通。一个优秀的婚礼策划师，能够凭借经验，从专业化的角度敏锐地觉察到新人的故事中值得去做的"点"，很多时候这些"点"往往是新人自己从未觉察到的。当然这个过程具有一定的难度，需要策划师具备一定的功力。值得一提的是，策划师一定要注意引导新人尽量和自己分享他们爱情故事或成长故事的细节，如第一次约会的地点、彼此的童年故事、一次印象深刻的争吵。在沟通分享的过程中，新人也回顾了他们在爱情之路上的成长足迹（见导入阅读材料）。在此基础上，策划师还可以适当引导新人聊一聊他们对彼此所做的哪些事印象最深，最想要一种什么样的婚礼氛围，是否有某种东西让两人都牵挂不已，随着沟通的步步深入，婚礼主题就呼之欲出了。

【导入阅读材料】

婚礼策划 30 问

（1）从小到大的梦想变化；（2）记忆中父母的故事；（3）上学时候的难忘故事；（4）最喜欢的颜色和花卉；（5）喜欢的音乐；（6）最爱吃的菜；（7）会做的菜；（8）特别爱好；（9）恋爱中第一次见面；（10）恋爱中的搞笑、难堪、难忘、浪漫、吵架事件（时间、地点、感受）；（11）在婚礼上你最想表现什么；（12）嫁给他的原因；（13）最遗憾的一件事；（14）如果有可能，你希望哪件事能重来；（15）你希望他用什么方式向你求婚；（16）你最希望他送给你的惊喜；（17）结婚以后你的梦想；（18）你没有实现的愿望；（19）你最希望他（她）要改变的地方；（20）在婚礼现场你愿对你父母：A 讲话，B 送礼物，C 其他；（21）在婚礼现场你愿对对方：A 讲话，B 送礼物，C 其他；（22）对父母感恩环节用一句话来形容；（23）你的爱情在出发之前是否要做成人礼；（24）你目前的工作情况；（25）你希望的结婚地点；（26）你结婚时如何给你的朋友一个惊喜；（27）你们第一次牵手、第一次拥抱、第一次接吻（时间、地点、感受）；（28）你们的事件能否故地重游；（29）改变你们生活的重点事件；（30）在你们恋爱过程中受到过的最大伤害。

【导入阅读材料】

婚礼策划问卷：说说您们的故事

1. 请简单描述一下您们的恋爱过程，如何结识？（如是网恋、异地恋等特色恋情，说明如何擦出火花）_____；

2. 从相识至今有多久了？_____；

3. 互相的昵称？_____；

4. 约会时最经常做的事情？约会时最常去的饭店？

_____

5. 最喜欢什么电影、电视剧？最喜欢的综艺节目？最喜欢的杂志？最喜欢的男女明星？

_____；

6. 约会时逛得最多的一条路？

_____；

7. 平时穿衣服的风格？

_____；

8. 共同旅游过的地方？

_____；

9. 用最恰当的词汇描述您的新娘（比如：体贴、可爱、活泼、淑女、豪爽、智慧等）

_____、_____、_____、_____、_____、_____；

10. 用最恰当的词汇描述您的新郎（比如：温柔、绅士、体贴、顾家等）

_____、_____、_____、_____、_____、_____；

11. "无情"揭露对方一件糗事或者坏习惯等。（比如：路盲、约会迟到等）

新娘：_____；

新郎：_____；

12. 讲述对方最令自己的动心一刻。

_____；

13. 讲述对方最令自己欣赏的优点。

_____；

14. 讲述和对方父母相处的情况，以及向父母表达感情的方式。

_____；

15. 简述求婚情景（时间、地点、道具、对话、效果）。

时间：_____；

地点：_____；

道具：_____；

16. 向对方提出任意一个合情合理的"非分"要求。

（比如新娘说：从现在开始，你只许疼我一个人，要宠我，不能骗我，答应我的每一件事情都要做到，对我讲得每一句话都要真心，不许欺负我、骂我，别人欺负我，你要在第一时间出来帮我，我开心了，你就要陪我开心，我不开心了，你就要哄我开心，永远都要觉得我是最漂亮的，梦里也要见到我，你的心里只有我；比如新郎说：在世界杯的时候，请允许我把你当空气！）

_____；

17. 是否有对两人有特别意义的纪念物？为什么特别？

_____；

18. 最希望得到对方的礼物是什么？最想送给对方的礼物是什么？

_____；

19. 是否有对两人有特别意义的歌曲？为什么特别？

_____；

20. 在婚礼仪式中，你们有哪些特殊要求？（可以谈谈你们已有的设想等）

_____；

21. 在婚礼环境布置中，你们有哪些特别要求？（比如希望摆放喜欢的某一饰物等）

_____；

22. 婚礼中是否有特别禁忌的事情？

_____。

（三）主题婚礼的创意途径

1. 通过流行风格提炼婚礼主题　捕捉社会潮流元素与时尚热点，提炼具有一定高度和前瞻性的主题。通过当时、当地的流行风格来提炼婚礼主题是一条捷径。

2. 提炼与时俱进的新鲜主题　掌握节日、假日与主题日的特点，提炼与时俱进的新鲜主题。这时婚礼主题策划只有充分考虑到这些特殊日子的不同特点和客户内在诉求，在此基础上提炼出与时俱进的新的主题，才有可能博得参与者的共鸣。因为这些特殊的日子年年如此，即其核心价值不会改变，但其核心价值诉求的表达却是年年更新、与时俱进的。如 2022 年结婚，很多新人会把冬奥会相关元素当作婚礼的主题。

3. 把握新人的目的与愿景提炼婚礼主题　把握新人的目的与愿景，提炼适合婚礼表现的主题。一般来说，新人都有较为明确的目的与意愿。新人的目的无外乎通过婚礼仪式，表达爱情、友情、亲情。所以在策划这些婚礼时一定要充分照顾到新人目的与意愿，尽可能把他们的想法转化为可以普遍接受、适合婚礼表达的主题，使其目的与意愿潜移默化地转化为婚礼的各种艺术形式所要承载的内容。通过熟悉新人的各种背景，挖掘其适合婚礼表现的内容和精神，这样才能丰富婚礼的主题内涵，使主题变得更鲜明，更具有操作性。

4. 根据新人特点提炼婚礼主题的名字

（1）根据新人的名字提炼婚礼主题的名字。可以根据新人的名字提炼婚礼主题的名字，比如：某陈姓明星夫妇的婚礼主题名字为 "C&C"。

（2）根据爱情经历确定婚礼主题的名字。可以根据爱情经历确定婚礼主题的名字，抓住爱情经历的一个点，做细、放大后，就成为闪光点。比如：某对明星夫妇的婚礼主题，他们的爱情故事开始于一本《兔子什么都知道》的书，于是婚礼就以兔子为主要元素，打造了一个以 "幸福森林" 为主题的婚礼。

（3）根据爱情观和爱情宣言确定婚礼主题的名字。可以根据爱情观和爱情宣言确定婚礼主题。可以是新人对感情的一种态度，对另一半的一个承诺，或者共同的誓言。比如：某对明星的婚礼主题为 "疯爱此生"，源于女方 "唯有疯爱此生才能不辜负我们俩的相遇相爱" 这句告白。

（4）根据婚礼形式确定婚礼主题的名字。室内婚礼与户外婚礼在形式上不同，在主题命名上也可以存在差别。比如：在春天户外举办婚礼就可以取名为 "春暖花开"，冬天在室内举行婚礼可以取名为 "冬季恋歌" 等。

（5）根据新人的职业特点确定婚礼主题的名字。可以将两个人的职业结合在一起取名，有新意也有创意，比如：新人的职业都是教师，主题婚礼的名字可以是 "×××与×××的一堂课" 等。

（四）主题婚礼的创意方法

1. 头脑风暴法　头脑风暴是指人们围绕一个特定的兴趣或领域，进行创新或改善产生新点子、提出新办法。对婚礼人来说，就是大家集思广益，发挥团队智慧，畅所欲言，从各种不同角度分析新人提供的信息，提取出能够作为婚礼主题的元素。

头脑风暴分为两种：团队的头脑风暴和个人的头脑风暴。

（1）团队的头脑风暴。可以邀请公司的其他同事一起参与进来，最佳人数为 5～10 位。把目前得到的关于这对新人和这场婚礼的所有相关信息全部列出来，写在会议题板上，让大家各抒己见，畅所欲言，相互碰撞，灵感的火花也许就在某位小伙伴不经意的一句话当中闪现。

（2）个人的头脑风暴。个人头脑风暴是当一个人的思维能力足够强大时，或者在某个时间段自己的大脑才开始飞速运转，可以进行自己一个人的头脑风暴。

举一个例子：金庸先生的《射雕英雄传》中，老顽童周伯通在桃花岛的地洞里独自琢磨武功绝学，创立出惊世骇俗的左右互搏术。对婚礼策划师来说，自己与自己较劲，需要的是强大的思维能力，和一分为二看待事物的辩证思考方式。有时，闭目冥想，任自己的思维随意发散，创意灵感就在一刹那间闪现。

2. 联想法　头脑风暴究竟如何帮助我们进行婚礼创意主题的提炼，究其核心就是"联想"二字。比如，说到"灯"，会联想到什么？灯泡、玻璃、钨丝、光、明亮、学习、温暖、家、希望、关怀；说到"水"，又会联想到什么？茶、汤、解渴、汗水、泪水、雨水、河流、海洋、生命、流动、温柔、包容、变化……因一个事物而想起与之有关的事物，这种思维活动，就叫作联想。也可以理解为有联系的想象。

作为婚礼策划师，需要具备强大的联想能力。当长期多次练习之后，会发现自己的思维模式发生了变化，看到、听到、接触到的任何事物，都能在自己脑海中产生无尽的联想元素。而对于很多初次接触联想思维的策划师来说，往往会感觉力不从心。所以婚礼策划师要进行有意识的、不断的联想练习。

（1）纵向联想和横向联想。纵向联想是指根据事物的时间、空间变化进行联想（怎么来的，来干什么，要到哪儿去）。横向联想是指根据事物的形状、颜色、名字、同类事物进行联想。

（2）功能联想、特点联想和衍生含义联想。功能联想是指根据事物的用途和功能进行联想。特点联想是指根据事物具有哪些特点进行联想。衍生含义联想是指根据事物的功能或者特点所传达出的某一含义或象征意义进行联想。

上述联想技巧，其实是由具象化到抽象化层层递进的。

比如"灯"的联想，通过纵向和横向联想，可以得到：灯泡、爱迪生、玻璃、钨丝、圆、电、光、蜡烛等；通过功能联想和特点联想，可以得到：光亮、温暖等；根据衍生含义联想，可以得到：希望、家、方向、关怀等。

这里需要婚礼策划师一步一步地，把具象化的一个事物"灯"，逐渐抽象化为一些概念，甚至还可以再进一步，联想出一些极具画面感的场景。比如，深夜里，妈妈在昏黄的灯光下，为你修补衣服，这盏灯就代表着爱；在茫茫大海中漫无目的地航行，快要绝望时，突然出现的灯塔，这盏灯代表着方向与希望；夜深人静时，楼上善良的夫妻为楼下啃着馒头的环卫工人留着一盏灯，这盏灯代表着关怀等，可以尽情地打开思路，联想出各种丰富多彩的信息。

作为婚礼策划师，进行头脑风暴对一个事物进行联想，需要的是把具象化的事物，逐步升华为抽象化概念的能力，并且要很好地把这些抽象化的概念与爱情、婚姻、浪漫、美好相衔接。

3. 鱼骨法则

（1）鱼骨法则的来源与定义。1953年，日本管理大师石川馨先生所提出的一种把握结果（特性）与原因（影响特性的要因）的极方便而有效的方法，故名"石川图"因其形状很像鱼骨，是一种发现问题根本原因的方法，是种透过现象看本质的分析方法，也称为"鱼骨图"或者"鱼刺图"。

问题的特性总是受到一些因的影响，通过头脑风暴法找出这些因素，并将它们与特性值一起，按相互关联性整理而成的层次分明、条理清楚，并标出重要因素的图形就叫"特性要因图"或"因果图"。

鱼骨分析法在现代工商管理学当中占有非常重要的地位。我们把它借鉴过来，作为帮助头脑风暴联想的一种图形工具，可以将其称为婚礼创意主题提炼的鱼骨法则。

（2）鱼骨法则的作用。回头看看上面列举出来的联想的例子，通过头脑风暴，从"灯"可以联想出非常多的元素，但这些元素也许是通过大家一人一句拼凑出来的，没有较强的逻辑，没有主次从属关系，显得杂乱无章。这时候，我们需要利用鱼骨法则，通过简单地画出一幅鱼骨图，就能轻松地理清思路，同时能找到些元素相互之间的关联，从而提炼出婚礼创意主题（图1-2）。

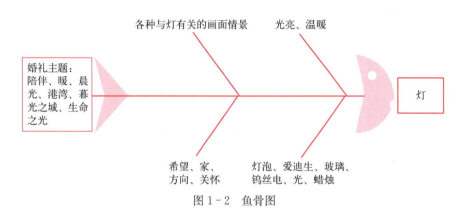

图1-2　鱼骨图

4. 拆字法　有时，我们需要根据新人的名字或者是一些对新人特别有意义的字词进行婚礼创意主题的提炼。相比以上的头脑风暴和鱼骨法则，这种只知道短短几个字的情况，所得的信息确实太少。中国的汉字博大精深，每一个字里面都饱含着很多信息。在这里，我们要用到一种很有趣的方法，拆字法。

（1）拆字法的概念。所谓拆字法，就是把我们得到有限的几个字，通过对其偏旁部首的拆解和二次解读，挖掘出更多的有效信息，帮助的我们进行婚礼方案的策划。

（2）拆字法的运用技巧。当我们需要用到拆字法来进行信息挖掘时，首先把要拆解的字列出来，观察它们的结构和组成部分。每一个偏旁部首拆解出来，独立视之，看看有何寓意。以下用一对新人的名字作为案例，可以更直观地感受到拆字法的魅力。

新郎：张锦明，新娘：吴晓钰

假设我们现在只知道二位新人的姓名，其他所有信息一概不知。那么可以试着用拆字法对其进行信息挖掘。先来看新郎的名字，张，可拆解为弓和长；锦，可拆解为金和帛，明，可拆解为日和月。再来看新娘的名字，吴，可拆解为口和天；晓，可拆解为日和尧；钰，可拆解为金和玉。由此，我们得到了以下信息：弓、长、金、帛、日、月、口、天、尧、玉，再来看看这些信息各自可衍生出来的寓意。

弓，弓箭；长，多音字，长短，长大；金，黄金，贵重，千锤百炼；帛，玉帛，丝织物，柔软，贵重；日，太阳，温暖，阳光；月，月亮，皎洁，月夜；口，嘴巴，吃，说；天，上天，命运，缘分；尧，尧舜禹；玉，美玉，温婉如玉。

（3）拆字法与鱼骨法则的结合。由新人的名字，我们就得到了很多的信息每一个信息背后，又可以延展出若干寓意和相关事物。但这样看起来，显得有些杂乱，也似乎抓不到重点，到底哪些信息才是对我们最有帮助的呢？这时，我们需要结合之前讲到的鱼骨法则，用鱼骨图来帮助我们进行信息的梳理（图1-3）。

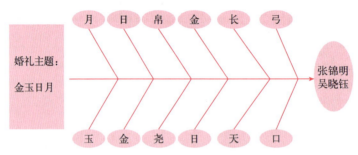

图1-3　拆字法与鱼骨法则的结合

在杂乱无章的若干信息当中，我们通过鱼骨的梳理，找出了四个非常有意思的信息元素：金、玉、日、月。有趣的地方在于，他们刚好两两对应，互有说法。金和玉，很容易联想到一个词，金玉良缘。把金和玉放在一起，可有拟人化的比喻，可把金比作男性象征其坚忍不拔，品质可贵；可把玉比作女性，象征其温润婉约，清丽脱俗。日和月，放在一起即寓天地阴阳，也可象征男性的阳刚与女性的阴柔。同时，关于日和月，还有一些很美好的传说，有一种天象奇观叫作日月同辉，相传一起看见日月同辉的恋人都会一生相守、不离不弃。通过上述分析，我们由金、玉、日、月四个信息元素，得到了两个非常美好的词，"金玉良缘"和"日月同辉"，他们都可以单独地作为一场婚礼的主题，寓意也非常美好、喜庆。

婚礼策划师要善于将具象化的事物赋予抽象化的概念，面对仅有的两个名字，我们已经将其抽象化为了两种非常美好、浪漫的概念化意境，那么，能否再进一步，将其再进行一次抽象化的升华呢？我们可以继续联想："金玉良缘""日月同辉"这二者皆出自新人的名字，似乎冥冥之中上天自有安排，又或者这就是上天赐予他们的缘分，我们可再进一步精简，将本场婚礼主题定为："天赐"，而金玉良缘和日月同辉，可作为副标题，对天赐进行意境的诠释。

子任务二　构思创意婚礼仪式流程

一、工作流程

（一）工作准备

1. 物品准备

序号	名称	单位	数量	备注
1	笔记本	个	1	
2	中性笔	个	1	黑色
3	中性笔	个	1	红色
4	笔记本电脑、投影幕布	台、块	1	
5	大屏电视机		台	1
6	相关视频案例	部	若干	

2. 环境与人员准备

序号	环境与人员	准备
1	环境	干净、整洁、温馨、空气清新、无异味
2	婚礼策划师	（1）着装整齐，端庄大方，面带微笑，举止得体，对人有礼，沉着自信，不卑不亢，守诺守时
		（2）熟悉并掌握为婚礼当事人设计婚礼环节的技能要求和相关知识
		（3）提前与婚礼当事人进行沟通
3	婚礼当事人	舒适安静的环境，位置以可以和策划师面对面交流为宜

（二）构思创意婚礼仪式流程

步骤	流程	构思创意婚礼仪式流程的技术操作要求
工作前准备	知识基础	（1）经过初级婚礼策划职业技能等级培训
		（2）具备一定策划学理论知识、有创新能力、能独立开展策划项目
		（3）具备一定的文字功底，思想活跃、沟通能力强
		（4）掌握婚礼策划的基本工作流程
	沟通与分析	（1）沟通。策划师进入会客谈单区，与婚礼当事人面对面就座，进行简单的寒暄问候。"您好！我们今天主要来帮您构思您婚礼的创意仪式流程，首先，我们需要了解一下基本情况，同时想听听您对您婚礼创意仪式流程的想法。"
		（2）分析。通过与婚礼当事人的沟通，分析婚礼当事人的对于婚礼环节的喜好和想表达的情感，帮助婚礼当事人设计适合他们婚礼的创意仪式流程，并能制作可操作的婚礼创意仪式流程的策划文案
步骤1	确定婚礼流程环节	（1）与婚礼当事人进行充分沟通，收集可以用于设计婚礼仪式流程的信息和内容
		（2）分析婚礼要素，明确婚礼当事人对婚礼环节的大致想法和想通过婚礼仪式流程表达的思想和情感
步骤2	挖掘独特有创意的婚礼元素	可以积极引导婚礼当事人，以一个情节、一种颜色、一个标志、一个饰物、甚至一首曲子和音乐作为他们婚礼的独特元素融入婚礼创意环节中

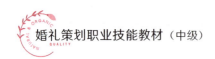
（续）

步骤	流程	构思创意婚礼仪式流程的技术操作要求
步骤3	介绍不同形式的婚礼仪式流程	为婚礼当事人介绍中式传统婚礼、西式婚礼、中西合璧式现代时尚婚礼等不同形式的婚礼仪式流程
步骤4	初步确定创意婚礼仪式环节并征求意见和建议	（1）初步构思、设计创意婚礼仪式流程环节
		（2）征求婚礼当事人对创意婚礼仪式流程环节意见和建议
步骤5	完善婚礼创意流程环节，制作可操作的婚礼创意流程环节文案	（1）婚礼策划师对设计的创意婚礼仪式流程环节，进行进一步综合分析，进行完善和补充
		（2）婚礼策划师对创意婚礼仪式流程环节进行综合评估，把婚礼策划方案具体化，制作可操作性的婚礼策划文案
注意事项		（1）为新人构思创意婚礼仪式流程环节要注意保留好婚礼核心环节，不要为了创新而丢掉婚礼的礼仪、礼节
		（2）当找到婚礼当事人对婚礼创意仪式流程环节诉求点之后，注意接下来要考虑能否将其转化为一些具体的东西加以体现
		（3）注意婚礼策划是在为婚礼当事人量体裁衣，一定要选择适合他们的创意婚礼仪式流程环节，它是一项策划师与婚礼当事人共同参与、共同完成的工作

（三）效果评估

（1）为婚礼当事人构思创意婚礼仪式流程环节，使婚礼当事人和嘉宾亲友感受到了婚礼的真正意义，让婚礼有值得婚礼当事人回味和珍藏的价值。

（2）为婚礼当事人构思创意婚礼仪式流程环节，使婚礼顺利进行，节约了婚礼时间，避免了婚礼出现各种突发问题，保证了婚礼当事人和来宾亲友的良好体验。

二、相关知识

（一）婚礼仪式流程的含义

婚礼仪式流程是指举办婚礼仪式应当遵循的一般程序。不同国家的婚礼有不同的程序，不同民族的婚礼也有不同的程序，因此，根据婚礼的分类，婚礼流程有不同的内容（表1-1）。

表1-1　不同婚礼形式的仪式流程比较

形式	内容
现代流行婚礼	目前我国国内最常见的富有时代特征的婚礼形式，主要流程包括：花车娶亲、酒店典礼、大宴宾朋、新人敬酒、嬉闹洞房等
纯中式婚礼	最常见的是传统民俗婚礼，主要流程包括：花轿摇、唢呐响、接新娘、红霞帔、红盖头、戴红花、点花烛、拜天地、敬高堂、入洞房等； 同时，每个民族的婚礼都有自己的传统环节和特色； 另外，还有按照周制婚礼传承的汉族朝代婚礼，包括前秦婚礼、唐代婚礼、明代婚礼和清代婚礼等

（续）

形式	内容
教堂婚礼	纯西式婚礼，主要有教堂、神父、圣经、圣水、婚誓、婚戒、唱诗班等
中西合璧式婚礼	中式婚礼和西式婚礼相结合的婚礼，主要程序包括：主持人开场；新郎入场；新娘入场；婚礼誓言；交换戒指；互赠信物；拥吻礼；交杯酒；道具环节（香槟塔、烛台、许愿沙、鱼水之恋、封藏美酒等）；证婚人致辞；新人敬茶改口；父母致辞；新人致辞；抛手捧花；婚礼礼成
家庭婚礼	小型婚礼，指邀请重要的亲友及少数朋友参加，程序比较随意，没有固定模式
集体婚礼	最省心省事的选择，也是各地妇联、特大型企业经常举办的婚礼形式，一般选择在节假日举办，但不利于突出婚礼个性
主题婚礼	模板式主题婚礼：烛光婚礼、户外婚礼、空中婚礼、水下婚礼、热气球婚礼等； 个性订制式主题婚礼：其基本程序与中西合璧程序基本相同，只是根据新人故事和特点赋予不同的内涵

（二）中式婚礼仪式流程的含义

中式婚礼仪式是一个相对较大的概念，大致可以分为中国古代婚礼和中国现代婚礼。由于中国古代婚礼的仪式流程相对固定，很难创新，所以策划师往往会在现代中式婚礼中运用创新思维和方法为新人打造属于自己的独一无二的创意婚礼仪式流程。

在我国，婚庆服务行业经过了最近十几年的高速发展之后，已经形成大致标准化的婚礼仪式流程模板，虽然有些地区有当地特有的一些婚礼文化习俗，但流程框架大同小异。

现在全国大部分地区的婚礼基本流程如下：开场、新人出场、献花交接、共登舞台、婚礼誓言、呈现婚戒、互戴婚戒、嘉宾致辞、感恩父母、代表发言、抛手捧花、礼成退场。其实，这套流程是中国人结合国情，再借鉴西方国家的婚礼流程，中西结合，自己创造出来的。在这种婚礼中常见了西式婚礼仪式流程环节，包括新人入场、致辞、交换戒指、宣告、点同心烛、诗班唱诗等流程环节。所以，现代中式婚礼也借鉴了西式婚礼的一些仪式流程环节和道具服装等，故也将现代中式婚礼称为中西合璧式现代时尚婚礼。

由于中西合璧婚礼仪式流程是由婚礼策划师自己发明创造出来的，这里面原本就没有"标准"一说，必须要有哪些流程，必须怎样做，必须不能怎样做等，没有统一规定。所以，婚礼策划师大可以天马行空地对婚礼流程环节进行创意设计。但是，有两个流程环节是婚礼的核心，那就是婚礼誓言和互戴婚戒。而即使是这两个环节，作为婚礼策划师也是有创作空间的。

对于创意婚礼流程环节来说，就是在保留基础流程和环节基础上，根据新人的特点，创新出与婚礼当事人风格相符的创意婚礼仪式流程。

（三）现代中西合璧式婚礼仪典的仪式流程模板

1. 现代中西合璧式婚礼仪式流程

（1）接新娘。放鞭炮，新郎敲门，向新娘献花，新郎向岳父岳母敬茶，女方父母给新郎改口钱，老人家给一对新人提些要求，新娘出门，新郎把新娘背下楼，直接上车。

（2）迎新娘。到达男方家，新娘给男方父母敬茶，男方家长给新娘改口钱。新郎新娘出发至酒店。

（3）婚礼仪式：①婚礼暖场音乐、迎宾；②主持人开场，宣布婚礼开始；③新郎入场；④新娘入场（父亲护送女儿步入婚礼现场或新郎迎接新娘入场）；⑤执手托付、尊亲托付（又称为翁婿交接）；⑥新郎新娘共同登台；⑦婚礼誓言；⑧交换戒指；⑨互赠信物；⑩拥吻礼；⑪交杯酒；⑫道具环节（香槟塔、烛台、许愿沙、鱼水之恋、封藏美酒等）；⑬证婚人致辞；⑭新人敬茶改口；⑮父母致辞；⑯新人致辞；⑰抛手捧花；⑱婚礼礼成。

（4）婚宴开始。新郎新娘逐桌敬酒，宴席结束，宾客与新人合影。大部分北方婚礼到此结束，但南方婚礼还有晚上的活动。

（5）下午休息。宾客离开或到棋牌室娱乐。

（6）晚餐。

（7）闹洞房。闹洞房，节目自由发挥。

（8）辞谢，宾客离开。

（四）创意婚礼仪式流程的基本要求

最基本的要求就是创意婚礼仪式流程与婚礼风格的协调统一。

策划师在为婚礼当事人策划创意流程环节时候，一定要注意婚礼创意流程环节与婚礼风格的协调统一。婚礼风格从外在因素来看，取决于以下两方面：婚礼大环境和婚礼小环境。婚礼大环境指的是新人的国籍、地域，及其文化背景等。婚礼小环境指的是新人举办婚礼的场所，如教堂、酒店、草坪或酒吧等。

首先，对大环境的了解，能够帮助婚礼策划师去了解新人的禁忌和喜好，比如日本认为紫色是死亡的颜色，通常在日本的婚礼上很少采用紫色设计；其次，婚礼小环境，在教堂还是在酒店，或者是在酒吧，不同的场地氛围需要选择不同的婚礼风格。

从内在因素来看，主要取决于结婚新人的文化层次和新人父母的感受。具体说来，从结婚新人的文化层次上来看，新人的文化水平、社会地位、工作性质、经济能力各不相同，这就造成了新人社交圈的较大差异，因而他们需要的婚礼风格也不同。所以婚礼策划师在为新人选择婚礼风格的时候，一定要考虑新人的文化层次、经济能力和社交范围。例如一个白领阶层人士的婚礼，其风格就偏向庄重高雅，以反映出新人的社会地位和身份为特征；而一个蓝领阶层人士的婚礼，其风格就偏向热闹喜庆一些，以便其亲朋好友能够融入其中。从新人父母的感受上来看，策划师在帮助新人选择婚礼风格的时候，一定要将新人父母及其社交圈的文化层次考虑进来，选择他们能够接受的婚礼形式。假如新人父母比较有社会地位，他们社交圈的人士也在婚礼现场，那么新人的婚礼中应照顾父母面子，不能出现低俗闹场的局面。同样，如果一味追求婚礼仪式的新颖，而在婚礼仪式中没有突出新人与父母的感情交流，没有在婚礼仪式中体现出对父母的感恩，那么再好的婚礼也是有终生遗憾的。

（五）构思创意婚礼仪式流程所采用的创意思维与方法

策划师在构思创意婚礼仪式流程的时候，一定要运用创意思维和方法进行构思。

创意有静态和动态两层含义，静态是指创造性的意念、巧妙的构思，即好主意、好点子。动态是指创造性的思维活动，是从无到有这一逻辑思维的活动过程。婚礼创意策划也

有静态和动态两层含义，静态的婚礼创意策划是指为了达到婚礼策划的目的，对未来婚礼策划主题、内容和表现形式提出创造性的主意；动态的婚礼创意策划是指婚礼策划人员进行创造性思维活动。

1. 婚礼策划的创意思维模式

（1）模糊思维。模糊思维是与精确思维相对应的一种思维方式。所谓模糊思维方式，是指思维主体在思维过程中，以反映思维客体的模糊性为特征，并使思维过程运用非精确性的认识方法而达到思维结果的清晰性的一种思维方式。模糊思维是具有模糊性的认识活动，对无法或难以精确描述的模糊性事物和现象进行描述、分析和研究。模糊思维侧重于通过事物间的对比，注重描述事物的性质，其结果具有较强的相对性。如美与丑并不是截然分开的，之间有个美或丑程度的过渡。这种程度的变化很难直接用数量表示，却可以用比较美、比较丑、更美、更丑之类的比较概念，作出相对的区分。所谓精确思维是指用精确的、数字化的指标分析事物，是以定量分析为基础的纯理性思维。精确思维追求最大限度的严密性，它善于解决具有确定性、适于用数字指标进行量化分析的问题。

（2）逆向思维。逆向思维也叫求异思维，它是对司空见惯的或已成定论的事物或观点逆向思考的一种思维方式。敢于"反其道而思之"，让思维向对立面的方向发展，从问题的相反面深入地进行探索，树立新思想，创立新形象，这样的思维方式就叫逆向思维。人们习惯于沿着事物发展的正方向去思考问题并寻求解决办法。其实，对于某些问题，尤其是一些特殊问题，从结论往回推，倒过来思考，从求解回到已知条件，或许会使问题简单化。比如：在设计新人入场仪式时，一般是由父亲带新娘入场，进行交接仪式。但婚礼策划师也能根据新人特点进行反向思维，设计出新郎、新娘载歌载舞入场等。

（3）侧向思维。侧向思维又称旁通思维，是发散思维的又一种形式，这种思维的思路、方向不同于正向思维、多向思维或逆向思维，它是沿着正向思维旁侧开拓出新思路的一种创造性思维。通俗地讲，侧向思维就是利用其他领域里的知识和资讯，从侧向迂回地解决问题的一种思维形式。侧向思维的特点是：思路活泼多变，善于联想推导，随机应变。侧向思维的引用有三种方式。

一是侧向移入。这是指跳出本专业、本行业的范围，摆脱习惯性思维，侧视其他方向，将注意力引向更广阔的领域；或者将其他领域已成熟的、较好的技术方法、原理等直接移植过来加以利用；或者从其他领域事物的特征、属性、机理中得到启发，提出对原来思考问题的创新设想。如为了减少摩擦，人们一直在不断地改进着轴承。但正常思路无非是改变滚珠形状、轴承结构或润滑剂等，都不能带来大的突破。后来，有人把视野转到其他方向，想到高压空气可以使气垫船漂浮，相同磁性材料会相互排斥并保持一定的距离。于是，将这些新设想移入轴承中，发明了不用滚珠和润滑剂，只需向轴套中吹入高压空气，使旋转轴呈悬浮状的空气轴承，或用磁性材料制成的磁性轴承。侧向移入是解决技术难题或进行管理创新、产品创新的最基本的思维方式，其应用实例不胜枚举。如鲁班由茅草的细齿拉破手指而发明了锯；威尔逊利用大雾中抛石子的现象，设计了探测基本粒子运动的云雾器；格拉塞观察啤酒冒泡的现象，提出了气泡室的设想……这些事例说明，从其他领域借鉴或受启发是创新发明的一条路径。

二是侧向转换。这是指不按最初设想或常规直接解决问题，而是将问题转换成为它的侧面的其他问题，或将解决问题的手段转为侧面的其他手段等。

三是侧向移出。与侧向移入相反，侧向移出是指将现有的设想、已取得的发明、已有的感兴趣的技术和本厂产品，从现有的使用领域、使用对象中摆脱出来，将其外推到其他意想不到的领域或对象上。这也是一种立足于跳出本领域、克服线性思维的思考方式。

（4）立体思维。立体思维也称多元思维、全方位思维、整体思维、空间思维或多维思维，是指跳出点、线、面的限制，能从上下左右、四面八方去思考问题的思维方式，也就是要"立起来思考"。其实，有不少东西都是跃出平面、伸向空间的结果。小到弹簧、发条，大到奔驰长啸的列车、耸入云天的摩天大厦，最典型的要数集成电路了，它不仅上下两面有导电层，线路板的中间也设有许多导电层，从而大大节约了原材料，提高了效率。

（5）组合思维。组合思维又称连接思维或合向思维，是指把多项貌似不相关的事物通过想象加以连接，从而使之变成彼此不可分割的新的整体的一种思考方式。例如，在一次国际酒类展销会的酒会上，各国代表都拿出自己国家的名酒展示：中国——茅台酒，俄罗斯——伏特加，德国——威士忌，意大利——葡萄酒，法国——香槟，美国——鸡尾酒。组合思维具有创新性、广泛性、时代性和继承性的特征。例如：电视＋电话＝可视电话；数据＋文字＋图像＋声音＝多媒体；电子管＋电阻器＋电容器＝集成电路；台秤＋电子计算机＝电子秤；飞机＋飞机库＋军舰＝航空母舰；手枪＋消音器＝无声手枪；自行车＋电机＋蓄电池＝电动自行车。在婚礼策划中，组合思维也是一种常用的创意思维方式，例如：沙滩与婚礼场布结合＝海洋婚礼；热气球与婚礼结合＝热气球婚礼等。

（6）类比思维。类比思维包括两方面的含义：联想，即由新信息引起的对已有知识的回忆；类比，在新、旧信息间找相似和相异的地方，即异中求同或同中求异。通过类比思维，在类比中联想，从而升华思维，既有模仿又有创新。类比思维是一种或然性极大的逻辑思维方式，它的创造性表现在发明创造活动中人们能够通过类比已有事物开启创造未知事物的发明思路，其中隐含有触类旁通的含义。它把已有的事和物与一些表面看来与之毫不相干的事和物联系起来，寻找创新的目标和解决的方法。发明创造中的类比思维，不受通常的推理模式的束缚，具有很大灵活性和多样性。在发明创造活动中常见的形式有：形式类比、功能类比和幻想类比等多种类型。

2. 婚礼策划创意的比较分析法　比较分析法，也叫对比分析法或者对比法，是通过实际数与基数的对比来提示实际数与基数之间的差异，以了解经济活动的成绩和问题的一种分析方法。在科学探究活动中，常常用到对比分析法，它与等效替代法相似。

对比法是戏剧常用的一类主要艺术手法。一般有三种对比法：人物对比法、场面对比法、细节对比法。除此以外还有水平对比法、归纳对比法、优序对比法。

在进行婚礼创意策划时，也可以使用对比法进行创意。例如，新郎与新娘的不同爱好、不同经历等，都是婚礼策划的创意着眼点。

3. 婚礼策划创意的灵感创意法　所谓"创意"就是人们平常说的"点子""主意"或"想法"，好的点子就是"好的创意"。这些"点子""主意""想法"一般源于个人创造力、

个人技能或个人才华。创意人人都有，而且自古就有，发展到后来有些创意成果便开始形成知识产权。

人的创意时而犹如滔滔江水，时而如干涸的古井。如果在进行婚礼策划过程中，没有了创意，该怎么做？下面介绍几个方法。

（1）多思考，把头脑塞满见识。在婚礼策划过程中，如果没有任何创意，那是主要是因为思考不够、见识不够。这时应该多看些精彩的创意广告，或他人的婚礼策划方案，也许会得到启发。

（2）多向室外走动，在生活中发现创意。作为婚礼策划师，如果一个人闷头在家里发挥创意，即使再多的创意也有干涸的一天。多出去走走，看看周围的新鲜事物，观摩他人的婚礼秀，在与他人沟通中能发现更多的好创意。多去网上看一下精彩的创意，读读平时少关注的新闻，结识更多朋友。创意更多的时候是"发现"，而不是"发明"。

（3）屏蔽一切干扰。当婚礼策划师真正到了需要进行创意创作时，需要关掉手机、QQ、MSN等，在门口贴上"请勿打扰"。灵感就像一个胆小的怪兽，一点波动也能让它远远地逃离视线。

（4）天马行空，让思维自由发散。婚礼策划师在进行婚礼策划创意思维过程中，在遇到思维死角时，不必强迫自己。让思维天马行空地飞翔，不必计较想法有多幼稚。这时需要的只是一个出口，将死角中的垃圾一点一点地清除，直到思维重新获得清明的感觉。

（5）相信自己的创意是成功的。婚礼策划师在进行创意策划时，不要否决自己的创意，也不要沉浸在自己难以发挥的创意里，那样只会造成创意的阻塞。相信自己灵光闪现的创意，尽管有的创意可能一时用不上。

（6）创意思维是一种积累过程。创意，是非一日之寒可成就的三尺之冰。它是一种积累过程。只有在不断地思考与创新中，创意神经才慢慢发展起来。

（7）昏昏欲睡创意法。昏昏欲睡的创作状态下，人们的思考不再受平时所谓的世界观约束。这时的脑筋正处于无主状态。仿佛多开了几扇通往想象空间的门，大千世界，任我翱翔。要做的只是把这些"毛石"（未打磨的钻石）稍加修整而已，这也是婚礼策划师进行婚礼策划创意的一种方式。

（8）劳逸结合，放松心情。疲劳的时候休息一下，做点放松心情的事情，也许在放松的过程中灵感或创意就会出现。

4. 婚礼策划创意的智能放大法　智能放大法是指对事物有全面而科学的认识，然后在这种认识的基础上对事物的发展作夸张的设想，运用这种设想对具体项目进行策划。

由于这种方法受到一定的时间、地点以及人文条件的制约，具体操作要靠策划人自己来准确地把握。这种策划方法容易引起公众的议论，形成公众舆论的焦点，进而很快拓展其知名度，形成炒作的原料。"没有想不到的，只有做不到的"，是这种策划方法的原则。例如，水下婚礼、热气球婚礼、自行车婚礼、火车婚礼等，都是智能放大法的创意方式。

但是这种策划方法并不是一味地往大处想，而是在现有的客观条件下，合理地考虑到公众的心理承受力，这就是说，智能放大法是有一定风险的，太过于夸张，容易导致策划向反面发展，从而彻底改变策划的初衷。

（四）创意婚礼仪式流程案例赏析

【案例 1－1】 主题婚礼《天使之翼》创意婚礼仪式流程

1. 新人背景

新郎：刘先生，28 岁，销售经理，爱好打游戏和看影碟

新娘：许女士，28 岁，淘宝店主，爱好看影视剧

2. 新人故事：森系婚礼对于许女士和刘先生来说，有着比常人更深的含义。今年 28 岁的许女士，18 岁读大学那年因手术失败落下了双腿残疾的后遗症，从此每天与轮椅为伴，同学们每天轮流背着她上、下楼，就在那时，她认识了同一年级同班的同学刘先生。许女士回忆说："发强很憨厚，他背着我时一声不吭，但走起路来很稳当。"这一背就是整整四年。温柔、坚强、善解人意的许女士也从此深深地印在了刘先生的心里。25 岁那年，他想照顾许女士一辈子却遭到了对方的拒绝，许女士实在不忍心拖累这个善良的帅小伙。两年后的一个夏日雨后的傍晚，因为身体情况许女士情绪很是低落，刘先生推着轮椅带许女士来到两人常来散步的小树林里再次向她求婚。就在许女士犹豫不决时，公园里的路灯突然亮了，在树木掩映之下，灯光是那样的温暖诱人，就在小径的前方，像一轮太阳霎时照亮了前方的路。一对对情侣恰恰携手从树下走过，那一刻，许女士想到了一个"家"字。她暗暗下定决心，活着就只为一人。十年的相识，相遇、相知、相爱。他们不仅是最好的朋友、相知相惜的爱人，更是永远的家人，彼此心灵的依靠。

对婚礼的期望：西式森系婚礼风格。要求温馨浪漫，有一定的人文关怀。

婚礼时间：2020 年 4 月 26 日

婚礼地点：武汉××宾馆户外草坪

室外婚礼：自然光

3. 婚礼主题：婚礼策划师根据新人的故事设计一场西式森系主题婚礼，主题定为"天使之翼"。

4. 创意婚礼仪式流程设计

时间	仪式环节
10:58	**主持台上话姻缘** （主持人入场） 　树林灯光　似夏日阳光 　照亮我们婚姻之路 　你是天使散落人间 　我是勇士陪伴你身边 　十年相恋　十年陪伴 　一心一意　一生一世 　余生我愿做你坚实臂膀 　给你未来温暖坚毅

（续）

时间	仪式环节
11:00	**傧相演绎情景剧** （伴娘伴郎出场） 　　由新娘新郎的大学同学组成的伴娘伴郎团演绎一段关于两位新人在大学相遇、相识、相爱及新郎背着新娘上课下课的情景剧，把两个人一路走来的甜蜜和辛酸通过情景剧的形式表现出来，从而再现两位新人的校园爱情故事 　　用情景剧表现的方式，体现出新郎对新娘的无微不至的关爱和不离不弃的陪伴； 　　通过情景剧把亲朋好友带入温馨感人的婚礼氛围中
11:08	**玉树临风迎天使** （新郎入场） 　　新郎拿手捧花走到交接区迎接新娘
11:10	**新娘唱歌乘车行** （新娘出场） 　　新娘乘马车唱歌《隐形的翅膀》入场
11:14	**琴瑟和鸣两翩翩** （共同入场） 　　在交接区新郎背着新娘共同走向仪式区，新郎将新娘安坐在私人订制的新娘专属座椅上
11:18	**天使感念勇士情** （新娘送神秘礼物） 　　新娘为了表达自己对新郎十年以来对自己的陪伴和四年不离不弃的照顾，准备了神秘礼物送给新郎； 　　因为新郎爱好打游戏和看影碟，作为淘宝店主的新娘，送给新郎一个"外星人游戏笔记本"，并把两个人相恋十年的照片视频刻成一个光盘送给新郎
11:22	**承诺今生无悔誓** （新人宣读誓言）
11:26	**指环相扣二人心** （交换戒指） 　　戒童穿带有天使翅膀的衣服送戒指，将戒指放入鸟巢样式的戒盒里为新人送上
11:30	**双唇微启凝眸间** （亲吻之礼）
11:34	**情真意切师证婚** （校长致辞） 　　（动人心者，莫外乎情）校长亲自为新人证婚并颁发纪念婚书，将这证婚词作为母校对他们最真挚的爱的祝福

（续）

时间	仪式环节
11:40	**五味人生品酒知** （饮交杯酒） 　　新人的两位父亲走上舞台，在舞台中央摆放着五支杯子，杯子里分别装有五种不同颜色的饮品，寓意为酸、甜、苦、辣、咸人生五味； 　　双方父亲携手将这五味混合在一起，并分别装在两支杯子当中，亲手交给新人，新人将人生五味一饮而尽； 　　这是一个饱含寓意的交杯酒仪式，新人在这个仪式中体味着人生的意义
11:43	**赠人鲜花手余香** （伴娘抽丝带的方式，来决定花落谁家） 　　新娘手里拿着捧花，花托连的几个绳子只有 1 根是绑在花上的，请几位未婚小姐妹来拉绳子，谁拉出来的绳子是绑在花上的花球就是谁的； 　　抽到丝带手捧花的人为新人送祝福； 　　设计来源于手提式的捧花，与传统捧花相比，这种不适合抛出去，结合新娘的自身情况，设计抽丝带送手捧花
11:45	**两姓缔约良缘结** （礼成退场）
11:50	**此情可待成追忆** （合影留念）

【案例 1-2】　主题婚礼《思卿赋》创意婚礼仪式流程

1. 新人背景

新郎：阮先生，28 岁，毕业于北京某大学视觉传达专业，现为平面设计师。

新娘：许女士，28 岁，毕业于北京某大学，现为房地产销售。

2. 恋爱经历：有一对年轻人，男孩叫阮××，女孩叫许××，当他们处于热恋之中的时候，由于工作的原因，女孩却不得不离开北京，去到外地！分手时刻，男孩送给她这盆相思豆，对她说：如果你想我，就请用心呵护它，当有一天这颗红豆破土而出的时候，你会看到我对你最真情的表白！

女孩独自在外地打拼，每到夜深人静的时候，她总是目不转睛地看着这盆红豆，久久不能入睡！终于，在一个寂静的夜晚，红豆破土而出了，上面清晰地写着五个字：心中只有你！

女孩哭了，她拨通了男孩的电话，这一夜他们聊了很久，这一夜他们约定：当相思树枝繁叶茂的时候，男孩就会到相思树下，去等待他最心爱的人儿！

婚礼时间：2018 年 5 月 10 日。

婚礼地点：北京××酒店·×××宴会厅。

室内婚礼（自然光条件）：暗场。

3. 婚礼主题：根据情境结合王维的《相思》设计了一场明清风格的新中式传统婚礼，主题定为"思卿赋"。

灼灼红豆

几夕相思

此情可追

此爱可恋

相思相见知何日

相见相思待何时

汝总是心怀远方

吾也曾归心似箭

所幸思念结硕果

红豆盛开

情花结果

缘定今生

4. 创意婚礼仪式流程亮点

亮点1：创意流程之一

第一幕，先播放新人自己制作的情路集锦视频。这时，相思树不断长高，新郎在相思树中出现，这样的出场方式就像他给新娘惊喜和承诺一样。新娘则在古亭中静等着新郎的迎接。

亮点2：创意流程之二

第二幕，新人共同浇灌红豆树，这时视频中的特效出现：红豆破土而出，上面清晰地写着五个字：心中只有你！寓意着他们的爱情开花结果，长长久久。

亮点3：创意流程之三

在敬茶改口环节，新人献上他们为父母特制的红豆茶，表达了新人对父母的感恩。

5. 婚礼仪式流程设计

时间	仪式环节
	第一幕
10:58	司仪入场：华堂异彩披锦绣，良辰美景笙歌奏
11:02	情路集锦：此生同契阔，恩爱缘义深
11:08	才子亮相：正是少年佳意气，渐当故里春时节
11:12	伊人出亭：疑是仙女下凡来，回眸一笑胜星华
11:18	共同入场：阮府许府更添喜，俊郎迎娶美娇娘
	第二幕
11:20	跨木马鞍：一块皮湘木，雕成木马鞍，新人跨过去，岁岁报平安！
11:23	跨火盆：喜从天降落福窝，好日子红红火火！
11:26	挑盖头：秤杆金秤杆亮，秤杆一抬挑吉祥
11:30	拜堂礼：一拜天赐良缘定今生；二拜地造美眷配鸾凤；三拜天地成全山海盟
11:36	合卺礼：一朝同饮合卺酒，一生一世永缠绵
11:40	行执手礼：执手偕老，长乐未央，英郎佳人执手而
11:46	共浇爱豆：共浇红豆共风雨，恩恩爱爱永不离

子任务三　设计策划婚礼仪式流程以外的其他相关活动

一、工作流程

工作准备 → 设计策划婚礼仪式流程以外的其他相关活动 → 效果评估

（一）工作准备

1. 物品准备

序号	名称	单位	数量	备注
1	笔记本	个	1	
2	中性笔	个	1	黑色
3	中性笔	个	1	红色
4	笔记本电脑	台	1	
5	幕布和投影仪	台	1	
6	大屏电视机	台	1	
7	相关视频案例	部	若干	

2. 环境与人员准备

序号	环境与人员	准备
1	环境	干净、整洁、温馨、空气清新、无异味
2	婚礼策划师	（1）着装整齐，端庄大方，面带微笑，举止得体，对人有礼，沉着自信，不卑不亢，守诺守时
		（2）熟悉并掌握为婚礼当事人设计婚礼环节的技能要求和相关知识
		（3）提前与婚礼当事人进行沟通
3	婚礼当事人	舒适安静的环境，位置以可以和策划师面对面交流为宜

（二）构思婚礼仪式流程

步骤	流程	技术操作要求
工作前准备	知识基础	（1）经过初级婚礼策划职业技能等级培训
		（2）具备一定策划学理论知识、有创新能力、独立开展策划项目
		（3）具备一定的文字功底，思想活跃、沟通能力强
		（4）掌握婚礼策划的基本工作流程
	沟通与分析	（1）沟通。婚礼策划师引导婚礼当事人进入办公室或谈单区域，与婚礼当事人面对面就座，进行简单的自我介绍和寒暄问候
		（2）分析。通过前期接触了解和观察分析适合婚礼当事人的仪式流程及创意环节和小游戏等

（续）

步骤	流程	技术操作要求
步骤1	了解婚礼当事人情况	（1）与婚礼当事人充分沟通后根据婚礼当事人的个人基本信息和爱情经过，做基本分析 （2）分析后，在信息中寻找相互之间的关系，并询问婚礼当事人对于婚礼流程的诉求，尤其是仪式流程以外的相关活动诉求 （3）找到婚礼诉求点之后，考虑能否将其转化为一些具体的活动加以体现
步骤2	确认婚礼最终仪式流程	向婚礼当事人介绍最终确定的婚礼仪式流程，以便设计婚礼仪式流程以外的其他相关活动
步骤3	介绍婚礼仪式流程以外的其他相关活动	（1）向婚礼当事人介绍婚礼仪式流程以外的其他常规相关活动，如婚礼游戏活动等 （2）询问婚礼当事人就介绍的婚礼游戏活动是否有感兴趣的或对婚礼仪式流程以外的其他相关活动的诉求和想法 （3）向婚礼当事人介绍婚礼游戏活动的内容和注意事项
步骤4	确定婚礼仪式流程以外的其他相关活动	与婚礼当事人就婚礼仪式流程以外的其他相关活动法达成统一意见后，并写出婚礼活动预案
注意事项		（1）设计策划婚礼仪式流程以外的其他相关活动的时候，要注意相关活动的设计要符合新人和来宾身份，还考虑必要的婚礼礼节。在准备足够的婚礼礼节的基础上，可以考虑在婚礼仪式中穿插一些必须是与婚礼仪式或婚礼礼节有关的，突出新人特点特色的，有新人自己单独创意的，新颖的，文明的礼仪环节和活动 （2）还要注意那些哗众取宠，取笑新人的所谓"游戏"，不应该出现在正式的婚礼仪式之中。如果新人的朋友想在婚礼的当天与新人开一些玩笑，可以把这些游戏安排在婚宴的过程中，因为那时婚礼仪式已经结束，新人和来宾者都可以放松些，在酒桌之前做一些适合这桌朋友的小游戏，可以增加欢乐的气氛

（三）效果评估

1. 通过为婚礼当事人设计策划婚礼仪式流程以外的其他相关活动，如互动游戏辅助婚礼主题，衬托了婚礼氛围，减少了新人的紧张感，使得婚礼当事人轻松面对婚礼各项环节。

2. 通过为婚礼当事人设计策划婚礼仪式流程以外的其他相关活动，如互动游戏，使得婚礼现场气氛保持热闹和快乐，增强了现场互动，增加了感情交流。

二、相关知识

婚礼上的游戏对于婚礼来说非常重要，好的婚礼互动游戏，不仅能给新娘换装提供充分的时间，而且能够吸引宾客、留住宾客，让婚礼现场的气氛保持热闹和快乐。所以，好的婚礼互动游戏对于婚礼来说相当于锦上添花。

（一）婚礼游戏的策划方法

婚礼游戏策划的方法如下：

1. 根据婚礼主题进行策划　婚礼游戏最好要根据婚礼主题来策划，例如浪漫的烛光婚礼，就不适用抢凳子等比较激烈的游戏。这样会使婚礼原本浪漫温馨的氛围遭到破坏。

2. 了解新人、来宾情况　每一对新人及现场来宾的文化程度、审美感受、接受水平，都不尽相同。在策划游戏的时候，要注意了解婚礼参与人的大体类群。例如，受众为城市白领的，就比较适合选用新鲜、流行的游戏形式来进行。

3. 掌握场地、音响及道具情况　在婚礼游戏策划的时候，要注意了解婚礼场地、音响、道具等情况。要根据场地大小等情况来设计参与人数，要准备好音响、道具，配合开展游戏。如果没有这些准备，婚礼游戏有可能会达不到预期效果，甚至会出现反效果。

4. 点到即可，不宜过多　婚礼的主要环节在于新人间的承诺，在婚礼游戏策划时，如果婚礼中全是游戏，必然会使这一庄重的仪式显得无足轻重，这样会伤害婚礼原本的精神。所以，有一两个精心准备的小游戏，互动一下全场气氛即可，不要使婚礼焦点模糊，婚礼主角模糊。

5. 婚礼游戏要体现质感，切忌庸俗　中国传统有闹婚的习俗，但应注意不能利用婚礼游戏做庸俗的操作。要考虑新人及大多数参与者的感受，在婚礼游戏环节上，展现喜庆、文明、健康的婚俗文化。庸俗的婚礼游戏，会使婚礼文化品位降低，对许多新人而言，有可能会产生尴尬情绪，影响美好心情。由于新娘的身份及装扮有限制，在游戏中还要将新郎视为主要参与人。

（二）婚礼游戏实例介绍

现代婚礼游戏多种多样，层次尺度各有不同，下面介绍几个移风易俗的游戏，供大家参考。

1. 新娘抛花　此游戏来源于西方，主要由新娘背对未婚女性亲友，将手捧花抛出，获得手捧花的女性友人将获得新人祝福。在西方，这也意味获得手捧花的女性，将会是下一个结婚的人。

2. 喂食水果　请新郎背着新娘，然后由新娘向新郎喂水果。或者由婚礼主持人站在新人中间给双方喂食水果，水果也可由大到小，使新人越来越亲密。

3. 猜新娘　将新郎双眼蒙住，请新娘等数位女性亲友或伴娘（自定，不宜多，一般六位左右）站成一排，由新郎摸各位的手，或用鼻子嗅，来找到自己的真心爱人。

4. 宣读别具一格、趣味横生的新婚誓词　例如，新郎宣读：今天，是我和妻子新婚大喜的日子，历经了几年你追我赶的辛苦，今天的结合真是来之不易。所以，为了牢记这个美好时刻，珍惜这段美好姻缘，让老婆的家人放心，也让各位亲朋好友放心，现在宣誓为据：

第一，坚持老婆的绝对领导。家里老婆永远是第一位，孩子第二位，小狗第三位，我第四位。

第二，认真执行"四子"原则，对老婆像孙子，对岳母像孝子，吃饭像蚊子，干活像驴子。

第三，爱护老婆，做文明丈夫，做到"打不还手，骂不还口，笑脸迎送冷面孔"。

第四，诚心接受老婆感情上的独裁，"不要和陌生人说话"，尤其不能跟陌生女人说话。当然，问路的老太太除外。

第五，坚持工资奖金全部上缴制度。不涂改工资条，不在衣柜里藏钱。不过，每月可以申请领取 500 元零花。括弧，日元。

第六，积极响应"六蛋"号召。只能看老婆的脸蛋，出门前要吻脸蛋，睡觉要贴着脸蛋，决不能喊她"臭蛋"，决不骂老婆"混蛋"，我就是"软蛋"。

（三）婚礼上有创意且感动的活动介绍

当代婚宴上婚礼仪式流程往往比较雷同，交换戒指、香槟塔、抛手捧花这些仪式宾客早已审美疲劳，而除了仪式流程以外的其他活动大多也都是比较无味的活动，有的简单到就是司仪唱几首歌，亲朋好友讲几句话，司仪扔几个娃娃给宾客，这样的往往会形成台上孤芳自赏，台下低头一族的尴尬局面。下面介绍几个感动又有创意的宾客互动游戏。

1. 纸飞机带来婚礼梦想 将捧花放在舞台左侧，可以是和新娘捧花同样花束的捧花，来到的亲友和新人都可以将自己折的纸飞机抛入捧花，纸飞机插入捧花者获胜，反之失败。每位宾朋因为桌子距离不同，飞纸飞机的难度也有所差异。

纸飞机是每位宾客儿时的玩具，只要一张纸就够了。通过纸飞机提升宾客的参与感，婚礼上玩纸飞机也有飞向幸运的美好寓意。

2. 婚礼奥斯卡 美国奥斯卡一年一度，新人的婚礼一生也仅有此一次，完全可以设个"隆重"的颁奖典礼，毕竟那天宾朋们也是盛装打扮，新人可以事先拟好部分"获奖名单"，比如最佳制片人奖颁给新人双方父母，最佳男女配角奖可以颁给伴郎伴娘，根据自己的婚礼主题设定不同的奖项，当晚的最佳着装奖颁给婚礼那天最美丽的来宾，婚礼上的宾客也会特别期待。

婚礼奥斯卡可以让宾客受到重视的同时也能增强与新人的活动，还能使宾客回想起自己学生时代，学期末老师都会发奖状给表现好的同学颁奖的场景，感动满满。

3. 我爱猜歌名 与宾客互动其实不仅仅就唱歌一种形式，毕竟大多人不善于登台演唱。完全可以放一首歌的几句旋律或只播放开头伴奏音乐，让来宾猜歌名或歌手名字。猜歌名可以是用来照顾来宾中的老一辈人，让他们也融入新人婚礼的氛围中，比如"春天的故事""好日子"等。也可以播放一些能勾起新人这辈回忆的动画片音乐，邀请来宾猜歌名，猜对有奖。

4. 体重对对碰 邀请现场宾客两两结伴称体重，也可以是一家三口，体重之和最接近新郎新娘的为胜。因为考虑到有些姑娘会害羞暴露自己体重，司仪最后参考的是两人之和，男青年和女青年可以互相配对！

体重之和最接近当晚的新人，很有缘分也顺便沾沾结婚喜气，没准这两人能擦出不一样的火花。

5. "单身汪"大福利 请上 3 对单身男女，随机搭档，由女方寻找婚宴现场可以找到的所有素材，打扮男客户，最后投票选出最可爱或者最"美"的造型，奖项也可以设置成一等奖双人自助餐，另外两对可赢得情侣电影票。该活动让宾客祝福新人的同时也有可能促成其他单身人士的幸福姻缘。

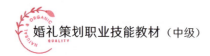

6. 猜猜乐抽奖　进场时给予宾客抽奖卡（写姓名、手机、祝福语）。请宾客猜猜新娘二次进场的婚纱颜色，例如蓝色或紫色二选一。准备两个箱子，猜蓝色的投进蓝箱、猜紫色的投紫箱。新娘二次进场后，从猜对的箱子里抽出数名幸运儿。

7. 阳光普照，春暖花开　这个活动是给参与婚礼的宾客送阳光普照奖，给宾客送一个小红包，小红包里是一张彩票，任何彩票都可以，如果中奖了宾客就去当地相关部门领奖，虽然重大奖的概率不高，但是多则十几元少则几元的小奖，还是有可能的，重点是可以让来宾将对新人的祝福和对自己中奖的期待巧妙地融为一体，幸福感爆棚。

任务二
撰写婚礼创意策划文案

【任务情境】

　　策划师阿美，毕业于北京管理职业学院（民政部培训中心）婚庆服务与管理专业，今年是在婚礼行业工作的第八年。一天一对婚礼当事人找到她，请阿美根据他们的背景情况进行婚礼策划并写出文案，同时提供相关的婚礼策划服务。

　　新郎黄先生和新娘吴女士的故事从在一起工作开始，优秀的两人毕业于同一所大学历史系，热爱中国传统文化。毕业后进入某博物院工作，在这个过程中他们每天在一起交流，有趣的是两个人从探讨北宋王希孟传世书画的切入点这种专业性问题到哪里新开了家火锅店，慢慢熟悉，也悄悄滋生了对彼此不一样的感觉。新郎新娘始终在租来的房子里蜗居。新郎说："很感谢在最艰难的时候我们之间同甘共苦，感情愈发的真挚和浓烈，每次下班看到有人在等我，就又充满力量。"新娘说："我们都很喜欢中国文化，也用自己的专业传承着中国文化，希望我们的婚礼更有中国味道。"对于他们相识到相爱都非常有纪念意义的故事，策划师阿美在进行创意婚礼策划文案撰写时，初步设想为他们设计一个中国传统婚礼，将更多的中国传统文化元素融入他们的婚礼中。她以"博源之恋"为他们的故事命名的婚礼，赋予了很多爱，很多中国式浪漫。

【任务分析】

一、婚礼策划文案撰写的主要内容

序号	主要内容
1	进行中西合璧创意婚礼策划文案撰写
2	了解并掌握中国传统婚礼样式进行中式传统婚礼策划文案撰写
3	进行集体婚礼策划文案撰写
4	提供化妆造型、服饰搭配等方面的建议

二、婚礼策划文案撰写的目标及措施

序号	目标	措施
1	能用婚礼创意策划的思维与方法进行策划	沟通、运用创意方法、运用创意思维
2	满足婚礼当事人需求，策划婚礼当事人满意中国传统婚礼	沟通、了解传统文化、案例展示

（续）

序号	目标	措施
3	能进行中式传统婚礼策划，同时传递婚礼文化，增强文化自信感	沟通、传递婚礼文化、文案制作
4	能进行集体婚礼策划	沟通、挖掘元素、社会合作
5	能为相关人员提供化妆造型、服饰搭配等方面的建议	沟通、图片展示、给予意见

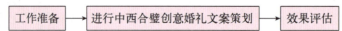

【任务实施】

子任务一　进行中西合璧创意婚礼策划文案撰写

一、工作流程

工作准备 ➡ 进行中西合璧创意婚礼文案策划 ➡ 效果评估

（一）工作准备

1. 物品准备

序号	名称	规格	单位	数量	备注
1	横线笔记本	143 毫米×215 毫米	本	1	主要用来收集信息
2	碳素笔	黑色、红色	支	2	记录信息
3	手机	智能手机	个	1	通讯
4	红外线测量器	100 米 USB 充电	个	1	用于现场考察场地
5	水杯	550 毫升、保温杯	个	1	咖啡或茶

2. 环境与人员准备

序	环境与人员	准备
1	环境	干净、整洁、温馨、舒缓
2	婚礼策划师	具备一定策划学理论知识、有创新能力、能独立开展策划项目
3	婚礼新人	与婚礼策划师交流提出婚礼意愿和愿景

（二）进行中西合璧创意婚礼策划文案撰写

步骤	流程	进行中西合璧创意婚礼策划文案撰写的技术操作要求
工作前准备	知识基础	（1）经过初级婚礼策划职业技能等级培训
		（2）具备一定策划学理论知识、有创新能力、独立开展策划项目
		（3）具备一定的文字功底，思想活跃、沟通能力强
		（4）掌握婚礼策划文案的基础写作知识和写作技巧

（续）

步骤	流程	进行中西合璧创意婚礼策划文案撰写的技术操作要求
工作前准备	沟通与准备	（1）沟通。策划师进入会客谈单区，与婚礼当事人面对面就座，进行简单的寒暄问候。"您好！我们今天主要来帮助您构思您的婚礼创意策划文案，""首先，我们需要了解一下您们的基本情况，同时想听听您们对自己的婚礼有哪些创意和想法。"
		（2）提前准备。在沟通前最好有一个基础概念，同时带上婚礼场地的图片和视频，让婚礼当事人大概了解创意婚礼的布局、风格、色彩
步骤1	构思创意策划主题	通过与婚礼当事人的初步沟通，分析婚礼当事人的对于婚礼环节的喜好和想表达的情感，明确婚礼主题
步骤2	运用创意策划方法、创意思维方式构思策划	（1）运用头脑风暴法、比较分析法、灵感创意法、智能放大法等婚礼创意策划的方法为婚礼当事人进行创意婚礼策划构思
		（2）运用逆向思维、侧向思维、立体思维、组合思维、类比思维等创意思维方式为婚礼当事人进行创意婚礼策划构思
步骤3	提炼创意婚礼元素	（1）婚礼当事人产生共鸣要围绕爱情、亲情和友情展开，从中提炼可以用于创意婚礼的元素
		（2）了解婚礼当事人爱情故事，通过婚礼当事人家庭、职业、身份背景以及兴趣、才艺提取婚礼风格，最后确定创意要素
步骤4	撰写创意文案	（1）确定婚礼主题和婚礼风格等元素后，婚礼策划师根据新人故事和要求着手撰写创意婚礼策划文案文字版和PPT版
		（2）按照封面、目录、场地、情况分析、婚礼当事人基本信息（包括：婚礼当事人姓名、婚礼时间、婚礼地点等）、场地具体信息、平面图及实景照片、色系参考、签到区设计展现、仪式区、宴会区设计展现、甜品区、茶歇区、合影区设计展现、桌花设计参考、新娘手捧花、胸花设计参考、椅背装饰设计参考、婚礼流程及筹备倒排的顺序撰写文案的基本内容
步骤5	进行可行性评估	对创意内容与婚礼价位进行配比评估，对创意内容是否能实际执行进行评估
步骤6	征求意见文案定稿	（1）完成创意婚礼策划文案文字版和PPT版初稿后，需征求婚礼当事人的意见
		（2）经当事人确定无意见后，创意婚礼策划文案定稿
注意事项		（1）在使用头脑风暴法是一定要遵守有四大原则：严禁批评、自由奔放、多多益善、"搭便车"
		（2）不管运用什么的样思维和方法进行创意策划，最后必须考虑能否执行和落地，避免天马行空，竹篮打水一场空

（三）效果评估

（1）通过撰写创意策划文案，婚礼变得更具有创意性，更符合时代要求，更受客户喜欢，成了婚庆公司销售成功的重要基础。

（2）通过撰写创意策划文案，婚礼现场宾客最大限度地享受到了创意策划带来的美，使婚礼不庸俗、不恶俗，处处显示美感的同时，还体现了婚礼文化的博大精深。

二、相关知识

（一）目前我国婚礼主要流行模式

中国现代婚礼，根据不同时期有不同的风格属性。无论是新中国成立初期的登记结婚仪式从简，还是红色年代的向领袖宣誓，都体现了当时国情环境下的社会特点。而我们现在常说的现代婚礼模式，应该源于改革开放以后，人们对精神与物质需求不断提高，而逐渐变化的结果，也是西方文化不断融入中国的集中表现之一。

从 20 世纪 90 年代初出现了婚礼服务公司开始，伴随中国婚礼服务业的兴起、发展和成熟，婚礼庆典样式也不断发生着变化。从开始的中西合璧式婚礼样式，到主题婚礼和传统婚礼回归，再到目前的私人订制婚礼的出现和婚礼样式标准化的需求，我国当代婚礼庆典样式也经历了从"大杂烩"到产品设计的转化过程。

现代婚礼仪典是指中西合璧两段式婚礼样式的统称。20 世纪 80 年代初至 90 年代，随着中国百姓富裕程度的提高和中国社会的不断进步，中国的老百姓开始把自己的婚礼交给专业的婚庆公司承办。这期间，随着白色婚纱进入中国，我国婚礼的样式，在以俗称的西式或中式（女士礼服多为凤冠霞帔）婚礼为主打形式的基础上，渐进演变出中西合璧的婚礼样式。呈现出土洋合璧、今古融合、地方自创的特色。经过历二十多年的演变，中西合璧式的婚礼渐成为中国婚礼的主流样式。

撰写婚礼策划文案就是根据婚礼仪式流程和婚礼相关内容进行策划，婚礼仪式是婚礼最核心的部分。目前流行的中西合璧式婚礼主要分为三段，也称为三段式婚礼，婚礼策划书就是围绕三个阶段进行婚礼策划。

三段式婚礼主要包括婚前礼（接亲、迎亲）；正婚礼（婚礼仪式）；婚宴。当然，有的地方，除了婚宴外，还有晚上的晚会和闹洞房活动，有的地方还有婚后礼，比如举行回门礼、回门宴等。

（二）中西合璧创意婚礼策划文案的撰写步骤

婚礼策划以婚礼的主题为核心，涉及婚礼活动的各个方面，包括婚礼的流程策划、婚礼的花艺设计、婚礼场景策划、婚礼仪式策划以及婚礼相关活动，如演艺活动、婚礼音乐、婚礼短片、互动游戏设计等。

一个成功的婚礼策划需要兼顾很多元素，一般要遵循"十六字原则"：源于调查、重在定位、贵在创新、巧在运作。

具体来讲，中西合璧创意婚礼策划文案的撰写步骤包括以下几个方面。

步骤一：构思创意策划主题。通过与婚礼当事人的初步沟通，分析婚礼当事人的对于婚礼环节的喜好和想表达的情感，选择适合他们的婚礼主题。

步骤二：运用创意策划方法、创意思维方式构思策划创意。运用头脑风暴法、比较分析法、灵感创意法、智能放大法等婚礼创意策划的方法为婚礼当事人进行创意婚礼策划构思；运用逆向思维、侧向思维、立体思维、组合思维、类比思维等创意思维方式为婚礼当事人进行创意婚礼策划构思。

步骤三：提炼创意婚礼元素。婚礼策划人员要清楚万变不离其宗，与婚礼当事人产生共鸣要围绕爱情、亲情和友情展开。找到与婚礼当事人的共鸣之处，从中提炼可以用于创

意婚礼的元素。了解婚礼当事人爱情故事，通过婚礼当事人家庭元素、职业、身份背景以及兴趣、才艺提取婚礼风格，最后确定创意要素。

步骤四：撰写创意策划文案。在确定婚礼主题和婚礼风格等元素后，婚礼策划师根据新人故事和要求着手撰写创意婚礼策划文案文字版和PPT版。

步骤五：进行可行性评估。对设计撰写出来婚礼创意策划文案要进行可操作评估，对创意内容与婚礼价位进行配比评估，对创意内容是否能实际执行进行评估。

步骤六：征求意见，文案定稿。完成创意婚礼策划文案文字版和PPT版初稿后，需征求婚礼当事人的意见，经当事人确定无意见后，创意婚礼策划文案定稿。

（三）中西合璧创意婚礼策划文案案例赏析

【案例2-1】中西合璧创意婚礼"茵为你"策划文案（文字版）

1. 新人背景及基本信息

经人介绍，在天旺广场某咖啡厅两人相见。但是当时新娘高女士并未看上新郎张先生。新郎软磨硬泡，软硬兼施，不停地打电话……

新娘：刚开始我不是特别看得上他，但是当时他比较相中我，所以他一直很坚持，天天给我打电话，一天打七八次，我开始都有点烦了，就让别人给他说别让他天天打电话。可他还是那样一直坚持，一直持续了将近一个月，就慢慢习惯了。后来突然他有一天不给我打电话了，很冷淡的那种。我就有点不习惯了，才主动给他打了电话。然后第二天，他就带着花找我表白了。后来说起来这事的时候，才知道这是他用的一个小花招。

新娘：他第一次表白的时候在家演练了一下午，还看电影学习人家一些表白的话。最后下午去找我了，见了面一句也说不出来了，就说了一句"你做我女朋友吧"，其他的都没说出来。后来晚上，他回家后把他想说的话就写在日志里了。

他们的交叉故事：南非之旅、战狼2、世界杯、球星齐达内。

请根据新人在爱情故事提炼与之有关的资料，为他们策划一场主题婚礼。

婚礼时间：2016年的6月6日。

室内婚礼：暗场。

2. 婚礼主题情景说明

根据情境中新人的故事设计一场室内草坪婚礼，主题定为"茵为你"。

情不知所起

一往而深

线不知远程

一脉相连

花不知含羞

一片芳心

爱不知甘苦

热忱赤诚

矢志不渝

心有所属

就像那爱的足球

在无垠的绿地上驰骋

最终进入爱的幸福大门

3. 总体设计思路

路漫漫其修远兮，追求爱情的路程往往不易。

新郎矢志不渝、专一永恒的决心打动了感情谨慎的新娘。

犹如绿洲装点了荒漠，荒漠开出爱的花朵。

这场婚礼我们将两人相识、相知、相恋过程，由伴郎伴娘扮演新郎新娘，通过"三幕情景剧"的方式呈现。

结合二人的南非之旅，共同热爱世界杯，婚礼现场将草坪搬进室内，各式足球元素如足球模型、球类花束、黑白色气球等作为室内宴会厅的装饰素材。

4. 创意设计

茵茵绿地清新简约，新人喜欢世界杯和球星齐达内，我们打破传统的室外草坪的束缚，把草坪搬进室内，吊顶上打造出足球场的感觉。融合足球和世界杯的元素，黑白色的足球，从空中飞过的抛物线，白色的足球门，黑白色的色彩搭配等，延伸出一系列既符合当代美学的线条感又呼应世界杯和足球元素的设计。

舞台背景采用在里约热内卢举办的第 20 届世界杯的徽标作为主背景，而舞台则选择象征足球的六边形来作为主舞台，T 台用弯曲的线条来设计，犹如足球踢过的轨迹，整场融入世界杯和足球的氛围。

5. 创意亮点

亮点 1：吊顶设计

吊顶用 LED（发光二极管）灯条连接成一个足球场地的图形，悬挂黑白色的气球装饰，气球上用醒目的红色数字表示球星齐达内穿过的球衣号（如：21 号、5 号、7 号、11 号），设计出浓浓的绿茵场的运动风格，借用当代艺术的架构方式，以一些局部的意象，来取代整体的具象。

亮点 2：迎宾区

亲爱的高×：

当你感觉无助、不开心的时候

不要难过！

请记住

在你身后

有一个深爱你的人！

迎宾区融入电影《战狼2》中的护照元素，用 KT 板（聚苯乙烯泡沫板）做成护照的证件模式，上面挂满两人在南非旅行的照片，摆放在合影区，有一种爱国氛围。

亮点 3：甜品区

甜品区用足球元素来设计，主蛋糕设计用黑白相间的足球原型，上面放金色的世界杯的奖杯造型。旁边摆放各种小足球造型的小蛋糕、齐达内的小玩偶、世界杯的吉祥物等。

亮点 4：签到区

签到背景版用大量的黑白色的气球搭造成一个球门，用绿叶作为装饰。

签到台设计为一个咖啡吧台，上面放各式各样的陶瓷杯，并摆放一台咖啡机，用数个足球模型来签到（婚礼后新人可以收藏）。设计来源新人在咖啡厅相识，都喜欢世界杯。

亮点5：流程设计

根据新人的爱情故事，我们将两人相识、相知、相恋过程，由伴娘伴郎扮演新郎新娘，通过三幕创意秀的短剧方式呈现。

6. 婚礼宴会厅环境布置与舞台设计

内容	设计
现场色彩基调	绿色50%，白色30%，其余彩色20%（要有具体颜色）
舞台背景设计	舞台背景采用在里约热内卢举办的第20届世界杯的徽标作为主背景，而舞台则选择象征足球的六边形来作为主舞台，T台用弯曲的线条来设计，犹如足球踢过的轨迹，整场融入世界杯和足球的氛围
吊顶设计	吊顶用LED灯条连接成一个足球场地的图形，悬挂黑白色的气球装饰，气球上用醒目的红色数字表示球星齐达内穿过的球衣号（如：21号、5号、7号、11号），设计出浓浓的绿茵场的运动风格
甜品区设计	甜品区用足球元素来设计，主蛋糕设计用黑白相间的足球原型，上面放金色的世界杯的奖杯造型。旁边摆放各种小足球造型的小蛋糕、齐达内的小玩偶、世界杯的吉祥物等
路引设计	用彩色的地爆球和黑白色的足球造型灯作为路引，新人共同入场时引爆地爆球，营造唯美浪漫气氛
主桌花设计	将足球元素融入桌花设计中，以足球模型为原型，用球形的花卉如：绣球花、球兰、大花葱、龙船花、乒乓菊等设计为球形的主桌花
花门设计	用各式各样的彩色气球、黑白气球加球形鲜花如：绣球花、球兰、大花葱、龙船花、乒乓菊等搭造一个拱形的花门
签到台设计	签到背景版用大量的黑白色的气球搭造成一个球门，用绿叶作为装饰； 签到台设计为一个咖啡吧台，上面放各式各样的陶瓷杯，并摆放一台咖啡机，用数个足球模型来签到（婚礼后新人可以收藏）。设计来源新人在咖啡厅相识，都喜欢世界杯
其他	整个地面将铺设绿色的草坪地毯

7. 婚礼花艺设计

内容	设计
新娘手捧花设计	朵朵鲜花汇成圆　真爱相握永不松 （绿色为主色调、乒乓菊为主花材、用绣球花、球兰、大花葱、龙船花等球形鲜花设计为球形手捧花）
新娘其他花饰设计	鲜花绕腕丝丝缠　情花盛开浓浓爱 （白色铃兰花加银色丝带设计手腕花）
新郎胸花设计	小碎花攒聚胸口　一心一意永不离 （绣球花和铃兰为主花材，加绿色尤加利叶）
其他	

8. 婚礼仪式流程设计

时间	仪式环节
10:58	第一幕《人生若如初相见》 　由伴郎伴娘扮演的新郎新娘在标有天旺广场某咖啡厅相见 　伴郎 A 和伴娘 A 扮演新郎、新娘，伴郎 B 伴娘 B 在舞台后区支撑天旺广场某咖啡厅的牌子 　伴郎 A：家人介绍的姑娘，如果长得不好看，就在咖啡厅喝杯东西走人！ 　伴娘 A：第一次见面，如果这货就带我在咖啡厅喝杯咖啡不吃饭咱就拜拜再见不联系！ 　伴郎 A 对伴娘 A 见面之后，新郎一见钟情，新娘感觉不行 　换场
11:08	第二幕《一往情深深几许》 　伴郎 C 和伴娘 C 扮演新郎、新娘，伴郎 D 伴娘 D 在舞台后区两角，一个支撑新郎工作单位的牌子，一个支撑新娘工作单位的牌子 　伴郎 B 和伴娘 B 分别把小桌子和椅子放置在舞台两侧牌子下 　伴郎 A 持手机给伴郎 A 打电话 　伴娘 C：怎么又来电话了？今天你都打了 80 个电话了…… 　伴郎 C：……在干什么？你听我说…… 　伴娘 A：挂断电话 　伴郎 B 支撑一个牌子上写：一个月后 　伴娘 C：他天天给我打电话，这几天怎么没动静了？是不是出什么事了？我给他打个电话吧？ 　伴郎 C：……怎么是你？我很好啊，明天咱们在老地方见面吧？ 　换场
11:14	第三幕《得一心白首不离》 　伴郎 A 和伴娘 A 扮演新郎、新娘，伴郎 B 伴娘 B 在舞台后区支撑天旺广场某咖啡厅的牌子 　伴郎 B 支撑一个牌子上写：求婚现场 　伴郎 A：高×，你做我女朋友吧！ 　伴娘 A：……哈哈哈哈…… 　两人拥抱 　伴郎伴娘退场 　婚礼开始
	婚礼流程
11:20	妙语连珠趣开场（主持人开场） 讲述两位新人的爱情故事
11:22	执子之手，与子偕老（新人入场） 新郎单膝献花，与新娘共同入场
11:23	承诺今生无悔誓（新人宣读誓言）
11:28	爱情恒久远，一颗永相伴（交换信物） 　（由伴娘送上戒指，戒指装在足球模型中呈上）

（续）

时间	仪式环节
11:30	双唇微启凝眸间，爱至深处意绵绵（亲吻礼）
11:32	交杯共饮咖啡时（交杯酒） （新人饮用咖啡做的交杯酒）
11:34	处处喧呼蹴鞠场，幸福之球落谁家（抛手捧花） （用抛足球代替手捧花）
11:36	此情可待成追忆（合影留念）
11:45	两姓缔约良缘结（礼成退场）
11:47	人生得意须尽欢（酣宴宾客）

9. 新人化妆与造型设计

内容	新娘	新郎
化妆	底妆清透淡雅，选用浅色或发光色眼影，使眼睛看起来更深邃，重点在眉部和眼部	控油隔离，鼻梁双颊外侧扫上光影加深轮廓，炭灰色加深眉毛
造型	大卷侧披，简洁雅致	一条杠纹理发型 简洁大方，体现新郎的帅气

10. 新人服饰与配饰设计

内容	新娘	新郎
服装	齐地白色婚纱 以修身的款式搭配浪漫的花朵蕾丝，性感与浪漫时尚的心形一字肩设计，凸显肩部与颈部的迷人曲线，精美的蕾丝雕花，展现优雅气质。腰部别具一格的收腰设计，简约时尚尽显女性的优雅	天蓝色西装套装，马甲色与西装色一致
配饰（戒指）	某品牌圆形款蓝宝石钻戒	某品牌圆形款蓝宝石钻戒
配饰（耳环和手表）	蓝宝石耳坠	某品牌男士腕表

11. 婚礼音乐设计

婚礼环节	曲名	备注
新人入场	《Sky》纯音乐版	3分钟
交换信物	《I Love You》钢琴版	4分钟
亲吻礼	《My Heart Will Go On》纯音乐版	2分钟
誓言	《My Hope Is You》纯音乐版	3分钟
交杯酒	《Perfect》纯音乐版	3分钟

12. 婚礼物料清单

物品	数量
大小不一的足球模型	30 个
黑白色气球	60 个
彩色气球	50 个
LED 灯条	30 条
KT 板	2 块
世界杯的奖杯造型	1 个
齐达内的小玩偶	4 个
世界杯的吉祥物	4 个
陶瓷杯	8 个
咖啡机	1 个
照片	40 张
银色丝带	1 卷
草坪地毯	1 块
地爆球（大）	8 个
合计	240

（四）西式婚礼的小知识

1. 婚纱的由来　1499 年，在法国瓦卢瓦王朝国王路易十二（Louis XII le Père du Peuple，1462—1515）与王后安妮（Anne de Bretagne，1477—1514）的婚礼上，出现了婚纱的概念。王后的婚纱采用了从古代中国进口的较为昂贵的白色织锦，上面镶缀着各种珍珠、银饰和宝石，首开婚纱中国化的先河。

由于古代欧洲一些国家是政教合一的国体，人们结婚必须到教堂接受神父或牧师的祈祷与祝福，这样才能算正式的合法婚姻，所以新娘穿上白色的典礼服向神表示真诚与纯洁。现在新娘所穿的下摆拖地的白纱礼服起源于天主教徒的典礼服。

19 世纪以前，西方少女们出嫁时所穿的新娘礼服没有统一颜色规格，直到 1820 年前后，白色才逐渐成为婚礼上广为人用的礼服颜色。这是因为英国的维多利亚女王在婚礼上穿了一身洁白雅致的婚纱。从此，白色婚纱便成为一种正式的结婚礼服。

如今，有的人不懂婚纱的来历，自己别出心裁，把新娘的婚纱做成粉红或浅蓝的颜色，以示艳丽。其实，按西方的风俗，只有再婚妇女，婚纱才可以用粉红或湖蓝等颜色，以示与初婚区别。

1823 年婚纱款型 A 字形注重视觉的修长效果，整体设计就如同英文字母 A 一般。它上半身紧身窄小，下半身顺势拉宽，由于腰身并不相当明显，从上到下呈一直线之感，使新娘子看起来更显高挑，是突出新娘身段的首选。

直身婚纱一般采用贴身设计，能凸显新娘的好身材，呈现出性感和高贵。它适合穿着在小而精致的婚宴场地，简洁但不失高贵与大方。

2. 新娘手捧花的由来　手捧花出现在西式婚礼上，来源于一个古老的习俗。古代西方人认为，气味浓烈的香料及香草（甚至包括大蒜和细香葱）可以护卫婚礼上的人们免遭厄运及疾病的侵害，后来这一习惯被延承了下来，并逐渐有了更多的含意。经过几百年的演变，手捧花在如今的婚礼中是幸福使者，未婚女子在婚礼上接到新娘丢出的捧花，就寓意着会找到自己的幸福伴侣，成为下一位幸福新娘（图 2-1）。

图 2-1　新娘手捧花

结婚仪式接近尾声时，新娘都会把手捧花抛出去，由未婚的女生来接，新娘抛捧花意味着谁接到谁就快要结婚了，所以往往一些待嫁的或者想要马上结婚的姑娘们都会欣喜若狂地等待着新娘手中抛出的捧花。

3. 结婚戒指的含义　璀璨华美的结婚戒指是每位新人心目中对永恒之爱的美好象征，戴上它就意味着终于得到了自己完美的爱情，可以和挚爱的人厮守一生，不离不弃。所以，交换婚戒是结婚典礼上必不可少的一个仪式。

相传在原始社会，男子从其他部落里抢到的女子就给她戴上枷锁以示占有，这个习惯渐渐演变成一种风俗，结婚都要用"抢婚"的方式，而枷锁也慢慢演变成戒指的模样，因此，戒指在最初是用来套牢女子的，男子一般不佩戴婚戒。男女交换戒指的仪式是第二次世界大战时期在美国兴起的，象征着新郎、新娘相互维系着两人的爱情，相互扶持，共度一生。

世界上第一枚真正意义上的婚戒是由奥地利皇帝麦士米尼于 1477 年赠送给法国的玛丽公主的钻石戒指，这枚闪闪发光的钻石戒指让已经有了婚约的玛丽公主改变了初衷，最后选择了与麦士米尼结合，从此，送钻石戒指向心爱之人求婚成为西方人士的一种浪漫的传统，同时也渐渐流传到中国。

4. 中国的第一场西式婚礼　西式婚礼最早在 19 世纪末流传到中国，但是没有形成什么气候。到 1905 年，由于其形式特别适合主张婚姻自主人士的口味，一时间实行西式婚礼的人越来越多，报刊的报道也起到了推波助澜的作用，在一些大城市变成了一种时尚。

1935 年，上海举办了中国首次的集体西式婚礼，当时这一新式婚礼在上海家喻户晓，而且随着群众报纸杂志的宣传，西式婚礼在全国引起了积极反响，开始真正被中国人所接受。

（五）中西方婚俗文化比较

婚礼	氛围	地点	主色调	仪式	喜宴	性质	亮点
西式	庄严肃穆	教堂	白色	神圣简单	招待酒会 舞会	神前的婚礼	许誓 抛花球
中式	喜庆热闹	随意	红色	热闹繁复	酒席	人前的婚礼	拜堂 闹洞房

子任务二　了解并掌握中国传统婚礼样式进行中式传统婚礼策划

一、工作流程

工作准备 → 撰写中国传统婚礼策划文案 → 效果评估

（一）工作准备

1. 物品准备

序	名称	规格	单位	数量	备注
1	横线笔记本	143 毫米×215 毫米	本	1	主要用来收集信息
2	笔记本电脑	13 英寸	台	1	展示以往照片及视频资料
3	碳素笔	黑色、红色	支	2	记录信息
4	手机	智能手机	个	1	通讯
5	录音笔	16GB	支	1	常用于现场沟通实时录制
6	红外线测量器	100 米 USB 充电	个	1	用于现场考察场地
7	水杯	550 毫升、保温杯	个	1	咖啡或茶
8	宣传资料	图文并茂	份	2	
9	名片	铜版纸	盒	1	
10	协议	A4	份	3	

2. 环境与人员准备

序	环境与人员	准备
1	环境	干净、整洁、温馨、舒缓
2	策划师	具备一定策划学理论知识、有创新能力、独立开展策划项目
3	婚礼新人	与婚礼策划师交流提出婚礼意愿和愿景

（二）进行中式婚礼策划

步骤	流程	技术操作要求
工作前准备	知识基础	（1）经过初级婚礼策划职业技能等级培训
		（2）初步掌握中华传统婚礼文化
		（3）具备一定策划学理论知识、有创新能力、能独立开展策划项目
		（4）具备一定的文字功底，思想活跃，沟通能力强
步骤1	沟通与交流	（1）核对婚礼当事人基本信息（包括：婚礼当事人姓名、婚礼时间、婚礼地点等）
		（2）引导婚礼当事人充分介绍两人的爱情故事、经历、爱好
		（3）了解并确定婚礼当事人喜欢中国传统婚礼，准备举办中国传统婚礼
步骤2	讲解中国传统婚礼的文化知识	（1）向婚礼当事人介绍中国传统婚礼的历史渊源，如周制婚礼的渊源等
		（2）向婚礼当事人介绍中国传统婚礼的文化知识，如三书六礼等
步骤3	介绍中国传统婚礼样式	讲解中国传统婚礼的几种样式，如周制婚礼、唐代婚礼、明清婚礼等，以及目前比较流行的新中式婚礼的样式。让婚礼当事人对中式传统婚礼有基本的了解
步骤4	介绍中国传统婚礼基本流程	向婚礼当事人介绍几种不同样式中国传统婚礼的基本流程和服饰道具，从而让婚礼当人选出适合自己的中国传统婚礼
步骤5	确定婚礼风格	根据据婚礼当事人的诉求和特点，将中式传统婚礼主题以及风格纳入文案中
步骤6	确定中式婚礼策划文案的基本内容	按照封面、目录、场地、情况分析、婚礼当事人基本信息（包括：婚礼当事人姓名、婚礼时间、婚礼地点等）、场地具体信息、平面图及实景照片、色系参考、签到区设计展现、仪式区、宴会区设计展现、甜品区、茶歇区、合影区设计展现、桌花设计参考、新娘手捧花、胸花设计参考、椅背装饰设计参考、婚礼流程及筹备倒排的顺序撰写文案的基本内容
注意事项		（1）要使文案语言有感染力和吸引力
		（2）撰写时就要构思好文案语言
		（3）要有意识地克服口头禅
		（4）要多考虑一些满足婚礼当事人特殊需求及偏好的语言

（三）效果评估

（1）通过为婚礼当事人策划中国传统婚礼，更好地将中式婚礼古朴、周全的礼节、喜庆、热闹的气氛的特点显示出来，同时也集中体现了中国婚礼习俗。

（2）通过策划传统中式婚礼，中国的新人更加重视文化发展。让更加追求个性创意的新一代，不断"追寻文化根源、重视传统民俗"的同时，也让举办中国传统婚礼成为现代人的新"时尚"。

二、相关知识

（一）中国传统婚礼的缘起、发展与主要特征

婚礼属五礼中的嘉礼，是中国古代社会中的传统大礼。《礼记·昏义》："昏礼者，将合二姓之好，上以事宗庙，而下以继后世也。"这就是说，婚礼不仅仅是个人的行为，而

是"合二姓之好"的家族大事。因此，婚姻就成为传统社会关系的凝聚点，人们又通过烦琐的礼仪规范来为之提供保障，由此产生一系列隆重而严肃的婚嫁礼仪。

1. 中国传统婚礼的缘起　婚礼是一种宗教仪式或法律公证仪式，其意义在于获取社会的承认和祝福，帮助新婚夫妇适应新的社会角色和要求，准备承担社会责任。所有的民族和国家都有其传统的婚礼仪式，是其民俗文化的继承途径之一，也是本民族文化礼仪教育的内容之一。婚礼也是一个人一生中重要的里程碑，属于生命仪典的一种。影响最广的婚礼是三大文明圈的婚礼即儒教婚礼、印度教婚礼、基督教婚礼。依宗教分有基督教婚礼仪礼、伊斯兰教婚礼仪礼、佛教婚典仪礼等。依区域有西式婚礼仪礼、东方婚礼仪礼（东方婚礼以中、日、韩式为典范）。

中国婚礼仪礼可以分为传统朝代婚礼仪礼（周代至民国）、民俗婚礼仪礼（花轿式为主）、民族婚礼仪礼（各个民族之特色婚礼）、现代婚礼仪礼等。依仪式方式，可以分为求婚仪礼和结婚仪式。

婚姻的缔结并不仅仅是男女新人之事，更是关系到双方家族的大事。对上关系到祭祀宗庙、告慰先祖，对下关系到传宗接代，因此要格外慎重对待。而如何能够做到"敬慎重正而后亲之"呢？这就需要靠礼仪来规范。

所谓中国古代婚礼是指起源于夏、商，成形于周制六礼，流传于中国各朝代的婚礼仪式和婚礼制式。

中国古代婚姻形式虽然多种多样，但处于主导地位的还是媒聘婚，即经过明媒正娶的婚姻形式。媒聘婚自周代起就有了一整套烦琐的礼节仪式。相传中国最早的婚姻关系和婚礼仪式从伏羲氏制嫁娶、女娲立媒约开始。《通鉴外纪》载："上古男女无别，太昊始设嫁娶，以俪皮为礼。"从此，俪皮（成双的鹿皮）就成了经典的婚礼聘礼之一。之后，除了"俪皮之礼"之外，还得"必告父母"；到了夏、商，又出现了"亲迎于庭""亲迎于堂"的仪节。

《仪礼·士昏礼》中规定，婚礼要经过六道礼仪程序：纳采、问名、纳吉、纳征、请期、亲迎，这就是周代开始实施的婚仪六礼，也称为周制婚礼。六礼对于后世的影响可谓极其深远，从有六礼以来至清末民初，历经各朝各代，纵跨几千年历史，六礼之本不曾改变。即便是诸如元、清等少数民族统治时期，虽然在仪礼上有不同的变化，但仍以六礼为基础。

六礼中的前五礼都是婚礼的准备工作，也称为婚前礼。亲迎当日称为正婚礼。正婚礼流程依次有：祀先醮子、亲命亲迎、参主奠雁、醴女结帨，御轮三周、三揖三让、舅姑见妇、媵御沃盥、合祭先祖、共牢而食、合卺而酳。从礼态的角度细分还有：酌、献、祭、趋、止、揖、拜、再拜、稽首等礼态。

六礼的主要包括以下内容。

（1）纳采。纳采即男家请媒人到女家说亲，得到女方应允后派使者送上雁作为礼物，并正式向女家提出缔结婚姻的请求。

（2）问名。问名是男方派遣使者在纳采后，请问女子生母之名，以分清女方是嫡出或庶出，并问明女子本人名字、出生日期时辰，以便回来后占卜婚姻凶吉。问名也是以雁为礼。

（3）纳吉。男方得知女子名字后，即在祖庙占卜，预测婚姻吉顺。获得吉兆后，就派使者带着雁到女家报喜。行纳吉礼后，男女双方正式约定婚约。

（4）纳征。即向女方送聘礼。纳吉之后，双方宣告订婚，男方要送给女家玄束缥帛和俪皮等作为聘礼。行纳征礼后，男女双方婚约正式确定。

（5）请期。男家经过占卜推算，选择成婚的吉日后，派使者以雁为礼，去征求女方的同意。

（6）亲迎。由新郎驾车亲自迎娶。返回男家之后，夫妇之间要共牢合卺。

传统婚俗六礼中出现的五行观念和民间信仰，如问名和纳吉等都反映了民间宗教的影响力。民间宗教主要包括信仰（神灵信仰、祖先信仰等）、仪式（各种祭祀、节庆、人生礼仪、各种巫术、各种占卜术等）、象征（神系的象征、自然物的象征、文字的象征等）和传说（对神灵来历方面的解说，对现象、事物起源方面的解说，对种种仪式意义方面的解说）。

六礼婚俗折射出的孝道文化、宗教礼仪，反映的民俗民风均体现出中国传统文化的发展痕迹。官方记载多为上层社会采用，民间则从简减少步骤，这是阶级社会地位不同的表现。六礼婚俗反映并不局限于这些传统文化，作为传统习俗文化元素，因时间和地域不同则表现不同，背景赋予的文化色彩也不一样。

2. 中国各朝代传统婚礼的特征、范式与发展

（1）先秦婚礼。《仪礼·士昏礼》的全文内容，详细记录了先秦时期士阶层的婚礼过程，包括了婚前礼、正婚礼和婚后礼。

婚前礼：包括纳采、问名、纳吉、纳征、请期。

正婚礼：包括亲迎，即新娘到达新郎家大门外，新郎拱手行礼，请新娘进门。走到寝门前，新郎又拱手行礼，请新娘入内，新郎导引新娘一起从西阶登堂。陪嫁者为新郎布置座席。陪嫁者和新郎的女侍交替为新郎、新娘浇水洗手。侍从开始把鼎抬入内院，并从鼎中取出各种肉陈放在俎上。事毕，赞者开始将盛有酱菜的豆和盛粮食的敦依次码放在新郎席前，盛肉的俎也顺序放好，打开器皿的盖子。新郎拱手行礼，请新娘就席，然后双方在席两边相对坐下，开始共牢。共牢就是两人先举肺以祭并吃掉，再吃黍，并用手指蘸酱为嘴里的黍调味，这是一饭。这样吃三次才算礼毕。赞者用爵盛酒为新郎新娘递上，新郎新娘喝酒前要先拿起肝蘸上盐并抖落多余的盐，吃一口放入盛腌菜的豆中，这叫振祭。振祭之后再喝酒，这是初酳。第二次用爵喝酒，不用再行振祭之礼。三酳时用卺盛酒。三牢三酳之后，赞者和新郎新娘都起身。新郎走至外屋，新娘在室内北墙下站立，赞者撤走室内的食物。新郎在外屋脱下礼服，由陪嫁者接着。新娘在室中脱下礼服，由女侍接着。年长的老妇将佩巾给新娘。女侍和陪嫁者分别为铺卧席，两张卧席上都放有枕头，按脚朝北的睡向摆放。新郎从外房进入室中，亲手解下新娘许嫁时系的缨带。至此，婚礼完毕。

婚后礼：包括拜舅姑，即次日清晨新娘拜见公婆。为公公奉上枣、栗，为婆婆奉上捶制而成的干肉。之后，新娘洗手后向他们奉上盛在俎上的猪肉和盛有酱菜粮食的豆和敦，公公婆婆也要边祭祀边吃三次。之后新娘递酒，请他们漱口，这里不用振祭之礼。接着，在室中北墙下铺席，新娘将公婆吃剩的食品撤到席上，新娘要吃公公吃剩下的食物，公公

嫌不干净而加以制止，让她更换，新娘从命。新娘又吃婆婆的余食。同样按照祭祀的方式吃。吃完后，婆婆递酒请她漱口，新娘坐下祭祀后将酒饮尽。

朱熹《仪礼经传通解·仪礼经传目录》云："其所谓士礼者，特略举首篇以名之。其曰'推而至于天子'者，盖专指冠婚丧祭而言。"其实，在《仪礼》的飨射礼和大射仪相关篇章中，对不同级别的礼仪规模有详尽的阐释。因此可知，先秦时期不管是哪个阶层的婚礼，其仪式礼程是相同的，所不同的是服饰和器物的使用上的区别。

（2）汉式婚礼。汉代，中国礼仪习俗进入发展阶段。汉武帝提出罢黜百家，独尊儒术，将《诗》《书》《礼》《易》《春秋》合称为"五经"，奠定了经学的正统地位，其中的《礼》就是记载古代儒家传习礼仪的最早著作《仪礼》。儒学正统地位的确立，使儒家的礼仪成为礼仪习俗的主流，推动了礼俗的发展。

汉代的《礼记·昏义》其实是在先秦《仪礼·士昏礼》的基础上，对婚礼的进一步阐述规范。由此可见，秦汉时期的婚礼仪式是和先秦时期基本相同的。

不同于周礼，汉人婚礼始举乐，并出现了闹新房的习俗，且婚嫁之风极为奢侈。早婚现象开始兴起。在婚姻观念上，妇女的社会地位和作用得到重视，妇女在绝婚与改嫁方面有一定的自由度。另外，此时的重亲现象十分特殊，为先秦和后代均不常见。

闹新房的习俗是婚礼始举乐的最突出的表现，此俗始于汉代。"嫁娶之夕，男女无别"，可以不讲传统礼仪，男女可以随便嬉戏。闹洞房之前，还有一举乐的现象——撒帐，此俗亦起于汉代。

完整的汉代婚礼习俗包括了婚前礼（纳采→问名→纳吉→纳征→请期）；正婚礼（亲迎→妇至成礼→合卺→馂余设裣）；婚后礼，也叫成妇礼（妇见舅姑→舅姑醴妇→妇馈舅姑）。

在汉代，绝大部分地区都盛行重聘金、嫁妆之风，不仅聘金甚巨，而且婚礼的其他方面排场很大，汉代社会中广泛存在的嫁娶奢侈之风，造成了十分严重的社会后果。它影响了汉代人婚姻嫁娶的正常进行。

（3）唐代婚礼。时间推移到繁荣兴盛的唐朝，唐朝是中国历史上一个特殊的朝代，其华夷无别的民族政策，沿路自由的文化环境，信仰自由的宗教政策，富有个性的生活态度，都使这个时代的民俗民风呈现出灵活多变的形态。

唐玄宗开元年间，在隋礼和《贞观礼》《显庆礼》的基础上进行大规模整理，纂修完成《大唐开元礼》。《大唐开元礼》较前代礼仪更具系统性和完整性，成为封建礼制的最高典范。

唐代婚礼是最能做出丰富内容和极致场景的主题形式。不仅因为唐朝在第一次民族大融合后，融入了很多异族文化和风俗习惯，使得唐代婚礼环节更加多彩多样；还因思想的解放和少数民族服饰的传入，让女子服装更加美丽，而运用到复古的唐代婚礼中，可以更加彰显新人的气质和华美。

在唐代的史料当中两情相悦，自主婚娶的例子开始涌现出来。女子不再是一味地听从，而是主动参与到择偶当中，积极追求自己的幸福。盛唐时期有些家长尊重子女自助择偶的心愿，允许其自主婚事。

现在我们常看到的喇叭唢呐、吹吹打打、八抬大轿，风流俊貌俏新郎身骑白马喜迎新娘的迎亲过程就是由唐代开始流行下来的。唐初的风俗是在黄昏的时候迎亲，唐中后期就改成白天了。迎娶的时候，新郎骑马，新娘坐车，车子的档次根据家庭地位的不同而各异。新郎迎亲的时候，也得带几件物品，即粟三升填臼，席一丈覆井，苇三斤塞灶，箭三只置户。

唐纳征之物有合欢、嘉禾、阿胶、九子蒲、朱苇、双石、棉絮、长命缕、干漆等，各有不同的寓意。新娘到了新郎家后，父母以下的人都要从小门出去，再从大门回来，其意是要踏新娘的足迹。在唐代，新妇不仅要拜公婆和丈夫的尊长，而且还要拜观礼的宾客，称为"拜客"。也有闹洞房的习俗，唐代称之为"戏妇"，然后新婚夫妻进入新房（新郎是倒着走进新房的）共饮合欢酒，后世称"交杯酒"。新娘在亲迎过程中都会使用遮盖物，或帷帽，或皂罗，或扇子，统称为"盖头"。唐代妇女结婚常用纨扇和折扇两种，故洞房定情，古语美称为"却扇"。

"钗钿礼衣"这个词算是唐朝婚服的最好阐释，华丽精致是主调，色调方面呈现男服绯红，女服青绿。从唐朝开始，不再以黑色为尊，这时的婚服兼具庄重神圣和热闹喜庆，颜色为红男绿女，样式是钗钿礼衣，即新娘身穿大袖衫长裙，披帛，层数繁多，穿时层层压叠着，然后再在外面套上宽大的广袖上衣（图2-2）。

图2-2　唐朝婚服（北京俪庭婚礼文化公司提供）

（4）宋代婚礼。宋代的婚礼大致有3种模式：一是官家之礼，以《政和五礼新仪》为代表，其特点是繁文缛节，严别贵贱，拘守古礼；二是私家之礼，以司马光《书仪》和朱熹的《家礼》为代表。其特点是对古礼有所改革。对俗礼有所吸收，颇受士大夫家之欢迎，元、明、清三代凡言婚礼之书，大体都以《家礼》为本；三是民间俗礼，可以孟元老《东京梦华录》和吴自牧《梦粱录》等书所载为代表，其特点是酌参古礼，仪式比较简便，喜庆气氛较浓，不唯行之于广大士庶阶层，就是达官贵人之间也乐于接受。

宋代婚礼更是严格遵循六礼，即纳彩、问名、纳吉、纳征、请期、迎亲，这是古代婚礼的 6 个主要步骤。在宋代，六礼的称谓和做法因当事人的身份地位而异，六礼只是婚礼的主要步骤，完整的婚礼，在六礼之前，还有议婚，在六礼之后应有飨送者、妇见舅姑、庙见、婿见妇之父母等。

宋朝的婚礼在唐朝的基础上出现了一些新的习俗，由于商品经济比较发达，在议婚时，开始出现了相媳妇和通资财的做法。相媳妇就是相亲，由男女双方约定一个日期，双方见面，如果相中就在女子的发髻上插上金钗，成称为"插钗"，如果不中意，则要送上彩缎，称为"压惊"。迎亲时，新郎领着花车或花轿来到女家，新娘上轿后还有讨吉利钱、要喜酒吃的习俗。来到男方的家门口，新娘下来，有"撒谷豆"求吉利的做法。新娘入堂后又有"拜堂"活动。新婚夫妇手牵"同心结"，宋代称为"牵巾"。新人牵巾先拜天地、祖先，然后进入洞房，夫妻交拜。交拜后新人坐于床上，行"撒帐""合髻"之仪。合髻就是新婚夫妇各剪一缕头发，结成同心结的样子，作为婚礼的信物。此后还有除花、却扇的仪式，直到灭烛为止。在灭烛的这一段时间里，前来的宾客无论老幼都可以恶作剧，刁难新人，这就是我们现在"闹洞房"的前身。第二天早上，新婚夫妇拜过公婆，婚礼才算结束。

宋朝的婚服基本上是承接唐朝，但也有稍许不同，三舍生及品官子孙可假穿九品幞头公服，其余庶民新郎身穿皂色圆领衫、两个角往上折而后交叉固定的幞头（黑色），新娘是冠子、霞帔、大袖衫，颜色是青色。

（5）明代婚礼。明代庶人百姓的婚礼仪式主要依据是《朱子家礼》只存纳彩、纳征、请期的仪礼。结婚迎娶时，新郎可服常服，或借用九品官服，新娘准穿花钗大袖。其纳彩、纳征、请期之礼，略仿品官诸仪，但有媒人而无宾相。

亲迎的前一天，新娘家可派人到男方家陈设新房，俗称之为铺房。其余的告词、醮戒、奠雁、合卺诸礼仪，并如品官仪制。拜见舅姑、舅姑醴妇之礼，也大体与品官诸礼相同。从明代方志记载的情况看，明代的婚礼在名义上遵依朱熹的成法，但民间嫁娶之礼却并不受它的约束。如婚后第三天新婚夫妻回岳父岳母家，称归宁，俗称回门，就是先秦时期遗留下来的习俗。

明朝的婚服就是我们常见的凤冠霞帔和状元服。士婚，若穿深衣，妇则对应地服真红褙子、红罗裙，假髻花钿；婿也可假穿九品官服——青绿色（图 2-3，图 2-4）。

明代庶民婚礼中的"亲迎"环节。应该说是婚礼中最喜庆热闹的一天，主要仪式流程有：新娘梳妆、司仪告祖、新郎跪拜女方家的祖先牌位、奠雁礼、新娘父母训女、新娘随新郎赴男方家中、新郎新娘拜堂礼、行"同牢礼"和"合卺礼"等。男方雇花轿，吹打弹唱至女方家抬新娘，女方家以"三道茶"招待。同时女方家中人要用镜子向花轿内上下前后照一遍。再点燃爆竹一小挂，置于轿内，谓之"搜轿"，以赶走轿内可能躲着的妖魔鬼怪。接着新娘换上新鞋，由喜娘携扶或由哥哥、弟弟背上轿。花轿出发时，燃放鞭炮，新郎头戴状元帽，身着龙凤大红袍，腰挎大红花迎娶新娘上轿。古装电视剧里面的迎亲大都参照这个时代的婚礼。

（6）清代婚礼。清代，是我国少数民族建立的几个朝代之一，和明朝一样，清代婚姻制度也有着明显的等级性质。无论是皇族婚礼还是品官仕宦婚礼，或是城镇平民或乡村百

图2-3　明代婚服（北京俪庭婚礼文化公司提供）

图2-4　凤冠霞帔（北京俪庭婚礼文化公司提供）

姓的婚礼，无不有着严格的等级规定。

　　清朝的婚礼大体上是明朝婚礼的沿袭，清朝政府在前期采取了很多比较开明的政策，所以民间许多前朝文化大都被保留下来，民间婚礼习俗大都和明朝时代一样。但是对于统治阶层就有不一样的地方。据清朝政府的规定：公、侯、伯成婚的纳采礼，缎衣五袭，缎衾褥三具，金约领一具，金簪玉枝，金耳饰全副；一品官纳采礼，缎衣四袭，其余同侯伯；二、三品官纳采礼，缎衣三袭，缎衾褥二具，余与一品官同；四品官以下至九品官的纳采礼，缎衣二袭，缎衾褥一具，金约领一具，金耳饰全副。那么皇帝大婚，自然是不能算在其中的，过程的复杂程度非比一般了。但是结婚当天要敲锣打鼓、鞭炮声声、八抬大轿以至于整条街都知道，这样的婚俗文化慢慢地就延续到现在，以至于我们一提起古代婚礼脑海中就浮现出了凤冠霞帔，大红的颜色等。不过用红色来代表喜事是我们中国人的传统，如果融入现代创新元素，将更能为广大年轻人所接受。

清代的婚姻制度在很大程度上依托于明代，并在明代的基础上有所完善。不仅保持了汉儒文化的内涵，又表现出对满族文化的吸纳。清朝的嫁衣也沿袭了明朝的凤冠霞帔，虽然也是以红色为主，但是婚服的款式则是以旗袍为模板。

2. 中华优秀传统文化与中华优秀婚礼文化的相互关系 纵观中国上下五千年的历史，从伏羲时代的议婚"以俪皮为礼"，到夏、商时代的"亲迎于堂"，再到周代完整的六礼。婚礼随着社会关系、生活面貌的改变而演变。

随着时间的流逝、各地民情的不同以及人性的解放，六礼所规定的基本程序虽然大体上还在被遵守，但完全意义上的六礼已经不存在了，人们把注意力较多地集中到了结婚当天的仪式上（正婚礼），其余的程序基本上被逐渐淡化了。比如：婚前礼、婚后礼。总之，当今时代，婚礼正发生着重大变革。

中华传统文化，是中华文明演化而汇集成的一种反映民族特质和风貌的民族文化，是民族历史上各种思想文化、观念形态的总体表征，是指居住在中国地域内的中华民族及其祖先所创造的、为中华民族世世代代所继承发展的、具有鲜明民族特色的、历史悠久、内涵博大精深、传统优良的文化。简单来说，就是通过不同的文化形态来表示的各种民族文明、风俗、精神的总称。中华传统文化首先应该包括思想、文字、语言，之后是六艺，即礼、乐、射、御、书、数，再后是生活富足之后衍生出来的各种节日与民俗等。

婚礼是人生礼仪不可缺少的一个重要环节，通过举行婚礼使得未婚的青年男女结为夫妻关系，既可以满足当事者的生理需求、情感表达、生殖繁衍、世系传承和家庭日常生活的需要，同时也在两个不同的家族群体之间建立起了长期的联姻关系，是人的生命历程中最能表达个体情感和反映群体利益需要的仪式象征符号。在中国传统社会中，婚礼自古以来就是儒家礼学体系的一个重要组成部分。中式传统婚礼，乃起于夏、商，集成于西周，发扬于春秋战国，稳定于华夏诸族最终形成汉民族的多个历史时期的华夏婚礼式样之总称。周代是礼仪的集大成时代，彼时逐渐形成一套完整的婚姻礼仪，《仪礼》中将整套仪式合为六礼。六礼婚制作为华夏传统婚礼之蓝本，最终蔚成中式婚礼的灿烂的云霞。

中式婚礼是中华优秀传统文化的重要组成部分和精粹，在华夏民族的历史长河中绽放着璀璨夺目的风采。大红花轿、凤冠霞帔、拜天地、掀盖头……每一件道具，每一道流程，都折射出一种久违的华夏文化气息。中式婚礼所具有的喜庆、温馨和合一的底蕴和色彩使它成为中华优秀传统文化中最不可多得的美丽"中国元素"。

3. 传承、创新、光大中华优秀婚礼文化的意义与作用 在党和国家大力提倡弘扬中

华优秀传统文化的新的历史时期，传承、创新和发展中国婚礼样式，于海内外新人是一次美妙的"寻根问祖"之旅，在方寸之间可以领略中华婚礼文化的美好和博大精深；于新人家庭，是一段真正意义上的"天人合一""合家团聚"的幸福时光；而于生生不息的华夏文明，每一场中国婚礼都是一次对她的有效传承和光大。

（二）当代中国婚礼的发展阶段和主要特征

当代中国婚礼是中国传统婚礼在现代社会中传承与变迁相结合的统一体。一方面，中国文化顽强的生命力和深厚的社会基础，使得当代中国婚礼继承了几千年来中国传统婚礼的某些基本要素及民族精神气质；另一方面，现实的经济社会发展状况和价值观念的更新，又使得当代中国婚礼在现代文化和西方文化的冲击下发生了急剧的变迁，在新的历史条件下形成了多元化的婚礼发展模式。探讨当代中国婚礼传承与变迁的不同历史阶段和主要特征，是认识当代中国婚礼未来发展趋势的重要前提条件。

1. 当代中国婚礼的内涵与特征　　当代中国婚礼是指新中国成立至今在中国不同地域环境中存在的各种社会群体和社会角色的婚礼文化的总和，它既包括中国 56 个民族各具特色的婚礼，也包括港澳台和大陆内地各阶层人们具有多元文化色彩的婚礼，是一种带有鲜明民族和地域特点的现代婚礼文化。当代中国婚礼是在新的历史条件下融合了传统文化与现代文化，在本土文化与外来文化基础上形成的婚礼文化模式，其基本构成要素包括消费行为和仪式过程两个重要组成部分。

这里所谓的消费行为主要包括男女双方为新郎新娘成立家庭和举行婚礼所付出的经济代价，以及参与婚礼的亲戚和其他来客所进行的消费习惯。当代中国婚礼中的消费行为既继承了传统婚礼中的某些消费习俗，同时又显现出现代社会中的消费倾向。中国传统婚礼中的消费行为分别包括议婚阶段男方所送的见面礼物，订婚时男方送给女方的聘礼，出嫁时女方陪嫁的嫁妆，结婚时新郎新娘穿戴的礼服，男女乘坐的车马或新娘乘坐的轿子，新婚夫妇即将居住的新房，婚礼过程中的婚宴，以及男方父母招待女方送嫁人员的答谢宴会等具体内容。在当代中国婚礼中以上几种消费行为有的发生了根本的变化，而有的则在新的历史条件下传承下来并以新的面目显现出来。

当代绝大部分的中国人结婚之前男女双方家庭成员都有互相见面的礼仪活动，其中农村大部分家庭和城市一部分家庭都要举行专门的订婚仪式，而城市中的大部分家庭则仅仅是双方家长和子女互相见面，并共享一顿丰盛的家宴，以密切双方的联姻关系，男女双方家庭成员见面时的礼物馈赠行为虽然还存在但没有固定的模式。婚前男方向女方馈赠的聘礼以及女方出嫁时的嫁妆，在城市和农村有着明显不同的特点。其中农村家庭中基本保持了原先男方向女方送聘礼以及女方出嫁时陪送嫁妆的习惯，具有浓厚的乡土气息，同时在新的历史条件下出现了送聘礼或陪送嫁妆的某些现代形式。而城市青年由于物质生活条件和受教育程度的不同则呈现出多元化的倾向，赠送聘礼与不赠送聘礼，以及陪送嫁妆与不陪送嫁妆，都完全取决于当事者的态度和家庭的经济条件，而不是像传统婚礼中的聘礼和嫁妆那样是结婚时必不可少的礼物交换形式。随着物质财富的增加和价值观念的更新，城市青年盛行的是结婚之前男女双方共同出资购买家具和其他物品，共同准备举行婚礼所花费的资金。至于结婚时的新房和婚后的居住模式则根据双方家庭的经济条件及个人意愿来确定，如果男方的家庭经济条件优越，那么就由男方购买新房或新婚夫妇居住到男方家；如果女方的家庭背景良好则由女方来购买新房或新婚夫妇到女方家居住；如果双方的经济条件都比较好则由双方共同出资来购买新房，有的新郎新娘还分别到男方家或女方家居住；如果双方的经济收入都不宽裕则可以租房子来作为临时性的新房居住。虽然绝大多数农村青年结婚时仍是新娘到男方家居住，但也随着经济条件的改善发生了双方购买新房或一方面购买新房的形式，改变了传统婚礼中新娘只能到男方家居住的原有模式。

当代中国青年举行婚礼时迎娶新娘的方式在不同历史时期有不同的特点，但总的趋势就是普遍使用现代化的交通工具。改革开放前，由于受经济条件的限制，举行婚礼时男方迎接新娘要么是步行，要么是骑自行车或三轮车等简单的交通工具。而改革开放后随着经济的迅猛发展和物质生活的改善，男方使用各种现代的豪华轿车并加以鲜花装饰迎娶新娘已成了一种最常见的形式，花车迎亲已成了现代城市生活中的一道亮丽风景。在当代中国婚礼中，新郎新娘所穿戴的婚礼服饰在改革开放后已明显地呈现出与传统婚礼礼服不同的鲜明特点，吸收了西式婚服特点的白色婚纱和西装已成了现代城市婚礼中新娘、新郎最常见的婚礼服饰。当然随着时代的变迁和政府对继承优秀传统文化的重视，近20年来具有中国本土文化特色的唐装和旗袍又开始在现代的婚礼中重新显现出新的风貌。中国传统婚礼进入高潮时举行的婚宴一律都是在男方家举行，而当代中国城市婚礼中的婚宴则发生了重大的变化，即由原先在男方家举办婚宴改为在宾馆、酒店、婚礼宫及其他宽敞的婚庆场所举行。制作婚宴菜肴的风格、档次、规模也根据当事者个人意愿和家庭经济条件的不同而呈现出鲜明的时代特点。婚宴中的吉祥菜品、饮用酒水、佐餐果盘、摆设方式和进餐礼仪既传承了中国传统婚宴菜肴和筵席礼仪的基本特点，同时又吸收了某些现代宴席的特点和有品位的上菜方式及宴饮行为，从而具有传统与现代相交融的双重特点。农村举行婚宴的场所基本上还是在男方家中，但其消费行为也逐渐向着城市化的方向转变。

在举行婚礼时由男女双方的亲戚朋友和其他宾客前来参加婚宴，并向结婚的新婚夫妇或男女双方的家长赠送红包等贺礼的行为，是当代中国婚礼过程中的一个重要环节，它既传承了传统婚礼中送贺礼的红色封面包装方式，但又具有现代消费的特点，即由原先送礼品或礼物改为送现金的方式，体现了参加婚礼是一种在主客之间进行相互交换的特殊活动，即结婚的当事者邀请各种宾客前来参加婚礼，品尝各种美食美酒，而宾客则以礼金回报，以满足双方在情感和面子上的特殊需要。除了上述从传统的婚礼消费习俗演变而来并具有现代取向的消费方式以外，某些传统的婚礼消费行为如古代婚礼结束前男方父母招待女方送嫁者的答谢宴会现在已完全消失而难以恢复其原先的本来面目。

除了前面的婚礼消费以外，婚礼中的各种仪式过程也是婚礼文化的一个重要组成部分。中国传统婚礼的一个鲜明特征就是分别存在着婚前礼、正婚礼和婚后礼等三个不同的阶段。新中国成立后，随着现代文明的传播尤其是人们价值观念的变化，原先的婚前礼已发生了重大的变化，其显著特点就是其中的纳采、问名和纳吉已不再是青年男女缔结婚姻关系时的必然过程。现代婚姻的一个基本特点就是恋爱自由和婚姻自主，在择偶过程中，男女双方选择恋爱对象和最终确定婚配关系的决定权都掌握在自己的手中，只有爱情和双

方的需要才是选择婚配对象的基本条件，而不是像传统社会中那样必须通过媒妁说合和父母包办才能缔结婚姻关系。因此原先传统婚礼中通过媒妁提亲、询问对方姓氏和亲缘关系以及转告占卜结果的婚礼仪式已失去了存在的价值。在当代中国城市婚礼中，必要的婚前礼如前面所述的男女双方家庭成员互相见面、送礼和吃便饭乃至举行订婚礼等仍不同程度地存在着，但已失去了原先传统婚礼中纳采、问名和纳吉等仪式要素的基本特点，是现代婚礼发生变迁的一个重要方面。

中国传统婚礼中的正婚礼主要包括亲迎、哭嫁、传代、合卺、撒帐、撒谷豆、婚宴、闹洞房等仪式过程。其中亲迎是正婚礼中很重要的一个仪式活动，如果没有亲迎仪式，婚礼就不能称为中国婚礼，只有将新娘迎接到男方家，其他的婚礼仪式才能顺利地进行下去。正像前面所说，当代中国城市婚礼基本上都是在酒店、宾馆、婚礼堂和其他婚庆场所举行，而将新娘从女方家迎接到婚庆场所举行正式的婚礼就成了正婚礼中的一个重要程序。

目前城市婚礼中迎娶新娘的仪式分别包括新郎乘花车迎接新娘，迎新娘过程中的行进路线和吉利数字的确定，新娘到达婚礼场所时众人撒花的礼俗，伴郎伴娘与新郎新娘互动的方式等，这种迎娶方式既传承了中国传统婚礼中新郎亲自前往女家迎接新娘，伴郎、伴娘与新郎、新娘随行，以及新娘到达男家后举行撒帐等礼俗，同时又吸收了现代婚礼中以轿车迎新娘的婚俗，呈现出传统与现代的融合。中国传统婚礼中的合卺也称为交杯酒，是见证新婚夫妇关系的一种象征符号，这种延续了数千年的婚礼仪式在当代中国婚礼中仍然以顽强的生命力焕发出新的活力，届时新郎新娘手举酒杯当众喝下凝结着双方爱情信息的美酒，使得婚礼进入到一个新的高潮。由此可以说喝交杯酒是当代中国婚礼中最能体现中国传统价值观念的一个仪式活动。与传统中国婚礼不同的是，当代中国婚礼中的娱乐色彩因婚庆公司的介入而变得更加丰富多彩，每当在婚礼堂举行婚礼时，在婚礼主持人的引导下，参加婚庆活动的人们都可以在各自的座席上观赏舞台上生动活泼、异彩纷呈的文艺表演，或欣赏使用现代摄像设备拍摄的新郎新娘人物形象，加深对新婚夫妇的认识了解。这是当代中国婚礼与传统婚礼不同的一个显著特征。

中国传统婚礼中的闹洞房是举行婚礼的当天夜晚在新房中举行的一个重要活动，其显著特点就是以新郎和新娘之间的互动行为作为中心来活跃婚礼活动的场面，这种传承了上千年的传统婚礼仪式在当代中国婚礼中仍不同程度地存在着，所不同的只是现在的闹洞房仪式增加了某些现代娱乐和带有理性化的成分，使其变得具有现代婚礼的特点。

中国传统婚礼中的婚后礼包括妇见舅姑、舅姑馈妇、庙见、回门等婚俗，而这些传统婚俗在当代中国婚礼中大多已发生了巨大的变化。由于现代婚姻是建立在爱情基础上的两性结合，处于恋爱中的青年男女在正式结婚之前都已到双方家庭中拜见过对方的父母，因此在正式举行婚礼时，除了夫妻对拜和拜双方的父母以外，新娘已没有必要到第二天再行见舅姑之礼，也不举行舅姑馈妇的礼俗。另外新妇庙见的礼俗也因宗教观念的淡化而发生了根本的变化。这些都是当代中国婚礼发生变迁的又一个显著特点。至于婚后的回门礼则根据双方家庭的需要不同程度地存在着。总之，当代中国婚礼在发生巨大变化的同时又传承了某些具有本土特色的婚礼仪式，传统与现代相交融，中式与西式相结合成了当代中国婚礼的主要特点。

2. 当代中国婚礼与中国传统婚礼的比较　既然当代中国婚礼是在中国传统婚礼的传承与变迁过程中形成的一种多元交融的现代婚礼文化，那么当代中国婚礼与中国传统婚礼各自有着什么样的鲜明特点，就是研究当代中国婚礼过程中不可回避的重要理论和现实问题，下面将从三个方面来对当代中国婚礼与中国传统婚礼进行初步的比较。

首先，中国传统婚礼的等级性与当代中国婚礼的非等级性。 中国古代社会是一个等级社会，从先秦时期的夏商周开始就形成了不同社会等级阶层的人们具有不同生活模式和价值观念的鲜明特征，到了秦汉以后，这种社会等级制度得到了进一步的强化。具体表现在婚礼文化方面就是形成了王室婚礼、士大夫婚礼和民间婚礼等三种不同类型的婚礼文化模式，在这三种婚礼文化模式中还存在着各自不同的具体表现形式。在士大夫婚礼中则存在以官品的高低为衡量标准的等级婚礼，一品至六品的婚礼都存在着细微的区别，反映了婚礼仪式中以官为贵的社会等级制度。一般的民间婚礼虽然在法律规范上没有太大的差别，但富裕人家的婚礼与平民百姓的婚礼在婚礼的消费开支方面还是存在着明显的差异，以致形成了婚娶仪式中门当户对或以财论婚的价值取向。以上这种延续了几千年的中国传统婚礼的等级性，随着清朝的灭亡从民国以后就发生了重大的变化。中华人民共和国成立以后，尽管不同年代都有各自鲜明特色的婚礼文化，但婚礼仪式中的非等级性则是这个时期的一个共同特点。即人们举行婚礼不是看当事者的官位高低与否，而是根据男女双方家庭的经济条件和个人的现实需要来确定，除了对婚礼中的浪费现象加以控制，以及鼓励举办文明婚礼以外，无论是国家制定的法律还是现存的风俗习惯都没有硬性规定哪一种社会角色和社会群体的人们举行婚礼必须要按什么样的社会规范来进行。尽管富有家庭与贫困家庭之间在举行婚礼时存在着消费开支的多少和规模档次的不同，但这些差异仅仅是双方家庭经济条件和个人能力的实际反映，而不是法律和风俗强加给人们的既定规范。

其次，中国传统婚礼的神圣性与当代中国婚礼的世俗性。 中国古代社会的另一个鲜明特点就是普遍存在着宗法社会中的祖先崇拜现象，家族成员在成家立业乃至人生发展的道路上无不尊崇家长尤其是祖宗的遗训，而在举行婚礼仪式的过程中则要举行新妇认同于男方祖先的祭祀活动。这些类似的宗教祭祀活动在以后的各个朝代都不同程度地存在着。新中国成立以后，人们举行婚礼时的祭祀活动已逐渐消失。现在举行婚礼仪式的过程中已很少有新娘再像原先那样去家庙中祭祀男方祖先或双方在现场拜堂祭祖，夫妻关系的好坏取决于双方爱情的深浅以及各自所承担的义务和责任，而不是祖宗神灵的保佑，婚礼仪式中的世俗化特点非常突出，婚礼仪式中实用性和世俗性的倾向越来越明显。

再次，中国传统婚礼的滞后性与当代中国婚礼的现代性。 中国传统婚礼仪式受儒家伦理的影响非常大，《礼记·昏义》所强调的"昏礼者，将合二姓之好，上以事宗庙，而下以继后世"的宗法观念长期以来一直是古人缔结婚姻关系的座右铭，按照这一观念，结婚不是为了满足男女性爱和个人生活的需要，而是为了延续祖宗的香火和繁衍后代，家族群体的利益远远高于个人的需要。为了实现这一目标，在古人举行婚礼的过程中分别要通过男方使者或媒妁前往女方家行纳采、问名、纳吉、纳征、请期等一系列的婚前礼，其目的

就是保证男女缔结的婚姻关系能够符合祖宗的规范和双方家庭的需要。其中的问名和纳吉包含着到家庙中占卜和祭告祖宗的传统，后来演变成了婚前算卦或算八字等非理性的婚娶礼仪。这种礼仪把男女双方的感情和个人的需要置于次要的位置，而是紧紧围绕双方家族的群体利益来权衡利弊，如果不符合祖宗的规范和生育的需要即使青年男女之间有爱情也不能结婚，乃至造成了许多家庭的悲剧。新中国成立后实行的《婚姻法》以及现行的《民法典》都规定男女双方缔结的婚姻必须以爱情为基础，加上各个历史时期开展的现代教育和新闻媒体的宣传，都使得举行文明婚礼的观念深入人心，过去那种在婚前必须通过媒妁说合和举行算卦或占卜的旧式婚礼逐渐失去了原有的市场，具有现代价值取向的新式婚礼已成为当代中国最基本的婚娶形式。由于婚姻的正式缔结是通过男女双方到民政局领取结婚证来实现，因此现在人们举行婚礼已经不再像传统社会中那样是为了证明双方缔结的婚姻关系符合祖宗的规范和婚娶合法性的唯一手段，而只是为了满足青年男女和双方家庭现实生活需要的一种庆典活动。现在举行婚礼的过程中当事的男女双方都具有重要的支配权或发言权，要请哪些人参加婚礼，举行婚礼的规模和档次如何，大多由男女青年单独决定或与其双方的家长共同商量决定，而不是像传统社会中的婚礼那样当事者完全处于被动或被支配的地位，婚礼中的一切事务全都由双方的男性家长来决定。随着经济发展和价值观念的更新，具有现代价值取向且能够充分满足当事者个人需要的时尚婚礼或新潮婚礼目前已越来越引起青年男女们的青睐，这类具有个性化的新式婚礼充分表明了当代中国婚礼正向着现代化和全球化的方向转化。

中国之大，绵延万里。嫁娶礼俗，不胜枚举。但同出一宗，源远流长，枝干清晰。所谓万变不离其宗，即指"大同"；所谓"十里不同风，百里不同俗"，即指"小异"。我们在此只谈"大同"，不计"小异"。当代嫁娶礼俗可说是对六礼的继承、演变和发展，只是称谓上不同，对比如表2-1。

表2-1　当代婚嫁礼俗与六礼比较

古代六礼	纳采	问名	纳吉纳聘	纳征纳成	请期告期	亲迎
今礼称谓	采择采纳 男方执雁 为礼 媒妁提亲 送礼说媒 行茶 示爱	询母亲姓氏 （古女姓男氏） 问名生辰占卜吉凶 八字合婚 求婚 恋爱 引见家人	得吉卜而纳 告知女方 奠雁委禽 送定过定 乾书坤允 小聘 换帖 议婚 订婚	纳币订婚 文定成约 纳聘财礼 下聘成定 结婚登记 拍婚纱照 准备新房 婚礼准备	男方执雁为礼 请求指定婚期 择吉送好 商量事 择定婚庆 婚礼策划	婚亲至女 家迎新妇 成婚 办事 拜堂 典礼 答谢宴请
	择偶		订婚		结婚	

（三）中国传统婚礼案例赏析

【案例 2-2】 周制婚礼案例鉴赏①

客户资料：新郎李先生；新娘刘女士

客户要求：周制婚礼（图 2-5）

图 2-5 周制婚礼

（1）揖入（图 2-6）。

图 2-6 揖 入

兹尔亲友 酬酢嘉宾 今夕何夕 值此良辰
既念君子 名曰云子 执手吟清 结缡成婚

---

① 该案例和图片由北京俪庭婚礼文化公司提供。

夫妇之义　结发之恩　琴瑟相谐　惟德惟馨

（2）设席（图2-7）。

图2-7　设　席

节有谷雨　气有阴阳
维彼硕人　置彼华堂

（3）沃盥（图2-8）。

图2-8　沃　盥

清泉以盥　携手成姻
沧浪祓濯　秉德维馨

（4）即席（图2-9）

图2-9 即 席

岁在癸巳　四月景阳　昏以为期　吉日辰良
琴瑟在御　鸾凤求凰　天南眷侣　云子霓乡
荆楚有女　红烛银钌　结发之恩　瓜瓞绵长
九十其仪　宗周雅量　礼乐相和　尧舜韶光
瑶章华佩　永继炎黄　泱泱华夏　百世其昌

（5）设馔（图2-10）。

图2-10 设 馔

朱颜承眷　素手调羹
阖家一体　连气同声
（6）同牢（图2-11）。

图2-11　同　牢

三牢而食　同席而生
夫妇之义　合为一体
（7）酯酒（图2-12）。

图2-12　酯　酒

双盏相交　夫妻一体
家合事兴　百年和好

（8）合卺（图2-13）。

图2-13 合 卺

同匏合卺　共苦分甘
鸾俦凤侣　并路方骖
（9）执手（图2-14）。

图2-14 执 手

执手同心　结缡成婚
礼乐相和　尧舜韵光

（10）礼成（图2-15）。

图2-15 礼 成

为尔佳缘　普天同庆
告之四方　婚仪礼成

【案例2-3】 荷禧唐朝风格婚礼仪程鉴赏

1. 客户资料：新郎王某、新娘刘某

婚期：2009年11月28日

典礼酒店：××酒店

客户要求：唐朝风格婚礼

2. 仪程策划：

主题：梦飞南塘

婚礼策划师：王某/刘某

《梦飞南唐》荷禧婚礼督导单

礼赞：李×× 　音乐执行：莎莎　　督导：洪× 梦×

《梦飞南唐》主题婚典仪程总纲

首礼：纳彩问名——绣幕牵丝，方为快婿

亚礼：纳吉纳征——奠雁委禽，乾书坤允

① 奠雁委禽礼。

② 乾书坤允礼。

三礼：请期亲迎——醮子聆讯，却扇亲迎

① 醮子聆讯礼。

② 却扇亲迎礼。

四礼：沃盥拈香，告祖盟约

五礼：家礼拜堂，交拜定情

① 家礼拜堂。

② 乾坤交泰。

六礼：合卺而醋——甘苦与共，乾坤和谐

【案例2-4】 中式传统主题婚礼《云中正荣，倩影于飞》案例赏析

1. 新人背景

新郎：黄×荣，福建人，喜欢传统文化，从事建筑行业。

新娘：吴倩×，喜欢文学，在故宫工作。

2. 主题解读

古人云：前生已注定，今生结连理。当这对新人同时提出喜欢中国元素时，我们便决定做一场属于他们的独特作品。将传统婚礼的庄重大气和新中式的婉约，结合两人名字和喜好，把中式主题定制的理念发挥得淋漓尽致，于是，便有了这场婚礼的主题："云中正荣，倩影于飞"，它糅合了新人的故事、婚礼中的布置和整场的设计理念。

> 黄府纳礼在期朝，云中正荣逐浪淘。
>
> 吴家喜成织锦对，倩影于飞默笛箫。

3. 婚礼配色方案

色彩是情绪，也是旋律，不同的色彩编织出不同的视觉空间。中式的配色总能展现国风之韵，而幻化万千的中式元素总能在不经意间摄人心魄。所以，这场婚礼我们采用胭脂红、栌黄、紫檀等中国传统色彩，通过对每个区域的精准布局，传递出色彩交织的传统中式魅力（图2-16）。

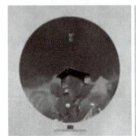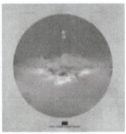

胭脂红55%　　　　栌黄30%　　　　紫檀10%　　　　酡颜5%

图2-16　配色方案

4. 挖掘细节元素

每个细节都是经典：我们将中国古典文化中的锦鲤、灯笼、折扇、亭台楼阁等韵味丰富的古典元素，作为这场婚礼的点睛之笔。通过古诗词的细节描述搭配屋檐与厅内氛围相连接，呈现出纯中式婚礼的隆重感（图2-17）。

5. 迎宾区设计

屏风九叠云锦张，影落明湖青黛光。——李白

设计师结合新人在故宫工作的特点，从整体的格局到局部的装饰，都取自于中式美学建筑的底蕴。以中国十大名花之首——梅花作为门楼拱门处的结构设计，在外厅再放入松、山、云、扇的中式元素，而对屏风的变形，不仅起到区域的划分，更能与中式空间融为一体，相得益彰（图2-18）。

图 2-17　挖掘细节元素

图 2-18　迎宾区设计

6. 仪式区设计

"八山一水一分田"，新郎从小生长在福建，而境内峰岭耸峙，丘陵连绵，素有"闽之绝域"之称。一座座土楼在闽南雾气缭绕的丘陵间拔地而起，由方及圆，由简及繁。传承中式建筑土楼之精妙，是一大特色，于是选择土楼作为舞台顶部结构，还原简朴宁静之美（图 2-19）。

图 2-19　土楼作为舞台顶部结构

在土楼顶部我们为新人专属打造了一个偌大的重明鸟造型，从舞台中间迎面而上，展翅环绕舞台，寓意上古神鸟守护爱情，环绕顶部的是象征朝阳的灯带，让婚礼在延续庄重礼仪的同时，散发出传统婚礼的底蕴之美（图2-20）。

图2-20　重明鸟造型

7. 入场通道设计

对应圆形舞台顶部下方的是一个异形舞台，直行T台到中部方形舞台的构造，寓意天圆地方。中心区域则以圆为主旋律，圆是和谐，象征幸福；方是稳健，宁静致远。相对而立，曲线与直线的相结合，将传统婚礼中的风雅和闲适情怀展露至尽（图2-21）。

图2-21　入场通道设计

8. 徽标设计

这场婚礼的徽标设计选取了新人的姓氏和年份的属相，结合上古神兽重明鸟一生守护的寓意，勾勒出环抱一家的画面（图2-22）。

图 2-22　标志设计

9. 餐盘卡设计

餐盘上，放置了婚礼主题定制的餐盘卡，将主题诠释装饰在每个婚礼细节里，既带有爱情彰显的浪漫，又起到了引导来宾入座的作用。更能体现出新人的用心，以及对来宾的重视（图 2-23）。

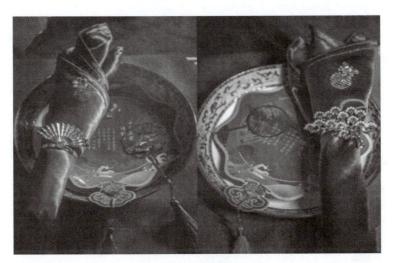

图 2-23　餐盘卡设计

10. 设计婚礼流程

流程设计一直是中式婚礼最有特色的地方，每一个道具、每一处流程，都折射出一种久违的文化气息。每个环节都诉说着它在婚礼中独特的意义，也正是这样精心的流程，才能将婚礼的氛围推向一个又一个高潮。

（1）婚礼当天，仪式前

梳妆——晨起倚妆台，云鬟簪花影

拍照——妆罢理新颜，盈盈待君来

上头礼——慈母殷寄语，小女记心怀

新郎找鞋——既得君履鞋，从此随君行

出阁敬茶——"谁言寸草心，报得三春晖"（谢谢爸妈）

花轿迎亲——西洋闺秀嫁龙郎，花轿笙歌唢呐扬

（2）婚礼当天仪式流程设计

沐浴焚香，更衣束发，请迎佳人

抚琴赋月，新娘行出阁礼，月下柳梢，慈母再梳妆

一条红丝绸，两人牵绣球，月老定三生，牵手踏绣球

——有请新人入花堂

妙境团圆，伉俪成眷属

问誓环节：

踏麻袋（寓意今后生活代代相传）

跨马鞍（寓意今后生活平平安安）

跨火盆（寓意今后生活红红火火）

合卺之饮，交拜之礼

执手同心，结发之诺

每个环节都散发着浓烈的传统色彩，是礼仪之美，更是文化之美

外场流程：

列队迎亲（男童压轿）—新郎给岳父岳母行礼—新娘吃子孙饽饽，新郎吃长长久久面—长辈盖盖头—新娘入轿—新郎上马—起轿—颠轿落轿（赏轿夫）—落轿—列队舞狮—赏狮包—步入酒店。

（内场）婚礼仪式：

鸣锣开场—父母上台入座—主持上场—新郎上场—三箭定乾坤—拿绣球迎新娘—拜轿—入场—手捧红苹果—跨马鞍—迈火盆—拜祖上香—（证婚）挑盖头—介绍新人—喝合卺酒—赠信物—三拜九叩礼—拜父母—敬茶—父母致答谢词—再拜众来宾—退场（抛喜果，总计25分钟左右）

子任务三 进行集体婚礼策划

一、工作流程

工作准备 → 进行集体婚礼策划 → 效果评估

（一）工作准备

1. 物品准备

序号	名称	规格	单位	数量	备注
1	横线笔记本	143毫米×215毫米	本	1	主要用来收集信息
2	电脑笔记本	13英寸	台	1	展示以往照片及视频

（续）

序号	名称	规格	单位	数量	备注
3	碳素笔	黑色、红色	支	2	记录信息
4	手机	智能手机	个	1	通讯
5	录音笔	16GB	支	1	常用于现场沟通实时
6	《重要事项清单》	A4	份	1	帮助了解新人需求
7	《新人甜蜜档案》	A4	份	1	帮助挖掘婚礼元素

2. 环境与人员准备

序号	环境与人员	准备
1	环境	干净、整洁、温馨、舒缓
2	策划	具备一定策划学理论知识、有创新能力、独立开展策划项目
3	文案	具备一定的文字功底，思想活跃、沟通能力强

（二）集体婚礼策划

步骤	流程	技术操作要求
准备工作	知识基础	（1）经过初级婚礼策划职业技能等级培训
		（2）初步掌握集体婚礼的基本要求
		（3）具备一定策划学理论知识、有创新能力、能独立开展策划项目
		（4）具备一定的文字功底，思想活跃、沟通能力强
	集体婚礼的备单	（1）在策划会召开前10分钟提前到达会议室
		（2）曾经策划过的集体婚礼案例（图文＋视频），准备好讲解词
		（3）提前走访此次集体婚礼的举办场地，数据图及区域初步规划图
		（4）掌握集体婚礼的新人基本信息（包括：新人姓名、年龄等爱情档案，见《初级婚礼策划文案》教材）
步骤1	成立集体婚礼仪式小组	由于集体婚礼工作繁杂，需要成立集体婚礼仪式小组，对婚礼的各个环节进行分工，一般提前3个月成立较好
步骤2	挖掘客户诉求与活动意义	充分了解集体婚礼的组织机构与活动背景、活动意义与每对新人的爱情故事等。充分收集信息，为后期策划提供更多灵感
步骤3	确定主题、时间和地点	（1）明确集体婚礼的主题，如情人节主题、党的生日主题等
		（2）明确举办的时间和地点，提前做好预约和布置
		（3）如果需要领导做证婚人，也需要提前预约
步骤4	挖掘独特元素和诉求	挖掘集体婚礼的独特元素，如社会元素、文化元素、企业元素、婚礼元素，将之有机结合
步骤5	做好备忘录工作	策划师前一日与婚礼当天仪式前工作统筹包括： 确认新人与到场来宾名单、观礼员工名单、集合讲解注意事项、新人彩排、观礼员工代表彩排、现场排练、发放活动用品、新人化妆时间、化妆地点、化妆师人数、新人集合时间、集合地点等

（续）

步骤	流程	技术操作要求
步骤6	统筹进度	制定工作倒排表（表格式）
步骤7	与其他组织合作筹备	与其他组织机构共建迎宾统筹团队，策划团队与组织机构共建一支迎宾、统筹团队，负责集体婚礼当天新人与来宾的行动规划、接待安排、活动路线等
注意事项		（1）集体婚礼与个人婚礼是两种不同形式的婚礼，策划师要注意区分二者的特点，注意策划思路的转换
		（2）集体婚礼要充分挖掘社会元素，要注意和社会生活、社会热点紧密结合，否则不容易突出亮点
		（3）如果是户外婚礼要注意当天的天气，要有紧急情况处理预案

（三）效果评估

（1）策划文明时尚的集体婚礼，紧密结合了时代潮流，更符合当代年轻人的需求。

（2）策划集体婚礼，为婚庆公司提供了发扬爱国精神的机会，使集体婚礼可以成为"倡导新风，服务青年"为主的社会公益活动。

二、相关知识

集体婚礼是由若干新婚男女联合举行的婚礼。一般是根据事先的约定，在同一时间，同一地点，由同一主婚人主持，邀请亲友、同事等参加。婚礼开始后，参加婚礼的新婚夫妇身披彩带，胸戴红花，由主持人介绍新婚人，然后致贺词。此后，举行一些喜庆的娱乐活动，如联欢会、篝火晚会、舞会等。

（一）集体婚礼的意义

按照中国人的传统，婚礼应该是喜庆而又严肃的；按照现代人的追求，婚礼应该是浪漫而个性的。而这两者的结合无疑是最经典也最让人憧憬的。集体婚礼把这些要素完美地结合在一起，体现了现代都市新人的朝气和魅力，展现了时代的潮流和风尚。

集体婚礼隆重喜庆又不失浪漫，花费不多却有个人婚礼难得的盛大场面，是令人瞩目而又经典的形式，符合现代人的生活追求，也符合政府倡导的节俭办婚礼的社会风俗。举办集体婚礼不仅新颖还能反映城市文明风貌、提升城市形象。集体婚礼规模宏大且承载内涵丰富，必须由权威、专业的机构来承办。因此由政府主办、电视台承办集体婚礼不仅体现了党和政府对青年人的关怀，还能借助电视这一最有效的宣传媒体提升集体婚礼的整体形象，同时能保证集体婚礼的质量。

（二）集体婚礼特点

1. 程序简单，经济简便 集体婚礼可以免去婚前筹备的诸多环节，一次仪式，多人礼成，节约成本，效果突出。

2. 程序紧凑，避免拖沓 与个人婚礼的拖沓冗长相比，集体婚礼仪式流程更加紧凑，只需在迎宾与誓言等2～3个流程环节上，结合组织的初衷进行创意设计即可。

3. 效果突出，场面热烈 集体婚礼增加了婚礼中可规模化的环节和可规模化的人员。使婚礼场面更加隆重、热烈，效果突出，纪念意义非凡。

4. 重仪式感、轻个性化 集体婚礼场面大，迎宾空间大，舞台大、路引长。充分彰显每对新人的特点，与仪式感融合成一体，营造宏大氛围。

（三）如何策划出色的集体婚礼方案

策划师可以利用思维导图策划集体婚礼方案，明确目标、具化执行、把控节奏来从而确定活动重点（图2-24）。

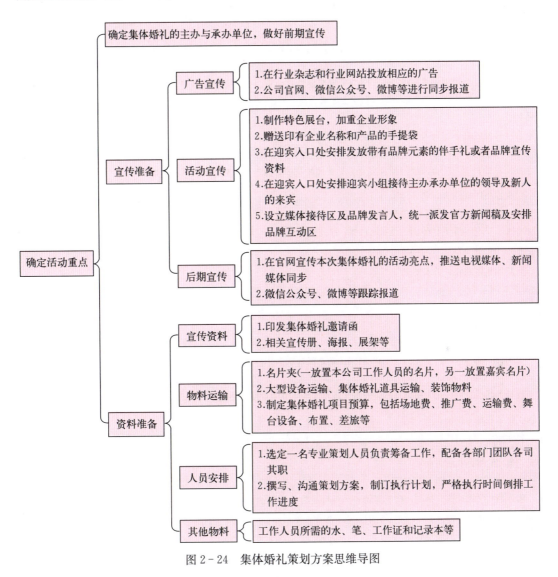

图 2-24　集体婚礼策划方案思维导图

（四）案例赏析

【案例 2-5】　某集团集体婚礼策划文案

2020年5月10日是集团日，也是母亲节。在这一天为集团公司员工举办集体婚礼是对员工、父母和家人的感恩之情。2003年"非典"来临的时候，正是因为有了集团家人的支持，集团人才能抗击病魔服务客户，才有了今天的集团，这也是510集团日的由来。

因此每年的集团日，都会推出特别活动，让更多的同事看到、听到身边的同事是如何在工作中展现集团价值观、如何在平凡中孕育奇迹。

2020 年集团日集体婚礼	
日期：2020 年 5 月 10 日	时间：11:08
地点：杭州集团园区	风格：活力、浪漫、温馨、有创意

一、集团集体婚礼背景

集团日的由来是为了纪念 2003 年 5 月"非典"时期集团人的激情和信念，集体婚礼是集团日这一天最重要的活动形式。

今年集团日上的集体婚礼很特殊，因为大家都要戴着口罩。但是创意是无止境的，因此在婚礼上要有很多的创新，有很多的想法，有很多的点缀。对于集团所有新人来讲，这是大家一辈子最重要的时刻，办一场独一无二的口罩婚礼。

在今年疫情之下，全国人民经历了很多不确定性的事，并且我们仍然在不稳定的环境中，这时候大家更要互相牵起手来，走到一起，婚礼正是展现爱的最好形式，婚礼是有爱的时刻，是用心承诺的时刻。

集团总裁表示："我们要做 102 年的企业，集体婚礼中要加入 102 对新人共同写下婚书环节。"

二、集团集体婚礼的诉求

1. 展现集团品牌追求和创造美好生活，树立品牌形象；

2. 青年人传承新时代爱国、爱家的精神，以及追求健康、时尚的生活方式；

3. 过程简单，环节有创意。

三、集团集体婚礼的需求要点

（一）社会元素

1. 2020 年抗击新冠肺炎

2. 5 月 10 日　母亲节

　（二）集团元素

第 15 届集团日，企业传统节日 102 对集团新人戴口罩举办婚礼，集团员工互动。

（三）婚礼元素

将口罩遮挡表情转化为用口罩传递爱婚礼新人入场环节创意设计婚礼增加暖心互动。

四、集团婚礼主题创意点

公仔迎宾、采访视频、新人互动、手绘口罩、签下集团婚书、读一封信、云上直播

五、集团集体婚礼的流程

1. 活动热场　集团动物园热场

集体婚礼仪式正式开始前，代表集团各个项目品类的公仔组成集团动物园，它们除了"卖萌"，还是品宣大使。集团动物园迎宾团更有软性品牌宣传的作用，加深大家对品牌的印象。同时现场公仔与来宾的互动激发线上线下受众主动转发，引发萌趣热议。

2. 新人入场

婚礼公仔带领新人走向主会场。

3. 主持人与新人互动

新郎入场后，主持人随机采访："你最爱的人是谁？"，并邀请新郎开头唱歌，接着音乐响起，大家一起合唱，婚礼甜蜜的氛围油然而生。

4. 新人自己动手制作口罩，表达爱意

新人的手绘口罩，在统一口罩上画下自己对爱情的理解、祝福、小表情等。虽然婚纱礼服、手捧花等装饰都是一样的，但自己动手制作口罩就能看出新人有趣的灵魂和对抗疫时期的独特印记记录。

（续）

5. 主持人与新人互动

主持人暖场互动可以走到台下去，随机采访已经拟定的话题，引出暖场音乐/节目。

互动一：采访视频

婚礼现场播放《家人眼中的集团人》和《祝福视频》两个采访视频，都是提前采访新人的亲人/朋友/同事，在现场暖心放送。

互动二：新人互动环节

新人背靠背默契考验，比如主持人提问谁最爱做饭，两个新人就指向自己或对方，现场趣味性十足。

互动三：团队同事互动

主持人到台下随机采访新人同事，一分钟内说出五个对方的特点；一分钟说出公司价值观、团队名等形式。

6. 读一封信

新人在现场读家人/朋友给自己的一封信。

7. 新人交换信物并签下集团婚书

在特制（印有每对新人的心形照片）的集团婚书上，牵着伴侣的手，签下各自的名字及爱情誓言。

8. 证婚

重磅嘉宾出席证婚，输出企业价值观。

9. 照片墙展示

在礼成环节，主会场 LED 左右屏开始播放云相册照片，回顾婚礼两天新人们甜蜜的相片记录。

10. 婚礼礼成

最后在《I do》的浪漫音乐和 10 分钟照片墙播放中，102 对新人礼成、回娘家。

子任务四　提供化妆造型、服饰搭配等方面的建议

一、工作流程

工作准备 → 图文展示婚礼化妆造型及服饰形象 → 效果评估

（一）工作准备

1. 物品准备

序号	名称	规格	单位	数量	备注
1	横线笔记本	143 毫米×215 毫米	本	1	主要用来收集信息
2	电脑笔记本	13 英寸	台	1	展示以往照片及视频资料
3	碳素笔	黑色、红色	支	2	记录信息
4	手机	智能手机	个	1	通讯
5	录音笔	16GB	支	1	常用于现场沟通实时
6	重要事项清单	A4	份	1	帮助了解新人需求
7	新人甜蜜档案	A4	份	1	帮助挖掘婚礼元素
8	服饰陈列架		组	若干	不同样式的婚纱及礼服选择

2. 环境与人员准备

序号	环境与人员	准备
1	环境	干净、整洁、温馨、舒缓
2	策划	具备一定策划学理论知识、有创新能力、独立开展策划项目
3	文案	具备一定的文字功底，思想活跃、沟通能力强

（二）提供化妆造型、服饰搭配等方面的建议

步骤	流程	技术操作要求
准备工作	知识基础	（1）经过初级婚礼策划职业技能等级培训
		（2）初步掌握化妆造型基本知识
		（3）具备一定的美学鉴赏素养
	沟通与展示	（1）沟通。婚礼策划师告知当事人在进行婚礼策划时，也会为新人提供化妆造型和服饰搭配方面的策划，可以先征询新人对化妆造型、服饰搭配的想法
		（2）展示。向婚礼当事人展示公司做过的化妆造型、服饰搭配的图片案例
步骤1	为新娘提供化妆造型、服饰搭配等方面的建议	（1）在选择婚礼服饰之前，建议新娘考虑婚礼时间，准备充足的时间提前订购和试穿；通常婚纱都很昂贵，所以建议提前了解婚纱市场，挑选出最满意的礼服
		（2）婚礼服饰颜色选择的建议：西式白色婚纱，中式按照朝代划分进行选购或租赁礼服
		（3）对婚礼服饰风格的建议：婚纱的风格也有很多变化，可以根据新娘的喜好和婚礼风格挑选一件合适的婚纱，它既可以是浪漫的，也可以是精致的
		（4）对不同季节婚礼服饰的建议：大部分面料适合所有季节，例如绸缎和细纱网薄纱等。但像真丝软缎、薄纱、透明硬纱等比较薄的面料，就只适合炎热的夏季，而锦缎和天鹅绒比较厚重，则是冬季婚礼的上佳之选
		（5）都对化妆造型方面的建议：要根据新娘的气质、性格和喜好为主，同时可以结合婚礼的风格、色彩等给予建议，但要配合婚礼的庄重性，以贴合新娘本色的妆容最佳
步骤2	为新郎提供化妆造型、服饰搭配等方面的建议	（1）为保证婚礼隆重正式的气氛，新郎应尽量与新娘的礼服搭配风格一致
		（2）对不同时间段服饰的建议： 白天婚礼：礼服（正式）、西服（非正式）； 傍晚婚礼：礼服，配白色背心和领结（正式）、深色西服（非正式）
		对新郎胸花的建议：新郎一定要佩戴胸花，胸花的花材应该是新娘捧花中的一种，但花型不宜过大
		对新郎化妆造型方面的建议：可以根据新郎自身的特点从修眉、底妆、修容、发型几方面给予建议

（续）

步骤	流程	技术操作要求
步骤3	为新娘母亲和新郎母亲、新娘父亲和新郎父亲提供化妆造型、服饰搭配等方面的建议	（1）对新娘母亲和新郎母亲的服饰建议：建议最好新娘母亲与新郎母亲共同选定礼服，这样她们的礼服在风格和颜色上会得到统一，不会发生冲突。因为她们有可能会在一起欢迎客户，当她们同时出现的时候，应让人觉得整齐协调
		（2）新娘母亲和新郎母亲的服饰最好选择紫色、宝石蓝色的中式旗袍，显得雍容华贵
		（3）新娘的父亲要陪同新娘一同走过红地毯，是婚礼当天非常重要的角色，建议礼服和伴郎的礼服相似——大多数情况是半正式礼服
		（4）如果新娘父亲不登场，就可以穿着和新郎相似的服装。新郎父亲也是如此，可以和新娘父亲风格相同
步骤4	为伴娘提供化妆造型、服饰搭配等方面的建议	（1）伴娘的礼服和新娘的婚纱在风格上应该是相似的。如果新娘在婚礼当天穿一件有长长拖尾的正式礼服，伴娘则要穿一件垂直地板的长礼服，并搭配适当的头饰和手套
		（2）伴娘服饰的颜色：伴娘可以穿着相同颜色但设计不同的裙子，所有伴娘的礼服不必严格地相似，这样能使每个人看上去都非常美丽而又没有拘泥之感
		（3）伴娘妆容简洁、干净就好；最好不用粉底，打BB霜当底妆就可以；打浅粉色腮红，亮色唇彩，棕色眼线笔描绘；睫毛膏多打几层；不用贴假睫毛；尤其要注重眼影颜色跟新娘早妆画的颜色要区分开
步骤5	为伴郎提供化妆造型、服饰搭配等方面的建议	为了统一协调,伴郎的礼服，要与伴娘礼服的颜色相一致，伴郎的礼服、鞋子、领带也最好一致； 胸花，可以是伴娘捧花中的任何一种
步骤6	为花童、戒童提供化妆造型、服饰搭配等方面的建议	花童礼服的风格应该和伴娘礼服相似。但要尽量避免太成熟的款式。因为所要张扬的正是他们的纯真与活泼； 花童可以选择蓬松的小公主裙，也可以穿和伴娘礼服风格和颜色相似的小礼服
注意事项		（1）注意服饰背部，一般会把注意力放在服饰正面的美观效果，往往忽略了礼服的背部是否美观。所以要注意服饰背部与其他细节的美观与特色
		（2）新人粉底切忌涂得太白太厚，很多婚纱店给新娘化妆都会涂得又白又厚，其实这是不合适的。新娘的妆容不宜太白，要使新娘脸部肌肤看起来柔嫩而美丽。涂完粉底后就可开始第一次打影，眼影、鼻影是修正脸型的工作。修正脸型是弥补脸部缺点，发挥优良的方法

（三）效果评估

（1）通过提供化妆造型的建议，婚礼当事人变得更加自信、美丽。化妆后变得更接近理想的外貌会增添了人的自信，整个人看起来容光焕发，再加上自信散发出的魅力，吸引了现场来宾的关注。

（2）通过提供服饰搭配的意见，不同风格和样式的服饰使礼服表现出不同的效果，增添了新娘华贵美丽的气质，同时使新郎精气神十足。

二、相关知识

婚礼是人们极为珍视的重要仪式，婚礼妆也是新娘一生中最美丽、最难忘的修饰。由于举行婚礼的季节、地区、气候不同，人们穿着服装的质地各有差异，因此，婚礼妆没有统一的模式，要根据季节和服饰的变化，运用不同的色彩和妆型。

结婚是人生的一件大喜事，人们非常重视服饰的穿着，尤其是新娘的服饰更是讲究，在不同的地区，有着不同的习俗。在婚礼当天，西方的习俗是新娘身着白色连裙装，裙长坠地，头戴白色花环，象征着纯洁和吉祥。新郎身着深色西服，佩带领带，象征沉稳和可靠。按西方惯例，初婚新娘穿白色婚纱，再婚新娘穿淡色婚纱。在我国，按照我国中式婚礼习俗，新郎身着长袍马褂，以深色或红色为主要色调；新娘为大红凤冠霞帔，胸带红花，寓意红红火火，吉祥如意。现代社会，目前流行的是中西合璧式的婚礼，新郎多为深色或灰色西装，新娘身着白色婚纱或彩色婚纱或旗袍，以及西装套裙等。新娘的饰物以细腻精致为时尚，还有配套的耳饰、颈饰、首饰。头饰根据服装选择，可以选择简单的发卡，穿婚纱头饰多选择鲜花或干花，穿旗袍选择发冠、头簪。总之，策划师应根据季节、风俗、服饰的不同，给予不同的化妆造型意见。

（一）新娘的气质类型

策划师在给新娘提供化妆造型方面的意见时，首先要判断新娘属于哪种气质类型，根据气质类型才能进行整体妆型的造型设计。一般来讲，新娘的气质可以分为以下类型：

1. 乖巧文静型　乖巧文静的新娘比较内向，言语不多且语调柔和，举手投足之间拥有一种温婉浪漫的气质。因此，该气质新娘的妆容也以浪漫的粉色系来烘托气质，粉红、粉蓝、粉绿等淡彩轻轻涂抹即可。

2. 活泼时尚型　活泼又时尚的新娘一出场就要有惊艳四座的效果，浑身上下都充满了朝气和时代气息，其爽朗的笑容能感染每个人。该气质新娘的妆容色彩要明快大胆，造型上讲究时下流行的动感和自然风格，红唇、浅紫色晕染都是最时尚的尝试。

3. 古典优雅型　古典型的新娘，眉眼间蕴含着古韵，举止大方得体，优雅从容，谈笑时顾盼生姿。该气质新娘妆容要求和谐沉稳，色调是接近肤色的棕色系，不宜太张扬，但在眼线、唇线等勾勒时要突出古典气质。

（二）策划师对新娘妆的整体构想

婚礼新娘妆的特点是要给人以喜庆、端庄、雅致、娇柔的美感。发型、妆面较精致，因为要被来宾近距离观赏，一般不宜用假发等夸张饰物。晚宴时要变换 3～4 套造型，如中式造型、晚宴造型、礼服造型等，需要婚礼化妆师灵活运用技巧，快速根据服装变换发型及妆面，使每个造型完美而又富于变化，表现新娘不同角度及个性的美感。

1. 整体构想　根据婚礼流程安排，主要有仪式和婚宴两大环节，针对两个环节，新娘妆的造型整体构想要点主要有：

（1）典礼仪式上的新娘妆一般以婚纱造型为主，婚宴环节新娘妆的造型主要以中式晚宴妆或西式晚宴妆的造型为主。

（2）造型之前要与新娘沟通，了解其性格特点、职业、年龄以及有什么特别要求，礼

服有几套、样式等。要尊重新娘个人意愿，然后仔细观察分析新娘自身条件，结合专业知识设计妆面造型。

（3）在进行新娘妆的妆面造型设计时，首先要进行整体风格定位。如通过观察分析把新娘定位在庄重、典雅、高贵的风格上，那么在饰品、礼服的选择上都要统一风格。妆面、发型的设计也要靠近主题，使整体风格统一协调，力求完美。其次，还要考虑快速变换妆面发型的方便性，使新娘的每个造型都光彩照人。

2. 新娘妆容的基本要求　在打造新娘妆容时应当遵循新娘的本身的特征，遵循基本要求。

（1）清透似无妆的皮肤。粉底一定要均匀和透明。一般水润的粉底都能改善肤色并且看上去比较透亮、水润，同时还要选择质地轻薄但是遮盖力强的粉底，才能打造新娘清透似无妆的皮肤。在选择粉底颜色时，要先在脖子的皮肤上试一下，挑选最合适的颜色。

（2）干净眼妆和浓密睫毛。新娘妆的眼妆不要五颜六色的。带珠光或闪亮因子的粉色或者白色都是比较合适新娘妆的色彩。睫毛可以略微夸张一点，刷得浓密卷翘，让双眼看上去特别有神。

（3）性感诱人的双唇。新娘妆唇部修饰的重点在于"丰润"和"亮泽"，一定要先使用唇膏，因为唇膏着色比较好，时间也持久。颜色可以尝试比较明艳的，暗淡的颜色不适合新娘。

此外，为新娘化妆还要充分考虑到每个人的个性。在新娘妆容中，眼影要干净，重点可以放在唇部，凸显唇部。在眉线上，不能用褐色或者黑色，使用深棕色最佳，手法上要轻。睫毛化妆上，不适宜用过假过粗的假睫毛，要接近生活的假睫毛，不做作，效果自然。

3. 新娘的脸型分类及造型设计　鹅蛋脸柔美，圆脸可爱，方脸有型，每种脸型都有自己的特点。怎样发挥造型的优势扬长避短，使新娘变成俏佳娘，就必须根据脸型进行造型设计。

（1）圆脸新娘。

① 妆容：画眉时，眉峰要带出弧形，眉尾则略高于眉头，可以减少"圆"的感觉；唇部，则加宽嘴角，让唇形看起来狭长。

② 发型：将所有头发向上盘起，使发型清爽干净。因为与其披散头发来掩饰脸型，不如增加头发的高度来拉长脸型，而且减少了散发的累赘感，会感觉脸型比实际的小一点。

③ 服装：应该挑选 V 字领的婚纱和礼服，这是圆脸变尖脸的"法宝"。而穿圆领礼服时，领口要大于脸盘，也会显得脸小。

（2）菱形脸新娘。

① 妆容：菱形脸要注意眉毛的颜色不要太重，眉峰不要高，眉尾也不要太长，否则会让额头显得不够饱满。下唇的颜色要比上唇深，显得比上唇饱满，唇形平缓。

② 发型：利用刘海遮住额头，两鬓要蓬松，以增加额头的宽度，使脸型变成倒三角形。

③ 服装：当脸型变成倒三角形，礼服和婚纱的选择就没什么限制了。

（3）长脸新娘。

① 妆容：眉峰不能画得太高，顺着自然弧度即可，平缓拉长一点即可。唇型要力求

丰满，这样脸型会显得较为圆润。

②发型：在脸部两侧做发型，以增加脸的宽度，修整过长的脸型，同时要留刘海，刘海可以在很大程度上将脸型变短。

③服装：选礼服和婚纱时，要注意尽量选船形领、方领或一字领等，这样可以把脸型横向拉伸，达到一定的平衡。

（4）方脸新娘。

①妆容：眉型要有圆润的弧度，眉尾向发鬓稍稍拉长，以缓和下颌线条。双唇则用唇笔描边，但不要超出唇线，以免让下颌角看起来更广。

②发型：长卷发披在肩头及额角，用柔软卷曲的弧线修饰脸型。

③服装：要掩饰过于宽大的腮部，最好选择装饰较多的领口，用蕾丝花边调整脸部硬朗的线条，或用U型领口来缓和脸型。

（三）策划师对新郎妆的整体构想

给新郎化妆的目的是与新娘整体协调统一，强调刚阳精神。新郎妆通常以淡妆为主，也可以只对局部进行适当的修饰。给男性化妆的重点是以增强皮肤的光泽、质感为本。修饰的部位主要是眉形和嘴唇。新郎化妆要化得清晰，自然，即要保留新郎的自然美，又体现一种修饰美，通过化妆，要使新郎的气质与内在美都完美地表现出来。同时，无论是妆色还是造型都必须与新娘协调，与婚礼的风格、主题协调。

（四）新娘服装配饰的搭配

在整个婚礼过程中，新娘至少要换2～3套婚纱礼服，经典的婚纱使新娘成为闪亮焦点，修身得体的礼服可以为婚礼锦上添花。在选择婚纱礼服时，要分析新娘的脸型、身材、气质等自身条件，还要考量婚纱礼服的色泽、材质、价格等因素。

1. 新娘的体型分类　这里主要介绍两种特殊身材。

（1）丰满圆润的新娘。此类新娘身材较丰满，往往面带福相，可以尽量选V领、低腰、线条简洁的婚纱，增加领口的装饰，以将别人的目光吸引到颈项以上，更显富贵、大气。头纱宜以简单为佳，长度可以及腰部，可以更好地增加此类新娘的女性魅力。

（2）娇小可爱的新娘。此类新娘身材娇小、甜美可爱，但在婚礼这种庄重的场合，应该通过婚纱与配饰，增加新娘的女性魅力，不应显得过于小巧、幼稚。因此，可以选择呈V型微低的低腰设计，以增加修长感；但裙摆不适合过于蓬松或过长，否则将会造成头轻脚重的感觉，将暴露身材短小的缺点；头纱的长度应与新娘身高成比例，可以稍短一些，否则会给人沉重的感觉。

2. 婚纱领型的分类　当新娘在万众瞩目下出场，带着对美好生活的向往走向幸福的舞台时，人们往往把目光停留在新娘的面部。因此，除了妆容以外，婚纱礼服的衣领设计尤为重要，因为它与身材、妆容的吻合是至关重要。

（1）卡肩式婚纱。此类领型卡在双肩下方，露出女性迷人的锁骨和肩头，袖子遮住部分上臂。多数新娘都适合此款婚纱，尤其是胸部丰满、较圆润的女性穿起来会格外漂亮（图2-25）。

适合：胸部丰满、梨形身材的女性。

不适合：宽肩、粗臂的女性。

图 2-25　卡肩式婚纱

（2）包肩式婚纱。此类领型与卡肩式相似，但领口线条呈圆形，可以更好地美化锁骨；肩部的袖口长度略长，因此可以遮挡上臂的赘肉（图 2-26）。

合适：手臂较粗、锁骨突出的女性。

不适合：锁骨不明显的女性。

图 2-26　包肩式婚纱

（3）心形领婚纱。此类领型是经典婚纱的领型，形状好似鸡心的上半部，可以通过圆润的流线型刻画出丰满的胸部线条，并拉长颈部比例，因此胸部丰满的新娘可以大胆地选择此类婚纱，但若过于消瘦的新娘还是尽量避免此类领型的婚纱为佳（图2-27）。

适合：想裸露，丰满的女性。

不适合：不想裸露，瘦削的女性。

图2-27 心形领婚纱

（4）一字领婚纱。此类婚纱领型与心形领婚纱正好相反，领口较高，柔和地随着锁骨的弧线延展至肩头附近，剪裁直上直下，对胸部线条的强调较少，因此适合胸部较小的新娘（图2-28）。

适合：胸部较小的女性。

不适合：丰满的女性。

图2-28 一字领婚纱

（5）绕颈式婚纱。此类婚纱的领部是由两条绑带由颈后绕过而成，环绕的线条可以修饰女性肩头圆润光洁之感，适合宽肩新娘，尤其是身材较高的新娘穿起来更显精致、细腻（图 2 - 29）。

适合：宽肩的女性。

不适合：窄肩的女性。

图 2 - 29　绕颈式婚纱

（6）大圆领式婚纱。此类领型的婚纱最为普及，也几乎适合所有身材的新娘，为了突出设计感与个性，可以将领口剪裁得更低些，或者将后背也设计成圆弧形，又或者增加颈部配饰，可以丰富造型感（图 2 - 30）。

适合：几乎所有新娘。

不适合：没有。

图 2 - 30　大圆领式婚纱

（7）小圆领式婚纱。此类领型的领口较小，沿脖颈的剪裁能丰满胸型，因此不适合胸部太大的新娘，选择与搭配方式可以参考一字领的婚纱（图2-31）。

适合：胸部较小的女性。

不适合：丰满的女性。

图2-31　小圆领式婚纱

（8）大V字领式婚纱。此类领型的领口很低，可以很好地展现女性胸部的魅力，当然在表现性感的同时，应减少配饰与领口装饰，以提升优雅、大气之感（图2-32）。

适合：身体匀称的女性。

不适合：胸部小于B杯或大于C杯的女性。

图2-32　大V字领式婚纱

（9）抹胸式婚纱。此类领型是一款经典但传统的婚纱领型，对胸部丰满的新娘而言，抹胸式是极佳的款式，可以展现出肩膀与锁骨的线条，但应注重颈部配饰的搭配，否则会显得上半身空荡荡的（图2-33）。

适合：肩膀宽阔且锁骨清晰的女性。

不适合：胸部不够丰满的女性。

图2-33　抹胸式婚纱

3. **婚纱礼服的长度类型**　婚纱礼服的长度是必须根据新娘的身材来选择的，裙子的长度不仅影响着穿着的舒适度，更可以营造不同的视觉效果。

（1）迷你式。迷你式的婚纱礼服的裙长在膝盖之上，可以是超短窄身裙也可以是可爱的蓬裙，适合腿部比例纤长、腿型较直的新娘，也是时尚新娘的个性首选。

（2）及膝式。及膝式婚纱礼服的裙长膝部上下，虽没有迷你式婚纱礼服时尚有活力，但行动轻便、端庄，适合轻松浪漫的婚礼主题。

（3）茶会式。茶会式婚纱礼服裙长至小腿中部，虽相比前面两款比较保守，但娇小可爱的新娘穿着此款礼服会显得活泼、青春。

（4）及踝式。及踝长度的婚纱礼服裙尾恰好到脚踝处，裙摆不着地，若是窄直的贴身或小裙摆的设计，需要认真选配婚鞋，以提升服装的华丽感。

（5）芭蕾式。芭蕾式婚纱礼服的长度也正好到脚踝，裙摆同样不着地，但裙摆是大蓬裙，材质以缎面或纱质为佳。此类婚纱礼服不仅可以展现新娘可爱优雅的一面，更可以行走轻盈，是举行户外婚礼的最佳选择。

（6）及地式。及地式婚纱礼服的裙边刚好碰到地上，很适合正式、典雅的婚礼。

（7）拖尾式。此类婚纱礼服可以配不同大小的拖尾，中拖尾和大拖尾是教堂婚礼的首选，华丽又庄重，但行走不方便，往往有花童随新娘身后抬裙尾。

（8）前短后长式。此类婚纱礼服的裙摆前高后低，前片可至膝上，露出足部，身后的拖尾可以根据长拖尾的，适合半正式或者更加随意的婚礼。

4. **新娘的主要配饰**　新娘服装的变化可谓千姿百态，与婚纱礼服相搭配的配件同样也是一支庞大的队伍。其分类繁多、使用广泛，为婚礼服饰的装饰起到了非常重要的作用。

新娘的配饰主要有戒指、头饰、耳饰、项链、婚鞋和捧花。

（1）戒指。戒指是婚礼上的闪光点，戴在无名指上，代表新人心心相印，心灵相通。在戒指的选择上，首先要保证戒指佩戴舒适；其次不要选择太幼稚的款式或易过时的款式，应该选择简洁高贵的款式；第三要能反映出两个人的个性。结婚戒指可以刻上新人表达情感的爱语以及名字的缩写。新人甚至可以自己亲手制作，更有纪念意义。

（2）头饰。新娘的头饰中最重要的是头纱，头纱一般有长、中、短、单层、多层等类型，头纱的选择需要与脸形、身材、婚纱配合，也可和鲜花、钻石头饰、珍珠头饰一起来装饰发型。

（3）耳饰。耳饰多为金属、宝石制，包括耳坠、耳环、耳钉三种。耳环和耳坠是最能体现女性美的重要女性饰物之一。新娘可以通过耳环的款式、长度和形状的正确运用，来调节人们的视觉，达到美化形象的目的。在耳饰佩戴原则是大脸戴大耳饰、小脸戴小耳饰；耳饰的颜色需与衣服相配合。

（4）项链。项链是新娘最重要的装饰品之一。脖子细长的新娘适合佩戴细链或装饰少的项链，更显玲珑、娇美；粗链或装饰烦琐的项链适合脖颈粗实、成熟的新娘。项链的佩戴也应和婚纱礼服相呼应。例如：身着柔软、飘逸的丝绸礼服时，宜佩戴精致、细巧的项链，显得妩媚动人；穿单色或素色的婚纱时，宜佩戴色泽鲜明的项链。这样，在首饰的点缀下，服装色彩可显得丰富、活跃。

（5）婚鞋。穿婚纱的新娘应当以阳光圣洁的形象示人，白色的鞋配白色的婚纱是最常见，也是最经典的搭配。

（6）捧花。手捧花是西式婚礼中的传统配饰。手捧花的造型非常丰富，有瀑布形、球形、半球形、三角形、半月形、象鼻形等，可以根据婚纱的造型选择。手捧花的花材一般用玫瑰、百合等，辅材则可选用情人草、满天星、勿忘我等，颜色应以粉、白、香槟色为主。选配手捧花的关键是色彩、花型、花语与婚礼的主题相对应。

（六）新郎服装配饰的搭配

以往新郎的着装搭配比较注重对色彩、款式、面料的考虑，对配饰的选择和搭配没有特别的要求。但随着婚庆文化的发展，在新郎自我形象的提升过程中，服饰配件越来越受到关注。因此，新郎的造型在婚礼化妆与服饰搭配中的地位逐步显现。

1. 新郎服饰搭配的方法　新郎礼服其实一点都不比新娘的婚纱礼服简单，不论是衣料的选择还是细节的搭配，都需要相当讲究。

（1）新郎肤色的分析。

① 面色黑红的新郎。此类新郎不宜穿浅冷色调，因为浅冷色调容易与面色形成强烈反差，反而衬得面色更黑；也应避免深咖啡色服装，因为深咖啡色与肤色接近，会使新郎面部五官模糊。黑红面色的新郎应选用中灰色调的服装，配干净的白衬衣，加上砖红色、黑黄色领带，会显得雅致而不失风采。同样，暗蓝色西服，配白色衬衫或浅蓝色衬衫，系深玫瑰色、褐色、橙黄色领带，也比较适合黑红面色的新郎。

② 肤色适中或偏白的新郎。肤色适中或偏白的新郎可根据自己的特点，同时兼顾新娘的服饰，决定服装的深浅。若选一套深色的礼服，配白衬衣或其他淡色衫衣，加蓝色、

银灰色或黑红两色对比的领带，会显得高雅、洒脱；而浅色的西服，配以灰色、咖啡色、红白两色领带，会显得典雅华贵，别具风采。

（2）新郎身材的分析。

① 身材高大的新郎。身材过高的新郎不宜穿亮度大的衣服，否则会显的刚毅有余而精致不足，适于穿偏暗的灰色、咖啡色、蓝色的衣服。

② 身材矮小的新郎。身材偏矮的新郎适于穿用饱和度高的色彩，配以精细的条纹或暗格更好，如浅灰色暗条纹西服，米色、灰咖啡色细条纹西服，这种花色的西服可以使身材矮的新郎显得高而挺拔。

2. 与新娘的搭配　在选择新郎服装时，除了考虑自身特点，更应考虑与新娘婚纱礼服的搭配相协调。如新娘穿一套纯白色的婚纱，新郎可以配以驼色、浅咖啡色的礼服，显得协调、淡雅；若新娘的礼服是亮丽的红色，新郎就可以穿黑色或银灰色礼服，配红色的领带，如此新人给人的感觉便是凝重、高雅。总之，在服装造型中，新娘服装应展示出夺目、大方、秀美的女性魅力，新郎则要突出刚毅、稳重的壮美。

3. 新郎的婚礼的基本服饰　男士礼服的配件繁多，如礼服、鞋子、领带等，所以在租赁或购买前都要清楚了解，依照自己的需要及费用合理程度来选择。新郎的穿着，应注意配合新娘，假如新娘穿白色或米色的礼服时，新郎可穿白色、黑色或深蓝色的西装，搭配黑色漆皮亮面的皮鞋。如果要表现得更豪华正式，可穿礼服佩戴领带、领花，如此可将翩翩风采表露无遗。

（1）西服。新郎西服的颜色最基本选择就是：黑色、深色、白色。选择西装时谨记：三扣西服必系上两道扣子，两扣西服只系上边一道扣子，三扣西服是瘦长身形的男士之所爱，两扣西服最大众化，双排扣西服可与圆角翻领或尖角翻领相配，单扣休闲西服适于体形偏胖的人，DB尖领双排扣西服是最正式的结婚礼服，如果身形矮小或偏胖，一定要选择单扣西服。

（2）衬衫。白衬衫是必不可少的，有些新娘会选择全白的婚纱，这时新郎会麻烦一些，无论选哪种西装，都应配白色衬衫。衬衫口袋应该有织纹，还应该有挺括的立领。

（3）领带。花纹花色可以鲜亮一点，给新郎多增添一些喜庆的气氛。深色西服配深色领带，浅色西服宜配浅色领带，领带颜色同西服颜色相近，也可略深于西服。但是，红色和紫红色（带花纹或素色的）通用性大，可配许多种颜色的西服。或尝试黑色领带，新郎一定要在婚礼之日提前戴好，因为婚礼当天肯定会忙得团团转，而且有可能新郎的手会抖得根本不可能干净利索地打出个漂亮的领带扣。特别时尚的男士会戴上硬硬的彩色蝴蝶结领结，如果新郎不是此类人士，还是别冒险，否则会看起来不协调。

（4）领结。新郎若着礼服，就必须围上腰封、打领结才得体。其中蝴蝶结式的小领结一向深受人的青睐，但要注意领结的大小、颜色与材质。

（5）马甲或宽腰带。这两样如何取舍，由新郎个人风格而定，如果新郎不属于时尚先锋人士，就用最通常的颜色——黑色。谨记：马甲、宽腰带一定要遮住吊裤带。

（6）衬衫纽扣和袖扣。简单即好，金质或银质最能体现品位，要把这两样弄得从容优雅。袖扣起源于14—17世纪的古希腊，是哥德文艺复兴时期欧洲广为流行的男士配饰。袖扣不仅可以提升新郎的品位、彰显身份，在一些欧美国家，更是新娘赠予新郎的定情信物。婚礼中新郎的袖扣可以选择贵重金属材质，甚至可以镶嵌钻石、宝石等。在颜色上可以根据衬衫和礼服的颜色搭配，也可以与皮带扣、领带夹搭配（图2-34）。

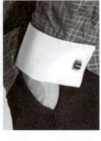

图2-34　袖　扣

（7）口袋巾。如果礼服的胸前有口袋，新郎一定要用口袋巾，口袋巾的颜色应与礼服、领结相配。但目前新郎的口袋巾几乎都被胸花所代替（图2-35）。

图2-35　口袋巾

（8）胸花。新郎胸花的选择一般与新娘手捧花、新郎的礼服做搭配。作为一个装饰品，胸花多以简单、小为原则，起到画龙点睛的作用即可，喧宾夺主不是一个明智之举（图2-36）。

图2-36　胸　花

（9）鞋。鞋是最马虎不得的行头，一双好的鞋子会令新郎信心倍增，最好能自己买一双式样简单的黑色舌面牛皮鞋，把它擦得锃亮，不是上乘之作的鞋子会让新郎的整体形象大打折扣。

（七）婚礼服饰

这里的婚礼服饰，指的是新郎与新娘在结婚当天所穿戴的所有服饰的总称。

世界各民族婚礼服饰不尽一致。中国自古以来重视婚姻礼仪。周代《诗经》有新娘"衣锦褧衣"的描述。汉代曾采用12种色彩的丝绸设计出不同身份的人穿用的婚礼袍服。唐代将贵重的钿钗礼衣（发簪金翠花钿，身穿大袖衫长裙，披帛）用作新娘礼服。受科举制度影响，唐代还出现"假服"，即当时贵族子孙婚娶可以使用冕服或弁服，官员女儿出嫁可以穿用与母亲的身份等级相符的命妇服，平民结婚也可穿用绛红色公服。"假服"发展到清代，新娘通常穿红底绣花的袄裙或旗袍，外面"借穿"诰命夫人专用的背心式霞帔，头上簪红花，江南等地也有新娘戴凤冠，拜堂时蒙盖头（红色遮面巾）的习俗（图2-37）。结婚当天，新娘除开脸外，要把原先的披发或辫子梳成盘头。有的民族不盘头，把原先的多股辫子索在一起。因而从发式上就能知晓从姑娘到媳妇的角色转变。新郎通常穿青色长袍，外罩绀色（黑中透红）马褂，戴暖帽并插赤金色花饰（称金花），拜堂时身披红帛（称披红）。

图2-37 中式婚礼新娘蒙盖头

辛亥革命后，婚礼服日益多样化。20世纪20—40年代，受"文明结婚"影响，西式婚礼服在城市部分人中开始穿用，但清代婚礼服仍被广泛沿用。20世纪60—70年代，民间婚礼服大多为日常生活服装，注重朴素整洁。

自20世纪80年代以来，婚礼服已不拘一格。有传统民族服装的衫、袄、旗袍；有西式婚礼服，即新郎穿西装，佩戴写有新郎字样的红胸花，戴白色手套。新娘穿裙装，通常为高腰式连衣裙，裙后摆长拖及地，多采用缎子等面料，一般为白色，象征新人洁身自好，戴网眼式白手套，手握花束，头戴附有头纱、面纱的花冠。

西洋婚礼服，即新郎穿西装，新娘为裙装。新娘裙装通常为高腰式连衣裙，裙后摆长拖及地。裙装面料多采用缎子、棱纹绸等面料。新娘配用露指手套，手握花束，头戴花冠，花冠附有头纱、面纱。新郎公认的是要穿着正式的礼服，男士婚礼的服装其实大致分为四种：军礼服、燕尾服、晨礼服、便礼服。

1. 新娘婚礼服装的数量　婚礼当天，新娘要准备几套婚礼服装，要取决于婚礼形式及婚礼流程、当地婚礼习俗、婚礼预算及新娘自身的民族属性等因素来决定。

（1）一套服装。准备一套服装的情况下，往往在乡村地区自己家中举办婚礼，由于这类的婚礼比较简单，所以准备一套中式服装或小礼服即可。

（2）两套服装，包括主婚纱、敬酒礼服。选择两套服装是比较常见的一种搭配，一套主婚纱从迎亲一直到婚礼仪式的结束期间。婚礼仪结束之后，新娘要换上敬酒礼服，给宾客敬酒，直到婚宴结束。

（3）三套服装，包括迎宾礼服、主婚纱、敬酒礼服。准备三套服装的情况为：在现场迎宾的时候，新娘应穿迎宾礼服迎宾；待婚礼仪式正式开始前，新娘要换上主婚纱；待仪式结束后，新娘则换上敬酒礼服为宾客敬酒。

除此之外，还有一种比较认可的说法为：第一套是出场礼服，通常是白色婚纱；第二套是敬酒时穿的礼服，通常是晚宴式礼服；第三套礼服是送客穿的礼服，通常会穿鸡尾酒式的晚宴服。

2. 中国传统婚礼礼服　至于中国传统婚礼礼服制作，基于我国五千年的文明历史，目前主要有三种，分别是周制婚礼服饰、唐代婚礼服饰和明朝婚礼服饰。

（1）周制婚礼服饰。中国冠服制度在周朝逐渐完善，随着等级制度的产生，各种礼仪也随之出现，不同场合穿戴的服饰也不尽相同，有祭礼服、朝会服、从戎服、吊丧服、婚礼服等。周代婚制中的礼服崇尚端正庄重，与后世婚礼服饰中有所不同。婚服的色彩遵循玄𫄹制度。新郎服饰为爵弁，缁袘𫄸裳，白绢单衣，𫄹色为韐，赤色舄。新娘则戴着与真发混同梳编的装饰假发，婚服形制与男子相同，唯一不同的就是服装的颜色。上衣下裳均为黑色，以为专一的意思（图2-38）。

图2-38　周制婚服（北京社会管理职业学院婚庆专业学生婚礼秀图片）

（2）唐制婚礼服饰。唐制婚礼服融合了先前的庄重神圣和后世的热烈喜庆，男服绯红，女服青绿。钗钿礼服是晚唐时期宫廷命妇的礼服，身穿长袖衫长裙，披帛，是在花钗大袖襦裙或连裳的基础上发展出来的。层数繁多，穿着的时候层层叠压着，然后在外面穿上宽大的广袖上衣。唐朝之后，这种繁复的婚礼服饰有所简化，成为一般意义上的花钗大袖衫。在科举制度的影响下出现了"假服"，即当时贵族子孙迎娶可以使用冕服或者弁服，官员的女儿出嫁可以穿用母亲的身份等级相符的命妇服，平民结婚也可穿绛红色的礼服。

（3）明代婚礼服饰。明代由于士大夫阶层的兴起，文化得到长足的发展，这也包括婚礼文化，发展出繁复的系统和文化名词。明代至近代四百年间，平民男子迎娶妻子俗称"小登科"，可以穿九品官服的，青绿色的九品幞头官服，新娘则用凤冠霞帔。头戴凤冠，

脸遮盖红盖头，上身内穿红娟衫，外套花红袍，脖子戴项圈天官锁，胸前挂照妖镜，肩披霞帔，再跨个子孙袋，手臂缠上定手银，下身穿红裙、红裤、红缎绣花鞋。这是一个典型的传统新娘造型。

（4）清代婚礼服饰。清代的礼服受到少数民族的影响，新娘通常穿红底绣花的袄裙或者旗袍，外面借穿诰命夫人专用的背心式霞帔，头上戴簪红花，拜堂时蒙上盖头，新郎通常着青色长袍，外罩绀色马褂，戴暖帽并插金色花饰，拜堂时身披红帛。

3. 新中式婚礼礼服　如今越来越多的新人在自己婚礼时选择中国传统婚礼服饰，但与前述的朝代婚礼的服饰有所差异，在朝代婚礼服的基础上进行了改进和创新，一般都是以红色为主。

（1）龙凤褂。据资料显示，龙凤褂是中国传统习俗婚嫁时所穿的衣服，是清朝流落民间的宫廷工艺，流行于广东潮汕、香港、澳门一带。每一件龙凤褂裙均是由一位师傅纯手工用真金实银一丝一线地缝制出来的，是个人传统工艺，绝不可以分工合作。龙凤褂最大的特征就是正襟＋直筒裙＋龙凤绣花。根据手工，龙凤褂金银线的密度从小到大分别是小五福、中五福、大五福、褂后、褂皇。

① 褂皇（100％）整件衣服都是金色的龙凤和银白的祥云，基本看不出红色。一件褂皇从印图到完工要一年时间。

② 褂后（90％～100％）整件衣服以金色龙凤和祥云为主，上衣基本绣满金银线。花式比褂皇的略稀疏，但也至少要10个月才能完工。

③ 大五福（70％～80％）也是以龙凤和祥云等图案为主，但金银线绣的祥云密度更低，上衣和下裙明显可以看出布料的红色。

④ 中五福（55％～70％）整件衣服以龙凤为主，配以其他图案，而祥云在整件裙褂当中仅起到了打底的作用。

⑤ 小五福（密度在50％以下）整件衣服同样也以龙凤为主，配以其他图案，但侧裙上的图案稀疏，祥云、连理枝等图案都不是从底绣到顶的。

裙褂上的图案多以龙凤为主体，其他图案上包括"福"字、"喜"字、荷花、荷叶、蝴蝶、鸳鸯、蝠鼠等。这些图案都是寓意尊贵吉祥、百年好合。新郎搭配：新郎着黑色官服或者深色西装礼服均可（图2-39）。

（2）秀禾服。秀禾服，实为清末民初女子所穿之袄裙。其特征是上衣为立领或圆领或右衽大襟袄裙，下服马面裙。而秀禾服在国内的真正兴起还归功于电视剧《橘子红了》里周迅饰演的"秀禾"设计的服装。

图2-39　龙凤褂及配饰

其实，秀禾服是中国传统中式嫁衣里最普通的一种，和龙凤褂不同，秀禾服的襟口（即领口）分对襟（也称正襟）和斜襟（龙凤褂都是对襟）。而"裙"则偏松散的裙摆，俗称马面裙。按照传统，古代正房在正婚时一般都是穿正襟，而妾室正婚时只能穿斜襟。不过，发展至今，很多人认为斜襟比正襟好看，新人也忽略了此点差别了。秀禾服上的图案比较多元化，不仅能秀龙凤，任何寓意吉祥的花草、动物都可以绣。例如象征着富贵的牡丹，寓意"福到了"的蝙蝠，祝福新人和睦的百合等，多元化的图案也是秀禾服越来越受准新娘喜爱的原因。

秀禾服一般采用的是潮绣的绣法，绣线颜色也是多种多样，可变化空间较大。潮绣相对于卜心绣针脚是平的，看起来绣法精致，别有一番韵味，秀禾服来自民间，虽没有龙凤褂华丽，却有一种小家碧玉的女人味。

这种服装也成为我们在一些中式复古婚礼上最常见的新娘嫁衣之一。新郎搭配为，如果在婚礼上新娘穿秀禾服，新郎不能穿西装，可以穿长衫、马褂。如果觉得太夸张，也可以穿着中山装改良而成的上衣，相近的暗花和刺绣，寓意和新娘的裙褂"天生一对"（图2-40）。

（3）汉服。汉服全称是汉民族传统服饰，因此并不等同于狭义上的"汉朝服饰"，它又称汉衣冠、汉装、华服。汉服婚礼包含了周制、唐制、明制，各个形制之间的服装也各有不同：以先秦两汉为代表的周制婚礼；以魏晋唐为代表的唐制婚礼；以宋明时期为代表的明制婚礼。新郎需要根据新娘选择的不同朝代汉婚服而搭配（图2-41）。

图2-40 秀禾服

图2-41 汉 服

（4）旗袍。从古代传统上来说，旗袍并不算嫁衣，因为裙褂是正统的嫁衣，妾侍才穿旗袍。但是民国时期，以上海为代表的改良旗袍成为最有代表性的女性服装，此后，旗袍逐渐在婚礼上得到中式婚礼新娘的青睐。

身材瘦小的新娘，切忌选择长裙摆，否则会更显矮小，有被衣服装进去之感，可以选择短款；身材丰腴的新娘：适合X型旗袍，可以修饰过于丰满的腿部；身材匀称的新娘，可以选择开叉裙摆，展示美腿的同时展现完美曲线；有蝴蝶袖的新娘，可以选择短袖或改良荷叶边的旗袍。

任务三
婚礼效果图的制作及其他相关技能

【任务情境】

就职于广告公司的高先生与护士马女士相恋5年后决定结婚。马女士虽身为护士，但非常浪漫。高先生从事广告设计相关工作，处女座，平日由于工作原因经常接触到摄影师、模特、设计师、广告导演等演职工作人员，对艺术要求相对较高。同时，高先生收入可观，家庭经济条件较好，平日追求高质量的生活与品位。高先生打算给马女士一个别致浪漫的婚礼，特别是在婚礼策划与设计的细节上，把控得相对细致严格。前期阶段，高先生与马女士已经去了几家婚庆策划公司，但由于婚庆公司接待人员、销售人员、策划人员非常不专业，无法给高先生想要的"色彩搭配方案""灯光舞美方案"和"影像制作方案"等，导致高先生"根本看不上"他们的策划。高先生和马女士已经不再是依靠"套餐价位"就能争取到的新人客户，具备高素质高品位，同时具有全方位知识能力的婚礼策划师，是高先生和马女士一直寻找的可以提供婚礼服务的人员。在这种状况下，如果换作是你，你可否通过自身的营销能力、知识能力、技术能力，说服高先生和马女士，让其对你产生信任与依赖，并心甘情愿签单呢？在这种情况下，婚礼策划师掌握婚礼效果图的制作及其他相关技能是制胜法宝。

【任务分析】

一、根据沟通结果，完成以下工作内容

序号	工作要点
1	根据沟通结果，提供初级婚礼平面设计（PS）
2	根据沟通结果，提供婚礼三维效果图的制作
3	根据沟通结果，提供婚礼音乐、舞蹈、服装的意见提供
4	根据沟通结果，对新人婚礼摄影摄像提供鉴赏与建议

二、工作目标及措施

序号	主要工作目标	措施
1	制定出符合本场婚礼主题的1套色彩搭配方案	通过和婚礼当事人线上沟通，或是线下面对面地约谈，尽可能足够地、充分地了解婚礼当事人对于婚礼的基本色彩诉求，然后根据本场婚礼特色与新人诉求，制定出如香槟色搭配方案、蓝紫色海洋搭配方案等，并进一步为新人做详细设计说明

（续）

序号	主要工作目标	措施
2	根据婚礼当事人的经费预算与要求，制定出合适的效果图	在确定了新人的预算与要求后，结合新人对于婚礼色系的选择与倾向，着手开始制作婚礼效果图（PS图、三维图）。每种图的效果与制作周期不同，耗费也不同，需要对经费进行精准把控后方能出图给新人
3	制定出一套适宜的舞台与灯光搭建方案	舞台与灯光搭建方案是婚礼仪式中最为重要、最为瞩目且不可或缺的部分。根据新人预算及现场期望效果，制定相应的舞台及灯光搭建方案，需要对舞台及灯光知识有一定的了解
4	提供适宜的婚礼音乐选曲、舞蹈、婚礼当天的西装及婚纱制定方案	该部分仅为参考建设性意见。提出后供新人参考与选择，也可和新人共同商议，是否选择使用
5	根据新人预算、要求与特点，寻找适宜或接近的婚礼摄影与婚礼摄像作品案例供新人观赏	平日要不断培养和积累阅片量，让自己有一套完整的影像案例库，这之中要包括不同价位、不同风格、不同特点的婚礼摄影与婚礼视频案例。在平日不断地阅片积累中，提高自身对于影像的审美认知与拍摄理念

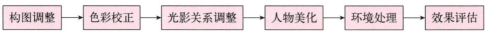

【任务实施】

子任务一　进行婚礼平面设计（PS）

一、工作流程

构图调整 → 色彩校正 → 光影关系调整 → 人物美化 → 环境处理 → 效果评估

（一）工作准备

1. 物品准备

种类	序号	名称	规格	数量	备注
软件	1	Photoshop	2019 以上版本	1	位图图像的绘制、编辑、合成软件
	2	Illustrator	2019 以上版本	1	矢量图形绘制软件
电脑	3	PC 或苹果电脑		1	

2. 环境准备

序号	环境与人员	准备
1	婚礼策划师	基本的图片处理、设计平面图制作
2	专业设计人员	专业平面设计类制作、产品设计制作
3	网络环境	良好的网络环境用于支持软件操作和素材下载

（二）婚礼平面设计图绘制

步骤	流程		技术操作要求
准备工作	知识基础		（1）经过初级婚礼策划职业技能等级培训
			（2）具备一定的艺术鉴赏能力
			（3）掌握婚礼策划的基本工作流程
	沟通与展示		（1）沟通。策划师首先要倾听婚礼新人对婚礼设计方面的想法和建议
			（2）展示。向婚礼当事人展示婚礼平面设计图片案例
步骤1	构图调整	改变构图	改变构图，一种是根据照片突出主题、突出主体等构图需要，进行剪裁；另一种是根据冲洗照片长宽比例需要剪裁。可以使用"工具箱→裁切工具"进行裁切
		矫正透视	调整透视变形：剪裁，勾选"透视"。可通过"滤镜→镜头校正"校正镜头扭曲
步骤2	色彩校正	色彩模式	在 Photoshop 中，使用最多的便是 RGB 色彩模式与 CMYK 色彩模式。RGB 色彩模式在生活中应用非常广泛，显示器的色彩系统、数码相机的原始照片等均是 RGB 色彩模式；若要对电子文件进行打印、喷绘、印刷等，应将色彩模式改为 CMYK 色彩模式
		调整颜色	（1）色阶："图像→调整→色阶"或"窗口→调整（面板）→色阶"，用灰色吸管吸图像灰色处，调整偏色
			（2）色相/饱和度：整体和分色调整 在调整面板中还可用目标色调整工具调整，更加方便
			（3）照片滤镜："图像→调整→照片滤镜"，是调整色温简便有效的方法
			（4）色彩平衡："图像→调整→色彩平衡"，调整色温从亮光、中间色、阴影三个层次，对青、洋红、黄分别调整
			（5）可选颜色："图像→调整→可选颜色"，从青、品红、黄、黑各通道调整颜色，也可解决偏色
			（6）匹配颜色："图像→调整→匹配颜色"，使两图像颜色相匹配，如选"中和"则调偏色
步骤3	光影关系调整	看直方图	"窗口→直方图"查看曝光情况、问题
		色阶调整	"图像→调整→色阶"，经常使用。拖动直方图下方滑块，有明显效果
		曲线调整	"图像→调整→曲线"，必要时使用，可以精确调整各个部分
		阴影/高光	"图像→调整→阴影/高光"，十分有用。分别调整阴影、高光两个部分，互不影响，常有明显效果。对调整逆光照很适合
		亮度/对比度	"图像→调整→亮度/对比度"
		调整面板	"窗口→调整"，十分有用。打开调整面板，包括色阶、曲线、曝光度等"图像→调整→……"下设项目，而使用更方便、便捷
步骤4	人物美化	液化滤镜	"滤镜→液化"，可利用使人瘦身，美化形体。
		皮肤美容	图层蒙版、滤镜、双曲线、高反差等方法保留皮肤质感的磨皮方法
		去斑除皱	利用修复画笔工具
		调整面部颜色	利用可选颜色

（续）

步骤	流程	技术操作要求
步骤5	环境处理	
	局部环境选择	建规则选区：用矩形选取等工具； 建不规则选区：用多边形套索、魔棒等工具； 利用色彩范围建立选区
	去掉多余景物或污点	（1）仿制图章工具，克隆，去掉多余景物
		（2）污点修复画笔，勾选"内容识别"，在多余图像涂抹，与填充与周围图像基本一致
		（3）选区内容识别填充法，在需删除景物建选区，"编辑→填充→内容识别"，所填充图像与周围图像非常近似
		（4）运用模糊/锐化/涂抹工具、减淡/加深/海绵工具
		（5）消失点滤镜："滤镜→消失点"，修复图像中包含有透视的内容
		（6）快速选择工具做选区后，用调整边缘按钮精确修改选区边缘，精确抠图
		（7）利用自动对齐图层："编辑→自动对齐图层"，删除多余的非静止人物
	更换背景	背景做选区，用另一背景图像，移动选区内图像→自由变换； 复制图层，做选区，另一背景图像，拷贝→粘贴入，更换到选区内
步骤6	虚化背景	选中人物或前景，"滤镜→模糊→镜头模糊"，虚化背景。用历史记录画笔，大画笔、软笔，画近处，近处清楚，中间边缘较模糊，远处模糊，使用高斯模糊滤镜制作小景深效果
注意事项		（1）上述操作步骤是运用Photoshop软件进行婚礼平面设计的技术方法和步骤
		（2）在婚礼策划设计过程中，可以运用Photoshop软件进行平面设计的包括对婚礼照片进行基本处理，可以进行婚礼广告设计、婚礼标志设计、婚礼请柬设计等

（三）效果评估

（1）学习了Photoshop软件基本操作，能够对照片进行基本处理。

（2）学习了Photoshop软件处理照片的步骤与技巧，体现了婚礼策划师进行全面处理婚礼影像资料的能力。

二、相关知识

目前图像处理软件应用较为广泛的其中之一就是Photoshop，其主要功能是图像的绘制、编辑、合成、色彩色调的调整等。下面对Photoshop的基本功能进行简要阐述。

Photoshop是常用的图像设计与制作工具软件，图像处理是对已有的位图图像、进行编辑加工处理以及运用一些特殊效果，其重点在于对图像的处理加工。在表现图像中的阴影和色彩的细微变化方面，或者进行一些特殊效果处理时，使用位图形式是最佳的选择，它在这方面的优点是矢量图无法比拟的（图3-1、图3-2）。

图 3 - 1　Photoshop 工作界面

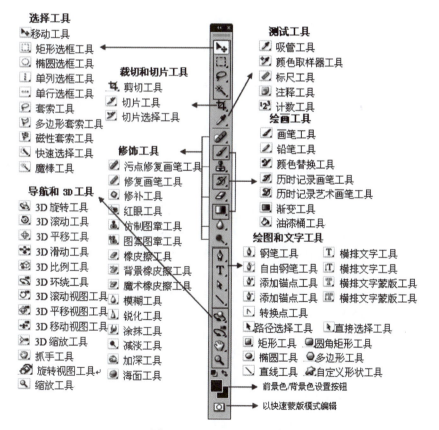

图 3 - 2　Photoshop 工具栏

（一）Photoshop（简称 PS）**主要功能**

1. 平面设计　平面设计，是 Photoshop 应用最为广泛的领域，无论是我们正在阅读的图书封面，还是大街上看到的招贴、海报，这些具有丰富图像的平面印刷品，基本上都需要 Photoshop 软件对图像进行处理。

2. 修复照片　Photoshop 具有强大的图像修饰功能，利用这些功能，可以快速修复一张破损的老照片，也可以修复人脸上的斑点等缺陷。

3. 广告摄影　广告摄影，作为一种对视觉要求非常严格的工作，其最终成品往往要经过 Photoshop 的修改才能得到满意的效果。

4. 影像创意　影像创意，是 Photoshop 的特长，通过 Photoshop 的处理，可以将原本风马牛不相及的对象组合在一起，也可以使用"狸猫换太子"的手段，使图像发生"面目全非"的巨大变化。

5. 艺术文字　利用 Photoshop，可以使文字发生各种各样的变化，使其艺术化，为图像增加效果。

6. 网页制作　在制作网页时，Photoshop 是必不可少的网页图像处理软件，它可以精细地绘出各种图形图像。这也是在网络普及时代，更多人学习 Photoshop 的一个重要原因。

7. 建筑效果图后期修饰　在制作建筑效果图、三维场景、人物及场面颜色常常需要在 Photoshop 中进行修饰、调整。

8. 绘画　由于 Photoshop 具有良好的绘画与调色功能，许多插画设计者往往使用铅笔绘制草稿，然后用 Photoshop 填色的方法来绘制插画。除此之外，近些年来非常流行的像素画作品，也是设计者使用 Photoshop 创作的。

9. 绘制或处理三维贴图　在三维软件中，要想制作出精良的模型，并为模型应用逼真的贴图，得到较好的渲染效果。除了要依靠软件本身具有材质功能外，还要利用 Photoshop 制作出在三维软件中无法得到的合适的材质。

10. 婚纱照片设计　当前越来越多的婚纱影楼开始使用数码相机，用 Photoshop 处理婚纱照片，是婚纱影楼设计者的首选。

11. 视觉创意　视觉创意与设计，是设计艺术的一个分支，此类设计通常没有非常明显的商业目的，但由于它为广大设计爱好者提供了广阔的设计空间，因此越来越多的设计爱好者开始了学习 Photoshop，并进行具有个人特色与风格的视觉创意。

12. 图标制作　使用 Photoshop 矢量工具制作图标，也非常精美，学习这个技能可以进行婚礼标志（婚礼徽标）、结婚海报和婚礼请柬的设计。

13. 界面设计　界面设计是一个新兴的领域，已经受到越来越多的开发者的重视，虽然暂时还未成为一种全新的职业，但相信不久一定会出现专业的界面设计师职业。在当前还没有界面专业软件，用 Photoshop 设计界面是绝大多数设计者的首选。

上述列出了 Photoshop 应用的 13 大领域，但实际上其应用不止这些。例如，目前的影视后期制作及二维动画制作，都会用到 Photoshop 软件。

（二）Photoshop 相关软件

1. PhotoImpact 软件　PhotoImpact 是友立公司生产的一种以个人用户、多媒体应用为主的图像处理软件，他的主要功能是用来改善相片的品质，并且对图片进行简易的处理，它支持位图图像和矢量图的无缝拼合，可以打造三维图像效果，并且可以制作网页图像的简单应用。

　　PhotoImpact 内置了各种图像效果，并且内置的效果比 Photoshop 应用更加方便，有许多效果模板只要双击鼠标就可以应用，相对 Photoshop 来说，他的功能更简单，也更适合初级用户，常用于初级的图像处理（图 3-3）。

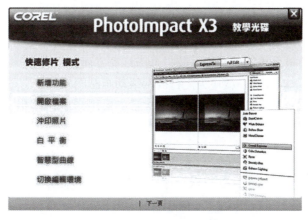

图 3-3　PhotoImpact 软件

　　2. Illustrator 软件　Illustrator 是 Adobe 生产的一款矢量图形绘制软件，它在图像上也具有强大的功能。和 Photoshop 一样，它也是 Adobe 公司的产品，所以界面操作比较相似，和 Photoshop 相比较，功能也是互补，它深受艺术家、插图画家以及广大美术爱好者的青睐。

　　3. CorelDRAW 软件　CorelDRAW 是加拿大 Corel 公司生产的一款广为流行的图形绘图软件，它也可以处理位图，它在矢量图形处理中有着非常重要的地位。目前许多的插画还是使用 CorelDRAW 来进行绘制，一些原创图形以及标志用它来制作（图 3-4）。

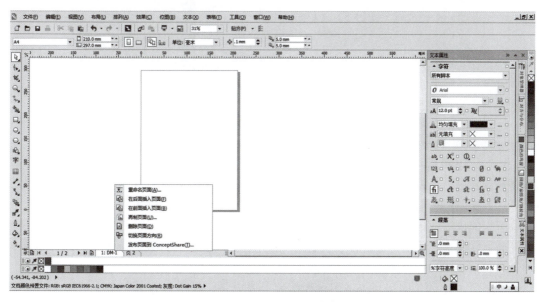

图 3-4　CorelDRAW 软件

4. FreeHand 软件　FreeHand 也是 Adobe 公司的产品，它是一款优秀的矢量图形绘图软件，和 Illustrator、CorelDRAW 一样，它们都用作进行矢量图形的制作。随着软件的升级发展，FreeHand 也可以处理位图，它有强大的增效功能，可以制作出比较复杂的图形和标志，并且最新版本还可以输入动画和网页。

5. Painter 软件　Painter 是 Corel 公司生产的电脑绘图软件之一，它结合了以 Photoshop 为代表的位图图像软件和以 FreeHand 为代表的矢量图形软件的功能特点，有着惊人的仿真绘画效果和造型效果。制作一种逼真的三维效果，非常地写实，各种细节也非常细腻。它主要应用在编辑合成特效制作以及二维图形等方面。

6. Flash 软件　Flash 是一款广为流行的网络动画制图软件，它最早是由 Macromedia 公司开发设计的，后公司被 Adobe 公司收购。它主要用来制作体积小，并且可以嵌入字体和影音文件的二维动画（图 3-5），这款软件目前也是非常实用，应用十分广泛。

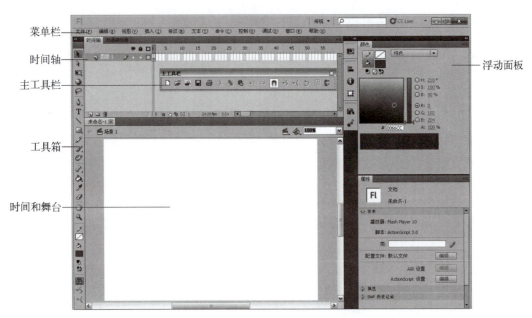

图 3-5　Flash 软件

（三）Photoshop 软件的常用知识

1. 常用图像图形文件格式（图 3-6）

（1）PSD 格式。PSD 格式是婚礼策划师最应该熟知的文件格式，它是 PS 软件的默认保存格式，可以保留包含图层、通道、蒙版、路径以及为栅格化的文字等信息。

（2）JPEG 格式。JPEG 格式是最常用的图像文件格式，扩展名为 .jpg 或 .jpeg，是一种有损的压缩图像保存格式。

（3）GIF 格式。支持透明背景和动画，采用无损压缩保存方式。

（4）PNG 格式。支持透明背景，无损压缩方式保存文件。

（5）PDF 格式。同为 Adobe 公司 AI 的主要格式，另一矢量软件 CorelDRAW 保存为 .cdr 格式。

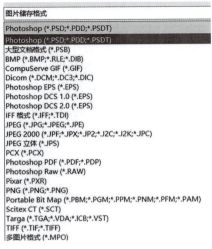

图 3 - 6　常用格式

（6）TIFF 格式。高保真图像保存格式，通用扫描仪保存方式。

（7）RAW 格式。常用数码相机为便于后期处理，提供 RAW 文件格式，在 PS 中可使用 CAMERA RAW 滤镜进行后期调校，虽然可以使用滤镜调整，但效果取决于源拍摄文件保留的质量，也就是源文件是否是 RAW 格式。

2. 图像分类

（1）矢量图。矢量图与分辨率没有关系，无论缩放多大都不变形，常用矢量软件 AI 和 CorelD RAW。

（2）位图。就是有像素分布而成的图像，与分辨率和像素有很大关系，无数倍放大后图像失真，呈现成小像素方块。

3. 像素与分辨率（图 3 - 7）

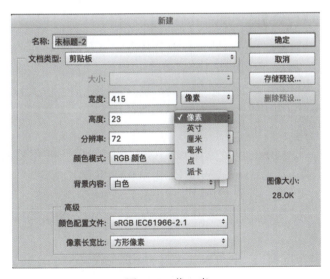

图 3 - 7　像　素

（1）像素就是组成图像的最小单元，它记录图像的颜色信息。每英寸（1英寸＝2.54厘米）像素的个数。

（2）分辨率单位＝像素/英寸，户外喷绘常用72 dpi；彩色喷墨打印常用150 dpi；彩色印刷常用300 dpi，需要说明的是这里的单位是像素/英寸，若置换成像素/厘米就要除以2.54。

不同尺寸的图像和不同大小的分辨率，决定最终图像的大小，在这里需要注意的是分辨率单位的使用和之间的换算值。同理图像大小的换算以厘米换成英寸时也要除以2.54。

4. 色彩模式（图3-8）　当然在PS中可以在不同模式之间进行转换，RGB格式转换成位图模式需要先转换成灰度模式（图3-9）。

图3-8　色彩模式

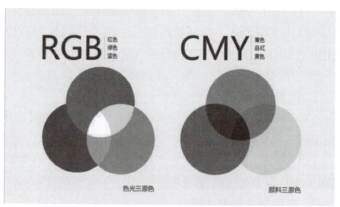

图3-9　RGB与CMYK颜色

（1）RGB格式。通过红、绿、蓝加色混合的方式显示颜色，在所有数值为0时是黑色，数值均为255的时候是白色，是PS最常用的颜色模式。

（2）CMYK格式。常用的商业印刷模式，是一种减色混合方式显示颜色，在所有数值为100％时候是黑色，数值均为0％的时候是白色。

拾色器中的色彩模式见图3-10。

（3）LAB格式。L为亮度，量值为0～100；A为绿色到红色的光谱变化；B为蓝到黄色的光谱变换，因为LAB格式涵盖RGB和CMYK的所有色域，因此LAB格式色域最宽。

（4）HSB格式。H色相（三色环0°～360°）；S饱和度，量值为0％～100％；B明亮度，量值为0％～100％。

（5）位图模式和灰度模式。灰度模式为每一图像保存0～255，共256色阶灰度（8位像素，16位和32位要大许多），位图模式只有黑白两种颜色。

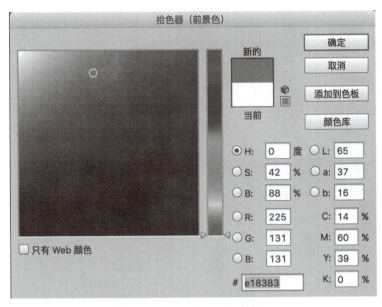

图 3 - 10　拾色器中的色彩模式

（四）Photoshop 在婚礼中的应用举例

如前所述，Photoshop 在婚礼策划运用的范围非常广，如婚礼标志的设计与制作、婚礼海报的设计与制作、婚礼包装类（定制糖果盒、回礼包装等）的设计与制作、婚礼视觉导视系统（婚礼平面图、婚礼座位卡、桌卡）设计与制作等，是婚礼策划师必须掌握的基本技能之一（图 3 - 11 至图 3 - 14）。

姓名：耿嘉乐	设计说明：青春不悔，共赏傲雪寒梅开，
班级：1501婚庆	老来相伴，轻嗅梅花扑鼻香。
学号：20151002006	

图 3 - 11　2015 级婚庆专业耿嘉乐同学的婚礼标志设计作品

主题：雪天使
姓名：张春怡
学号：20169990689
班级：1601婚庆班

设计思路：两人相遇在一个下雪的冬季，剪影代表着两人第一次的相遇，新郎绅士地为新娘撑起一把伞，松枝代表着爱情的常青和忠贞不渝，松果代表两人经历考验，喜结爱果。

图 3-12　2016 级婚庆专业张春怡同学的婚礼标志设计作品

主题：山高水长 初心不惘
姓名：苗伊璇
班级：婚庆一班

设计思路：我们总经历不同形式的分离，是分离让我们更清楚，我们根本就爱不上其他人，不管过去多久，心中无可替代的只有对方这个人。而对方这个人，是这世间少有的稀罕物，在旁人眼里或许普通，但在我心里就是「无价之宝」

图 3-13　2017 婚庆专业苗伊璇同学的婚礼标志设计作品

主题：回眸
姓名：杨易珍
班级：1801 婚庆

设计思路：《回眸》一书中出现了《Diamonds And Rust》这首见证民谣歌手和民谣鼻祖爱情的歌曲并成为经典传唱于世歌曲；而抱着那把古他轻吟浅唱的姑娘也慢慢的两鬓斑白⋯⋯

图 3-14　2018 婚庆专业杨易珍同学的婚礼标志设计作品

子任务二　进行婚礼三维效果图制作

一、工作流程

工作准备 → 进行婚礼三维效果图制作 → 效果评估

（一）工作准备

1. 物品准备

序号	名称	规格	单位	数量	备注
1	笔记本电脑		台	1	可联网，预装 PS、三维设计软件
2	A4 纸	A4	张	若干	用于手绘图制作
3	打印机	商用	台	1	用于打印设计图

2. 环境与人员准备

序号	环境与人员	准备
1	环境	干净、整洁、温馨、温度适中、空气清新无异味； 可以将电脑与互联网进行连接，网速有保障
2	婚礼效果图设计人员	言谈有礼、举止文明，具备一定的美感与设计感，具备一定的 PS、三维设计软件使用能力，自觉遵守社会基本道德规范，细微得体、恰到好处地提供服务

（二）婚礼三维效果图设计的实施

步骤	流程	进行婚礼三维效果图制作的技术操作要求
工作前准备	知识基础	（1）经过初级婚礼策划职业技能等级培训
		（2）初步掌握婚礼三维效果图的技能
		（3）具备一定的美术功底或艺术鉴赏能力
准备	准备工作	（1）保证电脑中安装了三维设计类软件，确保电脑联网无问题
		（2）提前建立好相应的效果图分类文件夹，如：中式婚礼效果图文件夹；教堂婚礼效果图文件夹；草坪婚礼效果图文件夹；森系婚礼效果图文件夹等。或是采取按照预算分类法进行分类，如：5 万～8 万元婚礼效果图文件夹；8 万～10 万元婚礼效果图文件夹；15 万～18 万元婚礼效果图文件夹
步骤 1	寻找相关案例	（1）浏览互联网上的各种已经公开展示的婚礼效果图案例，寻找灵感
		（2）根据新人要求（如手绘图即可，还是一定要出三维效果图）确定设计要素与思路，可以一定程度上借鉴其他相关效果图案例
		（3）如有必要，可将类似相关效果图案例发送给婚礼当事人确认
步骤 2	设计效果图	基于三维设计软件 SketchUp 制作婚礼现场三维效果图

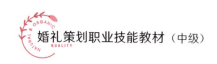

（续）

步骤	流程	进行婚礼三维效果图制作的技术操作要求
步骤3	确认并完善效果图	将第一稿设计好的效果图交付婚礼当事人，征得其确认后方可实际依照效果图进行制作与后续搭建； 如需修改，则需要仔细记下修改意见，对效果图进行修改和完善
注意事项		（1）在发送相关效果图案例供新人观赏时，要明确告知婚礼当事人该效果图仅供风格参考使用，预算不同，婚礼诉求不同，效果图也会随之发生变化
		（2）效果图的制作需要一定的设计与制作费用，要注意这部分的经费预算与控制

（三）效果评估

（1）通过三维效果图制作，基本还原了婚礼现场的空间、布局、色彩及细节等装饰，客户可以全方位观看设计、材质、颜色、灯光的效果，使得设计师的作品能够直接、原汁原味地展现在客户面前展示，已达到客户的期望。

（2）通过进行三维效果图制作，提高了策划师的工作效率，表达了策划师的构思，可以更好地在谈单时与客户反复沟通方案，直到客户满意。

二、相关知识

三维效果图以其多视角的模型、逼真的效果、真实的环境及对复杂细部的表现，吸引了策划师和客户。随着计算机的发展，婚礼三维效果图更加显露出其优越性，而成为表现策划师思路的得力助手。

（一）婚礼三维效果图的制作

目前大部分婚庆设计师运用"AutoCAD＋Photoshop＋SketchUp＋Lightscape"这一数字化解决方案来实现婚礼会场设计。这一解决方案包括四类技术。

1. 制图技术　传统婚庆会场设计图的制图都是手绘，既不好修改，也难以丰富设计方案。而 AutoCAD 软件的出现就改变了这个模式。

AutoCAD 由美国 Autodesk 公司开发研制，先后历经了二十多年的发展，该软件不断地更新换代，功能不断地增强和完善，在运行速度、图形设计、图形管理和网络功能等方面都达到了目前最高的水平。在计算机辅助设计领域中得到了极为广泛的应用。

AutoCAD 通过布尔运算、放样技术、材质编辑器、POLY 建模功能可以模拟大堂、地板和吊顶等效果图制作，制作的效果图可达到照片效果。同时，AutoCAD 具有强大的编辑修改功能，设计师仅需控制矩形柄就可以进行一些编辑操作，比如图形的移动和变形；同样，设计师使用 Copy、Move 等简单命令就可以更改图形所在的图层。据统计，一项婚礼会场设计方案，从初始设计到最后敲定，修改率是 70%，使用 CAD 制图后，修改的时间可缩短 80%。

高效性、精确度及清晰度是婚礼会场设计的几个基本点，而 AutoCAD 软件中除了一些最基本的绘图命令外，其他的各种编辑命令、设置定义都可以较好地实现这三方面的要求。

① 高效性：在 AutoCAD 中的应用减少了设计师劳动的重复性、提高了制图效率。设

计师使用块的技术可以将一个或多个对象形成的对象集合，在图形中以单一对象显示。设计师定义了块后，就可以对其进行缩放、旋转、复制等操作，并且同一个图形文件中的块可以用在不同文件中。同时，2006 年版本中"DYN"动态输入按钮功能的加入，使得设计师在创建和编辑几何图形时可以显示标注信息，并能轻松地对其进行编辑。为了给新手用户提供向导，并提醒有经验的用户注意其他选项，动态输入功能还可以显示每个命令的可用选项。当用户打开动态输入后，系统默认使用工具输入的第一点为绝对坐标值，第二点及其以后的点为相对坐标值。AutoCAD 中的这些操作使得制图轻松、快捷、高效。

② 精确度：AutoCAD 中的捕捉技术大大提高了绘图的精确度。绘图的精确性主要体现在点的精确输入、点的精确捕捉和点的相对追踪三个方面。

点的精确输入：点的精确输入是最基本、最关键的精确绘图点定位方式。在绘图过程中，常用的坐标输入方法主要有绝对坐标输入法和相对坐标输入法两种。

点的捕捉功能：点的捕捉功能是强制性的精确绘图点定位方式，它可以将十字光标强制性地定位到图形上的某些特征点或特定位置，从而保证绘图的精确度。AutoCAD 提供多种捕捉点设置，使制图过程达到随心所欲、简单精确。

点的相对追踪：点的相对追踪是补充性的精确绘图点定位方式。它主要是以对象上的捕捉点为基准，去追踪、偏移捕捉另外的点。相对追踪由正交追踪、极轴追踪和对象追踪组成。

③ 清晰度：AutoCAD 中图层的应用使设计作品的清晰度得以提高。设计师使用图层可以按功能在图形中组织信息及设置图层的各种状态。通过图层，设计师可以更改图层的名称、颜色、线宽、线型、打印样式，可以控制对象的可见性，可以将图层特性指定给一定的图形对象，还可以锁定图层以防止对象被修改。由于图层与图层之间相互独立性，设计师可以把不同的颜色、线宽、线型赋予不同的图形对象，从而在制图与阅图过程中一目了然、清晰度高。

2. 建模技术　SketchUp 是婚庆会场设计数字化解决方案中第二步使用的软件。SketchUp 是 Google 公司开发的三维动画渲染和制作软件，简称为 SU。

SketchUp 具有丰富的造型工具、材质工具，并支持 DWG 文件，它可将 AutoCAD 制作好的平面、立面图，以及餐桌、展台等图形导入 SketchUp 中，再进行材质、灯光等处理，进而产生真实的立体场景。

SketchUp 软件的使用步骤为：①将 CAD 文件导入 SketchUp 中；②根据平面图的设计，照图纸完成模型制作；③给场景中的各种物体赋予材质，赋材质时，注意整体材质要有一个主基调色；④添加壁纸、花卉、气球等配景，完成场景摆设；⑤调整场景中的灯光环境，使整个场景物体能表现出较好的立体感和层次感；⑥渲染，制作通道图片。

3. 图像处理技术　Photoshop 是目前 Adobe 公司旗下最为出名的图像处理软件之一，也就是人们常说的 PS。Photoshop 是集图像扫描、编辑修改、图像制作、广告创意、输入输出于一体的软件，以其强大的图形图像处理功能深受平面设计师的喜爱。

婚庆会场设计的第三步骤是设计师使用 Photoshop，通过色调与色彩的调整，增强图像品质，修正 SketchUp 渲染效果图中不足的地方使画面更加生动、真实。在此步骤中，经常使用的操作为色调与色彩的调整。

同时，Photoshop 还可以在效果图中添加一定的倒影和阴影，修改 SketchUp 渲染效果图中不适合的材质，烘托场景气氛，使会场设计更富情趣。

4. 渲染技术　由于 SketchUp 的灯光系统只有模拟灯光，没有全息渲染，所以设计师在灯光制作中应使用灯光渲染软件，从而实现全息渲染的灯光效果。婚礼会场设计中常用的灯光渲染软件包括 Lightscape 渲染软件和 VRay 软件。

Lightscape 兼容 DWG 文件和 3DS 文件，是目前世界上唯一同时拥有光影跟踪、光能传递和全息渲染三大技术的渲染软件。Lightscape 把渲染过程分解为光能传递与光影跟踪两部分，在完成光能传递后，直接光照与阴影已经计算完毕得出相应渲染效果，完美解决了 SketchUp 中渲染速度太慢、效果太差的缺点。

Vray 是一种结合了光线跟踪和光能传递的渲染器，它通过真实的光线计算创建专业的照明效果。在婚庆会场设计中，大部分人使用 V - RayforSketchUp 这个渲染器代替 Sketchup 原有的渲染器，增加功能。

（二）婚礼三维效果图制作软件 SketchUp 的使用方法和步骤

在婚礼方案设计中，最重要的软件就是谷歌公司研制的 SketchUp。SketchUp 是一套直接面向设计方案创作过程而不只是面向渲染成品或施工图纸的设计工具，其创作过程不仅能够充分表达设计师的思想而且完全满足与客户即时交流的需要，与设计师用手工绘制构思草图的过程很相似，同时其成品导入其他着色、后期、渲染软件可以继续形成照片级的商业效果图。是目前市面上为数不多的直接面向设计过程的设计工具，它使得设计师可以直接在电脑上进行十分直观的构思，随着构思的不断清晰，细节不断增加，最终形成的模型可以直接交给其他具备高级渲染能力的软件进行最终渲染。这样，设计师可以最大限度地减少机械重复劳动和控制设计成果的准确性。下面介绍一下该软件的运用步骤。

1. 软件主界面　绘图窗口主要由标题栏、菜单栏、工具栏、绘图区、状态栏和数值控制栏组成，如图 3 - 15 所示。

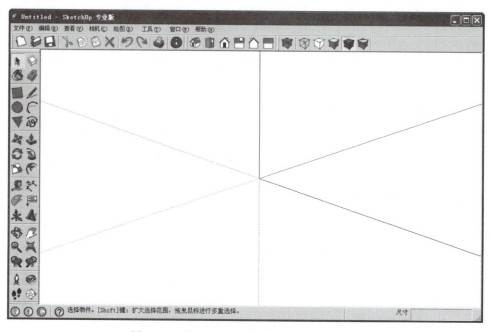

图 3 - 15　SketchUp 软件主界面（绘图窗口）

（1）标题栏。标题栏（在绘图窗口的顶部）包括右边的标准窗口控制（关闭，最小化，最大化）和窗口所打开的文件名。开始运行 SketchUp 时名字是未命名，说明操作者还没有保存此文件。

（2）菜单栏。菜单出现在标题栏的下面。大部分 SketchUp 的工具，命令和菜单中的设置。默认出现的菜单包括文件、编辑、查看、相机、绘图、工具、窗口和帮助。

（3）工具栏。工具栏出现在菜单的下面，左边的应用栏，包含一系列用户化的工具和控制。

（4）绘图区。在绘图区编辑模型。在一个三维的绘图区中，可以看到绘图坐标轴。

（5）状态栏。状态栏位于绘图窗口大下面，左端是命令提示和 SketchUp 的状态信息。这些信息会随着绘制的东西而改变，但是总的来说是对命令的描述，提供修改键和它们怎么修改的。

（6）数值控制栏。状态栏的右边是数值控制栏。数值控制栏显示绘图中的尺寸信息。也可以接受输入的数值。

2. 主要工具栏　SketchUp 的工具栏和其他应用程序的工具栏类似。可以游离或者吸附到绘图窗口的边上，也可以根据需要拖拽工具栏窗口，调整其窗口大小。

（1）标准工具栏。标准工具栏主要是管理文件、打印和查看帮助。包括新建、打开、保存、剪切、复制、粘贴、删除、撤销、重做、打印和用户设置，如图 3-16 所示。

图 3-16　标准工具栏

（2）编辑与常用工具栏。编辑与常用工具栏主要是对几何体进行编辑的工具。编辑工具栏包括移动复制、推拉、旋转工具、路径跟随、缩放和偏移复制。常用工具栏包括选择、制作组件、填充和删除工具，如图 3-17 所示。

图 3-17　编辑与常用工具栏

（3）绘图与构造工具栏。绘图与构造工具栏是进行绘图的基本工具。绘图工具栏包括矩形工具、直线工具、圆、圆弧、多边形工具和徒手画笔。构造工具栏包括测量、尺寸标注、角度、文本标注、坐标轴和三维文字，如图 3-18 所示。

图 3-18　绘图与构造工具栏

（4）相机和漫游工具栏。相机和漫游工具栏是用于控制视图显示的工具。相机工具栏包括旋转、平移、缩放、框选、撤销视图变更、下一个视图和充满视图。漫游工具栏包括相机位置、漫游和绕轴旋转，如图 3-19 所示。

图 3-19　相机和漫游工具栏

（5）风格工具栏。风格工具栏用于控制场景显示的风格模式。包括 X 光透视模式、线框模式、消隐模式、着色模式、材质贴图模式和单色模式，如图 3-20 所示。

图 3-20　风格工具栏

（6）视图工具栏。视图工具栏包含切换到标准预设视图的快捷按钮。底视图没有包括在内，但可以从查看菜单中打开。此工具栏包括等角视图、顶视图、前视图、左视图、右视图和后视图，如图 3-21 所示。

图 3-21　视图工具栏

（7）图层工具栏。图层工具栏提供了显示当前图层、了解选中实体所在的图层、改变实体的图层分配、开启图层管理器等常用的图层操作，如图 3-22 所示。

图 3-22　图层工具栏

（8）阴影工具栏。阴影工具栏提供了简洁的控制阴影的方法。包括阴影对话框、阴影显示切换以及太阳光在不同日期和时间中的控制，如图 3-23 所示。

图 3-23　阴影工具栏

（9）剖切工具栏。剖切工具栏可以很方便地执行常用的剖面操作。包括添加剖面、显示或隐藏剖切和显示或隐藏剖面，如图3-24所示。

图3-24　剖切工具栏

（10）地形工具栏。地形工具栏是SketchUp的新增工具，常用于地形方面的制作。包括等高线生成地形、网格生成地形、挤压、印贴、悬置、栅格细分和边线凹凸，如图3-25所示。

图3-25　地形工具栏

（11）动态组件工具栏。动态组件工具栏是SketchUp的新增工具，常用于制作动态互交组件方面。包括与动态组件互交、组件设置和组件属性，如图3-26所示。

图3-26　动态组件工具栏

（12）Google工具栏。Google工具栏是SketchUp软件被Google公司收购以后新增的工具，可以使SketchUp软件与Google旗下的软件进行紧密协作，如图3-27所示。

图3-27　Google工具栏

子任务三　具备一定的婚礼音乐、舞蹈等相关知识和能力

一、工作流程

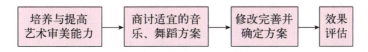

培养与提高艺术审美能力 → 商讨适宜的音乐、舞蹈方案 → 修改完善并确定方案 → 效果评估

（一）工作准备

1. 物品准备

序号	名称	单位	数量	备注
1	笔记本电脑	台	1	可联网，性能较佳
2	互联网	—	—	用于查询相关资料
3	外部音响	台	1	播放婚礼音乐用曲

2. 环境与人员准备

序号	环境与人员	准备
1	环境	（1）干净、整洁、温馨、温度适中、空气清新无异味； （2）可以将电脑与互联网进行连接，网速有保障
2	婚礼策划师或婚礼统筹师	言谈有礼、举止文明；具有一定的美感、时尚感、品位感与设计感；具备良好的亲和力、沟通能力与导购能力；自觉遵守社会基本道德规范，细微得体、恰到好处地提供服务

（二）为新人提供适宜的婚礼音乐、舞蹈等建议

步骤	流程	技术操作要求
工作前准备	知识基础	（1）经过初级婚礼策划职业技能等级培训
		（2）初步了解婚礼音乐、舞蹈等方面的知识
		（3）具备　定的音乐知识和艺术鉴赏能力
		（4）策划师已经与婚礼当事人确定好婚礼主题、内容、婚礼仪式流程和亮点
		（5）婚礼策划师已经完成了婚礼策划书初稿
		（6）在交流的过程中，仔细观察并分析新人，特别是新郎与新娘的工作背景、兴趣点与喜好等，为后续提供精准的音乐打下良好基础
步骤1	明确婚礼主题	（1）通过前期沟通与专业性的建议，再一次确定婚礼主题
		（2）为新人提供符合婚礼主题、风格的音乐建议，再根据新人兴趣爱好和要求提出相关的音乐，如有必要可提供舞蹈建议
步骤2	细节调整与修改	（1）先从大的问题处入手修改，最后再修改小的细节和其他相关元素。如音乐上来讲，首先确定整体使用的音乐为欢快风，至于使用哪一首歌曲，可以逐步调整与替换
		（2）之后，可以确定婚礼每个环节的音乐
		（3）在尊重婚礼当事人的想法和意见基础上，可以适当提出自己的看法与建议，这样可以更加凸显策划师的专业性与经验。新人的想法有的时候并无法完全实现或不合适，需要引导与专业性的建议
步骤3	方案定稿	（1）将修改或完善后的最终音乐方案，交付给婚礼当事人确认
		（2）注意要对之前的方案做备份保存，新人有可能会随时回到之前的方案与建议

（续）

步骤	流程	技术操作要求
注意事项		（1）在婚礼实际落地执行中，音乐的选择往往由婚礼司仪（主持人）决定，策划师及婚礼当事人往往对婚礼仪式音乐没有太多的概念与想法。因此可根据实际情况，把握并判断出新人对于音乐风格的喜好即可，无须在音乐选择上做过多的干预与订制
		（2）在婚礼上跳舞，一般是纯西式婚礼才有的环节，如果新人有舞蹈基础或者举办纯西式婚礼可以设舞蹈环节

（三）效果评估

（1）通过平日不断地学习、思考与提高，帮助婚礼当事人制定的音乐、舞蹈等方案获得了新人认可与喜爱。

（2）符合该场婚礼的主题、符合新人的性格特征并很好地融入婚礼仪式现场环境中。

二、相关知识

（一）婚礼音乐

所谓婚礼音乐是根据婚礼主题、仪式流程和新人喜好而编辑的，在婚礼上播放的音乐，是呈现婚礼主题和仪式环节的重要"道具"。

婚礼音乐是使时尚婚礼更具魅力的重要组成部分，没有音乐的演绎婚礼略显苍白，好的婚礼音乐是在婚礼仪式中最能起到推波助澜作用的道具。好的婚礼音乐能够将婚礼的每一个流程划分得一目了然，更能制造一个个婚礼高潮，让在场的来宾全情投入并为真情而感动。不同类型的婚礼仪式需要选择不同类型的婚礼音乐、不同曲目的婚礼音乐。婚礼上的音乐也可以为婚礼营造出不同凡响的效果，运用好音乐，可以使婚礼更加个性化，良好的音响效果和漂亮的视觉效果加在一起，将感染所有的来宾，给他们留下深刻难忘的幸福印象。

（二）婚礼音乐的作用

音乐对婚礼的作用主要体现在以下几个方面。

1. 渲染气氛　音乐能为婚礼的局部或整体创造一种特定的气氛基调（包括时间和空间的特征），从而深化现场效果，增强婚礼的感染力。不同的音乐，不同的场景，能让新人和嘉宾体会温馨、感受欢乐。

2. 抒发人们的内心情感　听觉与视觉同样重要，音乐自然就成为婚礼的灵魂，通过音乐可以表达新人的内心情感、将婚礼主题与新人、嘉宾的情感融合到一体，将婚礼仪式中各个环节完美地呈现。例如，在新人向父母敬茶时适时地出现音乐可以烘托新人的感恩心情。

3. 体现并深化婚礼主题　婚礼音乐通过感情的渲染，使音乐和现场气氛有机结合，形成现场的震撼力和感染力。音乐在婚礼中的整合、连贯、调节、烘托无处不在。婚礼音乐在适合的环节响起，可以感染新人和嘉宾，打动新人和嘉宾。在婚礼音乐的伴随下，随着婚礼环节的推进使人们的情感一次次被唤起，展现出一个个让人动容的场景。

4. 推动婚礼情节的发展　开场音乐声的响起，代表婚礼仪式拉开了序幕，伴着婚礼进行曲，新人款款走向他们幸福的神坛，婚礼音乐不仅舒缓了人们的情绪，更推动婚礼精彩的情节顺利向前发展，伴着开朗快节奏的音乐声，新人的幸福快乐淋漓尽致地一步步展现，当送客的音乐响起时，就预示着婚礼即将结束。婚礼音乐就是这样推动着婚礼情节的发展。

5. 强化婚礼结构　强化婚礼结构，即加强婚礼结构的连贯性和完整性。用婚礼音乐衔接前后两场或更多场景，通过不同的音乐表现婚礼的不同环节，比如新人入场背景音乐、交换婚戒背景音乐、证婚人发言背景音乐、向父母献礼背景音乐、家长代表致辞背景音乐等。

通过婚礼音乐组接不同情节和程序，以达到过渡流畅，情感衔接自然，场景变换得当的作用。

婚礼音乐的制作是根据婚礼的流程和新人喜好而定的，要进行很详尽的沟通和准备。

一场婚礼，如果拥有出色的婚礼音乐，就可以用音乐来串联整场婚礼，让主持人的台词成为辅助而不是主导。一个优秀的婚礼策划师，一定要既懂婚礼，又懂音乐；不仅要拥有极好的乐感，还要拥有一个婚礼策划人的音乐敏感。目前越来越多的婚庆礼仪主持人和新人以及媒体开始关注婚礼音乐。如果说一个婚庆礼仪主持人是《婚礼》这首歌的词作者，那婚礼音乐就是这首歌的编曲配器，它决定了这首歌的风格和派系。

（三）婚礼音乐的构成

一场婚礼上所使用的音乐具体地说是由婚礼流程音乐和婚礼即兴伴奏、音效音乐两个部分组成的。一个是婚礼流程音乐，就是由婚礼策划师或婚礼主持人自带编辑好的碟片到现场由婚礼音乐师根据婚礼程序播放的音乐。另一个就是即兴伴奏、音效音乐，主要靠键盘手根据婚礼主持人的风格及婚礼现场的状况利用音乐及音效来渲染气氛、烘托每一个片段的主题，以及在后场互动游戏环节中利用即兴伴奏和音效来满足现场来宾为新人送上歌声和祝福的愿望。

1. 婚礼流程音乐　婚礼上的流程音乐至少要由 20 多首音乐组成。根据婚礼的流程不同播放不同的音乐，主要包括以下流程音乐。

（1）暖场音乐。即婚礼前宾客们等待新人到来时播放的音乐，这时应该播放一些轻快活泼的乐曲。

如果是中西合璧式的婚礼，适合在婚礼开始前播放的婚礼暖场音乐常用的有：《圣母颂》《梦中的婚礼》《温馨的佳节》《求婚》《第八号小提琴协奏曲》《I swear》《喜欢你现在的样子》等。如果是中式的婚礼，适合在婚礼开始前播放的婚礼暖场音乐常有：《喜洋洋》《步步高》《百鸟朝凤》《春节序曲》等。

（2）灯光秀音乐。婚礼开始前，许多主持人都喜欢先秀一下灯光，此时追光灯、摇头灯、频闪灯、染色灯、气柱、帕灯逐一亮起，所需要的音乐自然得是比较雄壮的，如《加勒比海盗》的原声音乐等。

（3）婚礼仪式开始音乐。如果伴郎、伴娘及花童等先于新人进场，则其选用的结婚音乐最好与新人进场时的音乐分开，突出新人的主要地位。婚礼团进场的音乐应该舒缓、优雅，比如：古典名曲《D大调加农》《G弦上的咏叹调》《出嫁》《花好月圆》等。

（4）新人进场音乐。新人进场或新娘进场的结婚音乐一般为《婚礼进行曲》。为人们熟知的《婚礼进行曲》共有两首，分别为门德尔松和瓦格纳的作品。按照约定俗成，新人入场用的是瓦格纳的婚礼进行曲，退场则用门德尔松的婚礼进行曲。中式传统婚礼也可以用《百鸟朝凤》《喜洋洋》《抬花轿》等传统民乐及民歌等作为中式婚礼新人入场音乐。

（5）新人退场音乐。新人退场可选用的曲目除了上述门德尔松的《婚礼进行曲》外，还可以选用其他一些轻快宣扬的曲调，如《欢乐颂》。

（6）新人第二次进场音乐。主要是宴会开始和感恩敬茶仪式，相对比较温馨与浪漫，也是表达新人与父母之间浓浓爱意的最好时间，因此，此时的音乐应该是轻柔的、浪漫的，可以表达爱意的。除了轻音乐也可以适当加入些中文歌曲，或者注重歌词表达的，以切合现场氛围或新人特征为主线，再加入点想象与发挥。适合婚宴的音乐如《喜洋洋》《花好月圆》《云水禅心》《知音》《IV. Menuetto - Trio - Polonaise》《Variation 7 a 1 ovvero 2 Clav》等。

（7）婚礼游戏、敬酒环节音乐。这时段的音乐可发挥的余地比较大，不少婚礼将其设计为中式婚礼的形式，突现个性，加之这个仪式环节往往安排不少抽奖、节目表演等余兴节目，气氛比较欢快活跃。不必太拘泥于音乐的种类与形式，只要新人喜欢，一般都可以用在此处。

2. 婚礼即兴伴奏及音效音乐　即兴伴奏及音效音乐都是要靠键盘手来完成的。这在以前的婚礼上并不多用，但现在非常流行。现在的婚礼主持人多半会自带键盘手，键盘手可以很好地控制现场的气氛，和婚礼主持人配合得也非常默契。即兴伴奏的作用如下。

（1）负责在婚礼中相关人员讲话的背景音乐弹奏。因为是现场弹奏有灵活性的音乐，可以根据新人或者证婚人情绪的高低弹出音乐的舒缓和高亢，和发言的情绪波动完全贴合，更能煽动情绪。如果是固定音乐播放，就不太能在人员讲话到高潮或者高亢的部分拉出高亢的音乐，这就是固定音乐的缺陷和键盘效果的优势。

（2）完成各个部分的音效。鼓掌、转盘、香槟流水声、开场钟声、欢笑声、天籁之声、新郎新娘进场时候神圣的天堂效果都可以通过键盘模拟出来，更能渲染婚礼现场的氛围。

（3）和婚礼音乐师的完美配合。键盘手和婚礼音乐师的配合一落一起让整个婚礼仪式在两人的配合中完全没有留白的空缺部分。这样可以让音乐铺满整个婚礼，否则婚礼音乐师在播放音乐时渐轻渐响的过程中总有至少 1 秒的间歇，即兴伴奏可以弥补这个缺陷。两者的完美结合可以打造更完美的婚礼。

（四）婚礼音乐的设计与制作环节

婚礼音乐的设计与制作包括选材、剪辑、合成和播放四个环节。

1. 选材　音乐本身没有好、差之分。但是在对婚礼音乐选择时的错对、理解的误差、剪辑的节奏不符、对接的两个不同曲风的衔接点效果运用不当、与婚礼策划文案表达意境相对立，就会出现婚礼音乐好差之分了。婚礼音乐的选材，就如婚礼策划文案是人体的框架结构，而婚礼音乐如同人的衣服，只有量体裁衣才能做到天衣无缝。因此，在进行婚礼音乐选材时，首先必须对婚礼策划文案有深刻的理解，加上对音乐的鉴赏、理解和对音乐的记忆，对婚礼策划文案的意境有深刻的领悟，才能做出很好的音乐选材。

2. 剪辑　婚礼音乐的剪辑要根据婚礼策划文案的内容入手，根据其文字和所要表达的情绪、意境，实时剪辑合成。婚礼是高浓缩版的人生，是只有一次的"春晚"，每个环节的起、承、转、合都很短促，所以，这就要求婚礼音乐制作者不仅是一个从事音乐工作多年的或一如既往地喜爱收听、收藏音乐的人，而且还是一个对音乐有着一定理解和音乐记忆的人，同时也是一个具备熟练使用音频制作软件的专业人士，这样才能完成婚礼音乐的剪辑。所以，婚礼音乐的剪辑就是将选材好的音乐根据婚礼策划文案的不同环节配备不同音乐并运用音频制作软件进行裁剪和编辑。

3. 合成　婚礼音乐的合成可以称之为二度创作，其基本步骤如下。

（1）看场地，测算各环节当事人到舞台的时间。了解新人及有关上场人员的位置和与舞台的距离，测算徒步时间，得出一环节的剪辑用曲时间。

（2）婚礼道具使用时间测试。多次进行用婚礼道具的时间测试（如倒香槟酒的时间），获得采样时间，确定每一环节的音乐时间。

（3）进行婚礼各环节之间的衔接。根据婚礼策划文案将环节与环节之间的衔接点运用音频制作软件，通过自己对音乐的理解编辑自然过渡、用节奏点、用音效巧妙掩盖转换点，以达到自然、和谐流转。

（4）掌握主持词及其发言的时间。多次进行彩排，根据婚礼策划文案的主持词及其发言的时间，进行音乐合成，掌握时间。还要掌握主持人的习惯语速。最后一次和新人彩排要安排相关人员准确记录婚礼流程的时间，这样就基本掌握了整场音乐部分的时间。

（5）对记录时间进行适当调整。制作前，要对掌握的时间记录进行调整，一般实际制作都要比原记录时间略长一点，根据婚礼策划文案的环节可以判断哪个环节会产生特别的效果并将这一环节延长到可预知的时间。

（6）合成排练。要多次和主持人进行合成排练，让主持人跟上音乐节奏，同时另准备一首缓节奏、一首中速、一个高潮突起的三种不同节奏的曲子作为备用。

4. 播放　婚礼音乐播放者即婚礼音乐师，首先是一个对音乐有一定理解的音乐爱好者，其次才是一个播放工作者，一次成功的婚礼音乐离不开专业音乐播放者。对于音乐播放者来说，不仅要熟悉需要播放的婚礼音乐，还要对婚礼策划文案和婚礼流程熟读、理解和记忆。要对婚礼主持人的音域的宽、窄有所了解，这样才能知道播放时的音乐时紧、时松、淡进、淡出，让音乐效果成为高、低音部，使主持人的嗓音成为中音部，这样就有了音域的层次感。

（五）舞蹈及婚礼舞蹈

舞蹈是一种表演艺术，使用身体来完成各种优雅或高难度的动作，一般有音乐伴奏，以有节奏的动作为主要表现手段的艺术形式。它一般借助音乐，也借助其他的道具。舞蹈本身有多元的社会意义及作用，包括运动、社交、求偶、祭祀、礼仪等。在人类文明起源前，舞蹈在仪式、礼仪、庆典和娱乐方面都十分重要。随着文化的传播，认为舞蹈不仅表现人的情爱，人们的各种激越的情感，人们生活中有重大意义的情感和活动，都会用舞蹈来表观。再没有别的艺术行为，能像舞蹈那样的感染一切人类，我国古代乐舞理论中就有："情动于中而形于言，言之不足故嗟叹之；嗟叹之不足故咏歌之；咏歌之不足，不知手之舞之足之蹈也。"这也生动地说明了舞蹈是表现人们最

激动的情感的产物。

艺术是由各个不同的艺术品种所组成的。作为艺术之一的舞蹈,同样是一个非常广阔的天地,它也是由各个不同种类、不同样式、不同风格的舞蹈所组成的。根据舞蹈的功能、用途,可分"实用舞蹈"(自娱)与"表演舞蹈"(娱人)两大类;根据舞蹈的作用和目的,舞蹈可分为生活舞蹈和艺术舞蹈两大类。

舞蹈也是情感的表达方式之一,在西式婚礼上新人少不了跳一支浪漫的舞蹈来开启婚礼的仪式。在西式婚礼上,探戈、恰恰等是最适合的舞蹈,节奏热烈、动作灵活,能够充分带动婚礼上年轻人的激情,活跃婚礼现场的气氛。而华尔兹和形体舞蹈一类比较缓慢轻柔,则适合与新人共舞的长辈们。

1. 探戈 探戈是摩登舞项目之一。探戈的舞曲节奏带有停顿并强调切分音;舞步顿挫有力,潇洒豪放;最有特点的是头部闪动动作。此舞蹈充满激情与浪漫,柔美与力量相结合,特别容易带动观众情绪。新人的开场舞选择跳探戈能够更好地调动婚礼现场气氛。

2. 恰恰 恰恰是拉丁舞项目之一。恰恰是拉丁舞中最受欢迎的舞蹈之一,音乐很容易辨认,旋律音符通常是短音或是跳音,节奏感强,舞态花俏,舞步利落紧凑,激情富有活力。此舞的难度相对高些。

3. 华尔兹 华尔兹又称为"慢三步",也是摩登舞的项目之一。这种舞蹈最早是由一种皇室的宫廷舞蹈演变而来的,舞曲的旋律优美而又抒情,舞步又连绵起伏,舞姿也华丽典雅,被誉为"舞中皇后"。由于华尔兹的音乐节奏比较缓慢,动作潇洒舒展,很容易就能上手。对于没什么舞蹈经验的新人来说,选择华尔兹作为婚礼舞蹈是最适合的,容易上手又能体现浪漫的婚礼氛围。让自己的婚礼更加出彩。

4. 伦巴 伦巴也是拉丁舞项目的一种。相比较于恰恰的快节奏,伦巴的音乐比较舒缓,而且动作具有舒展的优美,婀娜多姿,柔媚抒情的风格,很适合表达唯美浪漫的爱情。

5. 形体舞蹈 形体舞蹈是由芭蕾延伸而来的,是一种健身方式的芭蕾。形体舞蹈以健身为主要目的,所以难度会比较低,不要求腿一定要踢多直,脚要抬多高,不要求跳得特别规范,只需要将芭蕾中特有的优雅内涵融入舞蹈中就可以了。这样的舞蹈方式融入婚礼中相信也会让新人的气质变得更加非凡。

以上5种舞蹈非常适合西式婚礼中作为开场舞蹈。当然,舞蹈非常考验新人的乐感与形体,如果想在婚礼上翩翩起舞,策划师则一定要建议新人提前做好准备并反复练习。

子任务四 具备一定的婚礼摄影摄像鉴赏能力

一、工作流程

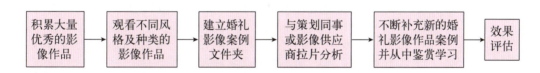

（一）工作准备

1. 物品准备

序号	名称	单位	数量	备注
1	笔记本电脑（或台式）	台	1	用于欣赏影像作品
2	婚礼影像案例文件夹	个	若干	内备有大量影像作品案例
3	婚礼影像供应商联系表	个	若干	用于及时联系到影像供应商
4	投影及音响	个	若干	用于与同事及影像供应商一起开会拉片鉴赏分析优秀的婚礼影像案例
5	小型会议室	间	1	用于与同事及影像供应商一起开会拉片、鉴赏、讨论、分析优秀的影像案例

2. 环境与人员准备

序号	环境与人员	准备
1	环境	干净、整洁、温馨、温度适中、空气清新无异味；网速有保障；电脑、投影及音响效果良好，显示屏无坏点，以会议室空间满足10～20人为佳
2	婚礼策划师	言谈有礼、举止文明，具备一定的美学、摄影及视频制作知识；熟悉当前婚庆市场及行业主流影像设备及大致性能；自觉遵守社会基本道德规范，细微得体、恰到好处地提供服务
3	影像供应商	具备专业的审美、摄影或摄像技术能力；有独到的见解及对待专业的看法；在长期从事婚礼影像服务的工作中，形成自己独特的影像风格和服务理念；注重团队协作精神，有极强的责任心和事业心

（二）具备一定的婚礼摄影摄像鉴赏能力

步骤	流程	技术操作要求
工作前准备	知识基础	（1）经过初级婚礼策划职业技能等级培训
		（2）初步了解婚礼影像基础知识
		（3）具备一定的美术功底或艺术鉴赏能力
	准备工作	（1）平日要养成不断收集整理优秀婚礼摄影及摄像的作品案例的习惯；经常接触新的婚礼影像供应商；能根据拍摄风格、预算等建立不同的影像文件夹以方便管理和提供案例
		（2）确定好与影像供应商的会议时间及地点，提前做好相关设备资源准备
		（3）准备一台笔记本电脑或记事本，以便在自行鉴赏婚礼影像作品，或是与影像供应商开会拉片时，记录下相关问题和疑惑
步骤1	观赏与鉴赏	从互联网或其他渠道观赏与鉴赏优秀的婚礼摄影师及婚礼摄像团队的影像作品。在做好收集整理工作的同时，反复观看并分析、评价
步骤2	联系影像供应商	在积累了大量不同特点，不同风格的优秀影像案例之后，与合作的影像供应商取得联系，并告知会议时间、地点及会议内容
步骤3	拉片鉴赏	开会探讨、鉴赏并分析优秀的婚礼影像作品，将观点、看法，以及疑问或是见解等记录下来，为日后提高鉴赏水平做好充分准备

（续）

步骤	流程	技术操作要求
步骤4	确定拍摄风格和拍摄事项	根据婚礼策划书确定拍摄风格，根据新人要求和婚礼预算决定是否拍摄婚礼MV或婚礼微电影
注意事项		（1）婚礼摄影作品与婚礼视频作品有着大相径庭之处，在观看鉴赏时要注意各自的表现形式和特点
		（2）鉴赏能力的提高与审美的提升非一朝一夕，需要不断地学习，反思和鉴赏各种不同种类的优秀作品案例，是一个相对长期积累提高的过程

（三）效果评估

（1）能够用相对专业的词语于语句，阐明出影像作品的好与坏并能够解释出为什么。

（2）能够根据新人对影像的不同要求而提出建设性的意见及适宜的影像方案。

二、相关知识

（一）婚礼上必须记录的镜头

婚礼上的"摄影跟拍"真的很重要！照片影像出现的意义本就是为了记录，看着多年前的那些照片，不觉过时，反觉生动。婚礼上的照片应该是有灵魂的，看到这些照片仿佛是婚礼当日的情景再现。再酷炫美丽的婚纱照，多年后回过头来看，都会因为时间的变迁而不再生动，唯有真实的跟拍照片才能带他们回到当时的记忆。

1. 婚礼跟拍的含义　婚礼跟拍主体是婚礼本身，它不应该刻意要求人物去做过多的摆拍造型，而是通过摄影师、摄像师自己的审美、技术、经验来抓拍或者拍摄婚礼的精彩瞬间。

2. 选择跟拍摄影师、摄像师的基本要求　婚礼摄影师是现场最沉默和忙碌的人，他要时刻抓到婚礼上人们的情感流露，记录下真实的瞬间。他不会影响婚礼的进展，要求新人停下来摆拍。选择跟拍摄影师有以下几个方面参考。

（1）经验要丰富，知道什么环节要拍什么。

（2）要多沟通，婚礼策划师或督导师让摄影师充分了解婚礼的礼仪流程。

（3）要双机位多素材拍摄，以免错过精彩镜头而遗憾。

（4）要有情感表达，后期不会PS过度，以纪实为主。

建议最开始拍摄的几张照片或者视频，可以让新郎新娘自己看一下，和摄影摄像师沟通是否是自己理想的画面。以免全部拍完了才说不是自己想要的。

（二）婚礼当天必拍的镜头

婚礼一生只有一次，有很多画面是不可错过的。婚礼摄影师记录着这一个个幸福的瞬间，忙碌的、紧张的、幸福的、感动的……如何才能让婚礼不留遗憾，作为婚礼策划师也必须与婚礼摄影师、摄像师提前沟通，告诉他们婚礼的流程和仪式环节，要求他们哪些镜头是必不可少的，婚礼策划师需要准备婚礼上的必拍照片清单，留住每一个感动，成就完美婚礼。

1. 新娘家　大气奢华的婚礼场面和精彩动人的婚礼仪式固然重要，但是婚礼开始前的细心准备也是不容易错过的场景。新娘化妆的画面、和父母一起的温馨、和姐妹们一起的热闹，点点滴滴都应该记录下来（表3-1）。

表 3-1　新娘家必拍镜头

新娘家必拍镜头		小贴士
①伴手礼	⑨新娘穿婚纱过程	婚礼摄影师常规拍摄：物品＋新娘＋伴娘＋新郎＋伴郎＋全家福。但岁月流逝，父母长辈都在渐渐老去，婚礼策划师要和摄影师、摄像师规划好时间，在这最特别要给父母和长辈多一些镜头，留下最珍贵的回忆
②婚鞋	⑩化好妆的新娘单人全身/半身/特写	
③戒指	⑪新娘和妈妈准备中	
④嫁妆	⑫姐妹团化妆过程	
⑤还没穿上身的婚纱、礼服	⑬新娘和姐妹团合影	
⑥新娘捧花	⑭新娘和父母、爷奶、家人合影	
⑦放在桌上的头饰和头纱	⑮新娘爸妈与爷奶合影	
⑧新娘化妆的过程	⑯新娘父母与新娘亲友合影	

2. 新郎家　拍摄新人准备婚礼至少要有两套摄影师（团队），新郎准备婚礼的镜头也是必拍的镜头，一般要拍摄以下内容（表 3-2）。

表 3-2　新郎家必拍镜头

新娘家必拍镜头		小贴士
①新郎伴手礼	⑨新郎爸妈忙碌的身影	婚礼摄影师常规拍摄：物品＋新娘＋伴娘＋新郎＋伴郎＋全家福。但岁月流逝，父母长辈都在渐渐老去，婚礼策划师要和摄影师、摄像师规划好时间，在这最特别要给父母和长辈多一些镜头，留下最珍贵的回忆
②小物品细节	⑩新郎和父母合影	
③戒指	⑪新郎和爷奶合影	
④新郎吹头发	⑫新郎和家人、亲友合影	
⑤新郎换衣服	⑬新郎父母单独合影	
⑥新郎扣纽扣	⑭新郎爷奶单独合影	
⑦新郎单人照全身/半身/特写	⑮新娘爸妈与父母、亲友合影	
⑧新郎和伴郎要帅合照	⑯全部人员合影	

3. 接亲环节　接亲在我国从古至今的婚嫁中，都属于重要的环节之一，有不少的礼仪和习俗需要讲究和操作。

一般来讲接亲环节包括以下几个环节：新郎出门、伴娘们堵门、新郎求婚、红包讨喜、向女方的父母敬茶改口、新娘需要拜别自己的父母、接新娘上车等，作为婚礼摄影摄像师必拍镜头如下表 3-3。

表 3-3　接亲环节必拍镜头

接亲环节必拍镜头		小贴士
①伴娘团藏鞋子	⑥新郎结婚宣言	注意：新娘收红包的表情很容易漏掉；另外，在新娘家一定要拍一张全家和全体大合影；爸妈送女儿上婚车一定要抓拍瞬间的真情流露，弥足珍贵！
②迎亲车队、车花	⑦敬茶改口环节	
③堵门游戏环节	⑧新人和家里长辈合影	
④新娘看到新郎的表情	⑨新人拥抱家人	
⑤新郎团找鞋子	⑩父母送新娘上婚车	

4. 回新郎家 女方接到男方家后需要做什么，都是非常有讲究的。当然不同地方有不同的风俗，一般来讲，接亲到男方家后都有婆婆迎接新娘下车（有些地方新娘下车鞋不沾土，从车门到堂屋铺着大红地毯，或者由新郎背着新娘到婚房里）的流程。

礼花手、录像照相人员、有时候还有打灯人员、主持人都要走在新人的前面，采集新人想屋里走的热闹镜头，新郎的父母也要提早向回走，做好迎接的准备；新娘拜见公婆；公婆敬茶改口；引领娘家人看新房；全家福合影照；一对新人拍摄温馨时光；喝疙瘩汤或吃饺子、吃汤圆等（寓意为生活富足，早生贵子，男娃女娃花着生）；出发到酒店。作为婚礼摄影摄像师，必拍镜头见表3-4。

表3-4 回新郎家必拍镜头

回新郎家必拍镜头		小贴士
①新人车队回新郎家	⑥新人和新郎父母合影	
②新郎母亲迎接新娘	⑦新人和家里长辈合影	注意：有的婚礼没有回新郎家这一环节；如果有就要记录下来
③新娘下车、拜见公婆	⑧新人在婚房的镜头	
④铺床人铺床画面	⑨新人喝疙瘩汤或吃饺子、吃汤圆等	
⑤给新郎爸妈敬茶改口	⑩出发去酒店	

5. 新人到酒店 新人车队即将到达酒店时，提前告知婚庆公司、酒店主管，安排好放礼炮及鞭炮的人员，新郎父母迎新娘父母下车；伴郎给新郎开门、新郎先下车、绕车尾给新娘开门；一起在头车前合影、录像；在司仪或者摄影摄像师引导下走进酒店；新人迎宾；新人在大厅门口就位，等待婚礼仪式开始。作为婚礼摄影摄像师，必拍镜头见表3-5。

表3-5 新人达到酒店必拍镜头

新人达到酒店必拍镜头		小贴士
①车队到达酒店的摆拍	⑥新人和家里长辈合影	注意：在酒店必须拍摄的空镜头：酒店/建筑物外观；会场内全景空镜；欢迎牌/签到簿；桌花/椅背花；餐桌上的小细节/菜单；喜糖婚戒及戒枕；请柬/回礼/流程表（如果有）；蛋糕/香槟塔；自助餐台/甜品吧；新娘头花；新郎胸花等
②婚礼仪式区空镜头	⑦家人在迎宾区的拍摄	
③新人在婚礼现场的摆拍	⑧桌花、椅背花拍摄	
④签到区、合影区、甜品去合影和空镜头	⑨餐盘细节	
⑤新人在签到区留影		

6. 婚礼仪式环节 每一场婚礼都有自己的流程和仪式，对新人与宾客而言，婚礼是神圣的，每个环节都有着自己特定的仪式感。一般来讲现在的婚礼仪式分为两部分（也称为两场式婚礼），一是婚礼庆典仪式环节，二是婚宴环节。从婚礼庆典仪式环节的流程主要有迎接新郎入场仪式；新娘入场仪式；新娘父亲的托付仪式；求婚或爱的誓言；感恩环节或致辞；香槟塔或婚礼蛋糕；礼成或敬酒仪式。作为婚礼摄影摄像师，必拍镜头见表3-6。

表3-6　婚礼仪式环节必拍镜头

婚礼仪式环节必拍镜头		小贴士
①主持人开场	⑨交换戒指	
②全场大景及宾客	⑩揭面纱及深情拥吻	
③伴郎伴娘入场	⑪给父母敬茶改口仪式	
④新郎在舞台上等待/看着新娘走来	⑫主证婚及父母代表讲话	婚礼摄影师不要只顾拍新娘，新郎在婚礼环节也是重要的角色
⑤新娘挽父亲入场的情景	⑬新郎感谢词语	
⑥父亲将女儿交付给新郎的情景	⑭嘉宾们及父母们的表情及鼓掌	
⑦新郎新娘共同步入婚礼主舞台	⑮手捧花交接	
⑧誓言仪式	⑯交杯酒、合影及退场	

7. 婚宴环节　上半场婚礼庆典仪式环节之后，就进入下半场婚宴环节，一般来讲婚宴环节主要有倒香槟仪式；喝交杯酒；切蛋糕或点蜡烛仪式；感恩/敬茶；新郎致答谢词；抛花球等。作为婚礼摄影摄像师，必拍镜头见表3-7。

表3-7　婚宴环节必拍镜头

婚宴环节必拍镜头		小贴士
①新人换装入场	⑥敬酒情景	
②倒香槟	⑦抽奖及节目表演	一定要拍一张全场大合影，让新人和来宾面向主舞台，所有的宾客打开手机闪光灯一起拍一张大合照，画面非常美
③喝交杯酒	⑧餐桌上的客人们互动	
④乐队（如果有）	⑨同学游戏环节	
⑤父母与新人交流时的动作和表情		

8. 抓拍清单　除上述婚礼上必拍清单外，还有一些抓拍的镜头，也是婚礼策划师需要提醒婚礼摄影师的，一般来讲有以下抓拍镜头（表3-8）。

表3-8　婚礼上的抓拍镜头

婚礼上的抓拍镜头	
①两人当天见面第一个瞬间	⑨两个戴着戒指的手特写
②新娘透过面纱的脸	⑩情不自禁对视的两人
③新娘凝望新郎的眼神	⑪两个人的背影
④新娘感恩时含泪的脸	⑫牵手的两人
⑤新娘中式婚礼掀起盖头时幸福的笑容	⑬从主桌上回身
⑥新娘掀起面纱后的脸	⑭两个人自然的微笑
⑦牵着的两只手特写	⑮拥吻的两个人
⑧喝交杯酒的两个人	

（三）婚礼 MV

1. 婚礼 MV 的含义　MV 的意思是 Music Video，是指音乐电视，是电视文艺中比较重要的、充分发挥了电视艺术表现功能的一种艺术形式。

进入 21 世纪以来，随着人们生活水平的不断提高和影视数字技术的飞快发展，创意和新奇感成为 MV 的审美感受和主要目的。正是出于这样的改变，MV 开始与婚庆市场逐渐联姻，新人拍摄电影式爱情 MV 成为一种新潮的消费方式，追求个性的同时，还能用光盘为自己的爱情留住一份美好的青春回忆。

所谓婚礼 MV，就是将婚礼拍的像 MV 一样。在拍摄与制作过程中加入 MV 的元素，它包括新人恋爱故事、结婚筹备期和婚礼现场等不同时段的内容。

21 世纪，越来越多的人追求流行性，流行性和时尚性随着人们的口味而变化。人们往往摒弃个体的审美而置身于大众共同的审美与趣味当中。MV 不但可以让人们跟着唱、跟着跳，还能帮助年轻人们好好记住歌手的美好风采，想象自己与大明星同在，刚刚走入婚姻殿堂的新人们尤其需要这种带入感。在拍摄和观看婚礼 MV 时，新人的个体体验被融入群体共同体验的东西中，感受到"同一"的归属感，因而，可以获得愉悦的快感，婚礼 MV 是送给新人最好的礼物。

"拍摄属于自己的爱情短片在婚礼上播放并永久的珍藏"，这个新兴的概念已经越来越多地为广大新人所接受，逐渐地转化为一种消费时尚。好的婚礼 MV，绝不是简单的流程记录，而是纪实与艺术的完美结合，是对细节和真情流露的敏锐捕捉，是新人一生一次的幸福婚礼的唯美记忆。几十年后，当新人再品味这些影像时，心里一定非常感动。

2. 婚礼 MV 的发展历程　婚礼 MV 的出现，也经历了相片 MV、拍摄花絮 MV 和剧情 MV 三个阶段。

（1）相片 MV。相片 MV，顾名思义就是"相片音乐电视"，一种让相片伴随音乐在电视画面上以各种特技方式动感呈现的产品，过去又叫电子相册，或相片 VCD。迄今相片 MV 制作已经历了三个发展阶段。

第一代相片 MV 从 1996 年到 1997 年上半年，这一时期的特点只是简单地将相片配上音乐放到电视上呈现出来，但除了简单切换之外，几乎没有任何特技效果，有的甚至用摄像机拍下来之后，再由录像带转录成相片 MV。总之，第一代相片 MV 实现的只是从无到有的过程，不需要任何专业非编软件，人们习惯称之为"电子相册"。

第二代相片 MV 从 1997 年上半年开始，成形于 1997 年下半年至 1998 年，大体延续到 2000 年（有些到今天还存在）。其特点就是开始使用非编软件增加了一些特技，因为人们已经不能满足第一代那种简单的切换效果，开始追求一些变化。这阶段的代表词就是"求变"，因此特别追求一些特技效果，从一些基本的变换开始，到以后的火光、闪电、下雨、飘雪、立方、球体、万花筒，或者将相片变成酒瓶、蛋糕、篮球等奇妙、趣味、魔幻的东西。到 1998 年开始出现叠加活动视频背景，进行合成。几乎每一个从事这行业的人都会自己制作一些这类的作品，但因为每个人的水平不同，质量也参差不齐，这一时期人们更多地称其为"相片 VCD"。

第三代相片 MV 酝酿于 1999 年到 2000 年出现的一批相片 MV 模板，整个行业也开始从每个人自己制作模板转向使用专业做好的模板，讲究装饰效果，出现了求美的要求。

从无到有到求变再到求美，也许还会有"以情感人"和"追求个性化"第四个阶段到来。

（2）拍摄花絮 MV。拍摄花絮 MV 起源于婚纱摄影，东方的新人们拍婚纱照时都是一些枯燥乏味的静态姿势，所有的影楼都是大同小异的，不外乎就是一些姿势的不同。这种枯燥的商业形式衍生出第二代所谓的"婚纱 MV"。生财有道的婚纱影楼在顾客拍"婚纱照"时，由专门人员在边上拿摄像机纪录，加上婚礼现场的一些抓拍花絮作为素材，配以简单后期和音乐、字幕，形成形式上的拍摄花絮 MV，实际上是拍摄花絮的简单堆砌，毫无剧情可言。

（3）剧情 MV。这种是从沿海城市流行起来的视频 MV，在目前来讲，算是真正的"婚礼 MV"——无论素材带还是最后的编辑成果，每一秒钟的画面都是真实的新人画面。虽然和国内外服务于私人的纪录片摄像以及专业的 MV 拍摄制作相比，这种形式仍然属于"小米加步枪"，但它的真实性、严肃性和创造性是无法掩盖的。

通常的制作过程是这样的：以即将结婚的新人为拍摄对象，以他们恋爱中的相识、相知和相恋的故事为背景，运用专业 MV 的拍摄制作手法，经过拍摄人员的策划、改编成电视分镜头脚本，然后用高清摄像机拍摄成爱情短片。经过精细的后期剪辑、特效、调色、合成等形成真正的 MV 电视片。这种 MV，是个性与时尚的完美映像结合，是艺术与情境的生动唯美再现。目前剧情类婚礼 MV 已经在大城市中逐渐流行起来，慢慢将会成为未来最时尚的婚礼元素。婚礼 MV 和普通的 MV 既有相同之处，也有不同之处。相同之处表现在两者都有唯美的画面和音乐相配合，画面都具有艺术照的效果。不同之处表现在普通 MV 主要是根据歌词来设计故事，虚构的成分更多一些；而爱情 MV 则是根据新人的恋爱过程来设计故事，个性化的成分更多一些，写实的成分更多一些。

3. 婚礼 MV 的制作程序　婚礼 MV 依其内容可分为声音与影像两部分，声音部分就是歌曲本身；影像则是导演、编剧、歌手、文案企划，以及造型师、摄影师、灯光师、美术指导、剪辑师、动画师等相关工作人员的共同创意结晶。在这些人的通力合作下，每一个婚礼 MV 都有它特定的故事情节、场景、造型、角色互动、影像剪辑节奏与画面色调。

一般而言，在剧情类婚礼 MV 中，新人（歌手）经常以男/女主角，或是诉说故事的"说书人"的姿态出现。导演与编剧在前期制作阶段，会先依据歌词大意建构 MV 的故事，并配合新人的形象，设计适合的个人造型，设计适合新人爱情故事的情节。进入实际拍摄时，导演会运用各种特效镜头与摄影机运动、配合灯光师与美术指导设计的舞台，捕捉新人的特写与肢体动作，述说新人的爱情故事。舞蹈或者肢体造型尤其重要，能够让画面显得热闹好看。

到了剪辑后期制作阶段，导演与剪辑师需要选择最适合的画面节奏与特效，完成最后的成品，比如舞曲与快节奏歌曲就要使用跳动感大的剪辑效果，才能带动 MV 观看者的情绪。

具体说来，婚礼 MV 大致需要以下制作流程。

（1）前期沟通。新人需与 MV 导演作详细沟通，首先应决定 MV 的类型和风格，类型主要有音乐型和剧情型，风格又可分抒情风格、搞笑风格、纪录片风格等，类型和风格

达成后，导演会详细了解新人的成长故事和恋爱经历，从中提取出对编剧有用的信息，并且作适当的加工，使 MV 的故事更加丰满有感染力。含有编剧的 MV，一般导演会在稍后提供剧本初稿，并与新人再次沟通修改细节。

（2）素材准备。MV 主要架构完成后，接下来就要准备素材了。音乐型 MV 和剧情型 MV，则要根据剧本准备道具、服装，并且落实场地。婚礼 MV 与电视剧拍摄相同，一定要注重道具师和美工师的重要作用。

（3）实地拍摄。根据剧本的需要，一般会选取几个拍摄地点，新人酌情进行化妆。拍摄过程比较辛苦，即使是有表演天赋的新人，也经常会因为一个镜头重拍好几回。对于复杂的内景环境，往往灯光师的布光就需要两三个小时，而摄像师由于追求画面运动而铺设轨道、架设摇臂等都相当耗费时间。一般拍摄需要一两天时间。

（4）后期制作及成片。MV 的拍摄完毕后，大约还需要两个星期左右的专业后期剪辑。初步成形后，再给新人审核，提出进一步修改意见，然后交付成片。最终制作成多份精美包装的 DVD 或 U 盘，给新人留下一生中的美好回忆，剧情类 MV 还应给新人附送拍摄花絮。

（四）婚礼微电影

所谓微电影，即以电影为后缀，不仅是故事与剧情片相符合，而且要做到演员表演真实，画面极具艺术性。

将新人的爱情故事、求婚场景写进剧本，拍摄成婚礼微电影。这种别出心裁的婚礼摄像模式在很多城市悄然兴起，受到新人们的追捧。2013 年，某导演的作品《我的老公是只狗》打破正常的叙事手法，首次使用梦幻般的旅程来烘托出新人之间的误解。故事真诚感人，手法极具艺术特色。

《我的老公是只狗》叙述的是在一次聚会结束后，男主角开车将女主角送回了家，互相道别后，直到女主角家里的灯亮后男主角才离开。不要以为这是在拍青春偶像剧，这一幕是摄像师在还原一对新人相识、相恋的故事。现实当中，这对新人即将步入婚姻殿堂。他们希望通过"情景再现"的方式，拍下别样的"婚礼记忆"，这部 5 分钟左右的微电影将在新人的婚宴上播放。

1. 爱情的婚礼微电影　大多数新人都希望自己的婚礼有创意，他们普遍认为传统婚礼太老套，太过形式化。半数以上的新人希望婚宴的每一个细节都能给来宾留下新奇、美好的印象。大家觉得印象深刻的不多。"很多婚礼太形式化、程序化，没有看头。老盼着仪式能早点结束……"自从爱情微电影的出现，介绍两人的一些故事和经历，感觉像在看一部爱情电影而不是在看婚礼。

拍摄婚礼微电影需要有一定的场景，还要拟定剧本，再使用专业的摄像设备用拍摄电影的手法将新人的爱情故事、求婚场景等情景再现。同时，拍摄要达到专业的效果，在后期剪辑、调色、配音、特效一系列工作上也需要花不少的心思。拍婚礼微电影必须由新人亲自参与订制风格、设计剧本，拍摄剪辑成独具风格的影片。根据新人的要求设计专属剧本，从片头到主题曲，全部量身定制。正因为如此，婚礼微电影的制作费用也不低。虽然价格不菲，但还是受到不少新人的青睐。因为在新人的心中，求新、求奇并不是终极目标，但求唯一。

除了将新人的爱情故事、求婚场景拍成微电影外，一些"80 后""90 后"新人又开始追求动感十足的婚纱微电影。

新人不再满足于平面婚纱照，而是希望用影像记录他们在拍摄婚纱照过程中的一些花絮，像拍电视片一样，记录下一对新人着盛装上演的爱情小电影。

婚纱照只能表现某个瞬间定格的状态，而且平面的东西没有语言和行动。而通过拍电影的方式更能留住真实的过程，更有纪念意义。因为这种动感婚纱照需要由专业的团队来制作，所以要比普通的平面婚纱照多出不少的费用。

2. 婚礼微电影的拍摄对象

（1）热恋中的情侣。婚礼微电影是极佳的爱情纪念，是非常棒的情人节或生日礼物。

（2）即将步入婚礼殿堂的准新人。可以用这种新颖的形式把新人的相识、相知、相爱的恋爱过程，生动地呈现出来，更可以把求婚环节融入在内，既是新人珍贵的爱情印证，也可以用在婚宴上介绍两人爱情经历时使用，更是一种浪漫的纪念方式。

（3）已经结婚的甜蜜夫妻。在婚礼前没有拍摄过婚礼微电影也不必遗憾，其实在结婚周年或有了孩子以后，一样可以趁着年轻拍摄幸福的回忆，一起重温初恋时的爱情滋味，回味共同走过的日子，很好地保留青春岁月的痕迹。

3. 婚礼微电影的制作方式　先和婚庆公司进行沟通，确定摄像师，然后和摄像师进行进一步的沟通，由新人根据自己的经历选择 2～3 个地点，并阐述基本的拍摄要求，即不同地点所呈现的不同内容，然后由编剧出具剧本。约定时间拍摄后进行后期制作，然后成片交给新人。

4. 婚礼微电影的制作流程　制作流程分为前期、中期和后期三部分。

（1）前期。

① 与新人充分沟通，根据新人爱情故事进行初步策划。

② 进行剧本编写。不能把剧本写成小说。投入编写剧本的工作时，不可一发不可收拾，灵感越来越多，文字越写越多，容易失去婚礼微电影短小精炼的特点，造成大量冗长的信息，给后期的修改带来大量的工作。微电影不同于小说，整个剧本加起来可能只有几千字，因此，故事一定要浓缩、精炼，尽量将整个爱情故事表述完整。剧本写作过程中，一切以微电影主旨为中心。

③ 将完成的剧本与新人沟通，确定拍摄方案。

④ 根据剧本进行脚本设计，制作分镜头表。

⑤ 将脚本、拍摄执行方案等交新人审定。

（2）中期。

① 双方协商确定拍摄时间和拍摄场景，新人所选场景如有收费或其他限制，须由新人负责协调并支付相关费用。

② 配角的选择，也可以由新人提亲朋好友参与其中或由微电影公司提供。

③ 由新人自行决定服装和化妆等，也可以由微电影公司提供，但要加收部分费用。

④ 约定新人，在指定时间和地点进行实拍。

⑤ 现场将拍摄内容与新人做简单的交流和确认。

（3）后期。

① 进行视频后期剪辑。

② 安排配音人员，选择音乐或使用单独原创音乐。

③ 加入视频特效以及调色等制作。

④ 出样片交新人审核，根据新人提出修改意见，进行修改。

⑤ 整个周期根据拍摄难易程度和淡、旺季区别，费时半个月到一个月不等。

参 考 文 献

［1］鲍黔明，廖向红，丁如如，2010. 导演学基础教程［M］. 北京：文化艺术出版社.

［2］北京中民福祉教育科技有限责任公司，2021. 婚礼策划职业技能等级标准（2021 年 1.0 版）.［EB/OL］.（2021 - 06 - 20）. http://zmfz. bcsa. edu. cn/info/1019/2019. html.

［3］褚丹，徐浩然，刘凌云，2019. PPT 课件制作有效性的思考［J］. 黑龙江科学（3）.

［4］刘从水，2015. 婚礼仪式的多元向度研究［J］. 北方民族人学学报（哲学社会科学版）（5）.

［5］王晓玫，李雅若，2016. 婚礼策划事务［M］. 北京：中国铁道出版社.

［6］朱迪·艾伦，2006. 活动项目营销［M］. 北京：旅游教育出版社.

［7］朱迪·艾伦，2006. 活动策划完全手册［M］. 北京：旅游教育出版社.

［8］朱迪·艾伦，2006. 活动策划全攻略［M］. 北京：旅游教育出版社.

婚礼策划职业技能教材（中级）
教育部第四批1+X证书制度试点
婚礼策划职业技能等级证书系列教材

婚礼
执行团队组建

中级

hunli
zhixing tuandui zujian

北京中民福祉教育科技有限责任公司　组编

赵淑巧　张克柱　主　编

罗　昱　陈　霞
刘　湜　金　毅　副主编

project 5

中国农业出版社
农村读物出版社
北京

前言

  随着我国经济的迅速发展和人民生活水平的不断提高，大部分新人在婚庆上的花费也日益增多，消费能力和消费意愿增强，婚庆消费逐年上升，婚庆产业逐渐从单兵作战模式转变为产业生态。婚礼主题公园、婚庆产业园、目的地婚礼推动婚庆领域市场不断扩大，中国婚庆产业正处于转型升级的重要时期。同时，婚庆行业已进入品牌竞争时代，中国婚庆产业从过去作坊式的分散经济逐渐发展为跨行业、多业态的创新产业格局，并向多样化、精细化、品质化、网络化和产业化等趋势发展。

  为了给新人们提供更全、更新的"一条龙"服务，婚庆服务机构与婚纱供应商、影像团队、主持人团队、美容机构等相关机构"抱团"合作。通过与一些有影响力的品牌机构合作，为客人提供优质、丰富、多元化和个性化的服务。为了更好地服务于新人，婚庆行业岗位分工细化，服务范围扩大，服务质量不断提升，以此来打造自己的服务口碑，赢得消费者的青睐，树立行业标杆。相当一部分婚庆服务企业已经具备成熟稳定的专业团队，有的企业甚至通过资源整合，形成了完整的产业链，向集团化的方向发展。婚礼团队经过多年的竞争和发展，队伍不断发展壮大并趋向成熟。

  作为中级婚礼策划师，不仅要具备扎实的创新策划能力、组织统筹能力、高效执行能力，还要慧眼识英才，做好优质婚礼执行人员的筛选储备，突破时空限制，不断扩充、提升自己的执行人员储备库，随时根据婚礼执行需求动态组建最佳执行团队。每一名团队成员必须有自己的核心竞争力，能为企业提高竞争力，为客户提供个性化服务，同时促进行业的良性发展。

  婚礼执行团队组建（中级）包括3项任务：任务一，婚礼执行供应商的储备；任务二，婚礼执行团队的组建；任务三，婚礼执行团队的管理。通过本项目的学习，可以帮助学生进一步掌握婚礼策划师组建婚礼执行团队的技能，为学习婚礼策划师高级技能夯实基础。

  本项目教材（中级）由赵淑巧负责统稿，王晓玫、张仁民负责审稿，具体写作分工如下：

任务一：赵淑巧（兰州职业技术学院教师）。

任务二：刘湜、陈霞、罗昱（兰州职业技术学院教师）。

任务三：张克柱（兰州职业技术学院教师）、金毅（上海市婚庆行业协会专职礼仪庆典主持人）。

目　　录

Project 5 项目五
婚礼执行团队组建

　　中国文化博大精深，中国婚礼文化丰富、形式多样，主题风格也多种多样。为了更好地打造个性化主题婚礼，服务于新人，婚庆行业分工细化，服务范围扩大，服务质量提升，需要开发更方便、快捷、高效、经济的产品及服务。婚庆主题公园、婚庆产业园、目的地婚礼为新人实现了符合自己文化主题的婚礼场景和梦想。婚庆服务机构的口碑、知名度，执行团队的优质服务都是提高婚庆市场占有率并最终形成竞争效益的重要因素。婚礼策划师及其执行团队应与时俱进地转变理念、突破模式，除为新人及宾客提供所有与婚礼有关的服务外，更多向旅游、体验、环保和婚礼文化的模式方向发展。

　　婚礼策划师和婚礼执行团队成员不仅要具备深厚的婚俗文化知识、人际沟通能力、高效执行能力、战略统筹能力、随机应变能力等专业素质，还需要具备创新能力、团队合作能力、创新策划能力，并能准确地实施策划方案的全过程。

　　一场完美的婚礼可能会涉及图文、雕刻、木艺、花艺、铁艺等等诸多方面，合理的空间设计、合适的物料选择、恰到好处的灯光配比，都是一场精致婚礼的必备因素。有时候，根据客户需求，还必须和其他公司合作才能做出一场完美的婚礼。婚礼不仅能带给宾客真实的体验感、幸福感、舒适感及对美好生活的向往，也是新人的美好记忆。作为婚礼策划师，要紧跟婚庆行业发展趋势，筛选储备综合素质高的婚礼执行团队成员，建立个人作品、特长等档案库，并维持良好的关系，根据婚礼执行需要快速组建团队。

学 习 目 标

一、知识目标

1. 熟悉婚礼执行团队组建的目的、意义和作用。

2. 熟悉婚礼执行供应商储备并保持良好沟通的相关知识。

3. 熟悉婚礼执行团队组建的相关知识。

4. 熟悉婚礼执行团队管理的相关知识。

5. 熟悉婚礼执行团队对婚礼策划书的实施方式。

二、技能目标

1. 掌握婚礼执行供应商储备的技能。

2. 掌握婚礼执行团队组建的技能。

3. 掌握婚礼执行团队实施管理的方法与技能。

4. 掌握婚礼执行团队协作及团队沟通技巧。

5. 掌握婚礼策划案执行实施的技巧。

三、素质目标

1. 树立创新的服务理念，能因地因人提供个性化服务，培养多专多能、积极乐观的服务价值观。

2. 能很好地领会优质婚礼团队组建的重要性，理解协同创新的内涵，培养学生在团队协作中体现个人价值的基本素质。

任务一
婚礼执行供应商的储备

佩奇是毕业将近10年的某高校婚庆专业的学生，这十年，她亲身经历和目睹了婚庆行业的发展，她自己也从一名学生成长为一名资深的婚礼策划师、宴会设计师、高级花艺师。佩奇也算是一位资深的婚礼人，她的行业资历、行业人脉都很旺。可是近一两年，她有了一丝丝的危机感：策划的个性化婚礼越来越多，新人的服务要求越来越高，而自己手头的婚礼执行团队资源越来越实现不了策划案的预期效果，总是不尽如人意，储备的婚礼执行团队人员资源不足，团队成员的专业化服务程度也有待提高。特别是近半年的几对新人，有的热衷于去江南水乡做目的地婚礼，有的想做带着父母、亲人、婚房（房车）旅行婚礼，也有希望在婚庆产业园体验民族风婚礼的。对于策划案，新人非常满意，但是这些想法和设计最终都半路夭折了，原因是她的婚礼执行团队人员对这类婚礼服务比较陌生，而她手头也没有储备合适的人选，只能换思路，让新人改变想法。佩奇感到十分遗憾和惭愧：自己近几年虽然有熟悉的合作团队，却忽略了团队成员的扩充和整体素质提升；只在本地形成了行业口碑，却忽略了与外地专家团队的合作。冷静思考之后，佩奇决定发展和储备一定数量的省内外、国内外资深婚礼人，保持信息交流，给自己的婚礼执行团队注入新的活力。

一、婚礼执行供应商储备的主要内容

序号	主要内容
1	婚礼执行需要储备一定数量的婚礼主持人并保持良好的沟通
2	婚礼执行需要储备一定数量的督导执行人员（婚礼管家、现场执行督导）并保持良好的沟通
3	婚礼执行需要储备一定数量的婚礼摄影师、摄像师，并保持良好的沟通
4	婚礼执行需要储备一定数量的婚礼化妆师（跟妆师）、婚礼花艺师和场布、多媒体等其他供应商，并保持良好的沟通

二、婚礼执行供应商储备的工作目标及措施

序号	主要工作目标	措施
1	婚礼执行需要储备一定数量的婚礼主持人并保持良好的沟通	通过婚礼主持人自我推荐、同事推荐、婚庆公司及行业协会行业平台、婚礼新人推荐等渠道，储备一定数量的婚礼主持人（一定数量是指 5～8 位），并通过 QQ、微信、电话等方式保持良好的沟通
2	婚礼执行需要储备一定数量的督导执行人员（婚礼管家、现场执行督导）并保持良好的沟通	通过与相关高校合作、同事推荐、婚庆公司及行业协会行业平台等渠道，储备一定数量的督导执行人员（一定数量是指 10～20 位），并通过 QQ、微信、电话等方式保持良好的沟通
3	婚礼执行需要储备一定数量的婚礼摄影师、摄像师，并保持良好的沟通	通过婚礼摄影师和婚礼摄像师自我推荐、同事推荐、婚庆公司及行业协会行业平台、婚礼新人推荐等渠道，储备一定数量的婚礼摄影师及婚礼摄像师（一定数量是指 5～10 位），并通过 QQ、微信、电话等方式保持良好的沟通
4	婚礼执行需要储备一定数量的婚礼化妆师（跟妆师）、婚礼花艺师和场布、多媒体等其他供应商，并保持良好的沟通	通过婚礼化妆师、婚礼花艺师和场布、多媒体等其他供应商自我推荐，同事推荐，婚庆公司及行业协会行业平台，婚礼新人推荐等渠道，储备一定数量的婚礼化妆师、婚礼花艺师和场布、多媒体等其他供应商（一定数量是指每个工种 5～10 位），并通过 QQ、微信、电话等方式保持良好的沟通

【任务实施】

子任务一　储备婚礼主持人

一、工作流程

工作准备　→　人才储备的实施　→　效果评估

（一）工作准备

1. 物品准备

序号	名称	规格	单位	数量	备注
1	档案本	常规	本	1	文件
2	档案袋	常规	个	1	
3	计算机	不限	台	1	连接网络环境、安装办公软件
4	电子档案	电子版	份	1	Word、Excel 文件格式
5	电话	不限	部	1	

2. 环境与人员准备

序号	环境与人员	准备
1	婚礼策划师	已经接受过初级婚礼策划师培训或达到初级婚礼策划师的能力
2	团队执行人员	达到婚礼执行的标准和能力
3	安静的办公室、桌椅等	供新人、团队人员休息
4	计算机	用于展示婚礼策划文案、PPT文案等
5	高清电视或投影	用于展示婚礼策划文案、PPT文案等

（二）婚礼主持人的储备

步骤	流程	技术操作要求
工作前准备	基本要求	（1）在婚庆行业具备一定的服务口碑，具有良好的职业素养和职业道德
		（2）具备婚庆服务的专业技能，有一定的台词组织能力
		（3）对婚礼风格流行趋势有很好的理解，对婚礼流程非常熟悉
		（4）熟悉婚庆行业的发展现状和发展趋势
步骤1	收集信息	（1）通过婚礼主持人自我推荐搜集
		（2）通过同行推荐搜集
		（3）通过婚庆公司及行业协会平台搜集
		（4）通过婚礼新人推荐搜集
步骤2	储备婚礼主持人	（1）储备一定数量的婚礼主持人
		（2）一定数量是指储备5～8位婚礼主持人
		（3）以婚礼主持人的收费标准、市场报价储备
		（4）以婚礼主持的才艺特长、主持风格储备
		（5）以婚礼主持人有无行业奖项储备
		（6）以婚礼主持人主持的风格储备
		（7）以婚礼主持人的地域（本地、省外、全国）口碑储备
步骤3	建立主持人档案库	（1）按照婚礼主持人收费高低、市场报价建立档案库
		（2）按照婚礼主持人的婚礼主持风格建立档案库
		（3）按照婚礼主持人有无行业奖项建立档案库
		（4）按照婚礼主持人的年龄、地域、主持风格或其他标准建立档案库
		（5）档案库必须有婚礼主持人的主持视频、个人介绍、才艺特长、主持经历、获奖、资格证书等资料
		（6）档案以电子档案为主、纸质档案为辅
	注意事项	（1）全国礼仪主持人大赛、行业主持人大赛的获奖者，行业认定的金牌主持人的整体素质和经验高于一般主持人
		（2）受不同区域消费水平及时间成本的影响，同一婚礼主持人在不同区域主持，收费标准不一样
		（3）策划师要储备5～8位主持人，并签订合作协议，要经常和合作伙伴联系，交流经验，取长补短，共同提高。

（三）效果评估

（1）通过主持人的行业口碑和档期频率，了解主持人的影响力。

（2）通过主持人的作品风格、资格证书、参与主持的会务规格的大小，了解主持人的整体水平。

（3）通过主持人在婚庆行业的经历和年限判断其是否有足够的婚礼主持经验。

（4）通过主持人的行业影响力和整体水平、婚礼主持经验有效判断其是否可以进入主持人人才储备库。

二、相关知识

（一）婚礼高效执行需要考虑的因素

婚礼执行团队一般是根据婚礼预算、婚礼规模和新人要求临时组建的团队。作为策划师，必须细化任务，精确每个环节，责任到人，制定详细的流程任务分配表和落实检查表，让每一个团队成员明确自己的任务和职责。一场婚礼的有效执行需要团队成员细致、紧密地配合，同时，团队执行人员要考虑防火、防漏电，以及超载荷运转、天气、交通等问题，要有备案，以防万一。在设计婚礼的流程和执行方案时，策划师要充分考虑细节问题，这样才能更好地高效完成执行任务。

（二）婚礼主持人的能力标准

作为中级婚礼策划师，必须储备5~8位的婚礼主持人（注意：初级婚礼策划师应当储备3~5位婚礼主持人）。在储备婚礼主持人之前，首先需要用中级婚礼主持人的标准考察婚礼主持人的能力，其能力标准见表1-1。

表1-1　中级婚礼主持人能力标准

	要素	考察标准
婚礼主持人能力范畴	素质要求	（1）具备主持人的综合素质，经验丰富，可以轻松应对各种场合
		（2）能准确把控婚礼现场信息，随机应变能力极佳，能很好地控制节奏
		（3）对婚礼流程非常熟悉，具备一定的流程策划能力
	主持水平	（1）声音有磁性，让人印象深刻，普通话标准，语言风格明显
		（2）现场掌控能力强
		（3）能较好地用一些手势和表情来增加感染力
		（4）随机应变能力佳
	仪式策划	（1）能深刻理解婚礼的主题和婚礼仪式要求
		（2）细心、体贴、周到，能花时间与新人交流，沟通、了解新人的需求和想法，设计婚礼流程
		（3）能根据婚礼流程和婚礼主题选择音乐、音效
		（4）能策划与众不同的婚礼流程，整体效果好
	职业道德	（1）遵守行规守则，对企业、新人、执行团队人员坦诚相待，以礼服人
		（2）收费合理，不要大牌，不临时涨价、提条件、收小费，不损害企业形象
		（3）能根据行业发展，不断学习创新
		（4）热爱本职工作，讲究服务质量，对客户认真负责

（三）对中级婚礼主持人的评估标准

1. 评估标准　作为中级婚礼策划师，在储备中级婚礼主持人时，还要对中级婚礼主持人进行能力评估，其评估标准见表 1-2。

表 1-2　中级婚礼主持人的评估标准

工作范畴	工作流程	能力要求	职业素养
制定婚礼流程	（1）沟通交流	通过与策划师、新人沟通，准确把握婚礼主题，对新人的心理、要求分析到位	沟通交流技巧，心理学知识
	（2）设计方案	能根据婚礼策划文案主题和客户需求设计婚礼主持文案	主持人文案写作能力
	（3）考察现场	能根据婚礼现场的空间、环境、灯光、音效，分析是否满足主持方案策划要求	舞美灯光常识
进行婚礼主持	（1）导入开场	能根据婚礼主题，设计、编写个性化开场辞	主持人的文案写作能力
	（2）主持婚礼	按照编写的婚礼主持串联语，结合现场气氛，高质量地完成婚礼主持工作	主持人的综合素质
	（3）祝福结尾	能结合现场气氛，用优美的祝福语结束婚礼	婚礼主持收合语
营造现场气氛	（1）形象姿态	能根据婚礼主题和婚礼现场布置，包装个人形象，融入现场气氛	人物造型技巧
	（2）个人口才	根据婚礼现场气氛和主角表现，调整语言风格，把控现场气氛	主持人素质
	（3）调动现场	能用辅助道具烘托氛围，用丰富的表情、动作辅助有声的语言表达	
	（4）把控节奏	具备随机应变和处理现场突发事件的能力，能很好地控制活动节奏	礼仪主持人常识
处理人际互动	（1）与亲友团沟通	与新人、参与者就互动要求等细节进行沟通	语言表达技巧 语言交际常识
	（2）与策划师沟通	与策划师沟通自己的主持方案和流程设计	
	（3）与督导沟通	就婚礼中人员的配合、协调、引导等细节与督导师进行沟通	
	（4）态度	具有较强的应变能力和良好的服务意识	职业道德

2. 中级婚礼主持人的分级标准　作为中级婚礼策划师，在储备中级婚礼主持人和建立中级婚礼主持人档案时，必须按照一定标准对婚礼主持人进行分级，具体分级标准见表 1-3。

表 1 - 3　婚礼主持人的分级标准

等级	婚礼主持经验	有无行业奖项	业内评价	市场报价
高级	200 场以上	有	优秀	高
中级	100～200 场	不一定	良好	中
初级	50～100 场	无	合格	低

子任务二　储备督导执行人员

一、工作流程

工作准备 → 人才储备的实施 → 效果评估

（一）工作准备

1. 物品准备

序号	名称	规格	单位	数量	备注
1	档案本	常规	本	1	文件
2	档案袋	常规	个	1	
3	计算机	不限	台	1	连接网络环境、安装办公软件
4	电子档案	电子版	份	1	Word、Excel 文件格式
5	手机/电话	不限	部	1	

2. 环境与人员准备

序号	环境与人员	准备
1	婚礼策划师	已经接受过初级婚礼策划师培训或达到初级婚礼策划师的能力
2	团队执行人员	达到婚礼执行的标准和能力
3	安静的办公室、桌椅等	供新人、团队人员休息
4	计算机	用于展示婚礼策划文案、PPT 文案等
5	高清电视或投影	用于展示婚礼策划文案、PPT 文案等

（二）婚礼督导师的储备

步骤	流程	技术操作要求
工作前准备	基本要求	（1）从事督导工作 5 年以上，有 100 场以上的婚礼、宴会、活动督导经验
		（2）熟悉婚礼流程，能快速制定婚礼督导流程
		（3）具备良好的服务礼仪素养，在行业有很好的服务口碑
		（4）具备良好的沟通技巧和较强的团队合作能力

（续）

步骤	流程	技术操作要求
步骤1	收集信息	（1）通过婚礼督导师自我推荐搜集
		（2）通过同事推荐搜集
		（3）通过婚庆公司及行业协会平台搜集
		（4）通过婚礼新人推荐搜集
步骤2	储备婚礼督导师	（1）一定数量是指储备5～10位婚礼督导师
		（2）以婚礼督导师收费高低、市场报价储备
		（3）以婚礼督导师的婚礼督导经验储备
		（4）以婚礼督导师有无行业奖项储备
		（5）以婚礼督导师督导的会务规格储备
		（6）以婚礼督导师的地域（本地、省外、全国）口碑储备
		（7）以婚礼督导师在业内的评价储备
步骤3	建立督导师档案库	（1）按照婚礼督导师收费高低、市场报价建立档案库
		（2）按照婚礼督导师的婚礼督导经验建立档案库
		（3）按照婚礼督导师有无行业奖项建立档案库
		（4）按照婚礼督导的地域、年龄或其他标准建立档案库
		（5）档案库必须有婚礼督导师的现场督导视频、个人介绍等资料
		（6）档案以电子档案为主、纸质档案为辅
	注意事项	（1）具备丰富的工作经验、良好的行业口碑和具有一定行业影响力的婚礼督导师收费标准较高
		（2）从事过大型婚礼策划、宴会设计的督导师工作经验更为丰富

（三）效果评估

（1）通过婚礼督导师的行业口碑、档期频率，了解婚礼督导师的行业影响力。

（2）通过婚礼督导师的以往作品、资格证书、参与督导的婚礼或宴会规模，了解婚礼督导师的整体水平。

（3）通过婚礼督导师在婚庆行业的经历和年限判断其是否有足够的督导经验。

（4）通过行业影响力、婚礼督导的整体水平和督导经验有效判断其是否可以进入公司督导人才储备库。

二、相关知识

（一）婚礼管家的含义

婚礼管家服务的前身是婚礼督导，婚礼管家是国际化婚礼策划领域率先提出的一个新概念，是一种人本位服务模式的体现。

婚礼管家的主要工作职责就是让新人"零操心"，全程享受婚礼，而不是为婚礼所累。因此，婚礼管家是指从预订举办婚礼的酒店或场所，到陪同新人进行礼服定制或选购，从选择合适的婚庆公司，到选择合适的婚礼用品等全程介入婚礼庆典服务，从非常专业的角度指导新人进行婚礼前的准备，同时在婚礼当天负责婚礼流程的实施、协调和调度等，为婚礼全程服务的专业婚礼督导人员。

婚礼管家必须熟知当地婚俗、流程，有极强的沟通能力、表达能力、应急状况处置能力，并对"四大金刚"（指婚礼主持人、婚礼摄影师、婚礼摄像师、婚礼化妆师）的工作了如指掌，同时，对中式、西式或民族婚礼有丰富的知识储备。

可见，婚礼管家就是为新人提供全程统筹服务的高级婚礼督导师。

（二）婚礼督导师的能力标准

作为中级婚礼策划师，必须储备5～10位婚礼督导师（注意：初级婚礼策划师应当储备4～6位婚礼督导师）。在储备婚礼督导师之前，首先需要用中级婚礼督导师的标准评估婚礼督导师的能力，其能力标准见表1-4。

表1-4　中级婚礼督导师能力标准

	要素	考察标准
婚礼督导师能力范畴	基本素质	（1）沟通、协调能力强，有亲和力，有耐心，有积极主动的担当意愿
		（2）有以身作则的责任心与谨慎的工作习惯，具有独立担任执行、完成任务的能力
		（3）可灵活应对突发事件，有危机处理的能力
		（4）婚礼管家能够完成新人婚礼前的准备工作，并在婚礼当天负责流程的实施、协调和调度等工作
		（5）婚礼现场督导能够完成道具的使用和传递，人员的引导，摄像的位置与角度确定，音乐音效、灯光效果的使用等方面的督促和指导工作
	工作经历	（1）熟悉婚庆市场，会做销售，清楚婚礼督导的基本流程，了解较大型活动的督导流程
		（2）拥有日常婚礼咨询、新人接待及跟进服务等方面的工作经验
		（3）拥有独立督导完成50场以上婚礼的经历，有较大型活动的督导经历
		（4）拥有在婚礼、会务活动中，从洽谈至合约结束的全程跟踪、全程统筹经验
		（5）拥有顺利完成婚礼督导全程服务，基本无失误，获得大家认可经历
	婚礼督导	（1）能从专业的角度指导新人进行婚礼前的准备工作，从预订酒店或场所，到陪同新人进行礼服定制或选购，从选择合适的婚庆公司，到选择合适的婚礼用品等，全程介入婚礼庆典服务
		（2）清楚掌握婚礼前、婚礼中、婚礼后的督导环节和流程等工作任务
		（3）能在婚礼当天，按照婚礼策划文案执行、调度和指挥
		（4）能按照婚礼策划师的思路，制作婚礼团队相关人员的任务执行单，明确各人员的工作任务
	职业道德	（1）诚实守信、价格公道、平等待客、履行合同，杜绝各种欺诈行为
		（2）爱岗敬业，对工作认真负责，拥有对新人负责、对自己负责、对企业负责的态度，认真做好各个环节，确保婚礼万无一失

（三）婚礼督导师储备评估标准

1. 评估标准　作为中级婚礼策划师，在储备中级婚礼督导师时，要对中级婚礼督导师进行评估，在评估的基础上对婚礼督导师进行分级，为新人提供优质的婚礼督导师。其评估标准见表1-5。

表1-5　中级婚礼督导师的评估标准

工作范畴	工作流程	能力要求	职业素养
婚礼前准备	（1）与策划师接洽，接受督导任务，解读婚礼策划书	通过和婚礼策划师沟通，明确婚礼策划师对婚礼的整体思路，了解婚礼各环节的安排	沟通礼仪和接待礼仪
	（2）与新人沟通，提供婚礼顾问服务	能够与新人进行有效沟通，帮助新人解决问题 为新人提供婚礼物品和婚礼服饰等方面的咨询 能够根据婚礼主题帮助新人选择婚礼场地	服务素养和美学鉴赏力 良好的协调和沟通能力
	（3）落实婚礼细节，制作督导执行流程表	了解新人关于婚礼的各种需求，同时加以提醒，完善新人对婚礼的服务需求	耐心细致的做事风格和服务态度
	（4）勘察婚礼现场，督导现场布置	勘察婚礼现场 落实婚礼策划书设计的婚礼现场布局	花艺、场布、灯光、音响等方面的知识
	（5）婚礼前的彩排	能够指导新人及所有工作人员进行婚礼仪式的彩排	良好的沟通协调能力
婚礼现场	（1）检查准备	接亲前、接亲过程的指挥工作 仪式开始前，进行现场道具和人员检查	认真、耐心、细致的工作态度
	（2）仪式指挥、现场执行	负责婚礼中各项事务的运作 负责婚礼现场礼仪招待、指引、道具递送、流程监督工作 协调婚礼团队协作进程 对突发事件的应急处理	良好的服务礼仪、现场指挥协调和应变能力 规范的现场督导礼仪动作
	（3）收尾	按清单点清道具，整理物品，撤场，感谢所有为本次仪式付出劳动的人	良好的社交礼仪素养和细致的工作态度
人际关系	（1）与新人沟通	了解新人的心理需求，向新娘展示自己专业而又贴心的服务	广泛的社会语言学知识、熟练的语言表达技巧和交际能力
	（2）与策划师沟通	能积极主动地和策划师沟通交流婚礼策划文案的内容，准确执行婚礼策划文案	
	（3）与婚礼服务团队沟通	能与婚礼执行团队中的每个人沟通、协调，执行婚礼环节	
	（4）态度	工作认真负责，主动积极，细心、热情、耐心的服务态度	良好的职业道德

2. 婚礼督导师的分级标准　中级婚礼策划师在储备婚礼督导师和建立婚礼督导师档案时，必须按照一定标准进行分级，为新人提供更加准确、周到的服务。其分级标准见表1-6。

表1-6　中级婚礼督导师的分级标准

等级	婚礼督导经验	有无行业奖项	业内评价	市场报价
高级	100场以上	有	优秀	高
中级	50～100场	不一定	良好	中
初级	10～50场	无	合格	低

子任务三　储备婚礼摄影师、婚礼摄像师

一、工作流程

（一）工作准备

1. 物品准备

序号	名称	规格	单位	数量	备注
1	档案本	常规	本	1	文件
2	档案袋	常规	个	1	
3	计算机	不限	台	1	连接网络环境、安装办公软件
4	电子档案	电子版	份	1	Word、Excel 文件格式
5	电话	不限	部	1	

2. 环境与人员准备

序号	环境与人员	准备
1	婚礼策划师	已经接受过初级婚礼策划师培训或达到初级婚礼策划师的能力
2	团队执行人员	达到婚礼执行的标准和能力
3	安静的接待环境	供新人、团队人员休息
4	计算机	用于展示婚礼策划文案、PPT 文案等
5	高清电视或投影	用于展示婚礼策划文案、PPT 文案等

（二）婚礼摄影师、婚礼摄像师储备

步骤	流程	技术操作要求
工作前准备	基本要求	（1）从事影像行业3年以上，有100场以上的婚礼、活动、年会拍摄经验
		（2）对婚礼拍摄有自己独到的想法，在拍摄中能合理控制节奏
		（3）有很好的行业口碑
		（4）具有良好的美术功底、审美能力和视觉表达能力
		（5）熟练使用PS、PR、AE等电脑软件
步骤1	收集信息	（1）通过婚礼影像师自我推荐搜集
		（2）通过同事推荐搜集
		（3）通过婚庆公司及行业协会平台搜集
		（4）通过婚礼新人推荐搜集
步骤2	储备婚礼影像师	（1）储备一定数量的婚礼影像师
		（2）一定数量是指储备5～8位婚礼摄影师、婚礼摄像师
		（3）以婚礼影像师收费高低、市场报价储备
		（4）以婚礼影像师服务的婚礼、年会、活动的规格储备
		（5）以婚礼影像师有无行业奖项储备
		（6）以婚礼影像师的地域（本地、省外、全国）口碑储备
步骤3	建立影像师档案库	（1）按照婚礼影像师收费高低、市场报价建立档案库
		（2）按照婚礼影像师服务的婚礼、年会、活动的规格建立档案库
		（3）按照婚礼影像师有无行业奖项建立档案库
		（4）按照婚礼影像师的地域、年龄、口碑或其他标准建立档案库
		（5）档案库必须有婚礼影像师的个人工作经历介绍、影像拍摄作品、获奖情况、资格证书等资料
		（6）档案以电子档案为主，纸质档案为辅
	注意事项	（1）加入WPPI（国际专业人像协会认证摄影师）、ISPWP（国际专业婚纱摄影协会认证摄影师）、WPJA（美国纪实婚礼摄影协会认证摄影师）、AGWPJA（美国艺术婚礼协会认证摄影师）、Asia WPA（亚洲婚礼摄影师协会）、CWPA（中国婚礼摄影联盟）等行业协会并有获奖经历的摄影师，整体水平和素质较高，收费标准也高
		（2）在制作人才库清单时，应根据其水平、报价等条件，对摄影摄像师进行综合等级划分，并尽可能多地与每个等级的摄影摄像师或团队保持联系，必要时可签署互惠互利的长期合作协议，以便在实际项目中根据需求和摄影摄像师的档期灵活选择合适的现场影像记录人员

（三）效果评估

（1）通过婚礼摄影摄像师的行业口碑和档期频率，了解婚礼摄影摄像师的行业影响力。

（2）通过摄影摄像师的作品、资格证书、参与拍摄的活动规格大小，了解婚礼摄影摄像师的整体水平。

（3）通过摄影摄像师在婚庆行业的经历和年限，判断其是否有足够的婚礼拍摄经验。

（4）通过婚礼摄影摄像师的行业影响力、拍摄的整体水平、拍摄经验，判断其是否可以进入婚礼摄影摄像师人才储备库。

二、相关知识

（一）婚礼纪实摄影与婚礼跟拍的区别

婚礼纪实摄影与婚礼跟拍最大的区别在于，婚礼纪实摄影以抓拍为主，画面动感强，主体自然，构图大胆，现场感浓厚，以现场光为主体光源，图片简洁，具有说服力，美感和艺术性较强，而不是没有目的地流水化拍摄，也不是单一地边走边拍，没有充分的预见性。普通婚礼跟拍主要是在等待位置拍摄，画面构图单一，色彩缺乏环境氛围，图片构思单调，灯光保守，缺少单张图片的故事性。

一般来讲，初级婚礼摄影师主要是跟拍，中高级婚礼摄影师能够达到或部分达到纪实摄影的能力或水平。

（二）婚礼摄影师、婚礼摄像师的能力标准

作为中级婚礼策划师，必须储备5～8位婚礼摄影师、婚礼摄像师（注意：初级婚礼策划师应当储备3～5位婚礼影像师）。在储备中级婚礼摄影师、婚礼摄像师前，需要用中级婚礼摄影师、婚礼摄像师的标准考察婚礼摄影师、婚礼摄像师的能力，其衡量能力标准见表1-7。

表1-7 中级婚礼摄影师、婚礼摄像师能力标准

	要素	能力考察标准
婚礼摄影师的工作范畴与业务要求	岗位要求	（1）摄影基本功扎实，熟悉镜头语言，熟悉布光、布景、造型等知识
		（2）拍摄经验丰富，有能力应对各种拍摄环境，学习能力强
		（3）做事认真，精益求精，注重效率，有责任感
	综合素质	（1）工作前有拍摄计划，工作中能随机应变，结束后按时整理归档影像资料
		（2）熟悉拍摄技巧，掌握音频、影像、图片等素材的剪辑和整理
		（3）具有良好的美术功底、审美能力和视觉表达能力
		（4）根据行业和市场发展需求，不断创新作品内容和形式
	制定拍摄计划	（1）根据自身拍摄优势和客户需求确定拍摄风格
		（2）研究详细的婚礼流程表，沟通确定拍摄清单
		（3）根据婚礼流程和客户要求设计婚礼拍摄流程
		（4）提前彩排
	职业道德	（1）有良好的沟通能力，具备良好的沟通技巧
		（2）能准确理解拍摄任务和客户需求，并高效执行
		（3）对拍摄事业充满激情，吃苦耐劳，善于沟通，有团队精神

（三）中级婚礼摄影师、婚礼摄像师储备评估标准

中级婚礼策划师在储备中级婚礼摄影师、婚礼摄像师时，要对婚礼摄影师、婚礼摄像师进行评估考核，以便根据婚礼摄影师、婚礼摄像师的技术水平为新人提供影像服务，中级婚礼摄影师、婚礼摄像师的评估标准见表1-8。

表1-8　中级婚礼摄影师、婚礼摄像师的评估标准

工作范畴	工作流程	能力要求	职业素养
拍摄前准备	（1）有效沟通	能与策划师、督导师、婚礼主持人、婚礼化妆师就拍摄计划和拍摄细节进行有效沟通	沟通交流的基本素养
	（2）拍摄准备	根据婚礼流程、拍摄计划、人物站位、灯光等细节，提前进行机位准备	精益求精
	（3）团队分工	就拍摄全景、拍摄细节、拍摄机位进行拍摄分工	团队精神
婚礼纪实	（1）纪实要求	具备纪实的拍摄理念，用照片讲好婚礼故事，不摆拍、不引导、不主导	综合素质
	（2）婚礼抓拍	利用影像师的判断力、洞察力，从不同角度和位置真实记录婚礼中的人物情感	
后期创作	（1）作品要求	真实记录婚礼中的人、物、景等，具有不可复制性	后期创作技能
	（2）加工整理	能根据客户需求，对色调、偏色等问题进行加工和处理，较好地完成作品	

（四）储备婚礼摄影师、婚礼摄像师的分级标准

在储备婚礼摄影师、婚礼摄像师和建立中级婚礼摄影师、婚礼摄像师档案时，应该按照一定标准进行分级，以便为新人提供更为周到的婚礼影像服务。婚礼摄影师、婚礼摄像师分级标准见表1-9。

表1-9　婚礼摄影师、婚礼摄像师的分级标准

等级	婚礼拍摄经验	有无行业奖项	业内评价	市场报价
高级	300场以上	有	优秀	高
中级	100～300场	不一定	良好	中
初级	20～100场	无	合格	低

子任务四　储备婚礼化妆师（跟妆师）

一、工作流程

工作准备 → 人才储备的实施 → 效果评估

（一）工作准备

1. 物品准备

序号	名称	规格	单位	数量	备注
1	档案本	常规	本	1	文件
2	档案袋	常规	个	1	
3	计算机	不限	台	1	连接网络环境、安装办公软件
4	电子档案	电子版	份	1	Word、Excel 文件格式
5	电话	不限	部	1	

2. 环境与人员准备

序号	环境与人员	准备
1	婚礼策划师	已经接受过初级婚礼策划师培训或达到初级婚礼策划师的能力
2	团队执行人员	达到婚礼执行的标准和能力
3	安静的办公室、桌椅等	供新人、团队人员休息
4	计算机	用于展示婚礼策划文案、PPT 文案等
5	高清电视或投影	用于展示婚礼策划文案、PPT 文案等

（二）婚礼化妆师（跟妆师）储备

步骤	流程	技术操作要求
工作前准备	基本要求	（1）从事美妆行业五年以上，有不少于 100 场的婚礼跟妆化妆经验
		（2）有很好的行业口碑
		（3）具备一定的审美素养、人物造型设计和视觉表达能力
步骤1	收集信息	（1）通过婚礼化妆师自我推荐搜集
		（2）通过同事推荐搜集
		（3）通过婚庆公司及行业协会平台搜集
		（4）通过婚礼新人推荐搜集
步骤2	储备婚礼化妆师	（1）储备一定数量的婚礼化妆师
		（2）一定数量是指储备 5～10 位婚礼化妆师
		（3）以婚礼化妆师收费高低、市场报价储备
		（4）以婚礼化妆师服务的婚礼、晚会等活动的规格储备
		（5）以婚礼化妆师有无行业奖项储备
		（6）以婚礼化妆师的地域（本地、省外、全国）口碑储备

（续）

步骤	流程	技术操作要求
步骤3	建立化妆师档案库	（1）按照婚礼化妆师收费高低、市场报价建立档案库
		（2）按照婚礼化妆师的婚礼化妆经验建立档案库
		（3）按照婚礼化妆师有无行业奖项建立档案库
		（4）按照婚礼化妆师的地域、年龄或其他标准建立档案库
		（5）档案库必须有婚礼化妆师的化妆妆容照片或视频、个人介绍等资料
		（6）档案以电子档案为主、纸质档案为辅
注意事项		（1）化妆师可能持有初级、中级、高级、技师、高级技师等不同级别的证书，但高超的化妆技巧是最重要的
		（2）中国国际时装周彩妆造型设计大赛、中国星选化妆师大赛、全国化妆十佳大赛、全国美妆大赛等行业大赛的获奖者，其整体水平和素质较高，收费标准也高
		（3）策划师要挑选、储备自己长期合作的优秀化妆师，掌握化妆师的妆面风格，并签订合作协议，保持长期联系

（三）效果评估

（1）通过婚礼化妆师（跟妆师）的行业口碑和婚礼跟妆档期频率，了解婚礼化妆师（跟妆师）的行业影响力。

（2）通过化妆师（跟妆师）的作品和资格证书，了解婚礼化妆师（跟妆师）的整体水平。

（3）通过婚礼化妆师（跟妆师）在婚庆行业的经历和年限，判断其是否有足够的婚礼化妆跟妆经验。

（4）通过婚礼化妆师（跟妆师）的行业影响力、婚礼化妆师（跟妆师）的整体水平和婚礼化妆跟妆经验，有效判断其是否可以进入化妆师人才储备库。

二、相关知识

（一）选择婚礼化妆师（跟妆师）的技巧

婚礼化妆师（跟妆师）就是负责婚礼当天新娘造型设计的化妆师。是每一场婚礼都不可缺少的重要人员。婚礼化妆师的眼光和想法、对婚礼文化的理解、对婚礼主题的造型设计，不仅单纯地体现在新娘是否漂亮上，也会影响整场婚礼的质量。

大部分新娘在婚礼当天都会请化妆师全程陪伴，随时补妆，让自己以最完美的状态在宾客面前亮相。新人在选择婚礼化妆师时，首先要沟通，通过交流，感受婚礼化妆师是否能提供体贴的服务。其次，通过观察，断定化妆师是否适合自己设计的婚礼风格，可以从化妆师的穿着打扮和谈吐，化妆过程中对细节的处理，化妆师的化妆品是否齐全、是否为一线大牌，化妆工具是否专业等方面加以判断。其三，可以通过试妆，了解化妆师的技术熟练程度和化妆师的审美，判断化妆师能否根据客户的自身条件进行化妆品的选择和整体造型设计。总体来说，选择的化妆师一定要有好的审美、好的服务理念和精湛的技术。

（二）婚礼化妆师（跟妆师）的能力标准

作为中级婚礼策划师，必须储备5～10位的婚礼化妆师（跟妆师）〔注意：初级婚礼策划师应当储备1～3位婚礼化妆师（跟妆师）〕。在储备中级婚礼化妆师前，首先需要用中级婚礼化妆师（跟妆师）的标准考察婚礼化妆师（跟妆师）的能力，其能力标准见表1-10。

表1-10　中级婚礼化妆师（跟妆师）能力标准

	要素	能力考察标准
婚礼化妆师能力范畴	基本素质	（1）能准确判断新人的五官特征，用正确、娴熟的化妆手段与方法，根据客户自身条件和要求来调整与塑造新娘形象
		（2）具备较好的审美，能根据婚礼特点进行整体造型
		（3）能捕捉美妆行业的流行趋势，具备不断学习和钻研的精神
		（4）对婚庆行业抱有浓厚的兴趣，积极主动，不断探索，丰富自己的专业技能
	工作经历	（1）跟妆经验丰富，能根据不同环境，很好地进行化妆造型
		（2）有2年以上的影楼化妆或平面广告、杂志、影视剧组的工作经验
		（3）有不少于50场的婚礼、晚会、年会等活动的化妆经历
		（4）有很好的服务口碑，有自己擅长的风格
	新娘形象设计	（1）能很好地判断客户的脸型、气质、皮肤等，选择适合客户的化妆品和色调
		（2）能很好地理解婚礼主题风格，对新娘妆面、发型、服装、配饰等做统一设计和搭配
		（3）根据主题婚礼流程安排，较好地完成新娘出门、仪式、敬酒、回门等环节的整体造型，达到婚礼主题需求和新人要求的效果
	职业道德	（1）树立正确的思想，具备良好的沟通、交流能力
		（2）艺术创作能力强，具有刻苦钻研、勇于创新的敬业精神
		（3）加强专业素养和艺术造型设计基本功的训练，不断提高对婚庆行业时尚元素的捕捉能力

（三）中级婚礼化妆师（跟妆师）储备评估标准

1. 评估标准　作为中级婚礼策划师，在储备婚礼化妆师（跟妆师）时，要对中级婚礼化妆师（跟妆师）进行能力评估，其评估标准见表1-11。

表 1-11　中级婚礼化妆师（跟妆师）的评估标准

工作范畴	工作流程	能力要求	职业素养
婚礼前准备	（1）沟通	能积极主动与策划师沟通婚礼主题风格与新娘造型事宜 积极主动和新娘沟通服装颜色、款式和饰品等事宜 预约试妆时间	服务礼仪
	（2）设计	能根据婚礼主题、新人想法和新人客观条件，与客户就妆容、服饰、配饰发型等进行沟通，并设计造型	审美、艺术设计能力
	（3）试妆	介绍适合客户的化妆品和风格，根据新娘在结婚日所穿着的礼服、婚纱的款式和色彩进行试妆	色彩搭配、整体造型知识
婚礼跟妆	（1）准备	提前准备好化妆品和化妆工具，提前查好出行路线 提示新娘在婚礼前几日进行护肤和保养 提醒新娘需要提早准备的物品	化妆师的基本素质
	（2）跟妆	提醒新娘带好当日物品 出门前最后检查工具并提前到达预约地点 根据不同仪式和环节，娴熟地为新娘更换服饰和造型	符合当天婚礼主题的造型设计
	（3）收尾	将新娘所有的服装和用品整理好并交给伴娘 整理化妆箱，清扫垃圾，整理化妆室，不遗落物品 祝福新娘新郎，致谢离开	服务礼仪和社交礼仪
人际关系	（1）与新人沟通	通过沟通，抓住新人的心理需求，从不同角度向新娘展示自己专业的服务	心理学知识，语言表达技巧，语言交际常识，职业道德
	（2）与策划师沟通	能积极主动地和策划师沟通交流自己对婚礼的理解及对新娘造型设计的想法	
	（3）与督导沟通	能主动与督导就时间、地点、新娘物品准备等细节进行沟通，恪守娶亲、迎亲、仪式、敬酒等环节的时间观念	
	（4）态度	工作认真负责，主动积极 性格开朗，待人诚恳，善于与人沟通 具备较强的沟通交流能力和良好的服务意识	

（四）储备婚礼化妆师（跟妆师）的分级标准

作为中级婚礼策划师，在储备婚礼化妆师（跟妆师）和建立婚礼化妆师（跟妆师）档案时，必须按照一定标准，对中级婚礼化妆师（跟妆师）进行分级，以便为新人提供更为准确周到的服务。婚礼化妆师（跟妆师）分级标准见表 1-12。

表 1 - 12　婚礼化妆师（跟妆师）的分级标准

等级	婚礼跟妆经验	有无行业奖项	业内评价	市场报价
高级	200 场以上	有	优秀	高
中级	100～200 场	不一定	良好	中
初级	10～100 场	无	合格	低

子任务五　储备婚礼场布人员、多媒体供应商

一、工作流程

工作准备 → 人才储备的实施 → 效果评估

（一）工作准备

1. 物品准备

序号	名称	规格	单位	数量	备注
1	档案本	常规	本	1	文件
2	档案袋	常规	个	1	
3	计算机	不限	台	1	连接网络环境、安装办公软件
4	电子档案	电子版	份	1	Word、Excel 文件格式
5	电话/手机	不限	部	1	

2. 环境与人员准备

序号	环境与人员	准备
1	婚礼策划师	已经接受过初级婚礼策划师培训或达到初级婚礼策划师的能力
2	团队执行人员	达到婚礼执行的标准和能力
3	安静的办公室、桌椅等	供新人、团队人员休息
4	计算机	用于展示婚礼策划文案、PPT 文案等
5	高清电视或投影	用于展示婚礼策划文案、PPT 文案等

（二）储备婚礼场布人员、多媒体供应商

步骤	流程	技术操作要求
工作前准备	基本要求	（1）有很好的行业口碑
		（2）从事婚礼行业 3 年以上，有 100 场以上的婚礼、活动、年会服务经验
		（3）能很好地理解婚礼主题，对场布、搭建有自己独到的想法
		（4）具有良好的美术功底、审美能力和视觉表达能力
		（5）具备一定的现场勘探、成本预算等专业技能

（续）

步骤	流程	技术操作要求
步骤1	收集信息	（1）通过婚礼花艺师、场布师、灯光师自我推荐搜集
		（2）通过同事推荐搜集
		（3）通过婚庆公司及行业协会平台搜集
		（4）通过婚礼新人推荐搜集
步骤2	储备婚礼场布师、多媒体供应商	（1）储备一定数量的婚礼花艺师、场布师、灯光师和多媒体供应商
		（2）一定数量是指储备5～10位婚礼花艺师、场布师、灯光师，3～5家多媒体供应商
		（3）以婚礼场布师和供应商收费高低、市场报价储备
		（4）以婚礼花艺师、场布师、灯光师的婚礼布场经验储备
		（5）以婚礼花艺师、场布师、灯光师有无行业奖项储备
		（6）以婚礼花艺师、场布师、灯光师在业内的评价和供应商的口碑储备
步骤3	建立场布师、多媒体供应商档案库	（1）按照婚礼花艺师、场布师、灯光师收费高低、供应商市场报价建立档案库
		（2）按照婚礼花艺师、场布师、灯光师的婚礼布场经验建立档案库
		（3）按照婚礼花艺师、场布师、灯光师有无行业奖项建立档案库
		（4）按照婚礼花艺师、场布师、灯光师的地域、年龄或其他标准建立档案库
		（5）档案库必须有婚礼花艺师、场布师、灯光师的场布照片或视频及个人介绍等资料，有供应商的产品信息和服务视频
		（6）档案以电子档案为主、纸质档案为辅
注意事项		（1）过去，花艺师应持有初级、中级、高级等不同级别证书，但2016年12月8日，国务院发布《国务院关于取消一批职业资格许可和认定事项的决定》，多个职业资格证认定被取消，其中包括花艺师资格证。因此，是否持有花艺职业资格证书仅可作为其技术水平的参考，不是人员储备的必要条件
		（2）在制作人才库清单时，应根据其水平、报价等条件对场布师进行综合等级划分，并尽可能多地与每个等级的场布师或团队以及多媒体供应商保持联系，必要时可签署互惠互利的长期合作协议

（三）效果评估

（1）通过场布人员、花艺师、多媒体供应商等人员的行业口碑及其服务婚礼和其他活动的档期频率，了解场布人员、花艺师、多媒体供应商的行业影响力。

（2）通过场布人员、花艺师、多媒体供应商等人员的作品风格和服务会务活动的规格大小，了解相关人员的综合实力。

（3）通过场布人员、花艺师、多媒体供应商等人员在婚庆行业的经历和年限判断其是否有足够的婚礼服务经验。

（4）通过场布人员、花艺师、多媒体供应商等人员的行业影响力、综合实力、行业经验，有效判断其是否可以进入人才储备库。

二、相关知识

（一）婚礼现场布置的重要性

结婚是一辈子的大事，每一对新人都希望拥有一个浪漫而难忘的婚礼，希望结婚当天的婚礼能够呈现最美的自己。每一场完美婚礼的背后不仅有婚礼策划师和"四大金刚"的默契合作，更少不了婚礼现场搭建人员的配合。他们是贯彻、落实婚礼策划师每一个设计理念，处理婚礼现场每一个细节的婚礼现场的具体执行人员，其工作冗杂而又烦琐，一直在婚礼幕后默默付出。婚礼现场的整体存在感和统一性源于鲜花、灯光、轻纱、烛台、浪漫泡泡、气球等多种元素的融合，更少不了花艺师、灯光师、多媒体供应商之间的配合和众多细节的处理。

（二）婚礼场布人员能力标准

作为中级婚礼策划师，应当储备5～10位婚礼花艺师、场布师、灯光师，3～5家多媒体供应商（注意：初级婚礼策划师应当储备3～5位婚礼花艺师、场布师、灯光师和1～2家多媒体供应商）。在储备这些人员时，首先需要用中级婚礼花艺师、场布师、灯光师的标准评估考察婚礼场布人员的能力，其能力标准见表1-13。

表1-13　中级婚礼场布人员能力标准

场布人员		能力考察标准
婚礼场布人员、多媒体供应商能力范畴	婚礼花艺师	（1）熟悉各种花材、花语的特性和用途，了解花器、材质等相关知识，熟悉保养鲜花的技巧；有较好的审美，有创意意识
		（2）熟悉各类活动在花艺布置方面的预算，善于控制成本。婚礼花艺追求的是精致
		（3）有良好的沟通、表达能力，动手能力强，乐观自信，对待工作积极主动
	场布人员	（1）能看懂设计现场布置图，并能据策划师的意图进行现场搭建布置
		（2）认真、细心、负责，讲求细节，敢于承担搭建过程中应负的责任
		（3）有很强的时间观念，提前做足准备工作，按计划完成搭建工作
		（4）婚礼结束后，整理并分类回收道具，有序撤场，展示团队合作能力
	灯光师	（1）懂英语，对电工知识有一定了解，掌握音乐、舞美的相关知识
		（2）掌握婚礼庆典、话剧、T台秀、演唱会等场合的灯光相关知识
		（3）能根据灯光租赁相关知识和活动需求，合理地核算成本
		（4）能根据表演内容与舞台灯光，合理地进行灯光搭建与布景
	多媒体供应商	（1）拥有名牌灯光、音响、大屏设备，市场占有率高，企业口碑好
		（2）拥有多份可执行、可操作、创意突出的活动案例
		（3）严格守时，用心服务好每一场婚礼，工作效率高
		（4）拥有自己的配套团队，服务意识强，有合作精神

（三）中级婚礼场布人员、多媒体供应商储备评估标准

1. 评估标准　作为中级婚礼策划师，在储备婚礼场布人员时，要对中级婚礼场布人

员的能力和水平进行评估，其评估标准见表 1-14。

表 1-14　中级婚礼场布人员的评估标准

工作范畴	工作流程	能力要求	职业素养
婚礼花艺师	（1）多方沟通	能及时与策划师沟通，了解婚礼主题 及时与新人沟通，了解新人需求	接待服务礼仪
	（2）考察现场	实地考察婚礼现场，悉知婚礼场地的色调、装修风格，根据现场情况及时与客户沟通	审美、艺术素养
	（3）构思方案	根据客户需求和婚礼主题选择花材，设计整体色调，合理预算成本，设计实施方案等	花艺相关知识
	（4）落地执行	根据设计图，完成婚礼现场的花艺布置，能配合灯光达到预期效果	
场布师	（1）考察现场	考察婚礼场地，根据婚礼主题，掌握场地实际情况，为客户提供搭建方案图	沟通交流能力
	（2）制订方案	根据婚礼主题、规模和实际场地情况，较好地完成婚礼现场的设计方案	美术手绘功、设计类相关电脑软件知识
	（3）物料准备	清晰地列出物品清单，按计划提前通知搭建人员，准备婚礼现场需要的所有物品	人文素养
	（4）搭建执行	较好地按照设计图进行婚礼现场搭建，并通过与新人、策划师沟通，不断修改婚礼现场搭建方案	吃苦耐劳的精神
灯光师	（1）考察现场	熟悉婚礼场地环境和婚礼主题风格，熟悉婚礼流程、节奏及婚礼音乐	舞美灯光综合素质
	（2）制订方案	根据婚礼流程方案，确定灯光组合 根据婚礼现场环境、舞台、整体色调，设计灯光方案	常用的电机应用知识
	（3）现场执行	根据婚礼流程和音乐的节奏，用灯光营造舞台气氛，推动剧情发展	表演艺术相关知识 艺术照明的基本知识
处理人际关系	（1）与新人沟通	了解新人对婚礼的心理需求	社会语言学知识
	（2）与策划师沟通	能积极主动地和策划师沟通交流自己的方案设计	语言表达技巧
	（3）与督导沟通	能与督导就细节要求进行沟通，保证仪式顺利进行	语言交际常识

2. 储备婚礼花艺师的分级标准　作为中级婚礼策划师，在储备婚礼场布人员和建立婚礼场布人员档案时，必须按照婚礼场布人员标准进行分级，其分级标准见表 1-15。

表 1-15　婚礼花艺师的分级标准

等级	婚礼场布经验	有无行业奖项	业内评价	市场报价
高级	200 场以上	有	优秀	高
中级	100～200 场	不一定	良好	中
初级	30～100 场	无	合格	低

任务二
婚礼执行团队的组建

【任务情境】

佩奇最近接待了一对新人，王斌和张兰。两个人从海外求学归来，双方家庭的经济条件不错，给孩子们办一场体面的婚礼是双方父母的愿望。佩奇和新人多次沟通后得知，两人的婚礼不求奢华，只求将中国传统婚俗文化和时代新元素相结合。在与二人协商后，佩奇决定给新人举办一个绿色、环保、健康、文明、时尚、个性的婚礼，在注重文化层面的同时，践行构建节约型社会的新理念。经过两个月的策划，终于在主题、酒店、场布、色调、花艺要求、灯光、大屏效果等方面达到了新人的设计要求。针对婚礼的细节和服务要求，佩奇决定根据婚礼主题、资金预算和实施方案组建团队。如果你是婚礼策划师，将如何根据婚礼主题组建本场婚礼的婚礼执行团队？

【任务分析】

一、婚礼执行团队组建的主要内容

序号	主要内容
1	根据婚礼策划方案和客户要求，确定与婚礼主题相符的婚礼主持人
2	根据婚礼策划方案的需要，配备一定数量的督导执行人员
3	根据婚礼策划方案和客户要求，联系确定一定数量的技术熟练的婚礼摄影师、婚礼摄像师
4	根据婚礼策划方案和客户要求，联系确定一定数量的技术熟练的婚礼化妆师、婚礼花艺师和场布、多媒体等其他供应商

二、婚礼执行团队组建的工作目标及措施

序号	主要工作目标	措施
1	根据婚礼策划方案和客户要求，确定与婚礼主题、婚礼风格相符的婚礼主持人	依托婚礼主持人储备库，从客户需求、主持人支出预算和婚礼策划案执行需要等方面综合考虑，筛选、确定婚礼主持人，并与其签订合同

（续）

序号	主要工作目标	措施
2	根据婚礼策划方案和婚礼现场执行的需要，配备一定数量的督导执行人员	依托婚礼督导人员储备库，从客户需求、督导支出预算和婚礼策划案执行需要等方面综合考虑，筛选、联系、确定一定数量的督导执行人员（一定数量指3～5人）
3	根据婚礼策划方案和客户要求，联系确定符合要求的婚礼摄影师、婚礼摄像师	依托婚礼摄影师、婚礼摄像师储备库，从客户需求、婚礼摄影师、摄像师支出预算和婚礼策划案执行需要等方面综合考虑，筛选、联系、确定技术熟练的婚礼摄影师、婚礼摄像师，并与其签订合同
4	根据婚礼策划方案和客户要求，联系确定符合要求的婚礼化妆师、婚礼花艺师和场布、多媒体等其他供应商	依托婚礼化妆师、婚礼花艺师和场布、多媒体等其他供应商储备库，从客户需求、支出预算和婚礼策划案执行需要等方面综合考虑，经过筛选、联系、签订合同等步骤，确定婚礼化妆师、婚礼花艺师和场布、多媒体等其他供应商

【任务实施】

子任务一　确定婚礼主持人

一、工作流程

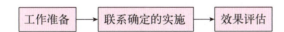

工作准备 → 联系确定的实施 → 效果评估

（一）工作准备

1.物品准备

序号	名称	规格	单位	数量	备注
1	中级婚礼主持人档案库	电子	份	1	
2	客户需求记录单	A4	份	1	直接填写空白表单或通过笔记整理
3	婚礼策划方案	A4	份	3	策划师、客户、主持人各1份
4	婚礼策划展示资料	电子	份	1	PPT、视频等，用于展示说明的资料
5	主推备选主持人形象照及主持视频片段	电子	份	1	现场展示或演示
6	婚礼团队成员表	A4	份	若干	策划师、客户、团队成员各1份
7	会议记录本	A4	本	1	记录会议重要内容
8	婚礼服务合同	A4	份	3	客户、公司、执行人员各1份

2. 环境与人员准备

序号	环境与人员	准备
1	婚礼策划师	已经接受过初级婚礼策划师培训或达到初级婚礼策划师的能力
2	团队执行人员	达到婚礼执行的标准和能力
3	安静的办公室	供新人、团队人员交流、休息
4	计算机	用于展示婚礼策划文案、PPT文案等
5	高清电视或投影	用于展示婚礼策划文案、PPT文案等

（二）联系确定婚礼主持人

步骤	流程	技术操作要求
前期准备	资料准备	（1）准备中级婚礼主持人档案库，用于团队成员备选
		（2）准备已经定稿的婚礼策划文案，用于展示介绍
		（3）准备不同风格的婚礼主持人作品，用于展示介绍
		（4）准备不同地域、价格的婚礼主持人资料，用于展示介绍
步骤1	与客户沟通1	（1）通过与客户沟通，掌握客户对婚礼的心理需求
		（2）通过与客户沟通，掌握客户对婚礼的支出预算
		（3）筛选、展示符合客户需求的备选婚礼主持人，并向客户提出合理建议
		（4）通过沟通，初步确定客户需求
步骤2	选择人员	（1）根据客户需求与预算，从中级婚礼主持人档案库中选择合适的婚礼主持人
		（2）根据婚礼策划文案，从中级婚礼主持人档案库中选择备选的婚礼主持人员
步骤3	与客户沟通2	（1）结合婚礼策案，向客户推荐选择的婚礼主持人和备选的婚礼主持人
		（2）与客户共同观看推荐的婚礼主持人的主持视频
		（3）与客户最后确定本场婚礼的主持人
注意事项		（1）能从客户的角度考虑，推荐合适的人选，更好地服务新人，取得客户的信任
		（2）顾客至上，以认真、贴心的服务理念给客户带来温馨的感觉
		（3）为防止档期冲突，应多确定3～4名候补人员

（三）效果评估

（1）熟悉婚礼主持人的风格特点，能及时掌握新人的心理需求。

（2）能根据新人需求和策划文案，有效确定符合婚礼风格的婚礼主持人。

（3）具备一定的沟通技巧，能快速联系和确定符合新人要求的婚礼主持人。

二、相关知识

（一）选择中级婚礼主持人的相关参考标准

作为中级婚礼策划师，在选择中级婚礼主持人时，应参照中级婚礼主持人的参考标准（表2-1）。

表 2-1 中级婚礼主持人的参考标准

	选择依据	参考因素
选择婚礼主持人	满足客户需求	(1) 主持人的行业口碑、地域影响力可以满足新人的需求
		(2) 新人对主持人的婚礼流程设计和主持风格非常满意
		(3) 主持人的收费标准符合新人的支出预算
	符合婚礼主题要求	(1) 主持人有丰富的文化底蕴和婚俗文化知识
		(2) 主持人的主持风格符合婚礼策划文案需求
		(3) 主持人有 100 场以上相似主题风格的主持经历
	婚礼规模	(1) 主持人有 100 场次以上中大型庆典活动、年会、晚会等活动的主持经历
		(2) 主持人有 100 场次以上中大规模主题婚礼主持经历
		(3) 主持人的资历和经验能胜任中级规模婚礼对婚礼主持人的要求

（二）如何识别金牌主持人

婚礼主持是一门综合艺术，要把口语表达的各项基本功紧密联系起来，使其具有一定的艺术性。一名优秀的金牌婚礼主持人，不仅需要具有良好的口才、风度和气质，还需要在主持前准备高质量、高水平的婚礼主持词，并选择匹配婚礼风格的音乐，因此，写好婚礼主持词并选择合适的婚礼音乐是金牌婚礼主持人必备的基本功。

1. 看婚礼主持词

（1）能清晰地阐述婚礼策划的主题。每一对新人都有自己的爱情经历，所以每一场婚礼都有明确的主题，婚礼主持人应通过婚礼主持词将婚礼主题直接、清晰地传达给现场来宾。

（2）时间和内容得当，不能喧宾夺主。每场婚礼都有自己的节奏和基本时间，如果婚礼主持词太多，会打乱婚礼的节奏，也会使观众产生疲劳和倦怠。同时，婚礼主持词所包含的内容信息如果都是主持人展示自我风采的，就主客颠倒了。婚礼主持词是为婚礼庆典和新人服务的，这是婚礼主持人首先需要做到的。

（3）合理适度地增加互动交流内容。婚礼主持词必须从照本宣读向互动交流发展，互动主持能使来宾更好地融入整个婚礼庆典，让来宾充分参与到婚礼流程中，在不同的环节祝福新人。互动的婚礼主持词需要婚礼主持人具有一定的表演技能，这样才能充分把握互动环节。

总之，婚礼主持词写作应尽量与婚礼庆典有机地融合在一起，并将婚礼的主题诠释清楚，力求将婚礼庆典从一个高潮推向另一个高潮。

2. 看文案的表达方式 一个合格的婚礼主持人在主持婚礼的时候怎么传达婚礼风格、以什么语气说话、怎么说都是很关键的。婚礼主持人的表达方式应该是多变的。

（1）讲解型。讲解型多出现在以介绍科技、卫生、文体等领域知识为内容的科教纪录片中。这类纪录片所讲述的内容很多都是观众不了解或者不熟悉的知识，所以，解说主要承担的是讲解说明的任务。解说中，用声适当、语言质朴、节奏平缓，需要耐心、热情、内行。《动物世界》《人与自然》《国宝档案》等电视节目就是用的这种表达方式。在婚礼上，这种主持方式主要会在出发前的采访和出发仪式时用到。

（2）抒情型。抒情型多出现在以展现某一地域风土人情、名胜古迹为题材的纪录片中。这种纪录片的解说词以描写的语句居多，经常伴有抒情的色彩，并且常引用名言诗句，多使用排比、对偶等修辞方式，所以解说主要起到描绘、说明和抒情的作用。解说中，吐字一般圆润轻柔、节奏舒缓，情感充沛且真挚。使用时特别要注意与朗诵的区别，避免声音凌驾于画面之上，喧宾夺主。婚礼上，这种主持表达方式适合在婚礼开场、讲故事、运用道具时采用。

（3）白话型。白话型一般吐字、用声适中，没有任何雕琢，表达更接近生活中的白话语言，较为客观、恬淡。很多时候，这种类型的解说不是由专业的播音员或者配音员完成，而是由编导或其他了解片子内容的人员承担，比如央视的《今日说法》《实话实说》栏目。这种主持表达方式适用于拜父母和出发迎娶仪式。

（4）古典婚礼的主持特点。古典婚礼主持的特点是带有地方特色的吆喝声。古时候没有音响，为了能让更多的人听到，主持人在主持时就像在大街上卖小吃吆喝着招揽生意一样，极具地方特色。

3. 了解婚礼音乐的表现形式　婚礼音乐是指在婚礼进行中用来烘托婚礼现场气氛的背景音乐，是用来刺激观众视听效果的一种手段。婚礼音乐的选择和运用十分考验个人艺术素养，会直接影响婚礼的整体效果。所以，婚礼音乐在婚礼仪式中至关重要。

（1）婚礼音乐的表现形式。婚礼现场离不开音乐的配合，因为它会把观众带入一种意境，如果说主持人的主持能把观众带入一条道路，那么音乐就是这条道路的标识：乡间的羊肠小道委婉曲折，城市的柏油马路嘈杂热闹，笔直的高速公路畅通无阻……婚礼音乐在现场主要有两种表现形式：

① 婚礼主歌音乐。婚礼主持人在主持时运用的音乐称为婚礼主歌音乐。其目的是配合主持词的内容营造氛围，突出主题。一般选用一首曲子的主歌部分作为婚礼背景音乐。

② 婚礼副歌音乐。在没有婚礼主持人主持时，烘托某一个环节或动作时运用的音乐称为婚礼副歌音乐。其目的是加强这个环节或动作的视听效果。一般选用一首曲子的副歌部分作为婚礼背景音乐。

（2）选择婚礼音乐。婚礼音乐的选择仁者见仁、智者见智，没有固定的要求，要根据婚礼主题和策划风格而定。首先，根据婚礼策划的风格来选择交响乐、轻音乐、民乐、流行歌曲等，再根据想要达到的效果来选择音乐的旋律、节奏、音色、力度、和声等。

① 婚礼音乐要根据婚礼的风格来选择。不同的新人有着不同的爱情故事，不同的爱情故事会策划出不同的婚礼方案，所以，在选择音乐时，要根据新人的爱情故事发生的地点、时间、感觉、结果等来选择。

② 婚礼音乐要根据主持人的主持形态来选择。婚礼主歌音乐有两种出现形式：一种是主持人与音乐，一种是音乐与主持人。主持人与音乐是指音乐在前，主持人在音乐前奏响起的时候，引导现场观众进入某种特定的意境，在主旋律响起的时候，主持人开始进行主持，诗朗诵开场一般都会选择这种方式。音乐与主持人是指主持人主持在先，当感情表达到某种程度的时候，音乐响起，从而与观众产生共鸣。这种形式一般在采访类节目或是小品中经常见到。

子任务二　确定督导执行人员

一、工作流程

工作准备 → 联系确定的实施 → 效果评估

（一）工作准备

1. 物品准备

序号	名称	规格	单位	数量	备注
1	中级婚礼督导人员档案库	电子	份	1	
2	客户需求记录单	A4	份	1	直接填写空白表单或通过笔记整理
3	婚礼策划方案	A4	份	3	策划师、客户、督导各1份
4	婚礼策划展示资料	电子	份	1	PPT、视频等用于展示说明的资料
5	主推备选人员形象照或工作视频	电子	份	1	现场展示或演示
6	婚礼团队成员表	A4	份	若干	策划师、客户、团队成员各1份
7	会议记录本	A4	本	1	记录会议重要内容
8	婚庆服务合同	A4	份	3	客户、公司、执行人员各1份

2. 环境与人员准备

序号	环境与人员	准备
1	婚礼策划师	已经接受过初级婚礼策划师培训或达到初级婚礼策划师的能力
2	团队执行人员	达到婚礼执行的标准和能力
3	安静办公室	供新人、团队人员交流、休息
4	计算机	用于展示婚礼策划文案、PPT文案等
5	高清电视或投影	用于展示婚礼策划文案、PPT文案等

（二）联系确定督导执行人员

步骤	流程	技术操作要求
前期准备	资料准备	（1）准备中级婚礼督导人员档案库，用于团队成员备选
		（2）准备已经定稿的婚礼策划文案，用于展示介绍
		（3）准备不同风格的婚礼督导作品，用于展示介绍
		（4）准备不同地域、价格的婚礼督导人员资料，用于展示介绍

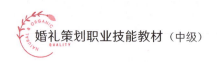
（续）

步骤	流程	技术操作要求
步骤1	与客户沟通1	（1）通过与客户沟通，掌握客户对婚礼的心理需求
		（2）通过与客户沟通，掌握客户对婚礼的支出预算
		（3）婚礼策划师向客户介绍婚礼督导的服务内容、作用与必要性
步骤2	与婚礼督导人员沟通	（1）婚礼策划师根据婚礼策划文案、婚礼预算、婚礼特点，从中级婚礼督导人员档案库中选择合适的婚礼督导师及备选的婚礼督导师
		（2）婚礼策划师通过电话、QQ、微信等方式联系婚礼督导人员
		（3）婚礼策划师与婚礼督导师就婚礼的档期安排、费用标准进行沟通，确定督导师的档期，明确督导任务
		（4）通过沟通和协商，双方达成共识，签订督导服务合同，确定工作档期和费用标准，保障双方权益
		（5）双方就策划文案中的婚礼执行细节和具体要求进行多次沟通，直至明确无误
步骤3	与客户沟通2	婚礼策划师向客户介绍已经选择确定的婚礼督导师并建立联系（可以通过QQ或以微信建群的方式进行沟通）
注意事项		（1）能从客户的角度考虑，推荐合适的人选，更好地服务新人，取得客户的信任
		（2）顾客至上，以认真、贴心的服务理念给客户带来温馨的感觉
		（3）为预防档期冲突，应多确定3～4名候补人员

（三）效果评估

（1）结合婚礼策划案，确定符合新人要求及策划案设计的婚礼督导师。

（2）确定的婚礼督导师的能力能够满足婚礼现场督导执行的需求。

二、相关知识

（一）选择婚礼督导师的相关参考标准

一场完美的婚礼需要一个或若干个婚礼督导师。婚礼督导师承担着保障婚礼仪式流程顺利进行、帮助新人实现完美婚礼梦想的重要责任，是一场婚礼能否成功的关键所在。因此，作为中级婚礼策划师，需要选择合格的婚礼督导人员，这样才能够将婚礼策划师的设计方案在婚礼仪式流程中顺利地贯彻执行。

作为中级婚礼策划师，在选择婚礼督导时，应参照中级婚礼督导师的参考标准（表2-2）。

表2-2　中级婚礼督导师的相关参考标准

	选择依据	参考因素
选择婚礼督导师	满足客户需求	（1）是否具有随机应变、处理突发事件的能力，气质、谈吐、做事风格与婚礼格调是否吻合
		（2）督导师的仪态仪表是否得体，是否有良好的沟通和表达能力，是否有丰富的地方婚俗知识，是否具备团队指挥协调能力
		（3）督导师工作的经验、资历、态度及收费符合新人需求

（续）

	选择依据	参考因素
选择婚礼督导师	符合婚礼文案要求	（1）督导师的做事风格与气质能匹配婚礼策划主题要求
		（2）督导师有100场以上与婚礼文案风格相近的婚礼服务经历
		（3）督导师与婚礼公司及相关团队成员有高于100场以上的愉快合作经历
	婚礼规模	（1）督导师的收费标准符合整场婚礼中对婚礼督导师的支出预算
		（2）督导师的资历和经验符合中档规模婚礼对场督的要求

（二）婚礼督导师的工作任务

1. 协调、督促各个现场部门落实工作　专业的婚礼督导师有非常强的现场执行力，可以为婚礼彩排、现场统筹、仪式督导等所有环节提供专业指导，保障婚礼的顺利举行。婚礼凝聚了现场若干工种的大量心血，他们来自不同的部门和行业，如何把各个不同的工种有机调配起来，是婚礼督导师的工作之一，也是督导工作的最大作用。

2. 落实策划师的策划方案与现场执行的衔接　婚礼策划师在前期与新人的沟通中，已经将婚礼能达到的现场效果以及后期视频效果与新人进行了描述和沟通。一名优秀的婚礼督导师的作用就是在对策划文案的文字（图片、手绘）描述进行全面评估后，根据实际情况，将其一一落实，把完美的婚礼策划方案变为现实并保证其顺利执行。

3. 良好的沟通和彩排　新人没有婚礼实战经验，很多新人直到结婚当天都很茫然。所以，新人非常希望专业的婚礼督导师对他们进行指导，告诉他们婚礼前后所有应该了解和做到的事情。优秀的婚礼督导师的作用在于结合婚礼主持人的台词和婚礼策划师的策划亮点，同婚礼策划师、婚礼主持人一起，对新人、双方父母、伴郎伴娘、花童戒童等进行婚礼彩排和礼仪指导，对婚礼的现场效果、相关人员的站位与走位、各个动作的做法与手法等进行完整的讲述并指导相关人员进行实地练习，保证最终达到完美的效果。

4. 和婚礼主持人的良好配合　婚礼主持人的能力参差不齐、水平不一，有专职的，也有兼职的，他们中的一些人主持水平一般，有的还可能出现一些常识性的错误，这时，婚礼督导师的作用就相当重要了。只有婚礼主持人和婚礼督导师完美搭配、协同作战、统筹配合，才能确保婚礼当天万无一失。

5. 保证不会因疏忽细节而导致遗憾　婚礼督导师的作用还在于无论在迎宾过程中还是在婚礼仪式进行中，都不会因疏忽细节而导致婚礼仪式出现遗憾。婚礼督导师负责整场婚礼的管理，为新人及相关人员进行现场引导和细节的协调、帮助，保证婚礼顺利进行。

子任务三　确定婚礼摄影师、婚礼摄像师

一、工作流程

（一）工作准备

1. 物品准备

序号	名称	规格	单位	数量	备注
1	中级婚礼摄影、摄像师档案库	电子	份	1	
2	客户需求记录单	A4	份	1	直接填写空白表单或通过笔记整理
3	婚礼策划方案	A4	份	若干	策划师、客户、摄影摄像师各1份
4	婚礼策划展示资料	电子	份	1	PPT、视频等，用于展示说明的资料
5	主推备选摄影师、摄像师作品样片	电子	份	1	现场展示或演示
6	婚礼团队成员表	A4	份	若干	策划师、客户、团队成员各1份
7	会议记录本	A4	本	1	记录会议重要内容
8	婚庆服务合同	A4	份	3	客户、公司、执行人员各1份

2. 环境与人员准备

序号	环境与人员	准备
1	婚礼策划师	已经接受过初级婚礼策划师培训或达到初级婚礼策划师的能力
2	团队执行人员	达到婚礼执行的标准和能力
3	安静办公室	供新人、团队人员洽谈沟通
4	计算机	用于展示婚礼策划文案、PPT文案等
5	高清电视或投影	用于展示婚礼策划文案、PPT文案等

（二）联系确定婚礼摄影师、婚礼摄像师

步骤	流程	技术操作要求
前期准备	资料准备	（1）准备中级婚礼摄影师、摄像师档案库，用于团队成员备选
		（2）准备已经定稿的婚礼策划文案，用于展示介绍
		（3）准备不同风格的婚礼摄影摄像资料，用于展示介绍
步骤1	与客户沟通1	（1）通过与客户沟通，掌握客户对婚礼的心理需求
		（2）通过与客户沟通，掌握客户对婚礼的支出预算
		（3）展示符合客户需求的备选婚礼摄影师与摄像师，并结合拍摄风格及其市场报价，向客户提出合理建议
		（4）通过沟通，初步确定客户需求

（续）

步骤	流程	技术操作要求
步骤2	与摄影摄像师沟通	（1）婚礼策划师根据婚礼策划文案、婚礼预算、婚礼特点，结合摄影师、摄像师过去的合作经历，从中级婚礼摄影摄像人员档案库中选择合适的婚礼摄影师（2名）、婚礼摄像师（2名），同时选择备选的婚礼摄影师、婚礼摄像师（各3～4名）
		（2）告知婚礼摄影师和婚礼摄像师婚礼的流程、时间安排、参与人员。如婚礼中有特别策划的节目，一定要事先告知婚礼摄影师和婚礼摄像师，这样，婚礼摄影师、婚礼摄像师能提前安排不同的机位，以便从最佳的角度记录婚礼的精彩瞬间
		（3）婚礼策划师与婚礼摄影师和婚礼摄像师就婚礼的档期安排、费用标准进行沟通，确定婚礼摄影师、婚礼摄像师的档期，明确任务
		（4）通过沟通协商，达成共识，签订婚礼摄影、婚礼摄像服务合同，确定其工作档期和费用标准，保障双方权益
		（5）双方就策划文案中的婚礼流程细节和具体拍摄要求进行多次沟通，直至明确无误。婚礼策划师通过电话、QQ、微信等方式联系婚礼摄影师、婚礼摄像师
步骤3	与客户沟通	（1）结合策划文案，向客户介绍备选婚礼摄影师、摄像师的个人情况
		（2）向客户介绍多机位拍摄的特点及优势
		（3）展示婚礼摄影师和婚礼摄像师的摄影、摄像作品
		（4）与客户确定婚礼摄影师、婚礼摄像师的数量及具体人员并建立联系（可以通过QQ或以微信建群的方式进行沟通）
注意事项		（1）能从客户的角度考虑，推荐合适的人选，更好地服务新人，取得客户的信任
		（2）顾客至上，以认真、贴心的服务理念给客户带来温馨的感觉
		（3）为防止档期冲突，应多确定3～4名候补人员

（三）效果评估

（1）掌握沟通技巧，确定符合新人要求的婚礼摄影师、婚礼摄像师。

（2）了解婚礼摄影师、婚礼摄像师的能力，确保联系到的婚礼摄影师、摄像师的技术及拍摄风格符合客户的喜好与婚礼设计风格。

（3）了解婚礼摄影师、婚礼摄像师的工作经历，确保选择的摄影师、摄像师配合较为默契。

二、相关知识

（一）选择婚礼摄影师、摄像师的相关参考标准

作为中级婚礼策划师，应从客户的需求、场地的特点、方案预算等方面出发，合理选

择或组建婚礼摄影摄像团队，确保婚礼影像记录工作的顺利开展。在选择婚礼摄影师、婚礼摄像师时，应参照中级婚礼摄影师、婚礼摄像师的参考标准（表2-3）。

表2-3　中级婚礼摄影师、摄像师的相关参考标准

	选择依据	参考因素
选择婚礼摄影摄像师	满足客户需求	客户对摄影师、摄像师的信息较为了解，对其拍摄水平及风格有一定的要求和预期
		摄影摄像师的仪表、仪态、语言较容易获得客户的认同与好感
		摄影摄像师工作的经验、资历及收费标准符合新人的预期
		除了全程记录外，对于婚礼的关键瞬间，有多角度、多景别的记录
		影像团队的人员配置能满足婚礼策划文案的需求
	符合婚礼文案要求	影像团队成员有100场以上拍摄类似婚礼文案的经历，了解婚礼流程
		影像团队的收费标准符合客户在摄影摄像方面的支出预算
	婚礼规模	影像团队成员的资历和经验能满足中等规模婚礼的要求
		策划案中，婚礼影像记录服务的预算较高
		婚礼场地空间较大，可供同时选择的拍摄机位较多

（二）婚礼摄影的多机位拍摄

婚礼是人生中的一个重要里程碑，全面、温馨、高质量地记录婚礼过程是非常重要的。在这方面，双机位乃至多机位摄影有着不容置疑的优越性。

在婚礼摄影拍摄中，团队中每个成员对婚礼摄影的认知要统一，团队的互补意识要强，都要有新闻纪实的抓拍能力和细节捕捉能力。好的搭档可以让整场婚礼的拍摄效率更高。

单机位拍摄往往会因为流程的复杂而遗憾地缺失对部分环节的记录。比如在新郎出发前，摄影师会跟随新娘拍摄，后期编辑时就很难找到新郎的照片。

在婚礼拍摄中，靠一个机位很难处理好各种复杂的问题，所有这些都需要摄影师组成团体，并要求组织成员之间相互依靠，建立合作团队，分工协作。因此，作为中级摄影师，开发团队应变能力和持续的创新能力，依靠团队合作是拍摄成功的关键。

多机位拍摄比较适合以下3种情况：

（1）婚礼场面比较大或是在户外举办的草坪婚礼。

（2）婚礼仪式的细节较多。

（3）新人对拍摄的景别、角度和画面效果有着较高的要求，运用多机位拍摄能比较好地达到这些要求。在少数婚礼上，也有采用四机位拍摄的，以避免单景别的冗长，减少观者的疲劳感，并增加现场信息。

（三）婚礼摄像的多机位拍摄

在大多数情况下，根据拍摄需要，婚礼摄像也是由多部机器、多名工作人员共同完

成的。

镜头所覆盖的焦段决定其取景。当前，婚礼摄像师常使用单反相机或微单相机录像，而在拍摄现场，被摄主体处于运动状态，且行动方向具有不确定性，如果频繁地更换镜头，势必会漏掉很多细节。为了避免此种现象，常采取跟拍的方式。但这又会引发另外一个问题，就是无法记录除被摄主体之外的其他场景和画面，所以，就需要安排多个摄像机位对其他场景进行拍摄，这就是根据镜头焦距分工。

一般来讲，多个机位的影像组合机位安排如下：

分为两组，各组有一个主机，主机1拍摄新郎，主机2拍摄新娘，游机1拍摄大场景，游机2拍摄特写。

镜头安排：主机1搭配标准变焦镜头，主机2搭配广角变焦镜头，游机1搭配广角变焦镜头，游机2搭配长焦变焦镜头。

第一阶段：从早晨开始，主机1负责跟拍新郎，游机1负责拍摄大场景和车队；主机2负责跟拍新娘化妆及家人，游机2拍摄特写画面。

第二阶段：当新郎到达新娘家后，主机1拍摄新郎，游机1拍摄大场景。在新娘屋内，主机2拍摄新娘及闺蜜堵门情况。在撞门后，主机1跟拍新人，主机2负责拍摄新娘父母、亲朋和陪嫁场景；游机1拍摄大场景，游机2负责拍摄特写。

第三阶段：在典礼过程中，主机1主要拍摄典礼、新人敬酒、送客等流程，主机2以相对稍侧的视角进行补充拍摄；游机1、游机2负责拍摄特写镜头，如新人的特写、宾客的表现等。

子任务四　确定婚礼化妆师（跟妆师）、婚礼花艺师和场布等其他供应商

一、工作流程

（一）工作准备

1. 物品准备

序号	名称	规格	单位	数量	备注
1	中级婚礼化妆师（跟妆师）、花艺师、场布人员档案库	电子	份	1	
2	客户需求记录单	A4	份	1	直接填写空白表单或通过笔记整理
3	婚礼策划方案	A4	份	若干	策划师、客户、花艺师等各1份
4	婚礼策划展示资料	电子	份	1	PPT、视频等用于展示说明的资料

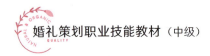
（续）

序号	名称	规格	单位	数量	备注
5	主推备选化妆师、花艺师、场布人员作品样片	电子	份	1	现场展示或演示
6	婚礼团队成员表	A4	份	若干	策划师、客户、团队成员各1份
7	会议记录本	A4	本	1	记录会议重要内容
8	服务合同	A4	份	3	客户、公司、执行人员各1份

2. 环境与人员准备

序号	环境与人员	准备
1	婚礼策划师	已经接受过初级婚礼策划师培训或达到初级婚礼策划师的能力
2	团队执行人员	达到能够执行婚礼执行的标准和能力
3	安静办公室、桌椅等	供新人、团队人员休息
4	计算机	用于展示婚礼策划文案、PPT文案等
5	高清电视或投影	用于展示婚礼策划文案、PPT文案等

（二）联系确定婚礼化妆师（跟妆师）、婚礼花艺师和场布等其他供应商

步骤	流程	技术操作要求
前期准备	资料准备	（1）准备中级婚礼化妆师（跟妆师）、婚礼花艺师和场布等其他供应商档案库，用于选择执行团队成员
		（2）准备已经定稿的婚礼策划文案，用于展示介绍
		（3）准备不同风格的婚礼化妆造型资料、婚礼花艺资料、婚礼场布资料，用于展示介绍
步骤1	与客户沟通1	（1）通过与客户沟通，掌握客户对婚礼的心理需求
		（2）通过与客户沟通，掌握客户对婚礼的支出预算
		（3）展示符合客户需求的备选婚礼化妆师（跟妆师）、婚礼花艺师和场布等其他供应商，并结合艺术风格及其市场报价向客户提出合理建议
		（4）通过沟通，初步确定客户需求
步骤2	与婚礼执行人员沟通	（1）婚礼策划师根据客户需求、婚礼策划文案、婚礼预算、婚礼特点，从中级婚礼化妆师（跟妆师）、婚礼花艺师和场布等其他供应商档案库中选择合适的婚礼化妆师（跟妆师）、婚礼花艺师和场布等其他供应商，同时选择备选的婚礼化妆师（跟妆师）、婚礼花艺师和场布等其他供应商
		（2）告诉婚礼化妆师（跟妆师）、婚礼花艺师和场布等其他供应商婚礼的风格、客户要求、场地安排、时间安排，如婚礼中有特别策划的内容，一定要事先告知婚礼化妆师（跟妆师）、婚礼花艺师和场布等其他供应商，使他们能按照要求设计、装饰、布置婚礼场地等

（续）

步骤	流程	技术操作要求
步骤2	与婚礼执行人员沟通	（3）婚礼策划师与婚礼化妆师（跟妆师）、婚礼花艺师和场布等其他供应商就婚礼的档期安排、费用标准进行沟通，确定婚礼化妆师（跟妆师）、婚礼花艺师和场布等其他供应商的档期、进场布置时间，明确任务
		（4）通过沟通，达成共识，签订婚礼化妆师（跟妆师）、婚礼花艺师和场布等其他供应商服务合同，确定其工作档期和费用标准，保障双方权益
		（5）就策划文案中婚礼流程细节和具体的设计、装饰、布置要求进行多次沟通，直至明确无误。婚礼策划师通过电话、QQ、微信等方式联系婚礼化妆师（跟妆师）、婚礼花艺师和场布等其他供应商
步骤3	与客户沟通2	（1）结合策划文案，向客户介绍备选婚礼化妆师（跟妆师）、婚礼花艺师和场布等其他供应商的情况
		（2）展示婚礼化妆师（跟妆师）、婚礼花艺师和场布的化妆作品、花艺作品、场布作品等
		（3）安排婚礼化妆师（跟妆师）为客户试妆
		（4）与客户确定婚礼化妆师（跟妆师）、婚礼花艺师并建立联系（可以通过QQ或以微信建群的方式进行沟通）
注意事项		（1）婚礼化妆师（跟妆师）需要试妆后才能确定，需要提前通知客户做相应的准备（如会面当天不要化浓妆）或单独安排试妆时间
		（2）能从客户的角度考虑，推荐合适的人选，更好地服务新人，取得客户的信任
		（3）顾客至上，以认真、贴心的服务理念给客户带来温馨的感觉
		（4）为预防档期冲突，应多确定3～4名候补人员

（三）效果评估

（1）掌握沟通技巧，确定符合新人要求的婚礼化妆师（跟妆师）、婚礼花艺师和场布等其他供应商。

（2）掌握婚礼化妆师（跟妆师）、婚礼花艺师和场布等其他供应商的风格特点，确保联系到的人员的技术及拍摄风格符合客户的喜好与婚礼设计风格。

（3）了解婚礼花艺师和场布的工作经历，确保选择的婚礼花艺师和场布相互之间的配合较为默契。

二、相关知识

（一）选择婚礼化妆师（跟妆师）、花艺师、场布人员的相关参考标准

作为中级婚礼策划师，在选择婚礼化妆师（跟妆师）、花艺师、场布人员的时候，应参照中级婚礼化妆师（跟妆师）、花艺师、场布师的参考标准（表2-4）。

表 2-4　选择中级婚礼化妆师（跟妆师）、花艺师、场布人员的相关参考标准

	选择依据	参考因素
选择婚礼化妆师（跟妆师）	满足客户需求	化妆师的跟妆经验、行业口碑可以满足新人的需求
		新人对化妆师的服务项目及收费非常满意
		化妆师的作品风格很好，能达到新人的预期效果
	符合婚礼文案要求	化妆师有丰富的文化底蕴和婚俗文化知识
		化妆师的作品风格符合婚礼策划文案的需求
		化妆师有 100 场以上主题风格相似的跟妆经历
	婚礼规模	化妆师有 100 场次以上中大型庆典活动、晚会等活动的化妆造型经历
		化妆师有 100 场次以上中大规模主题婚礼跟妆服务经历
		化妆师的资历和经验能胜任中级规模婚礼对新娘造型的要求
婚礼花艺师的选择	满足客户需求	花艺师的行业口碑、作品风格可以满足新人的需求
		花艺师的婚礼布置作品风格能达到新人预期的效果
		花艺师的花材成本预算、服务收费符合新人的支出预算
	符合婚礼文案要求	花艺师的审美独特，有丰富的婚俗文化知识，能很好地服务主题婚礼
		花艺师的作品风格符合婚礼策划文案的需求
		花艺师有 100 场以上婚礼主题相似的婚礼花艺设计经验
	婚礼规模	花艺师有 100 场次以上中大型庆典活动的花艺服务经历
		花艺师有 100 场次以上中大规模主题婚礼的花艺服务经历
		花艺师的资历和经验能胜任中级规模婚礼对婚礼花艺布置的要求
婚礼场布人员的选择	满足客户需求	场布人员及大屏、灯光服务等多媒体服务团队的行业口碑、作品风格可以满足新人需求
		婚礼现场布置作品风格能达到新人预期的效果
		场布人员有自己熟悉的大屏等多媒体服务团队
		场布人员及服务团队的收费符合新人的支出预算
	符合婚礼文案要求	场布人员及大屏、灯光等多媒体服务团队有 20 场以上相似文案的服务经历
		场布人员及大屏、灯光等多媒体服务团队的作品能满足婚礼要求
	婚礼规模	场布人员及大屏、灯光等多媒体服务团队有 100 场次以上中大型庆典活动的服务经历
		场布人员及大屏、灯光等多媒体服务团队有 100 场次以上中大规模主题婚礼服务经历
		场布人员及大屏、灯光等多媒体服务团队的资历和经验能胜任中级规模婚礼对婚礼现场效果的要求

（二）婚礼策划师与婚礼灯光师沟通的内容和技巧

（1）婚礼策划师要告诉婚礼灯光师想要的婚礼灯光效果，并且明确婚礼策划师和新人选定的所有灯光，让灯光师安排各个灯光的位置。

（2）婚礼策划师要针对追光灯与婚礼灯光师进行沟通，明确追光的线路。同时，要详细告诉追光灯操作人员婚礼的进度、新人的行动路线及对追光灯效果的要求。婚礼策划师最好根据婚礼进度和新人的行动路线制定一份追光灯进度时刻表，以便追光灯操作人员掌握使用追光灯的时间。

（3）确定了婚礼摄影师、摄像师后，在和婚礼灯光师沟通时，最好邀请婚礼摄影师、婚礼摄像师一起交流，以便调整灯光亮度及追光灯位置，保证婚礼摄影师、婚礼摄像师能够拍摄出效果较好的照片和影像。

（三）婚礼策划师与婚礼音响师沟通的内容和技巧

（1）婚礼策划师要与婚礼音响师确认婚礼的流程，明确音乐配合的时间节点。

（2）婚礼策划师要与婚礼音响师确认婚礼播放的音乐曲目和播放顺序。最好制定婚礼音乐播放流程表，以便婚礼音响师按照顺序进行播放。

（3）婚礼策划师要将婚礼流程表交予婚礼音响师，并告知其详细的婚礼流程和进度计划。

任务三
婚礼执行团队的管理

【任务情境】

王玉是一位刚刚从某职业院校婚庆服务与管理专业毕业的学生，她就职的 A 婚庆公司是一家立足于某省会的知名企业，主要从事精细化婚礼服务。在婚礼现场，王玉经常看到很多平常不怎么见面的人在帮助 A 公司的婚礼策划师完成新人的婚礼庆典。王玉同学带着许多疑问向经理咨询："对于每一场婚礼，公司是怎样做到设计和统筹的。"经理笑着说："沟通是为了达成共识，而实现沟通的前提就是让所有雇员一起面对现实。我们公司的精细化婚礼服务和统筹工作都是通过信息共享和责任分担实现良好沟通的，从而进行有效的团队协作服务和管理。"

【任务分析】

一、婚礼执行团队管理的主要问题

序号	主要内容
1	有效的婚礼执行团队沟通和衔接
2	有效的婚礼执行团队协作及为新人服务的流畅性
3	有效的婚礼执行团队管理，控制婚宴进行过程中各环节的细节
4	调动婚礼执行团队，有较强的团队协作能力

二、婚礼执行团队管理的主要目标及措施

序号	主要工作目标	措施
1	有效的婚礼执行团队沟通	掌握婚礼策划师与婚礼执行团队的沟通技巧和方法
2	有效的婚礼执行团队协作	了解成功的婚礼督导的团队特征
3	有效的婚礼执行团队管理	了解高绩效团队管理的基本知识
4	调动婚礼执行团队，有较强的团队协作能力	掌握婚礼督导执行力实施的方法与技巧

【主要管理目标的实施】

子任务一　婚礼执行团队沟通

一、工作流程

工作准备 → 实施 → 效果评估

（一）工作准备

1. 物品准备

序号	名称	规格	单位	数量	备注
1	安静的办公室	10	平方米	2	沟通、休息等
2	办公桌、椅子		张	1	圆桌、长桌、方桌、椅子等
3	网络智能办公设备		件	1	智能手机、计算机、微信、摄像头等
4	沟通记录确认表	A4	份	6	公司属性文件
5	婚礼策划书	A4	份	2	
6	婚礼执行团队服务合同	A4	份	8	

2. 人员准备

序号	人员	准备
1	婚礼主持人	婚礼策划书；婚礼策划方案；落实婚礼主持人的执行内容；新人要求、新人的禁忌事项；婚礼执行团队服务合同
2	婚礼花艺师	花艺图片或手绘稿或场景效果图；花材需求数量表；落实婚礼花艺师的执行内容；婚礼执行团队服务合同
3	婚礼摄影师和婚礼摄像师	照片需求表和必须拍摄的关键镜头；确定拍摄时间和任务；掌握与婚礼摄影、摄像师沟通的重点；落实婚礼摄影、摄像师的执行内容；婚礼执行团队服务合同
4	婚礼灯光师	新人选定的所有灯光需求表；婚礼新人行动路线及追光灯的进度时刻表；落实婚礼灯光师的执行内容；婚礼执行团队服务合同
5	婚礼音响师	婚礼主持流程表；婚礼音乐曲目及播放流程时间表；掌握与婚礼音响师沟通的重点；落实婚礼音响师的执行内容；婚礼执行团队服务合同
6	婚礼督导师	详细的婚礼督导职责表；婚礼执行团队联系表、婚礼服务团队联系表、婚礼新人及亲友团联系表和酒店服务人员联系表；婚礼执行团队服务合同
7	酒店或供应商	了解酒店婚礼部总管的职责；掌握与酒店沟通的重点；落实酒店或供应商的执行内容

（续）

序号	人员	准备
8	新人亲友团	婚礼的整套庆典流程及婚礼活动的时间表（新郎出门迎亲的时间、线路、到达新娘家的活动细则、新娘出门的时间、到达新郎家的活动细则、前往外景地的线路及地点、拍摄婚礼外景所需时间、到达酒店的时间及路程线路）；婚礼程序安排表；落实新人亲友团协助执行的内容

（二）与婚礼主持人沟通

步骤	流程	技术操作要求
工作前准备	基本要求	（1）已经接受过初级婚礼策划师培训或达到初级婚礼策划师的能力
		（2）掌握一定的婚礼策划知识和婚礼策划服务专业技能
		（3）了解婚庆行业的基本情况和现状
步骤1	准备资料	（1）婚礼策划书和婚礼策划方案
		（2）了解约见的婚礼主持人的性格、特征、主持风格、出场费用等
		（3）婚礼执行团队服务合同
		（4）确定约见时间（婚礼前三个月或一个月）和在场人员
步骤2	与婚礼主持人	（1）婚礼策划师要清晰地说明婚礼策划书的各项事项
		（2）针对婚礼流程设计，把婚礼策划师和新人的需要、环节具体设计以及婚礼灯光和音乐配合的具体要求等明确地告诉主持人
		（3）听取主持人的意见
		（4）思考和交流婚礼主持人提出的不同意见
		（5）沟通协商后，记录修改和改进的婚礼方案
		（6）沟通婚礼主持时间和费用
步骤3	与婚礼主持人和新人沟通	（1）婚礼策划师要清晰地说明婚礼策划书的各项事项
		（2）婚礼策划师要清晰地向新人说明和婚礼主持人沟通后确定的婚礼策划方案的各个事项
		（3）婚礼主持人介绍自己和自己的主持风格
		（4）认真听取新人的建议和修改意见
		（5）思考和交流新人提出的不同意见
		（6）约定在婚礼现场的见面时间、彩排时间和其他相关时间
		（7）与婚礼主持人、新人沟通和协商，记录修改和改进的婚礼方案
步骤4	签订合同	签订婚礼执行团队服务合同
注意事项		（1）新人的禁忌事项，在与主持人沟通时一定要强调
		（2）对于有特殊要求的婚礼，婚礼策划师要把要求解释清楚

（三）与婚礼督导师沟通

步骤	流程	技术操作要求
工作前准备	基本要求	（1）经过正规的婚礼策划培训
		（2）掌握一定的婚礼策划知识，具备婚礼策划服务专业技能
		（3）了解婚庆行业的基本情况和现状
步骤1	准备资料	（1）婚礼策划方案
		（2）详细的婚礼督导职责表、婚礼执行团队联系表、婚礼服务团队联系表、婚礼新人及亲友团联系表和酒店服务人员联系表
		（3）婚礼执行团队服务合同
		（4）确定约见时间
步骤2	与婚礼督导师沟通	（1）在与婚礼执行团队其他人员沟通后、婚礼彩排前，与婚礼督导师沟通
		（2）详细地说明婚礼策划执行方案，确定其职责和任务
		（3）告诉婚礼督导师及其他婚礼执行人员具体工作事项和督导职责，以及需要与婚礼督导师配合的地方
		（4）明确告知婚礼督导师婚礼的详细流程和婚礼督导师在每个环节中具体的工作职责：在婚礼仪式过程中，负责检查仪式用品；负责协调仪式中各项工作
		（5）听取婚礼督导师的需求和意见
		（6）沟通在婚礼上需要注意的事项
步骤3	签订合同	签订婚礼执行团队服务合同
	注意事项	（1）负责后期的实施，肩负着执行的职责。如果由婚礼策划师兼任，则具有婚礼统筹管理职责，即负责婚礼策划和婚礼执行
		（2）负责在婚礼当天与酒店方协调需要酒店提供的物品，协助酒店各个阶段的服务，共同应对突发状况等。涉及多个场景，如宴会区、仪式区、新娘房等，根据婚礼的复杂程度与策划师配合，保证婚礼的顺利进行
		（3）与婚礼督导师一起预测在婚礼过程中各种可能出现的意外事件并制订应对对策

（四）与婚礼花艺师沟通

步骤	流程	技术操作要求
工作前准备	基本要求	（1）经过正规的婚礼策划培训
		（2）掌握一定的婚礼策划知识，具备婚礼策划服务专业技能
		（3）了解婚庆行业的基本情况和现状
步骤1	准备资料	（1）婚礼策划书和花材需求表
		（2）了解约见的婚礼花艺师的风格、费用等
		（3）婚礼执行团队服务合同
		（4）确定约见时间

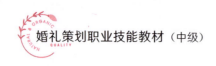
（续）

步骤	流程	技术操作要求
步骤2	与婚礼花艺师沟通	（1）与新人签订合约后，告诉婚礼花艺师婚礼整体的布置风格，确定当日鲜花花量和花材
		（2）沟通花艺费用、所需的花材，以及地点、时间、人员
		（3）明确鲜花品种和主色调。以图片的形式直观、形象地确定花卉款式和成型效果
		（4）思考和交流婚礼花艺师提出的不同意见
		（5）婚礼策划书定稿后，与婚礼花艺师进行充分沟通，待其完全理解了花艺造型和色彩后再进行确认
		（6）在婚礼前一周准备婚礼现场所需物品、所展示的布置项目，确定布场时间
		（7）沟通整场的注意事项，如客人的指定要求、细节要求及整体的主题与风格
		（8）强调布场的时间
		（9）沟通撤场事项
步骤3	签订合同	签订婚礼执行团队服务合同
注意事项		（1）列出新人喜欢的所有的花卉
		（2）对于有特殊要求的婚礼花艺，婚礼策划师要把要求解释清楚

（五）与婚礼化妆师（跟妆师）沟通

步骤	流程	技术操作要求
工作前准备	基本要求	（1）经过正规的婚礼策划培训
		（2）掌握一定的婚礼策划知识，具备婚礼策划服务专业技能
		（3）了解婚庆行业的基本情况和现状
步骤1	准备资料	（1）婚礼策划书和婚礼化妆妆型图
		（2）了解约见的婚礼化妆师（跟妆师）的化妆风格、费用等
		（3）婚礼执行团队服务合同
		（4）确定约见时间
步骤2	与婚礼花艺师沟通	（1）与新人签订合约后，告诉婚礼化妆师（跟妆师）婚礼整体的布置风格，确定试妆时间、婚礼当日的化妆时间及化妆品、配饰、服装等
		（2）沟通化妆费用以及所需的化妆品、配饰、服饰等
		（3）明确化妆妆型和主色调，以图片的形式直观、形象地确定化妆效果
		（4）思考和交流婚礼化妆师（跟妆师）提出的不同意见
		（5）婚礼策划书定稿后，与化妆师进行充分沟通，待其完全理解了化妆造型和色彩后再进行确认
		（6）在婚礼前一周准备婚礼化妆所需物品及服饰，确定化妆时间

（续）

步骤	流程	技术操作要求
步骤2	与婚礼花艺师沟通	（7）沟通整场的注意事项，如客人的指定要求、细节要求及整体的婚礼主题与风格
		（8）强调当日化妆的时间
		（9）沟通跟妆等事项
步骤3	签订合同	签订婚礼执行团队服务合同
注意事项		（1）列出新人喜欢的所有妆型，告诉化妆师新人不喜欢什么样的化妆风格
		（2）除给新人化妆外，如果还需要给新娘妈妈、新郎妈妈、伴娘、伴郎、花童化妆，要一并讲清楚，并确定不同的造型
		（3）对于有特殊要求的，婚礼策划师要把要求解释清楚

（六）与婚礼摄影师和婚礼摄像师沟通

步骤	流程	技术操作要求
工作前准备	基本要求	（1）经过正规的婚礼策划培训
		（2）掌握一定的婚礼策划知识，具备婚礼策划服务专业技能
		（3）了解婚庆行业的基本情况和现状
步骤1	准备资料	（1）婚礼策划书、婚礼策划方案和客户照片（镜头）需求表
		（2）婚礼流程表
		（3）婚礼执行团队服务合同
		（4）确定约见时间
步骤2	与婚礼摄影师和婚礼摄像师沟通	（1）告诉摄影师、摄像师客户的个性、气质、风格、费用、后期选片数量、修片数量、时间以及后期输出视频影像等问题
		（2）告诉婚礼摄影师和婚礼摄像师整个婚礼的流程
		（3）将婚礼策划方案中的设计亮点告诉婚礼摄影师和婚礼摄像师，因为这也是摄影摄像的重点
		（4）要将婚礼流程表交给婚礼摄影师和婚礼摄像师，让他们掌握婚礼进程
		（5）听取婚礼摄影师和婚礼摄像师的拍摄需求及意见
		（6）进行沟通，确定拍摄方案
		（7）落实婚礼摄影师、婚礼摄像师的执行内容： ① 接到通知时，要准备约定好的照相机/摄像机和相关的存储工具 ② 按规定的时间准时到达新人家中或婚礼现场，做好拍摄准备 ③ 熟悉婚礼现场的环节和流程，根据情节拍摄，要将最好的画面和情景拍摄出来 ④ 准备好备用电池，确保在现场超时的情况下也能正常拍摄 ⑤ 婚礼结束后，要将所有的拍摄资料交回公司，不得以各种名义私自复制、保存、对外宣传等

（续）

步骤	流程	技术操作要求
步骤3	签订合同	签订婚礼执行团队服务合同
注意事项		（1）针对婚礼现场的合影，婚礼策划师必须告诉摄影师合影的顺序，最好制作合影顺序表，明确婚礼摄影的顺序及摄影人员的位置
		（2）注意现场光线。如果现场光线不够充足，拍出来的色彩就会失真，效果也会不尽如人意，所以，在彩排时必须让婚礼摄影师清楚婚礼现场的灯光设置情况

（七）与婚礼灯光师沟通

步骤	流程	技术操作要求
工作前准备	基本要求	（1）经过正规的婚礼策划培训
		（2）掌握一定的婚礼策划知识，具备婚礼策划服务专业技能
		（3）了解婚庆行业的基本情况和现状
步骤1	准备资料	（1）婚礼策划书和策划方案
		（2）灯光需求表和追光灯进度时刻表
		（3）婚礼执行团队服务合同
		（4）确定约见时间
步骤2	与婚礼灯光师沟通	（1）新人确定灯光之后，与灯光师进行沟通，告诉婚礼灯光师新人想要的灯光效果，让其根据新人选定的灯光需求安排各个灯光的位置
		（2）进行追光灯追光线路的沟通
		（3）使用追光灯的时间要对应追光灯进度时刻表
		（4）婚礼策划书定稿后，与灯光师进行充分沟通，调节灯位。根据婚礼策划方案和现场舞美设计的要求，将灯光调整到舞台演出区域
		（5）沟通灯光节奏与主持节奏的配合
		（6）落实婚礼灯光师的执行内容：舞台上方的灯光和用餐灯光的要求；灯光与婚礼主持人配合；灯光与婚礼摄像、婚礼摄影跟拍配合
		（7）听取婚礼灯光师的需求和意见
		（8）布置婚礼会场前，沟通布置会场的具体时间和要求
步骤3	签订合同	签订婚礼执行团队服务合同
注意事项		（1）注意现场的大小，特别是舞台和舞池的大小、空间高度，以及在整体美术设计、装修设计方面的要求，这些关键因素将影响婚礼现场的灯光设计
		（2）注意场地的配电供应、电力供给情况

（八）与婚礼音响师沟通

步骤	流程	技术操作要求
工作前准备	基本要求	（1）经过正规的婚礼策划培训
		（2）掌握一定的婚礼策划知识，具备婚礼策划服务专业技能
		（3）了解婚庆行业的基本情况和现状
步骤1	准备资料	（1）婚礼策划方案
		（2）婚礼主持流程表、音乐曲目及播放流程时间表
		（3）婚礼执行团队服务合同
		（4）确定约见时间
步骤2	与婚礼音响师沟通	（1）在与主持人沟通且新人确定了婚礼音乐之后，与婚礼音响师进行沟通，确定其职责和任务
		（2）告诉婚礼音响师详细的婚礼流程和进度计划
		（3）确认婚礼的主持流程，明确灯光配合和音乐配合
		（4）确认播放的音乐曲目和播放顺序
		（5）落实婚礼音响师的执行内容： ① 准备已确定的音乐，记录清楚 ② 婚礼彩排或婚礼当天，将所有要用的音响调试好 ③ 准备好相关的备用电池，婚礼现场当天必须更换新电池 ④ 检查音源设备
		（6）听取婚礼音响师的需求和意见
		（7）布置婚礼会场前，沟通布置会场的具体操作时间和要求
步骤3	签订合同	签订婚礼执行团队服务合同
注意事项		（1）再次确认婚礼流程表和曲目播放顺序
		（2）注意场地设备老化情况，准备足量的话筒备用电池

（九）与酒店或供应商沟通

步骤	流程	技术操作要求
工作前准备	基本要求	（1）经过正规的婚礼策划培训
		（2）掌握一定的婚礼策划知识，具备婚礼策划服务专业技能
		（3）了解婚庆行业的基本情况和现状
步骤1	准备资料	（1）婚礼策划方案
		（2）准备相应的服务协议或合同
		（3）确定约见时间

（续）

步骤	流程	技术操作要求
步骤2	与酒店或供应商沟通	（1）了解酒店婚礼部总管的职责： ① 领发和登记婚庆部的各种道具，根据任务发放道具，登记数量。婚礼完成时要检查使用情况，看看是否有损坏 ② 管理所有的道具，集中存放，严格执行领取规定 ③ 了解所有道具的使用、保养和保管情况，并给予技术维修，发现问题及时报告 ④ 及时认真地填写道具保管登记表
		（2）与酒店工作人员沟通，告知其需要提供哪些物品，如盖碗茶、交杯酒杯等
		（3）与酒店工作人员沟通，告知其需要提供哪些设备，如投影仪、音响、音频视频转接线等
		（4）与酒店工作人员沟通，告知其需要提供哪些服务，如上菜时间、分蛋糕的时间等
		（5）与酒店工作人员协调，告知其需要配合的工作，如在仪式上需要开关灯，需要提前与酒店工作人员沟通灯光开关的位置，了解是否有专人控制或需要婚礼督导师来控制。如果是由酒店的人员控制的，一定要讲清楚开关灯的时间和环节、是否全部关掉等细节
		（6）落实酒店或供应商的执行内容： ① 准备工作。准备婚宴引导、指示标识、台签；重点安排娘家桌，安排专人迎宾等 ② 摆台，准备交杯酒 ③ 婚庆车辆 ④ 确定婚宴酒席总数，婚宴酒席要在正中留出新人出场过道和婚礼现场应有的空间；商定酒水放置地点、供应程序等，并由专人负责 ⑤ 婚宴结束后提醒相关人员帮助客户进行收尾工作
		（7）落实供应商提供的物品： ① 食品类：烟、酒、糖、瓜子、饮料 ② 婚庆用品类：喜字、双面胶、证婚人及主婚的胸花、结婚证、喜联、议程、条幅、婚庆道具 ③ 庆典用品类：彩桶、气球、礼宾炮、鲜花瓣等婚礼用品。其中，彩桶、气球、礼宾炮、鲜花瓣要取采购总量的2/3到酒店；礼宾炮一般在室外按司仪要求的时间使用
		（8）听取酒店或供应商的需求和意见
步骤3	签订合同	签订婚礼服务协议和合同
注意事项		注意签订沟通事项协议

（十）与新人亲友团沟通

步骤	流程	技术操作要求
工作前准备	基本要求	（1）经过正规的婚礼策划培训
		（2）掌握一定的婚礼策划知识，具备婚礼策划服务专业技能
		（3）了解婚庆行业的基本情况和现状
步骤1	准备资料	（1）婚礼策划方案
		（2）详细的婚礼督导职责表、婚礼执行团队联系表、婚礼服务团队联系表、婚礼新人及亲友团联系表和酒店服务人员联系表
		（3）确定约见时间
步骤2	与新人亲友团沟通	（1）告诉新人家人及亲友团具体的任务和职责，与新人家人及亲友团默契配合，保障婚礼顺利进行
		（2）落实新人亲友团协助执行的内容。协助婚礼督导师执行婚礼职责的人主要包括婚礼大总管、签到负责人、引位人员、收礼金负责人、车辆负责人等
		（3）听取新人亲友团的需求和意见
		（4）沟通在婚礼上需要注意的事项
注意事项		（1）要细心地帮新人处理好各个环节，不让新人为小细节操心
		（2）确认婚礼庆典当天协助人员的名单，写好姓名、电话号码、担当职责后，将其交予婚礼总管

（十一）效果评估

（1）通过与婚礼执行团队沟通，做好婚礼执行团队统筹工作。

（2）统筹是一个优秀婚礼策划师的核心工作。沟通能力和项目管理能力是婚礼策划师（中级）岗位的基本要求，婚礼策划师自身需要拥有丰富的从业经历、高度的责任心、过硬的业务技术和真诚的服务态度。

二、相关知识

团队是指由员工和管理层组成的有着共同理想目标，愿意共同承担责任、共享荣辱，在发展过程中，经过长期学习、磨合、调整、创新，形成主动、高效、合作的氛围，从而达到共同目标的共同体。

团队的沟通方法有：

（1）要分享积极向上的心态。

（2）学会用心接受任务。

（3）解决执行力的问题。

（4）解决思维模式和心态问题。

统筹即通盘筹划，包括预测、计划、实施、指挥、掌控5个步骤。

子任务二　婚礼执行团队协作和团队管理

一、工作流程

工作准备 → 实施 → 效果评估

（一）工作准备

1. 物品准备

序号	名称	规格	单位	数量	备注
1	会议室	50	平方米	1	
2	办公桌		张	1	
3	椅子		把	20	
4	网络智能办公设备		件	1	智能手机、计算机、微信、摄像头等

2. 环境与人员准备

序号	环境与人员	准备
1	会议室	能容纳参会人员的会议室
2	婚礼主持人 婚礼花艺师 婚礼摄影师 婚礼摄像师 婚礼灯光师 婚礼音响师 婚礼督导师 酒店或供应商	婚礼执行服务合同、婚礼执行单

（二）调动婚礼执行团队，有较强的团队协作能力

步骤	流程	技术操作要求
工作前准备	基本要求	（1）经过正规的婚礼策划培训
		（2）掌握一定的婚礼策划知识，具备婚礼策划服务专业技能
		（3）了解婚庆行业的基本情况和现状
步骤1	准备资料	（1）婚礼执行团队服务合同
		（1）确定会议时间
步骤2	婚礼执行团队精神建设	（1）确立明确的目标。婚礼策划师要将婚礼目标、执行计划告诉所有的婚礼执行团队成员
		（2）告诉团队成员"干什么"和"不干什么"。要把婚礼策划方案的设计意图、婚礼需求和目标明确地告诉所有的团队执行人员，同时，也把禁止的事项说清楚

（续）

步骤	流程	技术操作要求
步骤2	婚礼执行团队精神建设	（3）婚礼策划师起到表率作用，严格要求自己
		（4）要积极发现团队成员的共同特点，形成自己的团队精神，激发团队成员的参与热情
		（5）根据婚礼的实际情况做到：①语言统一；②服装统一；③礼仪、礼节的统一；④其他的利害关系的统一，如大体匹配的文化层次，共同的兴奋点、兴趣等
		（6）唤醒危机意识和忧患意识：①进行婚礼的挑战性、困难性、竞争性分析；②技术改进上的压力，要不断进行创新
		（7）要保持经常性的沟通：①组织沟通会议；②促进成员之间的沟通
步骤3	团队协作	执行签订的婚礼执行团队服务合同
注意事项		（1）强调婚礼目标、执行计划和团队的分工任务及其配合节点
		（2）强调婚礼中的禁止事项

（三）效果评估

（1）通过有效地调动婚礼执行团队，可以提高婚礼执行团队的协作能力。

（2）通过有效地调动婚礼执行团队进行技术合作，可以避免婚礼执行团队在协作中出现疏漏。

二、相关知识

（一）团队协作的 6 个原则

1. 平等友善　与婚礼执行团队成员相处的第一步便是平等。团队成员之间相处具有相近性、长期性、固定性，彼此都有较为全面的了解。特别注意要真诚相待，从而赢得团队成员的信任。

2. 善于交流　交流是协作的开始，婚礼策划师要把自己的想法说出来，同时听取对方的想法。要经常说这句话："你看这事该怎么办，我想听听你的看法。"

3. 谦虚谨慎　对自己要轻描淡写，谦虚谨慎，只有这样，才能永远受到别人的欢迎。

4. 化解矛盾　一般而言，与团队成员有点小摩擦、小隔阂是很正常的事，千万不要把这种"小不快"演变成"大对立"。真正关心别人是一种表达尊重与欣赏的方式，也是缓和关系的有效途径。

5. 接受批评　从批评中寻找积极成分。如果团队成员对婚礼策划师的错误大加抨击，即使带有强烈的感情色彩，也不要与之争论不休，而应从积极的方面来理解他的抨击。这样，不但对改正错误有帮助，也避免了语言敌对场面的出现。

6. 创造能力　培养自己的创造能力，不要安于现状，应试着发掘自己的潜力。

（二）团队管理

团队管理是指在一个组织中，依成员工作性质和能力组成各种小组，执行组织各项决定、解决各种问题，以提高组织生产力，达成组织目标。

团队管理的方法：

1. 明确共同目标　作为婚庆服务团队，其最高目标就是通过团队合作，为新人举办一场符合他们要求的高品质的婚礼庆典。

2. 具备专业技能　在婚礼服务团队中，无论是婚礼督导师还是婚礼策划师、婚礼主持人、婚礼花艺师、婚礼化妆师、婚礼摄影、摄像师，都必须具备专业技能，互相配合，共同完成为新人提供高品质婚礼服务的目标。

3. 彼此相互信任　和谐的人际关系是团队管理的基础。首先，要重视沟通，耐心解释策划方案和婚礼督导执行单，耐心听取反馈意见；其次，要尊重、支持他人，待人要和蔼可亲，鼓励大家发表看法，并认真倾听他们的想法；最后，要公正无私，客观公正地对待所有的成员。

4. 成员沟通顺畅　有效的组织沟通是高绩效团队的共同特点。

5. 出色的总督导　出色的婚礼总督导能够为团队指明方向，解决紧急问题；婚礼总督导出色的团队组织与管理技巧可以增强团队成员的自信心，帮助成员发挥自己的潜力。

6. 制度健全　健全的制度是团队管理所必需的，团队应拥有完善的制度架构和各种规章制度。

（三）调动婚礼执行团队的构成要素

1. 目标是执行力的前提

（1）目标必须是明确的、可以量化的、切实可行的。

（2）目标必须和其他目标具有相关性，具有明确的时间期限。

（3）目标需要事先设定、事中控制、事后总结。

2. 沟通是执行力的手段　沟通就是生产力，沟通是管理的灵魂，有效的沟通决定管理的效率。

（1）在执行过程中，婚礼统筹师要将自己的看法、意见反映给婚礼策划师，婚礼策划师也要及时了解婚礼督导的工作状况和存在的问题等，做出符合实际情况的决策。

（2）各部门之间的沟通可以增进彼此之间的了解，减少冲突。

（3）有效的沟通可以为婚礼各部门的执行人员指明工作目标，明确各自的职责和权力，提高整场婚礼的执行力。

3. 责任是执行力的关键

（1）责任心是衡量一个人工作合格与否、称职与否的首要标准。

（2）用心做好本职工作，不但是对婚庆公司、客户负责的表现，同样也是对自己、对事业负责的表现。

（3）责任心强，精力就会集中，干工作就会用心、热心、尽心，就会积极主动地想办法、出主意、拿措施，执行力就强。

4. 制度是执行力的保障　执行力的产生和养成以切合实际的激励约束机制为依托和载体，没有一个好的激励约束机制，就会造成执行力的缺失。

（1）建立相应的激励制度和有效的约束制度，才能形成规范、持久的执行力。

（2）建立正常的管理秩序和生产秩序，才能把管理界面划分好，把工作职责确定好，把婚礼管理的流程理顺，建立规章制度和长效机制，规范日常的管理行为和操作行为，婚

礼才能有条不紊地开展。

（四）提高婚礼团队执行力的方法

1. 进行婚礼执行的工作计划管理

（1）婚礼策划方案。婚礼策划方案是婚礼的总体计划，也是婚礼总督导计划的制订依据，它是由婚礼策划师组织制订的。

（2）婚礼总督导计划。婚礼总督导计划是指婚礼总督导根据婚礼策划方案，面向执行督导团队做出的具体执行的实施计划，主要包括负责人与职责两大方面。其中，横向为责任人及备注等内容，纵向是具体的工作内容、目标及工作。此表非常清晰、一目了然，便于落实责任和检查工作。

（3）婚礼执行计划。婚礼执行计划是由婚礼执行督导面向各基层部门（主要是供应商）制订出的责任清晰、可操作的计划，计划重点是落实和操作方法。

（4）制定婚礼督导执行行动表。在完成了计划管理后，婚礼督导团队会制定专门的执行行动表。它主要用来细化计划，包括工作项目、所需要的时长、开始时间以及完工时间。婚礼督导应按照表格的内容去执行，并用红色表示还未开始，黄色表示正在进行，绿色表示已经完成。如此，可以清晰地表明工作进度，工作效率会得到很大提高，从而强化执行力。

（5）坚守婚礼督导计划的严肃性和约束力。执行计划如果在落实过程中有所变化或偏差，会给婚礼策划方案的实现和婚礼的最终效果带来无法预估的破坏。因此，执行计划一旦被确定和批准，就应该具有很强的严肃性和约束力，各部门人员必须严格执行，不得擅自更改。若必须更改，要在得到婚礼策划师或婚礼总督导同意后才可实行。

2. 执行力来自有效的目标管理　目标管理是以目标为导向、以人为中心、以成果为标准，使组织和个人取得最佳业绩的现代管理方法，是指在企业个体职工的积极参与下，自上而下地确定工作目标，并在工作中实行"自我控制"，自下而上地保证目标实现的一种管理办法。

3. 执行力来自良好的时间管理　时间管理是指更有效地运用时间，不仅需要明确工作内容，更要避免做无用功。

婚礼督导的时间管理并非仅对时间资源进行管理，而是通过提高自身的时间使用效率，减少浪费，达到提高工作效率的目的。对管理者自身进行管理主要包括 4 个方面的内容：

（1）掌握工作的关键。婚礼督导的工作要点是掌握关键工作、掌握关键人物、掌握关键活动。做到扬其长而避其短也就抓住了时间管理的要诀。

（2）简化工作程序。工作流程越简化，越不容易出问题，越能降低管理成本，执行部门及人员在工作过程中会更加细致，执行效果也更好。

（3）合理安排时间。为工作项目排出优先次序，突出重点并确认完成时间，要适当安排思考和决策的时间。

（4）合理授权。婚礼总督导不可能独自完成整场婚礼的督导任务，也不可能独自对所有的事项做出决策，因此，可以将一些常规事项指派或授权给婚礼执行督导，以提高时间使用效率。但必须重视监督和检验，保证婚礼执行督导的行为符合整体目标。

（五）制定婚礼执行章程的主要内容

1. 明确工作精神

（1）永远秉承"做好人，做好事，服务好每一个客户"的服务态度。随时抱有"做好每一件手边的事，做好每一份工作，服务好每一个客户"的从业心态。

（2）保持谦和的态度，保持认真、细致的工作作风，"自信、自强、自勉"是动力的源泉，"热情、热心、细心"是贴心服务的要素。

2. 明确工作态度

（1）热爱行业工作，对本职工作有热心、耐心、进取心。

（2）对自己的工作尽职、尽责、尽力。

（3）发扬主人翁精神，对其他同事互相帮助、互相学习、互相勉励。

（4）不轻易承诺客户超出服务范围的要求，但如果承诺，则务必实践，不可食言，要永远做到信誉第一。

（5）用心做好每一项服务，时刻提醒自己婚礼是每个新人无法重新演绎的现场直播，必须做到细致入微，注意每一个细节。

（6）配合。一场婚礼的现场效果如何以及婚礼流程顺利与否，取决于所有婚礼执行团队成员及相关人员的配合。婚礼仪式开始前一小时，所有工作人员必须了解自己在工作流程中的角色及相应的时间节点，如什么时候递话筒、放音乐等。

（7）听指挥。婚礼现场婚礼总督导是婚礼的总指挥；婚礼主持人是推进婚礼仪式流程的指挥者，负责台上；婚礼执行督导师是婚礼仪式的保障人员，负责台下。

3. 明确婚礼策划师在婚礼执行中的职责

（1）负责安排婚礼各环节执行人员的具体工作。

（2）监督、核实各部门配合与婚礼准备情况。

（3）负责与客户、酒店等各环节人员沟通。

（4）在婚礼当天，协调各个环节，调配各方面的工作人员。

（5）婚礼前，与婚礼主持人、音响师、酒店核对婚礼流程。

（6）婚礼当天，与婚礼督导师沟通，把控全场。

（7）婚礼后，对客户进行回访。

4. 明确婚礼督导师在婚礼执行中的职责

（1）负责与婚礼策划师沟通客户对婚礼的构想。

（2）订单签订后，前往酒店勘察，确定相关尺寸及现场布置安排。

（3）与酒店负责人进行沟通，确认相关注意事项，如用电、进场费、粘贴物的位置等。

（4）勘察酒店后，再与新人进行沟通，让新人了解婚庆公司方面的安排情况以及酒店方面的情况，如果有遗漏，提醒新人注意。

（5）在确定了策划案后，迅速安排婚礼执行团队成员服务事项：如婚礼化妆、婚礼摄像、婚礼摄影、婚礼主持、婚礼音效师等，将安排情况告知婚礼策划师，并与婚礼策划师一起与婚礼化妆师、婚礼摄像师、婚礼摄影师、婚礼主持、婚礼音效师沟通婚礼流程及详细的安排。

（6）婚礼督导师负责与布场人员沟通，第一时间将婚礼策划师提供的参考图、手绘图及布场资料交予布场人员及花艺师。

（7）婚礼督导师要配合婚礼策划师完成婚礼准备工作，并适时与客户联系，确认相关人员的到位情况，向客户报告后期的准备情况。

（8）在婚礼前，再次与客户确定相关细节，如人员到位时间及地点、相关人员配合状况等。与工作人员再次确认到位时间及地点，确保工作人员不会迟到，且与新人沟通顺畅。

（9）婚礼督导师要了解布场物品的准备情况及进场时间，控制布场时间，保证布场质量。

（10）在婚礼中，与婚礼策划师沟通，确保婚礼顺利进行。

（11）与客人沟通。布置完婚礼会场之后，带新人看会场并收尾款。

（12）检查。现场布置完毕后，婚礼督导师和场布人员要检查所有的细节是否完善，并检查所带设备是否能正常工作。

参 考 文 献

北京中民福祉教育科技有限责任公司，2021. 婚礼策划职业技能等级标准（2021 年 1.0 版）［EB/OL］.
　　（2021 - 06 - 15）. http：//zmfz. bcsa. edu. cn/info/1019/2069. html.

曹照，2016. 数码单反婚礼摄像全攻略［M］. 北京：人民邮电出版社 .

陈卫萍，2016. 婚庆从业人员职业道德培养研究［J］. 现代商贸工业（19）：88 - 89.

霍尔默斯，里奇，2015. 个人与团队管理［M］. 天向互动教育中心，编译 . 北京：中央广播电视大学出
　　版社：3 - 16.

金毅，2012. 婚礼督导［M］. 香港：香港天马出版有限公司 .

MXD 映像社，2014. 婚礼纪实摄影宝典［M］. 北京：人民邮电出版社：275 - 278.

王晓玫，金毅，2012. 婚礼现场督导［M］. 北京：中国社会出版社 .

王晓玫，李雅若，2012. 婚礼策划实务［M］. 北京：中国铁道出版社 .

杨晨璐，2018. 手绘艺术对婚礼策划的影响［J］. 戏剧之家（32）：239.

周婷婷，2015. 基于展示设计的主题婚礼策划的研究［J］. 教育教学论坛（39）：277 - 278.

图书在版编目（CIP）数据

婚礼策划职业技能教材：中级．婚礼执行团队组建 /
北京中民福祉教育科技有限责任公司组编；王晓玫等主
编．—北京：中国农业出版社，2022.6
教育部第四批1＋X证书制度试点婚礼策划职业技能等
级证书系列教材
ISBN 978－7－109－29489－9

Ⅰ．①婚… Ⅱ．①北… ②王… Ⅲ．①结婚－礼仪－
职业技能－鉴定－教材 Ⅳ．①K891.22

中国版本图书馆CIP数据核字（2022）第093507号

———————————————————————

中国农业出版社出版
地址：北京市朝阳区麦子店街18号楼
邮编：100125
策划编辑：李艳青
责任编辑：刘昊阳
版式设计：王 晨 责任校对：沙凯霖
印刷：三河市国英印务有限公司
版次：2022年6月第1版
印次：2022年6月河北第1次印刷
发行：新华书店北京发行所
开本：787mm×1092mm 1/16
总印张：37.5
总字数：1000千字
总定价：108.00元（全9册）

———————————————————————

婚礼策划职业技能教材（中级）

教育部第四批1+X证书制度试点

婚礼策划职业技能等级证书系列教材

婚礼礼前指导与彩排统筹

中级

hunli liqian zhidao yu
caipai tongchou

北京中民福祉教育科技有限责任公司　组编

贾丽彬　主　编

张西林　副主编

project 6

中国农业出版社

农村读物出版社

北　京

图书在版编目（CIP）数据

婚礼策划职业技能教材：中级．婚礼礼前指导与彩排统筹／北京中民福祉教育科技有限责任公司组编；王晓玫等主编．—北京：中国农业出版社，2022.6
教育部第四批1+X证书制度试点婚礼策划职业技能等级证书系列教材
ISBN 978 - 7 - 109 - 29489 - 9

Ⅰ.①婚…　Ⅱ.①北…　②王…　Ⅲ.①结婚—礼仪—职业技能—鉴定—教材　Ⅳ.①K891.22

中国版本图书馆 CIP 数据核字（2022）第 093508 号

中国农业出版社出版
地址：北京市朝阳区麦子店街 18 号楼
邮编：100125
策划编辑：李艳青
责任编辑：刘昊阳
版式设计：王　晨　　责任校对：沙凯霖
印刷：三河市国英印务有限公司
版次：2022 年 6 月第 1 版
印次：2022 年 6 月河北第 1 次印刷
发行：新华书店北京发行所
开本：787mm×1092mm　1/16
总印张：37.5
总字数：1000 千字
总定价：108.00 元（全 9 册）

前言

专业婚礼服务是包括婚礼服务产品推介与营销、服务产品设计和服务产品生产全过程在内的服务体系。除了婚礼设计和婚礼执行之外，还有保障婚礼服务顺利推进的配套和支持性工作。这当中就包括婚礼前的客户筹婚指导和协助以及婚礼仪式前的预演和彩排。

婚礼礼前指导主要指的是客户筹婚指导和协助，是专业婚礼配套服务的重要组成部分，对于提升客户婚礼服务体验感和保障婚礼服务品质有着非常重要的意义。这部分工作包括两个内容：一是在筹婚过程中给予客户婚礼筹备指导与协助，让婚礼筹备有方向、有计划、有方法；二是全程跟进客户的婚礼准备进程，确保婚礼的正常推进。

婚礼彩排统筹即婚礼前的预演和相关事项及物品的统筹。这是婚礼仪式圆满成功的重要保障之一。

"婚礼礼前指导与彩排统筹"（中级）内容依据服务进程，将上述工作拆分为3项任务，又结合3项工作任务中的核心部分和要点筛选出12个子任务。

通过本项目的学习，可以在初步了解和掌握婚礼前期服务相关知识与技能的基础上，建立相对完备的服务体系意识，为后续的高级技能学习奠定基础。

本项目教材（中级）由贾丽彬负责统稿，王晓玫、张仁民负责审稿，具体写作分工如下：

任务一：贾丽彬（重庆城市管理职业学院教师）。

任务二：贾丽彬、张西林（重庆城市管理职业学院教师）。

任务三：贾丽彬（重庆城市管理职业学院教师）。

目　　录

Project 6 项目六
婚礼礼前指导与彩排统筹

婚礼集文化性、礼仪性、艺术性为一体，是一个多元融合的整体，无论哪方面出现问题，都会影响客户体验和呈现效果。对于绝大多数新人来说，婚礼筹备中的焦虑以及婚礼到来前的紧张是影响新人婚礼体验感的最重要因素。婚礼的礼前指导能够帮助新人理清婚礼筹备的思路和相关事项，并为新人提供筹婚协助。这能够使繁杂和琐碎筹婚事项变得清晰而有条理，降低新人及其家庭的筹婚焦虑。彩排统筹则通过婚礼"预演"，让新人对婚礼中需要做和怎么做有更明确清晰的了解和把握，因"未知"而产生的担忧和紧张就会随之得到纾解。

婚礼礼前指导和彩排统筹是婚礼服务团队服务专业性的重要表现，也是新人对专业婚礼服务机构选择评价的重要组成部分。对于婚礼专业服务人来说，做好这部分工作需要对婚礼服务相关知识和技能有全面了解与精准把握。本项目着重介绍婚礼礼前指导的工作内容和工作要求，以及婚礼彩排统筹的相关知识和技能。

学 习 目 标

一、知识目标

1. 了解婚礼礼前筹备的意义和作用。
2. 了解婚礼礼前筹备的相关事项。
3. 了解婚礼礼前筹备各事项的时间要求。
4. 了解婚礼礼前物品准备的相关知识。
5. 了解婚礼亲友团人员配置及工作内容。
6. 了解婚礼礼前客我工作衔接的相关知识。

7. 了解婚礼中的各个礼仪要点和执行要点。

8. 了解婚礼彩排的内容、程序和标准。

二、技能目标

1. 能为客户提供婚礼筹备时间进度表。

2. 能为客户提供亲友团组建和分工参考。

3. 能为客户提供婚礼物品清单。

4. 能协调安排婚礼服务人员与客户见面沟通。

5. 能为客户提供亲友团工作协助与指导。

6. 能为客户提供婚礼日日程安排。

7. 能独立完成婚前准备事项的落实与确认工作。

8. 能完成彩排统筹与物品调配。

9. 能完成婚礼流程及相关要求的讲解说明。

10. 能对新人开展婚礼礼仪指导并引导新人完成婚礼彩排。

11. 能对婚前突发事件进行应急处理与协调。

三、素养目标

1. 树立以人为本、客户至上的服务理念。

2. 坚持诚实、守信的职业操守。

3. 树立职业责任感，自觉做好婚礼文化的传承与传播。

任务一
客户婚礼筹备指导与协助

【任务情境】

　　李东辰和韩宇都是从家乡来到重庆打拼的 90 后，他们通过自己的努力在重庆买了婚房，站稳了脚跟，日常的朋友和工作圈也都在重庆。因此，打算在重庆落地生根的他们决定在重庆举行婚礼。这样一来，因为亲属都在外地，他们的婚礼只能自己筹备。抱着入乡随俗的念头，他们找到了专业的婚礼服务机构，希望获得更适应重庆当地民风习俗的婚礼专业服务和筹婚指导。

【任务分析】

一、客户婚礼筹备指导与协助的需求

序号	需求
1	婚礼筹备内容、时间规划和建议
2	协助客户组建亲友团
3	提供婚礼物品准备指导
4	筹婚阶段其他事项的安排与协调

二、婚礼筹备指导与协助的工作目标及措施

序号	专业服务目标及措施	注意事项
1	提供婚礼礼前筹备事项及相关时间安排指导，确保筹婚事项有条不紊地推进	考虑客户的个性化需求，兼顾新人双方家庭的地域化特点
2	提供婚礼礼前筹备物品采买指导，让客户的筹婚采买有针对性、成效高	考虑客户的个性化需求，兼顾新人双方家庭的地域化特点
3	协助组建亲友团，使亲友团承担的工作有保障	如果新人亲属多在外地，亲友团主要由朋友和同事组成。特殊岗位可能还需要推荐有经验的非新人亲属担任 如果新人是当地人，亲友团可以是亲戚也可以是朋友或同事
4	协调安排其他婚礼筹备阶段事项，保障筹婚阶段各项工作不遗漏、不缺位	如果新人的主要亲属多在外地，其筹婚阶段的各事项需要专业婚礼服务人员给予更多的支持和协助

【任务实施】

子任务一　为客户婚礼筹备时间进度提供建议

一、工作流程

工作准备 → 工作实施 → 效果评估

（一）工作准备

1. 物品准备

序号	名称	单位	数量	备注
1	记录本	本	1	记录与客户沟通的要点
2	笔	支	1	记录与客户沟通的要点
3	婚礼执行方案	套	1	对照筹备事项时间点
4	电脑	台	1	查对相关资料

2. 环境与人员准备

序号	环境与人员	准备
1	与客户沟通的场所	与客户约定场所或服务机构
2	婚礼策划师	经过初级婚礼策划职业技能等级培训，具备婚礼策划和婚礼统筹能力

（二）工作实施

1. 工作前准备

步骤	流程
新人特殊需求摸底	（1）对新人双方家庭的实际情况及所在地区婚俗进行摸底
	（2）列出准备事项建议清单
确认筹备事项	（1）沟通。通过沟通，确定新人婚前筹备事项要点
	（2）说明。对新人未提及的筹备事项进行补充说明、解释和商讨

2. 确认婚礼筹备事项

筹备事项	具体事项
基本事项	（1）婚纱照拍摄
	（2）婚房准备及装饰
	（3）婚礼场地选定

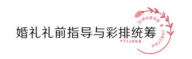

（续）

筹备事项	具体事项
基本事项	（4）婚宴筹备
	（5）确定宾客名单
	（6）请柬制作及发送
	（7）选定婚服及配饰
	（8）选择花车和迎亲方式
新人个性化事项	（1）兼顾双方亲属所在地区的习俗习惯，如北方部分城市的彩礼习俗和暖房习俗等
	（2）外地亲友接待，如订房、交通工具的落实等
其他婚礼筹备事项	（1）与婚庆服务机构的联系协调
	（2）与婚宴服务场所的联系协调
	（3）与其他婚庆服务机构及人员的联系协调

3. 梳理筹备工作的时间要求

序号	筹备事项	时间要求
1	婚纱照拍摄	制作周期45～90天
2	婚房准备与布置	（1）婚房购买与装修应完成于婚礼前半年 （2）婚房租用提前一个月以上，在婚礼前一周进行全面清扫 （3）租用酒店房间作为婚房应提前一个月预订 （4）婚房布置与装饰通常在婚礼前一天完成
3	宴宾名单拟定	大致确定宾客范围，预估宴席人数
4	婚礼场地选定	婚礼场地应当提前半年确定。若遇公假或吉日，则可能需要更早着手
5	婚宴筹备	婚前1～3个月需要确定婚礼宴席标准并准备婚宴酒水
6	请柬制作及发送	纸质请柬制作周期一般为15～30天，应提前30～45天发送
7	伴手礼及纪念品制作	定制伴手礼和纪念品通常至少要提前一个月与制作方进行沟通，直接购买也需要至少提前一个月开始考察和选购
8	确定宾客名单	发放请柬后需要根据宾客的反馈大致核定实际到贺人数，便于婚礼前一周与酒店确定宴席的桌数
9	婚服及配饰选定	（1）婚服通常分为定制、购买和租赁3种方式 （2）定制周期为1～3个月 （3）要提前30～45天购买。考虑购买可能会不合身，要留足衣物改制时间 （4）租赁也要至少提前1个月以上。逢吉日，婚服租赁需求旺盛，提早预订才有更大的选择空间
10	婚戒定制	婚戒定制周期一般为6个月，婚戒尺寸调整则要至少1个月
11	选定主花车	通常选用亲友车辆中较为高档的作为主花车，市场也有租赁主花车的服务。若是租赁婚车，应至少提前1～3个月

（续）

序号	筹备事项	时间要求
12	酒店迎亲	若选择酒店迎亲，需要提前半个月至一个月预订房间；如有特色婚房，则需更早预订。订房时需与酒店说明该房间为婚房，酒店大多会做适合于婚房的特殊安排和简单配套服务
13	外地亲友接待	如果新人亲友多来自外地，需要为外地观礼亲友预订住宿和交通工具。住宿与交通工具需要在婚礼前一周至半个月考察确定。

4. 制作婚礼筹备时间进度表

步骤	流程	操作要求
步骤1	生成表格文件	可生成 Word 或 Excel 表格。表格首行标注序号、婚礼筹备事项、事项要点、时间进度、筹备建议
步骤2	标注各事项时间进度建议	（1）将婚前筹备各事项填入筹备事项栏
		（2）对各筹备事项要点做出清晰说明，填入表格，便于新人着手筹备
		（3）计算各筹备事项的起始时间，在表格内标注各事项的筹备时间要求
		（4）在筹备建议栏提出筹备建议，供新人参考
步骤3	发送和介绍筹备进度表	发送方式有两种：一种是在召集家庭会议时当面呈送，现场概述，并解答新人的疑问；另一种是通过电子邮件发送，并提醒新人接收，随时接受新人及其家人的咨询
注意事项		（1）专业建议，通俗表达。婚礼专业服务人员给客户提供婚礼筹备时间进度表是为了帮助新人理顺烦琐庞杂的婚礼筹备工作，让新人的婚礼筹备变得清晰而有条理。因此，是否符合客户的实际需要、是否能被客户理解和运用是此项工作的重点。合理化的建议是专业知识和经验的分享，但是表达方式和用语一定要通俗易懂
		（2）找准角色定位。婚礼是新人人生的重要体验，包括新人对于婚礼的筹备，也是珍贵的体验。因此，专业服务人员的角色主要是协助，忌以专业身份自居，所有工作的起点和终点都是客户需求的满足，即协助客户高效完成婚礼筹备，无论是工作方式还是交流方式，都不能喧宾夺主

（三）效果评估

（1）婚礼筹备时间进度表能够帮助新人及双方家庭明确婚礼筹备事项及各事项的时间节点，使烦琐的婚礼筹备变得简明而有条理。

（2）婚礼服务人员的建议和说明能够在一定程度上为新人及双方家庭提供信息和渠道，助力新人的婚前筹备，让客户体会到专业服务的意义和价值。

二、相关知识

（一）婚纱照的拍摄

婚纱照的拍摄最好是在婚礼前 4 个月。气温适宜的 3～4 月和 10～11 月是旺季，准备在这几个月拍婚纱照的需要尽早选定商家，否则排档会很久。

（1）确定自己喜欢的风格，如小清新、韩式、中式、时尚前卫等。

（2）选择适合自己的套餐。看看自己是喜欢多产品的，还是多底片的；偏好棚拍、外景，还是夜景、旅拍。一般来说，3～4个造型比较合适，不宜过多，否则拍摄时间长，耗费体力，状态也不好。

（3）去门店看产品实物和客片，看摄影师的构图、后期修片、相册模板，喜欢的照片可以拍下来作为示范，将来给摄影师参考。

（4）下定前需要问清楚：套系包含几个造型、外景地在哪、化妆是否有额外费用、出外景是否有额外费用、服装是否有升级费用、是否不满意就可以重拍、底片可否全送、哪些是可以后期修调的、哪些是不能修调掉的等。

（5）拍摄前注意休息，保持充沛的体力，准备一双舒适的鞋、隐形文胸、浅色单鞋。为了上妆效果好，建议拍摄前一周开始敷补水类面膜，拍摄前一晚早睡、少喝水。

（6）拍摄过程中，先和化妆师、摄影师沟通，把喜欢的照片拿给他们看，并告诉他们自己不能接受的地方。拍摄的时候，可以要求摄影师把已拍摄的照片给你看，有问题及时沟通、调整。

（7）选片时，先全部浏览。如果某个造型确实选不出来，可以要求重拍。如果进入了修片阶段或已精修完成，再要求重拍，婚纱摄影机构一般是不会同意的。所以，选择重拍一定要在修片之前。修片不满意可以要求重修，也可以要求更换精修师。

（8）选片后，告诉商家自己喜欢的相册模板，可以让其照着做。

（9）取片时，一定要先检查，包括光盘是否可读、产品数量等。

（二）婚纱礼服的选择

（1）试婚纱具有私密性，且耗时较长，大概需要2个小时左右。根据婚纱店的规模，同一时间段只能接待1～3位试纱的客人，试婚纱需要提前电话预约。

（2）婚纱一定要上身试，最好试不同的款式，如抹胸、A摆、一字肩、鱼尾、蓬蓬纱、大拖尾等，只有试了才知道自己最适合什么款式。试纱前最好化点淡妆，这样才能看出婚纱的效果。

（3）个子小的新娘适合A摆、前短后长的款式，不适合大拖尾和鱼尾；丰腴一点的新娘适合一字肩、抹胸款式，有些鱼尾款也是不错的选择，不合适太多装饰和亮闪闪装饰、缎面的婚纱；较瘦的新娘可以选择蓬蓬纱的公主款和露背款，会让整体形象看起来更饱满；手臂粗的新娘可以考虑一字肩的款式，不适合蕾丝长袖、肩上有太多装饰的款式。

（4）试婚纱一般是免费的，但是镇店款、国外原版、重工款婚纱店会适当收取一些试纱费，每家的规定不一样。

（5）新郎也要好好打扮，量身定制的西服效果最好。不同面料和裁剪，价格也有所不同。西服定制的周期一般是45天，下定前需和婚纱店确认面料是否有现货，订单上需明确取货时间和取货方式。

夏季，新郎应多备2件衬衣，因为迎亲、出外景很容易出汗。仪式的时候穿马甲或西服更正式一些，也与新娘的仪式婚纱更搭配。

（三）婚宴酒店的选择

1. **必看项目** 主要包括餐标、交通、空高、舞台大小、是否有柱、装修风格、新旧程度、娱乐配套（如机麻棋牌）、停车位。不同价格的餐标要注意比较菜式，特别是热菜。附近有地铁、公交的酒店最理想，交通不便的可以问问是否可提供接驳车。有柱的厅也不要一票否定，如果柱子比较靠边，遮挡的桌数不多，可以忽略柱子的影响。

2. **其他项目** 主要包括是否有 LED 屏或投影仪（是否收费）、电力负荷、其他费用（如婚庆入场费/草坪使用费、清洁费、服务费、布置超时费等）、服务、菜品味道、新娘化妆费、赠送物品（如饮料酒水、婚房、水牌）等。服务和菜品主要通过别人的口碑了解，比如在论坛里询问是否有人在这里办过婚宴、感觉如何等。

3. **其他细节** 主要包括桌椅套颜色、地毯颜色、婚庆布置进场时间。很难有酒店能全部满足要求，自己要排个序，最好做个考评表。可以先在网上做基本了解和初选，再选几个意向酒店实地考察。

4. **看婚宴合同** 如果硬件都符合，就进入谈合同阶段。要看看有没有霸王条款、付款方式、付款期限、婚期改档规定、违约条款。砍价一定要当面谈，这样才能看得出诚意。即便餐标不能少，可以考虑赠送其他项目，如酒水饮料、婚房。

5. **看菜单** 菜单旺季和淡季略有不同，因此餐标价格也不同。一般 7～8 月为淡季，价格会便宜点。5 月、10 月的档期是最旺的，建议提前 10 个月预订；其次是 3 月、9 月、11 月。

（四）迎亲车队组建及迎亲路线安排

迎亲车队是婚礼的重要组成部分。大多数新人的迎亲车辆都是借用亲友的。为了提升迎娶的规格，近些年，租用复古车或豪车做主花车的也为数不少。新人自用车辆也可作为主花车，表达不同的意义。也就是说，花车的来源是多样的。

针对中国人的喜事观念，迎亲车队的数量和车牌尾号最好为双不为单，取双双对对、好事成双之意。

车队路线需要婚礼服务人员协助客户提前规划，基本原则是"不走回头路"。

（五）请柬的制作与发放

当前市场上常用的请柬包括电子请柬和纸质请柬两种。电子请柬可以从 H5、电子请柬贺卡 DIY、MAKA 设计等 App 中下载模板，由新人自行制作，也可以委托专业人员量身定做模板。纸质请柬则可以直接购买和请专业人士量身设计制作。无论是哪种请柬，量身定制一定会经过反复的沟通和完善，还要考虑设计人员的工作安排，因此需要留足时间。通常情况下，电子请柬会附有回复页面，宾客接收后可以即时给予受邀回应，用于赴宴人数的估算；而纸质请柬送出后，可以得到受邀人的当面回应。但是这个人数的估算不能用于最后宴席桌数的确认。通常在婚礼前一周至半个月，需要再次确认重要宾客是否赴宴以及赴宴人数，这样才能在与酒店确认桌数时提供较为准确的到场人数，不致浪费或出现宾客无位的情况。

（六）外地亲友接待

婚礼常常会遇到需要为外地观礼亲友预订住宿和交通工具的情况。交通工具主要用于接送亲友，所需车辆如需租赁或委托熟人帮忙接送，应当提前一周至半个月确定。一般多安排亲友在婚宴酒店或婚宴酒店附近入住，便于亲友前往婚宴场地观礼用餐。住宿需在礼前一周至半个月考察并预订留房，观礼亲友行程确定后，要与酒店说明入住和退房时间。

子任务二　协助客户完成婚礼亲友团组建

一、工作流程

（一）工作准备

1. 物品准备

序号	名称	单位	数量	备注
1	记录本	本	1	记录与客户沟通的要点
2	记录用笔	支	1	记录与客户沟通的要点
3	婚礼策划书	份	2	对照婚礼策划书确定筹备内容
4	电脑	台	1	制作筹备时间进度表

2. 环境与人员准备

序号	环境与人员	准备
1	与客户沟通的场所	与客户约定地点（客户指定地点或服务机构）
2	婚礼策划师	经过初级婚礼策划职业技能等级培训，具备婚礼策划和婚礼统筹能力

（二）工作实施

步骤	流程	工作内容和操作要求
工作前准备	熟悉婚礼执行方案	对照婚礼执行方案明确亲友团组建要求
步骤1	确认需亲友协助的事项	（1）兄弟姐妹团：双数若干 （2）花童：1对 （3）签到区礼金管理：2人 （4）宴宾总管：1~2人 （5）迎亲人员：车队司乘若干 （6）礼炮人员：4~12人 （7）引位人员：2人及以上 （8）外地亲友接待人员：2人及以上 （9）贵重物品保管人员：1人

（续）

步骤	流程	工作内容和操作要求
步骤2	亲友团岗位与人员数量确认	根据实际情况，确认亲友团人员岗位及数量需求
步骤3	提供组建和分工参考	兄弟姐妹团： （1）一对伴郎伴娘需婚礼前日参与婚礼彩排，婚礼日全程陪同新人，给予全程协助 （2）其他兄弟姐妹团成员婚礼日参与迎亲及外景拍摄
		花童：通常为3～6岁幼童。婚礼仪式中，为新人入场引路或者作为戒童传送戒指。因孩子年龄小，可能会出现失误，需确保有其父母协助
		签到区礼金管理：至少需要2名亲友。一名亲友负责收取礼金，指引宾客签到；另一名亲友负责记录礼金入账情况
		宴宾总管：最好有两名总管协调配合。一名负责婚宴中的酒水保管和配备，协调酒店宴席的相关事务；另一名负责喜糖、喜烟及伴手礼的保管和配备，以及宾客接引工作
		迎亲人员：参与迎亲活动
		礼炮人员：负责新人上下花车的礼炮发射
		引位人员：负责宾客的迎接和入席指引
		外地亲友接待人员：接送外地亲友并安排其食宿
		贵重物品保管人员：保管婚戒、结婚证、首饰及父母认亲红包等贵重物品
步骤4	协助完成亲友团组建	当出现亲友中无合适人员担任亲友团相关岗位时，专业服务人员应当在征求新人意见的基础上推荐有相关经验的人员供新人选择

（三）效果评估

（1）通过对需亲友协助的相关事项的梳理，可以帮助新人理清思路，快速理解亲友团的意义和作用。

（2）对亲友团组建和分工的相关建议可以让客户明确各岗位的工作特点和要求，便于选择和安排适合的亲友组建亲友团。

二、相关知识

（一）亲友团组建与分工

在将近一年的婚礼筹备过程中，除了新人，会有很多人参与整个婚礼的筹备，包括家人、亲戚、好友，以及专业的婚礼策划师等。亲友团在婚礼筹备和婚礼仪式中承担了大总管、物品保管员、签到负责人、引位人员、收礼金人员、车辆负责人，以及伴郎伴娘等角色。

对于中国人来说，因为婚礼承载着文化、情感、社会等多重意义，因此，无论婚礼服务机构多么专业和全能，都只是婚礼方案的执行者和婚礼资源的提供者。面对婚礼的多元化人员需求，有一些辅助工作需要对新人及其家庭情况更为熟悉的亲友完成，也有一些工作交给新人信任和亲近的亲友才能真正让新人安心，这些角色是婚礼服务

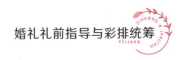

人员胜任不了的。

（二）亲友团的主要岗位及选择考量因素

亲友团在婚礼中担任哪些主要岗位，以及选择亲友团成员的考量因素见表1-1。

表1-1　亲友团主要岗位及选择考量因素

亲友团工作内容	考量因素
礼金收取管理	（1）应当是绝对信任的亲友 （2）做事细致认真，有相关经验更好
贵重物品保管	做事有条理、亲近的人
宴宾总管	（1）做事有条理、善统筹 （2）善于沟通，头脑清晰 （3）熟悉新人亲友的大致情况，熟悉婚宴接待要求 （4）能以主家立场思考和解决问题
兄弟姐妹团	（1）新人双方熟悉且亲近的亲友 （2）个性开朗大方，善于社交的年轻朋友 （3）团队中应当有有经验、能牵头协调的成员 （4）主伴郎、伴娘是未婚青年男女 （5）细心体贴，参与婚礼前期的部分筹备工作，其中至少1人有相关经验
迎亲人员	迎亲人员除了兄弟团外，还应当有新郎的家人代表，一般是新郎的兄弟姐妹或女性长辈
引位人员	新人双方家庭应当各有一个亲友代表，熟识大多己方宾客
外地亲友接待	（1）可自驾 （2）对于接待酒店、婚宴酒店等位置和路线比较熟悉。熟悉接待亲友

（三）婚礼服务市场的相关配套服务

因为有一些婚礼策划方案对亲友团部分岗位人员的要求比较高，所以，针对不同的情况和需求，市场上出现了一些有特点、有经验的人员从事专门的伴郎伴娘服务、花童服务、礼金记录管理服务、花车及驾驶员租赁等。这些服务人员大多为兼职，因为有经验又具备相对较好的条件，能满足较高的岗位要求，所以当新人在选择某些亲友团岗位的人员有困难的时候，他们便会成为很好的补充。但是因为这些人的专项服务是单独收费的，所以作为婚礼策划师，应采取的原则是：①不主动推广，一定要在客户有需求时才提供信息；②不做引导性消费。

子任务三　客户婚礼物品准备指导

一、工作流程

（一）工作准备

1. 物品准备

序号	名称	单位	数量	备注
1	记录用本	本	1	记录与客户沟通的要点
2	记录用笔	支	1	记录与客户沟通的要点
3	婚礼策划书	份	2	对照婚礼策划书确定筹备内容
4	婚礼执行方案	份	1	对照筹备物品清单

2. 环境与人员准备

序号	环境与人员	准备
1	客户沟通	约定地点（客户指定地点或机构接待场所）
2	制作物品准备清单	独立的办公场所
3	婚礼策划师	经过初级婚礼策划职业技能等级培训，具备婚礼策划和婚礼统筹能力

（二）工作实施

步骤	流程		技术操作要求
工作前准备	客户沟通		（1）对照婚礼执行方案，准备需要准备的物品 （2）对照沟通记录，了解客户在物品准备方面的想法和现有情况
步骤1	确认物品准备类目		（1）新人衣饰类 （2）装饰用品类 （3）宴宾接待类 （4）礼仪用品类
步骤2	列出物品清单	新人衣饰类	新娘服饰： （1）新娘主仪式礼服及配套首饰 （2）仪式前礼服及配套首饰 （3）宴宾礼服及配套首饰 （4）婚鞋 （5）隐形文胸
			新郎服饰： （1）正装衬衫 （2）西式：西装礼服、配套领带或领结 　　　中式：中式礼服 （3）正装皮鞋一双

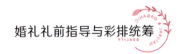

（续）

步骤	流程	技术操作要求		
步骤2	列出物品清单	装饰用品类	婚房装饰： （1）婚房床上用品 （2）造型气球 （3）喜字若干 （4）顶部吊饰或空飘气球若干 （5）摆台鲜花 （6）花瓣若干 （7）婚房小摆件	
			其他装饰（用于花车、娱乐室、新人行进通道的装饰等）： （1）丝带、气球若干 （2）喜字	
		宴宾接待类	新房接待： （1）一次性纸杯、鞋套 （2）大、中、小的空红包 （3）喜糖、喜烟、喜饼等	
			宴席配套： （1）喜糖、喜烟 （2）酒水、饮料	
			签到区摆放： （1）喜糖、喜烟 （2）空红包 （3）签到簿、签到笔	
		礼仪用品类	礼炮	
			茶盘茶杯	
			红包	
			伴手礼	
			撒帐喜果	
			婚戒	
			请柬	
步骤3	标注所需数量和物品准备要求	新娘服饰配件： （1）礼服2套。一套用于仪式，一套用于敬酒宴宾 （2）婚鞋两双。一双高跟鞋用于仪式，一双平跟鞋用于仪式前后放松 （3）隐形文胸1～2件		
		新郎服饰配件： （1）正装衬衫1件（夏季两件） （2）仪式礼服 （3）正装皮鞋1双		

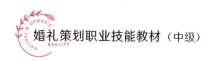

（续）

步骤	流程	技术操作要求
步骤 3	标注所需数量和物品准备要求	气球： （1）空飘气球 200 个（婚房布置） （2）造型气球 1～3 组 （3）散装气球若干
		喜字：喜字墙贴、喜字窗贴、喜字门贴各 2 个，备用喜字 2～5 个
		红包： （1）空红包：大红包 30 个、中红包 50 个、小红包 100 个 （2）分享与感谢红包：50～100 个 （3）新人父母准备的改口红包
		鲜花及花瓣：桌面装饰 1～2 组，花瓣若干
		礼炮：8～12 个
		伴手礼： （1）与邀请函数量相同的宾客伴手礼 （2）为小朋友和特殊群体准备的小礼物
		茶杯、茶盘：4 套（用于改口茶，敬奉父母）
		喜糖、喜果：每桌 4 两①，签到台 1 斤②，婚房 0.5 斤，备用 3～5 斤
		喜烟：30～50 条（每桌 1 包，签到台散放，工作人员发放）
		喜酒：每桌 5 升饮料 2 瓶、白酒 1 瓶、红酒 5 箱、啤酒 10 箱备用
		签到簿、签到笔：签到簿 1～2 本，签到笔 3～4 支
		婚房撒帐喜果：红枣、花生、桂圆、莲子各两盘
		请柬：根据邀客情况核算
步骤 4	婚礼服务人员与客户的联络安排	（1）向客户说明与相关服务人员见面沟通的意义和沟通内容
		（2）分别与双方确认见面时间和地点，并通知相关人员。通常情况下，会在见面前交换双方的联系方式，便于联络
		（3）和婚礼督导的第一次见面通常是在婚礼前一天，而在这之前是电话沟通。婚礼督导主动打电话给客户，对婚礼筹备事项完成情况进行确认，敲定彩排时间

（三）效果评估

（1）通过提供婚礼物品准备清单，让客户在准备婚礼物品时思路清晰、有条理。

（2）为客户提供婚礼物品准备指导，让客户的物品准备准确到位。

二、相关知识

（一）红包的准备与使用

婚礼所需红包有两种：一种是表达分享与感谢之意的心意红包，另一种是为客人提供

---

① 两为非法定计量单位，1 两＝50 克。——编者注

② 斤为非法定计量单位，1 斤＝500 克。——编者注

方便的空红包。心意红包的具体用途如下:

1. 送给车队司机的红包　婚礼日清晨迎亲车队出发时,一般会给车队司机发红包。由于8的谐音是"fa",与"罚"同音,因此,给婚车司机的红包金额应避开8这个数字,一般是126元、156元、166元。

2. 开门红包及过关红包　迎亲时,新郎会给堵门和主导迎亲仪式的姐妹团发开门红包及过关红包。玩迎亲游戏时一般发2~10元的小红包,也可以在迎亲时考虑微信红包。

3. 改口红包　新人父母会为新人准备改口红包,金额一般为999元、9 999元、10 001元等吉祥数字。

4. 吉祥红包　迎宾时,一般会为老人或孩子准备吉祥红包,一般为2~10元的小红包。

5. 感谢红包　一种是为帮忙亲友准备的感谢红包,一般为58元、68元、128元、168元。另一种是为伴郎、伴娘准备的感谢红包。伴郎伴娘是大婚日新娘最不可缺的帮手,从早上忙到下午,红包金额可以大一点。

6. 分享小红包　分享小红包是仪式最后为宾客撒出的红包,一般是2元的小红包。

(二)喜烟、喜糖、喜酒的准备与使用

喜烟、喜糖、喜酒是婚礼宴宾的必备物品。各地都会有一些市场的主流品牌供客户选择,喜烟、喜酒的配备应当与婚宴的规格相匹配。

喜糖不宜过早购买,买早了如果保存不当会变质,特别是巧克力。建议婚礼前一个半月至两个月选购。糖一般会用在3个地方,派发喜糖、婚礼当天签到迎宾、宴席桌糖。所以,在选购的时候,可以适当多买点,迎亲的时候也可以备些招待客人。不同的糖有不同的寓意,巧克力或硬糖寓意甜甜蜜蜜,棉花糖寓意缠缠绵绵,酥心糖寓意生活舒心,牛轧糖寓意生活扎扎实实,枣寓意早生贵子。当下选购比较多的糖是品牌巧克力、硬糖、棉花糖、酥心糖、牛轧糖等。

(三)伴手礼的准备和发放

伴手礼是与婚礼请柬一同送给宾客的。没能当面发放的,新人会在婚礼当天的签到区发放。最传统和常见的伴手礼是喜糖和喜烟的组合。喜糖一般装双数,如果喜糖里有烟,装8颗居多;不装烟的,装10颗或12颗居多。现在,个性化的伴手礼越来越多,不仅盛装的礼盒款式越来越个性化,里面所装的内容也跳出了烟糖组合的套路,喜饼、蜂蜜、精装袖珍白酒等物品带有富足、甜蜜、永久等含义,成为伴手礼的重要组成,还有一些新人会选择定制纪念物作为伴手礼。伴手礼的派发一般在婚礼前1个月。

(四)签到簿和签到笔的准备

一般情况下,准备1本签到簿、2支签到笔。对于宾客人数较多的情况,可多准备1本签到簿备用。签到笔在使用过程中可能会出现书写问题,所以要多备几支。

在个性化的婚礼中,传统的签到簿可被替换成签到墙或签到海报、签到卷轴等。现在,还出现了电子签到、贴名签等。

子任务四　婚礼服务相关事项的协调

一、工作流程

工作准备　→　任务实施　→　效果评估

（一）工作准备

1. 物品准备

序号	名称	单位	数量	备注
1	婚礼造型设计参考方案	份	1	与化妆师沟通服务标准和要求
2	婚礼流程设定表	份	1	与主持人沟通服务标准和要求
3	婚礼执行方案	份	1	与督导沟通服务标准和要求
4	婚宴酒店平面功能示意图	份	1	与酒店沟通宴席服务细节要求
5	其他婚礼配套产品预订单	份	若干	与相关供应商沟通

2. 环境与人员准备

序号	环境与人员	准备
1	婚礼策划师	经过初级婚礼策划职业技能等级培训，具备婚礼策划和婚礼统筹能力
2	婚礼主持人	婚礼主题设计和流程设定沟通
3	婚礼化妆造型师	婚礼主题风格表现和新人造型要求
4	婚礼督导	沟通婚礼现场执行方案
5	婚宴酒店现场	现场考察
6	酒店宴会销售人员	确认服务细节及配合事项

（二）工作实施

步骤	流程	工作内容和操作要求
工作前的准备	确定相关沟通事项	（1）婚前一个月，新人与化妆师沟通婚礼化妆造型
		（2）婚礼前半个月至婚礼前一个月，新人与婚礼主持人沟通婚礼环节及内容表达
		（3）婚礼前一周至婚礼前半个月，新人与婚礼督导沟通婚礼当天的具体事项
		（4）婚礼前一周内，新人与婚宴酒店销售人员沟通婚宴酒店服务细节及配合事项
		（5）不迟于约定交货时间前一周，新人与相关销售人员沟通配套产品细节
步骤1	与相关人员沟通	（1）婚礼主持人：进行婚礼主题设计和流程设定方面的沟通
		（2）婚礼化妆造型师：进行婚礼主题风格表现和新人造型要求方面的沟通
		（3）婚礼督导：进行婚礼现场执行方案的沟通

（续）

步骤	流程	工作内容和操作要求
步骤1	与相关人员沟通	（4）婚宴销售人员：进行婚宴服务细节及婚礼服务配合事项的沟通
		（5）其他配套产品销售供应人员：进行婚庆相关配套产品购买定制细节要求及其他事项的沟通
步骤2	确认服务人员的服务日程	由于专业婚礼服务人员的工作比较忙，所以在约见客户前，要首先确认相关人员的时间安排及相关人员在要求的时间段内能够与客户见面沟通的备选时间，供客户进行选择
步骤3	确认客户日程	当需要客户与婚庆服务人员见面时，应根据服务人员提供的备选时间，和客户商定具体的见面沟通时间
步骤4	婚礼服务人员与客户联系	（1）向客户说明与相关服务人员见面沟通的意义和沟通内容
		（2）分别与双方确认见面时间和地点，并通知相关人员。通常情况下，会在见面前交换双方的联系方式，便于联络
		（3）和婚礼督导的第一次见面通常是在婚礼前一天，在这之前的沟通形式是电话沟通。婚礼督导主动打电话给客户，对婚礼筹备事项完成情况进行确认，敲定彩排时间
步骤5	确认其他服务项目	对于其他配套产品或服务中涉及的需联络接洽的事项，受客户委托，进行接洽商讨和确认

（三）效果评估

（1）通过婚礼前与相关工作人员的见面沟通，让客户熟悉和了解重要的婚礼事项及其操作，提升新人对婚礼执行的信心。

（2）增强客户与婚礼服务人员的熟悉与信任，为后续的良好合作打下基础。

（3）通过专业服务人员对各事项的直接或间接联络，可以联通各筹备环节，产生最大效应，也可以帮助客户减轻筹婚压力，提升筹婚效率。

二、相关知识

（一）安排新人与婚礼主持人见面沟通

1. 意义和作用　婚礼主持人是在婚礼上协助新人传情达意的人。因此，在婚礼前，主持人需要了解新人的想法和情感表达需求，用于主持词的创作。同时，通过与主持人见面沟通，新人能够对主持人的职业素养有更直观的感受，增强对主持人的信任。这对于婚礼上的融洽合作有重要作用。

2. 沟通要点　新人与婚礼主持人见面沟通主要是围绕婚礼流程的细节进行讨论。沟通要点有以下3点：

（1）婚礼主持人需要为新人讲解策划师对于婚礼流程的设定，帮助新人了解婚礼各环节的信息，以及情感表达的方式和特点。

（2）婚礼主持人要了解新人对于婚礼流程设定的意见和想法，完善和优化婚礼流程。

（3）通过沟通，了解和掌握更多新人的信息和情感表达需求，便于婚礼中的情感表达。

3. 注意事项

（1）见面地点要优先考虑新人的意见。即便新人让出选择权，安排双方见面的时候也要优先考虑该地点对新人来说是否便利。

（2）安排婚礼主持人与新人见面前，要先与婚礼主持人就婚礼流程进行沟通，同时，事先告知主持人新人的沟通特点和沟通中要注意的事项。

（二）安排新人与婚礼化妆造型师见面沟通

1. 意义和作用　新人与婚礼化妆造型师见面沟通的作用主要有以下两点：一是为新人试妆；二是为新人提供造型建议和婚前护肤指导。通过与婚礼化妆师见面沟通，可以确保婚礼日的妆容和造型更符合新人的心意。

2. 见面沟通事项及要点

（1）试妆。试妆能够让新人提前感知自己在婚礼日的造型，提升新人对婚礼的期待。试妆流程为：化妆造型师根据新人选定的礼服和本人的形象特点给新人上妆、做造型→新人提出自己的意见和想法，化妆师进行相应调整→定妆，确定细节和配饰

（2）给予造型建议和护肤指导。新人在婚礼当天的整体造型包括妆容、服装、配饰。妆容确定后，化妆造型师会对整体造型给出一些建议。为了在婚礼当天达到最佳状态，化妆师还会针对新人的皮肤状况给予护肤建议。护肤周期一般是 21 天，因此，试妆要安排在婚礼前一个月。

还有一种情况是把新人与化妆师的见面地点安排在礼服馆，新人的礼服选定工作由化妆造型师协助完成。

（三）安排新人与婚礼督导的沟通

婚礼督导会在婚礼前的 7 天至半个月与新人进行电话沟通，其目的一是确认和督促婚前准备事项的进程，落实相关事项；二是与新人约定彩排时间。与新人的正式见面是在婚礼前的彩排现场。

（四）与婚宴酒店的联络协调

新人在预订婚宴时，婚宴服务方会就餐标及婚宴相关配套服务向新人做简单说明，但是对于服务细节以及与婚礼服务机构的协调和配合，则需要专业人员联络、沟通、协调。婚礼策划师与执行团队负责人对婚宴场地的实地勘察和沟通不仅能够将细节和配合事项一一落实，很多时候还能帮助新人争取到一些酒店的优惠和免费项目。

（五）与其他婚庆服务相关人员和事项的联络沟通

在婚礼服务中，选择婚礼服务机构"一条龙"全配套服务的新人很少。从术业有专攻的角度考虑，婚庆服务也需要更专业而细致的分工，因此，婚庆产业链的规模也在不断拓展。但与此同时，这种分工也导致新人进行结婚准备时，会面临多方面考察和沟通的问题。为了降低新人的筹婚压力，也为了各项工作形成合力、效能最大化，婚礼策划师可以做以下两项工作：一是筹婚指导，包括为客户提供选择参考和建议；二就是对于某些专业性比较强的事项，可以在新人的许可和委托下，直接或间接参与相关的联络沟通。为了更好地实施婚礼服务方案，对于服务细节和产品细节，可进行针对性的接洽沟通，比如伴手礼定制中的色调、风格以及 logo 设计，婚礼现场表演团队的表演风格、内容及场地设备要求等。

任务二
婚礼礼前服务

【任务情境】

90后小夫妻张庆和李子凌婚期将至。经过前期细致认真的婚礼筹备，他们觉得自己和婚礼服务机构的专业人员把能想到、能做到的事情都想到和做到了，对自己的婚礼充满期待。但与此同时，他们仍然有些许的焦虑情绪，生怕自己的婚礼达不到预期效果。由于紧张与焦虑，他们总是想约谈他们的婚礼策划师，反复确认他们可能会遇到的状况和问题。在此阶段，他们的专属策划师需要为他们提供婚礼礼前服务和相关的心理辅导。

【任务分析】

一、婚礼礼前服务的主要内容

序号	主要内容
1	为客户提供亲友团工作协助与指导
2	为客户提供婚礼日日程安排
3	婚前准备事项的落实与确认
4	婚前突发事件的应对及处理

二、婚礼礼前服务的工作目标及措施

序号	主要工作目标	措施
1	为参与婚礼辅助工作的新人亲友提供工作指导和协助	（1）让参与婚礼辅助工作的新人亲友明确工作要求和方法 （2）助力亲友团与婚礼专业服务人员协同配合，提高工作效能
2	让客户明确婚礼临近的具体事项和相关安排	明确婚礼准备后续事项及婚礼日各项安排和时间节点，推动各方默契配合，顺利推进婚礼进程
3	了解客户婚前筹备事项的进度并督促其完成	确保婚礼前的筹备事项全部到位，不影响婚礼的进程
4	婚前突发事件的处理应对	（1）婚前心理焦虑的心理疏导和应对 （2）预期外突发事件的评估与处理

【任务实施】

子任务一　为客户提供亲友团工作指导

一、工作流程

工作准备 → 任务实施 → 效果评估

（一）工作准备

1. 物品准备

序号	名称	单位	数量	备注
1	亲友团分工名单	份	1	落实相关人员，便于人员联系
2	亲友工作所需物品	若干		动作示范与要点说明

2. 环境与人员准备

序号	环境与人员	准备
1	客户家中或彩排现场	召开亲友团会议
2	婚宴工作现场	分散指导（无法参加亲友团会议的）
3	婚礼策划师	（1）经过初级婚礼策划职业技能等级培训，具备婚礼策划和婚礼统筹能力
		（2）制作婚礼日程安排表
4	婚礼新人	与婚庆公司签订婚庆服务合同的人

（二）为客户提供婚礼日程安排

步骤	流程	技术操作要求
工作前准备	识别亲友团人员构成	请新人向婚礼策划师介绍亲友团成员
步骤1	亲友团工作概述	（1）介绍亲友团工作的重要意义和作用，希望大家密切配合，保证婚礼的顺利、圆满
		（2）介绍岗位工作要求和流程
步骤2	个别指导	（1）针对不同岗位的不同工作内容和要求单独进行说明指导
		（2）对于礼仪要求较高的岗位，要做引领示范
步骤3	现场指导与协助	（1）对于没能参加亲友团会议的亲友团成员，通知其婚礼日一定要提前到岗，并为其进行现场讲解和指导
		（2）各岗位人员就位后，各岗位工作的巡查和重点提醒
		（3）随时协助亲友团的工作

（三）效果评估

（1）对婚礼亲友团的工作进行指导，亲友团各岗位分工明确、职责清晰，能最大限度地实现协同合作。

（2）通过示范和引领，亲友团成员熟悉和了解了自己的工作方法和要点，能更好地完成相应的工作任务，缓解新人的心理压力。

二、相关知识

（一）亲友团的工作内容和工作要求

在举行婚礼仪式当日，主婚人、证婚人、兄弟姐妹团、伴郎、伴娘、签到组、车辆管理组、礼炮组、财务总管、宴宾总管都是由亲友团人员承担的，其工作内容和要求见表2-1。

表2-1　亲友团的工作内容和工作要求

序号	岗位		岗位要求	职责
1	接亲环节亲友团		善交际，熟悉婚礼流程，也可以是有威望的长辈。一般需要1~2人	在接亲环节接待自家宾客和对方家接亲或送亲亲友，主持敬茶，召集合影
2	主婚人		通常是介绍新人认识的人，或是对新人有特殊意义的人	主婚人的工作是致"主婚词"。其内容应大致包括：感谢来宾见证；寄语新人；为新人送上祝福
3	证婚人		有影响力和名望的人	证婚人是婚姻合法的证明人，证婚人讲话内容一般为"婚姻合法、恭喜新婚"等
4	兄弟姐妹团		与新人熟悉且亲近的年轻朋友	婚礼日需提前到达指定地点。兄弟团全程陪同新郎，姐妹团全程陪同新娘 参与迎亲活动和外景拍摄，协助新人接待宾客
5	伴郎		未婚，新人亲友	全程陪同新郎，上午陪同新郎扎花车，取手花、胸花、手腕花；到达新娘家后，帮助新郎迎娶新娘；陪同新人拍外景；到达酒店后，陪同新人迎宾发烟；婚礼仪式完毕，陪同新人敬酒；协助新郎保管发放随身红包
6	伴娘		未婚，新人亲友	全程陪同新娘。晨间最早到达新娘家，帮助新娘家人做晨间迎亲准备；陪伴和协助新娘化妆造型；协调安排姐妹团活动；协助保管新娘随身物品；提醒新娘相关事项；陪同新人拍外景；到达酒店后，陪同新人迎宾发烟；婚礼仪式完毕，陪同新人敬酒
7	签到组	签到人员	新人家属，值得信任	上午十点左右提前到酒店，检查签到台的准备情况（签到册、签到笔、空红包、祝福卡），负责礼金登记及收取
		引位人员		负责引导宾客填签到簿，熟悉和了解宾客的席位布局，引导宾客入席
		喜糖发放人员		根据名单，给未领到喜糖的来宾发放喜糖并做好登记
8	车辆管理组	司机联系人		负责司机组的组织、协调与答谢
		交通协调员		仔细核对、确认当日用车人员；制作交通路线图；婚礼当天调度各类车辆；保证运转顺利

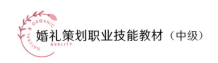

（续）

序号	岗位	岗位要求	职责
9	礼炮组	亲友	负责放礼炮
10	财务总管	新人的直系亲属，通常会由礼金收取人员兼任	负责当天所有钱财的支出和收入，所有支出必须有人签字
11	宴宾总管	经验丰富，善于统筹	清点管理烟、酒、糖、饮料。婚宴结束后，提醒、帮助主家进行收尾工作。安排服务人员就餐，检查是否有客人遗失物品，收拾剩余烟酒等，打包剩菜，统计晚宴用餐人数并告知酒店

（二）婚礼策划师在指导与协助亲友团中应注意的事项

亲友团成员都不是专业的婚礼服务人员，大多也缺乏实际经验。因此，对于亲友团的工作不要过高要求和过分干涉，应保留其工作的相对独立型。婚礼专业人员要把工作的重心放在协助上，而不是指导上。

子任务二　为客户提供婚礼日程安排

一、工作流程

工作准备 → 工作实施 → 效果评估

（一）工作准备

1. 物品准备

序号	名称	备注
1	客户需求及事项	事项安排参考
2	婚礼日活动路线安排	时间安排参考
3	笔记本、笔	记录沟通事项
4	电脑	制作日程安排电子表格

2. 环境与人员准备

序号	环境与人员	准备
1	客户家里或是婚庆服务公司办公接待场所	与客户进行婚礼当日的日程安排沟通
2	婚礼策划师	（1）经过初级婚礼策划职业技能等级培训，具备婚礼策划和婚礼统筹能力
		（2）制作婚礼日程安排表
3	婚礼新人	与婚庆公司签订婚庆服务合同的人

（二）为客户提供婚礼日程安排

步骤	流程	技术操作要求
工作前准备	日程安排沟通	（1）就婚礼当天的流程事项和客户进行沟通，了解客户的相关信息和要求，备注特殊情况
		（2）理清一般事项（普遍、通用性事项）和特殊事项（个体情况和需求）
		（3）根据客户的需求，结合车程、天气预报、人员安排等因素估算各事项的推进时间
步骤1	生成表格文件	生成 Word 或 Excel 表格，表格首行标注序号、婚礼当日项目、时间安排、事项内容、负责人员、注意要点
步骤2	写明各项目的具体时间区间	（1）将婚礼当日日程填入项目栏
		（2）根据与新人沟通的时间节点，填写准确的时间区间
		（3）对标相应的事项负责人，标明联系方式
		（4）在备注栏写明注意要点，如堵车、下雨等情况的应对方式
步骤3	婚礼日程安排表的发送和介绍	发送方式有两种：一种是在彩排会议时当面呈送，并现场概述，对新人疑问进行解释说明。二是通过电子邮件发送，并提醒新人接收，随时接受新人及其家人的咨询

（三）效果评估

（1）向客户提供婚礼日程安排表能有效地将婚礼当天繁多杂乱的事务进行合理有序的安排，保证婚礼当天的时间进程和事项进度。

（2）为客户解决关于婚礼当日需要做什么的疑问，消除客户的紧张感，指导客户有条不紊地准备婚礼。

二、相关知识

（一）婚礼日程安排（通用型）（表2-2）

表2-2　婚礼日程安排（通用型）

序号	项目	事项
1	化妆	（1）新娘起床（基本洗漱，吃早饭）
		（2）化妆师上门化妆
		（3）摄影师拍摄新娘（伴娘整理游戏道具）
2	扎花车	（1）新郎带领婚礼车队扎花车（带好1个手捧花、1个胸花、1个手腕花），摄像师开始拍摄
		（2）主花车到达，开始扎花
		（3）副花车到达，开始扎彩
3	迎亲	（1）新郎准备好鲜花（在花店拿手捧花、胸花和花瓣）和红包（每个红包放2元或6元，用于迎亲）
		（2）在新郎从扎花车处出发前和抵达新娘家前5分钟告知女方进行相应的准备

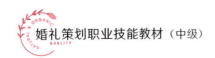

（续）

序号	项目	事项
3	迎亲	（3）进门前，新娘亲友提问阻挠（可有可无）、塞红包
		（4）新娘提问、新郎承诺（少量为难新郎的游戏）
		（5）新郎给女方父母敬茶、合影
		（6）桂圆、莲心、红枣（水浦蛋）、汤（视习俗）
		（7）出门前，新娘向父母告别，新郎向女方父母承诺，女方父母送上祝福
		（8）礼炮准备（必须由男士打），在新人上车前使用
4	到新郎家	（1）从新娘家出发到新郎家
		（2）具体仪式：①老人铺床、撒床撒；②小朋友滚床；③一对新人坐床；④向新郎父母敬茶、合影
		（3）新娘出门：①出门礼炮；②上车礼炮；③新郎抱新娘出门，脚不沾地或长辈牵进门
5	出外景	（1）摄影师、摄像师跟随车队拍摄外景
		（2）在指定外景拍摄地点拍摄外景照片
		（3）拍摄完毕之后，共同去酒店
6	酒店准备	（1）请亲友团2～3名成员提前到达酒店，在签到处摆放一盘糖、一盘烟，用于散发给来宾
		（2）收礼金的人员在签到处就位
		（3）糖、烟、酒、茶、饮料等带至酒店备好，并准备好迎宾香烟和打火机
		（4）落实糖、烟、酒、茶、饮料的摆放情况（每桌摆放20支烟、3两左右的糖）
		（5）检查酒席安排，分配席桌的引导人
		（6）委托专人（最好是新郎妈妈）把戒指、新娘全套敬酒服、父母台上敬茶、红包一并带到酒店
7	迎宾	（1）新郎新娘到酒店休息，准备礼炮（必须由男士打礼炮）
		（2）签到处人员就位
		（3）迎宾人员在门口就位
		（4）新郎、新娘、伴郎、伴娘在门口迎宾（伴娘端糖、伴郎端烟、新郎散烟、新娘点烟）
		（5）新娘、新郎换装
8	仪式	进行婚礼仪式
9	仪式后婚宴	（1）新娘更换敬酒服，婚礼化妆师补妆
		（2）新人携双方父母逐桌敬酒，伴郎伴娘从旁协助
		（3）安排亲友进行棋牌娱乐及其他饭后活动
		（4）新人及双方父母用餐和休息

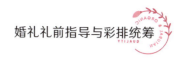

（续）

序号	项目	事项
10	晚宴	（1）引导宾客参加晚宴
		（2）安排宾客回家，门口送别
11	酒店清算	（1）清点所有物品，检查是否有遗漏
		（2）离开酒店

（二）婚礼日程安排的几个关注点

1. 迎亲车队的行进路线安排　婚礼日迎亲车队的行进路线大体是：扎花车地点→迎亲地点→外景地→婚宴酒店。为了遵从大多数地区的习俗——"不走回头路"，行进路线需提前踩点。踩点时除了要考虑"不走回头路"外，还需考虑路况的影响，比如限行区域、车流量、停靠地点、车队司机对路线的熟悉程度等。这些因素都会影响车辆的行进，进而影响后续行程。因此，在进行路程时间估算的时候，要结合行进路线的具体情况来考虑。

2. 晨间化妆造型安排　化妆造型服务一般是针对新人的，但也有一些晨间化妆造型服务是包括新人的父母和伴娘在内的。所以，要根据实际情况安排化妆造型师到位的时间。

3. 迎亲活动的时间控制　迎亲活动是婚礼日最具有地方文化特点的环节，也是年轻朋友们最开心的时刻。因为玩闹起来时间过得很快，现场参与人员也比较多，所以控制起来相对较难。为了不影响后续行程，应重点关注这一环节的时间控制。婚礼策划师要和婚礼督导对接好相关安排，请婚礼督导把控好时间节点。

4. 关于外景拍摄的安排　外景拍摄的安排有 3 个关键点：地点的选择、时长的控制和车队的临时停靠。在某一区域，新人选择的外景地是相对集中的，所以很容易出现堵车、车队停靠难、人员混杂等情况，这些都会影响对时间的控制。有些时候还会因为人多车多，造成车辆跟错队、人员跟错车的情况。所以，做外景地选择的时候，需要给新人提供相关建议和意见。

5. 关于婚礼仪式时间　通常情况下，婚礼仪式开始的时间是中午的 11：30～12：30，也有一些地区在傍晚举行婚礼，婚礼仪式开始时间为 18：00～19：00。在具体选定时间时，会考虑"8"和"6"这样的吉祥数字，比如 12：08、12：16、18：06、18：08 等。在约定时间临近时，现场执行人员要和新人确定婚礼开始时间是提前、准时还是延后。但是，为了整体进程的把控，婚礼策划师一定要在日程表中标注婚礼开始的预计时间，现场的调整只能是在极小的范围内。另外，一般情况下，婚礼仪式会控制在半个小时之内（嘉宾表演和席间表演不在此时间内），需要在设定婚礼环节时做好规划。

子任务三　婚前事项落实与辅助

一、工作流程

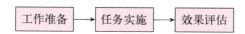

（一）工作准备

1. 物品准备

序号	名称	数量	备注
1	婚礼物品准备清单	3	核对重要物品到位情况
2	婚礼筹备时间进度表	3	核对重要事项落实情况

2. 环境与人员准备

序号	环境与人员	准备
1	环境	舒适、安静、便于沟通，干扰因素少
2	婚礼策划师	（1）经过初级婚礼策划职业技能等级培训，具备婚礼策划和婚礼统筹能力
		（2）言谈有礼、举止文明，细微得体、积极热忱、恰到好处地提供服务
		（3）面谈或电话沟通的时段应避开工作时间和晚间休息时间。最好提前约定，通话时避免噪声和其他事项的干扰
3	婚礼新人	与婚庆公司签订婚庆服务合同的人

（二）婚礼前准备事项落实与确认

步骤	流程	技术操作要求
工作前准备	寒暄问好，创造良好的沟通氛围	问好寒暄，让彼此放松，为后续的良好沟通打开通道
步骤1	了解和核对筹备进展	（1）了解婚礼筹备进展概况
		（2）将提前准备的筹备工作进度表和物品准备清单发放给新人和随行的其他亲友，自己留1份
		（3）对照清单表格进行逐项核对
		（4）若进行电话沟通，则需要在沟通前重新给客户发送电子版清单
步骤2	查漏补缺，提建议和参考意见	（1）列出待完成事项，了解未完成原因
		（2）对于待完成事项，策划师以专业知识和经验，为客户提供更为细致的筹备参考建议
步骤3	肯定筹备工作，帮助客户树立信心	（1）肯定客户的婚礼筹备事项完成度，告之其有个别缺漏是正常的
		（2）告知客户待筹备工作全部完成后，一般不会出现其他缺漏。针对一些特殊情况，服务人员有足够的能力和经验去应对，请客户放心

（三）效果评估

（1）通过对婚礼筹备事项的核对和落实，让新人了解自己的婚礼筹备进度，降低其筹婚压力和焦虑情绪。

（2）通过对婚礼筹备事项的核对和落实，确保婚前筹备事项不缺漏，不影响婚礼的顺利推进，为后续的执行工作打好基础。

二、相关知识

（一）婚礼策划师在客户婚礼筹备时期的角色和作用

婚礼策划师是婚礼服务方案的制订者。在婚礼服务方案获得客户的认同后，为了实现预期效果和目标，客户一般会对婚礼策划师的安排和要求有较高的遵从度。同时，由于大多数客户对于婚礼的筹备和执行缺乏切身的体验和经验，会比较看重专业人员的意见和建议。所以，婚礼策划师是在婚礼服务进程中受到客户尊敬、信任和依赖的人。因此，在婚礼筹备阶段，婚礼策划师应当为客户的筹婚工作提供一定的参考。对于客户在筹婚过程中遇到的困难和问题，也应给予一定的指导和协助。为了婚礼的顺礼推进，婚礼策划师应当了解客户婚前准备的进度和情况，特别是在婚礼临近时，这样的督导可以起到查漏补缺和缓解客户筹婚焦虑的作用。

（二）婚礼策划师为客户提供筹婚建议和意见的常用方法与形式

客户在筹婚过程中遇到的问题通常有两类：一是因为事项太多而产生畏难情绪；二是因为缺乏有效的信息和资源渠道造成落实困难。对于第一类问题，策划师应对的方式是了解客户的畏难点是什么？是时间问题、精力问题、私人原因，还是方法问题。找到症结所在，考虑是换方案还是提供方法抑或是提供协助。但是总体而言，婚礼策划师应当充分尊重客户的意见和选择，在最大限度地保障婚礼推进的基础上，给予客户更多的体谅和理解。解决第二类问题相对简单，就是给客户提供信息和资源，帮助客户降低筹婚难度，提升筹婚效率。

子任务四　婚前突发事件应急处理与协调

一、工作流程

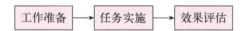

（一）工作准备

1. 物品准备

序号	名称	单位	数量	备注
1	记录用本	本	1	记录事项要点
2	记录用笔	支	1	记录事项要点
3	电脑	台	1	信息搜索及查询

2. 环境与人员准备

序号	环境与人员	准备
1	环境	舒适、安静、便于沟通，干扰因素少
2	婚礼策划师	（1）经过初级婚礼策划职业技能等级培训，具备婚礼策划和婚礼统筹能力

（续）

序号	环境与人员	准备
2	婚礼策划师	（2）言谈有礼、举止文明，细微得体、积极热忱、恰到好处地提供服务
		（3）面谈或电话沟通的时段应避开工作时间和晚间休息时间。最好提前约定，通话时避免噪声和其他事项的干扰
3	婚礼新人	与婚庆公司签订婚庆服务合同的人

（二）婚礼前准备事项落实与确认

步骤	流程	技术操作要求
工作前准备	寒暄问好，创造良好的沟通氛围	（1）婚礼策划人员应当表现出轻松自如、成竹在胸的从容状态，避免将紧张情绪传递给新人
		（2）恰当表达与新人沟通的舒适感和亲近感，让新人感觉放松，愿意表达
步骤1	识别问题	通过引导性谈话，判断是真的有意外情况出现还是新人出现了心理焦虑
步骤2	分析问题	（1）对于意外情况的出现，要淡化问题，降低新人的焦虑，并传递问题有备用方案解决的信息
		（2）对于新人出现的心理性婚前焦虑，需在对方充分表达的基础上，考虑相应的解决方案
步骤3	给予解决方案，实施心理疏导	（1）对于意外情况的出现，与客户进行商讨，以专业经验和技能给出解决方案，帮助客户迅速解决问题
		（2）对于客户的心理焦虑，要协同对方家人及朋友共同给予支持和正面暗示，必要时可求助专业的心理医生

（三）效果评估

（1）婚礼专业服务人员对婚前意外情况的及时应对和解决，能够帮助新人解决其面临的困难或焦虑，提升新人对婚礼的信心和对服务人员的信任。

（2）通过婚前恰当的心理支持和疏导措施，能够及时发现和解决部分新人可能出现的婚前焦虑，确保婚礼正常推进。

二、相关知识

（一）常见婚前突发事件及其应对

婚礼准备是一个周期较长的过程，许多事项需要提前计划和预设。在保障婚礼按计划和预设推进的同时，也不可避免地会出现一些无法预见的特殊情况。出现这些情况是很正常的，通过及时、专业的处理和应对，大多数问题都能得到妥善解决。

1. 筹婚事项中的物品准备出现问题　物品准备的缺漏大多可以通过核对物品发现并及时补充。真正的突发事件是无法及时补充的物品出现问题，比如定制物品损坏或出现其他问题，所剩时间已经来不及重新定制生产；预订物品因为时间或者工艺无法保障婚礼当天的使用；物品实物与想象不符，不能达到预期效果等。这类问题的解决方式是寻找能够满足需要的替代品。真正的难点在于在沟通中接受和理解客户可能出现的缺憾心理并给予抚慰和引导。

2. 原定事项或人员出现变动　例如，某特定人员因突发情况不能到达婚礼现场；原定某方案在沟通准备中遇到困难，无法继续推进落实；因天气原因或婚宴酒店原因造成的婚礼地点变动等。这种变动带来的影响常常需要进行婚礼执行方案的调整，对婚礼服务团队而言是一种考验。首先，婚礼策划师在每场婚礼策划中都要根据自己的经验和专业评估考虑应急预案，当出现突发情况和问题时，可以根据预案及时解决。其次，遇到上述问题时，要评估该问题对整个婚礼执行的影响程度。如果影响轻微，则可进行婚礼执行方案的微调；如果影响比较大，就需要婚礼策划师提出替代方案，与新人商讨。出现较大的方案变动常常会引起新人的疑虑，需要快速拿出新的方案，婚礼策划师常常需要加班进行方案修改或重新制作。在与客户沟通中，需要向新人传递问题可以得到妥善解决的信心和决心，不要在临近婚期时影响客户的心情。

3. 服务对象间出现矛盾或是出现客我矛盾　因为婚礼筹备的事项烦琐，且双方都比较重视，想要表达自己的想法和意见，有些时候，新人之间或是新人和其父母间会因为某些事项意见不一致而产生矛盾，甚至有的新人闹到了取消婚礼的程度。为了避免这种情况的出现，婚礼策划师在统筹工作中需要多方征求意见，并拿出有针对性的方案供新人进行选择讨论。沟通时，更要不着痕迹地关注到每一个服务对象的意见表达，寻找一个比较好的切入点。若沟通中出现争执，可以避重就轻，先跳过争议比较大的话题，之后综合大家的意见重新提出折中方案。当矛盾出现时，可采用先抚慰再说服的方式，即先表示理解，让对方冷静下来，引导其"讲情不讲理"，帮助服务对象化解矛盾。客我矛盾的解决方法也大体如此，即避重就轻、换种方式、给予理解、表达真诚。

（二）处理婚前焦虑

婚前焦虑症的定义是指对自身及其配偶所形成的关系的担忧和顾虑，害怕和担心婚姻以及家庭方面的压力，包括潜意识中存在的和现实客观存在的方方面面。

1. 婚前焦虑的表现　婚前焦虑的表现包括以下几种：

（1）恐惧心理。在婚前阶段，紧张、焦虑、恐惧情绪常常困扰着新人，心理素质不好的新人在出现了某些不良身体反应后往往还会产生逃婚的念头。心理专家称，新人会出现这种恐惧反应，其实是婚前焦虑症的表现。

（2）逆反心理。逆反心理也是婚前焦虑症的表现之一。婚姻对于夫妻双方而言是一个约定，也有约束的成分。通常情况下，男人既渴望稳定的婚姻生活，同时也对这种约束心存担忧，与女人相比，男性更渴望自由，虽然他不一定要具体做什么，但当这种自由受到威胁时，逆反心理就会出现。

（3）缺乏责任感。进入婚姻生活的两个人必须具备相应的责任感才更有能力去应对生活的压力。对于平日多依赖他人、尚未成熟的新人来说，会对进入婚姻生活感到焦虑。

（4）担忧心理。结婚对于夫妻双方而言是一个约定，也有约束成分。部分新人看到了周围的人婚姻破裂的情况，或者相信"婚姻是爱情的坟墓"，感到十分担忧。

2. 正确对待婚前焦虑　首先，只要合理对待，不退缩，正确地面对婚姻关系，婚前焦虑是可以被消除或削弱的。

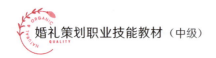

其次，面对复杂的社会环境，应对婚姻保持清楚的认识和良好的态度，处理好各种可能造成焦虑的问题。

婚前焦虑一般在结婚之后就会有所好转。如果婚前的紧张与焦虑很严重，以至于不能很好地准备婚礼，影响工作和生活，可以向专业人员求助。

解决婚前焦虑的方法有心理治疗和药物治疗，大部分人不需要药物治疗，只需要心理治疗。心理治疗会针对特殊时期、特殊事件，进行一些心理指导和建议。患者可以采取相应的放松方式，如肌肉放松法、去户外或探讨亲密关系的问题等。如果没有求助专业人员，自己可以采取的方式包括与周围人倾诉、请教别人是如何度过这段时间的，以及运动、转移注意力等。

任务三
婚 礼 彩 排

【任务情境】

经过紧张的婚礼筹备，李想和陈晨在婚礼前三天，完成了各个筹备事项，就等着婚礼庆典的到来了。为他们提供婚礼服务的婚礼策划师小贾就执行方案与婚礼执行团队人员进行工作核对与衔接，准备安排新人进行婚礼彩排。

【任务分析】

一、婚礼彩排工作的主要内容

序号	主要内容
1	婚礼执行准备
2	彩排统筹与物品调配
3	婚礼流程及礼仪指导
4	与执行团队人员的沟通和对接

二、婚礼彩排主要工作目标与措施

序号	主要工作目标	措施
1	婚礼流程推演	让客户了解和熟悉婚礼仪式内容与细节
2	进行婚礼礼仪指导	帮助新人更好地完成婚礼
3	执行团队现场执行工作的准备与磨合	（1）婚礼现场设备调适 （2）各岗位工作内容的熟悉和配合模拟

【任务实施】

子任务一　婚礼执行准备会

一、工作流程

工作准备 → 工作实施 → 效果评估

（一） 工作准备

1. 物品准备

序号	名称	单位	数量	备注
1	婚礼现场流程单	份	若干	讲解婚礼流程
2	各岗位婚礼执行单	份	若干	各岗位工作要点说明

2. 环境与人员准备

序号	环境与人员	工作内容
1	婚礼现场人员流动较小、噪声较小的区域	召开婚礼执行准备会议，进行婚礼流程讲解及岗位工作要点说明
2	婚礼策划师	经过初级婚礼策划职业技能等级培训，具备婚礼策划和婚礼统筹能力
3	婚礼执行团队人员	落实婚礼执行任务

（二）婚礼执行准备会

步骤	流程	技术操作要求
工作前准备	会议准备	根据执行团队人员数量，打印相关文字材料，提前半小时到达现场，安排会议场地
步骤1	团队交流	团队成员相互介绍认识，了解各自的岗位分工
步骤2	婚礼流程讲解说明	（1）发放婚礼现场流程单
		（2）对婚礼流程进行简单讲解和说明
步骤3	执行要点沟通	分岗位进行执行要点沟通确认
步骤4	彩排安排说明	对彩排安排进行简单交代

（三）效果评估

（1）通过婚礼执行准备会，各岗位执行人员能够相互熟悉，为后续的合作奠定基础。

（2）婚礼执行准备会能够让执行团队成员对婚礼现场执行方案有一个快速而全面的认知，明确自己的工作要点和要求，对后续设备、素材的调适以及婚礼彩排中需要关注和配合的地方有所了解，确保婚礼彩排顺利、高效。

二、相关知识

（一）婚礼执行准备会的参会人员

婚礼现场执行人员包括婚礼主持人、婚礼摄影摄像师、婚礼 DJ、婚礼 VJ、婚礼灯光舞美师、婚礼督导。其中，除了婚礼摄影师和摄像师外，都需要参加现场彩排。除此之外，婚礼策划人员或统筹负责人也需要参会。

（二）婚礼执行准备会的其他情况

婚礼执行团队是一个集合了多技术工种的临时团队，其中的技术人员会在不同的婚礼

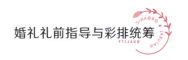

现场与不同的人合作。因此，婚礼执行准备会是让团队成员相互认识、为合作打好基础的重要的一环。想要找到一个各成员都合适的时间是非常不容易的，而婚礼前一天设备进场调适是各技术岗位人员都在现场的好机会，因此，婚礼执行准备会一般安排在婚礼彩排前。

子任务二　彩排统筹与物品调配

一、工作流程

（一）工作准备

1. 物品准备

序号	名称	备注
1	婚礼流程单	用于彩排统筹安排
2	婚礼执行人员联系方式一览表	方便联系婚礼执行团队人员
3	客户联系方式	方便联系客户
4	婚礼执行方案	用于彩排统筹与物品调配

2. 环境与人员准备

序号	环境与人员	准备
1	电话、网络	彩排统筹
2	道具市场、道具仓库	物品调配
3	婚礼策划师	经过初级婚礼策划职业技能等级培训，具备婚礼策划和婚礼统筹能力

（二）婚礼彩排统筹与物品调配

步骤	流程	技术操作要求
工作前准备	确认彩排时间	与婚礼场地提供机构联系，确认婚礼场景搭建入场时间及彩排时间
步骤1	彩排统筹	（1）通知场景搭建团队入场时间
		（2）通知各执行部门设备入场时间和彩排时间
		（3）通知客户彩排时间及参加人员
步骤2	物品统筹	（1）彩排所需道具物品的确认及落实
		（2）与婚礼场地提供机构沟通，确认对方的物品准备情况
步骤3	物品调配	（1）从道具仓库调配相关物品
		（2）仓库缺失物品的购买或租借
		（3）落实道具物品到位时间及方式

（三）效果评估

（1）在前期沟通中确定彩排的具体信息，包括准确的时间、地点、参与人员，并及时通知相关人员按时参加彩排。

（2）检查彩排物品，合理调配，避免遗漏，使彩排正常有序地进行，加深参与彩排的各人员对第二天婚礼仪式的印象，了解物品使用规则。

二、相关知识

婚礼彩排涉及一整套婚礼流程的排练、所有设备的检查、婚礼主持人全套串词等。婚礼彩排能让相关人员熟悉婚礼环节，查漏补缺，还能减轻新人的心理压力，避免婚礼当天由于紧张而出现差错。

（一）彩排时间及人员的安排确认

1. 时间的安排与确认　婚礼彩排通常于婚礼仪式前一天进行，具体时间的安排取决于三方面的因素：一是婚礼场地许可的入场时间；二是新人的时间安排；三是搭建设备和人员到位情况。因此，在确定彩排时间时，首先要确定落实婚礼场地的入场时间。

在婚礼较多的节假日，婚礼设备的运送和人员的到位情况会受到出库排队、堵车、人手不足等方面影响，所以，要在婚礼场地入场许可时间的基础上了解和估算现场人员到位时间，然后在服务方可以保障的时间范围内征求客户意见，最终确定彩排时间。

2. 参与人员的安排与确认　婚礼服务方需要参加彩排的人员主要包括婚礼主持人、婚礼督导、婚礼灯光师、婚礼音响师、婚礼视频播放师等。

客户方需要参加彩排的人员主要包括新人双方父母、新人、伴郎伴娘、花童、婚礼筹备主要人员等。

对于服务方需要参与彩排的人员，婚礼策划师要提前告知其到场时间；对于客户方需要参加彩排的人员，则要将彩排时间提前告知新人，由新人负责通知相关人员到场。

（二）婚礼彩排常用物品

婚礼彩排常用物品见表 3-1。

表 3-1　婚礼彩排常用物品

序号	物品	适用环节及效用
1	话筒	婚礼彩排中的很多环节需要有话筒的配合，如新郎入场、交接环节、宣誓环节等，彩排时需要让话筒呈递人员了解其所在位置、持拿话筒的姿势等
2	手捧花	手捧花是婚礼仪式中的重要物品，主要用于交接仪式、抛手捧花。在彩排过程中，可准备手捧花的代替物，便于指导新人持拿手捧花的姿势
3	头纱	如果新娘预订的婚纱有头纱或者仪式中有揭面纱的环节，需要提前在彩排中准备好头纱，用于指导新人揭面纱的技巧和礼仪姿势
4	托盘	婚礼仪式中有许多需要呈递上舞台的物品，需要准备一个托盘
5	戒指盒、指环	新人的对戒一般要在婚礼当天使用，所以在彩排当天，可准备戒指盒及代替戒指的指环，用于指导新人佩戴戒指环节的细节和动作

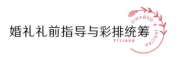
（续）

序号	物品	适用环节及效用
6	茶杯	茶杯用于新人给父母敬改口茶的环节，通常需要准备 4 个杯子
7	高脚杯	在交杯酒的环节需要用到高脚杯，通常需要准备两个高脚杯

子任务三　婚礼流程及礼仪指导

一、工作流程

（一）工作准备

1. 物品准备

序号	名称	备注
1	婚礼流程单	讲解婚礼流程，进行流程对照
2	结婚戒指	用于婚礼仪式流程彩排
3	手捧花	用于婚礼仪式流程彩排
4	蛋糕刀	用于婚礼仪式流程彩排
5	茶杯茶盏	用于婚礼仪式流程彩排
6	新娘头纱	用于婚礼仪式流程彩排

2. 环境与人员准备

序号	环境与人员	准备
1	婚礼现场人员流动较小、噪声较小的区域	婚礼现场会议（婚礼流程讲解）
2	婚礼现场相关环节场地位置	各环节内容和要求的讲解示范
3	婚礼策划师、婚礼督导、婚礼主持人	引导新人进行婚礼彩排

（二）婚礼流程及相关要求讲解说明

步骤	流程	技术操作要求
工作前准备	沟通准备	（1）迎接客户
		（2）引导客户方参加彩排的相关人员到指定位置就座
		（3）为参与彩排的人员发放婚礼流程单
步骤 1	婚礼流程讲解说明	（1）阐述彩排的必要性：婚礼彩排可以确保参与者清楚自己的到场时间和职责
		（2）根据婚礼流程，讲解各环节的主要内容
		（3）讲解各环节的相关要求
		（4）说明仪式过程中的注意事项

（续）

步骤	流程	技术操作要求
步骤2	各环节分解引领示范	根据婚礼的流程设定，分环节引领相关人员，并进行细节讲述
步骤3	走位演练	（1）在婚礼主持人的语言引导下，熟悉流程和走位
		（2）根据走位情况进行灯光定位
步骤4	礼仪指导	进行礼仪指导，让参与人员呈现更好的状态
步骤5	各执行部门配合联排	（1）根据婚礼现场执行方案进行全场联排
		（2）各执行部门、新人及其他人员在主持人的语言引领下，模拟婚礼仪式过程
步骤6	进行执行方案的微调和优化	（1）征询客户的彩排体验，记录客户意见
		（2）根据客户意见和彩排情况进行执行方案的微调

（三）效果评估

（1）通过对婚礼流程的讲解和说明，使新人及其他婚礼参与人员明确婚礼的环节和内容，熟悉相关要求及各岗位职责，防止婚礼出现意外。

（2）对婚礼仪式进行礼仪指导，可以优化婚礼仪式环节中新人的每一个动作，使婚礼更完美地呈现在大家面前。

（3）发现和调整执行中可能存在的问题与缺陷，利于婚礼当天各部门的配合和执行落地。

（4）加强主持人、婚礼督导、执行团队和新人的联系，使服务更加全面和专业，让新人产生更强的信赖感，以更好的状态迎接第二天的仪式。

二、相关知识

（一）婚礼彩排的意义和作用

彩排原为戏曲行话，是指戏剧、舞蹈等在正式演出前的最后总排练。彩是戏剧、舞蹈正式演出前的化妆排演；排是音乐、舞蹈等演出人员全部到位，一切按照正式演出的要求进行。现在，彩排泛指盛大晚会、宴会的提前排练。婚礼彩排就是在婚礼举办前，在实际婚礼举办地点，主要婚礼参与人进行全程预演婚礼的过程。

彩排涉及整套婚礼流程的排练、所有设备的检查、主持人串场词等。除了婚礼主持人及执行人员外，参与彩排的人员大多对流程及婚礼中可能发生的状况不了解，彩排的过程就是一个熟悉流程、明确工作职责的过程，是非常重要的，也是必不可少的一个环节。

需要进行婚礼彩排的人员主要包括婚礼策划师、婚礼主持人、新人、婚礼督导人员、新人家人、灯光操作人员、音响师等。

（二）常用婚礼流程彩排及要点

婚礼彩排就是进行婚礼流程的演练，彩排的主要内容见表3-2。

表 3-2 婚礼彩排流程及要点

序号	彩排内容	要点
1	主持人开场白	主持人开场，阐述新人的爱情故事，说明主题
2	新郎登场	新郎从舞台一侧手持鲜花登场
3	新郎登台互动	新郎来到舞台站定，与来宾和主持人简单互动
4	新娘出场	新娘挽着父亲的左手共同出场
5	走向交接区	新郎由舞台走向交接区
6	交接仪式	新郎单膝跪地献上手捧花，与新娘父亲进行交接
7	共同入场	新郎接替新娘父亲的位置，站在新娘右边，走向舞台
8	宣誓	新郎新娘相对而立，共同向对方许下诺言
9	交换戒指	伴娘或花童送上戒指，新郎新娘为对方佩戴
10	拥吻	新人在众位来宾的祝福下拥吻，婚礼达到高潮
11	敬改口茶	伴娘呈茶，新郎新娘向对方父母敬茶改口
12	父亲致辞	新郎的父亲作为家长代表致辞，答谢来宾
13	新郎答谢	新郎致辞，向父母及来宾表示感谢
14	全场举杯	新郎新娘共饮交杯酒，全场来宾向新人举杯祝福
15	新娘抛手捧花	新娘背对来宾抛出手捧花
16	新人共同退场	在大家的掌声中，新人礼成退场

（三）需要向新人说明的要点

（1）新娘在进场时，眼睛一定要看前方、看对方，切勿左右乱看或看地。

（2）在仪式过程中，新人只需用耳朵听，主持人会提示怎么做，不要看主持人。

（3）所有动作慢一点，等主持人把台词说完了再做动作，宁愿慢一步也不要错一步。

（4）舞台是新人自己的，不要怕出错，一切有主持人在，轻松做好自己就可以了。

（5）音乐都是精心按照流程准备的，一定等音乐响起后三秒再做动作，这样会更有仪式感。

（6）仪式开始前，新人及双方父母、伴郎伴娘一定要在指定位置就位，等候主持人引导登台，切不可中途上厕所、打电话、迎宾等，否则会出现仪式断层现象。

（四）婚礼开场后新人及亲友的就位要点

婚礼开场后，新人及亲友要在不同的地方就位，等候上场，其就位要点见表 3-3。

表 3-3 新人及亲友的就位要点

人员	到场时间	到场位置	职责
新郎	婚礼前 5 分钟	出场指定位置	手持捧花和话筒，等候主持人邀请登台
新娘	婚礼前 5 分钟	宴会厅门外	挽住父亲的手臂，等候入场
新郎父母	婚礼前 10 分钟	主宾席	主宾席就座，等候主持人邀请登台
新娘父亲	婚礼前 5 分钟	宴会厅门外	陪同新娘，共同入场

（续）

人员	到场时间	到场位置	职责
新娘母亲	婚礼前 10 分钟	主宾席	主宾席就座，等候主持人邀请登台
伴郎	婚礼前 5 分钟	跟随新郎	（1）协助新郎出场 （2）呈递话筒 （3）帮助新人保管红包
伴娘	婚礼前 5 分钟	跟随新娘	（1）协助新娘出场 （2）辅助新娘整理婚纱裙摆，拿手捧花 （3）在交换戒指环节呈递对戒 （4）在敬茶环节呈递 4 杯改口茶 （5）在交杯酒环节呈递 2 杯交杯酒 （6）在抛捧花环节将捧花呈递给新娘

（五）婚礼中新人的基本姿态和礼仪

1. 新娘和新郎的立姿（站姿）　在婚礼庆典仪式中，新娘大多数时间是处于站立状态的，所以，在新娘的礼仪姿态中，立姿是最基础、最重要的姿态。

（1）新娘和新郎应挺胸直背，端庄站立。身体脊柱伸展、收腹挺胸、气沉丹田。眼神直视正前方，抬头，下巴微收，背部有向上伸展感，头部、臀部和脚后跟成一条直线，上半身有被吊起的感觉。

（2）两臂略向后伸展，以协助胸部自然挺起，但两臂不要夹得过紧，否则会显得生硬。

（3）新娘的脸要偏向新郎，呈内八字；新郎亦要采取此立姿。

（4）新郎轻曲左臂，新娘的手插在新郎肘内，切不可拉拽新郎的衣服。挽新郎的手要稍露出手指。

（5）新娘的手捧花花束要朝着外侧。

（6）站立时，新娘的双脚脚尖稍稍分开，如是短款婚纱，脚部的姿势尤其要注意，不要呈现内八字。

（7）新郎、新娘同时站立时，新娘应站在新郎身边靠后约 15 厘米处，右手挎新郎左臂，两人以八字形站立。

2. 新娘和新郎的行姿　在婚礼庆典仪式中，新娘和新郎的行姿尤其重要，特别是进场的时刻，在万众瞩目之下的新娘和新郎应该自信而优雅地走向幸福。

入场时，新郎要挺直腰背、目视前方、步幅中等、速度稍慢，让身边的新娘从容跟随。要注意的是，新娘不要拉着新郎的衣服，否则会让人有胆怯的感觉。新郎也不要紧挽新娘，以免踩到裙子，但也不要离得太远。

一般情况下，新娘行走的步幅应比平时略小，抬脚轻、落地缓。眼睛直视前方，尽量将视线放于 10 米前，不可因为婚纱过长而低头看地。

如果婚纱过长、行走不便，可以略提起婚纱中部，以便于行走而不露脚面为宜。行走时，脚尖上扬用力，将裙边踢向前方，足底擦过地面，伸展脊柱，气提丹田，徐徐前行，行走间距保持在 5 厘米左右。行走时，左右脚应分别走直线，不能像模特走台步一样双脚走直线。

新郎在行走时，双脚尽量走在同一条直线上，步伐大小以自己的足部长度为准，速度不快不慢，尽量不要低头看地面，否则容易使人感觉你要从地上捡起什么东西。走路时，腰部稍用力，收小腹，臀部收紧，背脊要挺直，抬头挺胸，切勿垂头丧气。气要平，脚步要从容和缓，尽量避免短而急的步伐，鞋跟不要发出太大声响。

新郎新娘同时行走时，步调要缓慢一致，新娘可略错后新郎半步，由新郎引领新娘前行。头纱或婚纱拖尾可由伴娘或花童帮助拖行。

正确的走路姿态会给人一种充满自信的感觉。走路时，应该抬头、挺胸、精神饱满，不宜将手插入裤袋中。

在婚礼前，新娘应穿上婚纱和婚鞋多多练习，以适应、掌握提婚纱的高度和行走的步伐。尽可能不要选鞋跟过高的婚鞋，以免造成行走姿势不雅或长时间站立产生疲劳等情况。

3. 新娘和新郎的坐姿　新娘坐下时，应面向前方，顺势慢慢浅坐在椅子上，椅子方向或婚纱可由伴娘帮助调整，新娘不可转身或弯身。

新娘坐下时，上半身腰板挺直，双手叠放在膝上，双腿并拢，偏向身体一侧。和新郎坐一起时，稍稍扭腰向新郎一侧，双腿并拢，呈八字。新郎坐下时，双手握拳置于大腿上，双脚打开与肩同宽，呈外八字。

入座时不可过于放松，以免给人疲劳之感，也不可过于紧张，以免自身身体疲劳给人僵硬的感觉。新娘如果面对宾客，不要把身体向后仰，否则会很失礼。

新郎如果无精打采地坐着，裤腿会自动向上提，露出袜子，不雅观。要特别注意，坐下去前，先提一下膝盖部的裤子。椅子要坐浅一些。和亲属拍照时，上半身的姿态最关键，若有了"啊，好不容易能坐下了"这种想法，瞬间就会像泄了气的皮球似的猫起腰来，非常难看。

4. 新娘和新郎的鞠躬礼仪　在婚礼庆典中，新人要在宾客进场、退场、祝词等环节以鞠躬礼答谢宾客。

一般情况下，深鞠躬 90°代表衷心感谢，但在婚礼中，新人鞠躬以 15°～20°为佳。新郎新娘在一起时，两人动作和谐、步调一致最为重要。新娘弯腰程度和时间要与新郎一致，弯腰时同时数 1、2，之后起身。

婚礼上频频鞠躬的要领是：①背要直，腰部以上的身体向前倾。②鞠躬时要满怀感情，弯腰的幅度约 15°，两个人要配合，不要"此起彼伏"。按照 1 秒钟低下身，1 秒钟保持，1 秒钟起身掌握鞠躬时间。注意不要突出下巴，只点头行礼或弯腰过度都会显得不文雅，鞠躬的时候不要抬眼看人。起身要缓慢，起身后恢复正确的立姿，不可随手整理头发或服装。

新娘行礼时，应一手轻遮胸口，以免走光，头部、上身顺势低下，到达合适位置，视线落点应在距离脚尖 2～3 步远处。行礼时，要保证让对方看到自己的微笑。

5. 新娘和新郎的手势礼仪　在婚礼庆典中，很多仪式环节都是涉及手部姿态的，如牵手、托手、吻手、握手、挽手、戴戒指等。

在婚礼中，新娘和新郎的手一般不要超过对方的视线，下界不低于自己的腰所在的位置，左右摆动的范围不要太大，应在胸前或右方。同时，应多用柔和曲线手势，新娘少用生硬的直线条手势，以突出新娘的柔美与优雅。

新娘的手势动作不宜幅度过大、次数过多，新郎不能有"兰花指"等手势，否则会给人留下装腔作势、缺乏涵养的感觉。

新娘和新郎的牵手、托手、戴戒指手势礼仪见图3-1至图3-3。

图3-1　新娘与新郎的牵手礼仪

图3-2　新娘与新郎的托手礼仪

图3-3　新娘与新郎的戴戒指礼仪

6. 新娘的转身礼仪　新人想在婚礼中体现高贵的气质，就应避免任何大的动作。需要转身时，身体应该随着脚步同时转动，转身幅度要小，动作既要利索，又要避免给人匆忙、不稳重的感觉。如果婚纱或礼服裙摆较大，在转身时，可以用与旋转方向相反的手轻轻抓住裙边和裙撑稍微向上提，轻缓转身。之后，让伴娘整理婚纱。

（六）婚礼仪式中新人的礼仪姿态

1. 吻礼　仪式上的亲吻具有神圣的意义，二人应该表现得自然、大方。其正确姿势为：新郎轻轻抓着新娘的胳膊，另一只手搂住她的腰，以此作为暗示，新娘将脸稍抬，让旁观者感觉二人是以很自然的姿态靠近的。

接吻的时机二人要事先说好，这样才不会出差错。新娘应事先用餐巾纸轻轻拭去嘴上的口红，以免在新郎脸上留下清晰的唇印。轻轻抱住胳膊，将脸略上抬更显自然。

2. 切蛋糕礼仪　正确的姿势是新娘右手持刀，新郎将右手盖在新娘的右手上，新郎的左手搂住新娘的腰，新娘的左手辅助右手切蛋糕，这是最美观的姿势。在站姿上，应依旧保持亲密的八字形，两人的视线保持一致，有利于把照片拍得更完美。回头时不要只转脸，整个身体都要转。

3. 揭面纱礼仪　新娘应该微微蹲身，配合对方。婚礼上，原本严肃的气氛不应该让新郎揭面纱时不规范、不雅观动作破坏了，为了使新郎更容易地掀起面纱，有必要降低高度，新娘应以惯用脚为支撑点，另一只脚向后跨小半步，直着腰板微屈膝盖。掀起的面纱不要乱糟糟地放在头上，新郎在掀起爱人面纱的同时，应该顺手帮忙整理一下，这样无论是从侧面还是后面拍照，都会相当整齐。

4. 读信　在婚礼上，新郎新娘在朗读给家人、朋友的感谢信时一定要非常认真，因为这是婚礼仪式上一个十分严肃的场面。真诚的情感十分重要。在写完信之后，本人一定要事先练习一下，以免在正式朗读时有偏差；内容应当真实，能使来宾产生共鸣，营造出一个深情的场面。

5. 点蜡烛礼仪　新郎应引导新娘站在距桌子半步之遥处，新郎一手持点火棒，一手轻揽新娘的腰。新娘要将手捧花正面朝外，注意要腰脊挺直，下巴收拢，不要上扬。新郎应该考虑新娘的臂长，选择一个合适的站立点，如果站得太远，姿势就会勉强，会使下颚抬起，嘴甚至也会张开。点蜡烛的时候，动作要缓慢而优雅。

6. 倒香槟礼仪　在现代婚礼中，人们会搭起香槟塔，寓意新人婚后生活甜甜蜜蜜、节节高。一般情况下，在婚礼舞台的两侧会分别摆放蛋糕和香槟塔。香槟塔摆放的高度是以新人的身高为标准的，如果太高，新人倒香槟时会感觉手臂酸累，并且增加了倒塌的可能，一般香槟塔以4～5层为最佳。

一般情况下，香槟酒是由服务生打开的，在新人倒香槟酒时，新郎应用右手托住瓶身较宽部位，以支撑整个瓶身的重量，左手可以辅助右手控制方向，而新娘的右手应握住瓶口处，左手搭在瓶身后面，配合新郎。

需要注意的是，倒香槟酒时，新郎和新娘拿起香槟酒站稳后，要共同看一下来宾和镜头，然后瓶口对准第一只酒杯的正中心，速度不可太快，以免酒水冲倒杯塔。新郎和新娘的倒香槟礼仪如图3-4所示。

图3-4　新娘和新郎倒香槟礼仪

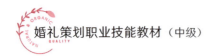

7. 交杯酒礼仪　交杯酒是中式婚礼中的传统礼仪之一，古时称"合卺"。在现代婚礼上，人们用精美的高脚杯来代替卺盛美酒。

一般将酒倒至酒杯的1/3处即可，酒杯间用红线或红丝带相连，约半臂长，中间打蝴蝶结或中国结。

在喝交杯酒时，新郎和新娘各取一杯美酒，相视而立，交叉右臂，举得尽可能高，但不要和脸部重合，保持优雅的笑容和感激的情绪，新娘的脸朝外，双目对视，一饮而尽。新娘和新郎的交杯酒礼仪见图3-5。

图3-5　新娘和新郎交杯酒礼仪

子任务四　与执行团队人员确认婚礼执行方案

一、工作流程

（一）工作准备

1. 物品准备

序号	名称	备注
1	婚礼流程执行单	核对婚礼执行要点
2	客户沟通意见记录及彩排表现记录	执行方案的微调优化

2. 环境与人员准备

序号	环境与人员	准备
1	婚礼仪式现场/办公场所	与执行团队人员的沟通与对接
2	婚礼场景搭建团队人员	说明客户要求和相关建议
3	婚礼执行督导	说明客户的彩排体验和相关建议
4	婚礼主持人	说明客户的彩排体验和相关建议

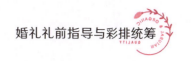

（续）

序号	环境与人员	准备
5	婚礼 DJ	强调应注意的问题和相关建议
6	婚礼 VJ	强调应注意的问题和相关建议
7	婚礼灯光舞美师	强调应注意的问题和相关建议
8	婚礼策划师	（1）经过初级婚礼策划职业技能等级培训，具备婚礼策划和婚礼统筹能力 （2）与婚礼执行团队成员进行沟通

（二）与执行团队人员的沟通与对接

步骤	流程	技术操作要求
工作前准备	列出沟通要点	根据彩排过程中出现的问题和新人意见，列出沟通内容和要点
步骤1	提出问题	向执行团队表明客户的彩排体验和相关建议
步骤2	分析问题	执行团队成员共同分析出现的问题及成因
步骤3	解决问题	由婚礼策划师或执行督导牵头商量解决问题的方法，优化方案

（三）效果评估

（1）通过对现场执行方案的演练，发现和解决执行中可能出现的风险及问题，确保正式的婚礼仪式安全、顺利。

（2）通过设备调适和部门间的配合，快速熟悉工作内容，适应工作要求，更好地实现部门合作，共同确保婚礼的优质高效。

二、相关知识

（一）执行部门工作人员现场沟通的内容和作用

执行部门工作人员的现场沟通分两次进行。

第一次沟通是彩排前，各部门根据婚礼仪式执行方案进行沟通。这次沟通的意义是让执行部门工作人员迅速了解执行方案和工作要求，做好相关的设备调适和执行准备，保障彩排的顺利进行。

第二次沟通是彩排结束后。通常情况下，婚礼仪式的设定和执行方案都是基于婚礼的整体统筹和设计制订的，当中的细节操作和衔接问题，甚至是一些略微欠缺的设定都要通过实施才能显现出来。彩排结束后，无论是新人的不适应、参与人员表现力不够，还是技术部门的技术保障达不到，都会暴露出来。这个时候的沟通就是为了修正和调整这些问题，只有这些问题都解决了，才能确保第二天婚礼的顺利进行。

（二）婚礼彩排中需要格外关注的重要事项

1. 流程演练的完整性 不同的婚礼主题，婚礼形式各异，现代仪式大多包含入场、证婚、结婚誓言、交换戒指、吻礼、敬改口茶、长辈给新人红包、长辈及嘉宾发言、抛手捧花等环节。彩排需要涵盖所有的流程，因为这样可以做到整体把控或预测时间，以免关

键的仪式错过吉时或整体拖延太久。

2. 设备检查　婚礼中会用到话筒、音响、灯具、投影等设备，婚礼场地不同，相关的电源、投影幕布等辅助设施都需要调试。在调试时，不仅要测试设备本身的性能，还要根据实际宴会空间的大小，调节最佳音量及灯光明暗度。

3. 婚礼主持人彩排的重要性　婚礼主持人是一场婚礼的名片，每一场婚礼的主持包含基本的婚礼主持套词、结合本场婚礼的特色及婚礼现场突发问题的即兴发挥等，而婚礼彩排是主持人提前有效融合这两部分内容的机会。此外，执行团队人员整体的彩排也是在主持人的主导之下的。

参 考 文 献

北京中民福祉教育科技有限责任公司，2021.《婚礼策划职业技能等级标准》（2021 年 1.0 版）[EB/OL].
　　（2021 - 06 - 15）. http：//zmfz. bcsa. edu. cn/info/1019/2069. html.

金毅，2012. 婚礼督导 [M]. 香港：香港天马出版有限公司 .

王晓玫，金毅，2012. 婚礼现场督导 [M]. 北京：北京社会出版社 .

王晓玫，2012. 婚庆服务礼仪 [M]. 北京：北京社会出版社 .

王晓玫，李雅若，2016. 婚礼策划事务 [M]. 北京：中国铁道出版社 .

婚礼策划职业技能教材（中级）

教育部第四批1+X证书制度试点

婚礼策划职业技能等级证书系列教材

婚礼庆典
调度执行

中级

hunli qingdian
diaodu zhixing

北京中民福祉教育科技有限责任公司　组编

万俊杰　徐媛媛　主　编

金　毅　赵　丹　副主编

project 7

中国农业出版社

农村读物出版社

北　京

图书在版编目（CIP）数据

婚礼策划职业技能教材：中级．婚礼庆典调度执行 /
北京中民福祉教育科技有限责任公司组编；王晓玫等主
编 . —北京：中国农业出版社，2022.6
    教育部第四批1＋X证书制度试点婚礼策划职业技能等
级证书系列教材
    ISBN 978－7－109－29489－9

    Ⅰ.①婚…　Ⅱ.①北…②王…　Ⅲ.①结婚－礼仪－
职业技能－鉴定－教材　Ⅳ.①K891.22

    中国版本图书馆 CIP 数据核字（2022）第 093510 号

中国农业出版社出版

地址：北京市朝阳区麦子店街 18 号楼
邮编：100125
策划编辑：李艳青
责任编辑：刘昊阳
版式设计：王　晨　　责任校对：沙凯霖
印刷：三河市国英印务有限公司
版次：2022 年 6 月第 1 版
印次：2022 年 6 月河北第 1 次印刷
发行：新华书店北京发行所
开本：787mm×1092mm　1/16
总印张：37.5
总字数：1000 千字
总定价：108.00 元（全 9 册）

前言

婚礼庆典调度执行是指在婚礼举办前和婚礼举办过程中的统筹、协调和执行。婚礼督导师是婚礼创意策划的执行者，是婚礼中把握节奏、进程和方向的总指挥，是主要负责落实策划方案并负责婚礼当天典礼现场的实施、协调和调度婚礼运行过程的专业工作人员。

婚礼庆典调度执行对婚礼策划师或婚礼督导师的团队沟通、婚礼现场统筹和执行，以及为新人和新人家属服务等方面的能力都是一个检验，需要有专业的技能准则和服务规范。此外，对中级婚礼策划师的婚礼统筹能力和危机处理能力要求更高。

婚礼庆典调度执行（中级）包括2项任务：任务一，婚礼执行团队的现场沟通；任务二，进行高质量的婚礼统筹和婚礼现场督导执行。本项目既体现了以职业活动为导向、以职业能力为核心，又体现了其实用性与科学性。熟悉掌握婚礼庆典调度执行的中级技能，可为学习婚礼庆典调度执行的高级技能奠定坚实基础。

本项目教材（中级）由万俊杰负责统稿，王晓玫、张仁民负责审稿，具体写作分工如下：

任务一：万俊杰［北京社会管理职业学院（民政部培训中心）教师］。

任务二：徐媛媛［北京社会管理职业学院（民政部培训中心）教师］、赵丹（中国婚道婚嫁产业研究院·品质宴会执行师联盟成员）、金毅（上海市婚庆行业协会专职礼仪庆典主持人）。

目　　录

Project 7 项目七
婚礼庆典调度执行

　　婚礼庆典调度执行是指在婚礼举办前和婚礼举办过程中的统筹、协调和执行，婚礼督导师是婚礼创意策划的执行者，是婚礼中把握节奏、进程和方向的总指挥，是主要负责落实策划方案并负责婚礼当天典礼现场的实施、协调和调度婚礼运行过程的专业工作人员。

　　婚礼执行团队沟通是指在婚礼开始前，婚礼策划师与婚礼主持人、婚礼化妆师（跟妆师）、婚礼摄影师、婚礼摄像师、婚礼 DJ 师、婚宴场地负责人等的沟通，婚礼团队沟通在婚礼中起到承上启下的作用。

　　婚礼的统筹、婚礼现场的督导和执行是指为了保障婚礼顺利举行，由婚礼策划师和婚礼督导师共同召集的布置、落实婚礼执行团队成员和新人亲友团服务人员在婚礼庆典活动中职责和任务的总体工作，以及在婚礼开始前和婚礼进行过程中具体工作的实施。

　　婚礼过程中的危机处理是考验婚礼策划师专业能力的一个重要指标，掌握婚礼安全管理与风险控制的内容、婚礼安全管理与风险控制的策略，处理婚礼过程中出现的各种意外，是中级婚礼策划师的必备技能。

学 习 目 标

一、知识目标

1. 掌握婚礼执行团队人员高质量沟通的内容。
2. 掌握婚礼执行团队人员高质量沟通的策略。
3. 掌握婚礼现场统筹的内容。

4. 掌握婚礼现场督导的内容。

5. 掌握婚礼安全管理与风险控制的内容。

6. 掌握婚礼安全管理与风险控制的策略。

二、技能目标

1. 能够掌握与婚礼执行团队人员高质量沟通的策略，做到现场沟通精准畅达。

2. 能够掌握婚礼统筹和督导工作的具体内容，使婚礼高质量实施。

3. 能够进行婚礼安全管理与风险控制，及时处理婚礼过程中的意外事件。

三、素质目标

1. 具备与婚礼执行团队人员高质量沟通的能力，培养理解、尊重、平等的婚礼价值观。

2. 具备婚礼统筹和婚礼督导能力，具备敬业、专业、守信的专业价值观。

3. 具备为新人和婚礼其他人员服务的专业技能，培养理解、尊重、平等的专业服务精神。

任务一
婚礼执行团队的现场沟通

【任务情境】

北京时间 9 月 23 日，农历八月初八，某体育运动项目世界冠军林某和谢某的盛大婚礼在北京举行，央视著名主持人担任该场婚礼的主持人。林某和谢某是中国体坛的神雕侠侣，二人的爱情故事被传为一段佳话。婚礼的地点选在了 2008 年他们一同参加北京奥运会的场馆——北京奥体中心。当天，体育馆被装点一新，婚礼主色调选用了新娘喜爱的淡紫色和乳白色，主题为"分享"，馆内一面贴有 1600 多张相片的照片墙上，记录了新人的成长。

这是一场盛大的婚礼，来宾多、场地大，需要较强的执行和督导能力。如果你作为婚礼策划师，如何有效地与婚礼执行团队人员进行高质量沟通呢？

【任务分析】

一、婚礼执行团队现场沟通的主要内容

序号	主要内容
1	在婚礼开始前与婚礼主持人进行充分沟通
2	在婚礼开始前与婚礼化妆师（跟妆师）进行充分沟通
3	在婚礼开始前与摄影师、摄像师进行充分沟通
4	在婚礼开始前与婚礼 DJ 师进行充分沟通
5	在婚礼开始前与婚宴场地负责人进行充分沟通

二、婚礼执行团队的现场沟通的工作目标及措施

序号	主要工作目标	措施
1	提前安排婚礼执行团队的工作任务	通过提前沟通，明确每个人的任务
2	与婚礼执行团队在婚礼现场保持沟通	通过婚礼流程单，督促执行团队

【任务实施】

子任务一　与婚礼主持人进行沟通

一、工作流程

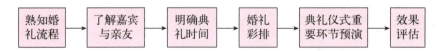

（一）工作准备

1. 物品准备

序号	名称	单位	数量	备注
1	手机	部	1	用于现场沟通
2	婚礼流程册	本	1	最终确定版的婚礼流程册
3	笔记本电脑	台	1	用于记录婚礼流程册等
4	对讲机	个	1	用于现场沟通
5	耳机	个	1	用于现场指导与反馈
6	签字笔	支	1	用于现场记录
7	水杯	个	1	人员饮水使用

2. 环境与人员准备

序号	环境与人员	准备
1	环境	干净、整洁、喜庆、浪漫、温馨、清新
2	婚礼策划师	（1）经过初级婚礼策划职业技能等级培训 （2）言谈有礼、举止文明、着装得体，能恰到好处地提供服务
3	婚礼主持人	言谈有礼、举止文明、着装得体，能恰到好处地提供服务

（二）与婚礼主持人的交流与沟通

步骤	流程	技术操作要求
工作前准备	熟悉典礼现场的环境	（1）经过初级婚礼策划职业技能等级培训，能与婚礼执行团队人员进行充分沟通
		（2）掌握一定的婚俗知识和婚礼主持常识
步骤1	熟知婚礼流程	确定婚礼当天流程设计（婚礼典礼手册）的最终版
步骤2	了解嘉宾与亲友	（1）确定在典礼仪式上致辞嘉宾的职务、名字以及与新人的关系
		（2）让婚礼主持人熟悉新人的父母，并与其进行高质量沟通
步骤3	明确典礼时间	确定婚礼正式开始的时间

（续）

步骤	流程	技术操作要求
步骤4	婚礼彩排	（1）对参加婚礼的新人、家人及亲友进行礼仪指导
		（2）对婚礼细节呈现进行专业指导
注意事项		根据现场情况，婚礼正式开始的时间可以做出临时调整

（三）效果评估

（1）通过与婚礼主持人高质量的现场沟通，让其明确婚礼当天流程以及整场婚礼的风格、特色与创意表达。

（2）建立规范的婚礼主持人资源库，为数字化管理提供便捷服务。

（3）更好地发挥婚礼主持人在婚礼典礼仪式上串联引导、程序推进、气氛营造、即兴应对方面的作用。

二、相关知识

（一）婚礼执行团队现场沟通的三要素

每个婚礼执行团队成员就如同战场上的士兵，婚礼策划师就是这个战场的统帅。根据婚礼需要组建婚礼执行团队，营造开放、包容和互相支持的气氛，建立通畅的现场沟通渠道至关重要。

1. 建立沟通渠道　应根据婚礼的目标来确定婚礼执行团队的目标、规模及责任，利用正式或非正式的沟通渠道及现有的信息系统在婚礼执行团队内部进行知识和信息的交流与共享，在全体团队成员中促成理解、达成共识，并得以贯彻实施。尊重其他婚礼执行团队成员，确保婚礼执行团队成员之间能力和知识的互补，在分配团队任务的时候，既照顾到员工的发展，又能实现团队协作的目标。这不仅有利于提高团队士气，改进团队的工作效率，确保团队任务及时完成，而且有利于增强团队协作能力，加强集体向心力和凝聚力。

2. 融入团队协作　婚礼策划师作为婚礼执行团队的一员，应随时告知其他成员团队活动、个人行动和重要事件，共享相关信息，认识到婚礼执行团队成员的不同特点，确保婚礼执行团队成员的需求得到满足，为团队争取所需要的各种资源，如人力、财力、物力或有关信息等；化解婚礼执行团队中的冲突，维护团队的名誉。

通过婚礼执行团队内的有效合作及适当竞争，可提高团队的整体绩效。

3. 发挥魅力管理　婚礼策划师对婚礼执行团队成员有全面的认识，能有效地应用群体运作机制，引导一个群体实现团队目标。应有目的地创建互相依赖的婚礼执行团体合作精神，在团队间合理有效地调配资源，加强不同目标和背景的团队之间的配合，以促成组织整体业务目标的实现。通过各种手段，发挥个人魅力和领导才能，提出科学的婚礼执行团队的发展方向和目标，使团队成员充满工作激情，在团队中营造精诚合作与公平竞争的氛围。塑造健康优秀的婚礼执行团队形象，使团队能被外界或有关组织认同和推崇。

（二）与婚礼执行团队进行现场沟通的基本原则

1. 有效表达

（1）婚礼策划师与婚礼执行团队沟通前，应先理清思路，合理分析后表达自己的态度和意见。

（2）婚礼策划师要理性地控制情绪、语调、语速，言简意赅，做到言之有物、言之有序、言之有理。

（3）婚礼策划师要体现出良好的职业礼仪和专业素养，达到说服、引导和感染对方的目的。

2. 积极聆听　有效的倾听能增加信息交流双方的信任感，是克服沟通障碍的重要条件。婚礼策划师在沟通时要使用目光交流，耐心听清策划方案的流程和细节，尽可能不要随意打断对方的话。

婚礼策划师应积极思考，对策划方案和突发事件做出相应的反应，提出整改意见，但不可对执行团队成员妄加批评。

3. 有效反馈　反馈是指在接收信息的过程中或过程后，及时回应对方，以确认信息传递的正确性。反馈的出现才意味着有效沟通的开始。

在提出建议时，要把握时机、就事论事，并充分表明态度，以减少沟通成本，提高沟通质量。

（三）婚礼主持人的功能与职责

婚礼主持人是指从事婚庆礼仪活动前期沟通、负责主持文案制作、进行婚礼典礼仪式主持的工作人员。

1. 婚礼主持人的功能

（1）串联引导。婚礼主持人在婚礼现场对婚礼仪式流程起桥梁和纽带作用，是典礼仪式的串联者和引导者。

（2）程序推进。婚礼主持人根据婚礼策划师设计的婚礼仪式流程，通过语言表达适时推进，与现场新人和亲友互动，引导和控制婚礼现场的气氛，机敏而巧妙地引导婚礼仪式向预定的方向发展。

（3）气氛营造。婚礼主持人通过语言表达，最大限度地调动现场喜庆热烈的气氛。

（4）临场应变。婚礼现场出现任何失误，婚礼主持人都要处变不惊，保持清醒的头脑，急中生智，补救现场，要具有极强的现场应变能力。

2. 婚礼主持人的职责

（1）恪守职业道德，认真负责，团结协作。

（2）充分与新人交流，挖掘爱情故事，围绕婚礼创意，用语言把婚礼仪式各环节串联起来，引导新人、亲友及来宾等共同完成婚礼仪式。

（3）为新人及家人提供婚礼彩排。

（4）维护现场秩序，营造婚礼喜庆、欢乐、祥和的气氛。

（5）与工作人员高质量沟通，完美呈现婚礼，彰显仪式感。

（6）从容面对、巧妙处理突发事件。

3. 婚礼主持人的工作流程

（1）婚礼前1～2个星期与新人见面，了解婚礼当天的基本概况，根据婚礼策划书和新人的不同要求，写出婚礼仪式流程的主持词。

（2）婚礼前1～2天协助新人做最后彩排。

（3）婚礼当天提前来到婚礼现场，检查场地、音响布置、座位安排，处理临场变故，使婚礼准时、流畅地举行。

（4）与相关负责人做最后沟通与跟进，使整个程序更加清晰、流畅。

（5）婚礼开始前可以安排乐队参加新人迎宾（如小提琴等）及拍摄仪式，烘托现场气氛。

（6）主持开场序幕，宣布婚礼正式开始，介绍新人及主婚人，致欢迎词及祝福。

（7）主持婚礼仪式，协助婚礼策划师和新人构思新人演讲词，帮助新人大方得体地倾诉心中情愫。

（8）按新人的意愿及要求设计婚礼小游戏、歌曲曲目、魔术等节目，搞活现场气氛。

不同于婚礼策划师，婚礼主持人（婚礼司仪）的发展具有较长的历史，一般规模较大的婚庆公司有自己的婚礼主持人，也有一些比较出名的婚礼主持人自己单独开工作室或组建婚礼主持人团队（公司）。

婚礼主持人除了主持好典礼之外，还要在婚宴中带领东道主和新郎、新娘向各方面来宾敬酒，主持好席间的乐队和演出活动。

4. 婚礼主持人与婚礼策划师和新人沟通的三个原则

（1）充分了解情况。首先要做一个倾听者、引导者、记录者，一般需要了解以下内容：①来宾情况；②场地情况；③恋爱情况；④特殊情况。

在沟通过程中，婚礼主持人还要注意以下三点：一是不可涉及新人伤感、尴尬、避讳的话题；二是对新人讲述的内容做及时的反应和记录；三是适时提出引导性问题，帮助新人找到真正的需求。

（2）耐心讲解细节。作为一名婚礼主持人，对新人的讲解要有耐心，针对新人的需要讲解典礼的程序，要注意以下几点：一是提醒新人记录需要准备的发言稿、婚礼用具和容易出错的地方；二是一定要跟新人说明婚礼现场是灵活的，作为婚礼主持人有可能随时调整程序；三是随时记录与新人的特殊约定。

（3）巧妙化解问题。婚礼主持人要巧妙地化解可能会对婚礼产生负面影响的问题。

5. 婚礼主持人的不同主持风格　婚礼主持人不应该只有一种主持风格，无论是高雅浪漫或是喜庆活泼，复古传统或是中西合璧，婚礼主持人都可以把握。婚礼主持人一般有以下四类风格：①幽默调侃型；②内敛沉稳型；③浪漫柔和型；④传统文化型。

（四）婚礼策划师与婚礼主持人高质量的沟通策略

婚礼主持人的作用在现代婚礼中越来越不可忽视，因为一名称职的主持人可以给婚礼锦上添花。婚礼开始前，婚礼策划师与婚礼主持人的高质量沟通尤为重要。

1. 婚礼策划师要清晰准确地说明婚礼策划书的各项事项　在婚礼执行上，婚礼主持人要尽量服从和贯彻婚礼策划师的策划方案，不要擅自更改婚礼策划师的策划方案或主题。但在一定情况下，可以对婚礼策划师的创意亮点进行适当的升华和表达。

2. 婚礼策划师主动听取婚礼主持人的建议，进行充分交流　婚礼策划师与婚礼主持人的高质量沟通能让婚礼主持人更加准确地理解婚礼的主题、风格、创意和细节。婚礼主持人应充分了解婚礼策划的主题和新人的爱情故事，在创作主持词的过程中，充分彰显语言的艺术魅力，提升整个婚礼庆典的审美意蕴。

3. 婚礼策划师要向婚礼主持人着重强调婚礼中的禁忌事项　对于新人的禁忌事项，在与主持人沟通时，婚礼策划师一定要着重强调。比如，有的新人家庭很注重传统风俗与民族信仰等，那么在沟通过程中，婚礼策划师要将这些事项清晰地告诉主持人；有的新人家属要求婚礼必须在 11 点 58 分结束，晚一分钟都不行，如果婚礼策划师在沟通时没有说清楚，有可能主持人多说两句话就超过时间了。

针对婚礼中的注意事项，尤其是一些有特殊要求的婚礼，婚礼策划师要把要求解释清楚。有特殊环节设计的婚礼更要注意，如新人选择吊威亚从空中飞旋入场，那么主持人站立的位置就要特别注意，以免发生意外。

【婚礼主持文案模板】

梦幻童话婚礼主持文案

一、婚礼基本信息

新郎	张××	电话××××××××	新娘	李×	电话××××××××
婚礼主持人	牧师				
婚礼时间	2009 年 01 月 12 日				
婚礼地点	菲律宾圣奥古斯丁教堂				

二、婚礼创意说明

以梦幻为主题，童话般的婚礼与教堂的神圣相结合，打造一个梦幻而又温馨浪漫的婚礼。新娘李×以一头白发行礼，寓意着两位新人白头偕老、相爱一生。誓言采用告白式，作为亮点，定义爱情的专属。婚礼仪式中，聆听圣歌，体现天主教婚礼特色，彰显神圣感、仪式感。

三、婚礼流程

时间	婚礼流程	婚礼音乐
14:30	新娘和母亲坐白色马车抵达教堂	
14:38	典礼仪式正式开始	
14:40	新郎入场	音乐 1
14:45	（1）新娘在母亲的陪伴下入场 （2）母亲将新娘托付给证婚人 （3）证婚人将新娘交给新郎	婚礼进行曲
14:55	结婚誓言	
14:60	交换戒指	
15:00	拥吻礼	音乐 2
15:05	新郎和新娘面对神坛跪下祈祷，唱诗班唱歌	唱诗班
15:10	新郎和新娘签署结婚证书	音乐 3
15:15	礼成	音乐 4
15:16	晚宴	

四、婚礼主持词

【开场】

女士们，先生们：

今天是 2009 年 1 月 12 日，我们欢聚一堂，在菲律宾圣奥古斯丁教堂，共同见证张先生、李小姐的神圣婚典。"10 年爱情长跑今天终于修成正果。"

首先，请允许我代表新人和双方父母对各位来宾的光临表示衷心的感谢和热烈的欢迎！

【新郎入场】

伴随着我们热烈的掌声，有请新郎幸福入场。

【交接仪式】

朋友们，今天，新娘在母亲的陪伴下乘白色马车抵达教堂，大有童话中公主出嫁的氛围。母亲将新娘交给证婚人，这是对证婚人的尊敬与信赖。接下来由证婚人将新娘托付给新郎。

【誓言、戒指】

现在，请二位新人面对神坛，庄严地许下爱的誓言。

告白式：

"我给你戴上这枚戒指，表示我对你的忠贞和爱情。"

"我给你戴上这枚戒指，表示我对你的忠贞和爱情。"

【拥吻礼】

请新郎在全场来宾的见证下拥抱、亲吻你的新娘吧。

【天主教祈祷仪式】

牧师宣布二人成为合法夫妻。

【礼成】

让我们为幸福的恋人起舞，为火热的爱情歌唱，祝愿他们的人生之路洒满爱的阳光。掌声欢送一对新人踏上他们的锦绣前程！也请来宾抛洒手中的花瓣送上最美好的祝福。

子任务二　与婚礼摄影师、婚礼摄像师进行沟通

一、工作流程

熟知婚礼流程 → 提出拍摄建议 → 反馈新人需求 → 展示成功案例和婚礼细节的再沟通 → 效果评估

（一）工作准备

1. 物品准备

序号	名称	单位	数量	备注
1	手机	部	1	用于现场沟通
2	婚礼流程册	本	1	最终确定版的婚礼流程册

（续）

序号	名称	单位	数量	备注
3	对讲机	个	1	用于现场沟通
4	耳机	个	1	用于现场指导与反馈
5	签字笔	支	1	用于现场记录
6	水杯	个	1	人员饮水使用

2. 环境与人员准备

序号	环境与人员	准备
1	环境	干净、整洁、喜庆、浪漫、温馨
2	婚礼策划师	（1）经过初级婚礼策划职业技能等级培训 （2）言谈有礼、举止文明、着装得体，能恰到好处地提供服务
3	婚礼摄影师、摄像师	言谈有礼、举止文明、着装得体，能恰到好处地提供服务

（二）与婚礼摄影师、婚礼摄像师的交流与沟通

步骤	流程	技术操作要求
工作前准备	熟悉典礼现场的环境	（1）经过初级婚礼策划职业技能等级培训，能与婚礼执行团队人员进行充分沟通
		（2）掌握一定的婚俗知识和婚礼影像拍摄常识
步骤1	熟知婚礼流程	确定婚礼当天流程设计（婚礼典礼手册）
步骤2	提出拍摄建议	（1）选择拍摄位置与拍摄角度
		（1）强调婚礼策划创意方案中的亮点及影像效果
步骤3	反馈新人需求	重审新人在影像视听方面的特别需求
步骤4	展示成功案例	结合婚礼创意，展示婚礼影像视听方面相关的成功案例
步骤5	婚礼细节的再沟通	（1）强调婚礼策划中婚礼细节的影像效果与艺术呈现
		（2）告知婚礼现场灯光的使用情况
注意事项		（1）反复强调婚礼摄影师、摄像师的设备必须保持正常运转
		（2）保证影像拍摄的专业效果与艺术表达

（三）效果评估

（1）通过与婚礼摄影师、摄像师的现场沟通，使其了解婚礼当天的流程设计，进一步明确摄影和摄像的风格、拍摄重点与拍摄细节。

（2）保障婚礼拍摄的顺利进行，保证影像画面的艺术呈现与文化表达。

二、相关知识

（一）婚礼摄影师和摄像师的功能与职责

1. 婚礼摄影师和摄像师的功能　婚礼摄影摄像师是通过专业影像设备，利用影像艺术技巧，忠实、客观地纪录婚礼现场全程的专业人员。其中，根据器材、分工和影像的性

质不同，又分为摄影师和摄像师两类。

婚礼摄影师常以抓拍的形式纪录婚礼过程中的美好瞬间，而婚礼摄像师则要全面地纪录婚礼的各个仪式流程、各种空间环境，二者相互配合、各司其职。

2. 婚礼摄影师和摄像师的职责

（1）负责使用、保管摄影工具，对摄影用品的租赁或采购提出建议。

（2）用心拍摄每一个镜头、每一张照片，为新人找到最佳拍摄位置和拍摄角度。

（3）提前做好摄影准备，不让新人等候太久。在正式婚礼前清理摄影用品，保证器材正常工作。

（4）提前向婚礼策划师、婚礼化妆师咨询，了解新人有多少套衣服、需要拍多少张照片，以便做好合理安排。

（5）拍摄前，及时与新人及其家人进行交流，结合其心理需求进行拍摄创作。

（6）外拍时，提早准备好要带的相机、道具，并在外拍本上注明带走多少器具，同时负责保管和带回。

（二）婚礼策划师与婚礼摄影师、摄像师的高质量沟通策略

婚礼策划师与婚礼摄影师、婚礼摄像师进行高质量沟通的要点有：

1. 明确婚礼流程　告诉婚礼摄影师和婚礼摄像师整个婚礼的流程以及婚礼策划师认为婚礼策划方案中的设计亮点，这是摄影摄像的重点，要将婚礼流程表交婚礼摄影师和婚礼摄像师，使他们掌握婚礼进程。

2. 设计拍摄位置　预留空间给婚礼摄影师，以方便摄影师取景，无论在男方家、女方家，还是婚礼仪式区及宴会区，都要让摄影师有充足的走动空间，以便取得更好的拍摄位置和拍摄角度。

3. 强调客户要求　婚礼策划师在与婚礼摄影师、摄像师沟通时，要让摄影、摄像师明确了解新人的个性气质、婚礼的风格特点及婚礼的预算等，方便摄影、摄像师构思从接亲到婚礼仪式再到整个婚礼结束的镜头设计，避免出现遗漏珍贵画面的问题。

4. 注意现场光线　现场光线不够充足，拍出来的色彩就会失真，效果也会令人失望。所以，在彩排时，必须让婚礼摄影师清楚婚礼现场的灯光设置和使用情况。

5. 拟定拍摄脚本　列出婚礼策划师和新人想要拍摄的所有照片，最好制作一个照片需求表。对于婚礼现场的合影，婚礼策划师必须告诉摄影师合影的顺序，最好制作合影顺序表，明确婚礼摄影的顺序及摄影人员的位置。此外，还要拟定婚礼中所有必须拍摄的关键镜头和分镜头，如哪些部分要全景，哪些希望有特写，哪些需要实现艺术表达等。

建立婚礼摄影师和婚礼摄像师作品案例库也是婚礼策划师实现高质量沟通的有效手段。

子任务三　与婚礼化妆师（跟妆师）进行沟通

一、工作流程

（一）工作准备

1. 物品准备

序号	名称	单位	数量	备注
1	手机	部	1	用于现场沟通
2	婚礼流程册	本	1	最终确定版的婚礼流程册
3	对讲机	个	1	用于现场沟通
4	耳机	个	1	用于现场指导与反馈
5	应急管理包	个	1	用于突发事件的应急处理
6	签字笔	支	1	用于现场记录
7	水杯	个	1	人员饮水使用

2. 环境与人员准备

序号	环境与人员	准备
1	环境	干净、整洁、喜庆、浪漫、温馨
2	婚礼策划师	（1）经过初级婚礼策划职业技能等级培训 （2）言谈有礼、举止文明、着装得体，能恰到好处地提供服务
3	婚礼化妆师（跟妆师）	言谈有礼、举止文明、着装得体，能恰到好处地提供服务

（二）与婚礼化妆师（跟妆师）的交流与沟通

步骤	流程	技术操作要求
工作前准备	熟悉典礼现场的环境	（1）经过正规的岗前培训 （2）掌握一定的婚俗知识和婚礼化妆常识
步骤1	熟知婚礼流程	派发婚礼当天流程设计（婚礼典礼手册）的最终版
步骤2	提出相关建议	（1）确定新人整体的造型风格与形象设计 （2）与跟妆师沟通，适时补妆，保证妆容的专业水准
步骤3	反馈新人需求	传达新人对妆容的个性化要求
步骤4	关注细节重点	（1）重申和提醒新人造型设计与服饰的修正 （2）告知新人转场的具体时间节点
步骤5	婚礼着装礼仪指导	（1）结合服饰给予礼仪指导，有效契合婚礼创意 （2）用专业知识和自信美丽的妆容，缓解新人当天的紧张情绪
	注意事项	提醒新娘要将当天的服饰、鞋子、胸花等物品打包交给伴娘放好，以免出现纰漏

（三）效果评估

（1）通过交流与沟通，婚礼化妆师（跟妆师）做好新人结婚当天的造型设计和形象管理，保证新人始终保持最佳的形象与状态。

（2）实现新人妆容、造型设计、婚礼的文化表达三者的有机契合。

二、相关知识

（一）婚礼化妆师（跟妆师）的功能与职责

1. 婚礼化妆师（跟妆师）的功能　打造一场完美的婚礼，婚礼化妆师和婚礼跟妆师所起的作用非同一般。婚礼化妆师主要负责新娘结婚当天的造型设计和形象管理，保证新人始终保持最佳的形象与仪表状态。婚礼跟妆师往往在婚礼当天要一直跟随新娘，为新娘服务。大多数情况下，婚礼化妆师也承担婚礼跟妆师的角色。

2. 婚礼化妆师（跟妆师）的职责

（1）负责使用、保管化妆用品，每天清洗套刷、粉扑，妥善保管易损坏的化妆品（如口红、胶水），可以重复使用的要存放好。此外，提出化妆用品的采购建议，保持台面的整洁和干净。

（2）遵守纪律，爱护公物，严格执行公司的各项规章制度，不准擅离职守，给新人化妆时不做与化妆工作无关的事。

（3）在化妆前主动为新人介绍化妆程序，征求新人的意见。

（4）有良好的职业道德，化妆时，神情专注，动作要轻快、熟练，要根据新人的要求认真细致地做出新人理想的造型。

（5）分类、分色、分新旧保管头饰、首饰、假发、头纱及手套，并进行登记，以便及时补充遗失或损坏的物品。

（6）化妆台上的头饰、首饰、假发、头纱及手套必须整洁有序、条理分明、容易取放。

（7）婚礼化妆师（跟妆师）要随时根据新人的要求及婚礼流程为新人补妆。

（二）婚礼策划师与婚礼化妆师（跟妆师）高质量沟通的策略

婚礼策划师与婚礼化妆师（跟妆师）进行沟通时要遵循以下原则：

1. 遵循婚礼创意　婚礼策划师根据婚礼的创意、基调和风格，结合新人的气质与需求，与婚礼化妆师（跟妆师）进行高质量沟通，使新人妆容、造型设计、婚礼的文化表达三者有机契合。

2. 体现专业素养　婚礼化妆师（跟妆师）是专业的，新娘的建议或要求如果不适合她，婚礼策划师要说服新人，按照婚礼化妆师（跟妆师）的专业设计进行试妆，用心完善妆容，用专业的知识、美丽的妆容、得体的造型设计缓解新人当天的紧张情绪。

3. 满足新人意愿　婚礼策划师列出新人喜欢的一些造型设计，与婚礼化妆师（跟妆师）进行沟通，最终实现与婚礼创意贴合、体现专业妆容、满足新人意愿三位一体的造型设计。

4. 秉持工匠精神　婚礼跟妆师除了要熟练运用面部化妆、发型设计、整体造型、跟妆技巧等专业技能外，还要了解艺术学、社会学和心理学等方面的相关知识。

（三）婚礼化妆师（跟妆师）必备工作用品清单

婚礼化妆师（跟妆师）必备工作用品清单详见表1-1。

表1-1　婚礼化妆师（跟妆师）必备工作用品清单

项目类别	具体用品
婚礼化妆师（跟妆师）必备化妆品	妆前乳、粉底液、粉饼、遮瑕膏、蜜粉散粉、眼影、眉笔/眉粉/染眉膏、高光修容、睫毛膏、睫毛夹、假睫毛、睫毛胶、化妆刷具组合、腮红、口红、唇膏、眼线笔/眼线液/眼线膏、双眼皮贴、修眉刀、剃毛刀、粉扑、海绵、美妆蛋、棉签、化妆棉、卸妆液等
婚礼化妆师（跟妆师）必备造型工具	电卷棒、夹板、玉米须夹板、发胶、发冻、尖尾梳、鬃毛梳、钢卡、皮筋、吹风、鸭嘴夹等
婚礼化妆师（跟妆师）必备配饰	头饰饰品、头纱、耳环项链、手套等

子任务四　与婚礼 DJ 师进行沟通

一、工作流程

熟知婚礼流程 → 明确婚礼音乐风格 → 反馈新人需求 → 提醒核对相关细节 → 效果评估

（一）工作准备

1. 物品准备

序号	名称	单位	数量	备注
1	手机	部	1	用于现场沟通
2	婚礼流程册	本	1	最终确定版的婚礼流程册
3	笔记本电脑	台	1	用于记录婚礼流程等
4	对讲机	个	1	用于现场沟通
5	耳机	个	1	用于现场指导与反馈
6	签字笔	支	1	用于现场记录
7	水杯	个	1	人员饮水使用

2. 环境与人员准备

序号	环境与人员	准备
1	环境	干净、整洁、喜庆、浪漫、温馨
2	婚礼策划师	（1）经过初级婚礼策划职业技能等级培训 （2）言谈有礼、举止文明、着装得体，能恰到好处地提供服务
3	婚礼 DJ 师	言谈有礼、举止文明、着装得体，能恰到好处地提供服务

（二）与婚礼 DJ 师的交流与沟通

步骤	流程	技术操作要求
工作前准备	熟悉典礼现场的环境	（1）经过初级婚礼策划职业技能等级培训，能与婚礼执行团队人员进行充分沟通
		（2）掌握一定的婚俗知识和婚礼音乐常识
步骤 1	熟知婚礼流程	派发婚礼当天流程设计（婚礼典礼手册）的最终版
步骤 2	明确婚礼音乐风格	（1）根据婚礼创意赋予专属的婚礼音乐
		（2）彰显婚礼音乐丰富的情感和节奏
步骤 3	反馈新人需求	（1）传达新人对婚礼音乐的偏爱
		（2）提出婚礼音乐创作的个性化要求
步骤 4	提醒核对相关细节	（1）明确婚礼音乐播放流程表
		（2）确定现场音效的调试效果
注意事项		反复强调，保证播放设备正常运转

（三）效果评估

（1）通过沟通，婚礼 DJ 师可以在婚礼仪式现场做到音乐播放准确、完整、有序。

（2）能体现婚礼音乐的艺术呈现与文化表达。

二、相关知识

一个优秀的婚礼 DJ 师，能将整场婚礼的音乐贯穿融合到婚礼仪式当中，该高则高、该低则低，循序渐进、自如跳脱，音乐与音乐之间有机切换，犹如行云流水般自然贴切，让来宾置身于美丽幸福的爱情故事之中。每一场婚礼都要有专属的婚礼音乐，因此，婚礼 DJ 师的重要性是绝对不可以低估的。

（一）婚礼 DJ 师的功能与职责

1. 婚礼 DJ 师的功能　婚礼 DJ 师是在婚礼庆典日趋个性化、时尚化和专业化的背景下应运而生的。

当新人踏入婚礼殿堂时，总会用音乐记录下那一时刻的幸福和甜蜜。这些旋律会让所有亲朋好友为之动容，或喜庆欢快、或温馨浪漫、或轻松活泼、或抒情优美，喜庆中透着热烈，欢快中彰显祥和，庄重中表露高雅。婚礼 DJ 师会用专业的无间隙播放软件实现完美转场，让婚礼音乐有更强的感染力。

2. 婚礼 DJ 师的职责

（1）认真学习关于音乐、音响设备的专业知识，懂婚礼、懂音乐、懂情感。

（2）能随着婚礼的进行播放相应的音乐，善于捕捉现场气氛，与婚礼主持人默契配合，完美呈现婚礼音乐。

（3）提前检查音响设备，及时为新人提供专业服务。

（4）了解音响设备维修和保养的基本知识，能处理突发故障。

（5）工作认真，严格操作规程，杜绝意外事件的发生。

（6）当出现突发事件的时候，有足够的经验配合婚礼主持人，即兴完成婚礼乐曲的创作。

（二）婚礼策划师与婚礼 DJ 师高质量沟通策略

婚礼策划师与婚礼 DJ 师的高质量沟通可以从以下几个方面着手：

1. 烘托婚礼主题　好的婚礼音乐能够给婚礼增添更多神秘和浪漫。婚礼 DJ 师应根据婚礼主题、婚礼情节、婚礼风格和新人的喜好编写婚礼音乐脚本，并详细列出每一个婚礼流程需要的婚礼音乐、时长、转场需求等，力求获得完美的艺术呈现。

2. 体现婚礼的文化表达　当代婚礼是文学、音乐、花艺、影视、舞美设计、灯光等艺术门类的综合表现。婚礼是一种文化，一场成功的婚礼是以深厚的文化底蕴作支撑的。婚礼音乐要准确把握时代脉搏，完美诠释婚俗文化。婚礼 DJ 师应根据情境，采用渐入、淡出、切入、加强、减弱等手法，赋予音乐丰富的情感和节奏，与婚礼主持人密切配合，为完成一场浪漫温馨的婚礼增色。

3. 注重建立资源库　婚礼 DJ 师应在平时搜集各种各样的音乐，并用心去听、用心去感受，找出最适合在婚礼上播放的音乐，然后要对音乐进行处理和剪裁，不断充实和完善婚礼音乐曲目资源库。

4. 满足个性化需求　在个性定制婚礼盛行的今天，越来越多的新人更愿意在婚礼中唱出自己对爱情的向往和对新生活的期待。新娘、新郎有时会选用一些对唱的曲目提前在录音棚完成录制和包装，在婚礼仪式举办的当天播放，这是一种个性化需求，婚礼 DJ 师可以帮助新人实现这种想法。婚礼音乐与婚礼风格、婚礼主题、婚礼意境相得益彰，往往会给新人留下美好的回忆。

（三）婚礼音乐曲目资源库

婚礼 DJ 师应建立婚礼音乐曲目资源库，具体模板可参考表 1-2。

表 1-2　婚礼音乐曲目资源库一览表模板

编码	音乐名称	音乐风格	建议婚礼使用环节	时长
0001	×××	×××	×××	×××
0002	×××	×××	×××	×××
×××	×××	×××	×××	×××

子任务五　与婚宴场地负责人进行沟通

一、工作流程

熟知婚礼流程 → 婚礼现场的视觉设计 → 反馈新人需求 → 效果评估

（一）工作准备

1. 物品准备

序号	名称	单位	数量	备注
1	手机	部	1	用于现场沟通
2	婚礼流程册	本	1	最终确定版的婚礼流程册

（续）

序号	名称	单位	数量	备注
3	对讲机	个	1	用于现场沟通
4	耳机	个	1	用于现场指导与反馈
5	应急管理包	个	1	用于突发事件的应急处理
6	签字笔	支	1	用于现场记录
7	水杯	个	1	人员饮水使用

2. 环境与人员准备

序号	环境与人员	准备
1	环境	干净、整洁、喜庆、浪漫、温馨
2	婚礼策划师	（1）经过初级婚礼策划职业技能等级培训 （2）言谈有礼、举止文明、着装得体，能恰到好处地提供服务
3	婚宴场地负责人	言谈有礼、举止文明、着装得体，能恰到好处地提供服务

（二）与婚礼场地负责人的交流与沟通

步骤	流程	技术操作要求
工作前准备	熟悉典礼现场的环境	（1）经过初级婚礼策划职业技能等级培训，能与婚礼执行团队人员进行充分沟通 （2）掌握一定的婚俗知识和婚宴设计常识
步骤1	熟知婚礼流程	派发婚礼当天流程设计（婚礼典礼手册）的最终版
步骤2	婚礼现场的视觉设计	（1）配合完成婚礼现场的平面、空间、VI、舞美等设计 （2）与合作供应商进行统筹安排
步骤3	反馈新人需求	传达新人个性化的设计理念
注意事项		专业的婚庆道具一定要安排专业的工作人员进行操作，以免发生意外

（三）效果评估

（1）通过交流与沟通，婚礼场地负责人结合婚礼创意和新人需求，配合完成婚礼现场的视觉设计工作，包括平面、空间、VI、舞美等设计，配合监督现场施工质量。

（2）结合婚礼设计要素，进行统筹安排和整体协调，协助婚礼策划师完成现场布置方案的拟定工作等。

二、相关知识

一般来说，绝大多数婚礼都在酒店举行，酒店除了为婚礼提供场地和婚宴服务以外，有时也会提供一些婚庆项目和婚庆用品，但专业的婚庆道具和婚庆场布硬件是由专门的婚庆供应商提供的。

（一）婚礼策划师与婚礼场地负责人沟通的重点内容

（1）需要酒店提供的物品，如盖碗茶、交杯酒杯等。

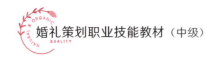

（2）需要酒店提供的设备，如投影仪、音响、音频视频转接线等。

（3）需要酒店提供的服务，如上菜时间、分蛋糕的时间等。

（4）需要酒店配合的工作，如在仪式上开关灯的配合。

（二）婚礼酒店人员执行的具体内容

1. 准备工作　准备婚宴引导、指示标识、台签，重点安排娘家桌、专人迎宾等。迎宾时要礼貌、得体，注意防止外来不相干的人员参与其中。

2. 摆台、准备交杯酒　安排服务员摆台，包括瓜子、酒烟、饮料、喜糖。交杯酒选用高脚杯，倒可口可乐或红酒，托盘装载，下衬白口布，撒红玫瑰花瓣。摆台时可视实际情况，考虑是否在婚礼结束后再摆放饮料。

3. 婚庆车辆的安排　在星级酒店举行婚礼还要和酒店保安对接，不要让其他车停在紧贴酒店大门台阶的位置。因为花车一般不从正常的行车道进入酒店，多是选择酒店台阶下的广场，这样视觉开阔，利于制造宏大的现场效果。如果酒店门口有喷泉等设施，还要提示酒店提前将其打开。

4. 商定婚宴　确定婚宴酒席总数，确定首次开席总数；尽可能安排十人一桌，避免浪费。婚宴酒席要在正中留出新人出场过道和婚礼现场应有的空间。同时，商定酒水放置地点、供应程序等，并由专人负责。

5. 婚宴结束后，帮助客户收尾　婚宴结束后，要安排服务人员就餐，检查是否有客人遗失物品，并收拾剩余烟酒、打包剩菜等。

任务二
进行高质量的婚礼统筹和婚礼现场督导执行

【任务情境】

晓雷和小美曾经就读于不同的医学院，二人相遇于 2010 年，当时他们作为学生志愿者加入巴基斯坦的洪灾救助队伍中；2014 年埃博拉病毒震荡非洲，2 人又再次相遇在非洲几内亚的救援医疗队中。经过了 10 年的相识、相知、相恋，2 人即将迈入神圣的婚姻殿堂，婚礼订在 5 月 5 日，地点在"奥菲堡"婚礼宴会酒店，宾客 500 人。本场婚礼委托给婚礼督导团队进行婚礼的统筹、督导和现场执行。你作为婚礼策划师、统筹师、督导师，应如何高质量地实施婚礼的统筹和婚礼现场的督导、执行工作呢？

【任务分析】

一、高质量婚礼统筹、婚礼现场督导和执行的主要内容

序号	主要内容
1	高质量的婚礼统筹
2	高质量地与婚礼现场所有人员进行沟通
3	高质量的婚礼现场督导
4	高质量的婚礼现场执行

二、高质量婚礼统筹、婚礼现场督导和执行的工作目标及措施

序号	主要工作目标	措施
1	明确婚礼统筹和现场督导、执行的内容	通过专业培训，为客户提供高质量的专业服务
2	保证婚礼的顺利进行	通过专业培训，为客户提供高质量的专业服务

【任务实施】

子任务一　进行高质量的婚礼统筹

一、工作流程

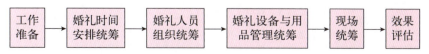

（一）工作准备

1. 物品准备

序号	名称	单位	数量	备注
1	婚礼策划书	份	1	便于执行方案
2	新人基本信息表	份	3	由婚庆公司和新人制定
3	记录本和笔记本电脑	套	1	用于记录统筹方案的具体事项
4	婚礼服务要求调查表	份	1	用于落实婚礼统筹服务
5	婚礼现场要求调查表	份	1	用于落实婚礼场地情况
7	手机	部	1	用于留存人员联系方式
8	其他物品	套	1	婚礼督导物品专用箱

2. 环境与人员准备

序号	环境与人员	准备
1	环境	干净、整洁、喜庆、浪漫、温馨
2	婚礼总督导（统筹）	言谈有礼、举止文明、着装得体、能恰到好处地提供服务
3	婚礼执行团队成员	婚礼主持人、婚礼摄影师摄像师、婚礼化妆师和跟妆师、婚礼 DJ 师、婚礼执行督导师
4	新人	将要举办婚礼的新人，对婚礼现场效果有明确的目标
5	新人亲友团负责人	双方新人亲友团负责人，熟知仪式中亲友团出席的人员

（二）婚礼现场统筹

步骤	流程	技术操作要求
工作前准备	专业准备	（1）经过初级婚礼策划职业技能等级培训
		（2）掌握一定的婚俗知识和婚礼策划服务专业技能
步骤 1	婚礼时间安排统筹	（1）确定婚礼当天流程设计（婚礼典礼手册）
		（2）婚前筹备时间的安排统筹
		（3）婚礼当天时间的安排统筹
步骤 2	婚礼人员组织统筹	（1）派发婚礼当天流程设计（婚礼典礼手册）的最终版
		（2）婚礼工作人员的组织统筹
		（3）婚礼来宾的组织统筹
步骤 3	婚礼设备与用品管理统筹	（1）派发婚礼当天流程设计（婚礼典礼手册）的最终版
		（2）婚礼设备和用品的运输
		（3）婚礼设备的安装和卸载

（续）

步骤	流程	技术操作要求
步骤 5	为新人的婚礼现场统筹	（1）确定婚礼仪式的时间、地点、主题
		（2）确定婚礼仪式的环节
		（3）确定婚纱、婚戒、婚鞋等必需品
		（4）确定亲友团成员和工作
注意事项		项目五和项目六讲授了婚礼团队沟通和婚礼统筹，可以参考这部分内容

（三）效果评估

通过婚礼前的统筹工作，进行婚礼时间的安排统筹、婚礼人员的组织统筹、婚礼设备与用品的管理统筹和婚礼现场统筹，确保婚礼顺利进行。

二、相关知识

（一）婚礼统筹与婚礼统筹师的含义

统筹是指通盘筹划，婚礼统筹是指对婚礼服务进行统一安排和规划。

婚礼统筹师会向新人介绍婚礼所有的流程，提供专业的婚礼咨询和引导推荐，跟进新人的结婚计划，满足每一对新人在备婚过程中的需求。所以，婚礼统筹师是服务于婚礼全过程的专业服务人员。

近些年，"四大金刚"已经无法满足新人对婚礼的需求，从而产生了"五大金刚""六大金刚"，也逐渐衍生出了婚礼督导、婚礼管家、新娘秘书等职业，这些新生的职业满足了现代快节奏都市白领对于婚礼的需求。从婚礼筹备到现场执行，从婚礼仪式到中国传统婚俗，婚庆服务公司可提供全方位解决方案，缓解了现代都市白领在筹备婚礼时时间和精力上的不足。

婚礼督导、婚礼管家、新娘秘书都是在婚礼统筹服务过程中为新人提供婚礼服务的相关专业人员。婚礼督导关注的是婚礼现场的执行问题，婚礼管家和新娘秘书关注的是与婚礼相关的所有后勤服务问题。

婚礼统筹主要包括婚礼时间安排统筹、婚礼人员组织统筹、婚礼财务管理统筹、婚礼设备与用品管理统筹和婚礼现场统筹。

（二）高品质婚礼统筹的工作内容

1. 统一调配、协调、督促各个现场部门落实工作　专业的婚礼督导团队有非常强的现场执行力，可以在婚礼彩排、现场统筹、仪式督导等方面提供专业指导，保障婚礼顺利举行。

一场完美的婚礼凝聚了现场若干工种的大量心血，所有参与者来自不同的部门和行业，如何把各个不同的工种有机统筹调配起来，是婚礼督导的工作之一，也是督导工作的最大作用。

2. 落实策划师的策划方案与现场执行的衔接　在前期与新人的沟通中，婚礼策划师已经将婚礼现场及后期视频效果与新人进行了沟通。一个优秀的婚礼督导师能够在对策划文案的文字（图片、手绘）描述进行全面评估后，根据实际情况，将其一一落到实处，把完美的婚礼策划方案变为现实并保证其顺利执行。

3. 良好的沟通和彩排　很多新人直到婚礼当天都很茫然，非常希望专业的婚礼督导师能够对他们进行指导，告诉他们婚礼前后所有应该了解和做到的事情。

优秀的婚礼督导师能结合婚礼主持人的台词和婚礼策划师的策划亮点，同婚礼策划师、婚礼主持人一起，对新人、双方父母、伴郎伴娘、小花童等进行相关指导，对婚礼的现场效果、相关人员的站位与走位、各个动作等进行完整的讲述和实地练习，以达到理想的效果。

4. 和婚礼主持人的良好配合　婚礼主持人和婚礼督导师要协同作战，一个负责台上、一个负责台下的统筹配合，确保婚礼顺利进行。

5. 保证不会因疏忽细节而导致婚礼出现遗憾　婚礼督导师的作用还在于无论是在迎宾过程中还是在婚礼仪式进行过程中，都不会因疏忽细节而导致婚礼仪式出现遗憾。婚礼督导师要在婚礼仪式前协调公司和婚宴酒店的相关人员，落实仪式中需要的灯光、交杯酒、蛋糕、香槟塔等事项。在仪式中，还要为新人提供引导，指挥相关人员递、接道具等。总之，婚礼督导师要对整场婚礼进行管理。

（三）婚礼的人员统筹

1. 婚礼总策划师、婚礼总督导师　负责统筹整体，分配协调各组工作。

（1）确定婚期及提供婚礼形式的建议。

（2）传授婚礼礼俗及婚礼注意事项。

（3）提供婚礼开支预算，供新人参考。

（4）与新人商议，确定宴请宾客名单。

（5）准备婚礼发言稿。

（6）记录整个结婚筹备过程的进出账款（各组工作人员将花费收据交给他），并于婚礼后3天将余款与单据交给新人。负责统一支付款项，如婚宴酒席后与饭店结账。

注意：在召开第一次婚礼筹备组会议之前，要与双方父母商议决定上述（1）～（4）项内容。如父母与新人发生意见冲突，婚礼策划师、婚礼统筹师或婚礼管家要做好协调工作。

2. 伴郎/伴娘（2人）　协助新郎、新娘处理一些临时状况，并留意、整理新娘的服装，尤其是在拍照时。

3. 新娘秘书（1人）　协助新人更衣，保管服装、配饰等物品，可以由伴娘担任。

4. 执行督导（1人）　确定奶油蛋糕最适合送达的时间，预备大小纸盘、叉子、纸巾、蛋糕刀等；负责酒水的送达及宴后清点。

5. 主持人（1人）　说话得体，善于控制时间并能调节现场气氛。其主要职责有：①了解新人的婚礼背景，设计精彩的支持内容；②典礼、婚礼程序与时间的安排。

注意：如果需要在婚礼上增加环节，一定要及时与婚礼主持人商议。

6. 化妆师（1人）　预备化装箱，负责新娘的化妆、换发型和补妆。其主要职责包括：①商讨设计婚礼当天新娘的妆型和发型；②了解新人所选择的婚纱及头饰式样；③在婚礼当天负责新娘的化妆、发型和补妆。

7. 摄影摄像组（3～4 人） 邀请熟悉摄影技术的朋友或者专业摄影人员负责拍摄。一人负责新娘新郎的拍摄，一人负责来宾亲友的拍摄，一人负责全程摄像（如果是双机位，应该有两个摄像师）。

8. 花艺师（1 人） 其主要职责包括：①新娘、新郎、伴娘、伴郎、花童等人所需花饰的购买、制作、设计及保鲜；②婚宴现场的花艺，包括花门、花台、餐桌用花等的购买、制作、布置和保鲜；③花车花艺的设计及制作。

9. 音控和灯光（DJ 师、VJ 师）（各 1 人） 负责结婚典礼、舞会上的音乐、灯光效果和大屏播放。

10. 财务组（出纳 1 人） 可以由新人的兄弟姐妹担任，如双方均无兄弟姐妹，可由信得过的 2 名密友或亲戚来承担此项工作。其职责主要有：①负责整个结婚筹备过程进出款项的记录；②负责来宾签名，礼金和礼品的收纳；③负责统一支付款项，如婚宴酒席后与饭店结账等；④负责婚礼用品的购买，如签名卡、座位卡、请柬、酒、烟、糖果和红包袋等。

注意：所有款项记录负责人都要保留花费收据、发票等，以便事后清理账目。

11. 招待组（4 人） 招待组主要包括总招待、引座员、保管员。

（1）总招待（1 名）。其职责包括：①负责主桌来宾邀请；②负责全场座位的安排调度；③满足客人的需要。

注意：总招待的职责范围还包括婚宴时掌握每桌人数与上菜时间，注意饮料的补充并负责为摄影等工作人员留位、留菜等。

（2）引座员（2 名）。其中一名负责引导男方亲友来宾入座，另一名负责引导女方亲友来宾入座。

备注：最好由分别熟识男、女方亲友来宾的人担任。

（3）保管员（1 名）。其主要职责包括：①协助新娘更衣；②保管服装、配饰等物品。

注意：在婚礼当晚，闹完新房后，物品一定要妥善交接。

12. 后勤组（2 人） 后勤组主要包括酒水协调、交通员等。

（1）酒水协调（1 名）。其主要职责包括：①负责与饭店经理协调酒水等方面的事务；②负责收好多层式蛋糕的架子和螺丝，以便还给蛋糕店。

注意：一般饭店的酒水价格不菲，可先问明饭店是否可以自带酒水，如可以，请婚庆公司协助，将所需酒水列单到酒水批发处购买。

（2）交通员（1 名）。其主要职责包括：①负责结婚所需车辆的租借与司机的安排；②安排亲友来宾的交通与停车问题，并确认所需车辆的到位情况，查看车辆是否需要清洗等。

注意：如果涉及长途交通，应考虑旅途安全。

婚礼工作人员组织统筹分工见图 2-1。

（四）召开婚礼筹备会议

为了保证婚礼办得热闹、温馨、有序，保障婚礼的顺利进行，高质量的婚礼现场统筹必不可少。根据婚礼规模，婚礼筹备会议至少要召开两次，大型婚礼需要至少召开三次（表 2-1）。

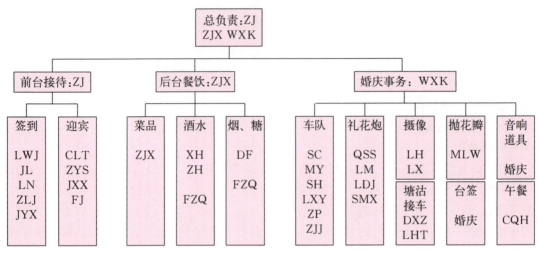

图 2-1　婚礼工作人员组织分工

表 2-1　婚礼筹备会

内容	时间	人员	任务
第一次筹备会	婚礼前 6 个月	婚礼策划师、婚礼督导（婚礼管家或婚礼统筹）、新郎新娘、执行团队	任命婚礼总策划师；确定婚礼筹备组人员名单；明确婚礼筹备组各组人员的职责；分配前期筹备工作的任务，如场地的预订等
第二次筹备会	婚礼前 1 个月	婚礼策划师、婚礼督导（婚礼管家或婚礼统筹）、新郎新娘、执行团队	各组前期筹备进展情况，尽快发现并弥补筹备过程中发现的问题，进入倒计时
第三次筹备会	婚礼前 1 周	婚礼策划师、婚礼督导（婚礼管家或婚礼统筹）、新郎新娘、执行团队	最后明确筹备准备情况，确保各项工作已经基本落实，动员工作人员在婚礼当天提前到位；再次理清婚礼当天的任务，准备好各种突发情况的应急方案，将婚礼当天的随身手册及宾客名单、酒店菜单、仪式流程等文件发到各相关人员手中。
第四次筹备会	婚礼前 1 天	婚礼策划师、婚礼督导（婚礼管家或婚礼统筹）、新郎新娘、执行团队、新人家属负责人	确认各个环节的到位情况及所有细节，进行彩排

（五）婚礼时间安排统筹

婚礼时间安排统筹分为婚礼前筹备时间安排统筹和婚礼当天时间安排统筹。

1. 婚礼前筹备时间安排统筹　婚礼前筹备是指以举办婚礼庆典仪式的时间为坐标，倒计时计划婚礼筹备时间，一般是从婚礼前 8～12 个月开始筹备婚礼。具体筹备时间安排见表 2-2。

表 2-2 婚礼前筹备时间安排范例

婚礼筹备安排	已完成时间	备注
婚礼倒计时：8个月 订酒店、订婚纱		
（1）在结婚旺季，知名酒店会出现爆满的现象，所以要提早决定婚礼的举行场地，提前预订		
（2）挑选两三家酒店，带新人亲自查看会场，并制作一张候补场地清单，把新人感兴趣的场地的地址、价格、菜单、联系人写在上面		
（3）决定婚礼举办场地后，正式预约饭店、场地。在预约的时候要把违约金、变更期限写清楚		
（4）决定婚礼日期、地点、仪式及婚宴方式，进行婚宴预约；估计来宾人数；估计酒席数量；选择婚宴地点；确认酒席菜单、价格；确认婚宴现场的音响效果；与酒店协调婚宴布置等细节；预订酒席；付订金		
（5）确定婚礼预算		
（6）草拟客人名单		
（7）召集亲友讨论婚礼计划		
（8）确定伴郎、伴娘		
（9）确定主婚人、证婚人		
（10）成立婚礼筹备组		
（11）召开项目启动会		
（12）制订婚礼项目计划书		
（13）明确筹备组分工		
（14）订婚纱照		
（15）开始挑选婚礼当天新娘和新郎的服装		
婚礼倒计时：4个月 拍婚纱照		
（1）开始选择结婚礼服 ★如果是准备自己购买，可以稍微晚一些，但如果是租借礼服，要提前预订，否则好看的样式可能被别人捷足先登		
（2）拍摄结婚照注意：为拍摄前做准备，新娘开始进行皮肤保养，新郎剪头发		
（3）拍婚纱照 ① 挑选婚纱影楼、购买礼服（国内）。在挑选时，同样要货比三家 ② 预约拍摄日期 ③ 拍照 ④ 选片 ⑤ 取货 ⑥ 冲印或喷绘		
婚礼倒计时：3个月 预约工作		
（1）预订结婚请柬和喜糖		

（续）

婚礼筹备安排	已完成时间	备注
（2）选择结婚戒指		
（3）预约好结婚当天拍摄照片和录像的工作人员		
（4）向单位提出婚假申请		
（5）其他预订工作		
婚礼倒计时：2个月		
（1）设计印制喜帖，发出结婚请柬。注明希望对方在收到请柬一个月内给予答复，长辈、上司、恩师、媒人等要亲自去送，以示尊敬；电话通知外地亲友；网上发布结婚通知		
（2）预订新娘手捧花、头纱		
（3）采购新内衣、婚鞋		
（4）试新娘妆、设计发型，确定婚礼化妆师（跟妆师）		
（5）试新郎妆、设计发型，确定婚礼化妆师（跟妆师）		
（6）确定伴娘、伴郎人选，并为其挑选礼服		
（7）准备好婚礼的演讲词		
（8）联系、预约、确定婚礼主持人		
（9）送订婚礼金		
（10）确定邀请客人的名单，并确定大致预算		
（11）就婚礼筹备计划和进展与父母进行沟通		
（12）及时更新亲友受邀信息；对于重要亲友，要再次确认		
（13）再次确认主婚人、证婚人		
（14）联系旅行社，准备蜜月旅行		
（15）确定结婚礼车的数量、司机、车的装饰等，确认并谈妥租借事宜		
婚礼倒计时：一个半月　正式发出请柬		
（1）发请柬喜帖给亲友		
（2）请柬回复确认		
（3）确定婚礼礼仪式的各项程序，并制订完整的计划，包括菜单、装饰、蛋糕、香槟等		
（4）联络婚礼筹备人员和婚礼执行团队成员，召开第二次筹备会议，确定筹备工作分配计划，并确认各组工作		
（5）新娘试穿婚纱，新郎试穿礼服		
（6）新娘购买与婚纱、礼服相配的鞋子和配饰		
（7）确定新娘、新郎的化妆师（跟妆师）		
（8）新娘美容保养		

（续）

婚礼筹备安排	已完成时间	备注
（9）确定宴席准确桌数		
（10）购买相关物品，包括签名簿、礼簿、红包袋、答谢卡、座位卡、签字笔、大头针、打火机等		
（11）准备好接送亲友的车辆		
婚礼倒计时：1个月		
（1）确定并列出婚礼细节		
（2）确定摄影师和摄像师		
（3）宴请婚礼当天的工作人员		
（4）将婚礼当天需要使用的服装、配饰、化妆品整理好		
婚礼倒计时：2周		
（1）与婚宴场地单位协调当日现场布置、桌数等细节		
（2）制作宴席座位表和酒店宴会安排的平面图，并发给迎宾相关工作人员		
（3）敲定婚礼工作人员名单，复印结婚典礼相关资料给工作人员		
（4）再次确认预算		
（5）购买婚礼当天需要的香烟、酒水、糖果等		
（6）最后一次试妆、试发型；做全面保养		
（7）婚礼化妆预约。确认婚礼当天的造型，预约婚礼当天化妆的具体时间和地点		
（8）书写婚礼致辞		
（9）预备好婚礼当日的详细时间表和随身物品清单		
（10）准备好婚礼当天的各种费用，红包要分别包好，多准备些备用		
（11）婚庆用车预约。确定婚车数；选定婚车司机；预约扎彩车的时间地点；确定婚礼当天婚车行进路线及所需时间		
（12）预约摄影摄像。确定摄影摄像机的数量；选定婚礼当天的摄影摄像人员；摄影摄像分工；准备摄影像器材		
（13）就婚礼当天策划文案设计与婚礼主持人进行沟通		
（14）收拾新房		
（15）再次电话联络重要宾客，确认远方宾客的住宿		
婚礼倒计时：1周		
（1）确定全部预约		
（2）办理结婚登记		
（3）检查婚礼当天要带的物品，包括婚纱、小饰品、结婚戒指、喜糖等		

（续）

婚礼筹备安排	已完成时间	备注
（4）婚礼用品的订购：喜帖、红包、喜字；彩带、拉花、喷雾；烟、酒、饮料；糖、花生、瓜子、茶叶；预订鲜花；预订蛋糕、水果		
（5）其他。换崭新钞票；确定滚床儿童；为远道而来的亲友准备客房		
婚礼倒计时：2 天		
（1）与婚礼的所有联系人再次沟通。就婚礼准备工作完成情况与父母沟通；根据准备情况，就婚礼当天仪式进程与主持人做最后沟通；与伴郎伴娘再次沟通；最后确认帮忙的亲友团成员；最后确认婚宴、车辆、摄影像、化妆等细节准备情况		
（2）确认婚礼当天发言人的准备情况。主婚人、证婚人发言准备情况；父母代表发言准备情况；来宾代表发言准备情况		
（3）最后确认婚礼当天所有物品准备情况。最后试穿所有礼服；将婚礼当天要穿的所有服装装好；准备两瓶假酒；准备婚礼当天新郎新娘的快餐；最后检查所有物品并由专人保管（新娘的新鞋、结婚证书、戒指、红包；糖、烟、酒、茶、饮料；焰火道具等）		
（4）新娘去除汗毛，修面修眉，修指甲，腿部保养		
（5）进行全身护理按摩		
（6）检查蜜月旅行所需衣物等		
婚礼倒计时：1 天		
（1）婚礼主持人、婚礼执行团队成员与新人及亲友进行婚礼彩排		
（2）摄影摄像、车队、饭店等最后确认；与化妆师确定次日化妆及造型时间		
（3）确定结婚礼服、婚宴饰品及穿戴顺序，整齐排列，挂入衣橱		
（4）补妆用品的准备		
（5）凡属次日要用的首饰、配件、丝袜、披肩、鞋子等，均应备妥		
（6）小两口对婚礼当天所有事项做最后沟通		
（7）虽然会很紧张，但一定要保证充足的睡眠		
当天的准备		
（1）比平常早起，早餐一定要吃，但不宜多喝水		
（2）早起梳整发型、化妆，穿戴齐备		
（3）行李、钱包、护照、签证、信用卡、外币等确认		
（4）重要物品，如婚戒、结婚证书托专人保管		
婚礼后 1～3 周		
（1）宴请筹备工作人员并赠送小礼物		
（2）结算婚礼费用		

（续）

婚礼筹备安排	已完成时间	备注
（3）照片和电子相册整理		
（4）照片加洗赠送		
（5）寄出致谢卡		
（6）蜜月旅行回赠亲友的蜜月旅行礼物		
（7）邀请亲友到新家做客		

2. 婚礼当天的时间安排统筹　婚礼当天的时间安排是按照举办婚礼的时间顺序来进行统筹安排的。由于婚礼举办的地点不同，时间统筹也有差异。

（1）室内婚礼。室内婚礼的具体安排详见表2-3、表2-4。

表2-3　婚礼当天时间安排统筹（南方地区举办婚礼）

时间	项目	地点	物料准备及注意事项	注意事项	负责人及联系方式
7:30—8:30 （婚车通常一主五副，装饰在一小时以内完成，建议在前一天对婚车进行清洗）	婚车装饰		（1）第一束手捧花 （2）胸花	（1）男方婚礼管家（婚礼督导或婚礼统筹）7点到新郎家，提前一天与花艺师再次对接，联系好扎花车位置 （2）婚礼当天安排婚车及婚车司机7点在＿＿＿＿（地点）集合扎婚车（花车数量及主婚车款式、花材颜色提前与策划师沟通，方便花艺师提前准备） （3）新郎及男方参与接亲人员7:30准时到新郎家 （4）男方婚礼管家当天记得找花艺师拿早上第一束手捧花、胸花、手腕花 （5）注意准备摄影摄像车	男方婚礼管家（婚礼督导或婚礼统筹）：电话： 花艺师：电话： 摄影：电话： 摄像：电话：
8:30—9:15 （此段时间安排为婚车装饰地点到新娘家地点的时间）	出发至新娘家		（1）鞭炮。婚车到新娘家，下车前放一封 （2）开门红包。准备足量的开门小红包，建议不少于200个，金额自定	（1）男方婚礼管家（婚礼督导或婚礼统筹）提前2天带主婚车司机踩点，走一遍婚车当天路线，计划好路线及时间 （2）8点半准时从新郎家出发至新娘家	男方婚礼管家（婚礼督导或婚礼统筹）：电话： 伴郎：电话：

（续）

时间	项目	地点	物料准备及注意事项	注意事项	负责人及联系方式
8:30—9:15（此段时间安排为婚车装饰地点到新娘家地点的时间）	出发至新娘家		（1）鞭炮。婚车到新娘家，下车前放一封（2）开门红包。准备足量的开门小红包，建议不少于200个，金额自定	（3）男方婚礼管家（婚礼督导或婚礼统筹）提前1天至新娘家踩点，与小区物管协调婚车停放位置，了解是否可以放鞭炮（4）摄影摄像当天早上在新娘家拍摄，当婚车到达时，男方婚礼管家（婚礼督导或婚礼统筹）提前致电摄影摄像，安排摄影摄像下楼补拍新郎镜头（5）车队停靠后，接亲人员上楼接新娘，男方婚礼管家（婚礼督导或婚礼统筹）安排人员在新娘家楼下放第一封鞭炮	男方婚礼管家（婚礼督导或婚礼统筹）：电话：伴郎：电话：
6:30—9:00（新娘化妆至少安排2小时）	新娘化妆（是否有伴娘妆或妈妈妆，如果有，则要注意整体时间的把控和伴娘的到场时间）		婚纱、头饰、一双平底鞋和新娘贴身物品新娘管家（婚礼督导或婚礼统筹）负责联系化妆师、摄影摄像师的到场时间，化妆师准点到，摄影摄像和伴娘可晚一小时到	（1）新娘提前试妆，妆面与头饰提前和化妆师对接好（2）女方婚礼管家（婚礼督导或婚礼统筹）提前一天与化妆师、摄影摄像联系，告知其新娘家的具体位置（3）新娘早上6点半开始化妆，女方婚礼管家（婚礼督导或婚礼统筹）负责当天电话联系化妆师（4）婚礼前一个星期，女方婚礼管家（婚礼督导或婚礼统筹）提醒新娘每天敷面膜，以保证婚礼当天妆面贴服，不脱妆（5）新娘在婚礼前3天再次试穿婚礼当天的礼服和婚纱，有大小不合适的尽快修改	女方婚礼管家（婚礼督导或婚礼统筹）：电话：化妆师：电话：摄影师：电话：摄像师：电话：
9:15—9:40〔婚礼策划师会安排一小时以内的接亲游戏，婚前筹备会的时候交给婚礼管家（婚礼督导或婚礼统筹）〕	接亲游戏	新娘家楼下	接亲物资。通常由婚礼策划师提前准备，交给女方婚礼管家（婚礼督导或婚礼统筹）	（1）女方亲友团成员8点到达新娘家，由女方婚礼管家（婚礼督导或婚礼统筹）负责联系（2）亲友团提前一天与新娘约见，安排接亲流程及物资准备	女方婚礼管家（婚礼督导或婚礼统筹）电话：伴娘：电话：

（续）

时间	项目	地点	物料准备及注意事项	注意事项	负责人及联系方式
9:15—9:40 〔婚礼策划师会安排一小时以内的接亲游戏，婚前筹备会的时候会交给婚礼管家（婚礼督导或婚礼统筹）〕	接亲游戏	新娘家楼下	接亲物资。通常由婚礼策划师提前准备，交给女方婚礼管家（婚礼督导或婚礼统筹）	（3）在婚前筹备会时，策划师会准备接亲游戏及接亲道具并将其交给女方婚礼管家（婚礼督导或婚礼统筹）及伴娘 （4）婚礼管家（婚礼督导或婚礼统筹）要告诫大家，一切接亲游戏以娱乐为主，亲友团手下留情 （5）接亲时间为1个小时，9点50左右，女方婚礼管家（婚礼督导或婚礼统筹）可以催促游戏结束，新人开始敬茶	电话： 伴娘： 电话：
9:40—10:00 （新娘的父母敬茶时间通常为20分钟，这段时间必须完成敬茶仪式，进行简单的家庭合影，如果朋友想要合影，告知其下午有专门的合影时间）	敬茶仪式	新娘家	（1）敬茶物资：垫子、抱枕、托盘、敬茶茶杯——建议用盖碗茶 （2）宾客食品 （3）提醒父母准备改口红包。红包金额随意，没有特别要求	（1）敬茶物资，女方婚礼管家（婚礼督导或婚礼统筹）在婚礼前3天检查物资准备情况，并清洗干净 （2）红枣汤圆由女方婚礼管家（婚礼督导或婚礼统筹）安排人员提前煮好，分装在纸碗里（一碗里包含2颗汤圆、4颗红枣），由伴郎负责分配到每个人 （3）敬茶时，由伴娘抬托盘，女方婚礼管家（婚礼督导或婚礼统筹）准备新人跪拜用的垫子。由女方婚礼管家（婚礼督导或婚礼统筹）负责主持敬茶仪式	女方婚礼管家（婚礼督导或婚礼统筹）： 电话： 伴娘： 电话： 伴郎： 电话：
10:00—10:45 （此段时间为新娘家至新郎家的车程）	新人出发到新郎家	新娘家至新郎家	出门物资：小板凳、红伞、鞭炮2封（出发时和到达时放）、车队	（1）敬茶结束后，准备出发至新房，新娘出门后脚不能落地，新郎背着或抱着新娘上婚车，小板凳交由伴郎，给新娘垫脚用 （2）新人出门后，伴娘负责在一旁撑红伞，直至新人上车为止 （3）新人上车后，男方婚礼管家（婚礼督导或婚礼统筹）负责安排放第二封鞭炮	男方婚礼管家（婚礼督导或婚礼统筹）： 电话：

（续）

时间	项目	地点	物料准备及注意事项	注意事项	负责人及联系方式
10:45	新房进门			（1）早上 11 点之前进新房，男方婚礼管家（婚礼督导或婚礼统筹）负责安排好时间，如果提前到达新房，可在婚车上稍做休息，10 点 50 左右安排人员进新房 （2）新娘上楼依旧由新郎背着或是抱着，脚不能落地	
10:45—11:05 （时间把控与新娘家一致）	敬茶仪式	新郎家	（1）敬茶物资：垫子、抱枕、托盘、口布、敬茶茶杯——建议用盖碗茶 （2）宾客食品：银耳莲子羹 （3）提醒男方父母准备改口红包	（1）女方婚礼管家（婚礼督导或婚礼统筹）在婚礼前 3 天检查物资准备情况，并清洗干净 （2）银耳莲子羹由男方婚礼管家（婚礼督导或婚礼统筹）安排人员提前煮好，分装在纸杯中，由伴郎负责分配到每个人 （3）敬茶时候由伴娘拿托盘，男方婚礼管家（婚礼督导或婚礼统筹）准备新人跪拜用的垫子，由男方婚礼管家（婚礼督导或婚礼统筹）负责主持敬茶仪式	男方婚礼管家（婚礼督导或婚礼统筹）： 电话： 伴娘： 电话： 伴郎： 电话：
11:30—13:00	午餐	新郎家附近	（1）午餐需至少提前一天预订，保证到餐厅时就能就餐 （2）新娘与主伴娘不离开房间，因此要注意安排他们的进餐 （3）午餐时间比较紧，尽量安排简餐，并不要饮酒	（1）男方婚礼管家（婚礼督导或婚礼统筹）负责提前订好午餐（桌数、菜品提前预订好，节省时间） （2）接亲人员从新房出来后，男方婚礼管家（婚礼督导或婚礼统筹）提前致电餐厅，安排炒菜、上菜 （3）新娘及伴娘不离开新房，由女方婚礼管家（婚礼督导或婚礼统筹）负责安排人员给他们送餐 （4）餐厅结款事项由男方婚礼管家（婚礼督导或婚礼统筹）负责，新郎提前把款项交给婚礼管家（婚礼督导或婚礼统筹）	男方婚礼管家（婚礼督导或婚礼统筹）： 电话： 女方婚礼管家（婚礼督导或婚礼统筹）： 电话：

（续）

时间	项目	地点	物料准备及注意事项	注意事项	负责人及联系方式
13:30—15:30（包含了路程及拍摄时间）	拍外景		（1）从新郎家出发前，再放一封鞭炮（2）拍外景人员一般为新人朋友和兄弟姐妹，双方父母可在家休息	（1）所有人员午餐后，到新房休息，由男方婚礼管家（婚礼督导或婚礼统筹）安排新人拍外景（2）女方婚礼管家（婚礼督导或婚礼统筹）联系化妆师补妆，摄影摄像就位拍外景，并注意把控拍摄时间（3）外景结束后，出发至酒店，婚车离开后，男方婚礼管家（婚礼督导或婚礼统筹）安排人员放第三封鞭炮	女方婚礼管家（婚礼督导或婚礼统筹）：电话：
15:30—16:00（从外景地点到酒店时间）	前往酒店		（1）女方婚礼管家（婚礼督导或婚礼统筹）：安排新人到酒店与婚礼策划师（总督导）对接（2）男方婚礼管家（婚礼督导或婚礼统筹）：安排接送双方父母的车辆	（1）男方婚礼管家（婚礼督导或婚礼统筹）提前2天带主婚车司机踩点，走一遍当天的路线，计划好路线及时间（2）2点半从新房出发至酒店，到达酒店后，女方婚礼管家（婚礼督导或婚礼统筹）电话联系策划师，告知策划师准备拍外景及彩排	女方婚礼管家（婚礼督导或婚礼统筹）：电话：男方婚礼管家（婚礼督导或婚礼统筹）：电话：婚礼策划师：电话：
16:00—16:30	新人换装	酒店婚房	婚房提前与酒店对接好	（1）女方婚礼管家（婚礼督导或婚礼统筹）提前一天与酒店负责人联系对接，确定婚房房号（2）女方婚礼管家（婚礼督导或婚礼统筹）安排人员收纳新人物资，到达酒店后办理入住手续（3）女方婚礼管家（婚礼督导或婚礼统筹）提前收好新郎、新娘的身份证，作婚房办理入住手续之用，（4）女方婚礼管家（婚礼督导或婚礼统筹）联系化妆师，安排新娘换装	酒店人员：电话：

（续）

时间	项目	地点	物料准备及注意事项	注意事项	负责人及联系方式
15:45—16:30	婚礼彩排	酒店主仪式区	（1）彩排人员：摄像摄影师、伴郎伴娘、双方父母（2）双方婚礼管家（婚礼督导或婚礼统筹）负责联系亲友团人员，安排每桌回礼/喜糖/喜烟摆放等细节	（1）婚礼仪式流程，在婚前筹备会上，新人提前与策划师沟通，对接婚礼仪式流程，策划师提前告知婚礼主持人（2）彩排时，灯光、音响视频就位准备，完整彩排婚礼流程（3）双方父母需在场，配合婚礼主持人彩排及走位（4）伴郎伴娘需在场，配合督导执行人员传递物资	婚礼策划师：电话：双方婚礼管家（婚礼督导或婚礼统筹）：电话：主持人：电话：
16:30—17:00	婚前餐	婚前餐指定地点	女方婚礼管家（婚礼督导或婚礼统筹）需提前与酒店对接婚前餐的相关事项（酒店设置的婚前餐通常只包含新郎、新娘、伴郎、伴娘4人餐，如需增加，需要提前对接）	彩排结束后，女方婚礼管家（婚礼督导或婚礼统筹）负责联系酒店工作人员，确定婚前餐就餐地点和就餐人数（常规为4人餐，如需增加，提前对接）	女方婚礼管家（婚礼督导或婚礼统筹）：电话：
17:00—17:30	补妆	酒店婚房		（1）婚前餐结束后，女方婚礼管家（婚礼督导或婚礼统筹）联系化妆师安排新娘换装、补妆（2）新郎可以先去迎宾区迎宾	化妆师：电话：伴郎伴娘：电话：
17:30—18:40	新人迎宾	酒店门口	喜烟喜糖盘	（1）新人开始迎宾，女方婚礼管家（婚礼督导或婚礼统筹）提前找酒店借用迎宾用的托盘，摆放喜烟喜糖（2）新人迎宾时，喜烟喜糖摆放在迎宾区附近，伴郎负责补给（3）有宾客到达时，双方婚礼管家（婚礼督导或婚礼统筹）安排人员带座（4）迎宾开始后，女方婚礼管家（婚礼督导或婚礼统筹）联系摄影摄像进行拍摄	伴郎伴娘：电话：摄像摄像师：电话：

（续）

时间	项目	地点	物料准备及注意事项	注意事项	负责人及联系方式
18：45	婚礼仪式候场	酒店	—	（1）女方婚礼管家（婚礼督导或婚礼统筹）联系化妆师，安排其为新娘补妆、换头饰；晚宴仪式候场	伴郎伴娘： 电话：
				（2）女方婚礼管家（婚礼督导或婚礼统筹）负责准备婚礼仪式要用的对戒 （3）督导执行人员安排双方父母、伴郎、伴娘就位候场 （4）策划师对接主持人和摄影摄像师，开始倒计时	婚礼执行团队： 电话： 摄影、摄像： 电话：
19：00—19：20	婚礼仪式	酒店	—	婚礼执行团队人员执行准备	婚礼执行团队： 电话：
19：20	晚宴、换装	酒店婚房	敬酒服	（1）婚礼仪式结束后，伴娘陪同新娘至婚房换装 （2）新郎稍做休息	化妆师： 电话：
	敬酒	酒店	酒杯	（1）女方婚礼管家（婚礼督导或婚礼统筹）在婚礼仪式结束后联系酒店人员，安排好敬酒的物资（酒壶，分酒器，小酒杯） （2）伴郎伴娘陪同新人共同敬酒	伴郎伴娘： 电话：
注意事项	婚礼礼管家（婚礼督导或婚礼统筹）物资准备详情： （1）所有工作人员的联系方式（见婚礼当天人员联系表） （2）接亲物资和接亲流程表 ①敬茶物资：垫子、抱枕、托盘、口布、敬茶茶杯（建议用盖碗茶）——两套 ②新娘家宾客食品——汤圆、红枣、纸碗；新郎家宾客食品——银耳莲子羹、纸杯 ③提醒双方父母准备改口红包 （3）进出门物资：鞭炮四封、红伞、小板凳、开门小红包 （4）提前对接： ①酒店婚前餐问题 ②婚礼当天午餐预订问题 ③接送父母车辆安排 ④双方负责摆放喜烟喜糖的亲戚				

表 2－4　婚礼当天时间安排统筹（北方地区举办婚礼）

	时间安排	内容安排	准备物品	伴郎伴娘行动	工作人员行动
新娘	5:30	起床更衣，穿开身的家居服，吃早餐	营养的清淡饮食		
	6:00	化妆师到达新娘房			化妆师为新娘化妆
	6:55	伴娘到达，摄像师副机位、摄影师到达新娘房。新娘的好姐妹陆续到达		伴娘到达后应先整理着装，然后根据婚礼内容准备带到现场的物品	摄像副机位抓拍化妆镜头及服装准备细节
	7:55	新娘妆面完成，整理婚纱及细节装饰	皇冠、首饰、头纱、手套、婚鞋	伴娘再次确认所带物品是否齐备，藏新娘的婚鞋	摄像副机位抓拍筹备情况，化妆师收拾化妆物品
	8:00	新娘整理着装后，与父母亲友合影		新娘在床上坐好，与家人合影，伴娘为新娘整理着装	摄影师、摄像师进行拍摄
新郎	6:20	起床、更衣、吃早餐、整体造型整理	营养的清淡饮食		
	6:55	车队到达新郎家，伴郎到达新郎家		（1）伴郎到达后应先整理好自己的着装，然后开始为新郎整理当日所需物品和迎亲所需物品 （2）伴郎和头车司机安装头车车花，尾车拉丝带花	
	7:10	主摄像师到达新郎家，迎亲成员陆续到达新郎家		伴郎检查胸花及捧花是否齐备，并帮新郎把胸花戴好。新郎为父母佩戴胸花，伴郎为新郎佩戴胸花	主摄像师到达新郎房，开始拍摄新郎的准备工作
	7:35	（1）捧花由新郎保管，胸花、花瓣交由伴郎保管 （2）迎亲人员做好出发准备	迎亲物品、红包、婚礼现场所用的物品		
	7:40	婚车从新郎家出发		（1）伴郎提醒新郎准备出发，带好其他胸花、花瓣、红包 （2）伴郎要多与伴娘沟通行进时间，了解新娘化妆进程	摄像师准备拍摄出发镜头

（续）

	时间安排	内容安排	准备物品	伴郎伴娘行动	工作人员行动
迎娶新娘	8:10	新郎及迎亲人员到达新娘房，准备迎娶	捧花、胸花、花瓣、迎亲物品	伴郎应协助整理迎亲队伍，整齐有序地上楼迎亲	主摄像师跟随新郎上楼，拍摄迎亲镜头
	8:15	新郎及年轻的迎亲成员到新娘房准备迎娶	捧花、红包、礼品	（1）屋内：伴娘及姐妹团堵好门，向新郎发难、要红包（2）屋外：伴郎团敲门、给红包，想尽一切办法迎娶新娘，伴娘要把握好时间	（1）屋内摄像师：拍摄堵门镜头及幽默的特写镜头、新娘的表情画面（2）屋外摄像师：拍摄敲门及新郎、伴郎团的完整画面
	8:25	新郎闯关后进门，微笑着向新娘献花（右膝单膝跪地），吻新娘，开始找鞋，并为新娘穿鞋		伴娘伴郎为新郎闪出通道	
	8:35	一对新人走出新娘房，为新娘父母带胸花，伴娘自己带上胸花，合影		伴郎伴娘安排持礼花弹人员、撒花瓣人员下楼，在楼门口两侧站好，准备抛撒	摄像师在新娘房为新人和亲人拍合影
	8:45	伴娘协助新娘带好相关物品	新娘礼服、首饰、婚鞋、戒指等	伴娘仔细检查，新人准备出发	摄像师拍摄下楼镜头
	8:55	婚车车队由新娘家出发		路程期间，伴郎要多与婚礼管家沟通车队的行进时间	摄像师拍摄婚车行进镜头
	10:00	婚车到达酒店门口	手拧礼花弹	伴郎下车为新郎开车门，新郎从车头前绕过接新娘下车，伴娘为新娘整理着装，伴郎负责检查每辆婚车是否有物品遗忘。新人与来宾合影留念，时间控制在15分钟左右	摄像师、摄影师拍摄
新人到达酒店休息室	10:10	新人进酒店至房间休息、补妆	所有现场所用物品带到房间	新人整理着装、休息，新娘补妆	两名摄像师分别拍摄签到情况及现场布置情况

（续）

	时间安排	内容安排	准备物品	伴郎伴娘行动	工作人员行动
酒店安排	9:00	婚礼管家（婚礼督导或婚礼统筹）负责随时和新郎或伴郎联系，确定到场时间，安排迎接新人的人员			
	9:10	签到台人员到位，准备好签到物品，协助婚礼督导或婚礼统筹进行相关准备	签到笔、本、签到台新人照片等	早到的宾客可以在签到区合影留念	所有工作人员到场，开始准备工作
	9:30	婚礼管家（婚礼督导或婚礼统筹）检查桌面酒水的摆放情况，应知道喜烟喜糖等物品存放的位置，准备新人敬酒用的假酒瓶，兑好矿泉水			主持人、音响师
	9:40	来宾陆续抵达宴会厅		负责签到的人员及引位人员做好相关工作	
	10:00	婚礼总督导、婚礼管家（婚礼督导或婚礼统筹）召集大家到酒店门口迎接新人	手拧礼花弹、花瓣儿等		
	10:30	新郎及伴郎在宴会厅迎宾		迎宾10分钟即可，现场督导会提醒新人时间	
	10:55	主持人和新人确认婚礼仪式内容	婚礼流程单	伴郎伴娘最后确认婚礼流程	做好婚礼所有准备工作
	11:00	婚礼仪式倒计时	捧花	新娘与父亲在仪式厅外备场，新郎手持捧花在舞台一侧备场	新人准备完毕后，现场督导给主持人手势，准备开始
仪式开始	11:08	婚礼仪式正式开始，主持人开场			主持人开场白，音乐开始。摄像师拍摄主持人开场

（续）

	时间安排	内容安排	准备物品	伴郎伴娘行动	工作人员行动
仪式开始	11:58	婚典礼成，新人退场			
	12:10	婚宴开始，新人返场，由主桌开始敬酒		（1）兑好的白酒、托盘、红口布、糖、喜烟、火柴、酒杯 （2）伴郎负责端托盘，伴娘帮新人倒酒，建议其他桌以桌为单位敬酒	摄像全程跟拍，摄影跟拍
	13:30	新人至酒店门口送宾			

（2）户外婚礼。户外婚礼的婚宴一般采用自助餐的形式，不再另设正式的婚礼宴席。其婚礼形式及时间安排与室内婚礼基本一致，但在婚礼当天有几点值得注意：

① 婚礼开始前两个小时左右要将场地布置完毕，以便来宾合影留念。

② 要安排婚礼专用的大客车接亲朋好友一同前往婚礼现场。

③ 现场乐队、礼仪小姐及服务生等人员提前到位，调试好音响，各尽其责。

④ 亲朋好友到场后可以先自由活动，摄影师、饮品、音乐应该在这时就开始服务。

⑤ 新娘的化妆应在现场完成，化妆师可根据现场的气氛具体设计新娘的妆面造型。

⑥ 婚礼可适当缩短时间，因为来宾大多数时间都是站着的，而且还要遭受风吹日晒。

⑦ 婚礼、婚宴的时间以 2 小时左右为宜，席间可安排游戏等助兴活动。

⑧ 户外婚礼可以添加一些"放飞爱情"的环节。

（六）婚礼来宾的组织统筹

婚礼来宾一般包括新人的父母、亲戚及父母的朋友同事、新人的朋友和同学、新人的同事和业务伙伴等，一场圆满的婚礼要对婚礼来宾做出适当的组织安排。

1. 婚礼来宾座席的安排方式　婚礼座席的安排一般有以下几种：

（1）两桌直立形。两桌直立形多为家宴，1 桌为尊位桌，上席安排给新人，余位按家人尊老顺序安排。

（2）三桌一字形。1 桌为尊位桌，视情况设立新人桌。

（3）四桌正方形。1 桌为尊位桌。两家人及个别宾客参宴，近门处一桌安排家人亲戚。

（4）五桌倒梯形。正对着门的桌子为尊位桌，此时新人应安排在尊桌。

（5）六桌双排形。不等同于三桌一字形，正对门第二排中间桌为尊位桌。

新人桌不一定居于右位，往往设置在左位，以区别于长辈。如果没有长辈参宴，新人桌可视实际情况放大，加入双方父母和亲戚，但也可专设父母桌，新人双方的父母、祖父母一起列席入座，如果座位不能坐满，可加入家中的重要亲戚和身份尊贵的宾客。

另外，每桌都要安排与新郎、新娘相关的人，让他们坐在各桌的次要位置上，一来可向宾客的到来表示谢意，二来可在用餐时关照宾客。

一般来说，可以按照以下几种分类方法安排来宾座席：①父母亲戚、父母的朋友同事；②新人的同事朋友、业务伙伴；③新人的同学好友。

婚礼座席安排见图2-2。

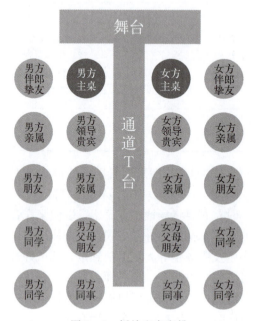

图2-2　婚礼座席安排

除了上述几种方法，在安排宾客的座位时，要兼顾到以下几点：①了解婚礼来宾的身份等信息；②单身朋友、同学、同事、朋友分别安排在一起；③具体场地具体分析。

安排座位时可以请餐饮部门提供桌位图，并为每一桌编号或取好名字。多准备几份桌位图和按桌列印的来宾名单，这样在方便来宾入座的同时，又能尽显新人的细致和周到。最好在宴客前一周打电话给来宾，邀请并确认对方是单独前往还是携家眷光临，这样不但可以确实掌握来宾人数，还可以顺便联络感情，一举两得。

2. 婚礼来宾组织的注意事项　婚礼上，客人非常多，难免有照顾不周的时候，如果要做到面面俱到，让来宾无可挑剔，就需要在婚礼策划时注意以下事项：

（1）在请柬上写清婚礼的地点。

（2）在请柬上注明对宾客着装的要求。

（3）避免让客人受到冷落。

（4）宴会酒水要充足。

（5）保证婚宴现场通道通畅。

（6）避免陌生的客人坐在一起无话可说，出现冷场。

（7）避免将婚宴时间拖得太长，让客人想归而不能归。

总之，在对宾客进行组织安排时，要尽量考虑周全，努力照顾到每一位在场宾客，把新人愉悦的心情传递给每一位前来送祝福的人。

（七）婚礼设备与用品的管理统筹

1. 婚礼设备和用品的运输　婚礼彩排当天，婚礼现场所需的婚礼设备及大型婚礼道具要运送到相应的婚礼酒店，如果新人举行的是户外婚礼，对婚礼设备，尤其是灯光设备的要求相对较低。另外，如果新人的婚宴酒店有安全的空间可以存放婚礼当天要用的婚礼用品，则可以在婚礼彩排当天一并运到酒店，这样既避免了不必要的浪费，又可以降低婚礼当天的执行难度。

在婚礼设备和用品的运输过程中，要有物品主管或者有专人负责，注意行程的安全，同时对婚礼设备和用品负责，保证按时到达婚宴酒店。对于摄影摄像器材，婚礼当天彩排完毕后可由摄像师、摄影师带回婚庆公司或代为保管，因为大部分婚礼设备，如灯光、音响、投影等在彩排日安装调试后不用拆卸。

2. 婚礼现场设备的装卸　婚礼现场设备装卸的特点为：工程量不大，但工程技术含量高；工程灵活性强；承担的责任较大。

对于婚礼现场设备的安装和拆卸要注意关键的两点：一是管线的铺设；二是安全性要求。

婚礼的规模越大、品质越高，管线的铺设就越复杂。对于音响系统，一般铺设的管线包括话筒线、音箱线、控制线及部分电源线；对于灯光系统及其他系统，一般铺设的管线包括电源线和控制线。婚礼现场设备的铺设不同于普通工程，仅仅通过地毯或者遮挡物进行遮挡。铺设这些管线的主要目的是保证各设备的正常运转，同时保证各婚礼设备互相之间不干扰。

在婚礼设备的安装中，管线的铺设有三方面的要求：

（1）不同设备的管线要分别进行铺设。这样做是为了减少各设备间的干扰。

（2）同一处铺设的管线数量不能过多。

（3）现场的走线必须合理、规范，同时尽可能保证美观。

另外，婚礼设备的安装和拆卸必须将安全作为第一要素。首先，婚礼设备的配电、用电方式必须安全；其次，管线的铺设要合理，线路的连接要规范；最后，线路之间的分布要考虑在工作时有无相互影响。婚礼设备的安装相对比较复杂，需要对各种情况进行考虑，包括婚礼场地和舞台的设计、酒店电源排线的设计、婚礼的具体要求以及设备本身的特点和设备间的相互影响等。

在进行婚礼设备安装时，第一，要进行管线铺设；第二，要进行各种棚、架的安装；第三，进行各种设备的安装；第四，进行供电线路、控制线路和信号线路的连接；第五，对安装情况、供电线路、连接情况进行检查；第六，以上各安装步骤都完成后，准备进行设备的调试。

子任务二　进行高质量的婚礼现场督导执行

一、工作流程

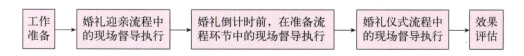

（一）工作准备

1. 物品准备

序号	名称	单位	数量	备注
1	婚礼督导提示本	份	2	婚礼人员的职责及要点
2	婚礼督导仪式流程执行单	份	2	
3	手机	部	1	用于所有人员的联络
4	执行督导专用物品箱	套	1	执行督导在现场使用
4	耳机，麦克风	套	1	工作人员联系专用

2. 人员准备

序号	人员	准备
1	总督导、道具督导、执行督导	举办婚礼的酒店
2	策划师、主持人、花艺师、场布技师	举办婚礼的酒店
3	造型师、影像师、灯光师、音响师	举办婚礼的酒店
4	新郎、新娘	新人家中
5	伴郎、伴娘、双方父母	新人家中
6	花童、戒童、迎宾、签到的亲友团	举办婚礼的酒店
7	酒店主管、餐厅主管、大堂经理、服务人员	举办婚礼的酒店

（二）进行高质量婚礼现场执行

步骤	流程	技术操作要求
工作前准备	巡场	（1）观察声电布局，熟悉灯光排位
		（2）检查T台设备，如有异物、不平整等安全隐患，需立即反馈处理
		（3）个人及团队执行的动线设计
		（4）根据原始流程，准备相应道具
步骤1	婚礼迎亲仪式督导	（1）化妆师为新娘化妆，摄像师、摄影师拍摄
		（2）新郎执行督导与新郎一起亲迎新娘（迎亲、献花佩戴胸花）
		（3）新郎抵达新娘家，堵门、求婚、敬茶、找鞋、出门、上车
		（4）抵达酒店
步骤2	婚礼倒计时前准备环节的督导	（1）督导检查准备就绪，所有人员到位
		（2）总督导示意主持人准备
		（3）确认所有的设备、设备就绪
		（4）提示灯光师、音响师、摄影摄像师准备
步骤3	婚礼仪式流程督导	（1）婚礼开场仪式环节的督导执行
		（2）婚礼托付仪式环节的督导执行
		（3）婚礼宣誓仪式环节的督导执行

（续）

步骤	流程	技术操作要求
步骤3	婚礼仪式流程督导	（4）婚礼礼成环节的督导执行
		（5）婚礼手捧花仪式环节的督导执行
		（6）倒香槟、喝交杯酒、点烛台、切蛋糕仪式环节的督导执行
		（7）婚礼仪式中帮助新人收纳、递送信物及纪念品
		（8）在婚礼仪式中帮助新娘整理婚纱
注意事项		（1）T台接缝大，易卡细跟高跟鞋，需解决或提醒新娘多加注意
		（2）忌过度彩排
		（3）在进行沟通前，提前梳理一遍
		（4）面对突发情况，冷静及时地解决。即便不在职责范围内，也不要一味把问题抛给对方
		（5）以上前期工作流程，需结合现场实际情况按序进行

（三）效果评估

（1）通过掌握婚礼现场执行督导的工作内容，更好地完成婚礼现场的执行工作。

（2）通过掌握婚礼现场督导的工作细节，顺利完成婚礼现场的执行工作。

二、相关知识

婚礼现场执行主要负责以下几方面的工作：在现场做人员协调工作；准备工作的检查实施；在婚礼仪式中为新人服务，带动婚礼现场的气氛；安排并执行一些细节。

婚礼督导师是一个新兴的婚庆职业，是一场完美婚礼不可缺少的关键人物之一。婚礼督导师是在婚礼运行过程中保证婚礼顺利进行，保障婚礼程序按步骤运行的关键性的专业人士。婚礼督导师不仅要对婚礼事务非常了解，为新人提供一系列的指导和建议，还要具备婚礼管理能力，对整场婚礼的行进和节奏起调控和监督作用，是一场婚礼流程顺利进行的保障者。

（一）高品质婚礼督导的工作范畴

婚礼督导师要细心地帮新人处理好婚礼的各个环节，不让新人为细节烦心、遗憾。作为专业人员，婚礼督导师知道在什么程序要做什么、不要做什么。不仅要事先和新人沟通婚礼庆典仪式的流程，告知其婚礼上的环节及仪式中的注意事项，还要负责监督场地布置，与婚礼主持人、键盘手、化妆师、婚车、灯光师、音响师等进行沟通，最重要的是在婚礼现场进行动作指导，还要告诉新人应保持怎样的站姿和礼仪，如何面对镜头等。婚礼督导师还是管理者、协调员、建议师、监督员，甚至是财政计划师，可以为新人提供一整套服务。

（二）高品质婚礼督导的分类

1. 按具体职责划分　按具体职责划分可分为婚礼全程督导师和婚礼现场督导师。

所谓婚礼全程督导师，是指从预订举办婚礼的酒店或场所，到陪同新人进行礼服定制或选购，从选择合适的婚庆公司，到选择合适的婚礼用品等，全程介入婚礼庆典服务，从非常专业的角度指导新人进行婚礼前的准备，同时在婚礼当天负责婚礼流程的实施、协调和调度等工作的专业督导人员。

所谓婚礼现场督导师，是指在婚礼当天的礼仪过程中按照婚礼策划方案执行、调度和指挥的专业督导人员。具体来讲，就是负责道具的使用、人员的引导、摄像的位置与角度确定、音乐音效、灯光效果的使用等督促和指导工作的专业人员。

大型婚礼的现场婚礼督导师还可分为婚礼现场总督导、婚礼执行督导师、婚礼新人督导师、婚礼效果督导师、婚礼摄像督导师、婚礼音乐督导师、婚礼道具督导师、婚礼灯光督导师等。

2. 按归属划分　按归属划分可分为独立婚礼督导师和婚礼公司督导师。所谓独立婚礼督导师，是指独立的、专门从事婚礼顾问督导工作的专业人员，他（她）们不隶属于某家婚庆公司。独立督导的原则是在保证婚礼效果的前提下，一切以新人意愿为主。

所谓婚礼公司督导师，是指隶属于某个婚庆公司专门从事婚礼督导工作的专业人员。公司督导的原则是最大限度地服从婚礼庆典公司的安排，协调好新人与婚礼庆典公司的关系，保持良好的沟通。

3. 按仪式划分　按仪式划分可分为出镜婚礼督导师和不出镜婚礼督导师。所谓出镜婚礼督导师，是指督导在婚礼仪式流程中还承担其他角色。如在点主烛台仪式环节中所用的点火棒由婚礼督导师事先点燃后用规范的礼仪方式递送到新人手中，这里的婚礼督导师就是出镜婚礼督导师。

所谓不出镜婚礼督导师，是指只负责婚礼仪式的总体协调和安排，没有具体细节的工作任务。如在点主烛台仪式环节中，由婚礼督导师安排指导伴郎或婚礼礼仪人员来递点火棒，这里的督导师就是不出镜婚礼督导师。

4. 按工作任务划分　按工作任务划分可分为场外督导和场内督导。场外督导负责迎亲、拍摄外景、到酒店接待来宾等婚礼宴会厅外的协调和安排工作。场内督导负责婚礼现场内婚礼流程的监控、服务与指导。

（三）婚礼督导提示本

婚礼督导提示本是指根据婚礼策划书，按照人员分工的不同制作的婚礼人员在婚礼中的职责及要点的提示单。婚礼督导提示本的内容和格式见表 2-5。

表 2-5　婚礼督导提示本

婚礼基本情况					
新郎：	电话：		住址：		
新娘：	电话：		住址：		
结婚时间：					
婚礼地点：					
婚礼督导提示					
姓名	总体职责	具体职责	具体提示要点	联系电话	备注

（四）婚礼迎亲仪式中的婚礼督导

作为中级婚礼策划师，在执行婚礼督导任务时，第一个关键词是"高质量畅通"，第二个关键词是"团队协作"。比如，在婚礼迎亲环节中，婚礼督导团队的现场执行任务分工见表2-6。

表2-6　婚礼仪式督导执行单（迎亲仪式部分）

婚礼仪式督导现场执行单					
迎亲仪式部分					
时间	项目	工作人员	新人及家属	内容	新娘、新郎婚礼督导师督促和现场执行的工作
06:00—08:00	新娘化妆（新娘家）	化妆师、摄像师、摄影师、婚礼督导师	新娘、父母、伴娘	新娘化妆、着装，摄影摄像拍摄	（1）新娘督导提示伴娘：准备摄影B拍摄的所需物品（婚纱、皇冠、首饰、手套、婚鞋、戒指）（2）新娘督导提示：摄像B、摄影B拍化妆及服饰细节（3）新娘督导提示伴娘：准备好新娘腕花、伴娘和新娘父母的胸花，以备仪式前佩戴
06:30—06:40	新郎准备	摄像师、婚礼督导师	新郎、父母、伴郎	新郎梳洗，摄像拍摄	新郎督导提示伴郎：整理所需物品，包括服装、领带、红包、烟、打火机、胸花4个（新郎、伴郎、父母）、手捧花
06:40—07:00	新郎佩戴胸花，新郎和父母合影	摄像师、婚礼督导师	新郎、父母、伴郎、	新郎为父母佩戴胸花，摄像拍摄新郎和父母合影	新郎督导提醒提示：摄像A到达新郎房，伴郎自己佩戴胸花，伴郎为新郎佩戴胸花，新郎为父母佩戴胸花，拍摄新郎准备工作和佩戴胸花
07:00—08:00	新郎出发	摄像师、婚礼督导师	新郎、伴郎、接亲人员	新郎父母前往酒店，新郎前往新娘家	（1）新郎督导检查手捧花、红包是否齐备、所需物品是否带齐（2）新郎督导提醒：新郎出门时通知新娘，到达前15分钟电话通知新娘督导
08:00—09:00	新郎亲迎新娘（迎亲、献花佩戴胸花）	双机位摄像师、摄影师、跟妆师、督导	新人、伴郎、伴娘、部分亲友	新郎迎亲、献花、佩戴胸花，摄影摄像拍摄	（1）新娘督导提示：姐妹团堵门。新郎到新娘房塞红包、献花、迎亲（2）新郎督导提醒：新郎闯关后进门微笑，向新娘献花（右膝单膝跪地向新娘献花吻新娘），摄影摄像

（续）

婚礼仪式督导现场执行单					
迎亲仪式部分					
时间	项目	工作人员	新人及家属	内容	新娘、新郎婚礼督导师督促和现场执行的工作
08：00—09：00	新郎亲迎新娘（迎亲、献花佩戴胸花）	双机位摄像师、摄影师、跟妆师、督导	新人、伴郎、伴娘、部分亲友	新郎迎亲、献花、佩戴胸花，摄影、摄像拍摄	（3）新郎督导递送准备的胸花：新人给父母佩戴胸花，合影。伴娘自己戴胸花 （4）新郎督导提示：注意控制时间，最晚不超过09：15，出发前告知主持人及现场督导
09：00—09：50	新人出发，抵达酒店	双机位摄像师、摄影师、跟妆师、督导	新人、伴郎、伴娘、部分亲友	亲友、主持酒店外迎接	（1）总督导检查现场花艺场景布置（主题背景、路引、花门等） （2）总督导检查桌面酒水、烟、糖的摆放情况，托盘、口布插花的摆放 （3）总督导检查道具：干冰、茶桌、茶杯、台布、5把椅子、3个托盘、2个戒枕、2个花篮、花瓣、翅膀、点烛棒、香槟等 （4）总督导检查签到台的胸花（主持人、证婚人） （5）总督导准备好签到物品：签到笔、本、新人物品、易拉宝、架子 （6）总督导安排礼仪人员到场，安排签到台迎宾人员到场 （7）来宾到场，总督导指导签到人员、引位人员做好相关工作 （8）现场督导组织相关人员准备礼花
9：50	抵达酒店	双机位摄像师、摄影师、督导	新人、伴郎、伴娘、部分亲友	伴郎为新郎开车门，新郎为新娘开车门	现场督导组织相关人员放礼花
9：55	酒店外照相	双机位摄像师、摄影师、跟妆	新人、伴郎、伴娘、部分亲友	简单合影，双机位摄像	

（续）

婚礼仪式督导现场执行单					
迎亲仪式部分					
时间	项目	工作人员	新人及家属	内容	新娘、新郎婚礼督导师督促和现场执行的工作
10:00—10:50	新娘休息、补妆，新郎迎宾	跟妆师、督导	新人、伴郎、伴娘	新人准备，主持人、督导最后确认设备	（1）新娘督导提示：伴娘带好新娘礼服、首饰、婚鞋、戒指、腕花、手捧花等 （2）总督导和主持人最后确认设备，新人准备 （3）道具督导最后确认婚礼所需物品（戒指、礼物、誓言书、交杯酒、敬茶杯）
10:50	候场	督导	新娘在门外候场，新郎拿手捧花在舞台侧板后候场		（1）签到督导确认门外干冰雾机设备 （2）签到督导和新娘督导在门外做好清场，确保开门时镜头里只有新娘一个人 （3）总督导检查就绪，示意主持人 （4）签到督导和新娘督导在门口准备开门

（五）婚礼倒计时准备环节中的婚礼督导

与上述迎亲部分一样，作为中级婚礼策划师，在执行婚礼的过程中也应团队作战，包括总督导、签到督导、新娘督导、礼仪督导、道具督导、检验执行督导等，婚礼倒计时准备环节中的现场督导团队具体分工见表2-7。

表2-7 婚礼仪式督导执行单（婚礼倒计时准备环节）

婚礼倒计时准备环节					
序号	工作人员	工 作 任 务	到位	未到位	备注
1	主持人	准备就绪，到位			
2	总督导	督导检查准备就绪，所有人员到位，总督导示意主持人			
3	新郎	准备就绪，到位			
4	新娘	准备就绪，到位			
5	新娘父亲	督导安排礼仪A快速引导父亲到T台口处就位			
6	花童	准备就绪			
7	伴郎、伴娘	准备就绪			
8	签到督导	（1）确认干冰雾机设备 （2）在门外做好清场，确保开门时镜头里只有伴郎、伴娘 （3）在门口准备开门			

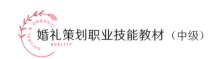

（续）

婚礼倒计时准备环节					
序号	工作人员	工 作 任 务	到位	未到位	备注
9	新娘督导	（1）确认干冰雾机设备 （2）做好清场工作，确保开门时镜头里只有伴郎、伴娘 （3）在门口准备开门			
10	礼仪督导	安排礼仪 A 快速引导父亲到 T 台口处就位			
11	道具督导	按礼仪呈现次序检查仪式道具，并最后确认			
12	检验督导	（1）检查舞台搭建和完成效果、背板、背景等大型舞美设备 （2）检查现场花艺场景布置、主题背景、路引、花门等 （3）确定灯光电路运行良好 （4）确定音响运行良好 （5）确认干冰雾机、泡泡机设备运行良好			
13	灯光师	最后确认灯光顺序及时间，示意主督导。逐层关灯，安排暗场			
14	音响师	最后确认音乐播放程序、音量及时间安排，示意主督导停止播放音乐			
15	摄影摄像师	准备就绪			

（六）婚礼开场仪式环节的婚礼督导

在婚礼开场前，婚礼负责人（总策划、总督导）要落实好酒店方电源开关的问题，尤其是总开关柜控制的电源，千万不能误操作。对于需要专业人士控制的灯光，要落实人员的到位情况。

1. 婚礼用品或道具到位　确定婚礼仪式中必须用到的物品，如结婚证、信物、交杯酒具等是否到位，还要检查舞台是否牢固、香槟塔及蛋糕台是否稳固等，对婚礼现场的一些小细节进行排查和落实。

2. 婚礼各工作人员到位　首先对新郎、新娘、现场执行督导、音响师、灯光师、摄影师、摄像师、鞭炮手、献花人等人员的上岗情况进行落实，做好安排；其次，证婚人、主婚人（如果有）、新郎和新娘双方单位领导、亲友和嘉宾代表佩戴喜花，到婚礼主席台上就座。

3. 婚礼入场的重要性　首先，新人是整场婚礼活动的主角，主角的登场都是万众期待的。

其次，宾客们可能已经参加过无数次婚礼了，新颖而独特的入场方式才能让宾客留下印象。

最后，对于新人来说，想要在当天呈现出最好的状态，无论是来参加婚礼的宾客，还是婚礼的主角，在婚礼一开始就要有感情的交流与碰撞。

4. 婚礼入场方式的类型

（1）只有新人自己入场的方式。

（2）父母参与的入场方式。

（3）小天使/花童参与的入场方式。

（4）伴郎伴娘参与的入场方式。

5. 创意婚礼开场方式

（1）情歌对唱入场方式。

（2）求婚仪式入场方式。

（3）视频切入入场方式。

（4）开场舞入场方式。

（5）戒指引导入场方式。

（6）个性交通工具入场方式。

（7）舞台特效入场方式。

（8）宠物情缘入场方式。

（9）喜庆中式入场方式。

（10）派对入场方式。

6. 婚礼开场前需注意的事项

（1）开场方式要结合婚宴现场状况和自身状况。首先要考虑的是根据婚宴现场的状况决定开场方式。其次，如果选择唱歌或者跳舞作为开场，新人自身一定要有必要的条件和能力。最后，要考虑婚礼的预算。

（2）开场方式要符合婚礼的整体感觉。

（3）做好彩排工作很重要。

7. 开场部分的婚礼督导　在婚礼开场环节也要团队作战，包括总督导、签到督导、新娘督导、道具督导、检验执行督导等，婚礼开场环节具体的督导执行任务和分工见表 2-8。

表 2-8　婚礼仪式督导执行单（开场部分）

开 场 部 分								
程序	新人描述	主持人	总督导	签到督导、新娘督导	道具督导	检验督导	灯光师	音响师
最后准备	（1）新娘在门外候场（2）新郎拿手捧花在舞台侧板后候场	准备就绪	(1)总督导检查准备情况(2)所有人员到位(3)总督导示意主持人	（1）门外礼仪督导最后确认门外干冰雾机设备（2）门外清场	道具督导最后确认婚礼所需物品准备好（戒指、礼物、誓言书、交杯酒、敬茶杯）	（1）督导确定音响运行情况良好（2）督导确认干冰雾机、泡泡机设备运行良好	（1）最后确认灯光顺序及时间（2）示意总督导	（1）最后确认音乐播放程序、音量及时间安排（2）示意总督导

（续）

程序	新人描述	主持人	总督导	签到督导、新娘督导	道具督导	检验督导	灯光师	音响师
开 场 部 分								
婚礼倒计时	（1）新娘在门外候场（2）新郎拿手捧花在舞台侧板后候场	（1）婚礼主持人就位（2）各岗位各就各位（3）婚礼庆典准备开始	（1）总督导检查准备情况、所有人员到位（2）总督导示意主持人	（1）督导在门外做好清场，确保开门时镜头里只有新娘一个人（2）督导检查准备情况，所有人员到位，示意主持人（3）督导在门口准备开门			暗场，逐层关灯	播放倒计时
主持人出场	主持人闪亮出场	主持人登台	语音或符号提示				灯光频闪	更换音乐
主持人开场语		主持人开场串词	语音或符号提示	（1）督导确认门外干冰雾机设备运行良好（2）督导在门外做好清场，确保开门时镜头里只有伴郎、伴娘			全场灯光关闭，仅开启舞台灯光	
伴郎伴娘出场	伴郎伴娘缓步出场	主持人开场串词	语音或符号提示	在深情旁白中，工作人员打开大厅门：（1）放干冰烟雾（2）督导安排：开门、关门			暗场，逐层关灯	更换音乐
新郎出场	新郎缓步出场	主持人致辞	语音或符号提示				追光灯	更换音乐
新娘出场	新娘进场时应该向前小步移动，且步伐要慢，眼睛要看着前方，体现出高雅的气质	主持人致辞	语音或符号提示	（1）放干冰烟雾（2）督导安排：开门（3）督导安排：逆光，周围清场			暗场，逐层关灯，追光灯	更换音乐

（续）

开 场 部 分								
程序	新人描述	主持人	总督导	签到督导、新娘督导	道具督导	检验督导	灯光师	音响师
新娘挽着父亲向前走	父亲手轻轻握拳，放置于肚脐的位置。新娘的手轻轻挽住父亲手肘处。注意中途不要因松弛而改变姿势	主持人不说话	语音或符号提示	（1）干冰烟雾 （2）督导安排：关门			追光	更换音乐

（七）婚礼托付仪式环节的婚礼督导

1. 内涵　婚礼托付仪式又称婚礼交接仪式，在这一环节中，新郎从新娘父亲手中接过新娘的手，是父亲对新郎的一种责任传递。

婚礼仪式开始，新郎在台上满怀期待，新娘在父亲的陪伴下缓缓入场，这就是西方婚礼流程中的婚礼交接仪式。婚礼交接仪式在西方婚礼习俗中具有非凡的意义，和传统中式婚礼中的吃茶、传香火、传宗接代仪式相当，是父亲对女婿的认可。

目前，中西合璧式婚礼占比较高，因此，许多新人都会采用婚礼交接仪式。

婚礼交接仪式一般在婚礼彩排环节确定细节。婚礼交接仪式的流程通常是新郎先入场亮相，在仪式亭前等待新娘和父亲入场，在仪式亭或者花拱门下进行婚礼交接仪式。在婚礼主持人的引领下，新娘父亲首先发言，然后新郎致感谢词，父亲把新娘手放到新郎手中，新娘与父亲拥抱，在新人的注视下，父亲退场，新郎和新娘调整好情绪并排入场。

有的新人认为交接仪式有些煽情，故回避此环节，转而采用更为轻松、快乐的方式，比如唱歌入场、跳舞入场、使用婚庆道具入场等。

2. 托付仪式词范例

【范例一】主持人：父亲抬起了胳膊，挽着女儿走进了婚礼现场。曾经就是这臂膀，让女儿枕着进入了梦乡，曾经就是这臂膀，在她害怕时给她安全和力量，曾经就是这臂膀，把她揽在怀里，两个人的笑声在心里回荡。

今天，当胳膊放下的时候，父亲希望，有这样一个男人，以他为榜样，抬起胳膊接走他最爱的姑娘。

【范例二】主持人：新娘的父亲带着她走进礼堂的时候走得很慢。小时候，爸爸总会说"慢慢走"；后来，女儿总会对爸爸说"走快点儿"；再后来，爸爸会对女儿说"慢走"。相信未来，新娘一定会拉起新郎的手对他说"走快点儿，别让爸爸等"！新郎快点儿走过去拉起新娘的手吧。

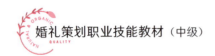

3. 托付环节的婚礼督导　婚礼托付环节中的督导执行单如表2-9所示。

表2-9　婚礼仪式督导执行单（托付环节）

托付环节							
程序	督导提示	主持人	总督导	签到督导、新娘督导	道具督导	礼仪督导师	灯光师	音响师
新娘挽着父亲前走到花亭处站定	父亲手轻轻握拳，放置于肚脐的位置。新娘的手轻轻挽住父亲手肘处。注意中途不要因松弛而改变姿势	主持人致辞提示	语音或符号提示	（1）关门（2）关干冰机、冷焰火			暗场逐层关灯	更换音乐
新郎拿手捧花走向新娘	新郎站立时，微微成八字形向内靠拢。脚步成模特丁字步，挺胸压肩，目视正前方15米处	主持人致辞提示	语音或符号提示				灯光频闪	更换音乐
新郎走到新娘前，跪下献花	新郎跪下时要昂首挺胸，成弓形	主持人致辞提示	语音或符号提示			礼仪督导递送话筒	追灯光	更换音乐
托付仪式	父亲把新娘的手放到新郎手中	主持人致辞提示	语音或符号提示			礼仪督导递送话筒	追灯光	更换音乐
新娘和父亲拥抱		主持人致辞提示	语音或符号提示			礼仪督导递送话筒	追灯光	更换音乐
新郎、新娘走向舞台	（1）进场时，步伐要慢一点，用脚向前小步趔地而行，拿着手捧花的手也可轻轻提一下婚纱。新郎的步伐也要慢，如果新郎大步流星地向前走，新娘会跟不上节奏，一不小心就会踩到婚纱。新娘在婚礼中要表现出高雅的气质，其诀窍就在于动作要慢	主持人致辞提示	语音或符号提示				追灯光	更换音乐

（续）

托 付 环 节								
程序	督导提示	主持人	总督导	签到督导、新娘督导	道具督导	礼仪督导师	灯光师	音响师
新郎新娘走向舞台	（2）新郎新娘挽手步入礼堂时，迈出脚步的顺序和节奏要一致。新郎的身位要比新娘靠前半步（大约15厘米） （3）新郎新娘挽手站正时，微微成八字形向内靠拢。脚步成模特丁字步，挺胸压肩，目视正前方15米处	主持人致辞提示	语音或符号提示				追灯光	更换音乐
新娘新郎上台站定	新人走上舞台站定后，新郎应该握住新娘的手	主持人致辞提示	语音或符号提示					更换音乐

（八）证婚仪式的婚礼督导

1. 内涵　证婚即婚礼证婚人为新人举行的证婚仪式。

顾名思义，证婚人是婚姻合法的证明人，是举行结婚仪式时男女双方请来做结婚证明的人。

证婚人证婚的程序为宣读婚书（结婚证书），然后表明"特此证婚"，最后致简短的贺词。

2. 证婚人的职责　在婚礼仪式中，由证婚人来宣布和证明新人婚姻的自愿性和合法性。

证婚人的选择范围比较广，可以是新人的同学、同事、朋友、亲戚、父母同事，也可以是新人双方单位的领导。

3. 证婚人与主婚人　一场完整的婚礼，应该有证婚人和主婚人，二者共同见证新人的甜蜜时刻。

按传统礼俗，主婚人由新郎的父母担任。从礼仪的角度而言，主婚人居主位，礼仪次序上一般在证婚人后。现在父母大多不亲自主婚，而是委托其他德高望重的来宾主婚。主婚人的讲话要点为感谢嘉宾、叮嘱新人，提些成家以后的要求等，俗称致"新婚训词"。主婚人和证婚人是中国人婚礼中非常重要的角色。

4. 证婚词范例

【范例一】浪漫型

各位来宾，女士们、先生们、朋友们：

大家好！

自古以来，人们都渴望着生命中的浪漫和爱情，而此时此刻，大家正在见证着一个真实的爱情故事：×××先生和×××小姐的真情邂逅。他们相识在梦幻的旅途，相知于××地方。今天，他们又在浓浓的爱情里添加了一份厚重的责任，步入了庄严的婚姻殿堂。他们的人生旅途从此不再孤单，他们的幸福生活注定充满了浪漫和甜蜜。

我想，对于爱情，也许只要两颗心就够了，但婚姻，等于爱情加责任。所以，它需要证明，我手中这红红的结婚证就是证明之一，它是婚姻的鉴证，也是幸福生活的敲门砖。今天，它即将敲开新郎、新娘的幸福殿堂。当然，我们也可以说，婚姻并不需要证明，它存在于新郎、新娘的心里。所以，让我们再凝视一下这块幸福的敲门砖吧，让新郎、新娘把它永远珍藏在心里。古人常说：心有灵犀一点通。作为证婚人，我要说，是缘、是情、是爱，在冥冥之中把他们结合在了一起，使他们从相识、相知、相爱直到今后的永远相守。他们的父母创造了这对新人，新人将创造他们的后代，他们的未来！

我宣布：我们大家在这里一起见证你们婚姻的开始，并在此祝你们夫妻二人互敬互爱、和睦相处、白头偕老、美满幸福。

证婚人：×××

【范例二】现代型

各位先生、各位女士：

大家晚上好！

今天，是×××先生和×××女士喜结良缘的大好日子。首先，我代表各位来宾祝新郎新娘新婚快乐、万事如意！我受新郎、新娘之托，担任他们的证婚人，感到十分荣幸，同时也万分欣喜。他们二人相识、相知、相爱，直至成为夫妻，走过了难忘的时光，对此，让我们表示热烈的祝贺！

希望你们在今后的日子中，互敬、互爱、互谅、互助，无论今后是顺畅或是坎坷，你们的心总是连在一起，把对方作为自己毕生的依靠，相依走向灿烂的明天。

让我们祈祷！让我们祝福！让我们举起手中的酒杯，共同祝愿这一对玉人新婚快乐、永结同心、白头偕老，携手共创更美好的明天！

证婚人：×××

【范例三】古典型

各位远道而来的贵宾：

大家好！

今日艳阳高照、和风拂面、喜乐高奏、钟磬齐鸣。一对新人于今日新婚宴尔，鸾凤和鸣。首先，我要向新郎父亲××先生和母亲××太太，以及新娘父亲×××先生和母亲×××夫人道喜。夫言婚者，唯求喜也，欣闻××公子和×××小姐喜结连理，心甚喜甚乐之，喜者今日佳偶得配，乐者真乃天作之合。

欣喜之余，得诗一首，以表贺意：华光辉映庆合卺，杨枝润蒂天作和；新婚宴尔伉俪喜，鸾凤和鸣涉爱河；悠悠工尺弦乐细，皎皎圆月映红额；蕊暖花艳吴刚醉，月殿嫦娥步婀娜；龙鳞辉映争交颈，凤毛济美彩霞夺；白首偕老情一世，永筑爱巢共拼搏。

证婚人：×××

5. 证婚仪式的注意事项

（1）对证婚人的讲话要做时间限定。如果结婚新人同时选择证婚人和主婚人的话，督导一定要对他们讲话的时间做一个限定。通常情况下，婚礼主持人会代替主婚人做贺词或训词，证婚人的工作只是证明新人婚姻的自愿性和合法性，宣读结婚证，然后做简短证婚辞就可以了。

（2）新人一定要根据自己的具体情况选择证婚人。在确定证婚人后，要提前告知证婚人婚礼当天的安排，在婚礼当天到达婚礼现场时，证婚人要与婚礼主持人做事先沟通，了解婚礼主持人对于证婚人讲话环节和上台时间的安排。通常情况下，证婚人最好也能参加婚礼彩排，以确保准确把握时间。

6. 证婚环节的婚礼督导　在证婚环节中，婚礼督导执行的任务见表 2-10。

表 2-10　婚礼仪式督导执行单（证婚环节）

证　婚　环　节							
程序	督导提示	主持人	总督导	签到督导、新娘督导	道具督导	礼仪督导	灯光师	音响师
主婚人走向舞台	督导提前走到主婚人身边，提醒主婚人携带主婚词（主婚人可由主持人兼任），引领证婚人走向舞台	主持人致辞提示	语音或手势提示			执行督导提前到达主婚人身边，递送话筒并告知其话筒已打开	灯光明亮或使用追关灯	更换音乐
证婚人走向舞台致辞	督导提前走到证婚人身边，提醒证婚人携带证婚词，引领证婚人走向舞台	主持人致辞提示	语音或手势提示			执行督导递送话筒并告知其话筒已打开	灯光明亮或使用追关灯	更换音乐

（九）互换爱情信物环节的婚礼督导

1. 爱情信物的内涵　爱情信物分为定情信物和结婚信物。定情信物是爱情的凭证。结婚信物又分为婚礼主仪式上新人用来表达真心的信物和其他结婚信物。在婚礼上用来交换的结婚信物是对爱情和婚姻长久的实物见证，具有坚定、永恒等象征意义，如今一般选用贵金属饰品作为结婚信物。婚礼上所用到的其他信物则源于中国传统婚俗文化，具有各种婚俗文化的象征意义。

2. 爱情信物的特点

（1）实用性。

（2）传情性。

（3）契约性。

（4）伦理性。

3.结婚信物的种类

（1）新人在仪式中交换的结婚信物。

① 结婚首饰。互赠的结婚信物以首饰为主，首饰中又以戒指居多，寓意用心承诺，圈定终生，情愿为你的爱而受戒。除了必买的结婚对戒之外，项链、耳环、手链等也是重要的爱情信物。

② 个性物品。一般男方送女方的信物都比较传统，如房子的钥匙、靠枕等，而女方送男方的信物则充满创意又寓意深远，有选择送身份证的，也有送自己亲手制作的鞋子的，一般为寓意深刻或者在恋爱过程中对彼此意义深远的物品。

（2）其他信物。

① 中式传统结婚信物。如今还在使用的中国传统结婚信物有红双喜、中式婚礼服装、花朵、鞭炮、红豆、红枣、桂圆、花生、莲子、合髻（结发）等。

② 西式传统结婚信物。西式传统结婚信物有母亲传下来物品、朋友送的礼物、新娘的小饰物或花束、钻石、面包、戒指等。

4.互换爱情信物环节的婚礼督导　互换爱情信物环节的婚礼督导执行单见表2-11。

表2-11　婚礼仪式督导执行单（互换信物环节）

互 换 信 物 环 节								
程序	督导提示	主持人	总督导	签到督导、新娘督导	道具督导	礼仪督导	灯光师	音响师
主持人		主持人致辞提示			道具督导提前将信物准备好，在舞台固定的地点站立			更换音乐
执行督导		主持人致辞提示	语音或手势提示		根据主持人的提示，将信物递给新人			
新郎将信物递给新娘	督导走到新人中间，将信物呈给新郎	主持人致辞提示	语音或手势提示			礼仪督导走到新人中间，将信物呈给新郎	灯光明亮或使用追关灯	更换音乐
新娘将信物递给新郎	督导站在新人中间，将信物呈给新郎	主持人致辞提示	语音或手势提示		道具督导提前将信物准备好，在舞台固定的地点站立	礼仪督导走到新人中间，将信物呈给新娘	灯光明亮或使用追关灯	更换音乐

（十）婚礼宣誓环节的婚礼督导

1.宣誓的内涵　婚礼宣誓即新人在婚礼仪式中当众说出来的表达忠心的正式承诺，

具有正式和庄严的特点。如今也有不少新人采取个性的结婚誓词，但大都离不开对婚姻生活的承诺。

2. 结婚誓词的演变

（1）第一阶段：动作誓词。

（2）第二阶段：以歌代誓。

（3）第三阶段：语录为誓。

（4）第四阶段：借用西方传统誓词。

（5）第五阶段：个性誓词当道。

目前婚礼上流行的结婚誓词分为坚定型、务实型、浪漫型、风趣型4种类型。

3. 结婚誓词范例

【范例一】经典西方结婚誓词

第一部分：婚礼誓言（问答式）

我要分别问两人同样的一个问题，这是一个很长的问题，请在听完后再回答。

×××，你是否愿意娶×××为妻，按照圣经的教训与她同住，在神面前和她结为一体、爱她、安慰她、尊重她、保护他，像你爱自己一样。不论她生病或是健康、富有或贫穷，始终忠于她，直到离开世界？

×××，你是否愿意嫁×××为妻，按照圣经的教训与他同住，在神面前和他结为一体、爱他、安慰他、尊重他、保护他，像你爱自己一样。不论他生病或是健康、富有或贫穷，始终忠于他，直到离开世界？

第二部分：交换戒指

现在要交换戒指，作为结婚的信物。戒指是金的，表示你们要把自己最珍贵的爱交给对方。黄金永不生锈、永不褪色，代表你们的爱持久到永远。戒指是圆的，代表毫无保留、有始无终、永不破裂。

×××，请你一句一句跟着我说：这是我给你的结婚信物，我要娶你、爱你、保护你。无论贫穷富足、无论环境好坏、无论生病健康，我都是你忠实的丈夫。

×××，请你一句一句跟着我说：这是我给你的结婚信物，我要嫁给你、爱你、保护你。无论贫穷富足、无论环境好坏、无论生病健康，我都是你忠实的妻子。

【范例二】民政局推荐誓词

双方宣读结婚誓词：我们自愿结为夫妻，从今天开始，我们将共同肩负起婚姻赋予我们的责任和义务：上孝父母，下教子女，互敬互爱，互信互勉，互谅互让，相濡以沫，钟爱一生！

今后，无论顺境还是逆境，无论富有还是贫穷，无论健康还是疾病，无论青春还是年老，我们都风雨同舟、患难与共、同甘共苦，成为终生的伴侣！我们要坚守今天的誓言，我们一定能够坚守今天的誓言。

【范例三】浪漫型结婚誓词

新郎誓言：谢谢你让我走进你的生命，做你的爱人。也许我不是这世界上最富有的男人，但我一定是这世界上最爱你的男人。从这一刻起，我将更加珍惜我们的缘分，爱你、呵护你，和你一起欢笑、一起哭泣。不论是现在、将来，还是永远，不管未来的道路是一帆风顺还是艰难险阻，我都会一直陪着你，一直守护着你，不离不弃，终生相伴。你永远是我生命中唯一珍爱的伴侣，我爱你。

新娘誓言：谢谢你愿意走进我的生命，做我的爱人。谢谢你这一路走来，太多的包容、安慰、用心与支持。你永远是我生命中最精彩的那个人，我会将我的生命交付给你，从此和你相依相偎，无论贫穷还是富有、疾病还是健康，我都会一直陪在你身边，陪你走过今后的每个春秋与冬夏、白天与黑夜，和你一起经历风雨、感受彩虹。你也永远是我生命中唯一珍爱的伴侣，我爱你。

4. 婚礼宣誓仪式环节的婚礼督导　婚礼宣誓环节中的督导执行单见表2-12。

表2-12　婚礼仪式督导执行单（宣誓环节）

婚礼宣誓环节								
程序	督导提示	主持人	总督导	道具督导	礼仪督导	检查督导	灯光师	音响师
新人宣誓	新人面对面	主持人致辞提示	语音或符号提示	道具督导为礼仪督导准备递送的宣誓书	礼仪督导递送话筒、宣誓书		明亮灯光	更换音乐
戴戒指	（1）交换戒指时，新人左手的手背应该面向镜头 （2）交换戒指时，动作要慢，戒指应该轻轻地滑落进无名指；在戴的同时，心里可以默数几秒钟再戴进去，切忌不要像完成任务似的用力一套	主持人致辞提示	语音或符号提示	道具督导安排：戒童到位 礼仪督导安排：递送戒指	礼仪督导取走新娘的手捧花		明亮灯光	更换音乐
展示婚戒	两种展示婚戒的姿势可任意选择（略）	主持人致辞提示				检查督导操作泡泡机	聚灯光追光	更换音乐

（十一）拥抱亲吻环节

在婚礼这个特别的日子里，新人正式结为夫妻，宣誓之后，新郎得以用丈夫的身份和自己的妻子拥抱亲吻，这个具有纪念意义的拥抱和亲吻是神圣而美好的。此时新人的拥抱亲吻不但能带动整个婚礼的氛围，使婚礼气氛浪漫而感人，也可以增加与宾客的互动，获得在场宾客的认可和祝福。

拥抱亲吻环节的婚礼督导任务执行单见表2-13。

表2-13 婚礼仪式督导执行单（拥吻环节）

拥 吻 环 节								
程序	督导提示	主持人	总督导	道具督导	礼仪督导	检查督导	灯光师	音响师
拥吻	接吻环节，新人要大大方方，不要扭扭捏捏、不好意思	主持人致辞提示	语音或符号提示			检查督导操作干冰机	聚光灯追光	更换音乐
新娘拥吻	新娘将手搭在新郎的肩部（根据彩排设计的位置）	主持人致辞提示	语音或符号提示		根据主持词，必要时用手势提醒新人		聚光灯追光	更换音乐
新郎拥吻	新郎用手轻轻搂住新娘的腰部（根据彩排设计的位置）	主持人致辞提示	语音或符号提示		根据主持词，必要时用手势提醒新人		聚光灯追光	更换音乐

（十二）倒香槟、喝交杯酒、点烛台、切蛋糕环节的现场执行

1. 倒香槟 如今，香槟塔几乎成为婚礼的保留节目，在婚礼中占据着十分重要的位置，这既是甜蜜爱情坚实巩固的象征，也是美满婚姻的永恒纪念。倒香槟仪式通常是为了烘托气氛，祝福新人婚后的生活节节高升。

2. 交杯酒的起源 交杯酒是我国婚礼程序中的一个传统仪式，在古代又称"合卺"，古语有"合卺而醑"。唐代即有交杯酒这一名称，到了宋代，在礼仪上，盛行用彩丝将两只酒杯相连，并绾成同心结之类的彩结，夫妻互饮一盏或夫妻传饮。婚礼上的交杯酒表示夫妻相爱，在婚礼上，夫妻各执一杯酒，手臂相交，各饮一口。

（1）交杯酒的发展。先秦时期，新郎新娘用瓢在婚礼上喝交杯酒，到了唐代，才将容器换成酒杯。但是不管用瓢还是酒杯，其寓意都是一致的，就是象征着永结同好、同甘共苦。

到了现代，交杯酒仍是婚礼必不可少的环节，但其形式比古代要简单得多。男女各自倒酒之后，两臂相勾、双目对视，在温情和欢乐的笑声中一饮而尽，象征爱情的根深蒂固。

（2）交杯酒步骤。

（1）第一步：碰杯，挽手，喝上一小口。

（2）第二步：互相让对方喝一口，表示你中有我、我中有你。

（3）第三步：互换酒杯，然后喝完交杯酒。

（3）婚礼交杯酒的方式。交杯酒的方式主要有相亲相爱式、团团圆圆式、缠缠绵绵式、从头到脚式、交腰交杯酒、花朵交杯酒、后背拥入式。

3. 点蜡烛　结婚点烛有一个非常重要的寓意，那就是代表着香火、生命的延续，中国人自古就对香火的延续十分重视。

（1）婚礼点蜡烛的寓意。

① 点燃家庭之烛。由新人双方的家人共同点燃，以这种方式祈福两人的结合能够带来家族的延续和人丁的兴旺，有延续香火之意。

② 点燃婚姻之烛。新郎新娘共同点燃烛台中间那根"众星捧月"的蜡烛，象征他们的生命从此合为一体，不离不弃。

③ 衬托婚礼气氛。烛苗象征着红红火火，婚礼舞台在烛光的映衬下，显得浪漫唯美。

（2）婚礼上蜡烛的讲究。

① 蜡烛要选择双数，代表着好事成双。婚礼中蜡烛的颜色一般为红色。

② 蜡烛点燃后，不能把它吹灭，要等它自己燃烧到熄灭为止。

③ 当蜡烛被点燃后，任何人不得触碰。

婚礼上可供使用的蜡烛种类很多、款式多样。一般来说，在西式和中西合璧的婚礼上，都会有点蜡烛的环节。

4. 切蛋糕　切蛋糕是西式婚礼的一个环节，很多婚礼现场都少不了新郎新娘一起切蛋糕的场面，漂亮的蛋糕、系着蝴蝶结的专用刀都是浪漫的见证。传统的结婚蛋糕一般采用多层设计，并以白色为主，代表着纯洁和美好。在西方社会，结婚蛋糕的起源有着和中国的早生贵子、丰衣足食同样的蕴意。

（1）鲜花装饰婚礼蛋糕。用鲜花代替糖花装饰，可以减少蛋糕的成本。这样一来，蛋糕的美感不会降低，又能增添婚礼的清新气氛，还能给婚礼蛋糕增添吉祥的寓意。

（2）糖花装饰婚礼蛋糕。糖花装饰蛋糕的制作费用会比鲜花装饰的婚礼蛋糕稍贵一些。用翻糖制作的婚礼蛋糕精致而奢华，且不用考虑鲜花的季节性，还能按照自己的想法随意打造图案造型。

（3）婚礼蛋糕的定制。定制婚礼蛋糕需要注意的事项有：①要通过照片等确认预订，图案复杂的蛋糕更要尽早定制；②定制蛋糕时要注意季节的限制；③要给婚礼蛋糕师看色样；④选择新人自己喜欢的样式和口味；⑤不要忽视婚礼蛋糕架和蛋糕桌与蛋糕的配套问题。

（4）婚礼蛋糕的切法。切蛋糕时，正确、美观的姿势为：新娘右手持刀，新郎将左手盖在新娘的右手上，新郎用右手搂住新娘的腰，新娘的左手辅助右手切蛋糕。在站姿上，依旧保持亲密的八字形，两人的视线保持一致，这样有利于把照片拍得更漂亮。两人的视线必须一致，回头时不要只转脸，整个身体都要转。

（5）不同蛋糕的切法。

① 如果蛋糕是圆的，传统切法是从蛋糕的中心开始，将圆形蛋糕切成一块块的扇形，然后再把每个扇形切成小块。

② 如果蛋糕多层的，应先分底层，再中层。

③ 如果切蛋糕的地方有专门的服务人员，可以选择只切开始那标志性的一刀。

④ 父母结婚时多半没有切过蛋糕，可以多预备一份蛋糕和父母同时切。

5. 婚礼倒香槟、喝交杯酒、点烛台、切蛋糕仪式环节的婚礼督导　在婚礼倒香槟、

喝交杯酒、点烛台、切蛋糕环节中，婚礼督导的现场执行单见表2-14。

表2-14　婚礼仪式督导现场执行单（倒香槟、喝交杯酒、点烛台、切蛋糕环节）

程序	督导提示	主持人	总督导	道具督导	礼仪督导	检查督导	灯光师	音响师
倒香槟	轻柔、缓慢	主持人致辞提示	语音或符号提示	道具督导安排香槟酒	礼仪督导递送香槟酒，用完后要拿下香槟酒	检查督导操作干冰机	聚光灯追光	更换音乐
喝交杯酒	两臂相勾、双目对视	主持人致辞提示	语音或符号提示	道具督导安排香槟酒杯	礼仪督导递送香槟酒杯，用完后拿下香槟酒杯	检查督导操作干冰机	聚光灯追光	更换音乐
点烛台	新人共举烛棒点燃蜡烛	主持人致辞提示	语音或符号提示	道具督导安排烛棒托盘、烛棒	礼仪督导递送点烛棒和托盘，用完后拿下托盘和烛棒	检查督导操作干冰机	聚光灯追光	更换音乐
切蛋糕	新人共同用蛋糕刀切蛋糕	主持人致辞提示	语音或符号提示	道具督导安排蛋糕刀、托盘	礼仪督导递送蛋糕刀、托盘，用完后拿下托盘、刀具	检查督导操作干冰机	聚光灯追光	更换音乐
礼成		主持人致辞提示	语音或符号提示					更换音乐

（十三）抛手捧花仪式环节的婚礼督导

1. 内涵　新娘抛手捧花又称"抛花球"，据说婚礼现场的未婚人士要是接到新娘的手捧花，未婚的情侣会在接下来的日子里幸福地在一起，还没找到伴侣的单身人士也会因为接到新娘的手捧花找到自己心仪的那个人。所以，手捧花具有延续幸福、传递幸福之意。

抛手捧花时要注意：新娘抛出的花球一定要有人接住，所以新娘在抛花球的时候一定要注意力度，不然手捧花掉落在地上就很尴尬了。因此，一定要提前让一位好姐妹来接花。此外，手捧花一定不能抛散，否则有分离之意，所以在挑选手捧花的时候，宜选择小巧的圆形手捧花。

2. 婚礼抛手捧花仪式环节的婚礼督导　抛手捧花环节的婚礼督导执行单见表2-15。

表 2-15　婚礼仪式督导执行单（手捧花环节）

程序	督导提示	主持人	总督导	签到督导、新娘督导	道具督导	礼仪督导	检查督导	灯光师	音响师
				送手捧花环节					
新娘抛手捧花		主持人致辞提示	语言或符号提示	（1）督导安排门口的清场工作，确保镜头里只有女伴（2）督导安排开门	道具督导为礼仪督导师准备递送的手捧花	礼仪督导师递送手捧花			更换音乐
女伴接手捧花		主持人致辞提示	语言或符号提示	督导安排关门					更换音乐

（十四）婚礼退场环节的婚礼督导

在仪式结束时，一对新人率先退场，身后是戒童和花童。姐妹团成员和伴郎团各成一队，两两一对。伴娘要先走，走在伴郎的右手边。如果人数不平均，一位伴郎要护送两名姐妹团成员离开；若多出来一个伴郎便单独走，两个便组成一对同时行进。当队伍走到门口或仪式现场的后面时，指定的伴郎要回到里面护送新人的父母、祖父母和一些尊贵的客人退场。

婚礼退场的顺序通常为：①新郎、新娘；②伴娘、伴娘；③新娘、新郎侍从；④花童、戒童；⑤礼仪督导为重要来宾引路，护送他们退场；⑥礼仪督导要求来宾有序退场。

退场环节的督导执行单见表 2-16。

表 2-16　婚礼仪式督导执行单（新人退场环节）

程序	督导提示	主持人	总督导	签到督导、新娘督导	道具督导	礼仪督导	检查督导	灯光师	音响师
				新人退场环节					
新郎、新娘先退场	新人手挽手，向来宾致谢，走向幸福之门	主持人致辞提示	总督导统筹	督导安排门口的清场工作，开门		督导与门口的签到督导提前进行有效对接，提示清场和开门，并给新人指引		明亮的灯光	更换音乐

（续）

新人退场环节									
程序	督导提示	主持人	总督导	签到督导、新娘督导	道具督导	礼仪督导	检查督导	灯光师	音响师
伴娘退场	伴娘要先走，走在伴郎的右手边	主持人致辞提示		督导安排开门		引导伴娘退场			更换音乐
伴郎退场	伴郎护送新娘姐妹团成员离场	主持人致辞提示				引导伴郎退场		灯光	
亲人、长辈和尊贵的宾客退场	伴郎送长辈和宾客离场	主持人致辞提示	引领长辈和嘉宾有序离场，致谢			引领长辈和嘉宾有序离场，致谢	引领长辈和嘉宾有序离场，致谢		更换音乐

子任务三　做好婚礼安全管理与风险控制

一、工作流程

熟知婚礼仪式流程 → 熟知各团队负责人的联系方式和职责 → 提前预估突发状况 → 提前准备应对突发状况的对策 → 效果评估

（一）工作准备

1. 物品准备

序号	名称	单位	数量	备注
1	手机	部	1	用于现场沟通
2	执行团队对接人员名单	份	1	用于发生突发状况时与负责人对接
3	亲友团对接人员联络单	份	1	用于发生突发状况时与亲友团负责人对接
4	婚礼现场仪式流程单	份	1	最终版的婚礼仪式流程单
5	对讲机	个	1	用于现场人员的便捷对接
6	耳机	个	1	用于发生突发状况时与负责人对接
7	应急管理包	个	1	用于突发事件发生后的应急处理
8	签字笔	支	1	用于现场记录

2. 环境与人员准备

序号	环境与人员	准备
1	环境	干净、整洁、喜庆、浪漫、温馨
2	婚礼策划师、婚礼总督导	言谈有礼、举止文明、着装得体，能恰到好处地提供服务
3	新人亲友团负责人	与亲友团成员熟悉的长辈或好友，善于沟通
	酒店负责人	大堂经理、宴会厅负责人

（二）做好婚礼安全管理与风险控制

步骤	流程	技术操作要求
工作前准备	熟悉典礼现场的环境	（1）经过初级婚礼策划等级培训
		（2）掌握一定的婚俗知识和婚礼服务技能
步骤1	熟知婚礼仪式	派发婚礼当天的仪式流程单
步骤2	预估突发状况	（1）花店员工送错花束
		（2）现场音响设备故障
		（3）堵车
		（4）新人道具丢失
步骤3	应对突发状况的方法	（1）选单朵的玫瑰或者兰花握在新娘手里走向红地毯，如此会显得独创且高贵
		（2）婚礼之前要仔细检查每一个设备设施是不是完整、运行是否良好，还要安排人员检查现场各种插座、接头和线路的连接情况并防止其他来宾碰触
		（3）在婚礼前一天预先走一下线路，提醒司机哪里有道路施工，同时预留到达酒店的时间
		（4）提前准备备用戒指、信物，预留胸花、手腕花花材
	注意事项	仔细检查婚礼现场的设备和T台

（三）效果评估

通过婚礼前的现场检查，仔细核对新人所需物品，与各负责人提前沟通和确认，提前预估婚礼中的风险，并做出应对方案，保证婚礼顺利举行。

二、相关知识

（一）婚礼的风险管控

任何形式的婚礼都是基于对未来情况（包括天气、交通以及顺畅的流程）的预测和正常的人员管理与组织之上的，而在婚礼的实际运行当中，这些因素都可能发生变化，各个细节都存在不确定性，都是不可预知的。这些变化可能使原来的婚礼计划和方案受到干

扰，使原定的婚礼策划方案无法实现。这些事先不能确定的内部或外部干扰因素，统称为婚礼活动的风险。

进行婚礼风险管理是指婚礼策划师根据婚礼的特点，细致全面地分析婚礼中可能存在的风险，进行风险识别，并根据风险所能引起的安全问题进行评估，在此基础上，运用多种方法对婚礼活动所涉及的风险实行有效控制，采取主动行动，妥善处理风险因素造成的不利后果，以最低的成本完成既定的婚礼策划方案。

婚礼风险管理的主要任务是婚礼风险的识别。婚礼策划师应该熟知各种类型婚礼的风险因素，识别婚礼风险因素的来源，确定风险因素发生的主客观条件，并能够对风险因素所带来的后果进行合理的评估，通过风险识别，将那些可能给婚礼带来危害的风险因素识别出来，作为制定风险应对措施的依据。

根据婚礼风险的可预测性，可以将婚礼风险分为已知风险、可预测风险和不可预测风险。

1. 已知风险　已知风险是指在认真、严格地分析婚礼流程及策划方案之后，就能够明确的、可能经常发生的，且其后果亦可以预见的风险。通常情况下，已知风险发生的概率较高，但是后果不严重，只要稍加控制就可避免，如婚礼主持人突然生病、证婚人因事不能到场等。

2. 可预测风险　可预测风险是指根据婚礼策划师多年的经验，可以预见其发生，但不可预见其后果的风险。这类风险可能导致相当严重的后果，但是一般可以事先采取措施进行预防，如突然停电，突然下雨等。因此，在婚礼正式开始前，一定要提前进行婚礼彩排，防止出现这类风险。

3. 不可预测风险　不可预测风险是指有可能发生，但是即便是经验丰富的婚礼策划师也不可预知的风险。不可预测风险又称未知风险、未识别风险或不可抗力，一般是由外部原因引起的风险，如地震、洪水等。

（二）婚礼风险防范与对策

婚礼策划师、婚礼督导师及婚礼相关负责人可以通过主观努力，尽可能适应客观条件的变化，从而使风险最小化。所谓风险对策，就是为达到上述目的而采取的方法。

1. 风险回避　风险回避主要是中断风险源，使其不致发生或者遏制其发展。为回避风险，有时可能不得不做出一些必要的牺牲，但较之承担的风险，这些牺牲可能造成的损失要小得多，甚至微不足道。比如，举办户外婚礼突然下雨了，就可以转移到配套的室内备选场地。

2. 风险管控人员的职责　风险管控人员要全权处理婚礼现场发生的各种意外事件，一般由婚礼策划师或者婚礼督导师担任。在举办婚礼前，婚礼策划师或婚礼督导师要从承办婚礼的婚庆公司和举办婚礼的新人那里取得全权处理婚礼意外风险的授权，一旦发生意外，所有人都必须听从婚礼策划师或婚礼督导师的指挥，以便迅速有效地处理婚礼意外事件。

3. 损失控制　损失控制是指减少损失发生的机会或设法使损失最小化，主要包括预防损失和减少损失。

（1）预防损失。预防损失是指采取各种预防措施以降低损失发生的可能性。这种防患于未然的方式是最重要的风险防范措施，也是婚礼风险防范措施中最常用的一种。

（2）减少损失。减少损失是指在风险已经不可避免地发生的情况下，通过种种措施，避免损失继续扩大或控制其扩展范围，即使损失局部化。

4. 风险转移　在婚礼策划方案的执行过程中，难免有一些风险无法防范也无法进行有效控制，婚礼相关负责人只能采取转移手段以降低风险。

5. 风险防范的财务措施

（1）风险的财务转移。所谓风险的财务转移，是指风险承担者寻求外来资金补偿确定会发生或已经发生的风险，包括保险的风险财务转移和非保险的风险财务转移。

保险的风险财务转移的实施手段是购买保险。非保险的风险财务转移的实施手段则是除保险以外的其他经济行为。非保险的风险财务转移的另一种形式是通过担保银行或保险公司开具保证书或保函，根据保证书或保函，保证人必须履行担保任务。

（2）风险准备金。风险准备金是从财务的角度为风险做准备，在计划（或合同报价）中另外增加一笔费用。

（三）制订婚礼突发意外事件应急预案

婚礼准备工作千头万绪，涉及众多人员及物品，需要协调多个方面，如果某一方面出现问题或发生意外事件影响了婚礼的进行，会造成不可挽回的损失，因此，针对可能出现的突发事件，制订应急预案是十分必要的。

婚礼突发意外事件应急预案应当包括以下内容：

1. 总则　总则包括制订预案的目的、婚礼突发事件的定义、工作原则。制订预案的目的是规范应对在婚礼中突发的意外事件，健全婚礼活动期间突发意外事件应急机制，保障人民生命财产安全，维护公共利益和社会秩序。婚礼突发意外事件是指突然发生，造成或者可能造成重大人员伤亡、重大财产损失，有重大社会危害的需要立即处置的危险、紧急的事件。从工作原则来看，主要是以人为本、依法办事、反应快速、预防为主。

2. 组织机构与职责　以婚礼总督导为组长，成立应急工作小组，负责解决在婚礼中突发的各类意外事件，指导监督应急管理工作。从工作职责来看，要拟订应对婚礼中突发意外事件的应急预案；检查督促预案执行情况，并给予指导；汇总婚礼中突发意外事件的各种重要信息，进行综合分析；承担婚礼中突发公共事件信息系统及应急指挥系统的日常管理工作。同时，下设安全保卫组、后勤保障组，负责人由执行婚礼督导师和酒店主管担任。

3. 风险预测　婚礼庆典的主要危险源来自突发的自然灾害，如地震、水灾等，此外，还包括以下几个方面：①设备设施故障，如断电、建筑物倒塌等；②管控措施失控，如场地小，人员过多；③疏散设施不符合要求，如没有紧急出口；④车祸、食物中毒、醉酒打架、失火；⑤触电等重大意外事故。

针对上述可能发生的危险，要分别制订"交通事故处置预案""治安事故处置预案""食物中毒处置预案""意外伤害应急预案""自然灾害处置预案"等。

4. 风险评估　风险评估及活动可行性评估包括选址、天气因素、财务问题等，在签订合同前，一定要将防范措施列入活动计划。下面是进行风险评估的主要方面：①出席活

动人数的减少；②恶劣天气；③主讲人的缺席；④公司突遇紧急情况；⑤其他活动及其安排；⑥不可抗力。

有很多为客户、己方公司、参加活动的客人以及供应商降低或者消除活动风险的方法，包括制订物流方案、修订合同、办理保险等。在签订合同时，关于减员、取消活动和不可抗力等方面的合同条款尤其要注意。

（四）婚礼用品的安全问题

无论婚礼形式如何，婚礼安全才是最基础和最重要的，在追求个性婚礼的今天，婚礼用品的安全问题越来越突出。

1. 常见的婚礼用品安全问题

（1）焰火、礼炮等易燃易爆物品引起的安全问题，如着火等。

（2）化妆品混用引起的安全问题，如过敏等。

（3）婚礼用电引起的安全问题，如断电、停电等。

（4）婚礼食物引起的安全问题，如食物中毒等。

2. 保证婚礼用品安全的相关措施　针对以上婚礼用品安全的问题，婚礼负责人要在婚礼前采取相应措施，有些安全隐患必须从源头进行排查。主要包括：

（1）从正规渠道购买所用物品。

（2）确定婚礼现场的用电负荷和线路安全。

（3）尽量规范婚庆服务标准。

（五）婚礼中的人身安全问题或其他意外

1. 婚礼中可能出现的人身安全问题

（1）工作人员在工作中受伤。

（2）来宾因为拥挤而受伤或者产生不愉快。

（3）婚礼中发生斗殴或吵架。

（4）来宾或新郎醉酒。

2. 婚礼中出现人身安全问题或其他意外的处理　在婚礼中出现人身安全问题或其他意外时，婚礼主持人是非常重要的角色，当然，婚礼策划师和婚礼督导也是负责解决和处理婚礼意外的重要人员。婚礼彩排非常重要，婚礼策划师、婚礼督导师、婚礼主持人在婚礼前对婚礼风险的交流和预测更加重要。

下面是婚礼主持人在出现人身安全问题或其他意外时的圆场词举例。

（1）在新人入场时，《婚礼进行曲》没有响起来。

婚礼主持人：新人迈着优雅的步伐走上了婚礼的红地毯。在通往幸福的道路上，让我们用自己美丽的歌声为他们奏响《婚礼进行曲》吧！

（2）新人在踏上星光大道的时候，星光大道的灯不亮。

婚礼主持人：其实，每个人的心中都有一条星光大道，而今天这对新人的星光大道就在朋友们的双手之中。朋友们，请把你们手中的打火机、蜡烛和手机亮起来，为一对新人铺开一条幸福的星光大道！

（3）新人在入场时，路引被新娘的裙子带倒。

婚礼主持人：花儿再美也有凋谢的时候，而永恒不变的是真情。当美丽的新娘带着真情翩然走过的时候，连花儿也不禁羞涩地低下了头。

（4）新人交换戒指时，发现戒指忘记带到了现场。

婚礼主持人：当一个空空的戒指盒呈现在大家面前时，所有的人都会感到意外。其实，这没什么可意外的。因为新郎说，戒指象征着挚爱，象征着他真诚不变的心灵。所以，今天，新郎要将自己的一颗心当作戒指送给新娘，同时，他也要告诉大家，新娘就是他心中那枚神圣的戒指！

（5）用来装戒指的空爆球没有破。

婚礼主持人：美丽的圆球就像他们的爱情一样牢固和圆满。伴着这份圆满的爱情，我们请督导师将两位新人的结婚戒指呈上来，让一对新人为爱受戒！

（6）切蛋糕时没有蛋糕刀。

婚礼主持人：在人们的日常生活中，总是习惯用刀来切蛋糕，但是今天，新人却不准备这样做。因为今天他们结婚了，他们要用成双成对的筷子将这甜蜜的蛋糕切开，和大家一同分享！

（7）在婚礼进行过程中，蛋糕塔倒了。

婚礼主持人：在美丽的蛋糕塔倾倒在地的一刹那，所有的甜蜜和浪漫也一同洒向了大地，洒满了人间！

（8）新人倒荧光香槟塔时发现装荧光液的瓶子是空的。

婚礼主持人：幸福的生活需要我们自己去创造，而幸福的美酒也需要我们自己去灌溉。有请一对新人亲自去拿起桌上的美酒，共同灌溉你们爱的源泉！

（9）香槟塔不小心被碰倒。

婚礼主持人：香槟塔欢呼着倾倒在大地上，他们的爱也像河流一样洒满了人间。从今天起，他们走到哪里，爱之河流也将流向哪里！

（10）新人点烛台时总也点不着。

婚礼主持人：真爱无垠，大爱无疆，两位新人的爱感动着我们每一个人！那么现在，就让我们请出其中的一位嘉宾代表，和新人一同来点燃这爱的烛光吧！

（11）婚礼进行中突然停电。

婚礼主持人：灯光虽然灭了，但请大家不要感到意外，因为我们今天做的是一场烛光婚礼。一对新人将把他们的爱化作手中的烛光和大家一起分享，也希望这爱的烛光把所有美好的祝愿一同点亮！

（12）烛台突然倒了。

婚礼主持人：点点烛光照亮大地，美丽的爱情也在心间轻轻荡漾。百年好合不再是梦想，烛台舞动着爱的乐章！

（13）举行草坪婚礼的时候突然下雨。

婚礼主持人：爱的甘霖从天而降，把幸福和吉祥带给人间。从今天起，两位新人将手牵着手，肩并着肩，风雨同舟！

（14）当主持人让新人接吻的时候，新人因为害羞不配合。

婚礼主持人：这一吻，新人还真有点舍不得。不过没关系，幸福永远在前方，好戏也永远在后头，等到今晚洞房花烛的时候，再让他们吻个够！

（15）新人的父亲（母亲）由于激动而说不出话。

婚礼主持人：此时此刻，新人的爸爸（妈妈）心里充满了幸福和激动，在这里，我想简单采访一下这位慈祥的老人，今天，您幸福吗？

（16）新人在拜天地时香炉倒了。

婚礼主持人：一对新人的爱情感动了天地，在不久的将来，他们的香火也将像花儿一样，在大地上悄悄绽放！

（17）夫妻对拜时，新娘头上的皇冠掉到了地上。

婚礼主持人：皇冠落在地上，大地也充满了富贵吉祥。在今后的生活中，这份富贵吉祥将从头到尾伴随着他们。

（六）财产安全风险

1. 主要财产风险 财产安全风险主要有：①新人当天的随身物品丢失；②贵重的烟、酒、喜糖不见了；③来宾的贵重物品丢失；④酒店的设备因操作失误而造成损坏。

2. 相关处理措施

（1）人员的合理分工，最好有人负责安全督查。

（2）提醒在场人员提高自我防范意识。

（3）高危险以及复杂项目派专人看护。

（4）和酒店沟通，提供安全的地方。

（5）注意合同的签订。

（七）婚礼中常见的突发事故

（1）突然停电。

（2）弄脏婚纱。

（3）突然下雨。

（4）花车来晚。

（5）高跟鞋折断。

（6）堵车。

（7）花店员工送错花束。

（8）发生过敏反应。

（9）婚礼中有人喝醉。

（10）食物非常糟糕。

（11）酒店赠送的项目与婚礼策划有冲突。

（12）来宾人数突然增加。

（八）婚礼现场的意外事故

（1）因不确认工作人员及婚车的出勤情况、路况或时间没有计算到位导致新人情绪紧张。

（2）话筒不出声，话筒的音质不好。

（3）音响设备的连接线虚接，音响突然没声音或者有噪声。

（4）香槟塔倒了；荧光香槟塔的鸭嘴没对齐或者没放接荧光液的杯子；荧光液没装入容器或者装入的时间太早导致不发光；香槟酒瓶盖没打开。

（5）烛台点烛器上没放蜡烛；烛台旁边没放火柴；烛台上的蜡烛捻没拨正；蜡烛的捻点不着。

（6）蛋糕刀没到位；蛋糕刀上包的膜没有去掉。

（7）泡泡机不能正常运转。

（8）泡泡机释放泡泡过量，导致新人摔跤。

（9）放冷焰火时安全措施不到位。

（10）现场地线及地毯没有粘贴牢固。

（11）追光灯电压不够，灯泡被烧；追光灯的位置不理想。

（12）在传递物品时找不到礼仪小姐。

（13）没准备交杯酒杯；没准备可乐、葡萄汁或香槟酒。

（14）没准备改口茶具；茶水没提前倒好；茶水过烫。

（15）仪式快开始时，各工作人员没到位。

（16）头车到酒店后没人迎亲。

（17）戒指等其他仪式用品突然找不到了。

（18）仪式中出现冷场；司仪突然改变流程。

（19）签到笔或签到簿不够。

（20）红包准备不足。

（21）现场撒花瓣或者接捧花人选没提前安排好；花瓣发蔫了。

（22）仪式时间到了，现场的嘉宾人数还不到一半。

（23）主持人、新人父母等主要人物没佩戴胸花；新娘的手捧花坏了或没有到位。

（24）来宾不知道就座的位置，现场秩序混乱。

（25）切灯速度太快或者太慢。

（26）新人面容僵硬。

（27）新人入场步伐太快，新人交换戒指时展示的姿势不正确。

（28）新人入场时走位错误。

（29）新人换服装时间过长。

（30）婚礼中有人喝醉闹事。

（31）红包丢失。

（32）伴娘伴郎抢镜头。

（33）主婚人、证婚人在台上讲话时过度紧张，影响舞台效果。

（34）追光灯摆放位置不对。

（35）干冰未放在安全位置。

（36）气球在仪式还没开始时就漏气或爆炸了。

（37）工作人员坐在新人的酒席上休息。

（38）工作人员吃拿新人食物及红包。

（39）来宾带走或损坏仪式道具等物品。

（40）在新人或来宾讲话时，因紧张远离话筒，导致传送的音量过小或根本就没有声音。

（41）在婚礼休息的环节，嘉宾突然要求增加节目。

（42）在婚礼开始前或婚礼中，花门或路引倒塌。

（43）婚礼中的游戏环节秩序混乱。

（44）摄像师的存储卡没有带够。

（九）户外婚礼突发事件

（1）天有不测之风云——突遇天气变化。

化解方法：在选择户外婚礼场地时，一定要同时查看这个婚礼场地是否有配套的室内备选场地，并与酒店方负责人提前约定好，将室内场地作为突发情况下的补救措施。看完场地后，在准备婚礼方案时，也需要跟进这个备选方案。例如，在准备物品清单和做婚礼布置平面图的时候，不能漏了这个备选场地的方案。户外婚礼场面开阔，外界干扰较多，因此，场地周边环境也需要多加考察。

（2）新娘妆容受到破坏。

化解方法：新娘应尽量在婚礼场地配套的酒店直接化妆，这样不仅节省了婚车的花费，也使得新人可以更轻松地享受婚礼。此外，化妆师还可根据现场的光线和气氛来具体设计及调整新娘的造型。新郎可以到酒店的化妆间迎亲。

（3）亲友四散——交通不便。

化解方法：合理安排交通，可让亲朋好友乘坐新人统一安排的大客车一同前往目的地。这样不但可以保证宾客准时到达婚礼现场，而且也较为经济实惠。

（4）婚纱刮倒路引等——婚纱生意外。

化解方法：选择轻便时尚的短婚纱。与适合在宴会厅内穿着的拥有珠片、镶钻、蕾丝等设计元素的闪耀华丽婚纱不同，在户外举办婚礼应尽量选择自然大气的婚纱，如云一般的纱质婚纱就是一个不错的选择。太过华丽、夸张的婚纱不适合户外婚礼，时尚前卫的新娘甚至可以考虑短款婚纱，给人留下活泼可爱的印象。

（5）天气炎热——令宾客不适。

化解方法：最有效的化解方法便是合理有效地控制时间。在婚礼进行时，来宾均站立于草坪四周，而且还要遭受风吹日晒，因此，要尽量减少其等待的时间。应该在筹备时做好婚礼流程表，当天严格按照时间表上的时间进行，不可冗长拖沓，且尽量不要在现场任意修改流程，避免导致混乱。

（6）户外餐饮——"不速之客"。

化解方法：户外行礼、室内用餐。举办婚礼最为集中的春秋两季气温偏高，是昆虫活跃期，且大多数地区会有风沙，如果选择在户外办仪式，应该选择在宴会厅内用餐。如果觉得这样气氛不够好，可在用餐之后，加办一场户外酒会，配合完美的灯光音响设备、绚丽的冷焰火、精彩多样的游戏和节目。

（7）周边环境——声浪太大。

化解方法：选择高质量的音响设备。打造户外婚礼的重中之重便是音响设备。由于没有天然的屏障，户外婚礼的拢音效果没有室内好。因此，就需要有音质好的音响，否则，会出现前面新人和主持人声嘶力竭，后面的观礼嘉宾却听不清楚的情况，还可能影响现场的摄像效果。因此，准备一套好的音响设备是十分必要的。

（8）宾客醉酒。

化解方法：在郊外举办婚礼，一定要预订一些当地酒店的房间，以防酒醉或家远的亲朋好友无处安身。妥善安排好来宾的衣食住行，是新人应该做到的。婚宴结束后，应确定好需要住宿的人员，根据这些人员的关系和性别划分房间，并安排好次日宾客的活动日程，包括活动时间、退房时间、早餐时间等。

参 考 文 献

北京中民福祉教育科技有限责任公司，2021. 婚礼策划职业技能等级标准（2021 年 1.0 版）［EB/OL］
　　（2021 - 06 - 15）. http：//zmfz. bcsa. edu. cn/info/1019/2069. html.

陈火金，2005. 策划学全书［M］. 北京：中国社会出版社.

黄杰明，2008. 障车文［M］. 北京：中国历史出版社.

金毅，2012. 婚礼督导［M］. 香港：香港天马出版有限公司.

林崇德，1999. 咨询心理学［M］. 北京：人民文学出版社.

马楠，2008. 浅谈和谐营销团队的构建［J］. 北京：黑龙江科技信息（13）：98.

全球一流商学院 EMBA 课程精华丛书编委会，2003. 领导力与团队建设［M］. 北京：北京工业大学出
　　版社.

斯蒂芬·罗宾斯，2009. 组织行为学［M］. 孙健敏，李原，译. 北京：中国人民大学出版社.

万俊杰，王书恒，2018. 婚礼主持教程（第二版）［M］. 北京：中国铁道出版社.

王晓玫，2009. 婚姻庆典服务概论［M］. 北京：中国社会出版社.

王晓玫，2010. 婚礼策划实务［M］. 北京：中国社会出版社.

王晓玫，2012. 婚庆服务礼仪［M］. 北京：中国社会出版社.

王晓玫，金毅，2012. 婚礼现场督导［M］. 北京：北京社会出版社.

王重鸣，2001. 管理心理学［M］. 北京：人民教育出版社.

杨巍，2011. 目标管理对高校学生管理工作的启示［J］. 经济研究导刊（31）：309 - 310.

余世维，2006. 有效沟通：管理者的沟通艺术［M］. 北京：机械工业出版社.

婚礼策划职业技能教材（中级）
教育部第四批1+X证书制度试点
婚礼策划职业技能等级证书系列教材

婚礼策划
服务评估

中 级

hunli cehua
fuwu pinggu

北京中民福祉教育科技有限责任公司　组编

孙慕梓　章　林　主　编

李子俊　副主编

project 8

中国农业出版社
农村读物出版社
北　京

图书在版编目（CIP）数据

婚礼策划职业技能教材：中级．婚礼策划服务评估 /
北京中民福祉教育科技有限责任公司组编；王晓玫等主
编 . —北京：中国农业出版社，2022.6
　　教育部第四批 1＋X 证书制度试点婚礼策划职业技能等
级证书系列教材
　　ISBN 978-7-109-29489-9

　　Ⅰ.①婚…　Ⅱ.①北…②王…　Ⅲ.①结婚-礼仪-
职业技能-鉴定-教材　Ⅳ.①K891.22

中国版本图书馆 CIP 数据核字（2022）第 093511 号

───────────────────────────

中国农业出版社出版

地址：北京市朝阳区麦子店街 18 号楼
邮编：100125
策划编辑：李艳青
责任编辑：刘昊阳
版式设计：王　晨　　责任校对：沙凯霖
印刷：三河市国英印务有限公司
版次：2022 年 6 月第 1 版
印次：2022 年 6 月河北第 1 次印刷
发行：新华书店北京发行所
开本：787mm×1092mm　1/16
总印张：37.5
总字数：1000 千字
总定价：108.00 元（全 9 册）

───────────────────────────

前言

　　婚礼策划服务评估是指在婚礼结束后，婚庆公司对婚礼及婚礼策划进行总结、分析、评估的过程。跟踪调研能力、团队协商能力、总结提炼能力、访谈分析能力、归纳整理能力、沟通协调能力、理解能力、判断能力和亲和力是婚礼策划服务工作者需要具备的最基本的能力。

　　婚礼策划服务评估作为婚礼策划质量保证的重要内容，为婚礼策划师的专业化发展奠定了基础。因此，作为婚礼策划服务的专业人员，婚礼策划服务评估的基本方法和技巧是必须掌握的专业技能。

　　婚礼策划服务评估（中级）包括 3 项任务：任务一，婚礼策划服务的跟踪与评估；任务二，婚礼策划总结及报告；任务三，客户关系维护。通过学习本项目，学生可以进一步掌握婚礼策划师的服务技能，为学习婚礼策划师高级技能奠定基础。

　　本项目教材（中级）由孙慕梓负责统稿，王晓玫、张仁民负责审稿，具体写作分工如下：

　　任务一：章林［北京社会管理职业学院（民政部培训中心）教师］、李子俊（北京子君阁国风礼仪院院长）。

　　任务二：孙慕梓［北京社会管理职业学院（民政部培训中心）教师］。

　　任务三：孙慕梓［北京社会管理职业学院（民政部培训中心）教师］。

目　　录

Project 8 项目八
婚礼策划服务评估

　　婚礼策划服务评估是指在婚礼结束后，婚庆公司对婚礼及婚礼策划进行总结、分析、评估的过程。婚礼礼成只是婚庆服务的一个逗号，婚庆行业是一个新兴的、充满朝气的朝阳行业，一家优秀的婚庆公司，应该专注于婚庆服务全过程，给每位顾客提供婚前准备、婚庆筹划、售后服务、信息反馈的"一站式"服务。

　　婚礼结束后，要对婚礼服务对象进行跟踪与评估。跟踪评估的内容主要有两大方面：一是对新人后续的消费需求进行跟踪与评估。根据新人的年龄、职业、收入等基本信息，分析新人的消费能力及消费偏好，进而分析新人潜在的消费需求。婚礼是人生的重要仪典，但新人成婚后还有很多重要时刻，如宝宝宴、结婚周年庆、子女入学及成人礼等，这些都是婚庆公司未来新的利润增长点。二是对新人的亲朋好友进行跟踪与评估。一场婚礼不仅仅是婚庆公司提供的一次服务，更是对婚庆公司自身形象的绝佳宣传。婚庆公司提供的优良服务必定会给新人和到场来宾留下深刻的印象，口口相传，婚庆公司的"口碑"就树立起来了。婚庆公司在合法取得亲朋好友的联系方式后可适度开展营销，这是婚庆公司获取新客户的重要渠道。

　　婚礼结束后，要召开婚礼执行团队会议，对婚礼策划进行总结并撰写报告。总结报告要系统介绍婚礼项目、策划团队、策划实施过程及成果、婚礼策划中存在的问题以及经验总结和建议。通过对婚礼策划的总结，婚庆公司能够分析问题产生的原因，积极思考改进措施，不断提高婚礼策划、执行的水平。

　　婚礼结束后，还要对客户和供应商进行回访。婚礼策划服务的质量保证有赖于婚礼策划师和督导师对婚礼的有力执行，有赖于摄影师、摄像师的影像配合，有赖于灯光师、VJ师的光影打造，有赖于花艺师、场布师的精心布置。除了上述之外，还有一个很重要的因素——对客户和供应商进行回访，即婚礼策划服务的客户关系维护。婚礼策划服务的客户关系维护能够有效反映出婚礼策划各个环节的执行程度和执行力度，也能够为婚礼策划提出专业化的跟踪改进建议。对婚庆公司而言，客户关系维护具有提升服务质量的重要意义，对婚礼策划师而言，具有提升专业能力的重要作用。

学 习 目 标

一、知识目标

1. 掌握对婚礼服务对象进行跟踪与评估的方法。
2. 掌握婚礼执行团队会议的流程和内容。
3. 掌握对婚礼客户和供应商进行回访的方式。

二、技能目标

1. 能够管理和运用婚礼策划服务跟踪与评估的各类信息。
2. 能够较好地完成婚礼策划总结报告的撰写。
3. 能够通过学习婚礼策划服务客户关系维护的方式和技巧，比较熟练地提供回访服务，维护客户关系。

三、素质目标

1. 通过对婚礼策划服务对象进行跟踪与评估，掌握沟通交流技巧，提高人际交往能力，并树立尊重客户隐私、营销张弛有度的理念。
2. 通过管理和运用婚礼策划服务跟踪与评估的各类信息，提升职业敏锐度和洞察力。
3. 通过撰写婚礼策划总结报告，提高自身发现问题、解决问题的能力。
4. 积极关注客户需求，严格保护客户信息，树立正确的服务理念。
5. 积极关注供应商需求，严格保护供应商的信息，树立正确的服务理念。
6. 具备分析客户和供应商诉求的能力，具备整理客户和供应商诉求的能力，培养理解、尊重、合作的专业价值观。

任务一
婚礼策划服务的跟踪与评估

【任务情境】

2020年7月8日，符某接到湖南某婚纱摄影有限公司员工尹某的营销电话，被告知到店消费有优惠，还可赠送礼品。之后，该员工又添加了符某为微信好友，对符某展开了"轰炸式"营销。符某经调查得知，原来是该婚纱摄影公司利用给予老客户折扣、礼品的营销方式，换取了老客户掌握的亲朋好友的个人信息（姓名、电话等），继而对这些人开展了营销。符某认为，该婚纱摄影公司的一整套营销手段打扰了他的私人生活，将该公司告上法庭。

【任务分析】

一、婚礼策划服务跟踪评估的主要内容

序号	主要内容
1	对婚礼服务对象进行跟踪与评估
2	管理和运用婚礼策划服务跟踪与评估的各类信息

二、婚礼策划服务跟踪评估的工作目标及措施

序号	主要工作目标	措施
1	强化现有客户资源控制，开发新的客户资源	收集整理客户相关信息，选取适合的方法，合理评估
2	分析客户潜在需求，开发延伸服务	妥善管理和科学运用跟踪评估信息

【任务实施】

子任务一　对婚礼服务对象进行跟踪与评估

一、工作流程

评估准备 → 评估实施 → 效果评估

（一）工作准备

1. 物品准备

序号	名称	备注
1	客户基本信息表	包括年龄、职业、学历、收入等
2	客户潜在需求表	客户本人及亲朋好友的潜在需求
3	电脑	
4	电话	

2. 环境与人员准备

序号	环境与人员	准备
1	环境	室内环境或室外环境
2	跟踪与评估人员	经过初级婚礼策划职业技能等级培训，熟悉客户基本情况，合理评估客户潜在需求

（二）对婚礼服务对象进行跟踪与评估

步骤	流程	技术操作要求
工作准备	跟踪评估准备	（1）收集整理客户相关信息
		（2）选取适合的跟踪评估方法
步骤1	分析客户消费偏好	根据客户的年龄、职业、收入等基本信息，分析客户的消费能力及消费偏好
步骤2	评估客户潜在需求	根据客户的消费能力及消费偏好，评估客户潜在的消费需求
步骤3	挖掘关联客户	根据客户婚礼来宾信息，跟踪评估关联客户，获取新的客户
	注意事项	注意选取合适的跟踪评估方法，掌握恰当的频次，避免过度打扰客户

（三）效果评估

（1）通过对婚礼服务对象进行跟踪与评估，强化对客户资源的控制，使营销方与客户之间的感情更深厚，为后续提供延伸服务奠定基础。

（2）通过对婚礼服务对象进行跟踪与评估，挖掘关联客户，拓展销售渠道，提高公司利润。

二、相关知识

（一）强化对现有客户资源的控制

研究表明，若把企业的客户划分为新客户与老客户两类，争取一名新客户所花的成本是保住一名老客户的 6 倍。提高客户满意度可维系老客户，进而将其发展成长期支持企业的忠诚客户。忠诚客户每增加 50％，企业产生的利润增幅可达 25％～85％，因此，可以说，客户满意度决定了企业的生存与发展，是企业长远发展的根本保证。

（二）开发关联客户

婚庆公司的发展有赖于良好的口碑。每一对新人消费之后，婚庆公司还应关注他们背

后的朋友、同学等准客户。维护好了客户，他们就会将亲戚、朋友、同学、同事等介绍到婚庆公司，这是婚庆公司重要的获客渠道。

（三）消费偏好

消费偏好是指消费者对于所购买或消费的商品和劳务的喜好胜过其他商品，又称"消费者嗜好"，是对商品或劳务的优劣性产生的主观感觉或评价。偏好受文化因素、经济因素、社会因素等多种因素的影响。

（四）客户档案

客户档案是企业在与客户交往过程中形成的客户信息资料、企业自行制作的客户信用分析报告，以及对订购客户的资信报告进行分析和加工后，全面反映企业客户资信状况的综合性档案材料。客户档案是客户数据的主要载体，而客户数据是企业客户资源的灵魂，所以，客户档案管理对客户资源的开发和维持有着极其重要的意义与地位。

在客户档案数据库中，收集了包括商品、客户和潜在客户等显示客户基本状态的信息，可帮助企业完成消费者分析，确定目标市场，进行销售管理。比较规范的客户档案的主要内容可以分为以下三类：

1. 客户描述性信息　此类信息主要包括：客户的基本情况，主要指姓名、性别、联系方式、婚期、婚礼地点等；客户类型（现有客户、潜在客户、流失客户）；期望的婚礼效果；对婚庆产品和服务的偏好；对问卷和促销活动的反应；其他产品偏好；试用新产品的倾向。由于是客户的基本信息，变动不是很大，可在较长一段时间内使用。档案数据中的地址或电话号码可能需要每季度或半年更新一次。

2. 市场促销性信息　市场促销性信息显示了对客户进行了哪些促销活动，主要包括促销活动的类型、促销媒体、促销时间、促销活动的意图等。

3. 客户交易信息　描述企业与客户相互作用的所有信息都属于客户交易信息，主要包括购买婚庆服务类数据、购买婚庆道具数据和售后服务类数据三大类。

子任务二　跟踪与评估各类信息

一、工作流程

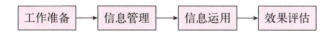

（一）工作准备

1. 物品准备

序号	名称	备注
1	跟踪评估信息	整理形成客户档案
2	档案袋、档案盒	用于保存纸质资料
3	移动硬盘、U盘	用于储存电子资料
4	电脑	用于查阅各类信息
5	手机	用于查阅各类信息

2. 环境与人员准备

序号	环境与人员	准备
1	环境	室内环境
2	信息管理员	熟练掌握信息管理与运用的方法

（二）管理和运用婚礼策划服务跟踪与评估的各类信息

步骤	流程	技术操作要求
工作准备	信息收集与整理	（1）收集婚礼策划服务跟踪与评估的各类信息
		（2）完成婚礼策划服务跟踪与评估各类信息的建档、归档工作
步骤1	信息管理	（1）纸质档案管理
		（2）电子档案管理
步骤2	信息运用	（1）根据客户潜在需求开发延伸产品
		（2）挖掘关联客户，开展营销活动
注意事项		注意避免泄露客户信息，保护客户隐私

（三）效果评估

（1）通过管理和运用婚礼策划服务跟踪与评估的各类信息，可以根据客户的潜在需求开发延伸服务和产品，丰富公司的产品和服务内容，发现新的利润增长点。

（2）通过管理和运用婚礼策划服务跟踪与评估的各类信息，挖掘关联客户，扩大客户群体范围，提高公司知名度，增加利润。

二、相关知识

（一）婚礼策划服务跟踪评估信息的管理

1. 简单的客户信息管理　处于初级阶段的小规模婚庆企业，营业额总体较低，且企业的客户量不是很大，因此，可使用 Word、Excel 等办公自动化软件对客户信息进行简单的编辑、统计，形成电子化文档资料。这种管理模式的优点是成本比较低，对管理人员的技术水平要求不高；缺点是对于客户资料的分析效果不是很好，资料整合和再利用的可能性不是很大。

2. 客户信息数据库管理　当婚庆企业的客户数量有了一定的规模后，必须建立客户信息库，从而更好地对客户进行管理。在实际操作中，客户信息数据库的建设一般采用两种模式：一种是单独的客户信用档案数据库；另一种是融合在企业信息化管理系统中的，即公司信息化管理系统中的某一部分是客户信用档案数据库。

（二）婚礼策划服务跟踪评估信息的运用

1. 适度开展营销　婚庆公司获取客户的相关信息是为了开展营销，但营销应合法、适度。当前，不少婚庆商家将电话、微信作为获客渠道之一。在这个过程中，垃圾信息轰炸式营销的隐患相伴而生，就像过度开垦土地，只能产生短期效应，最终会损害平台和企业自身的利益。

营销需张弛有度，所谓适度，必须是"允许式"而非"强迫式"的，要让客户自愿接受、自愿传播。不仅如此，当选择了某类客群时，要努力成为他们的同类，在宣传方式、语言习惯、图片设计、生活品位上，主动向他们靠近。

2. 保护客户隐私　《中华人民共和国民法典》规定，自然人享有隐私权，任何组织或者个人不得以刺探、侵扰、泄露、公开等方式侵害他人的隐私权。隐私是自然人的私人生活安宁和不愿为他人知晓的私密空间、私密活动、私密信息，自然人的个人信息受法律保护。

（三）婚庆延伸产品

婚庆延伸产品主要包括蜜月旅行、满月酒、百天酒、周岁生日宴等。

1. 蜜月旅行　蜜月常用来指新婚夫妇的甜蜜生活。一般新婚的第一个月称"蜜月"，这是从新婚夫妇充满柔情蜜意这个意义上来说的。蜜月旅行通常是专为新婚夫妇打造的特色旅游产品，是其结婚过程的浪漫延伸。只有对蜜月旅游者的特殊心理和需求进行深入的市场调研和分析，提供合适的旅游产品，才能有效开发和利用这部分利润丰厚的市场。

（1）蜜月旅游产品设计。蜜月公司提供给每对夫妻的蜜月旅行都是独一无二的。客户只需要告知蜜月公司想去的地方和预算，所有与蜜月旅行相关的工作，包括机票、酒店、签证等，蜜月公司都会打包帮他们完成，大到酒店、航班，小到某一天的具体游玩项目，甚至连当地的购物、美食信息，方案里都一应俱全。

（2）对新婚夫妇的跟踪服务。蜜月归来后，应对新婚夫妇进行跟踪服务，可以在他们结婚周年前进行回访，并推荐为其量身定做的旅游路线等，真正做到人性化管理，使这样的偶然消费者成为旅行社的固定消费人群。

（3）设计有特点的蜜月旅游纪念品。新婚夫妇在蜜月旅行中必定会选购纪念品送给亲朋好友，这是其他旅游消费群体无法比拟的。所以，对购物点的安排一定要下功夫，新奇、时尚或有文化内涵的东西必定是他们首选。

（4）联合其他婚庆相关产业，实现共赢。以互动营销的方式，与婚庆相关企业，包括旅行社、婚庆公司、婚纱摄影、美容中心、宾馆饭店、花店甚至媒体广告等合作，串成一个产业链。通过双方资源的联合，提高各自在行业内的竞争实力，提升彼此产品的知名度和旅游项目的含金量，从而达到双赢的效果。目前，"旅行社＋婚庆公司"的经营模式已经在北京等地应运而生。业内人士认为，这一新兴的婚庆旅游经营模式既有利于旅行社进一步开发新的旅游产品，又可为正处于低谷的婚庆公司开拓新思路，值得推广。

（5）婚庆旅游产品开发与著名景区相结合。婚庆旅游产品与景区的关系是相互促进、相互影响。旅游景区的文化背景可以提升婚庆旅游产品的档次；同时，在旅游业迅速发展的大环境中，著名景区也要不断完善自己，在旅游市场上树立旅游新形象。婚庆旅游产品的开发，一方面丰富了著名景区的旅游产品；另一方面，婚庆旅游产品的参与性可使旅游者深刻感受这些景区的特色，加强了著名景区的品牌形象，有利于不断吸引游客到景区游览。总之，在著名景区开发婚庆旅游产品，可形成产品开发和景区发展的良性互动关系。

2. 满月酒、百天酒、周岁生日宴　满月酒是为了庆祝每个来到这个世界上的宝宝满一个月而举办的一场邀请了宝宝的长辈、父母的亲友、朋友的宝宝的宴会。

宝宝的满月酒要宴请宾客，这个时候，新妈妈还处在休息和恢复阶段，没有精力操办这样的宴会，所以，现在很多人都希望有相应的懂得宴会礼仪的人员和公司来操办满月酒，具有婚礼策划主持经验的婚庆公司自然成了人们首先想到的承包人。

旧时医疗卫生条件没有现在这么发达，小孩子很容易夭折，如果一个小孩子能健康成长到一百天，就表明这个小孩子的成活已经基本不成问题了，所以就要庆祝，此风俗习惯一直延续至今。百天酒与满月酒相同，也可以请有庆典经验的婚庆公司操办。

周岁宴的意思是婴儿满一周岁了，婴儿父母宴请亲戚朋友来吃喜酒以示庆祝。现在，随着人们生活水平的提高，周岁宴也越来越奢华。在举办周岁宴时，有五彩缤纷的气球、彩虹拱门，会拍照片、录像，现场还有主持人活跃气氛，有的宝宝在周岁宴过程中还要换几套衣服等。如今，宝宝的周岁宴越来越热闹了，其隆重程度堪比婚宴，有些家长甚至提早半年就找礼仪公司安排预订。

无论是满月酒、百天酒还是周岁生日宴等都属于婚庆公司婚礼服务的延伸产品，也是争取回头客的重要内容，应该做好相应的营销与策划。

3. 金婚庆典、银婚庆典　金婚，指结婚 50 周年。现在，许多人会为庆祝金婚而举办金婚庆典，当然，这个庆典由婚庆公司操办效果较好。银婚，指结婚 25 周年，与金婚庆典一样，银婚庆典也可以由婚庆公司来操办。

任务二
婚礼策划总结及报告

【任务情境】

2020年国庆节，秦先生和梁女士喜结连理。然而，在结婚庆典过程中，婚庆公司却将新娘的名字写错了，婚礼日期也被错写成"2016年10月2日"。这不仅让新人备感尴尬，也让不少前来参加婚礼的亲朋不满。秦先生认为，婚礼对每个人都具有重大意义，婚庆公司的行为构成违约，也给他和家人造成了精神上的损害，遂将婚庆公司告上法庭，要求赔偿损失。

【任务分析】

一、进行婚礼策划总结及报告

序号	主要内容
1	召开婚礼执行团队会议，对婚礼策划情况进行总结
2	撰写婚礼策划总结报告

二、进行婚礼策划总结及报告的工作目标及措施

序号	主要工作目标	措施
1	梳理、总结婚礼策划和执行情况	召开婚礼执行团队会议，执行团队代表与策划人员发言交流
2	总结经验，找出问题，提出对策	收集整理相关资料，撰写婚礼策划总结报告

【主要工作目标的实施】

子任务一　召开婚礼执行团队会议，对婚礼策划情况进行总结

一、工作流程

（一）工作准备

1. 设施及物品准备

序号	名称	备注
1	会议室	用于容纳参会人员
2	电话	用于会议联络
3	投影仪	用于展示发言内容
4	电脑	用于展示发言内容
5	打印机	用于打印会议资料
6	打印纸	用于打印会议资料
7	文件袋	用于收纳会议资料
8	记号笔、签字笔	用于会议记录
9	话筒	
10	网络办公环境	
11	其他	

2. 人员准备

序号	人员	准备
1	主持人	经过初级婚礼策划职业技能等级培训，明确会议主题及目标
2	策划人员	经过初级婚礼策划职业技能等级培训，熟悉策划项目、策划目标
3	执行人员	梳理执行过程
4	记录人员	熟悉会议内容及议程

（二）执行团队会议

步骤	流程	技术操作要求
工作前准备	会议通知	（1）明确会议时间、地点、参会人员、要求等
		（2）确定会议议程
步骤1	宣布开会	主持人介绍会议主题、目标、会议议程
步骤2	参会人员发言	（1）策划人员介绍婚礼策划项目、策划方案
		（2）执行团队介绍婚礼策划执行情况，指出策划中存在的问题并提出建议
		（3）策划人员与执行人员沟通交流
步骤3	会议总结	主持人对参会人员发言情况进行总结
步骤4	宣布闭会	整理会议记录
注意事项		（1）主持人要掌控会议方向，把握会议节奏
		（2）参会人员要思路清晰、观点明确
		（3）及时总结会议成果，确保会议目标的实现

（三）效果评估

通过召开婚礼执行团队会议，对婚礼策划情况进行总结，及时发现策划方案中存在的问题，提出解决对策，不断提高婚礼策划能力和水平。

二、相关知识

（一）会议方案的制订

当决定召开会议之后，秘书人员要着手拟定详细的会议方案。会议方案是为实现一定的会议功能目标，事先对运作环节、工作事务过程、办事流程所做的有序安排。一份完整的会议方案包含以下内容：

（1）明确召开会议的目的、任务，即这次会议要实现什么目的，达到什么效果以及有哪些方面的要求，这是拟定会议方案的第一步。

（2）明确会议规模，包括确定与会总人数，与会者的职务、级别，主持人选，经费预算等。

（3）明确会议名称，召开的时间、地点等。

（4）会议材料的准备和会议发言的安排。

（5）其他事项安排。

（二）拟定会议议程和日程

会议方案是对会议的整体筹划，会议议程是对会议议题进行先后次序的安排，会议日程是对会议议程和会议期间其他各项活动逐日做出的时间安排。议程和日程是会议方案的组成部分。可以说，制订会议方案是整个工作流程的第一步，接下来还有许多工作要做。

1. 编制"会务工作程序表" 虽然是整个会议的计划，但会议方案不完全等同于会务工作计划。因为会议方案所列项目较笼统，而会务工作则十分具体、细致。会务部门有必要在会议方案的基础上对会务工作做一个周到细致的具体计划，编制成"会务工作程序表"。

"会务工作程序表"应该包括各项具体会务工作的内容、完成时间、责任人等项目。"会务工作程序表"编好后，可作为会议方案的附件发给承担会务工作的人员。由于分工明确、内容具体、时间要求严格，每个人可按照程序表分别进行具体准备工作。会务工作负责人也可按照"会务工作程序表"检查各项事务的落实情况，凡是已经按要求完成的，就在备注栏注明"已办"，这样，会务工作就可井然有序地进行，防止出现顾此失彼、重复忙乱的情况。

2. 准备会议材料 一般情况下，日常的工作会议或专题性比较强的会议文件可由相关职能部门负责起草；一些重要的、大中型会议，需要在主要负责人的主持下，事先成立专门的起草工作组，专司文件起草工作。为了确保会议文件的质量，提高会议效率，秘书人员需要在会前对组织起草的和有关部门报送的会议文件进行审核和校对，然后请示上司所报送的文件能否提交会议讨论。需要提交会议审议的文件讨论稿和其他资料应在会议召开前印制完毕，并分发到与会人员手中。

（三）发出会议通知

发出会议通知常用两种形式：口头通知和书面通知。口头通知主要适用于一些单位内部召开的会议，或参加人员少、准备时间短的会议。根据通知方式不同，口头通知又分为当面通知和电话通知。书面通知是一种比较正式、传统的通知方式，主要适用于一些大中型会议。书面通知主要有两种方式，一种是以正式文件形式下发的会议通知，另一种是便函形式的会议通知。

（四）会场布置与检查

会场布置应与会议议题、会场本身的空间形状和出席人员的需要协调一致。会场布置包括整体格局的布置和主席台、场区座次的布局。会场布置完，相关负责人还要听取筹备人员汇报或亲自到场地，检查会议筹备和布置情况，确保会场安排周密。

（五）落实后勤保障

后勤保障包括会议场所消防安全、电路检修等，保障空调、电脑、投影仪、音响话筒等设施设备的正常使用。会期比较长的会议，还要做好住宿、餐饮、交通等方面的安排。

（六）婚礼执行总结表

婚礼执行总结见表 2 - 1。

表 2 - 1　婚礼执行总结表

婚礼执行项目	时间	20××年××月××日	地点	××
	客户	××先生、××小姐	婚礼策划师	×××（总结负责人）
	婚礼督导师	×××	婚礼主持人	×××
	婚礼摄影师	×××	婚礼摄像师	×××
	婚礼化妆师	×××	婚礼花艺师、场布师	×××
	婚礼灯光音响师	×××	其他相关人员	×××
执行目标				备注
执行内容	婚礼主持人现场执行情况			
	婚礼督导现场执行情况			
	婚礼摄影师现场执行情况			
	婚礼摄像师现场执行情况			
	婚礼化妆师现场执行情况			
	婚礼花艺师、场布师执行情况			
	婚礼灯光音响师现场执行情况			
	其他相关人员现场执行情况			
婚礼执行流程				
婚礼执行效果				
客户评价				
自我评价				
经验总结				

子任务二　撰写婚礼策划总结报告

一、工作流程

前期准备 → 报告撰写 → 效果评估

（一）工作准备

1. 物品准备

序号	名称	备注
1	办公用品	用于撰写婚礼策划总结报告
2	电话	用于联络、了解情况
3	计算机	用于撰写婚礼策划总结报告
4	打印机	用于打印相关资料、婚礼策划总结报告
5	打印纸	用于打印相关资料、婚礼策划总结报告
6	网络办公环境	用于收集、传输相关资料
7	其他	

2. 人员准备

序号	人员	准备
1	婚礼策划师	列出婚礼策划总结报告的提纲
2	婚礼策划师助理	收集整理相关资料，调试办公设备

（二）撰写婚礼策划总结报告

步骤	流程	技术操作要求
工作准备	前期准备	（1）收集整理婚礼策划方案、执行方案以及在婚礼策划、执行过程中形成的各种资料 （2）收集整理婚礼执行团队会议上的发言稿及会议记录 （3）掌握婚礼策划总结报告的撰写方法与要点
步骤1	背景介绍	介绍新人基本情况与需求分析
步骤2	婚礼项目介绍	介绍策划项目、策划目标、婚礼主题及创意思路等
步骤3	婚礼团队介绍	介绍婚礼管家、婚礼督导、婚礼主持人、婚礼摄影摄像、婚礼化妆（跟妆）、灯光、音响（DJ、VJ）、花艺师、场布人员等

（续）

步骤	流程	技术操作要求
步骤4	实施过程成果	介绍婚礼现场设计及效果图展示、婚礼当天流程安排及环节设计、婚礼物料清单及经费结算单等
步骤5	存在问题	梳理在婚礼策划、执行过程中出现的问题，分析问题产生的原因
步骤6	总结与建议	根据问题产生的原因提出对策
写作注意事项		（1）实事求是
		（2）条理清楚
		（3）详略得当

（三）效果评估

（1）通过撰写婚礼策划总结报告，有助于婚礼策划师梳理总结在婚礼策划、执行过程中存在的问题，及时发现不足。

（2）通过撰写婚礼策划总结报告，婚礼策划师能够根据问题产生的原因，积极思考改进措施，不断提高婚礼策划、执行的水平。

二、相关知识

（一）总结报告的含义和作用

总结报告就是把一个时间段的工作进行一次全面系统的总检查、总评价、总分析、总研究，分析成绩和不足，从而得出引以为戒的经验。总结是应用写作的一种，是对已经做过的工作进行的理性思考。总结与计划是相辅相成的，要以工作计划为依据，订计划总是在总结经验的基础上进行的，其步骤为：计划→实践→总结→再计划→再实践→再总结。

（二）总结报告的特点

1. 自我性　总结是对自身社会实践进行回顾的产物，它以自身工作实践为材料，采用的是第一人称的写法，其中的成绩、做法、经验、教训等，都有自指性特征。

2. 回顾性　总结与计划正好相反。计划是设想未来，对将要开展的工作进行安排；总结是回顾过去，对前一段时间的工作进行反思，但目的还是做好下一阶段的工作。所以，总结和计划这两种文体的关系是十分密切的，一方面，总结是计划的标准和依据，另一方面，总结也是制订下一步工作计划的重要参考。

3. 客观性　总结是对前段社会实践活动进行全面回顾、检查的文种，这决定了总结有很强的客观性。它是以自身的实践活动为依据的，所列举的事例和数据都必须完全可靠、确凿无误，任何夸大、缩小、随意杜撰、歪曲事实的做法都会使总结失去应有的价值。

4. 经验性　总结还必须从理论的高度概括经验教训。凡是正确的实践活动，总会产生物质和精神两个方面的成果。作为精神成果的经验教训，从某种意义上说，比物质成果更宝贵，因为它对今后的社会实践有着重要的指导作用。这一特性要求总结必须按照"实践是检验真理的唯一标准"的原则，正确地反映客观事物的本来面目，找出正反两方面的经验，得出规律性认识，这样才能达到总结的目的。

（三）撰写总结报告的基本要求

1. 掌握客观事实，广泛占有材料　这是写总结的基础。总结，就是总括事实、得出结论，没有事实就无法得出结论，总结的材料要准确、典型、丰富。写总结的人要花大量的精力去搜集、积累丰富的材料，并对搜集的材料进行筛选，确保材料的真实性和典型性。

2. 对占有的材料进行认真的分析研究　这是写好总结的关键。认真分析与研究，首先要有正确的指导思想。其次，要坚持实事求是的原则，不能夸大成绩、回避错误。再次，要坚持运用辩证法，全面地看待过去的工作：既能看到得，又能看到失；既能看到现象，又能看到本质；既能看到主流，又能看到支流。最后，要突出重点。总结不是流水账，不能不分主次地去罗列数字和事例，要围绕一个中心主题精心选用，分析典型材料，突出主要问题。

3. 反映特点，找出规律　这是撰写总结报告的重点。每个单位都有自己的特点，好的总结应当总结那些具有典型意义、反映自身特点以及规律性的经验教训。

（四）策划总结报告的基本内容

一般来讲，策划总结报告至少应该包含以下内容：

1. 团队介绍　介绍婚礼执行团队成员，包括专职婚礼服务团队成员、兼职婚礼服务团队成员，还应该介绍每场婚礼的负责人，即婚礼策划师和婚礼督导师。

2. 婚礼策划服务过程

（1）任务分工。根据每个人的工作任务做一个任务分工表（表2-2）。

表2-2　工作人员分工表

作业项目	主要工作	工作成果	负责人	参与人
婚礼销售、签单	签订婚礼服务合同			
确定婚礼策划书的主题	与当事人共同讨论确定婚礼策划主题			
勘查婚礼现场	到婚礼现场实地勘查			
撰写婚礼策划书	根据婚礼主题和婚礼现场情况撰写婚礼策划书，并征求新人意见，定稿			
组建婚礼服务团队，进行婚礼彩排和现场执行	组建以"四大金刚"为主的婚礼执行服务团队，进行婚礼彩排、婚礼现场布置和婚礼当日的执行工作			
撰写工作总结	总结策划过程中的经验、教训等	完成工作总结		

（2）策划过程。介绍工作内容、时间、地点以及负责人情况等。

3. 婚礼策划中遇到的问题　介绍在婚礼策划过程中遇到的问题和困难，以及最后是如何解决的。

4. 经验总结　对婚礼策划工作过程做出总结。

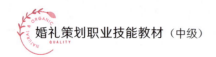

（五）写好总结报告需要注意的问题

1. 实事求是　成绩不夸大，缺点不缩小，更不能弄虚作假。这是总结经验、得出教训的基础。

2. 条理清楚　总结是写给人看的，条理不清，人们就看不下去，也就达不到总结的目的。

3. 详略得当　根据总结的目的及中心，主要问题要详写，次要的问题要略写。

任务三
客户关系维护

【任务情境】

　　婚庆专业的小丁刚毕业就顺利入职了一家婚庆公司，她的第一个任务就是进行客户回访和供应商回访。虽然小丁在大学期间成绩不错，但是实际去做回访还是第一次。在资深策划师小闫姐姐的帮助下，小丁顺利地完成了对客户和供应商的回访。

【任务分析】

一、客户关系维护的主要内容

序号	主要内容
1	客户回访
2	供应商回访

二、客户关系维护的工作目标及措施

序号	主要工作目标	措施
1	婚礼顾问通过专业手段和方式，结合婚礼执行的具体情况，回访客户，分析客户的用户体验，整理总结回访材料，为婚礼做收尾工作，也为进一步提升婚礼服务积累经验	（1）熟知客户基本信息 （2）熟知婚礼执行的具体信息 （3）掌握访谈的语言技巧 （4）制作回访档案
2	回访专员通过专业手段和方式，结合供应商与本公司合作的情况，回访供应商，分析后续合作的侧重点，整理总结回访材料	（1）熟知供应商基本信息 （2）熟知供应商与本公司合作的具体事宜 （3）掌握访谈的语言技巧 （4）制作回访档案

【任务实施】

子任务一　进行客户回访

一、工作流程

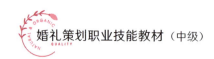
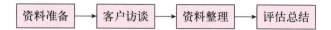

```
资料准备 → 客户访谈 → 资料整理 → 评估总结
```

（一）工作准备

1. 物品准备

序号	名称	备注
1	电话	用于回访客户信息的搜集与管理
2	计算机	用于回访客户信息的搜集与管理
3	档案盒	用于回访客户信息的搜集与管理
4	档案袋	用于回访客户信息的搜集与管理
5	打印机	用于回访客户信息的搜集与管理
6	打印纸	用于回访客户信息的搜集
7	黑色记录笔	用于回访客户信息的搜集
8	红色记号笔	用于回访客户信息的搜集
9	活页记录册	用于回访客户信息的搜集
10	网络办公环境	用于回访客户信息的搜集与管理
11	其他	用于回访客户信息的搜集与管理

2. 人员准备

序号	人员	准备
1	婚礼策划师	（1）经过初级婚礼策划职业技能等级培训 （2）查询客户资料库，明确回访对象，制订客户回访计划
2	婚礼销售顾问	（1）经过初级婚礼策划职业技能等级培训 （2）查询客户资料库，明确回访对象，制订客户回访计划
3	客户服务专员	（1）经过初级婚礼策划职业技能等级培训 （2）查询客户资料库，明确回访对象，制订客户回访计划
4	客户	确定客户联系方式、回访时间和地点

（二）客户回访

步骤	流程	技术操作要求
工作前准备	回访准备	（1）查询客户资料库，分析客户资料、执行效果和客户服务方式
		（2）明确回访对象，根据客户资料确定回访名单
		（3）制订客户回访计划，包括客户回访的大概时间、回访内容、回访目的等
		（4）预约回访时间和地点，确定具体的回访时间和回访地点
		（5）准备回访资料，根据客户回访计划准备回访的相关资料，包括客户基本情况、客户服务的相关记录和客户的消费特点等

（续）

步骤	流程	技术操作要求
工作中实施	进行回访	（1）准时到达回访地点，开展回访
		（2）访谈并记录客户对公司婚礼前期准备的用户体验
		（3）访谈并记录客户对公司婚礼庆典现场服务的用户体验
		（4）访谈并记录客户对公司婚礼后期服务的用户体验
		（5）访谈并记录客户对公司婚礼服务的其他建议
		（6）访谈语言得体大方，体现出职业性
		（7）全面了解客户的需求和对售后服务的意见，认真填写"客户回访记录表"
工作后收尾	资料整理	（1）对访谈信息进行分类、归档、更新。客户服务部相关人员对"客户回访记录表"进行汇总，经过分类后予以保存，以备参考
		（2）访谈信息管理的方式包括文本管理和计算机管理
		（3）有效的管理和保护访谈信息，体现婚庆公司的专业性
注意事项		（1）详尽的客户信息分析是客户回访的基础，可保证访谈质量，同时也体现了婚庆公司的专业性
		（2）好的内容是访谈的基础，只有设计好访谈内容才能形成有效访谈，客户回访才能卓有成效

（三）效果评估

（1）通过学习客户回访的方法，掌握客户回访的基本技巧，有助于婚礼顾问有选择、有目的地进行回访。

（2）通过学习访谈的语言处理技巧，有助于构建良好的客户回访氛围，体现婚庆公司和婚礼顾问的专业性。

二、相关知识

（一）客户回访的概念

客户回访是企业用来进行产品或服务满意度调查、客户消费行为调查、维系客户的常用方法。由于在回访过程中往往会与客户进行比较多的互动沟通，因此，客户回访是企业完善客户数据库，为进一步的交叉销售和向上销售做铺垫的重要途径，需认真准备。

（二）进行客户回访的人员

客户回访一般是婚礼销售人员的职责，婚礼销售顾问负有客户关系维护，做好潜在客户的回访、跟踪，提高客户满意度和认知度的职责。当然，婚礼策划师也可以进行客户回访，拓展自己的业务。

（三）维护客户关系的方法

在当前市场中，企业客户流失率降低5%，其利润就能增加25%～85%；向新客户推销产品的成功率是15%，而向老客户推销产品的成功率是50%；60%的新客户来自老客户的推荐。因此，维护好客户关系正在成为企业生存发展的核心竞争力。

1. 建立客户档案　要维护好客户关系，首先要建立健全客户档案。客户档案的内容不仅限于客户的姓名、年龄等，还要包括客户的爱好、家庭情况以及购买的产品类型、使用情况、年限等，越详细越好，这些对于后期维系客户有非常重要的作用。

2. 拉近客户距离　要想维护客户关系，就要经常与客户联系，感情是越走越亲的，多来往自然关系就会好起来。可以采取电话、短信、微信、QQ等方式与客户取得联系，谈谈他们购买产品的使用感受，谈谈他们的爱好，谈谈他们的孩子等。

3. 建立客户信誉　在与客户的交往中一定不要轻易许诺，承诺了的事情一旦无法兑现，就会降低个人或公司在客户心中的信誉度。所以，当客户提出要求时，要多用诸如"我会尽量帮你想办法""我帮你打申请报告看领导能不能批"等这样不肯定的语句，给自己留有周旋余地。当然，事后还是要想尽一切办法满足客户的要求，这样，就可以在客户心目中建立良好的信誉。

4. 互惠互利原则　销售也是要讲究策略的。业务人员在与客户交涉的过程中，可以先按市场价来谈，当产品赢得了客户的信任后，在保证利润的前提下，可以适当让利给客户，使客户感受到你的真诚，愿意与你合作。其实，让利策略如果运用得当，对买卖双方的长期合作有百利而无一害。

5. 及时跟踪原则　并不是把产品销售出去或者与新人签订了婚礼服务合同、执行完婚礼就万事大吉了，现在市场上同类竞争激烈，签订合同、执行完婚礼后还要做好后续跟踪，让客户从心里觉得你并不是为了赚钱而销售，而是把产品质量放在第一位的。这是拓展客户、为婚庆公司树立口碑的重要环节，也可以解决婚庆服务基本不会重复消费的弊端。

6. 利益共享原则　生意场上的朋友都是建立在利益共享原则上的，每一次合作的成功都是为下一次合作打基础，如果违背了这一原则，客户就会慢慢流失。

7. 用心倾听原则　一个好的业务员是要能静下心来听取客户倾诉的，在维护客户关系的过程中，一定要耐心听取客户的意见，并及时判断客户所要表达的意思，就算遇到再难缠的客户也要平心静气，积极想办法帮他解决问题，这样，客户会从心底里感激你，也会与你建立长期的合作关系。

8. 灵活掌控原则　销售工作没有止境，在维护客户关系时一定要善始善终、刚柔并济，做到真正用心想客户所想、急客户所急，让客户从心理上对你产生依赖。

（1）目的要明确。

• 是要提高满意度还是提高知名度？

• 是企业级别的任务还是部门级别的任务？是否需要全员参与？

（2）方法要得当。

• 客户除了需要公司的产品以外还需要什么服务？

• 客户得到这些服务有什么好处，可以解决企业的什么问题？

• 提供的服务在效果、时间、价值、效率等方面是否"恰到好处"？

（3）成本要计算。

• 提供的服务是否能够计算成本？

- 企业是否有足够的能力提供相关服务？
- 提供的服务是否能够兑现，万一没有做到怎么办？
- 提供的服务是否有足够的竞争力？

（4）人员要稳定。
- 公司战略是否允许组织相关人员提供这样的服务？
- 员工的能力是否能提供相关服务？
- 是否建立了相关的流程和程序？

（5）资源要到位。
- 是否有客户接受服务的记录管理？
- 提供的服务是否能够得到记录或跟踪？
- 是否准备好了根据客户反馈的结果进行"过程的改进"？

（四）客户回访要点

1. 细分工作　在进行客户回访之前，要对客户进行细分。客户细分的方法有很多，可以根据具体情况进行划分。客户细分完成后，应对不同类别的客户制定不同的服务策略。例如有的公司把要回访的客户划分为高效客户（市值较大）、高贡献客户（成交量比较大）、一般客户、休眠客户等；有的公司从客户购买产品的周期角度判断客户的价值类别，如高价值（月）、一般价值（季度/半年）、低价值（一年以上）。此外，可以按照客户的来源对客户进行细分，如自主开发、广告宣传、老客户推荐等；可将客户按其属性划分，如合作伙伴、供应商、直接客户等；也可以按客户的地域进行分类，如国外、国内，再按省份，如山东、北京、上海等，再往下可以按地区或者城市分；还可以按客户的拥有者关系进行管理，如公司的客户、某个业务员的客户等。

进行客户回访前，一定要对客户进行详细的分类，并针对分类拿出不同的服务方案，提高客户服务效率。

2. 明确客户需求　确定了客户类别后，明确客户的需求才能更好地满足客户。最好在客户找你之前进行客户回访，这样才更能体现对客户的关心，让客户感动。

很多公司都有定期回访制度，回访不仅可以直接了解服务产品的应用情况，还可以了解自己的产品在应用过程中存在的问题。回访的意义是要体现公司的服务，维护好老客户。尽管婚庆服务是高定低频的一次性消费，但服务并不意味着一次性，通过客户回访，可以让客户帮助公司介绍新客户，还可以为老客户提供拓展服务，如蜜月旅游服务、宝宝宴服务、结婚纪念日服务、生日宴服务、寿宴服务等。

3. 确定回访方式　客户回访有电话回访、电子邮件回访及当面回访等不同形式。从实际的操作效果看，电话回访结合当面回访是最有效的方式。

按销售周期看，回访的方式主要有：

（1）售后服务回访。这样可以让客户感受到服务的专业性。特别是如果在回访时发现了问题，一定要及时解决，最好在当天或第二天到现场进行处理。

（2）节日回访。节日回访就是在节日回访客户，同时送上一些祝福的话语，以此加深与客户的联系。这样不仅可以拉近彼此间的距离，还可以让客户感觉到一些优越感。

4. 正确对待抱怨　在客户回访过程中遇到客户抱怨是正常的。应正确对待客户抱怨，不仅要平息客户的抱怨，更要了解抱怨的原因，把被动转化为主动。公司应当在服务部门设立意见搜集中心，专门收集客户抱怨，并对抱怨进行分类，如对服务或产品质量不满意（由于现场服务人员能力不足、现场布置不符合新人要求、主持人服务水平欠佳等）、对服务人员不满意（不守时、服务态度差等）。通过解决客户抱怨，不仅可以总结服务过程，提升服务能力，还可以了解并解决公司产品的相关问题，提高服务质量，更好地满足客户需求。

客户回访的一般流程见图 3-1。

（五）客户回访的话术

（1）应先说明自己的身份："您好！我是××，打扰您了……"以消除客户的不信任感。

（2）应用客气的话语："打扰您一分钟可以吗？"

（3）"因为您之前预订了我们公司的婚礼服务，最近这段时间（看客户大概是什么时候取消的）取消了这项服务，是否方便询问一下是什么原因使您取消了我们的服务呢？"

（4）了解客户取消此项服务的原因，解释公司的优势，这时可以顺便说一下公司推出了很多新的婚礼服务项目。

（5）对沟通比较好的客户的结束语："谢谢您，如果您有婚礼服务方面的需求的话，可以随时打电话找我，我的电话是×××××××××。好，那我们先聊到这里？与您聊天真是开心，希望能为您服务，祝您工作顺利、身体健康，再见！"

（6）每次通话后，做好详细的记录，具体包括：①电话号码；②客户的姓名（能得到全名更好）；③客户的工作性质；④客户的态度及问题；⑤是如何进行解答与沟通的；⑥日期及通话时间。

右侧流程图：

查询客户资料库 → 明确回访对象 → 制订客户回访计划 → 预约回访时间和地点 → 准备回访资料 → 进行回访 → 整理回访记录 → 主管领导审阅 → 保存资料

图 3-1　客户回访的一般流程

子任务二　进行供应商回访

一、工作流程

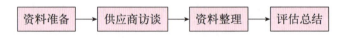

资料准备 → 供应商访谈 → 资料整理 → 评估总结

（一）工作准备

1. 物品准备

序号	名称	备注
1	电话	用于待回访供应商信息的搜集与管理
2	计算机	用于待回访供应商信息的搜集与管理
3	档案盒	用于待回访供应商信息的搜集与管理
4	档案袋	用于待回访供应商信息的搜集与管理
5	打印机	用于待回访供应商信息的搜集与管理

（续）

序号	名称	备注
6	打印纸	用于待回访供应商信息的搜集与管理
7	黑色记录笔	用于待回访供应商信息的搜集与管理
8	红色记号笔	用于待回访供应商信息的搜集与管理
9	活页记录册	用于待回访供应商信息的搜集与管理
10	网络办公环境	用于待回访供应商信息的搜集与管理
11	其他	用于待回访供应商信息的搜集与管理

2. 人员准备

序号	人员	准备
1	婚礼策划师	（1）经过初级婚礼策划职业技能等级培训 （2）查询客户资料库，明确回访对象，制订供应商回访计划
2	婚礼销售顾问	（1）经过初级婚礼策划职业技能等级培训 （2）查询客户资料库，明确回访对象，制订供应商回访计划
3	客户服务专员	（1）经过初级婚礼策划职业技能等级培训 （2）查询客户资料库，明确回访对象，制订供应商回访计划
4	供应商	确定供应商的联系方式、回访时间和地点

（二）进行供应商回访

步骤	流程	技术操作要求
工作前 准备	回访准备	（1）查询供应商资料库，分析供应商资料、执行效果和客户的反馈
		（2）明确回访对象，根据供应商资料确定供应商回访名单
		（3）制订供应商回访计划，包括供应商回访的大概时间、回访内容、回访目的等
		（4）预约回访时间和地点，确定具体的回访时间和回访地点
		（5）准备回访资料，根据供应商回访计划准备回访的相关资料，包括供应商基本情况、供应商服务的相关记录、供应商的服务内容和方式等
工作中 实施	进行回访	（1）准时到达回访地点，开展回访
		（2）访谈并记录供应商对与本公司在合作中的体验
		（3）访谈并记录供应商对后续合作的建议
		（4）访谈并记录供应商对本公司的需求变更
		（5）访谈并记录供应商对公司在婚礼服务方面的其他建议
		（6）访谈语言得体大方，体现出职业性
		（7）全面了解供应商与本公司合作的体验、意见和建议，认真填写"供应商回访记录表"

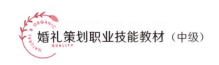

（续）

步骤	流程	技术操作要求
工作后收尾	资料整理	（1）对访谈信息进行分类、归档、更新。客户服务部相关人员对"供应商回访记录表"进行汇总，经过分类后予以保存，以备参考
		（2）访谈信息管理的方式包括文本管理和计算机管理
		（3）有效管理和保护访谈信息，体现婚庆公司的专业性
注意事项		（1）详尽的供应商信息分析是供应商回访的基础，可保证访谈质量，同时也体现了婚庆公司的专业性
		（2）好的回访内容是访谈的基础，只有设计好访谈内容才能形成有效访谈，供应商回访才能卓有成效

（三）效果评估

（1）通过学习供应商回访的基本方法，掌握供应商的回访的技巧，有助于婚礼顾问有选择、有目的地进行回访服务。

（2）通过学习访谈的语言处理技巧，有助于构建良好的供应商回访氛围，体现婚庆公司和婚礼顾问的专业性。

二、相关知识

（一）供应商

1. 供应商的概念　供应商指的是向采购方企业及其竞争对手供应各种所需资源的企业和个人，包括提供原材料、设备、能源、劳务甚至资金等。供应商会对企业的营销活动产生巨大影响，如原材料价格变化、短缺等都会影响企业产品的价格和交货期，因此，营销人员必须对供应商的情况有比较全面的了解和透彻的分析。供应商既是商务谈判中的对手，更是合作伙伴。

《零售商供应商公平交易管理办法》规定：供应商是指直接向零售商提供商品及相应服务的企业及其分支机构、个体工商户，包括制造商、经销商和其他中介商。供应商可以是农民、生产基地、制造商、代理商、批发商（限一级）、进口商等，应避免有太多中间环节的供应商。

2. 婚庆服务企业在提供婚礼服务过程中的供应商　婚庆公司在向客户提供婚礼服务过程中，需要相关的人、财、物支持。从狭义上讲，婚庆公司的供应商主要是指俗称的"四大金刚"，即婚礼主持人、婚礼摄影师、婚礼摄像师、婚礼化妆师（跟妆师）。从广义上讲，所有为婚庆公司提供其经营所需的服务和产品的企业或个人都可以称为婚庆公司在婚礼服务过程中的供应商。

广义的供应商不仅包括"四大金刚"，还包括婚礼现场布置的供应商，主要有花艺师、工人、司机、仓管、灯光设备供应商、印刷供应商、木工供应商、铁艺供应商、纸艺供应商、假花供应商、鲜花供应商、装饰供应商等，此外，还有提供婚车服务的汽车店租赁供应商、婚纱礼服和首饰的租赁供应商，以及提供喜糖、喜酒等喜品的供应商等。

（二）供应商管理

对供应商进行管理的目的在于与供应链上游企业或个人建立长期稳定而紧密的合作，通过对供应商的开发、评估、考核、激励等方式，促成双方形成健康良好的合作关系。随着市场经济的不断发展和市场机制的不断完善，整个市场已经不单纯是买方市场了，而在市场出现波动时，拥有一个稳定的供应商将会帮助企业在日益激烈的市场竞争中占据有利地位。

婚庆服务公司与供应商保持良好的关系十分重要，特别是与"四大金刚"的关系，对于婚庆公司更为重要。因为婚庆服务的特点是淡旺季非常明显，一旦到了旺季，"四大金刚"，尤其是优秀的、知名的"四大金刚"可能一人难求。

供应商的回访与评估，一方面是采购方（婚庆服务公司）通过回访和评估与现有供应商的合作，开发更全方位的合作模式和供货机制，另一方面是通过对市场潜在供应商进行考察、评估，为企业供应链体系纳入优秀的供应商。对供应商的回访与评估是整个供应商关系管理体系的核心，服务意识、服务质量、物料质量、成本控制、交付周期是基本原则，同时也要对供应商的个人能力、技术能力、财务状况及内部管理等方面进行综合评估。

参 考 文 献

北京中民福祉教育科技有限责任公司，2021. 婚礼策划职业技能等级标准（2021 年 1.0 版）[EB/OL].
　　（2021 - 06 - 15）. http：//zmfz. bcsa. edu. cn/info/1019/2069. html.

金毅，王晓玫，2019. 婚礼现场督导 [M]. 2 版 . 北京：中国铁道出版社：228 - 237.

王晓玫，李雅若，2016. 婚礼策划实务 [M]. 2 版 . 北京：中国铁道出版社：305 - 311.

王英伟，陈智为，刘越男，2015. 档案管理学 [M]. 4 版 . 北京：中国人民大学出版社 .

赵屹，2013. 数字时代的文件与档案管理 [M]. 北京：世界图书出版公司 .

郑建瑜，2019. 婚礼策划与组织 [M]. 2 版 . 重庆：重庆大学出版社 .

婚礼策划职业技能教材（中级）

教育部第四批1+X证书制度试点

婚礼策划职业技能等级证书系列教材

婚礼策划的
管理和培训

中级

hunli cehua de
guanli he peixun

北京中民福祉教育科技有限责任公司　组编

张平芳　杨飐　主编

曹蕾　海风　副主编

project 9

中国农业出版社

农村读物出版社

北京

图书在版编目（CIP）数据

婚礼策划职业技能教材：中级．婚礼策划的管理和培训／北京中民福祉教育科技有限责任公司组编；王晓玫等主编 ．—北京：中国农业出版社，2022.6

教育部第四批1＋X证书制度试点婚礼策划职业技能等级证书系列教材

ISBN 978－7－109－29489－9

Ⅰ.①婚⋯　Ⅱ.①北⋯②王⋯　Ⅲ.①结婚－礼仪－职业技能－鉴定－教材　Ⅳ.①K891.22

中国版本图书馆 CIP 数据核字（2022）第 093512 号

中国农业出版社出版

地址：北京市朝阳区麦子店街 18 号楼

邮编：100125

策划编辑：李艳青

责任编辑：刘昊阳

版式设计：王　晨　　责任校对：沙凯霖

印刷：三河市国英印务有限公司

版次：2022 年 6 月第 1 版

印次：2022 年 6 月河北第 1 次印刷

发行：新华书店北京发行所

开本：787mm×1092mm　1/16

总印张：37.5

总字数：1000 千字

总定价：108.00 元（全 9 册）

前言

　　管理是指一定组织中的管理者，通过实施计划、组织、领导、协调、控制等职能来协调他人的活动，使别人同自己一起实现既定目标的活动过程，是人类各种组织活动中最普通和最重要的一项活动。培训作为人力资源开发的重要手段，不仅注重新知识、新技术、新工艺、新思想、新规范的教育，更注重人才潜力、创造力、人文素养和团队精神的开发。

　　通过有效的管理和科学的培训，员工可以收获新思想、新思维、新技术、新能力，公司也可以迅速提高业绩，获得核心竞争力，得到持续发展的机会。婚礼策划师作为公司的核心岗位，承载着管理和培训的职责。

　　婚礼策划的管理和培训（中级）包括3项任务：任务一，婚礼策划的管理工作；任务二，婚礼策划的新员工培养；任务三，婚礼策划的业务培训工作。本项目着重介绍了婚礼策划师在策划部、营销部、设计部承担的计划、组织和领导等管理职责，以及在新员工培养和业务培训工作方面承担的工作。通过学习本项目，可为学习高级技能奠定基础。

　　本项目教材（中级）由张平芳负责统稿，王晓玫、张仁民负责审稿，具体写作分工如下：

　　任务一：张平芳（长沙民政职业技术学院教师）。

　　任务二：杨飏（长沙民政职业技术学院教师）。

　　任务三：曹蕾（长沙民政职业技术学院教师）、海风（北京花海阁婚礼策划公司总经理）。

目　　录

Project 9 项目九
婚礼策划的管理和培训

　　婚礼策划师作为公司的核心岗位，承担着管理和培训的职责。婚礼策划的管理工作职能包括计划、组织、领导、控制和创新，本项目将着重介绍婚礼策划师在策划部、营销部、设计部承担的管理和培训工作。

　　员工管理是公司管理的重点，应以人为本，突出员工的专业发展需求，形成专业化管理员工的思路，打造员工发展的梯队建设。本项目要求掌握管理的相关概念和知识，明确婚礼策划主管承担的具体管理工作内容，熟悉新员工培养和辅导的需求管理的相关知识、内容制定的相关知识及流程管理的相关知识，并掌握婚礼策划培训工作的基本技能。

　　在技能上，要求能协助主管对婚礼策划部门、婚礼营销部门和婚礼设计部门进行辅助管理，制订符合新员工需求的培养方案，合理设计培训内容，并辅助执行新员工培养过程，协助或独立承担部分培训任务。

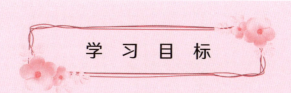

学 习 目 标

一、知识目标

1. 掌握管理的基本概念、基本特征、基本职能。
2. 掌握管理的计划职能。
3. 明确婚礼策划师承担的管理职责。
4. 熟悉新员工培养和辅导的需求管理的相关知识。
5. 熟悉新员工培养和辅导的内容制定的相关知识。
6. 熟悉新员工培养和辅导的流程管理的相关知识。
7. 掌握婚礼策划培训工作的基本技能。

二、技能目标

1. 能协助主管对婚礼策划部门进行辅助管理。
2. 能协助主管对婚礼营销部门进行辅助管理。
3. 能协助主管对婚礼设计部门进行辅助管理。
4. 能编制年度工作计划。
5. 能制订符合新员工需求的培养方案。
6. 能合理地设计培训内容。
7. 能辅助执行新员工培养过程。
8. 能协助或独立承担部分培训任务。

三、素质目标

1. 关注员工需求，树立正确的管理与服务理念。
2. 具备分析公司员工需求和解决问题的能力，培养理解、尊重、关心的专业价值观。
3. 理解新员工培养的重要意义，树立正确的培训观。
4. 具备对不同岗位的新员工进行培养的设计和执行能力。
5. 具备对不同岗位员工进行业务培训的综合能力，提升员工的业务能力和水平。

任务一
婚礼策划的管理工作

【任务情境】

　　李华，大学毕业后工作8年，在市内一家知名婚庆公司任职，从员工到主管，目前担任经理一职，分管婚礼策划部、婚礼营销部、婚礼设计部的工作。作为一名婚礼策划经理，他需要明确婚礼策划师管理岗位的工作职责、工作内容和工作要求，以便在实际工作中理清工作思路，提高工作效率。

【任务分析】

一、婚礼策划管理工作的主要内容

序号	主要内容
1	协助主管对婚礼策划部门进行辅助管理
2	协助主管对婚礼营销部部门进行辅助管理
3	协助主管对婚礼设计部门进行辅助管理
4	承担其他管理工作

二、主要管理目标及依据

序号	主要管理措施	依据
1	策划部门的工作职责	（1）了解客户需要，为客户提供建设性意见，达到客户要求 （2）根据公司对婚礼的高品质要求，负责创意、策划和整体设计 （3）负责婚礼的流程跟进及整体统筹与安排 （4）负责员工培训、提升以及绩效考核 （5）负责策划部整体的日常运营管理 （6）协助总经理制定策划部营销模式及策略
2	设计部门的工作职责	（1）负责对下属进行业务技能上的指导和帮助 （2）对下级工作进行监督和考核 （3）针对婚礼平面的创意设计 （4）通过与婚礼策划师的沟通，获得设计制作的思路 （5）为客户解释设计方案的详细内容，并根据要求修改方案，最终确定方案

（续）

序号	主要管理措施	依据
2	设计部门的工作职责	（6）了解客户需要，为客户提供建设性意见，达到客户要求 （7）根据婚礼策划师对婚礼的高品质要求，合理分配任务给相应的平面设计师，完成整体设计
3	营销部门的工作职责	（1）制订销售计划 （2）组织、指导本部门人员开展销售活动 （3）客户关系管理 （4）销售货款管理 （5）销售人员管理
4	其他管理工作职责	（1）总经理助理的管理职责 （2）人力资源经理助理的管理职责

【任务实施】

子任务一　承担策划部门的部分管理工作

一、工作流程

项目推广 → 媒体宣传 → 其他策划部门的管理工作 → 信息收集与呈报 → 效果评估

（一）工作准备

1. 物品准备

序号	名称	规格	单位	数量	备注
1	客户调查问卷表	A4	份	若干	文件
2	产品企划方案	A4	份	若干	文件
3	市场推广方案	A4	份	若干	文件
4	公共关系管理方案	A4	份	若干	文件

2. 环境与人员准备

序号	环境与人员	准备
1	环境	室内环境或室外环境
2	婚礼策划部门管理人员	经过初级婚礼策划职业技能等级培训；熟悉公司管理制度，承担行政管理工作

（二）担任策划部门的部分管理工作

步骤	流程	技术要求
步骤1	项目推广	协助策划部门负责人制定公司婚礼产品创意与推广策略
步骤2	媒体宣传	协助策划部门负责人进行公司层面的日常宣传，承担与媒体的沟通和协调工作
步骤3	其他策划部门管理工作	协助策划部门负责人策划与组织企业司庆、会议、活动及重大庆典活动
步骤4	信息收集与呈报	协助策划部门负责人组织、收集、整理、分析、传递公司内外部有关经营管理、行业信息等方面的综合信息，并呈交给上级领导

（三）效果评估

通过学习本部分内容，掌握婚礼策划部门的相关管理技能，更好地发挥中级婚礼策划师的作用。

二、相关知识

（一）婚礼策划的管理工作基本知识

婚礼策划师是项目管理的负责人，要负责统筹时间、进行客户管理、服务、设计、安排进度、筹划、开拓资源、执行、跟进、拓展客源、宣传等，就是一个小的经营者。婚礼策划师的作用就是在公司这个大型平台上运作自己的小型公司。

对婚庆公司而言，婚礼策划师的工作还包括分析每个婚礼的整体情况，总结婚礼的优劣势等，具体包括：①跟单、追单、签单；②撰写策划书，设计策划方案；③监督每个婚礼所需的各种资源的落实情况；④婚礼前，按新人需求查看现场，解决各种突发情况并及时上报相关领导，协调现场人员及合作商；⑤代表公司出席婚礼现场，保证婚礼正常进行；⑥提交合同及策划方案，填写执行单；⑦总结和提交每个婚礼的整体情况并存档。

在婚庆企业中，涉及婚礼策划管理工作的人员包括负责婚礼策划业务的副总经理、策划部经理、策划主管、策划师和策划师助理几个层级。作为中级婚礼策划师，一般在婚庆公司工作3年以上，可以协助婚礼策划部经理或策划部主管承担一部分管理工作，其管理工作的具体内容体现在以下几个方面：①协助婚礼策划部经理或策划部主管了解客户需要，为客户提供建设性意见，达到客户要求；②协助婚礼策划部经理或策划部主管根据公司对婚礼的高品质要求，进行创意、策划和整体设计；③协助婚礼策划部经理或策划部主管对公司提供的婚礼服务流程进行跟进、整体统筹与安排；④协助婚礼策划部经理或策划部主管承担部分员工的培训工作，提升员工素质并进行绩效考核；⑤协助婚礼策划部经理或策划部主管承担部分日常运营管理工作；⑥协助婚礼策划部经理或策划部主管落实总经理要求，制定策划部营销模式及策略。

（二）婚礼策划管理工作的基本技巧

1. 充分估计整体工作量　在制订工作计划前，要估算整体工作量，粗略估计项目每一个模块的工作量及难度，做到心中有数，制订一个比较粗略的计划。

2. 根据项目组成员的个人能力分配任务　估计完工作量后，还要根据项目组成员的个人能力来分配任务，这其中既要考虑到个人的能力问题，还要考虑到每个人的习惯，比如，有人喜欢一步到位的工作方法，有人喜欢先搭起基本功能块，再抽时间解决其中的小问题。对于一步到位的人，可以将基本模块的工作时间放长一些；对于喜欢粗略完成工作再解决小问题的人，要留出让他完善的时间。总之，要因人而异地制订工作计划。

3. 及时调整计划　根据上述两个要素，可以进行计划安排，以周为单位，安排一周的工作。在这一周中，要及时检查项目的进展，了解有无难度、进展是否顺利。如果前一周的工作没有完成，要分析原因，及时调整计划。这时，周计划变了，那么在排下一周计划时，要把这些滞后完成的工作和后边的工作合起来，重新调整工作计划。

4. 遇到难题集中解决　项目在进展过程中，难免遇到难题，可以遵循这样的原则：如果遇到一个问题，通过自己的努力在2小时的时间内仍然没有一点思路和办法，就需要把这个问题提出来，大家一起想办法解决，毕竟大家的力量比一个人的力量大，也许这个问题在自己这里是难题，在别人那里就有很好的解决办法。所以，在遇到问题的时候，首先要自己想办法解决，实在解决不了就借助大家的力量来集中解决。

（三）提升管理技能的方式

在整个婚礼项目中，婚礼策划师起着"桥梁"和"调和剂"的作用，这也是管理工作的重要性所在。作为一名承担管理职能的婚礼策划师，要在以下方面提升自己的管理技能：

1. 主动承担更多任务　比如主动承担婚礼项目的统筹协调，做到可以独立完成一个项目的所有管理工作。

2. 掌握若干关键技术　至少有一项突出的技能，成为这个领域中的顾问角色。

3. 学习一些人力资源管理知识　学习团队建设、与人相处的技巧等，包括如何与领导相处、如何与下属及婚礼项目中的临聘兼职人员相处。

4. 跟对人　作为承担管理职能的婚礼策划师，要科学规划自己的职业生涯。在公司中，跟对人很关键，要考虑自己想往哪个方向发展，如果想往管理层发展，那么就向公司优秀的管理者学习，不要小瞧潜移默化的威力。

5. 等待时机　公司内部培训是最佳途径，应积极寻求培训等机会。婚庆行业是个与时俱进的行业，要寻求职业生涯的发展，必须加强学习，练就扎实的业务能力和管理能力，不断提升自己。

子任务二　承担营销部门的部分管理工作

一、工作流程

市场调研与预测 → 市场开发计划的制订 → 公司品牌推广 → 部门内部管理工作 → 效果评估

（一）工作准备

1. 物品准备

序号	名称	规格	单位	数量	备注
1	婚礼营销部门工作职责手册	A4	份	1	文件
2	公司产品名录	A4	份	1	文件
3	公司产品销售套餐	A4	份	1	文件

2. 环境与人员准备

序号	环境与人员	准备
1	会议室	安静、舒适，有基本的会议设备
2	婚礼营销部全体员工	经过初级婚礼策划职业技能等级培训，包括销售顾问、婚礼策划师、婚礼统筹等

（二）担任营销部门的部分管理工作

步骤	工作内容	技术要求
步骤1	市场调研与预测	（1）协助销售部门负责人及时收集婚庆行业信息，跟踪婚庆行业在技术、市场等各方面信息的变化
		（2）协助销售部门负责人了解婚庆行业动态、市场及产品营销动态、竞争对手状况，对各种信息进行整理、分析、建档
		（3）协助销售部门负责人撰写婚庆市场调研报告，提出对市场发展的意见和建议
步骤2	市场开发计划的制订	（1）协助销售部门负责人根据婚庆企业的发展战略，对目标市场进行研究与选择
		（2）协助销售部门负责人组织编制年度市场开发计划，并报销售总监审批
		（3）协助销售部门负责人积极实施市场开发计划与措施，扩大企业在市场中的影响
步骤3	公司品牌推广	（1）协助销售部门负责人组织实施公司创意品牌推广活动，在目标客户群中建立公司品牌知名度和美誉度
		（2）协助销售部门负责人组织公关、宣传效果评估，编写评估报告
步骤4	部门内部的管理工作	（1）协助销售部门负责人指导、管理、监督本部门人员的业务工作
		（2）协助销售部门负责人指导并参与本部门员工的培训、考核等工作

（三）效果评估

通过学习本部分内容，掌握营销部门的管理技能，更好地发挥中级婚礼策划师的作用。

二、相关知识

（一）婚礼营销部的组织结构示例

组织结构好比人的骨骼或一栋房子的框架，组织结构设计是组织设计的重要组成部分。设计组织结构的依据是部门工作职责，组织结构图的绘制要权责划分明确，每个员工都可以在组织结构图中找到自己的岗位。以下示例（图1-1）为某公司婚礼营销部的组织结构设计，婚礼营销部的最高管理者是公司总经理，包含清晰的上下级隶属关系和岗位职责分工，有助于在实际工作中明确工作职责，提升公司的管理效率。

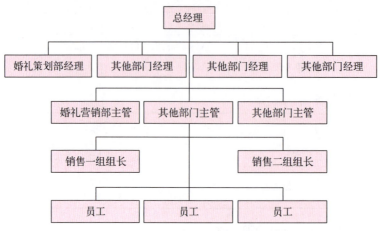

图 1-1　婚礼营销部的组织结构

（二）具体工作职责

婚礼销售顾问在营销部门工作 3 年以上，可以协助销售经理完成销售部门的日常管理工作，以确保公司销售任务的完成。从具体岗位职责来看，有以下几项：

1. 协助销售经理制订销售计划

（1）根据公司的生产经营目标，协助销售经理制订年度、季度、月度销售计划。

（2）依据销售计划，制订和调整销售方案，并负责销售方案的实施。

（3）监督销售计划和方案的执行，并定期向上级领导汇报计划和方案的执行情况。

2. 协助销售经理开展销售活动

（1）协助销售经理组织、指导本部门人员开展销售活动。

（2）指导营销顾问与客户谈判、签约，并对签约文件进行审核。

（3）协助销售经理组织编制销售报表，定期向上级领导汇报销售情况。

（4）协助销售经理做好所负责业务的市场分析和销售预测。

3. 协助销售经理进行客户关系管理

（1）协助销售经理调查、跟踪、分析客户需求，及时有效地提供客户服务。

（2）协助销售经理做好客户信息反馈和传递工作，妥善处理客户的意见和建议。

4. 协助销售经理进行销售货款管理

（1）在规定账期内收回货款。

（2）采取有效措施，协助销售经理催收超账期货款。

5. 协助销售经理进行销售人员管理

（1）协助销售经理对销售人员进行培训。

（2）根据公司规定，协助销售经理定期对销售人员进行考核。

（3）协助销售经理进行进店咨询量和签单率分析。

（4）负责部门员工考勤、工作安排及考核工作。

（5）对所有的客户资料进行存档归类。

子任务三　承担设计部门的部分管理工作

一、工作流程

了解客户需求 → 市场开发计划的制订 → 与婚礼策划师沟通，获得设计制作思路 → 部门内部的管理工作 → 效果评估

（一）工作准备

1. 物品准备

序号	名称	规格	单位	数量	备注
1	婚礼设计部门工作职责手册	A4	份	1	文件
2	公司产品名录	A4	份	1	文件
3	客户需求调研表	A4	份	1	文件

2. 环境与人员准备

序号	环境与人员	准备
1	会议室	安静、舒适，有基本的会议设备
2	婚礼设计部全体员工	经过初级婚礼策划职业技能等级培训，包括婚礼设计师、婚礼策划师、婚礼统筹等

3. 担任设计部门的部分管理工作

步骤	工作内容	实施要求
步骤1	了解客户需要，达成客户的婚礼设计要求	（1）通过前期的客户需求调查，分析客户对婚礼设计的要求
		（2）利用设计软件制作符合客户需求的婚礼设计图
		（3）约见客户商谈婚礼设计图，在此基础上进行进一步修改
步骤2	开发婚礼设计创意产品	（1）根据市场发展需要，开发婚礼设计创意产品
		（2）提供高品质的婚礼设计方案
步骤3	与婚礼策划师沟通，设计制作符合婚礼策划文案思路的产品	（1）与婚礼策划师保持良好沟通，做到信息共享、思路相通
		（2）从策划创意中获得设计创作思路
		（3）设计制作符合婚礼策划文案思路的产品
步骤4	做好部门内部的管理工作	（1）协助部门经理对新员工进行业务技能上的指导和帮助
		（2）协助部门经理对部门员工的工作进行监督和考核

（二）效果评估

通过学习本部分内容，掌握设计部门的管理技能，更好地发挥中级婚礼策划师的作用。

二、相关知识

婚礼策划师在制作婚礼策划文案的同时，还必须将设计思路制作成可以让客户感知婚礼策划设计场景或其他情境的设计图，承担平面设计图、婚礼手绘图或 3D 效果图的设计工作。这项工作在有的婚庆公司是由婚礼策划师承担的，有的婚庆公司则专门设立了设计部，由婚礼设计师承担设计任务，展示婚礼策划文案的设计思路。作为中级婚礼策划师，不仅要承担设计任务，可能还要协助设计部门负责人承担部分管理工作。

（一）婚礼设计主管的岗位职责

（1）负责对下属进行业务上、技能上的指导和帮助。

（2）对下级工作进行监督和考核。

（3）在婚礼平面设计方面进行创意设计。

（4）通过与婚礼策划师沟通，获得设计制作的思路。

（5）与客户沟通婚礼设计方案的详细内容，并根据客户要求修改设计方案，最终确定设计方案。

（6）了解客户需要，为客户提供建设性意见，满足客户在婚礼设计方面的所有合理要求。

（7）合理分配任务，完成整体婚礼设计。

（二）婚礼设计主管的任职要求

（1）熟练使用（MAC/PC）平面设计和三维设计软件，主要包括 Photoshop，Illustrator，CorelDRAW 等。

（2）具有丰富的想象力和创作力，专业基础扎实。

（3）有极强的美学素养、独特的设计风格、独到的创意观点及较强的创意设计表达能力。

（4）具备感知潮流风尚的能力，有个性思想，善于创意。

（5）有良好的人际沟通能力及表达能力，语言表达清晰流畅，富有亲和力。

（6）能熟练使用 PPT 等办公软件。

（7）有良好的团队合作精神和高度的责任心。

（三）婚礼设计师的工作职责

（1）负责婚礼平面设计效果图及其他相关的设计制作。

（2）负责公司活动推广所需的相关平面设计。

（3）负责公司品牌宣传页、画册的平面设计。

（4）能迅速有效地完成创意设计。

（5）不定期地进行创新设计。

（四）婚礼设计师的任职要求

（1）热爱婚礼行业，具有较好的审美，对风尚潮流敏感，富有热情，善于创新，有志在婚礼行业长期发展。

（2）思维敏锐、严谨，善于创新，具有较强的计划、统筹、执行能力。

（3）普通话标准，具有良好的语言表达能力、协调能力和沟通能力。

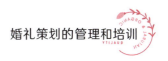

（4）具备较强的逻辑思维能力、关系管理能力及优秀的谈判技巧。

（5）有亲和力，有丰富的想象力和创造力。

（6）有较强的文字表达能力，心理素质好，热爱婚礼策划工作。

（7）有较强的学习能力。

（8）美术手绘功底扎实，并精通设计类电脑软件，如 Photoshop、3Dmax、CAD、SU、AI 等，熟悉相关动画类软件。

子任务四　承担公司的其他管理工作

一、工作流程

担任总经理助理 → 人力资源经理助理 → 效果评估

（一）工作准备

1. 物品准备

序号	名称
1	会议记录本
2	绩效考核表
3	工作计划
4	工作总结
5	电脑

2. 环境与人员准备

序号	环境与人员	准备
1	环境	具备基本办公条件的办公室
2	总经理助理	符合岗位职责要求
3	人力资源经理助理	符合岗位职责要求
4	婚礼策划师	经过初级婚礼策划职业技能等级训练，具备基本的管理能力

（二）担任公司的其他管理工作

步骤	流程	技术操作要求
工作前准备	基础条件	（1）按照公司岗位职责要求，招聘到符合条件的总经理助理
		（2）按照公司岗位职责要求，招聘到符合条件的人力资源经理助理
步骤1	担任总经理助理	（1）协助总经理开展公司整体经营管理活动
		（2）协助总经理进行部分日常行政管理工作，协调各个部门之间的关系
		（3）承担部分日常接待工作，并协调好与行业协会等其他单位的关系

（续）

步骤	流程	技术操作要求
步骤2	担任人力资源经理助理	（1）招聘专员的工作内容：分析公司招聘需求，发布招聘广告，测评应聘人员，录用和总结评估
		（2）培训专员的工作内容：开展新员工培训，组织员工业务技能培训，制订培训计划，建立员工培训档案
		（3）绩效考核专员的工作内容：根据各部门岗位职责，制订绩效考核方案，完善绩效考核制度，反馈绩效考核结果
	注意事项	（1）由于计划的灵活性，实际执行时与原有的工作计划一定会有偏差，关键在于找到偏差形成的原因
		（2）各个管理部门之间要有协调机制，防止出现互相推诿的现象

（三）效果评估

通过学习本部分内容，掌握婚庆企业其他部门的管理技能，更好地发挥中级婚礼策划师的作用。

二、相关知识

（一）婚庆公司总经理助理的岗位职责和要求

婚庆公司总经理助理的岗位职责和要求见表1-1。

表1-1　婚庆公司总经理助理的岗位职责和要求

基本信息	职位名称	总经理助理	姓名	
	所属部门	总经办	直接上级	总经理
职位概述	协助总经理制定、贯彻、监督各项经营发展的战略、决策、计划，确保公司经营管理目标的实现			
岗位职责	职责一	协助总经理开展经营管理活动		
	工作任务	（1）协助公司管理层制定企业经营战略决策，并负责组织、监督相关战略或计划的实施		
		（2）协助总经理做好各项管理工作的布置、实施、检查、督促以及落实执行情况		
	职责二	行政事务管理		
	工作任务	（1）协助总经理处理日常事务及与各职能部门的联络、协调，做好上情下达工作		
		（2）组织、安排、追踪落实公司级管理会议，并做好相应记录		
		（3）协助总经理监督公司年度费用预算的执行，严格控制各项费用的支出		
		（4）做好会议记录，并形成电子档交于行政部存档		
	职责三	日常接待		
	工作任务	（1）协助有关部门做好来宾的接待工作		
		（2）妥善安排总经理重要客人的接待工作		
	职责四	对外关系的协调		

（续）

基本信息		职位名称	总经理助理	姓名	
		所属部门	总经办	直接上级	总经理
岗位职责	工作任务		（1）根据公司安排，代表公司参加外部会议和商务谈判等活动		
			（2）协助总经理进行对外事务联络，协调与行业管理机构、协会及其他单位的关系		
	职责五		总经理日常工作的安排		
	工作任务		（1）协助总经理安排日程，必要时陪同出差		
			（2）根据总经理的日程安排做好预约工作，安排商务旅行事宜		
	职责六		每天必须做的事		
	工作任务		每天列工作计划、安排工作，写工作小结		

（二）婚庆公司人力资源部经理助理的岗位职责和要求

婚庆公司人力资源部经理助理的岗位职责和要求见表1-2。

表1-2　婚庆公司人力资源部经理助理的岗位职责和要求

经理助理岗位名称	工 作 职 责
招聘专员	（1）人力需求分析与编制。根据公司组织架构和人员发展需求，制订年度人力需求计划，优化招聘流程，缩短招聘周期，提高招聘效率，最大限度满足公司各部门年度和岗位人力需求计划 （2）渠道拓展与人才库的建立。为更广泛吸引人才，应有效管理简历，识别开发专业性招聘平台及渠道，并对简历进行系统管理 （3）人才测评与录用。识别、组织科学适用的招聘方法与流程 （4）招聘成本控制。合理、经济地完成招聘任务，识别选用正确的方法，控制成本
培训专员	（1）负责公司相关岗位人员的培训需求调查和分析，完成培训计划的拟订并负责实施 （2）负责编制、修订、完善员工培训手册 （3）了解销售团队培训需求并及时制订针对性的培训方案，跟进培训效果 （4）员工培训档案的建立、管理工作
绩效考核专员	（1）制订计划。根据公司战略目标和年度计划起草与完善职责内的工作计划，并负责组织实施 （2）制度和流程建设。负责编制和实施绩效相关的制度与流程，确保人力资源管理内部运行规范、有效 （3）绩效管理体系建设。进行绩效管理体系建设，确保制度和流程导向鲜明，企业的凝聚力增加，员工绩效明显提高 （4）组织绩效管理。参与制定绩效考核指标，支持各部门落实执行部门绩效管理体系，组织和指导各部门的绩效考核工作，解决考核过程中出现的问题，促进公司整体绩效的发展 （5）员工绩效管理。根据岗位职责，组织制定各岗位考核指标，制定考核方案，包括设定考核项目、考核权重、考核方法等，组织实施和监督各类员工的绩效考核，解决考核过程中出现的问题，促进员工个人绩效的提升 （6）绩效改进。汇总、分析、反馈绩效考核结果，评估绩效考核方案的实施效果，并撰写分析报告，提供可行性改进建议，协助做好员工培养和激励工作

（三）制订计划的 5W1H 原则

凡事预则立、不预则废。计划在管理职能中属于首要职能，管理者要掌握制订计划的原则——5W1H 原则。

1. 工作内容　做什么（what）——工作目标、任务。计划应列出在一定时间内应完成的目标、任务和应达到要求。任务和要求应该具体明确，有的还要定出数量、质量和时间要求。

2. 工作方法　怎么做（how）——采取措施、策略。要明确何时实现目标和完成任务，就必须制定出相应的措施和办法，这是实现计划的保证。措施和方法主要指达到既定目标需要采取什么手段、动员哪些力量与资源、创造什么样的条件、排除哪些困难等。总之，要根据客观条件，统筹安排，将"怎么做"写得明确具体、切实可行，特别是要针对工作总结中的问题，拟定相应的解决办法。

3. 工作分工　谁来做（who）——工作职责。这是指执行计划的工作程序和时间安排。每项任务，在完成过程中都有阶段性，而每个阶段又有许多环节，它们之间常常是互相交错的。因此，订计划必须胸有全局，合理安排哪些先干、哪些后干。而在实施当中，又有轻重缓急之分，哪些是重点、哪些是一般，也应该明确。在时间安排上，既要有总的时限，又要有每个阶段的时间要求，以及人力、物力的安排。这样，使本部门员工知道在一定的时间内、一定的条件下，把工作做到什么程度，以便争取主动，将工作有条不紊地协调进行下去。

4. 工作进度　什么时间做（when），也就是完成工作任务的期限。

5. 工作场所　在什么地点做（where）。也就是工作是在哪里做的，为什么偏偏要在这个地方做，换个地方行不行，到底应该在什么地方做？这是选择工作场所时应该考虑的。

6. 工作原因　为什么（why）。为什么要采用这个设计，为什么确定这个策略，为什么定这个年度目标？

任务二
婚礼策划的新员工培养

【任务情境】

　　张璐在国内一线城市某婚庆公司担任经理一职，主要管理婚礼策划部和婚礼销售部。公司的婚礼策划、婚礼督导、婚礼销售和婚礼设计工作岗位每年都会招聘新员工，其中大多数是刚毕业的大学生。新员工的加入能为公司发展注入新的活力，也对公司管理工作提出了新的要求。为适应公司进一步发展，保持团队的梯队管理和可持续发展，需要张璐在新员工中培养和辅导1～2个婚礼策划助理、1～2个婚礼督导助理、1～2个婚礼销售助理和1～2个婚礼设计助理。

【任务分析】

一、主要管理问题

序号	婚礼策划的新员工培养问题
1	新员工对公司历史、发展情况、相关政策、企业文化等均不熟悉
2	刚进入一个新的工作环境，新员工缺乏归属感
3	新员工对自己所应承担的工作岗位缺乏必要的了解，希望了解公司对他们的期望到底是什么
4	新员工需要了解在工作中遇到困难时，解决问题的途径和方法
5	新员工与新员工之间、新员工与老员工之间需要加强沟通和了解

二、主要管理目标及依据

序号	主要管理目标	依据
1	制订符合新员工需求的培养方案	新员工在加入公司后，需要赢得领导和同事的认可，胜任工作岗位，建立归属感，坚定职业选择，理解并接受团队的规章制度和行为规范，并尽快找准个人职业的发展方向
2	根据新员工需求，合理设计培训内容	与婚礼策划相关的工作岗位中包含了很多工作技能和要求，需要新员工确定科学的学习内容和学习顺序

（续）

序号	主要管理目标	依据
3	根据婚庆策划不同岗位新员工的特点，选择合适的培养途径和方式	培训策略必须转化成具体的培训内容和培训程序，只有这样，才能得以执行和运用
4	评价培养和辅导目标是否实现	需要对培训规划进行评价，然后根据评价结果进行改进

【任务实施】

子任务一　培养和辅导1～2个婚礼策划助理

一、工作流程

公司集中培训 → 部门培训 → 试用期转正培养计划 → 效果评估

（一）公司集中培训

公司集中培训的目的是传授各种知识，使新员工重点了解有关内容，其管理流程为：准备阶段→实施阶段→评估阶段。

1. 准备阶段

（1）物品准备

序号	名称	规格	数量	要求
1	培训通知	电子版	1份	群发或单独发至所有新员工
2	员工手册	常规	根据新员工人数确定	员工手册是新员工入职培训的必备教材
3	部门内部培训教材	常规	根据新员工人数确定	针对不同岗位的岗位说明书、专业技术文档等，还包括新员工培训须知等
4	记录本	常规	根据新员工人数确定	新员工做好培训笔记，撰写心得体会
5	签字笔	常用	根据新员工人数确定	

（2）环境与人员准备

序号	环境与人员	要求	备注
1	会议室	宽敞、明亮，可容纳所有参训人员，有可活动桌椅、投影仪等设备	

（续）

序号	环境与人员	要求	备注
2	培训讲师	（1）经过初级婚礼策划职业技能等级培训，掌握培训教学的基本技能 （2）着装整齐、精神状态良好，熟悉培训流程和培训内容 （3）培训讲师应对受训新员工的优势、劣势做出评估，并提供给该员工未来的部门培训的负责人，以便培训人员针对各个员工的优缺点开展有侧重点的培训	尽量在公司内部寻找新员工培训的讲师，如公司高层、人力资源部经理、部门主管、专业技术人员等，他们可以就不同的内容给新员工做培训。建议让公司的创始人或最高领导参与公司文化和发展历程的授课
3	培训后勤保障人员	1～2名，培训后勤保障工作主要包括培训相关人员的生活安排、培训器材的准备、培训场地管理等	新员工培训需要企业所有相关部门的配合

2. 实施阶段

步骤	流程	操作要求
培训前准备	培训需求分析	作为新员工，他们具有学习能力强、思维活跃等特点，基于此，他们的共性需求包括： （1）熟悉企业，增强对企业的认同感和归属感 （2）熟悉工作，对工作产生兴趣 （3）掌握岗位所需的基本技能和专业技能，提高自身的工作效率
	确定公司培训的内容	培训内容包括公司概况、公司组织结构、各部门的职责分工、相关规章制度、职业素养、基本工作技能要求等
步骤1	介绍公司发展历史及现状	（1）了解公司的发展历史、经营业务、经营现状、公司使命、公司愿景、行业地位、发展趋势等 （2）公司文化被新员工接受和了解，绝对不是背诵几句简单的标语就能实现的，而需要新员工能够真正体会其中的含义，这就需要引入具体的事件（案例或故事）
步骤2	介绍公司组织结构及部门职责	了解公司组织机构、各部门的工作职责与业务范围、公司高层管理人员的情况
步骤3	介绍公司的经营理念、规章制度等	（1）了解公司的人事规章制度，主要包括薪酬福利制度、培训制度、考核制度、奖惩制度、考勤制度、财务制度（如费用报销制度）等 （2）培训师应对公司的政策、法规及规章制度进行仔细说明，如发薪方法及日期，晋升制度，休假及请假规定，员工福利制度，作息时间及轮班制度，迟到、早退、旷工处分办法，劳动合同协议，聘用、解雇规定，在职员工行为准则等
步骤4	新员工职业素养培训	学习职业心态、人际沟通、工作方法和技巧、职业礼仪、职业生涯规划等方面的内容

3. 公司培训课程体系设计建议

课程模块	课程名称	
入职培训	公司概况介绍	公司规章制度介绍
	公司发展历程	公司创始人及 logo 介绍
岗位认知	岗位职责与工作流程	部门内部及跨部门的沟通规范
职业素养	从学生到职场人士	如何塑造良好的职业心态
	职场新人的社交礼仪	提高团队合作意识
	有效沟通的技巧	提高时间管理技能
基本技能	如何完成工作	Office 应用技巧
	如何处理办公文件	
自我发展	职业生涯发展规划	持续学习的方法与技巧
	如何提高自己的抗压能力	

4. 评估阶段

公司培训结束当日，应对新员工进行培训反馈调查。由新员工填写入职培训效果反馈调查表，汇总分析新员工反馈的意见。确认培训对象是否对培训内容感兴趣，确认培训内容是否能够满足培训对象的需要，确认培训内容中包含的信息是否容易被培训对象接受。

（二）部门培训

部门培训的目的是让新员工学习到在实际工作中需要的技能，因此，培训师必须是新员工未来的主管和实地培训的负责人，必须具有丰富的工作经验和规范的技术，以免误导新员工。

"师带徒"活动是使新员工快速成长的好方式。培训师不仅要负责传道授业解惑，而且要负责公司传统技艺的传承、文化价值观的认同、良好职业素养的培养。婚礼策划助理的培训师可以由策划部主管或富有经验的老员工来担任。

步骤	流程	操作要求
步骤 1	留下第一印象	（1）新员工入职后，为了让新员工尽快融入环境，部门负责人和培训师应该热情迎接他们，让他们感到轻松愉快 （2）培训师可以带着新员工一起在公司内走走，熟悉工作环境 参考策略："我们上下班在这里打卡，我们打卡的时间是××，中午吃饭时间为××。这里是谈单室，这里是策划部，这里是销售部，这里是财务部，这里是洗手间……"
步骤 2	彼此认识	培训师主动向新员工介绍自己的姓名、岗位、负责的工作，然后请新员工介绍一下自己 可以对新员工说："我会帮助你尽快熟悉工作，有什么问题，可以随时问我，我相信你经过学习之后，一定会做得很好。"

（续）

步骤	流程	操作要求
步骤3	熟悉工作环境，介绍工作关系	（1）让新员工了解所在部门的组织结构、主要职能和责任、规章制度。掌握与其他部门协调、配合的技巧，培养团队精神 （2）培训师带着新员工认识部门同事，并介绍与新员工内外部工作相关的联系人 　参考策略："这是我们部门的负责人，我们部门的……工作需要向他请示汇报。这是……，有关……方面的工作可以和他对接。这是……，我们常打交道的部门主要有……，我带你去认识一下……"等
步骤4	了解岗位职责，制订学习计划	（1）让新员工掌握未来工作的岗位职责及具体内容，了解每天的例行工作及非例行工作 （2）婚礼策划助理的岗位职责：①协助策划师完成婚礼设计；②协调各部门关系，实施并完美展现婚礼；③协助完成公司的市场推广和广告策划宣传；④为新人提供婚礼咨询；⑤为新人提供心理辅导 （3）根据岗位职责要求，为新员工制订学习计划。在了解了新员工的学习和工作背景之后，根据岗位技能要求，合理安排新员工的学习进度。学习计划要有时限要求和评价措施
步骤5	明确工作内容，实施学习计划	（1）让新员工掌握未来工作可能会用到的技能和技巧。婚礼策划助理的工作内容包括：①做好新人接待工作，推销婚礼产品；②了解新人的服务需求及审美取向，协助婚礼策划师设计出婚礼整体策划方案；③与新人签订合作协议；④围绕婚礼主题及新人要求做好其他相关工作 （2）培训师和新员工一起执行学习计划，并在实施过程中注意持续指导和纠偏，保证新员工不断学习、内化技能，定期考核新员工的学习情况
步骤6	职业素养培训	在加强业务技能培养、传播企业文化理念、促进文化认同的基础上，加强个人修养、职业道德等方面的教育，根据新员工的个体差异，制订培养规划。培养新员工对工作乐观、积极的态度，对企业、部门的信心和为客户真诚服务的信念

（三）试用期转正培养计划

试用期转正培养计划即在新员工试用期间，让他（她）在一位导师的指导下承担工作，为转正做好准备。

婚礼策划助理的培养内容必须以岗位的典型工作任务为主，对新员工的考核应基于相关岗位的能力素质。各部门负责人要根据婚礼策划助理的岗位职责和工作任务，制订科学合理的试用期转正培训计划，并按照先易后难、由浅入深的顺序开展培训。培训方式以实操为主、理论为辅，使新员工尽快适应工作。

二、相关知识

（一）婚礼策划部的工作流程

1. 策划部根据销售部门的订单安排固定人员跟单　一般由婚礼策划师跟单。

2. 发送问卷　销售顾问给新人发送问卷，新人填写完成后返还给销售顾问，策划部人员同销售顾问共同研究问卷，并有针对性地制定简报及打算进一步了解的信息。

3. 头脑风暴，进行创意婚礼设计　由策划师召集头脑风暴人员（2 名销售顾问、3 名婚礼策划师、1 名影像部人员、1 名平面设计师）。在头脑风暴过程中，由策划部人员以笔录形式详细记录参与头脑风暴人员的发言，并于会后整理，提交婚礼策划师。

4. 正式提案　提交正式的婚礼策划方案。正式提案前，由销售顾问对该方案做出明确报价。如需要修改策划方案，由销售顾问与策划师共同签字，并记录修改程度（局部修改、调整道具、重新定案等）。

5. 台词和音乐的制作　提案通过后，由策划师将最终方案交策划部（签字记录时间），策划师需要在 5 天内将台词和音乐制作完成。如需调整台词或音乐，需记录时间。

6. 彩排

（1）一次彩排。确定好音乐及台词后，由策划师安排客人的一次彩排时间（需签字确定时间）。一次彩排前，内部召开筹备会，提出彩排要求，提前磨合并及时修改方案中存在的问题。一次彩排的要求：时间至少一小时；按照整体婚礼策划方案进行彩排；结束后，由婚礼策划师进行评价；记录具体彩排内容及时间。

（2）二次彩排。二次彩排前，需由策划部婚礼策划师与此策划方案确定的执行婚礼主持人、灯光音响人员进行沟通，详细说明要求和想法。二次彩排前半小时，先进行内部演练，达到预期效果后与客户一起彩排。二次彩排的要求与一次彩排一致，并记录内容及时间。

7. 前期准备　彩排结束后，详细记录该场婚礼现场所需台词、音乐、视频、录音及客人所确定的音响、投影、演员、道具等，填写供应商清单，并于婚礼结束后交给行政部门，统计供应商明细，以备会计部门做账。同时，制作本场婚礼的电子相册或简单视频。

8. 现场执行

（1）婚礼前，整理该场婚礼所需对讲机和相关道具（誓言本、羽毛笔、调酒壶等）并带到现场，婚礼后收回。

（2）负责确认现场音响、视频（大屏）的使用，确认司仪、演员等参与婚礼服务人员的具体到场时间。

（3）婚礼现场彩排前，召集婚礼执行人员召开筹备会议，明确现场执行细节及要求。在确定具体彩排时间后，提前安排各位置负责人员（督导）到位。

（4）婚礼过程中，监督流程是否按照计划执行并记录。应对突发状况，及时进行调整（此调整针对的是婚礼节目，是对后场进程的调整）。

（5）婚礼结束后，将现场文案、对讲机及现场所需道具全部收回，次日交回策划部。删除供应商处一切与客户有关的资料，在离开时同客人打招呼。

9. 后期碟片的审核　本场婚礼的负责人员（婚礼策划师）负责审核后期碟片，确认无误后通知销售顾问（或督导），并交给前台签字确认时间。针对前期婚礼中需要使用的视频或 MV，由策划部门婚礼策划师陪同销售顾问一起与影像部门进行沟通，前期以该跟单人员（婚礼策划师）为主，确定视频内容达到婚礼策划要求。

（二）培养和辅导 1～2 名婚礼策划师助理的方法

婚礼策划是指通过与新人的沟通，在深入了解服务对象的基本情况、特点和需求的基础上，运用专业知识和技能为服务对象提供服务方案，并对服务方案进行设计和实施的过程。婚礼策划师助理需要了解自己在婚礼服务中的作用，即协助婚礼策划师完成各项工作，明确自己的工作职责范围。为实现员工与企业共同成长的目标，进一步加强公司队伍建设，在新员工培养上，应以提高新员工队伍素质和企业发展为出发点，掌握培养1～2名婚礼策划师助理的基本方法：

1. 充分认识新员工培养的重要意义　新员工培养是帮助新员工完成从学校人到职场人转变的重要环节，不可替代。全面系统的新员工培养能够帮助新员工较快地融入企业文化，创造价值，为做好职业生涯管理打下良好的基础。

2. 明确培养目标　新员工培养的第一个环节是集中培训，这是帮助新员工熟悉、了解、掌握、接受公司内部组织管理的关键，也是新员工职业生涯初期系统学习公司内部管理的宝贵机会。新员工大多为刚从学校毕业的学生，有一定的理论基础，专业知识扎实，但普遍存在实践技能弱、缺乏行业经验等问题，因此，在设计培训内容时，可安排职业生涯规划、人际沟通、时间管理等课程，协助他们顺利迈出职场第一步。可安排优秀的老员工讲授自己的工作经历和人生感悟，还可以用拓展训练的方式，提升他们的团队意识和抗压能力。

3. 在工作实践中锻炼　要在"干中学"，给新员工分配具有一定挑战性的工作任务。这些任务必须围绕婚礼策划助理的工作，如接待新人、与新人沟通、了解新人对婚礼的需求、介绍公司的产品和服务项目、帮新人做预算等。

4. 组织培养考核　只有组织考核才能给予新员工适当的压力和动力，及时跟踪和了解培养工作的进度，检验培养成果，及时发现问题。假如只培养不考核，培养就容易沦为走过场，整体效果会大打折扣。

子任务二　培养和辅导1～2个婚礼督导助理

一、管理流程

培训分为3个阶段：公司集中培训→部门培训→试用期转正培养计划。其中，公司集中培训阶段的内容已在子任务一中详细讲述，在此略过。培养和辅导1～2个婚礼督导助理的部门培训阶段和试用期转正培养计划阶段的管理过程如下：

（一）部门培训

步骤	流程	操作要求
步骤1	留下第一印象	详见子任务一中部门培训的内容
步骤2	彼此认识	详见子任务一中部门培训的内容
步骤3	熟悉工作环境，介绍工作关系	详见子任务一中部门培训的内容

（续）

步骤	流程	操作要求
步骤4	了解岗位职责，制订学习计划	（1）让新员工了解未来工作的岗位职责及具体内容，熟悉每天的例行工作及非例行工作 （2）婚礼督导助理的岗位职责说明：协助婚礼督导师完成婚礼服务工作、酒店的协调、婚礼前的彩排工作，按照婚礼策划方案，确保各项婚礼要素准确到位、婚礼各项环节协调有序等 （3）根据岗位职责要求，为新员工制订学习计划。在了解了新员工的学习和工作背景之后，根据岗位技能要求，合理安排新员工的学习进度。学习计划要有时限要求和评价措施
步骤5	明确工作内容，实施学习计划	（1）让新员工掌握在未来工作可能会用到的技能和技巧 （2）婚礼督导助理的工作任务： ① 指挥工作。协助婚礼督导师，确保婚礼各项事宜的顺利运转，并进行婚礼筹备人员分工和时间安排；协助婚礼督导师控制好婚礼进度，如接亲前、接亲过程中、婚礼仪式前、仪式过程和婚宴的开始时间等；协助新人做好接亲、迎亲、车队、摄影摄像、迎宾、签到等各项事宜的安排工作 ② 协调、调度工作。协助婚礼督导师协调婚礼筹备方面的进度，将相关工作表单发放到相关人员手中，对不到位的地方及时协调解决。协调与酒店的关系，协调新郎新娘及新人家人、朋友的关系，协调灯光、音乐、摄影摄像、礼仪人员等工作人员的位置和职责，与主持人协调婚礼程序等相关事宜 ③ 检查检验工作 ④ 道具准备和保管工作 ⑤ 礼仪服务工作 ⑥ 应对婚礼过程中出现的紧急或意外情况 （3）培训师和新员工一起执行学习计划，并在实施过程中注意持续指导和纠偏，保证新员工不断学习、内化技能，定期检核新员工的学习情况
步骤6	职业素养培训	详见子任务一中部门培训的内容

（二）试用期转正培养计划

婚礼督导助理的培养内容必须以岗位的典型工作任务为主，对新员工的考核应基于相关岗位的能力素质。各部门负责人要根据婚礼督导助理的岗位职责和工作任务，制订科学合理的试用期转正培训计划，并按照先易后难、由浅入深的顺序开展培训。培训方式以实操为主、理论为辅，使新员工尽快适应工作。

二、相关知识

（一）婚礼督导部门的工作流程

1. 落实和安排策划方案　负责与策划师沟通客户的婚礼构想、婚礼策划书的具体落实和安排。

2. 现场布置安排　在签订订单后，前往酒店确定相关尺寸及布置安排。

3. 与酒店进行协商与沟通　与酒店负责人沟通，确认相关注意事项，如用电、进场

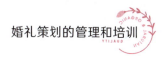

费等。

4. 安排婚礼执行团队人员　在策划师最后确定策划案后，应迅速安排婚礼工作事项，如化妆、摄像、摄影、主持等，并将安排情况告知婚礼策划师。婚礼策划师要与化妆师、摄影摄像师、婚礼主持人沟通婚礼流程及详细情况。

5. 安排场布　在现场执行中，调度人员负责与后期布场人员沟通，将婚礼策划师提供的参考图与布场资料第一时间交予布场人员及花艺师。

6. 检查筹备情况　调度人员要配合婚礼策划师完成婚礼准备情况，并适时与客户联系，确认相关人员的到位情况，并让客户知道后期的准备情况。

7. 婚礼前的沟通　在婚礼前再次与婚礼策划师确定相关细节，如人员到位时间及地点、相关人员的配合状况。与工作人员再次确认到位时间及地点，确保工作人员不会迟到且与新人沟通顺畅。

8. 婚礼当天的执行　婚礼当天，调度现场执行人员要负责和检查布场物品的准备情况与进场时间，控制布场时间，保证布场质量。

9. 婚礼当天与婚礼策划师沟通　确保婚礼当天对各个环节控制以及各个环节的协调和沟通。

（二）培养和辅导 1~2 名婚礼督导助理的方法

婚礼督导助理主要是负责婚礼策划方案的实施和呈现，将婚礼各项筹划的任务进行合理分解、分工，做好场地、人员、器材等婚礼要素的安排，促使婚礼各环节和流程能够顺畅执行，确保婚礼顺利、圆满地完成。

婚礼督导助理需要了解自己在婚礼庆典服务中的作用，即协助婚礼督导完成各项工作，明确自己的工作职责范围。专业的婚礼督导工作能够保障一场婚礼的完美执行，因此，应掌握培养 1~2 名婚礼督导助理的基本方法。

1. 充分认识婚礼督导助理培养的重要意义　婚礼的完美举行凝聚了台前幕后若干工作人员的心血，将不同工作岗位的员工高效地调配起来，是督导工作最大的意义所在。此外，还要落实策划师的策划方案与现场执行的衔接，与相关人员进行沟通，注重细节，不会因为疏忽了细节而导致出现遗憾。

2. 能力素养培养　婚礼督导助理应具备的专业能力素养，包括艺术审美能力、中西方婚礼文化知识、商务礼仪和仪表规范、督促指导的理解和协调能力、较强的语言能力和沟通能力、较强的反应能力等。

3. 道德素质培养　全心全意为新人服务的责任心、全面的团队合作意识等。

4. 性格素质培养　细致、周到、机敏、反应迅速。

子任务三　培养和辅导 1~2 个婚礼销售助理

一、工作流程

培训分为 3 个阶段：公司集中培训→部门培训→试用期转正培养计划，其中第一阶段

公司集中培训阶段的内容已在子任务一中详细讲述，在此略过。培养和辅导 1～2 个婚礼销售助理的部门培训阶段及试用期转正培养计划阶段管理过程如下：

（一）部门培训

步骤	流程	操作要求
步骤 1	留下第一印象	详见子任务一中部门培训的内容
步骤 2	彼此认识	详见子任务一中部门培训的内容
步骤 3	熟悉工作环境，介绍工作关系	详见子任务一中部门培训的内容
步骤 4	了解岗位职责，制订学习计划	（1）让新员工了解未来工作的岗位职责及具体内容，熟悉每天的例行工作及非例行工作 （2）婚礼销售助理的岗位职责说明及学习计划： ① 熟练掌握本公司婚礼产品知识。销售助理要做到有效沟通和满足客户的需要，熟悉自己的产品是关键 ② 熟悉销售工作的流程。学习如何在特定的环境中，针对特定的客户，采取不同的销售策略 ③ 加强团队合作。如何评价其他团队成员、协调项目、达成约定的目标，在团队内解决分歧以及向团队成员提供反馈 ④ 了解客户与市场信息。在培训时，要安排足够的时间为新员工讲解客户信息以及公司的产品和服务所处的市场环境 ⑤ 熟悉公司。熟悉公司是一个非常宽泛的主题。新员工上岗之后，首先必须熟悉公司的销售政策和惯例，因此，培训一般包括订单流程、价格保证、折扣和定价范围，这可帮助销售人员了解销售规定背后的逻辑。在此基础上，销售助理可以更加清晰地向那些要求特殊照顾的客户解读公司规定
步骤 5	明确工作内容，实施学习计划	（1）让新员工掌握未来工作可能会用到的技能和技巧 （2）婚礼销售助理的工作任务： ① 负责公司销售合同及其他营销文件资料的管理、归类、整理、建档和保管 ② 负责公司月度、季度、年度销售统计报表和报告的制作及编写，清楚销售动态情况 ③ 负责收集、整理、归纳本地婚庆市场行情及客源等信息资料，提出分析报告，为部门业务人员、领导决策提供参考 ④ 协助婚礼销售做好客户的接待和电话来访工作；在销售人员缺席时，及时转告客户信息并妥善处理 ⑤ 负责记录顾客投诉，并协助进行妥善处理等
步骤 6	职业素养培训	详见子任务一中部门培训的内容

（二）试用期转正培养计划

婚礼销售助理的培养内容必须以岗位的典型工作任务为主，对新员工的考核应基于相关岗位的能力素质。以下是考评销售助理的 4 个维度：

销售助理转正考核指标		
第一层	反应	受训者对培训满意吗？这为培训组织者提供了信息，以便改进受训者不喜欢的地方
第二层	学习	培训是否改变了态度、增加了知识，或者提高了受训者的技能？通常会在培训前和培训后进行测试
第三层	行为	销售助理有没有把他们所学的知识和技能用到工作上？可以通过多种方式来衡量：询问销售助理、销售经理观察销售助理、询问客户
第四层	结果	培训对公司有什么影响？培训的结果包括销售增加、利润更多、获得了更多的新客户、成本降低

二、相关知识

（一）婚礼销售部门的工作流程

1. **接听来电、来访客户咨询**　销售人员负责接听客户的来电咨询，接待来访客户咨询，并填写"来电咨询统计表"。

2. **回访管理**　每日晨会，销售经理公布回访结果，并部署每个订单的营销方案。每单负责人1周内约见客户、完成订单，及时提供策划服务。每周一完成"上周回访客户统计报表"，提交总经理。

3. **签单、收订金**　婚礼策划师在收到客户订金后，在4天内（最晚1周内）测量酒店现场尺寸，做出初步的婚礼策划方案，与客户核定价位。在签订合同的前2天，需将报价与策划方案提交部门经理审核签字。

4. **审核合同价格和策划方案**　营销经理负责审核合同价格和策划方案。

5. **收款**　行政部负责收款，首款为全款的50%，并将资料编号，装袋保管。

6. **填写"婚礼资源移交表"**　在合同签署的第二天，婚礼策划师填写"婚礼资源移交表"，并将"婚礼资源移交表"和相关资料交给营销经理。营销经理将该表格和相关材料转交资源部经理。

7. **督促婚礼策划师约见婚礼执行团队人员**　营销经理督促婚礼策划师在10日内与客户一起约见婚礼主持人、婚礼化妆师等服务人员。

8. **完成婚礼执行的落实工作**　资源部经理接到"婚礼资源移交表"和相关材料后，在10日内完成婚礼执行的落实工作，填写"每单婚礼分类财务费用申请表"给行政部主管。在婚礼前一天安排婚礼现场的布场工作，负责现场管理。

9. **支出购买婚礼相关道具及场布和人员费用**　行政部主管每周一将审核后的"每单婚礼分类财务费用申请表"上交总经理，经总经理签字审核后付款，支付购买婚礼相关道具及场布和人员费用。

10. **收尾款**　资源部经理和行政主管在婚礼举办前15天内检查婚礼执行情况，如有失误，应在3日内完善。营销经理得到反馈后，通知客户在婚礼举办前10天内到公司交齐50%的尾款（最少交30%，剩余的20%可在婚礼前一天收齐）。

（二）培养和辅导1～2名婚礼销售助理的方法

1. 培养模式的选择 在岗培训（on-the-job training，OJT）是一种最普遍的培训销售新手的方式。在岗培训的基本理念是，销售人员在每次拜访客户中学习。为了支持和鼓励学习，公司常常安排新人与经验丰富的销售能手组成搭档。对婚庆公司而言，一般只有为数不多的人员需要培训，在岗培训往往可以省下单独开发培训项目的成本。

虽然现场销售经验很重要，但在岗培训不是唯一的培训途径。首先，经验往往是以高昂的学费为代价的。在销售人员积累经验的同时，可能失去销售机会，关系也破裂了。其次，培训质量难以保证，因为有些人比较擅长担任培训师，有些人则相反。最重要的是，新人可能沿袭销售老手的坏习惯，致使销售人员的营销方式长期得不到改善。因此，最好是将在岗培训和集中培训结合起来。

2. 培训方法的选择 可以采用角色扮演、"在线学习＋课堂培训"的方式。培训中，应帮助新员工打消顾虑，让他们切实看到晋升的过程和机会。即使销售岗位不是管理岗位，也要让他们知道自己很重要，是公司的中坚力量。在这方面，嘉奖尤其有效。例如，在正式的会议上，给达到一定销售水平的员工颁发贵重的礼物，起到鼓舞人心的作用。

子任务四 培养和辅导1～2个婚礼设计助理

一、工作流程

培训分为3个阶段：公司集中培训→部门培训→试用期转正培养计划。其中，公司集中培训阶段的内容已在子任务一中详细讲述，在此略过。培养和辅导1～2个婚礼设计助理的部门培训阶段和试用期转正培养计划的管理过程如下：

（一）部门培训

步骤	流程	操作要求
步骤1	留下第一印象	详见子任务一中部门培训的内容
步骤2	彼此认识	详见子任务一中部门培训的内容
步骤3	熟悉工作环境，介绍工作关系	详见子任务一中部门培训的内容
步骤4	了解岗位职责，制订学习计划	（1）让新员工了解未来工作的岗位职责及具体内容，熟悉每天的例行工作及非例行工作 （2）婚礼设计助理的岗位职责说明： ①熟练掌握公司文化、婚礼产品知识、工作流程等 ②根据客户的需求，配合婚礼设计师搜集、整理、准备相关的设计资料 ③协助婚礼设计师完成婚礼现场效果图的设计和修改完善工作 ④协助婚礼策划师做好婚礼现场布置的设计工作 ⑤协助婚礼设计师完成婚礼当天的搭建工作 （3）根据岗位职责要求，为新员工制订学习计划。在了解新员工的学习和工作背景之后，根据岗位技能要求，合理安排新员工的学习进度。学习计划要有时限要求和评价措施

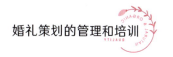

（续）

步骤	流程	操作要求
步骤5	明确工作内容，实施学习计划	（1）让新员工掌握未来工作可能会用到的技能和技巧 （2）婚礼设计助理的工作任务： ① 婚礼设计助理应提前了解客户的职业背景、家庭背景、爱好、对婚礼的基本要求等，分析客户的潜在要求 ② 协助婚礼设计师与新人进行沟通，结合婚礼场地的风格和新人的特点，为婚礼现场布置提供不同的设计方案 ③ 协助婚礼设计师完成设计图及修改完善工作 ④ 协助婚礼设计师开发新的婚礼设计产品 ⑤ 学习使用各类设计软件 （3）培训师和新员工一起执行学习计划，并在实施过程中注意持续指导和纠偏，保证新员工不断学习、内化技能，定期检核新员工的学习情况
步骤6	职业素养培训	详见子任务一中部门培训的内容

（二）试用期转正培养计划

婚礼设计助理的培养内容必须以岗位的典型工作任务为主，对新员工的考核应基于相关岗位的能力素质。各部门负责人要根据婚礼设计助理的岗位职责和工作任务，制订科学合理的试用期转正培养计划和培训内容，并按照先易后难、由浅入深的顺序开展培训。培训方式以实操为主、理论为辅，使新员工尽快适应工作。

二、相关知识

（一）婚礼设计部门的工作流程

1. 研读婚礼策划方案　全面理解婚礼策划的设计思路和创意等。

2. 提出设计方案　婚礼设计师为婚礼策划师详细讲解自己的设计方案，听取婚礼策划师的意见。

3. 进行设计　进行婚礼平面设计、手绘设计或 3D 效果图设计。

4. 与现场施工工程师进行交流　与现场施工工程师沟通设计方案，保证工程师在出场前就能操作、落实。

5. 现场督查　婚礼执行当天，婚礼设计师要去 1～2 个现场督查，保证婚礼策划和婚礼设计的落实。

（二）培养和辅导 1～2 名婚礼设计助理的方法

婚礼设计助理是婚礼设计师的重要工作伙伴之一。婚礼设计师需熟悉谈单营销、常用产品、常用物料及预算等知识，还应掌握手绘方案图表现技术、CorelDRAW 彩色方案图绘制方法等流行的表现手法。

技术只是达到目的的手段，很多设计师过多地关注技术本身，而忽略了婚礼设计在文化、审美、风格与人的需求和色彩关系等方面的内容。

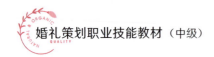
　　婚礼设计是一项创造性的劳动，可以通过练习，培养自己的创新创意能力，让思维更加活跃。同时，还要提升自己的审美能力，即能感悟到事物的美，并知道美的定义是什么。另外，还需培养自身的学习能力，即在短时间内对陌生事物"从陌生到了解再到熟悉，最后融会贯通，有自己的思考"的能力。

任务三
婚礼策划的业务培训工作

【任务情境】

　　王芳，大学毕业后工作六年，在国内一线城市一家婚庆公司担任经理一职，管理婚礼策划部和婚礼销售部。她下属的员工主要从事婚礼策划、婚礼督导、婚礼销售和婚礼设计工作，有刚毕业的大学生，也有工作3年以上的老员工。刚从学校毕业的学生有一定的理论基础，专业知识扎实，但普遍存在实践技能弱、缺乏行业经验等问题。老员工在从业过程中，也依然存在各种各样的问题，如业务水平不够熟练、专业程度不高；策划师缺乏创新性策划理念，难以拿下大单、独当一面；设计员的设计难以达到新人的预期效果；督导师工作标准不够严谨，专业服务水平有待提升；销售人员虽有一定的营销经验，但谈单成功率难以更上一个台阶等。7—8月，婚庆公司面临行业淡季，公司决定利用这个时间对员工进行业务培训。王芳需要针对员工不同的岗位特点，开展婚礼策划业务培训、婚礼督导业务培训、婚礼设计业务培训和婚礼营销业务培训。

【任务分析】

一、主要管理问题

序号	婚礼策划的业务培训问题
1	各岗位员工业务水平及能力不足，导致工作中出现各种问题。如婚礼策划对新人需求了解不够、婚礼现场勘察不到位、策划缺少创意、策划书的撰写不够规范；婚礼督导工作流程不熟悉、工作标准不够严谨；婚礼设计人员能力不足、婚礼色彩呈现不够完整；婚礼营销谈单技巧欠缺、谈单成功率不高等
2	业务培训很少或不连贯、毫无针对性
3	业务培训内容不成系统，对员工业务能力提升无实质性帮助
4	业务培训缺乏考核，导致员工积极性不高、培训效果差

二、主要管理目标及依据

序号	主要管理措施	依据
1	调查了解员工的业务水平，确定培训需求	了解各岗位员工业务能力的薄弱环节，确定员工业务培训内容及大致方向，明确业务培训需求

（续）

序号	主要管理措施	依据
2	制订业务培训目标方案，设计业务培训内容及课程体系	确定业务培训目标及具体方案，明确培训目的、培训时间、培训内容、培训人员等，设计有助于提升业务能力的教学大纲及课程内容
3	针对各岗位员工的工作性质及特点，因地制宜，有计划、有安排、分时段，采取合适的培训方法开展员工业务培训	各岗位业务培训内容
4	培训考核，效果评估	业务培训考核、业务水平提升

【任务实施】

子任务一　承担部分婚礼策划师业务培训任务

一、工作流程

确定培训需求 → 编制培训教学大纲 → 培训的前期准备 → 培训实施 → 效果评估

（一）确定培训需求

开展婚礼策划业务培训之前，首先需确定婚礼策划业务培训需求，为后续编制业务培训计划打下基础。

步骤	流程	操作要求
步骤1	调查和确定培训需求	（1）培训需求来源于业务。培训师根据婚礼策划部门遇到的业务绩效问题，设计"婚礼策划业务绩效调查表"，找出婚礼策划业务绩效差距及业务问题产生的原因，进而确定培训需求 （2）培训需求来源于员工。培训师需重点调查和了解婚礼策划岗位员工真实的培训需求：是为了胜任岗位还是为了今后的职业发展。从婚礼策划岗位的业务培训来分析，员工更多的是职业发展需求，主要包括婚礼策划岗位员工从自身职业发展目标出发及对所从事的婚礼策划工作职能变化所需技能的培训需求
步骤2	设计培训需求调查表或调查问卷	（1）培训师根据婚礼策划部门业务培训需求内容、婚礼策划能力现状、预期培训目标、调查人数、计划培训日期、培训形式、业务培训需求跟踪等设计"业务培训需求调查表" （2）需求调查问卷可以基于培训岗位及培训内容进行设计，内容应尽可能多且全面，可以利用公司内外部的线上问卷平台发放问卷，便于回收总结。需求调查问卷有且不限于以下内容：培训内容、培训形式、培训效果的测评方式、业务培训中亟待解决的问题等

（续）

步骤	流程	操作要求
步骤3	确定婚礼策划部门的培训需求	确定婚礼策划部门的培训需求可从以下几方面着手： （1）婚礼策划部门年度工作重点 （2）婚礼策划部门下一年度关键的策划业务能力提升与培训 （3）婚礼策划部经理确定的系统业务培训

（二）编制婚礼策划业务培训教学大纲

业务培训教学大纲是按照一定的逻辑顺序排列的业务培训工作安排。它是从组织战略出发，在全面、客观的培训需求分析基础上做出的对培训的教学内容、培训教学时间、培训地点、培训者、培训教学对象、培训教学方式等方面的预先系统设定。

步骤	流程	操作要求
步骤1	确定业务培训教学目标	（1）培训师需根据上述业务培训需求，结合婚礼策划岗位员工的业务能力情况，思考为什么培训，是基于什么内容进行的业务培训，要解决哪些问题，业务培训要达到什么样的效果，提升什么样的业务能力？这些必须要一一明确 （2）培训目标要简洁，具有可操作性、可评估性和可衡量性
步骤2	确定业务培训教学对象	培训师应根据婚礼策划员工的不同状态、不同层级、不同类别来确定培训对象，进而有针对性地开展不同类型的培训，如全体婚礼策划员工的专业技能培训、分层次的理论技能培训和晋升培训以及针对高潜质、新晋升的婚礼策划岗员工进行的专项培训。根据不同的对象，设置不同的业务培训内容和业务培训体系，因材施教，从而大大提升员工的业务水平和能力，实现培训目标
步骤3	设计婚礼策划业务培训内容	（1）婚礼策划业务的培训课程属于专业类培训，培训师应根据职位任职资格能力标准、员工发展计划等设计课程内容 （2）培训师应了解婚庆企业及婚礼策划员工的培训需求，根据员工所任职位，明确每个职位所应达到的任职标准，最后再结合员工个人的工作业绩、能力、态度等，与岗位任职标准进行比较，确定培训内容
步骤4	确定培训教学方法	培训方法有很多种，它们有各自的优缺点。培训师应根据培训类型与培训对象、培训目的、自身实际情况等因素，选择合适的培训方法，有时需要将多种培训方法结合使用
步骤5	确定培训考核方式	培训师应根据上述培训需求调查，确定最适合培训对象的考核方式，既能考核培训效果，又能真正提升婚礼策划员工的业务能力及水平

（三）培训前期准备

1．物品准备

序号	名称	规格	单位	数量	备注
1	培训通知	电子版	份	1	在线通知
2	业务培训员工签到表	A4	份	5	按培训次数准备

（续）

序号	名称	规格	单位	数量	备注
3	业务培训评价表	A4	份	10	
4	婚礼策划业务培训方案	A4	份	1	
5	婚礼策划业务培训考核方案	A4	份	1	
6	新人需求情况调查表	A4	份	10	
7	婚礼现场勘察表	A4	份	10	
8	婚礼策划创意素材集	A4	份	10	
9	婚礼策划书（仅内部使用）	A4	份	10	
10	草稿纸	A4	份	20	
11	笔记本	A4	个	10	
12	签字笔	黑色水性笔	支	10	

2. 环境与人员准备

序号	环境与人员	准备
1	带圆形或椭圆形办公桌的会议室或专业的培训教室	（1）培训环境安静、宽敞 （2）桌椅要根据参培人员数量准备充足并摆放整齐，避免影响培训现场的整体环境 （3）投影仪及音响调试。培训开始前，确保投影仪能够正常显示，课件或视频音频资料能够正常播放。调试音响设备，无线话筒要准备好备用电池
2	参培人员	整洁大方、精神饱满、精力充沛，按时考勤，遵守课堂纪律，严禁迟到、早退、缺勤，积极参与培训的各项环节

3. 培训师准备

序号	项目	准备内容
1	专业准备	职业表现、职业素养、职业基础、职业底蕴
2	情绪准备	培训师在课堂现场要学会"情绪调整"，不要轻易被负面情绪左右，更没有必要采取"即时、直接"的措施进行所谓的"处理"。而应按照自己此前设计的基本思路稳步推进课程。如果情形实在比较糟糕，培训师可以使用适度示弱的方法，向学员表达自己的诚意及真实的想法和看法，通过旁敲侧击的方式，做一些善意的提醒
3	职业准备	培训师需保持良好的职业风范。着职业正装，大方得体；站立时要平立等肩，抬头、收腹、挺胸，并且尽量做到腿部、臀部、腰部肌肉绷紧；注意音量、语速、语调、语词、重心和停顿六大要素；善于运用交流、启发、鼓励、提醒、警示等不同含义的眼神与参培人员进行交流
4	应急准备	优秀的培训师要学会"应急变通"。在课程实施前，要做充分、细致的准备，同时，还要做好面对异常情况的心理准备，并掌握一些应对异常情况的基本思路和方法

（四）培训实施

步骤	流程	操作要求
步骤1	组织学员签到并宣读培训纪律	（1）培训师应持有学员签到表，方便认识参培人员。对于正式培训开始后30分钟未到的学员，需及时问询原因，并在备注栏内予以说明 （2）培训师宣读培训纪律。营造积极良好的互动气氛和自律、文明、有序的培训氛围
步骤2	进行培训介绍	婚礼策划培训师对婚礼策划业务培训项目的定位、设计原则、培训流程安排、培训要求做简要引导介绍，主要目的是让参培人员明确业务培训目标，快速进入角色
步骤3	婚礼策划业务培训	婚礼策划培训师根据婚礼策划岗位内容及业务技能提升要求，开展婚礼策划业务培训
步骤4	婚礼策划业务的培训考核	（1）在开展婚礼策划业务培训之后要进行考试 （2）培训考核制度作为直接检验培训成果的方式，能够有效提高学员对培训的重视程度和参与程度 （3）培训师在讲到每个考点内容的时候，需要指出重点，一方面加深学员对课程重点内容的印象，另一方面减少学员对考试的恐惧感 （4）婚礼策划业务培训考试可采用实操法，给参培人员设置1～2个案例情境，根据情境进行婚礼策划。这样既可以学以致用，也可以直观地看到培训效果
注意事项		（1）注重培训效果
		（2）注重实操，避免纯理论性的知识灌输

（五）培训效果评估

步骤	流程	操作要求
步骤1	学习反应评估	（1）培训结束后，婚礼策划培训师应向参培人员发放满意度调查表，征求参培人员对培训的感受 （2）问题主要包括：对婚礼策划培训师培训技巧的评价、对婚礼策划培训课程内容设计的评价、对业务培训资料或教材的准备及内容质量的评价、对培训课程组织的评价、是否能够在将来的工作中用到所培训的知识和技能
步骤2	学习效果评估	培训结束后，确定学员是否在婚礼策划知识、策划技能、策划态度等方面得到了提高
步骤3	评估婚礼策划能力的改变	确定参培人员通过培训，在婚礼策划能力方面有多大程度的进步
步骤4	评估产生的效果	从部门和组织的大范围内，了解因培训带来的婚礼策划部门组织上的整体改变

二、相关知识

（一）婚礼策划业务培训方法建议

婚礼策划业务培训方法因培训内容、培训对象不同而不同。根据岗位业务培训的特殊性，建议使用以下几种培训方法：

1. 讲授法　讲授法是使用最为广泛的方法，它的效率较高，适合室内讲授及理论知识介绍。婚礼策划培训师在介绍培训项目及培训内容体系时可采用此方法。

2. 头脑风暴法　头脑风暴法又称智力激励法、BS（Brain Storming）法、自由思考法，是由美国创造学家 A. F. 奥斯本于 1939 年首次提出、1953 年正式发表的一种利用无限制的自由联想和讨论激发创新思维的方法。婚礼策划培训师在进行婚礼创意提炼、婚礼流程创意设计等内容的业务培训时可采用此方法，从而不断激发员工智慧，提出有独到见解的新奇观念。

3. 演示法　演示法就是讲师为学员演示某项技能操作的方法，以便让学员掌握操作方法。花艺教学、化妆教学、手绘教学等都可以采取此方法。

4. 角色扮演法　角色扮演法就是讲师安排一定数量的学员扮演不同的角色，完成某项活动，学员可以进行点评，大家在体验式情景教学中学习。婚礼销售谈单、婚礼仪式流程展示可以采取此教学方法。

5. 小组讨论法　小组讨论法就是讲师设置某个问题，各个小组进行讨论，回答教师提出的问题。

6. 游戏法　在培训开场、培训中间，为了活跃气氛，讲师可以采用游戏的方式。在讲解某个知识点的时候，也可以采用游戏的方式进行展示。

7. 案例分析　这是运用非常多的培训方法。讲师提前设计好一些案例，引导学员进行讨论、分析，最后得出结论。

8. 操作法　对于一些技能型实训，这是最合适的一种培训方法，如花艺实训、化妆实训、手绘实训等。与演示法不同，操作法是学员操作，而演示法是教师操作。

（二）中级婚礼策划师业务培训课程教学大纲设计建议

中级婚礼策划师业务培训课程教学大纲设计建议见表 3-1。

表 3-1　中级婚礼策划师业务培训课程教学大纲

课程模块	课程名称	
岗位素养	婚礼策划师的定义	婚礼策划师介绍
	婚礼策划师的职业魅力与发展前景	婚礼策划师发展前景介绍
岗位认知	婚礼策划师需要具备的知识和能力	婚礼策划师岗位要求介绍
	婚礼策划的工作流程	婚礼策划师工作流程介绍
岗位技能	客户沟通	如何与新人进行快速有效的沟通；客户进店前的准备；如何进行电话邀约；如何快速赢得客户的信任
	场地勘察	掌握婚礼场地勘察的方法及技巧

（续）

课程模块		课程名称
岗位技能	制作婚礼策划方案	掌握婚礼策划方案制作的内容框架及技巧
	提炼策划灵感	学会如何寻找婚礼策划的灵感；什么是婚礼的元素；怎样将各种元素用到婚礼中
	婚礼流程设计	学会如何结合婚礼主题设计有血、有肉、有情感的流程
岗位提升	婚礼策划工作中常遇到的问题	婚礼策划工作中的常见问题有哪些，应如何处理

子任务二　承担部分婚礼督导师业务培训任务

一、工作流程

确定培训需求 → 编制培训教学大纲 → 培训的前期准备 → 培训实施 → 效果评估

（一）确定培训需求

开展婚礼督导业务培训之前，首先需确定婚礼督导业务培训需求，需求明确，才能有理有据，为后续编制业务培训计划打下基础。

步骤	流程	操作要求
步骤1	调查培训需求	培训师应重点调查和了解婚礼督导岗位员工在工作中容易出现的各种问题、遇到的瓶颈、难处理的工作、员工自身职业发展目标、婚礼督导工作职能变化等情况，掌握员工真实的培训需求
步骤2	设计培训需求调查表及调查问卷	培训师需根据婚礼督导部门的业务培训需求、婚礼督导业务能力现状、预期培训目标、调查人数、计划培训日期、培训形式、业务培训需求跟踪等设计"婚礼督导业务培训需求调查表及调查问卷"
步骤3	确定婚礼督导业务的培训需求	确定婚礼督导部门的培训需求可从以下几方面着手： （1）婚礼督导部门年度工作重点 （2）婚礼督导部门下一年度关键的督导业务能力提升与培训 （3）婚礼督导部经理确定的系统业务培训

（二）编制婚礼督导业务培训教学大纲

婚礼督导业务培训教学大纲是按照一定的逻辑顺序排列的婚礼督导业务培训工作安排。它是从组织战略出发，在全面、客观的督导业务培训需求分析基础上做出的对督导业务培训的教学内容、培训教学时间、培训地点、培训者、培训教学对象、培训教学方式等方面的预先系统设定。

步骤	流程	操作要求
步骤1	确定业务培训教学目标	（1）婚礼督导培训师需根据上述业务培训需求，结合婚礼督导岗位员工的业务能力情况，考虑为什么培训，要解决哪些问题，业务培训要达到什么样的培训效果，提升什么样的业务能力 （2）培训目标要简洁，具有可操作性、可评估性和可衡量性
步骤2	确定业务培训教学对象	培训师应需根据婚礼督导员工的不同状态、不同层级、不同类别来确定培训对象，进而有针对性地开展不同类型的培训，如全体婚礼督导岗位员工的专业技能培训、分层次的理论技能培训和晋升培训以及针对高潜质、新晋升的婚礼督导员工进行的专项培训。根据不同的对象，设置不同的业务培训内容和业务培训体系，因材施教，从而大大提升员工的业务水平和能力，实现培训目标
步骤3	设计婚礼督导业务培训内容	（1）培训师应根据婚庆企业婚礼督导专业技术人员职位任职资格能力标准、员工发展计划等设计培训课程内容 （2）培训师应了解婚庆企业及婚礼督导员工的培训需求，明确职位所应达到的任职标准，结合员工个人的工作业绩、能力、态度等，与岗位任职标准进行比较，确定培训内容
步骤4	确定培训教学方法	培训方法有很多种，婚礼督导培训师应根据培训类型与培训对象、培训目的、自身实际情况等因素，选择合适的培训方法，有时需要将多种培训方法结合使用
步骤5	确定培训考核方式	培训师应根据上述培训需求调查，确定最适合培训对象的考核方式，既能考核培训效果，又能真正提升婚礼督导员工的业务能力及水平

（三）培训前期准备

1. 物品准备

序号	名称	规格	单位	数量	备注
1	培训通知	电子版	份	1	在线通知
2	业务培训员工签到表	A4	份	5	按培训次数准备
3	婚礼督导业务培训方案	A4	份	1	
4	婚礼督导业务培训考核方案	A4	份	1	
5	婚礼督导工作制度表	A4	份	10	
6	婚礼督导工作流程表	A4	份	10	
7	业务培训员工考勤表	A4	份	5	按培训次数准备
8	草稿纸	A4	份	20	
9	笔记本	A4	个	10	
10	签字笔	黑色水性笔	支	10	

2. 环境与人员准备

序号	环境与人员	准备
1	带圆形或椭圆形办公桌的会议室或专业培训教室	与前述婚礼策划师培训准备要求相同
2	参培人员	与前述婚礼策划师培训准备要求相同

3. 培训师准备

序号	项目	准备内容
1	专业准备	经过初级婚礼策划职业技能等级培训；职业表现、职业素养、职业基础、职业底蕴
2	情绪准备	与前述婚礼策划师培训的情绪准备要求相同
3	职业准备	与前述婚礼策划师培训的职业准备要求相同
4	应急准备	与前述婚礼策划师培训的应急准备要求相同

（四）培训实施

步骤	流程	操作要求
步骤1	组织学员签到并宣读培训纪律	与前述婚礼策划师培训步骤1的操作要求相同
步骤2	进行培训介绍	与前述婚礼策划师培训步骤2的操作要求相同
步骤3	婚礼督导业务培训	与前述婚礼策划师培训步骤3的操作要求相同
步骤4	婚礼督导业务培训考核	与前述婚礼策划师培训步骤4的操作要求相同
注意事项		（1）注重培训效果
		（2）注重实操，避免纯理论性的知识灌输

（五）培训效果评估

步骤	流程	操作要求
步骤1	学习反应评估	与前述婚礼策划师培训评估步骤1的操作要求相同
步骤2	学习效果评估	与前述婚礼策划师培训评估步骤2的操作要求相同
步骤3	评估婚礼督导能力的改变	与前述婚礼策划师培训评估步骤3的操作要求相同
步骤4	评估产生的效果	与前述婚礼策划师培训评估步骤4的操作要求相同

二、相关知识

（一）婚礼督导业务培训方法建议

婚礼督导的业务培训方法因培训内容、培训对象不同而不同。根据岗位业务培训的特殊性，应采取相应的培训方法，具体培训方法见子任务一的相关内容。

（二）中级婚礼督导业务培训课程教学大纲设计建议

中级婚礼督导业务培训课程教学大纲设计建议见表3-2。

表3-2　中级婚礼督导业务培训课程教学大纲

课程模块	课程名称	
岗位素养	婚礼督导概论	婚礼督导介绍
	婚礼督导师的职责	婚礼督导师的职责介绍
岗位认知	婚礼督导师的基本礼仪	掌握婚礼督导师的基本礼仪
岗位技能	婚礼督导师的工作职责	了解、掌握婚礼督导的工作职责
	婚礼督导的工作制度	了解、掌握婚礼督导的工作制度；通过案例，分析婚礼督导工作制度中的常见问题及解决措施
	婚礼督导的工作流程及要求	了解、掌握婚礼督导的工作流程及要求；通过案例，分析婚礼督导工作流程中的常见问题及解决措施
岗位提升	婚礼督导工作中常遇到的问题	婚礼督导工作中的常见问题有哪些，应如何处理

子任务三　承担部分婚礼设计师业务培训任务

一、工作流程

确定培训需求 → 编制培训教学大纲 → 培训的前期准备 → 培训实施 → 效果评估

（一）确定培训需求

开展婚礼设计业务培训之前，首先需确定婚礼设计业务培训需求，需求明确，才能有理有据，为后续编制业务培训计划打下基础。

步骤	流程	操作要求
步骤1	确认培训需求来源	与前述确定婚礼策划师的培训需求的操作要求相同
步骤2	设计培训需求调查表及调查问卷	培训师需根据婚礼设计部门的业务培训需求、婚礼设计业务能力现状、预期培训目标、计划培训时间、培训形式、业务培训需求跟踪等设计婚礼设计"业务培训需求调查表或调查问卷"
步骤3	确定婚礼设计业务的培训需求	确定婚礼设计部门的培训需求可从以下几方面着手： （1）婚礼设计部门年度工作重点 （2）婚礼设计部门下一年度关键的设计业务能力提升与培训 （3）婚礼设计部经理确定的系统业务培训

（二）编制婚礼设计业务培训教学大纲

婚礼设计业务培训教学大纲是按照一定的逻辑顺序排列的婚礼设计业务培训工作安排。它是从组织战略出发，在全面、客观的婚礼设计业务培训需求分析基础上做出的对婚礼设计业务培训的教学内容、培训教学时间、培训地点、培训者、培训教学对象、培训教学方式等方面的预先系统设定。

步骤	流程	操作要求
步骤1	确定业务培训教学目标	与前述婚礼策划师设计培训教学大纲步骤1的操作要求相同
步骤2	确定业务培训教学对象	与前述婚礼策划师设计培训教学大纲步骤2的操作要求相同
步骤3	设计婚礼设计业务培训内容及课程体系	与前述婚礼策划师设计培训教学大纲步骤3的操作要求相同
步骤4	确定培训教学方法	与前述婚礼策划师设计培训教学大纲步骤4的操作要求相同
步骤5	确定培训考核方式	与前述婚礼策划师设计培训教学大纲步骤5的操作要求相同

（三）培训前期准备

1. 物品准备

序号	名称	规格	单位	数量	备注
1	培训通知	电子版	份	1	在线通知
2	婚礼设计业务培训方案	A4	份	1	
3	婚礼设计业务培训考核方案	A4	份	1	
4	婚礼设计业务培训内部讲义	A4	份	10	
5	业务培训员工考勤表	A4	份	5	按培训次数准备
6	手绘纸	A4	份	20	
7	马克笔	48色	盒	10	明度高，以柔和色系为主
8	笔记本	A4	个	10	
9	签字笔	黑色水性笔	支	10	

2. 环境与人员准备

序号	环境与人员	准备
1	带圆形或椭圆形办公桌的会议室或专业的培训教室	与前述婚礼策划师设计培训教学环境与人员准备的要求相同
2	参培人员	与前述婚礼策划师设计培训教学环境与人员准备的要求相同

3. 培训师准备

序号	项目	准备内容
1	专业准备	经过初级婚礼策划职业技能等级培训；职业表现、职业素养、职业基础、职业底蕴
2	情绪准备	与前述婚礼策划师培训的情绪准备要求相同
3	职业准备	与前述婚礼策划师培训的职业准备要求相同
4	应急准备	与前述婚礼策划师培训的应急准备要求相同

（四）培训实施

步骤	流程	操作要求
步骤1	组织学员签到并宣读培训纪律	与前述婚礼策划师培训步骤1的实施操作要求相同
步骤2	进行培训介绍	与前述婚礼策划师培训步骤2的实施操作要求相同
步骤3	婚礼设计业务培训	与前述婚礼策划师培训步骤3的实施操作要求相同
步骤4	婚礼设计业务培训考核	与前述婚礼策划师培训步骤4的实施操作要求相同
注意事项		（1）注重培训效果
		（2）注重实操，避免纯理论性的知识灌输

（五）培训效果评估

步骤	流程	操作要求
步骤1	学习反应评估	与前述婚礼策划师培训评估步骤1的操作要求相同
步骤2	学习效果评估	与前述婚礼策划师培训评估步骤2的操作要求相同
步骤3	评估婚礼设计能力的改变	与前述婚礼策划师培训评估步骤3的操作要求相同
步骤4	评估产生的效果	与前述婚礼策划师培训评估步骤4的操作要求相同

二、相关知识

（一）婚礼设计师业务培训方法建议

婚礼设计师的业务培训方法因培训内容、培训对象不同而不同。根据岗位业务培训的特殊性，应采取相应的培训方法，具体培训方法见子任务一的相关内容。

（二）中级婚礼设计师业务培训课程教学大纲设计建议

中级婚礼设计师业务培训课程教学大纲设计建议见表3-3。

表3-3　中级婚礼设计师业务培训课程教学大纲

课程模块		课程名称
岗位素养	婚礼设计师的定义	婚礼设计师内涵介绍
	婚礼设计师的职业魅力与发展前景	婚礼设计师发展前景介绍
岗位认知	婚礼设计师需要具备的知识和能力	婚礼设计师岗位要求介绍
	婚礼设计工作流程	婚礼设计师工作流程介绍
岗位技能	客户沟通	与新人进行快速有效的沟通，了解和获取新人对婚礼的真实需求，进而确定设计主题及风格
	婚礼设计的审美风格	掌握婚礼设计的审美风格——对称与平衡的基础知识；审美风格案例分析；选择一个经典案例，分析其中的构成形式及风格；婚礼设计的审美风格实训操作

（续）

课程模块		课程名称
岗位技能	婚礼设计的色彩搭配能力培训	掌握婚礼设计的色彩搭配基础知识；培训讲师生动讲解色彩搭配的基础知识，如色彩的由来、色彩的分类、色相环的构成等；尽可能多地使用色彩素材，给受训者直接的色彩感受；婚礼设计色彩搭配案例分析；选择一个经典案例，分析其中的色彩关系；婚礼设计的色彩搭配实训操作；能迅速分辨冷暖色，学会冷色调的搭配及暖色调的搭配
	婚礼手绘设计培训	掌握婚礼手绘的基本技巧，绘制婚礼现场手绘图、婚礼现场局部布置手绘图
岗位提升	婚礼设计工作中常遇到的问题	婚礼设计工作中常遇到的问题有哪些，应如何解决或改进

子任务四　承担部分婚礼营销业务培训任务

一、工作流程

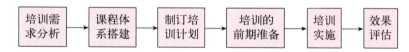

培训需求分析 → 课程体系搭建 → 制订培训计划 → 培训的前期准备 → 培训实施 → 效果评估

（一）培训需求分析

婚礼营销岗位的培训与其他岗位稍有不同，在开展业务培训时，应结合营销这一特殊性。在开展婚礼营销业务培训之前，首先需确定婚礼营销业务培训需求，需求明确，才能有理有据地为后续课程体系的搭建打下基础。

步骤	流程	操作要求
步骤1	分析婚礼营销岗位的能力要求	分析婚礼营销岗位的任职资格、能力要素、职能职责等，寻找其对婚礼营销销售人员销售技巧、销售能力的需求
步骤2	分析婚礼营销员工的综合素质	培训师需分析婚礼营销员工的团队合作精神、沟通交际能力、抗压能力、创新能力、成就动机等，确定其能力素质的短板
步骤3	分析婚礼营销员工的营销技能	培训师需分析婚礼营销员工对业务知识的掌握程度、对婚礼销售专业知识的掌握程度、婚庆市场分析能力等，确定其婚礼营销能力的短板

（二）课程体系搭建

婚礼营销人员工作的特殊性决定了除了要对其进行职场礼仪、团队合作能力、沟通技能等通用能力的培训外，还需要进行婚礼营销基础知识、婚礼营销销售技巧、婚礼营销策略、客户开发技巧等方面的培训。

步骤	流程	操作要求
步骤1	设计培训通用课程	以各个婚礼营销层级人员的工作性质及能力要求为基础，设置识别管理类、团队建设类、沟通技巧及个人素质等方面的共性课程。中级婚礼营销员工的培训更侧重于个人素质及沟通技巧
步骤2	设计个性课程	婚礼营销培训师应针对婚礼营销不同层级的培训对象，基于不同的能力需求，开展差异化培训课程，如销售技巧课程、订单谈判技巧课程、价格谈判技巧课程等

（三）制订培训计划

培训师应在前述婚礼营销人员培训需求分析及课程体系搭建的基础上，制订婚礼营销员工培训计划。

步骤	流程	操作要求
步骤1	确定培训时间	当婚礼营销业务人员职位晋升时，所扮演的角色及承担的工作职责发生变化，需组织新晋人员业务培训，使员工更快地适应新的工作岗位。婚庆企业有新的产品、新的服务上市时，需第一时间对婚礼营销人员进行产品知识、销售政策等方面的培训，让婚礼营销人员准确了解新产品、新服务，提升新产品、新服务的销量。婚庆企业组织培训时，应结合婚庆企业销售淡旺季周期，避开婚礼销售旺季，避免因组织培训而影响婚礼销售，即旺季抓销售、淡季抓能力
步骤2	确定培训方式	培训的主要方式有沙盘模拟、案例研讨、移动终端、集中培训、情景模拟、E-learning等
步骤3	制订培训实施计划	结合已经确定的培训时间地点、培训方式、培训课程内容，制订相应的婚礼营销培训实施计划。培训实施计划应包含培训工作的原则、方针、要求、培训目标、培训体系建设任务等内容

（四）培训前期准备

1. 物品准备

序号	名称	规格	单位	数量	备注
1	培训通知	电子版	份	1	在线通知
2	婚礼营销业务培训方案	A4	份	1	
3	婚礼营销业务培训考核方案	A4	份	1	
4	婚礼营销业务培训内部讲义	A4	本	10	
5	业务培训员工考勤表	A4	份	5	按培训次数准备
6	草稿纸	A4	份	20	
7	笔记本	A4	本	10	
8	签字笔	黑色水性笔	支	10	

2. 环境与人员准备

序号	环境与人员	准备
1	带圆形或椭圆形办公桌的会议室或专业的培训教室	与前述婚礼策划师设计培训教学环境与人员准备的要求相同
2	参培人员	与前述婚礼策划师设计培训教学环境与人员准备的要求相同

3. 培训师准备

序号	项目	准备内容
1	专业准备	经过初级婚礼策划职业技能等级培训；在选择婚礼营销培训讲师时必须考虑个人资历及工作经验，注重讲师的实战经验，要求其有丰富的一线销售工作经验。职业表现、职业素养、职业基础、职业底蕴
2	情绪准备	与前述婚礼策划师培训实施操作情绪准备的要求相同
3	职业准备	与前述婚礼策划师培训实施操作职业准备的要求相同
4	应急准备	与前述婚礼策划师培训实施操作应急准备的要求相同

（五）培训实施

1. 培训的操作流程

步骤	流程	操作要求
步骤1	组织学员签到并宣读培训纪律	与前述婚礼策划师培训步骤1操作要求相同
步骤2	进行培训介绍	与前述婚礼策划师培训步骤2操作要求相同
步骤3	婚礼营销业务内容培训	与前述婚礼策划师培训步骤3操作要求相同
步骤4	婚礼营销业务培训考核	与前述婚礼策划师培训步骤4操作要求相同
注意事项		（1）注重培训效果
		（2）注重实操，避免纯理论性的知识灌输

（六）培训效果评估

步骤	流程	操作要求
步骤1	学习反应评估	与前述婚礼策划师培训评估步骤1的操作要求相同
步骤2	学习效果评估	确定学员在培训结束时，是否在婚礼营销知识、营销技能、营销态度等方面得到了提高
步骤3	评估婚礼营销能力的改变	确定参培人员在多大程度上通过培训提高了婚礼营销能力
步骤4	评估产生的效果	从部门和组织的大范围内，了解因培训而带来的婚礼营销部门组织上的整体改变

二、相关知识

（一）婚礼营销业务培训方法建议

婚礼营销业务的培训方法因培训内容、培训对象不同而不同。应根据岗位业务培训的特殊性，采取相应的培训方法，具体培训方法见子任务一的相关内容。

婚礼营销培训师在培训婚礼营销工作操作规范时重点可采用角色扮演法和工作指导法。

工作指导法又称教练法、实习法，是由有经验的前辈或直接主管人员在工作岗位上对参培人员进行培训的方法。指导者的任务是教参培人员如何做，以及就如何做好提出建议，并对参培人员进行激励。婚礼营销培训师在培训婚礼营销电话沟通技巧等培训项目时可采用此方法。

（二）中级婚礼营销业务培训课程教学大纲设计建议

中级婚礼营销业务培训课程教学大纲设计建议见表3-4。

表3-4　中级婚礼营销业务培训课程教学大纲

课程模块	课程名称	
岗位素养	婚礼营销的定义	婚礼营销内涵介绍
岗位认知	婚礼营销需要具备哪些知识和能力	婚礼营销岗位要求介绍
	婚礼营销工作流程	婚礼营销工作流程介绍
岗位技能	婚礼营销的电话沟通技巧	掌握婚礼营销电话沟通的方法及技巧
	激发客户需求的婚礼营销面谈技术	激发客户需求的婚礼营销面谈的方法及技巧
	婚礼营销促单话术及技巧	掌握婚礼营销促单话术及技巧
	如何回答客户异议	如何处理客户异议
	如何应对新人父母及朋友	应对新人父母及朋友的方法及技巧
	如何应对客人的讨价还价	应对客人讨价还价的方法及技巧
岗位提升	婚礼营销工作中常遇到的问题	婚礼营销工作中常见的问题有哪些，该如何处理

参 考 文 献

白睿，2019. 培训管理全流程实训方案 ［M］. 北京：中国法制出版社.

北京中民福祉教育科技有限责任公司，2021. 婚礼策划职业技能等级标准（2021 年 1.0 版）［EB/OL］.
  （2021 - 06 - 20）. http：//zmfz. bcsa. edu. cn/info/1019/2069. html.

金定海，郑欢，2020. 广告创意学 ［M］. 北京：高等教育出版社：60 - 65.

任康磊，2020. 图解人力资源管理：轻松易学的 194 个关键技巧 ［M］. 北京：人民邮电出版社.

任康磊，2020. 小团队管理的 7 个方法（全图解落地板）［M］. 北京：人民邮电出版社.

王晓玫，李雅若，2016. 婚礼策划实务 ［M］. 2 版. 北京：中国铁道出版社：305 - 311.

薛亮，2016. 浅析组织实施新员工培养的四个重要环节 ［J］. 科技创业月刊，29（19）：2.

姚锋敏，王鹏程，韩宇峥，2016. 管理学基础 ［M］. 杭州：浙江工商大学出版社：85 - 100.

赵曙明，赵宜萱，2019. 人员培训与开发：理论、方法、工具实务 ［M］. 北京：人民邮电出版社.